KB093438

총력전 제국의 인종주의

RACE FOR EMPIRE

Koreans as Japanese and Japanese as Americans during World War II

총력전 제국의 인종주의

제2차 세계대전기
식민지 조선인과
일본계 미국인

다카시 후지타니 지음
이경훈 옮김

푸른역사

머리말

오래전에 나는 근대 일본의 군대 및 군대의 영향에 대한 책을 쓰기 시작했다. 그 책에는 이 책에서 논의한 것보다 인종에 대한 이야깃거리가 훨씬 적었지만, 당시 내가 주목하던 몇 가지 관심사가 반영되어 있었다. 그러나 나는 한동안 그에 관한 연구를 본격화할 수 없었다. 1990년대 중반부터 후반에 걸쳐 나타난 인종 정치학 때문이었다. 당시 미국에서는 이민 반대운동과 소수민족 우대 정책에 대한 광범위한 공격이 펼쳐지고 있었는데, 내가 오랫동안 교편을 잡았던 캘리포니아에서 특히 심했다. 역사적으로 고용과 교육 등 삶의 여러 측면에서 과소평가되던 소수자들에게 기회를 부여하는 여러 인종적 고려에 대해 반대하는 목소리가 점점 커졌다. 나는 이로 인해 연구 아젠다를 재고하지 않을 수 없었다. 그리고 무엇보다 특정 유형의 인종주의가 표출하는 적의와 독선에 강한 충격을 받았고 불편해졌다. 그것은 이른바 반인종주의를 주장하면서, 스스로를 인종주의와 상반되는 것으로 내세우고 있었다. 물론 그런 운동은, 이 책이 다루는 시기를 포함해 오래전부터 있었다. 그것은 "역인종주의reverse racism" 같은 표어를 사용하면서 수 세기 동안의 인종적 차별이 초래한 여러 문제를 바로잡으려는 아주 온당한 정책들에조차 인종주의의 딱지를 붙였다. 이 같은 움직임은 분명 오바마 이후의 현 시대, 즉 어느 정도 "탈인종적post-racial"인 것처럼 오해되거나 왜곡된 시대에도 계속되고 있다. 그러나 그 운동의 히스테리 현상이 최고조에 달했던 것은 1990년대 중반부터 후반까지였다.

그러한 시대에 나는 근대 인종주의의 역사와 그것이 미국에서 다양하게 나타난 양상들에 대해 더 깊이 알고자 했다. 처음에는 이 탐구를 학문적으로 추구하기보다는 현재 진행되고 있는 인종주의 문제를 둘러싼 논의와 활동에 더 본격적으로 관여하기 위한 수단으로 생각했다. 나는 제프리 화이트Geoffrey M. White 및 리사 요네야마Lisa Yoneyama와 제2차 세계대전에 대한 아시아 태평양 지역의 기억들을 주제로 하는 국제 학술회의를 계획했는데, 협의 도중에 예기치 않게 이 주제에 대해 글을 쓸 기회가 생겼다. 캘리포니아에서 자란 내게 주류 매체와 일본계 미국인 커뮤니티 양쪽 모두에서 이야기되는 일본계 미국인 전쟁영웅 담론은 오래전부터 충격이었다. 대부분 노쇠한 일본계 미국 남성들이 반세기 전에 입었던 미군의 군복, 훈장, 모자를 착용한 모습은 나에게 강렬한 인상을 남겼다. 그들은 전쟁, 내셔널리즘, 군사적 기념 등과 직접 관련이 없어 보이는 행사에서조차 그런 복장을 하고 있었다. 나는 이 퇴역군인들의 이야기가 궁금했다. 인종 정치에도 불구하고 일본계 미국인 병사가 주류 사회 및 일본계 미국인의 전쟁 기억 속에서 어떻게 그와 같은 확고한 모습을 획득하게 되었는지 알아보고 싶었다. 그래서 나는 우리가 개최할 국제학술회의에서 이 주제를 연구하기로 결정했다. 당시만 해도 학술회의에서 발표하는 것 이상으로 이 주제를 폭넓게 탐구할 것이라고는 전혀 생각하지 못했다. 하지만 이 연구는 내가 이미 선천적으로 잘 알고 있는 상황을 통해 미국의 중요한 인종 문제에 다가가는 길로 보였다.

발표문에서 나는 일본계 미국인의 군 복무, 제2차 세계대전 당시 일본계 미국인들을 수용소에 보내면서도 인종차별을 부인한 것, 인종주의와 내셔널리즘의 불가분한 관련성, 일본계 미국인들을 가장 모범적인 소수자로 만들어낸 것, 전후의 일본이 내가 모범적인 소수자 국가the model minority nation라고 명명했던 바로 그 모습으로 등장한 것, 그리고 일본학 분야 장학금 사이의 연관관계를 탐구했다. 결국 이 발표문은 내가 국제학술회의 공동조직자들과 공편한 《위험한 기억들—아시아 태평양 전쟁(들)Perilous Memories: The Asia Pacific War(s)》이라는 책에 수록되었다.[1]

내가 그 발표문에서 처음 윤곽을 그린 아이디어들은 이 책 전반에 수록되어 있지만, 특히 5장이 그러하다. 우선 국제학술회의와 책 출판에 대해 생각을 나눈 제프리Geoffery와 리사Lisa에게 감사를 표하고 싶다. 우리의 열띤 토론들을 통해 나의 수많은 관점이 형태를 갖추기 시작했다.

학술회의 기간 동안, 그리고 그 후에도 많은 사람들이 나의 발표문과 후속 발표문들에 대해 비판을 제시했고 용기를 주었다. 그들 중 특히 조지 립시츠George Lipsitz, 고故 유지 이치오카Yuji Ichioka, 리사 로우Lisa Lowe를 언급하고 싶다. 나는 아시아 연구에서 미국 연구로 전환하는 것을 주저했는데, 조지는 그런 마음을 해소해 주었다. 그뿐 아니라 조지는 미국의 흑인과 일본제국의 접촉에 대한 자신의 연구 및 여타 최근 연구에 내가 신속하게 접근할 수 있도록 해 주었다. 짧은 대화를 나눈 적 있는 이스마엘 리드Ismael Reed와 조지 덕분에 나는 미국의 흑인과 일본 역사의 관계에 대해 깨달을 수 있었다. 이들과 이야기함으로써, 일본인과 "더 검은 인종들darker races"의 글로벌한 동맹에 대한 전시의 공포와 관련해서, 그리고 일본계 미국인들의 군 복무를 중단시켰다가 나중에 지원병으로 받아들이기로 한 결정에 그러한 인종적 패닉이 크게 작용했다는 사실과 관련해서 내가 발견했던 문서자료들이 아주 중요한 것임을 이해하는 데 큰 도움을 받았다고 확신한다.

유지Yuji와 처음 만났을 때 나는 당황스러웠다. 나는 유지의 연구 분야에 어느 정도 "문외한"이었던 반면, 그는 아시아계 미국인 연구의 선구자 중 한 사람으로서 일본계 미국인의 역사 연구에 평생을 바쳤기 때문이다. 그러나 그는 나에게 용기를 주었다. 그리고 제2차 세계대전 프로파간다에 대해 아마도 "나를 가르쳤다". 이제는 고전이 된 리사의 책 《이민법들Immigrant Acts》[2]과 그녀의 여러 최근 프로젝트들을 통해 많은 것을 배웠다. 더 나아가 다년간 리사의 뛰어난 지성, 관대함, 적극적인 사회 참여, 용기, 우정에 크게 도움 받고 있다.

나는 소수자들과 식민지인들도 근대 일본의 군대에서 복무했다는 것을 예전부터 알고 있었다. 책의 서문을 시작하면서 19세기 말과 20세기 초에 이 소수자들이 군대에 들어간 일을 다룰 것이라고 언급했다. 이 주제를 일본과 관련해 탐구하던 중, 제2차 세계대전 동안 일본군을 위해 복무한 조선인 병사들에 대한 연구가 미군 내의 일본계 미국인들에 대한 연구와 짝을 이룰 수 있을 것이라는 점이 점차 명백해졌다. 그러자 국가를 넘어서 이 "유색인 병사들soldiers of color"을 비교하는 관점이 태평양 양쪽의 인종, 내셔널리즘, 식민주의, 젠더, 총력전 등에 대한 보다 폭넓은 논의에 기여할 것이라는 생각이 들기 시작했다. 또한 내가 일본의 역사 문제 연구에 너무 오랫동안 소홀했다고 느꼈다. 일본의 네

오 내셔널리즘, 성차별주의, 이민 반대운동, (더 또는 덜) 은폐된 인종주의는 립시츠가 말했던 "캘리포니아, 1990년대의 미시시피California, the Mississippi of the 1990s"[3]에서 벌어졌던, 그리고 현재도 벌어지고 있는 일만큼 가증스러운 것이었음에도 말이다.

일본 센리千里의 국립민족학박물관에 감사한다. 국립민족학박물관은 1997년 말의 다니구치 심포지엄에서 일본군 내의 조선인 병사들에 대한 전시 담론과 관련해 발표할 기회를 주었다. 거기서 나는 전시에 조선인의 입대를 다룬 문학과 영화에 나타나는 젠더, 특히 남성주의 이슈를 집중적으로 논의했다. 그것은 이 책의 몇 부분(특히 8장)을 관통하는 문제의식이다.[4] 하지만 이 발표와 동시에 나는 몇 가지 어려움에 부딪쳤다. 역사 및 지역학의 전통적인 분야에서 연구 영역을 국민국가의 경계와 일치하도록 한정하는 경향이 나의 연구 같은 초국가적인 프로젝트에 불리하게 작용한 듯하다. 실제로 한 동료는 내가 미국 역사에 "장난 삼아 손을 댄다"고 꾸짖었다. 아마도 그는 미국의 인종 문제에 대해 심심풀이 이상으로 말하고 글을 쓸 것이다. 그러나 그렇게 활동하는 한 명의 일본 역사가로서 그는 결국 무슨 일을 하고 있는가? 또 다른 경우, 미국 주요 대학의 저명한 일본학 교수는 내가 전시에 일본과 미국이 아주 비슷했다고 말한 것 때문에 대놓고 나를 맹렬히 비난했다.

그러나 수많은 사람들과 나의 동료들은 내가 막 생각하기 시작한, 양국을 비교하는 초국가적인 책의 가능성을 계속 탐구하라고 북돋아 주었다. 사람들은 미국과 일본의 총력전 체제가 상반된다고 생각하는 경향이 있다. 그러나 내 논점 중 하나는 그 둘 사이에 많은 공통점이 있다는 것이다. 그 공통점에는 인종차별을 소리 높여 부인하면서 그와 동시에 인종주의의 포용적인 형태로 나아간 점도 포함된다. 그들은 이러한 내 관점을 납득하게 된 것 같다. 여기서 나는 히로타 마사키廣田希昌와 캐롤 글룩Carol Gluck이 이끄는 일미공동연구회the Japan/U.S. Joint Research Group로부터 수년간 격려와 지도를 받았음을 밝히고 싶다. 이 연구회에 소속된 대부분의 학자들 역시 일본에 대한 탈국가주의적 연구에 관여하고 있었다. 나는 일본에 대한 날카로운 연구가 초국가적으로 유통되는 데 중심적인 역할을 해 온 나리타 류이치成田龍一와 나오키 사카이Naoki Sakai에게 특별히 감사하고 싶다. 나오키 사카이의 비판적인 작업들은 나에게 아주 큰 자극을 주었다. 수년간 계속된 그의 우정과 지도는 나에게 헤아릴 수 없을 만큼 소중한 것이었다. 교토대학의 인문과학연구소는 1998년부터 1999년까지 내 연구를 지원했다. 이 연구소에 들어가면서 처음으로 일본군 내의 조선인 관련 광범위한 문서들을 보며 연구를 계속할 수 있었다. 교토대학과 연구소의 귀중한 자료들을 활용할 수 있었으며, 연구소의 지원에 힘입어 일본과 한국 도서관의 수많은 문서들을 조사할 수 있었다. 더 나아가 몇 사람의 한국인 퇴역군인들과 인터뷰할 수 있었고, 일본에서 나온 식민주의 연구에 대해서도 공부할 수 있었다. 미즈노 나오키水野直樹는 친구이자 선생님이 되어 주었으며, 너그럽게도 개인적으로 수집한 희귀 자료들을 내가 사용할 수 있게 해 주었다. 나는 다른 누구보다 미즈노 나오키에게 고마움을 표하고 싶다.

나는 1999년과 2000년에 샌디에이고의 캘리포니아대학 인문학연구소the Humanities Center와 학술평의원회Academic Senate로부터 기금을 받아 워싱턴 D.C.의 의회도서관the Library of Congress과 국립문서보관소the National Archives, 그리고 메릴랜드의 칼리지 파크College Park에 여러 차례 조사 여행을 갈 수 있었다. 우연한 행운으로 칼리지 파크에서의 조사 첫날 〈일본에 대한 정책 비망록Memorandum on Policy towards Japan〉이라는 제목의 문서를 발견했다. 1942년 9월 에드윈 라이샤워 Edwin O. Reischauer가 작성한 것이었다. 이 문서는 전후 일본학의 걸출한 창설자 중 한 사람이자 1961년부터 1966년까지 주일 미국 대사였던 라이샤워가 전쟁이 끝나기 거의 삼 년 전부터 일본 천황을 하나의 '꼭두각시puppet' 삼아 전후 일본에 유지하기 위한 계획을 고안했음을 보여 주는 확실한 증거 같은 것이었다. 그의 계획은 그가 말하는 아시아의 "황색인과 갈색인들yellow and brown peoples"에 대한 세계 관리 전략의 일환으로 일본계 미국인들을 병사로 동원할 것을 요구하고 있었다.

라이샤워의 문서는 나의 프로젝트에 큰 암시를 주었다. 그 문서는 특히 정책 입안자들 및 라이샤워 같은 조언자들이 국내 정치와 국제 정치 사이의 연결을 살펴봐야 한다는 점을 납득하고 있었으며, 인종에 대한 고려를 명시적으로 포함시킨 지구적 관점에 입각해 대對일본 정책을 만들어 낼 필요가 있음을 언제나 이해했음을 보여 주었다. 이 발견은 역사적으로 중요하고 현재와 관련해서도 중요하기 때문에, 나는 서둘러 이 문서 및 문서의 맥락에 초점을 맞춘 하나의 논문을 일본 잡지《세카이世界》에 썼다. 그 후 이 글은 한국어로 번역되어《실천문학》에 실렸으며, 다시 수정 증보된 논문으로《크리티컬 아시안 스터디즈Critical Asian Studies》에 게재되었다. 나의 분석을 여러 독자들과 공유할 기회를 준 것에 대해 이 학술지의 편집자들께 감사드린다. 글의 여러 버전에 대해 논평해 주신 수많은 학자께도 고마움을 표한다.[5]

나는 주로 한국이나 재일한국인을 집중적으로 연구하는 다른 학자들과 기관들의 지원을 받았다. 이들은 내 글에 대해 자주 건설적인 비판을 제기했다. 이 지원과 비판이 없었다면 이 책을 쓸 수 없었을 것이다. 조선인 입대에 대한 연구 초창기에 히구치 유이치樋口雄一와 나는 각자가 찾아낸 문서들을 교환했다. 히구치 씨는 이 주제에 대한 개척자였을 뿐 아니라 아주 요긴한 것들을 내게 알려 주었으므로 내가 훨씬 득을 보았다. 재일조선인들이 쓴 일본어 문학 연구 분야의 선구자인 임전혜는 감사하게도 조선인 입대에 대한 문학 방면 지식을 나에게 알려 주었다. 2001년에 나는 〈식민주의와 내셔널리즘 사이: 한국 내의 권력과 주체성, 1931~1950Between Colonialism and Nationalism: Power and Subjectivity in Korea, 1931~1950〉이라는 제목으로 개최된 미시간대학의 학술회의에 참여할 기회를 갖게 되었다. 조직자인 헨리 엠Henry Em을 포함해 학술회의에 참여한 많은 사람들은 내셔널한 역사학에 도전했을 뿐 아니라, 내 연구의 가속화를 돕는 여러 관점을 제시하며 토론에 임했다. 학술회의에 참여한 분들께 고마움을 전한다. 특히 헨리, 진경 리Jin-Kyung Lee, 김철에게 고마움을 표한다. 이 사람들은 조선에 적용된 일본 식민주의에 대한 내 생각이 심화되도록 계속 도와주고 있다.

조사를 수행하면서, 나는 일본군 내의 조선인을 주제로 놀랄 만큼 많은 수의 극영화가 제작되었으며, 그중 상당수가 할리우드 영화들과 공통점을 가지고 있다는 사실을 곧 발견했다. 이미 이 문제에 대해 쓴 적이 있다. 2003년에는 연세대학교 미디어아트연구소the Institute of Media Art와 독일문화원Goethe Institute이 후원한 학술회의 〈한국 영화의 미학과 역사적 상상력Aesthetics and Historical Imagination of Korean Cinema〉에서 이 식민지 말기 영화들에 대한 내 생각을 한국 영화 전문가들에게 발표할 아주 좋은 기회를 갖게 되었다.[6] 그 학술회의의 조직자들, 특히 식민지 시기 영화를 논한 나의 작업에 대해 계속 건설적인 비판을 해 주고 있는 백문임에게 감사한다. 한석정에게도 크게 신세지고 있다. 한석정은 이 글의 한 버전을 발표할 수 있도록 부산 동아대학교에 초청해 주었으며, 자신의 많은 아이디어를 나와 공유했다. 그때 많은 도움이 되는 논평을 해 준 임성모에게도 고마움을 표한다. 식민지 시기 영화를 분석하기 시작했을 때는 이에 대한 학문적 작업이 거의 없었으며, 영화들을 보는 것도 거의 불가능했다. 미국 의회도서관에 소장된 세 편의 관련 영화를 겨우 찾을 수 있었다. 최근에는 많은 학자들이 식민지 시기 영화에 대해 연구하고 글을 쓰기 시작했다. 이 새로운 연구 물결이 일어날 수 있도록 한 것은 한국영상자료원의 아주 능력 있는 스태프들이다. 그들은 식민지기에 만들어진 여러 영화를 재발견하고 그것들 중 몇몇을 DVD로 만들어 온라인상에서 볼 수 있도록 했다. 한 가지 더 개인적인 일을 언급하면, 한국영상자료원의 스태프들이 2008년에 열린 국제학술회의 〈영화 유산의 귀환 또는 공유Repatriation or Sharing of Film Heritage〉에 나를 초청해 준 것에 대해 아주 고맙게 생각한다. 이 학술회의에서 발표문에 대해 귀중한 피드백을 받았다. 그리고 스태프들의 도움을 받아 이 책에 수록된 몇몇 영화 스틸들을 최신식 아카이브에서 복사함으로써 순조롭게 연구를 진행할 수 있었다.

빈약한 한국어 능력으로 인해 한국어로 된 1차 텍스트와 2차 텍스트들을 아주 제한적으로만 읽고 활용할 수 있었던 점을 유감스럽게 생각한다. 그나마 내가 한국어로 일을 할 수 있었던 것은 사회과학협의회 Social Science Research Council의 일본 프로그램에서 받은 기금 및 그 기금으로 고용한 조력자들 덕분이다. 그들 중 특히 문환 최Moon-hwan Choi, "오키Okky" 최, 지희 정Ji Hee Jung, 수연 킴Su Yun Kim을 거론하고 싶다. 나는 이 책에 인용된 한국어 텍스트들을 읽었으며 직접 번역했다. 그러나 내가 정확히 읽었는지를 확인해 준 이는 지희였다. 이 분들과 연구회에 감사한다.

이와 비슷하게 제2차 세계대전과 전후의 기억들을 내게 말해 준 일본계 미국인과 한국인들에게도 큰 도움을 받았다. 이 책에는 그중 몇 가지만 인용했지만, 그들은 호의를 갖고 나를 만나주고 나에게 이야기해 주었다. 덕분에 내 프로젝트에 포함되어 있고 현재 진행 중인 일들뿐만 아니라 내 연구의 윤리적이고 정치적인 의의에 대해서도 끊임없이 반성할 필요가 있다는 점을 계속 떠올리게 되었다. 나는 그 세대의 일본계 미국인 퇴역군인들, 징병 저항자들, 사회활동가들과 수년간 대화했다. 이들 중 특히 세드릭 시모Cedrick Shimo, 프랭크 에밀Frank Emil, 폴 츠네이시Paul Tsuneishi에게 감사한다. 그들의 독특한 관점에 놀랐으며, 그들이 일본계 미국인이 겪은 전시 경험에 대한 대안적 역사를 만드는 일에 관여하고 있다는 사실에 탄복했다. 이와 유사하게 제2차 세계대전에 참전했던 몇몇 한국인 퇴역군인들, 특히 김성수를 비롯해 태평양 연안 북서부에 거주하는 미스터 장과 그 부인 미시즈 윤(가명들임), 그리고 전상엽과 오랫동안 대화함으로써 큰 도움을 받았다. 그들의 활기와 정직함 덕분에 식민지 시기의 문서 자료나 시각 자료만 보고 쓴 것보다 더 진실에 가깝고 더 복잡한 이야기들을 쓸 수 있었다고 믿는다.

이 책을 완성하기까지 상당한 시간이 필요했다. 여러 나라에서 연구를 수행하기 힘들었을 뿐 아니라, 이 프로젝트의 방법과 틀을 발전시키는 일도 어려웠기 때문이다. 샌디에이고 캘리포니아대학의 학술평의원회로부터 받은 기금이 없었다면, 그리고 수업을 하지 않을 수 있도록 해준 몇몇 주요 장학금이 없었다면, 이 책을 끝내는 데 더 오랜 시간이 필요했을 것이다. 이미 언급한 후원들 외에 존 에스 구겐하임 재단John S. Guggenhein Foundation, 미국학술단체협회the American Council of Learning Societies, 국립인문과학기금the National Endowment for the Humanities의 여름 기금, 스탠포드 인문과학센터the Stanford Humanities Center(SHC)로부터 많은 기금을 받았다. SHC 스태프들의 유능하고 융숭한 보살핌을 받으며 호화롭게 한 해를 보냈다. SHC에서 내가 해야할 일은 여러 분야의 훌륭한 동료들과 시간을 보내면서 책 읽기에 전념하는 것뿐이었다. 당시 센터의 소장이었으며 몇몇 철학자와 이론가들에 대해 오랜 시간 토론하면서 내 작업을 위한 정보를 주었던 존 벤더 John Bender, 그리고 센터의 동료로서 아시아계 미국인의 역사 및 다른 주제들에 대해 시사점 많은 대화를 나누었던 고든 창Gordon Chang을 특기하고 싶다. 스탠포드대학에 머물 때, 기욱 신Gi-Wook Shin, 카렌 위겐Kären Wigen, 아시안 아메리카 워크숍Asian Americas Workshop 구성원들은 나를 몇몇 학술적·사회적 행사에 초대해 주었다. 덕분에 많은 것을 배울 수 있었으며 내가 폭넓은 스탠포드 커뮤니티의 일원이라고 느낄 수 있었다.

그동안 나에게는 일본, 한국, 미국, 캐나다, 호주, 영국, 유럽 대륙에서 연구하거나 발표할 아주 많은 기회가 있었다. 이름을 다 밝힐 수 없을 만큼 다양한 나라의 수많은 기관과 사람들이 나를 도와주었다. 이미 언급된 사람들에 덧붙여, (알파벳 순서대로) 에이치로 아즈마Eiichiro Azuma, 대니 보츠맨Dani Botsman, 레오 칭Leo Ching, 카터 제이 에커트 Carter J. Eckert, 조너단 홀Jonathan Hall, 제프 헤인즈Jeff Hanes, 임종명, 이타가키 류타板垣龍太, 김재용, 김경남, 기타하라 메구미北原惠, 고마고메 다케시駒込武, 에이세이 구리모토Eisei Kurimoto栗本英世, 콜린 리에

Colleen Lye, 에단 마크Ethan Mark, 아실 음벰베Achille Mbembe, 문호 정 Moon-Ho Jung, 니시카와 나가오西川長夫, 니시카와 신Nishikawa Shin, 오사와 마사치大澤真幸, 오타 오사무太田修, 비상트 라파엘Vicente Rafael, 찬단 레디Chandan Reddy, 앙드레 슈미트Andre Schmid, 슈메이 시Shu-mei Shih, 고 마리엄 실버버그Mariam Silverberg, 스테파니 스몰우드 Stephanie Smallwood, 석배 서Serk-Bae Suh, 다카기 히로시高木博志, 앨런 탠스만Alan Tansman, 도미야마 이치로富山一郎, 샌드라 윌슨Sandra Wilson, 샘 야마시타Sam Yamashita, 준 유Jun Yoo에게 특별히 고마움을 표한다. 샌디에이고의 캘리포니아대학에서는 많은 동료들이 동지애를 베풀었으며, 기꺼이 필요한 정보를 주고 격의없이 비판해 주었다. 그들 중 특히 루이스 알바레즈Luis Alvarez, 조디 블랑코Jody Blanco, 파티마 엘 타예브Fatima El-Tayeb, 옌 에스피리투Yen Espiritu, 로즈마리 조지 Rosemary George, 데이비드 구티에레즈David Gutierrez, 토드 헨리Todd Henry, 사라 존슨Sara Johnson, 커티스 마레즈Curtis Marez, 로디 레이드 Roddey Reid, 네이얀 샤흐Nayan Shah, 셸리 스트리비Shelley Streeby, 스테 판 다나카Stefan Tanaka, 데니 와이드너Danny Widener 등에게 감사드린 다. 이들은 모두 국가적 경계와 전통적인 학문 분야를 뛰어넘는 연구를 수행하는 보기 드문 학자들이다. 수년간 나는 캘리포니아대학 샌디에 이고캠퍼스의 역사, 문학, 민족학, 기타 몇몇 분야의 대학원생들에게 역사와 이론뿐 아니라 기타 수많은 것들에 대한 나의 이해 방식을 반복 해서 설명해 왔다. 이에 대해 학생들은 흥미를 보이며 여러 가지를 질 문했다. 학생들은 부가적인 자료와 관점을 일깨워 주기도 했는데, 이 책에도 반영되었을 것이다. 앤드류 바셰이Andrew Barshay, 브루스 커밍 스Bruce Cumings, 해리 하루투니언Harry Harootunian, 테사 모리스 스즈키Tessa Morris-Suzuki, 데이비드 파룸보 리우David Palumbo-Liu 등은 아주 긴 전체 원고의 두 번째 버전을 읽고 수정에 유용한 수많은 암시를 주었다.

이 책의 모든 장은 처음 출판된 것이다. 내 단편적인 연구들을 계속 출판하도록 허락해 주고 거기 사용된 자료들을 이 책에도 사용할 수 있게 해 준 일본, 한국, 미국의 많은 출판사들에 감사를 표한다. 이미 논의된 출판사들에 덧붙여 이와나미서점岩波書店과 그 편집자들인 고지마 기요시, 바바 기미히코, 하라 이쿠코에게도 특히 감사를 표하고 싶다. 이들은 오랫동안 나의 프로젝트를 지원했으며,《세카이》및 두 개의 이와나미 강좌 시리즈에 내 글을 실을 수 있게 해 주었다.[7] 캘리포니아대학 출판부의 리드 말콤Reed Malcolm, 칼리시아 피비로또Kalicia Pivirotto, 에밀리 박Emily Park은 나를 훌륭히 안내하고 격려해 주었다. 덕분에 나는 이 책이 포함되어 나온 시리즈의 편집자 역할에 익숙해질 수 있었다. 앨리스 포크Alice Falk는 원고를 아주 잘 교정해 주었다. 찾아보기를 솜씨 있게 정리해 준 라이언 모란Ryan Moran에게도 감사한다.

위의 언급을 통해 알 수 있듯이, 전 세계의 수많은 사람들과 기관들의 후원과 참여가 없었다면 나는 이 책을 쓸 수 없었을 것이다. 그러나 나는 오랫동안 나와 가장 가깝게(글자 뜻 그대로, 비유적으로, 또는 두 가지 의미 모두에서) 살아온 사람들에 대한 마지막 감사의 말을 아직 하지 않았다.

이스트 베이East Bay에 있는 내 친구들아, 언제나 유머로써 나를 북돋아 주어 고맙네. 내가 하는 것이 진짜 일임을 너희들에게 납득시킬 수 없었을 때 나를 비웃어준 것조차 고맙다. 부모님은 내가 이 책을 쓰는 데 왜 그렇게 시간이 오래 걸리는지 의아해 하셨을 테지만, 그럼에도 항상 내 일에 흥미를 보이셨다. 87세이신 아버지는 내가 자식답지 않게 내 이야기를 잘 하지 않으면, 내가 그간 무엇을 해 왔는지를 "구글하신다googles". 또한 부모님은 내가 집을 방문할 때마다 애써 최고의 일본(local) 음식을 만들어 주셨다. 어머니 건강이 안 좋아지신 후, 예전처럼 요리를 최고로 잘 하시지는 못하지만 말이다. 끝없이 감사드립니다.

여러 해 동안 내가 그저 한 명의 형제 이상으로 너희들과 잘 지낼 수 있도록 도와준 마리Mari, 겐지Kenji, 유리Yuri에게도 고마움을 표한다. 도시코Toshiko와 고 도시나오 요네야마Toshinao Yoneyama는 친척인 동시에 그만큼 내 친구이자 조언자이기도 했다. 즐겁고 재미있게 해 줘서 고맙다. 엔En은 이따금 내 작업에 관심이 있는 척만 했지만, 나는 그가 나에게 보여 준 끊임없는 관심 및 나를 꾀어 책상에서 벗어나도록 하는 능력에 감사를 표한다. 다른 누구보다도, 사반세기 이상 나의 파트너이자 나에게 여러 아이디어를 주고 후원해 주고 활동력과 건설적인 비판 등을 통해 계속 격려해 준 리사에게, 어떻게 적절히 감사를 표할 수 있을지 모르겠다. 내가 리사의 아이디어를 가로챈 것에 대해 그녀 및 다른 사람들이 나를 꾸짖을 것이라고 확신한다. 그 모든 비난을, 아니 그 이상의 것을 감수해야 할 것이다. 그저 학술적으로 인용하는 것만으로는, 나와 함께 생각하고 공부하면서 리사가 이 책과 내 인생에 베풀어 준 은혜와 우정의 공을 충분히 표현할 수 없다.

감사의 말을 마무리하며 나는 모든 오류와 서투른 해석들이 오로지 나의 책임이라는 상투적인 말을 반복하려 한다. 내가 몇몇 관습적인 역사적 해석들과 방법들을 전복하고 있다고 확신하는 그만큼이나 나는 지역적이고 초지역적인 훌륭한 장학금과 지원의 커뮤니티에 의지해 왔다. 나에게는 물심양면에 걸쳐 넘치도록 풍부한 특전이 주어졌다. 하지만 이 책은 거기에 조금밖에 부응하지 못했다. 그저 독자들이 이 책에서 가치 있는 무언가를 발견해 주기를 바랄 뿐이다.

차례

도해 목록

사진 및 그림

한국어판 머리말

오래전에 나는 근대 일본의 군대 및 군대의 〈총력전 제국의 인종주의〉를 연구하고 집필하는 동안 이 책이 한국어로 번역되기를 줄곧 희망했었다. 따라서 아주 감사하는 마음으로 이 서문을 쓰고 있다. 오랜 시간이 걸려 완성되었으며 분량도 상당히 많은 이 책을 이제 한국어 독자들이 읽게 될 것이라는 점은 거의 하나의 기적처럼 느껴진다. 그러므로 무엇보다도 먼저 내 영어 문장을 끈기 있게 한국어로 잘 옮겨 주신 번역자 이경훈 교수께 가슴 깊이 고마움을 느낀다. 또한 이 책의 출판을 수락해 준 푸른역사에도 감사드린다.

《총력전 제국의 인종주의》가 출판되기 전, 이 책의 분량에 대해 알고 있던 몇몇 친구들은 나에게 이 책을 두 부분으로 나누어, 조선에 대한 일본의 식민주의를 다룬 한 권과 일본계 미국인들을 다룬 또 다른 한 권으로 내는 것이 좋겠다고 말했다. 분명히 대부분의 독자가 각자의 입장에 따라 이 책의 한 부분보다 나머지 한 부분에 훨씬 더 큰 관심을 보일 것이다. 하지만 나는 이 책을 한 권으로 낼 것을 끝내 고집했다. 그것은 이 책의 가장 중요한 목적이 미국과 일본제국에 대해 동시에 생각할 것을 독자들에게 요구하는 것이었으며, 특히 일본 역사와 미국 역사에 대한 과거의 많은 학문적 논의들이 양 제국의 차이만을 강조해 왔다고 한 나의 논의에 주목하도록 하는 것이었기 때문이다. 차이점을 강조하는 논의들과는 달리, 나는 19세기 말부터 20세기 전반에 걸쳐 두 나라가 여러 측면에서 비교 가능한 국가이자 제국이었다고 주장해 왔다. 예컨대 미국과 일본은 세계의 그 어떤 나라보다도 자본주의와 근대 내셔널리즘의 가장 극적인 '성공' 스토리를 보여 주었다. 두 나라는 비교적 작거나 중간 크기의 제국들이었으며, 유럽 세력의 상대적 쇠퇴에 뒤이어 아시아 태평양 지역의 제국들로 번성했다. 미국과 일본은 소수자들과 식민지인들보다 다수 인구에 특권을 주었고, 여성보다 남성을 중시했으며, 현재까지도 세계에서 가장 강력한 군사력을 지닌 두 나라이다.

사실 미국과 일본 사이의 긴장이 파국으로 치달아 결국 전쟁으로 나아가게 될 정도로 고조된 것은 오직 1930년대 말부터 1945년까지에 불과했다. 그러나 두 나라가 적이었다는 사실에 초점이 맞춰짐으로 인해, 전쟁 전과 전쟁 중, 그리고 전후에 걸쳐 나타난 두 나라의 근본적인 유사성은 주목되지 못했다. 우리는 일본이 영국과 미국이 맺은 제국주의적 동맹의 초기 파트너였음을 기억할 필요가 있다. 그 파트너십은 영·미·일 동맹이라고 고쳐 부를 수 있을 만큼 아주 밀접한 것이었다. 미국, 영국, 일본은 서로를 돕는 조력자들이었다. 예를 들어 19세기에서 20세기로 넘어가는 몇 년 동안 이 나라들은 각각 필리핀, 남아시아, 조선에서 수행되던 타국의 식민지 기획에 간섭하지 않을 것에 동의했다. 이 책은 대공황의 여파로 동맹이 깨어졌을 때조차, 더 나아가 상대에 맞서 총력전을 벌였을 때조차 일본과 미국은 점점 더 닮아 갔다고 논의한다.

　이 책 전체에 걸쳐 내가 강조했던 미국과 일본의 유사함 중 하나는 두 나라 모두 내가 "거친 인종주의"라고 불렀던 것의 지배로부터 "친절한 인종주의"(이 각각은 프란츠 파농과 데이비드 테오 골드버그에서 빌려 온 것이다)가 우세해지는 방향으로 나아갔다는 사실이다. 나는 이 책을 읽는 독자들이 내가 두 가지 인종주의 형식으로써 말하고자 하는 바를 명확히 이해하기 바란다. 하지만 여기서는 "거친 인종주의"가 더 뻔뻔스럽고 죄의식 없는 인종주의의 한 유형을 가리키는 반면, "친절한 인종주의"는 평등을 공언하면서도 결국에는 인종주의를 재생산하는 차별의 한 유형임을 지적하는 것으로 충분할 것이다. 그러나 나는 "친절한 인종주의" 쪽으로 지배적인 담론이 전환되는 것에 대해 논의할 때조차, 그로써 "거친 인종주의"가 소멸되었다고 말하려 한 것은 아니었음을 미리 덧붙여 두려 한다. 사실 과거에나 현재에나 인종주의의 두 형식은 공존한다. '위안부' 시스템의 끔찍하고 인종주의적인 성 노예와 조선인 강제 노동은 조선인 및 다른 식민지 민족 주체(고쿠민, 국민)가 일본인과 평등하다고 선언하는 일과 나란히 존재했다. 대부분의 사람들이 고통 받고 있을 때에도, 이 평등 선언은 어떤 조선인들에게 예기치 않은 기회들을 부여했다. 일본계 미국인의 수용소 억류와 짐 크로우(흑인)의 혹독한 현실은, 미국이 인종과 무관하게 모든 시민들의 평등을 지지한다고 미국 정부가 선포했던 바로 그때에 발생했다.

　이러한 모순들은 미국의 거리들에서 오늘날에도 계속되고 있다. 거기에서는 가장 야만적이고 치명적인 형태의 폭력이 흑인, 무슬림, 그리고 그 외의 인종화된 사람들에게 매일 자행된다. 흑인 대통령이 있고,

인종차별을 명시적으로 금지하는 법률들이 있음에도 말이다. 하지만 이러한 미국에서도 멕시코 출신 미국인이나 무슬림 등의 집단 전체에 대해 헐뜯는 말을 한, 가장 노골적으로 인종주의적인 정치가들과 공직 지원자들조차 자기들은 절대로 인종주의자가 아니라고 주장할 수밖에 없다. 이와 비슷하게, 일본의 전후 헌법은 인종적 평등을 명시적으로 보장하고 있으며, 국가 지도자들은 일본이 소수자들을 차별하지 않는다고 선언해야 한다고 느낀다. 그럼에도 불구하고 일본에서 자이니치(재일) 한국인들과 신이민자 등은 '헤이트 스피치'를 포함한 여러 형태의 폭력들을 여전히 경험하고 있다. 실제로 오키나와 미군 병력의 75퍼센트와 더불어 일본의 전체적인 국가 방어 시스템 배치는 오키나와 사람들에 대한 차별에 근거하고 있다.

이 책은 주로 제2차 세계대전 시기에 대해 고찰하고 있다. 하지만 내한 가지 희망은 나의 경험주의적인 분석이 현재의 미국, 일본, 한국을 포함한 다른 공간들과 시간들에 대해 사고하는 데에도 도움이 되는 것이다. 그 점에서 탈식민주의 시대의 국가들이 종종 식민주의의 논리 바로 그것을 구사하고 있음을 언급하면서 이 글을 끝내는 것도 의미가 있을 것이다.

다카시 후지타니
토론토에서
2016년 10월 13일

영자 표기와 이름에 대해

현재 중국, 일본, 한국에 살고 있거나 예전부터 계속 살고 있는 사람들의 이름은 성부터 표시했으며, 그 외의 사람들은 반대 순서로 이름을 표시했다. 한국인(식민지 조선인)의 이름 표기는 맥퀸–라이샤워McCune–Reischauer 시스템을 따랐다. 그리고 일본인 이름 표기는 겐큐샤研究社의 사전에서 사용된, 수정된 헵번 시스템modified Hepburn system(修正ヘボン式)을 따랐다. 도쿄, 서울, 박정희 등과 같이 표준화된 영어 표기가 있는 경우나 대상자 본인들이 맥퀸–라이샤워나 헵번 시스템 식과 다른 표기 방법을 더 좋아한다고 스스로 밝힌 경우에는 예외로 했다(역주: 한국어 번역본에서 맥퀸–라이샤워 시스템 표기와 헵번 시스템의 표기는 거의 제시되지 않음).

나는 명명naming과 외국어 표기transliteration의 정치학에 대한 감수성을 드러내고자 했다. 그러나 당대의 시공간 내에서 보통 사용된 용어들이나 쓰임들도 회피하지 않았다. 일본계 미국인 수용소와 관련해 많은 운동가들과 학자들은 열 곳의 주요 장소에 붙여진 '수용소relocation center'라는 말이 소개와 억류에 내재된 억압과 폭력을 흐릿하게 하는 완곡어법임을 오랫동안 강조해 왔다. 나는 그러한 비판에 동의한다. 하지만 정부가 보기에는 수용소들이 자유주의적 가치들을 구현하고 있었다는 것이 이 책의 논점 중 하나이므로, 나는 '강제수용소concentration camp'라는 말을 거의 사용하지 않았다. 이와 마찬가지로 나치 수용소와 미국의 일본계 미국인 수용소가 근대의 정치적 합리성이라는 공통의 기반에서 비롯된 것이라고 믿고 있지만, 그럼에도 불구하고 그 둘을 하나로 묶지 않았다. 왜냐하면 앞으로 논의하겠듯이 전자가 수용된 사람들의 몰살로 곧장 나아간 반면, 후자는 일본계 미국인을 향한 경멸적 표현이나 폭력의 위협이 있었음에도 불구하고, 적어도 원칙상으로는 격리된 사람들을 백인 미국에 동화시키려 했기 때문이다. 따라서 대부분의 경우, 나는 일본계 미국인들을 가두었던 전시수용소의 다양한 유형을 지칭하기 위해 수용소의 특수한 형태들을 가리키는 공식적인 용어들, 즉 '집결소assembly center or camp', '수용소relocation center or camp', '격리수용소segregation center' 등등이나 더 포괄적인 용어인 '포로수용소internment camp'를 모두 사용할 것이다. 하지만 독자들은 내가 어떤 식으로든 공식적인 명명들을 묵인한다고 생각해서는 안 된다.

한국인(식민지 조선인) 이름과 한국 지명의 표기는 아주 예민한 정치적 이슈다. 일본의 식민지 정부는 모든 조선인들에게 일본화된 이름을 강요하고자 했다. 하지만 그뿐 아니라 전후에도 일본 정부는 재일한국인들에게 일본식 이름을 쓰라고 계속 압박했다. 그러나 나는 오늘날의 관점에서 바람직해 보이는 시대착오적인 말들을 쓰는 대신 당대의 가장 일반적인 명명 관습을 비판적으로 고찰하고자 하므로, 다음과 같은 방식으로 당대의 호칭들을 사용할 것이다. (1) 나는 가능한 한 한국인의 이름 읽기를 우선시할 것이다. (2) 이름들이 영화에서 발음될 경우, 조선인이건 일본인이건 간에 이름이 들리는 대로 표시했다. 식민지 말기 영화에서 조선인들의 이름은 통상 일본식 한자 발음으로 불렸다. 사정이 그러했으므로, 가능하다면 나는 적어도 이름이 처음 나올 때는 이 발음으로 표기하고 한국식 발음을 괄호 안에 제시했다. (3) 조선인의 이름이 텍스트에 적혀 있는 것으로만 존재할 경우, 일본인 독자들이 그 한자를 일본식으로 읽었을 가능성이 다분히 있음에도 불구하고, 일반적으로 한국식 발음을 사용했다. (4) 어떤 경우, 예컨대 조선인 동화주의자 작가들의 경우, 일본식으로 읽히기를 선호했을 듯하다. 그 사실이 확실히 알려졌거나 그렇게 추정되는 경우, 그들의 이름을 일본식으로 읽을 것이다. 이는 그런 식의 읽기transliteration로써 자기 자신을 일본인으로 만들려고 노력했던 주체의 위치를 가장 잘 포착할 수 있기 때문이다. 그러므로 예컨대 조선인 작가 장혁주가 일본인 저자로서 글을 쓸 경우, 나는 그를 주로 쵸 카쿠츄라는 이름으로 언급한다. 덧붙여 조선인 저자들이 새로 만든 일본식 이름과 자기 자신을 동일화하면서 글에서 그 이름을 일상적으로 사용한 경우, 그 이름을 그대로 사용했다.

자주 사용되는 약어들

- AC OF S: assistant chief of staff(참모차장)
- ASW: assistant secretary of war(전쟁성 차관보)
- CIG: Counter Intelligence Group(방첩대)
- GGK: Government−General of Korea(조선총독부)
- IR: infantry regiment(보병 연대)
- JAB: Japanese−American Branch(일본계 미국인과)
- JACL: Japanese American Citizen League(일본계 미국시민 연맹)
- JAJB: Japanese−American Joint Board(일본계 미국인 연합위원회)
- MID: Military Intelligence Division(군 정보사단)
- MIS: Military Intelligence Service(군사정보대)
- ONI: Office of Naval Intelligence(해군정보실)
- OPMG: Office of the Provost Marshal General(헌병감사무실)
- OWI: Office of War Information(전시정보국)
- WDC: Western Defense Command(서부방위사령부)
- WRA: War Relocation Authority(전시외국인수용소)

소수민족 병사들과
식민지 병사들, 그리고 거부의 정치학

나는 [조선인들 사이에] [독립을 추구하는 것보다] 일본과 제휴하는 것, 일본인이 되어 거기 섞여 들어가는 것이 더 좋을 것이라는 느낌, 즉 진짜로 일본인이 되는 것이 조선인들의 행복을 위해 더 나을 것이라는 느낌이 상당히 있었다고 생각합니다. ……이는 분명 터무니없는 생각은 아닙니다. 하와이의 일본인 2세들에 대해 생각해 봐도, 일본에게는 실례입니다만 일본이 모국이었음에도 불구하고 그들은 미국에 충성을 맹세했습니다. 이는 대단한 것이었습니다. 하와이 거주 일본인 2세.

다나카 다케오田中武雄(전 조선 정무총감), 좌담회, 〈고이소小磯 총독 시대의 개관—다나카 다케오 정무총감에게 듣는다〉(1959)

총력전 정부들의 인종주의와 인종주의 거부

개척적인 역사가이자 활동가인 우츠미 아이코內海愛子는 인기 있는 이와나미岩波 팸플릿 시리즈의 1991년도 기고문에서 종전 직후였던 어린 시절을 회고했다. 그 글에서 그녀는 아시아 태평양 전쟁 동안 육해군 병사로서 일본을 위해 싸웠던 한국인과 대만인에 대한 아무런 공적인 기억public memory도 떠올릴 수 없었다고 썼다. 그녀는 종전 직후 삶을 이어가려고 애쓰거나 아니면 그저 하루하루를 헤쳐 나가고 있던 주위 사람들을 기억했다.

그러나 그녀에게 이 소수민족 출신의 식민지 병사들ethnic and colo-nial soldiers에 대한 어린 시절의 기억은 전혀 없었다. "따라서 '전쟁'이 일상생활 속에 남아 있음에도 불구하고", "일본군이 한국과 대만 같은 식민화된 나라들로부터 군인을 징병했다는 것을 알 방법이 없었다. 나는 전후 일본 정부에 의해 일본 시민권을 일방적으로 박탈당했으며 그로 인해 아무 보상도 받지 못했던 김재창과 같은 남북한 사람들이 거리에서 내가 발견한 부상병들 속에 있으리라고는 전혀 상상하지 못했다"고 그녀는 썼다. 그녀는 전쟁으로 찢긴 도시의 거리에서 본 부상자들이나 불구자들 중에 조선인 병사들이 있었으리라고 추측했다. 그러나 그녀가 썼듯이 그녀에게 그들은 "보이지 않았다."[1] 이와 비슷하게 유명한 영화제작자 오시마 나기사大島渚는 일본군이었던 조선인 노병들에 대한 텔레비전 다큐멘터리(1963년 8월 방영)의 준비 작업을 시작했을 때, "일본의 거리에서 구걸하던 흰 옷 입은 모든 상이군인들이 조선인"[2]이었음을 발견하고 충격 받았다. 냉전의 해빙과 함께 1990년대 중반에는 그간 무시되어 온 아시아 태평양 전쟁에 대한 수많은 기억이 주류 미디어와 공적인 논의에 다시 등장하기 시작했다. 그리고 일본군의 학병 소집 50주년을 기념하는 출판과 텔레비전 특집이 쏟아져 나왔다. 하지만 역사가 강덕상은 그러한 때조차 학병으로 동원되었던 조선인들에 대한

총력전 제국의 인종주의

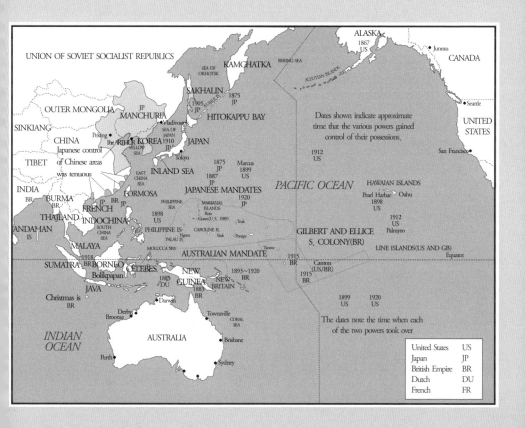

〈지도 1〉 극동과 태평양

제국주의 권력들, 1939년 9월 1일. 원래 컬러 지도였던 것(1941년경)을 그레이 스케일gray scale
로 바꿈. 미국 육군사관학교 사학과the Department of History, United States Military Academy
제공. 오늘날 여러 당사자들에 의해 합법적으로 논쟁이 되고 있을 터이지만, 아시아 태평양
전쟁을 지역 전체에 걸쳐 "자기 영토에 대한 통제력"을 획득한 제국들 간의 투쟁으로 보는 미
국 육군사관학교의 이해 방식을 반영하기 위해 모든 개념, 날짜, 철자법, 장소 이름은 원래의
것을 그대로 썼다. 예외는 범례인데, 이것은 그레이 스케일에 맞추기 위해 바뀌었다.

언급은 단 한 번도 없었다고 한탄했다.[3] 그의 추산에 의하면 학병 스무 명 중 한 명은 조선인이었는데도 말이다.

게다가 식민지의 소수민족 군인들은 야스쿠니 신사를 둘러싼 전후의 공적인 담론에서 눈에 띄게 배제되어 있다. 야스쿠니 신사는 군 복무 중 사망한 모든 사람의 영혼에 바쳐진 국가적 장소인데, 전후 일본의 총리대신들이나 다른 고위 공직자들의 야스쿠니 방문은 언제나 일본 내의 좌익과 국제사회의 지극히 합당한 항의를 강력히 촉발했다. 이 비판자들은 야스쿠니가 일본의 군사주의와 제국주의의 상징이며, 그곳을 방문하는 것이 과거에 대한 반성의 결여이자 현재의 책임 거부임을 잘 알고 있다. 이 비판자들은 이 전쟁기념관이 도죠 히데키東條英機 같은 확정된 전범들을 신처럼 모셔 왔음을 거의 매번 지적해 왔다. 하지만 공식적 (축소) 집계상 2만 1,181명의 조선인과 2만 8,863명의 대만인 전사자들 역시 야스쿠니에 안치되어 있다. 그리고 그 사실과는 상관없이 — 이는 일본이 이웃에 대한 침략 전쟁을 수행했을 뿐 아니라, 다민족적인 식민제국이자 국가였다는 불편한 사실을 상기시킨다 — 이 식민지 소수민족 군인들에 대한 침묵은 계속되고 있다.[4] 오키나와에 평화의 초석을 세운 건립자들은 그 기념물 위에 남자나 여자, 적이나 아군, 시민이나 군인 등 오키나와 전투에서 죽은 모든 참가자들의 이름을 새기고자 노력했다. 따라서 평화의 초석 위에는 사망자의 여러 이름이 이곳저곳 퍼져 나가는 불규칙한 모양으로 조각되어 있다. 심지어 그 기념물에조차 원래 이름이건 창씨개명한 이름이건 간에 조선인들의 수는 눈에 띄게 적다. 아마도 많은 경우, 한국의 탈식민지 상황과 '협력자(친일파)' 딱지 붙이기의 범람으로 인해 많은 한국인들은 일본군 군속이나 병사였던 가족의 기억을 삭제하고 싶었을 것이다.[5]

총력전 제국의 인종주의

이와 반대로 미국에서 일본계 병사들이 미국의 전쟁영웅 자격을 획득했음을 부정하기는 어려울 것이다. 분명히 100보병대대100th Infantry Battalion나 442연대 연합전투부대442nd Regimental Combat Team가 이룬 전쟁 공훈에 대해 오늘날 미국에 사는 모든 사람들이 다 알고 있지는 않다. 두 부대는 인종적으로 격리되어 거의 일본계 미국인들로 구성되었다. 그리고 그 부대원들은 미국 역사상 최고 훈장을 가장 많이 받은 전설적인 군인 집단이었다. 그러나 통역자와 번역자로 태평양의 전쟁 업무에 참가한 수천 명의 일본계 미국인들은 이보다 덜 알려져 있다. 나아가 상대적으로 많은 일본계 미국인 전쟁기념관과 기념물들을 모든 미국인들이 환영하지는 않았다. 예를 들어 2004년에 몇몇 파괴자들은 로스앤젤레스 리틀 도쿄에 있는 〈고 포 브로크(목숨 걸자) 기념물 Go for Broke Monument〉의 받침에 별 모양의 에칭을 긁어 넣어 기념물을 훼손했다. 그 기념 장소는 제2차 세계대전 중에 보인 일본계 미국인 병사들의 애국심에 경의를 표하기 위해, 그리고 헌법이 모든 미국인에게 시민으로서의 자유를 보장한다는 것을 대중들에게 환기하기 위해 1999년에 건립되었다.[6]

어떤 미국인들은 제2차 세계대전에서 보여 준 일본계 미국인들의 용맹함을 잊고 있으며, 이 기억 결핍은 현재 진행 중인 반 일본적이고 반 아시아적인 감정과 짝을 이룬다. 그러나 이로 인해 일본계 미국인 노병들, 그들의 자녀들, 그들의 찬양자들은 더욱더 2세 영웅주의Nisei heroism에 대해 다시 말하고 기념한다. 제2차 세계대전에 참전했던 일본계 미국인 노병들의 재회 행사와 기념식은 미국 전역에서 계속 거행된다. 캘리포니아의 몇몇 고속도로 이름은 100보병대대와 442연대 연합전투부대, 그리고 전시정보국에서 일했던 일본계 미국인들을 기념하기 위해 명명되었다. 로스앤젤레스의 일본계 미국인 국립박물관Japanese American National Museum 상설 전시와 특별 전시는 일본계 미국인 병사들의 이야기를 강조한다.[7] 1980년대의 아슬아슬한 시기에 일본계 미국인의 군사적 영웅주의에 대한 담론은 공적인 논의에서 더욱 두드러졌다. 그것은 1988년에 제정된 미국시민자유법American Civil Liberties Act의 강력한 촉진제로 작용했다. 잘 알려져 있듯이, 이 법은 수용소에 갇혔던 사람들 개개인에 2만 달러를 제공했다. 그리고 일본계 미국인들의 강제 수용에 대해 교육하기 위해 12억 5,000만 달러의 기금을 조성했다. 하원의 법안인 〈H. R. 442〉는 442연대 연합전투부대의 이름을 따랐다.[8]

1990년대를 거쳐 21세기에 이르기까지 전쟁에 대한 주류 담론들은 일본계 미국인의 강제 수용과 병역에 대해 적어도 어느 정도는 일정하게 언급하고 있다. 그런 현상은 정부 지도자들의 발언과 대중매체의 보도에서 모두 발견된다. 예컨대 조지 H. W. 부시 대통령은 진주만 공격 50주년에 대한 여러 기념사에서 일본계 미국인들의 경험을 이야기했다. 《뉴욕 타임즈》는 다음과 같이 보도했다. "그가 연설하는 모든 곳에서 그러했듯이, 대통령은 전시에 미군에 복무했던 일본계 미국인들을 찬양했다. 그리고 강제 수용된 사람들, 즉 '아무 잘못도 저지르지 않은 죄 없는 희생자들'에 대한 유감을 표현했다." 호놀룰루의 한 연설에서 아버지 부시 대통령은 다음과 같이 말했다. "이 땅은 많은 미국 노병들을 껴안는다. 우리 당국은 그들의 애국심을 불공정하게 시험한 바 있다. 이 사람들 및 다른 토박이 미국 시민들은 전쟁기의 강제 수용을 견뎠으며, 아무 죄도 범하지 않았다. 그들은 단지 조상이 일본인이라는 이유로 강제수용소로 보내졌다."[9] 최근에 그의 아들 조지 W. 부시 대

총력전 제국의 인종주의

통령은 동료 시민들에게 역사를 공부하라면서 2006년 5월을 '아시아/태평양 아메리칸 문화유산의 달Asian/Pacific American Heritage Month'로 선포했다. 부시가 말하는 역사에는 "우리 군대의 구성원으로서 자유를 지키기 위한 부름에 용감히 응해 온 수많은 아시아/태평양계 미국인들"[10]의 역사가 포함되어 있었다.

그러나 일본계 미국인의 강제 수용과 그 군사적 용감성이 미국의 주류 전쟁 기억에 혼입混入되는 양상을 가장 잘 증명하는 것은 아마도 국립 일본계 미국인 애국 기념물the National Japanese American Memorial to Patriotism일 것이다. 그것은 2000년 11월에 봉헌되어 워싱턴의 국회의사당에서 겨우 세 블록 떨어진 곳에 세워졌다. 그 기념물 한가운데에 놓인 동상은 두 마리의 두루미를 묘사하는데, 두루미들은 자기들을 속박하는 갈고리 달린 쇠줄에서 벗어나기 위해 발버둥치고 있다. 여러 벽중 하나에는 자기 나라(미국)를 위해 싸우다 죽은 800명 이상의 일본계 미국인 이름이 적혀 있다. 이 기념물의 의미는 애매모호하다. 전장과 후방에 있는 일본계 미국인들은 시민권이 침해되고 수용소에 강제 수용되었지만 모두 미국에 충성했다. 트루먼 대통령이 말했다고 전해지는 명언은 이렇게 일본인 2세 병사들을 기린다. "당신들은 적뿐만 아니라 편견과 싸웠다. 그리고 당신들은 승리했다. 그 싸움을 멈추지 말라. 그러면 우리는 이 위대한 공화국으로 하여금 헌법이 지향하는 바로 그것, 즉 모든 사람들의 항상적인 복지welfare를 추구하는 일에서 계속 승리할 것이다."[11]

미국에는 반 아시아 인종주의가 집요하게 남아 있으며 때때로 표출된다. 그리고 전시에 일본계 미국인들을 어떻게 대우했는가에 대한 기억으로 인해 그 일에 대한 공적인 재현은 물론 개인적인 회고조차 여전히 거부되곤 한다. 그러나 인종주의와 수용소 감금에도 불구하고 조국과 외국의 자유를 위해 영웅적으로 싸운 일본계 미국인들의 이야기는 전쟁에 대한 주류 담론과 기억 속에, 항상 편안하지는 않을지언정 어쨌든 주목할 만한 위치를 획득했다.[12]

세계는 미국과 일본의 소수민족 군인과 식민지 군인에 대해 아주 다르게 기억하거나 망각하는 경향이 있다. 하지만 이 책은 제2차 세계대전 중 그들을 국민 주체로 호명하고 병역에 동원했던 각각의 체제 및 이 체제 안에 놓인 병사들의 위상이 놀랄 만큼 유사했다는 점을 드러내 보이고자 한다. 나의 주요 목적은 몇몇 학자가 이미 착수했던 작업처럼 병사들의 영웅적이거나 비극적인 이야기를 상술하는 것이 아니다. 그보다 나는 국민국가의 형태를 기반으로 하면서도 인종적으로 차별 받는 인구들populations을 총력전 수행이라는 더 큰 필요 속에 편입시키려 노력함에 따라 변화하는 두 제국의 더욱 광범위한 작용들과 구조들을 고찰할 것이다. 그리고 그렇게 하기 위한 렌즈로 군인 생활의 두 장소를 활용할 것이다. 나는 병사들의 솔직한 역사를 말하는 일의 본질적인 중요성을 사소한 것으로 만들지 않기를 바란다.

나는 내 책이 그 점에서도 어느 정도 기여하기를 바란다. 하지만 그와 동시에 나는 이 병사들에 대한 논의, 정책, 재현이 우리에게 얼마나 많은 것을 말해 주는지를 보이고자 노력할 것이다. 이것들은 전시의 인종주의, 민족주의, 제국주의, 식민주의, 자본주의, 젠더 정책 및 가족에 대해 여러 가지를 알려 줄 것이다. 그리고 일본계 미국 병사와 조선계 일본 병사의 문제와 관련되면서도 그 자체를 훨씬 넘어서는, 태평양 양쪽에서 나타난 이슈들의 성격에 대해서도 많은 것을 보여 줄 것이다. 이 책의 주요 관심 중 하나에 대해 말하면, 나는 광범위한 사회적, 문화

적, 경제적 콘텍스트 안에 위치한 이들 '유색인 병사들soldiers of color'
에 대한 자세한 연구가 전시에 인종주의 유형이 극적으로 변화함을 조
명하는 데에 도움이 되기를 바란다. 이 인종주의의 유형은 배제의 형태
보다는 포용의 형태를 향해 가며, 따라서 내가 말하는 "거친 인종주의
vulgar racism"에서 벗어난다. 그것은 훨씬 세련되었으며 적어도 겉으로
는 확실히 덜 폭력적인 "친절한 인종주의polite racism"로 나아간다. 그
것은 두 나라의 체제를 특징짓는다.

이 책의 한 가지 주된 논점은, 두 식민주의적 제국(국가)이 인종화된
racialized 식민 주체와 소수자를 다루는 방법을 아주 유사하게 조정했다
는 것이며, 이는 총력전을 수행하기 위한 물질적이고 이념적인 필요 때
문이었다는 것이다. 또한 이를 통해 각각의 정치적 합리성 내부에 상대
방의 그것에 대응하는 상호 구성적인 변화들이 초래되었다는 것 역시
이 책의 주요 논점이다. 가장 중요한 사실은, 미국과 일본의 총력전 체
제가 공히 인종주의를 부인하고 거부하면서, 경멸당하는 인구들을 그
국가 공동체 안에 포섭하는 전략을 향해 결정적으로 전환했다는 점이
다. 이는 총력전을 운영하며 나치 체제가 취했던 인구 관리의 해결책과
대조된다. 나치는 영토를 공격적으로 확장했으며, 배타적으로 분절되
고 생물학적으로 상상된 "인종적인 복지국가racial welfare state"에 게르
만인으로 보이는 사람들을 포섭시켰다. 그리고 이는 독일제국Reich의
지리적 경계 내부와 외부에 사는 바람직하지 않은 인구를 멸종시키면
서 그들을 강제 노동자로 사용하는 일과 짝을 이루고 있었다.[13]

그러나 바로 그 시절에 미국과 일본의 체제는 영토적인 확장을 거부
했다. 그리고 대동아공영권the Great East Asia Co-Prosperity Sphere과 대
서양헌장the Atlantic Charter을 통해 제국주의의 탈식민주의적인 새 모

델을 시험했다. 그것은 모든 국민이 자결권을 가진다는 원칙하에 관리되었으며, 따라서 인종적인 평등의 표명과 잘 어울렸다. 전쟁 말기에 주요 식민지들의 통제를 강화하면서 일본의 체제가 확장된 것은 나의 이러한 파악과 모순되지 않는다.

　앞으로 살펴보겠지만, 일본은 대만과 조선을 일본 국가라는 하나의 확대된 개념 속에 점점 더 깊이 편입시켰기 때문이다. 달리 말해 일본은 대만과 조선을 국가화nationalizing함으로써 탈식민화했다. 그와 더불어 일본은 자신이 지배하던 다른 지역들이 사실상 자결권을 수행하고 있거나, 적어도 거의 그렇게 되어 있다는 외관을 주고자 열심히 노력했다. 그러므로 우리는 일본이 1932년에 수립한 만주국 괴뢰 정부가 형식적으로 독립된 국민국가였음을 인식해야 한다. 그리고 미국이 1934년의 타이딩스 멕더피 결의Tydings-McDuffie Act(필리핀 독립 결의)로써 탈식민주의적인 종속국client state을 건립하고자 한 것 역시 일본의 만주국 건립과 비슷한 실험이었음을 인식해야 한다.[14] 전후에 미국은 이 동일한 전략을 완성했지만, 일본에는 그 포기가 강제되었던 것이다. 따라서 나는 이른바 글로벌 헤게모니나 적어도 지역적인 헤게모니를 획득해 다양한 인구를 내적으로 통일시키려 했던 일본과 미국의 상호 보완적이고 상호 구성적인 계획 속에서 인종주의 거부가 각 총력전 체제의 목표를 위해 복무했다고 주장하려 한다.

　그러므로 나는, 몇몇 중요한 예외를 제외하고는 대부분의 학술적 저술과 일상적 상식의 경향에 반하는 방향으로 이 책을 서술할 것이다. 이 논의들은 전쟁 기간의 일본과 미국을 두 개의 전혀 다른 정치적 구성물인 양 구분하는 경향이 있다. 이 논의들은 미국을 포스트 뉴딜post-New Deal의 자유민주주의적이고 평등주의적이며 식민지를 거의 가지지 않은 나라로 보는 반면, 일본을 파시스트적이며 초국가주의적이거나 전체주의적인 인종적 패권의 지지자로 생각한다. 일본은 식민지 주체에 대한 억압자이자 아시아 태평양 지역 전체 사람들을 잔인하게 다루면서 미국에 대항해 불법적인 전쟁을 일으킨 팽창주의적인 제국이라는 것이다. 따라서 미국에서 제2차 세계대전은 자유와 민주주의를 위협해 온 일본 등의 세력에 맞선 "선한 전쟁good war"을 대표하는 것이 되었다.

이 지배적인 관점과는 반대로 나는 식민지의 인종화된 주체들에 대한 대우 및 그들에 대한 담론에 특히 주의를 기울일 것이다. 그렇게 함으로써 나는 이 두 전쟁 체제가 지닌 성격의 역사적인 수렴들historical conver-gences을 강조하고자 한다.[15] 나는 전쟁 시기 두 나라 다수파 인구의 인종적인 상식이 대체로나마 비교 가능한 방식으로 변화하기 시작했음을 확실히 밝히려 한다.

두 체제에서 명확히 인종적이거나 민족적인 불평등의 독트린에 기초한 정책들을 유지하기는 어렵게 되었다. 그리고 그런 견해에 대한 국가 지도자들의 공공연한 지지 표명 역시 점점 더 어려워졌다. 이는 미국과 일본이 인종주의를 확고히 제거하기 위해 쉽게 협력해 나아갔음을 뜻하지 않는다. 또 이는 두 나라에서 인종주의적으로 가장 거친 부류에 속하는 수많은 개인, 조직, 정부기관을 발견하기 어렵다는 사실을 의미하지도 않는다. 더 나아가 나는 인종주의의 거부로 인해 체계적인 인종적 폭력이 방지되었음을 암시하려는 것도 아니다. 오히려 내가 제시하고자 하는 바는 일본과 미국 정부에서 똑같이 활발하게 일어났던 인종주의 규탄이 다름 아닌 제2차 세계대전 기간 동안에 발견된다는 점이다. 즉 독일, 일본, 미국 및 다른 나라들에 의해 가장 무섭고 인종적인 동기를 가진 20세기의 몇몇 잔학행위들이 저질러진 그때에 인종주의는 규탄되고 있었다. 이 책에서 내가 분석하고 주장하는 것은 이러한 미국과 일본의 인종주의 및 인종주의 거부라는 쉽지 않은 양립가능성이며, 이는 오늘날 우리에게 남아 있는 전쟁 유산 중 일부라는 점이다.

프란츠 파농Frantz Fanon은 알제리 독립 투쟁의 맥락에서, 그리고 나치 홀로코스트Holocaust의 결과로서 인종주의의 성격이 변화했음을 예리하게 밝혔다. 파리에서 발표된 이 논의를 통해 파농은 어떤 모멘트를 웅변적으로 포착했다. 하지만 나는 미국과 일본이 이미 제2차 세계대전 중에 탈식민적 세계에서도 존속될 제국주의의 양식을 디자인하면서 그 모멘트에 도달했다고 믿는다. 파농이 지적하는 것처럼, 이는 경제적 착취의 형태 변화 및 그에 상응하는 '협력자들'의 필요로 인해 적어도 "생물학적 형태의 거친 인종주의"를 장식할 겉치레가 요구되었던 인종주의의 한 단계였다. 따라서 그는 다음과 같이 말한다.

그러므로 인종주의가 그 적의virulence를 잃는 것은 사람들의 마음이 진화한 결과가 아니다. 인종주의가 더 교묘한 형태를 추구하며 진화한 것은 어떠한 내적 혁명으로도 설명되지 않는다.

이 단계에 이르면 인종주의는 겉모습을 가장하는 일 없이는 나타나지 않는다. 그것은 명확히 드러나지 않는다. 인종주의자는 훨씬 더 여러 상황들 속에 숨는다. 그 타자들을 "느끼고" "들여다보며 이해하라"고 주장했던 사람은 자기 자신이 관찰되고 심판 받는 표적임을 발견한다. 인종주의자의 목적은 양심의 가책bad conscience에 사로잡힌 목적이 되었다.

그리고 "잠시 인종주의가 사라진 것처럼 보이기는" 했지만 그 외관은 하나의 환상이었다. 즉 "영혼을 진정시키는 이 허위의 인상은 착취 형태의 진화가 초래한 것일 뿐이었다. ……천차만별로 나타나는 동의와 지지에 호소하고 토박이들의 협조를 이끌어내야 할 필요성에 따라 여러 관계들은 좀 덜 노골적이고 좀 더 미묘하며 더욱 '계발된' 방향으로 수정되었다. 사실 이 단계에서 어떤 '민주적이고 인간적인' 이데올로기는 드물지 않게 발견된다." 더 나아가 발리바르Etienne Balibar 같은 최근 이론가들에 앞서 파농이 계속 지적하듯이, 이는 인종주의가 교묘한 형태로 변형된 단계였다. 이제 문화는 인종을 대리한다. 그가 말하는 "문화적인 인종주의cultural racism"는 새로운 지배력을 성취한다. 그리고 이러한 환경에서 "다소 예기치 않은 일"이 발생하기조차 한다. 다시 말해 "인종주의자 그룹은 억압받는 사람들 속에서 인종주의가 출현함을 지적하면서 이를 비난한다."[16]

"사람들 마음의 진화"가 아니라 결정적인 두 가지 현실적인 필요성으로 인해 미국과 일본의 총력전 체제는 스스로를 자유, 평등, 반제국주의의 진정한 수호자로 제시했다. 그리고 상대방을 의심할 나위없는 인종주의 세력이며 억압자일 뿐 아니라 그 인종주의의 폐기 역시 거짓이라고 지적하는 캠페인을 벌였다. 첫째로, 미국과 일본의 총력전 체제는 모두 유용한 모든 인적, 물적 자원을 합리적으로 관리하고 극대화하려 했다. 형식적이나마 인종주의를 폐기하지 않고서는 다양한 인구를 민간과 군대의 노동력으로 동원하는 데 성공할 수 없었다. 인구를 그저 노예 노동에 사용하는 대신 그들로부터 어느 정도 적극적인 협력을 얻고자 할 경우 특히 그러했다.

일본의 공식적인 식민지들은 전쟁 준비war effort를 위한 인적 자원의 커다란 저장소를 제공했던 듯하다. 조선의 인구만 해도 어림잡아 1940

년에 2,355만 명, 1944년에 2,510만 명이었다. 이는 일본 전체 인구의 거의 삼분의 일 규모였다.[17] 이와 비슷하게 그 한정된 인적 자원을 고려할 때, 미국의 총력전 체제는 가장 소외된 인구조차 무시할 여유가 없었다. 서해안에서 일본계 미국인들을 강제 소개시킨 지 얼마 되지 않아 미국의 정부기관들, 기업과 농업의 이해관계자들, 그리고 군대는 수용소에 갇혀 노동시장과 군 복무에서 기본적으로 제외되었던 일본계 미국인들이 유용한 노동 자원이었음을 깨닫게 되었다.

더 나아가 전쟁 기간 내내 식민지인들과 소수민족들을 동원함으로써 스스로를 강화했던 각 총력전 체제의 모델은 서로서로 상대편을 뒤따르도록 자극했다. 그리고 이는 상호적이며 다각적인 선동과 경쟁으로 특징되는 글로벌 시스템을 발생시켰다. 그러한 인구가 상대방의 전쟁 기구들war machines 속에서 효율적으로 활용되는 것을 두 적들이 관찰했을 때, 위험은 확실히 더 커지는 듯했다. 이들 체제의 거의 모든 지도자들은 인종적인 배타성으로 인해 민간과 군 노동력이 계속 고갈되고 있음을 목격했다. 그리고 자국의 그런 상태를 방치하면서, 그들의 적이 인종주의적 차별 철폐와 포섭 정책을 통해 더 강력해지는 것을 허용할 수 없었다. 예컨대 1944년 3월에 전쟁성 차관보였던 존 맥클로이 John J. McCloy는 전장에 더 많은 흑인들을 보내야 한다고 역설하면서 다른 나라의 경우를 언급했다. 그는 "유색인 인구의 비율이 아주 높고, 아주 낮은 지적 수준의 유색인 부대를 효과적으로 사용하는 다른 나라들의 예가 우리 앞에 있다. 그리고 상황이 어떻게 될지 모른다는 점에서, 우리는 우리의 니그로negro 부대의 사용에 대해 더 긍정적이어야 한다"[18]고 했다. 이와 유사하게 조선총독부는 조선인 지원병 모집과 관련된 추밀원의 질문을 예상해 준비한 문서에서 어떤 조선인 엘리트가 한 말을 예로 들었다. 글로벌 비전을 가졌으며 지원병 제도를 지지했던 그는 "대영제국은 초기부터 인도에 병역제도를 실시했으며, 인도인을 모병해 일선에 보낸 효과는 막대했다. 일본에 대한 조선의 지리적이고 군사적인 중요성이 대영제국에 대한 인도의 중요성보다 훨씬 더 큼에도 불구하고, 그동안 [여기에서] 지원병 제도가 전혀 실시되지 않았던 것은 개탄스러운 일이다"[19]라고 말했다.

동아시아의 신질서를 전망한 선언들 중 가장 유명하고 광범위하게 유통된 글 하나가 있다. 이 글은 총력전의 역사, 구조, 성격 및 총력전 제국들이 서로 경쟁하기 위해 무엇이 필요했는지를 아주 분명히 보여준다. 그것은 1941년 7월에 문부대신이 출간한 〈신민의 길臣民の道〉이다. 이 텍스트는 특히 제1차 세계대전 이전에 벌어진 전쟁과 그 이후에 벌어진 전쟁 사이의 질적인 차이를 강조한다. 예전의 전쟁은 완전한 무력전wars of armaments이었으며, 국가의 방어는 무기의 힘과 동일시되었다. 그러나 제1차 세계대전부터 전쟁은 통합된 전체적 힘을 동원하는 총력전이 되었다. 총력전에서 모든 활동은 불가분하게 상호 연관되게 된다. 전장과 후방이 통합된 전체가 됨과 동시에 엄청난 전쟁 물자의 소비는 국내 생산을 촉진한다. 외교, 경제, 사상, 과학 등 모든 분야의 싸움은 "전 국가의 통합된 힘의 전쟁"(국가총력전)에 참여하기 위해 '무기의 전쟁'과 결합한다. 그러한 환경에서 국민 전체가 전쟁 활동에 참가하면서 전장과 후방의 구분은 무너진다. 항상 전쟁을 준비할 필요가 있기 때문에 평화 시기와 전시의 일시적인 구분조차 흐릿해진다. 더 나아가 텍스트는 전쟁 중인 세력들 사이에 벌어지는 총력전 대비 태세의 상호 경쟁을 다음과 같이 묘사한다.

현재의 구주대전이 발발한 이래 모든 열강들은 그들의 총력전 체제를 채택하고 강화하기 위해 서로 싸우고 경쟁해 왔다. 영국, 미국 및 다른 데모크라시 국가들 역시 그들의 고도화된 민족 방위 국가를 서둘러 준비하고 있다. 대동아공영권의 지도자로서 도덕적 원칙에 입각한 세계를 재건설할 임무를 생각할 때, 우리나라는 급속히 우리의 총력전 체제를 완성해야 하며, 이로써 국책의 실현을 향해 나아가야 한다.[20]

미국과 일본이 인종주의를 거부할 수밖에 없었던 또 다른 분명한 요인은 그들의 공통된 전략이었다. 두 나라는 전쟁에서 승리해 전후의 글로벌 헤게모니를 잡으려 했으며, 그렇게 하지 못할 경우 적어도 지역 헤게모니를 확립하려 했다. 따라서 그를 위한 장기간의 목표를 세웠으며, 지원 세력을 얻기 위해 "유색인 동맹국들"을 동원하려 했다. 일본의 지도자들은 다민족적인 아시아 태평양의 제국을 더 이상 순수한 야마토大和 민족만의 배타적인 이데올로기에 기초해 설계할 수 없었다. 일본 정부가 나치처럼 인종적 순수성과 우월성이라는 단순한 이데올로기를 조장했다고 가정하는 논의는 아직도 드물지 않게 발견된다. 하지만 이미 여러 학자들, 특히 오구마 에이지小熊英二, 테사 모리스 스즈키, 나오키 사카이 등은 인종에 대한 20세기 일본의 다양한 담론이 종종 모순적이며 상당히 복잡함을 분명히 밝힌 바 있다. 얼마 전에 고마고메 다케시駒込武 역시 일본의 식민지 정책과 담론이 항상 내적으로 모순적이었으며 일관되지 않았음을 정확하게 고찰했다.[21]

모리스 스즈키는 이 문제를 다룬 1990년대의 연구들을 요약, 보충하면서 인종이나 민족과 관련된 근대 일본의 최소한 세 가지 사상적 계보

총력전 제국의 인종주의

를 확인했는데, 그중 두 가지는 오구마의 틀에서 끌어낸 것이다. 하나는 민족의 동질적이고 순수하며 우월한 성질을 강조했으며, 이는 통상 인종에 대한 '일본의 담론'을 대표하는 것이다. 다른 하나는 라틴아메리카 특히 멕시코 사람들이 말하는 "세계적 인종cosmic race"에 대한 이념과 아주 비슷하다. 이는 일본인의 능력이 인종적/민족적 요소의 다양성으로 이루어진 혼합 인종적인 성격에서 나온다는 생각을 지지했다. 세 번째 것은 나오키 사카이와 에티엔 발리바르 같은 보편주의 비판자들도 천착한 바 있는 그런 형태에 속하는 것이다. 그것은 인간 발달의 중심으로서 일본의 우월성을 강조했다. 이는 인간성을 보편화했을 뿐 아니라, 보편적이고 가장 진보된 중심으로부터의 상상적 거리와 연동된 위계질서를 만들어 냈던 논리다.[22]

내 책은 인종에 대한 근대 일본의 이해를 논한 이 통찰들에 공명한다. 일본은 탈식민주의적이고 다민족적인 국민국가 및 제국을 향한 야심을 가지고 있었다. 그리고 이로 인해 공식적 담론들은 다른 민족들, 특히 조선인과 공유된 인종적 계보를 더욱 강조하게 되었을 뿐 아니라, 노골적으로 인종적인 사고 및 피의 상징성을 모두 부인하게 되기조차 했다. 이 책에서 나는 그러한 야심이 순수한 인종으로서의 일본인을 논하는 담론을 퇴각시키도록 강제했던 하나의 핵심 요소였다는 주장을 견지할 것이다(파농을 상기할 것).

일본제국의 전략적인 인종주의 거부에 자극받은 미국의 지도자들은 일본에 발맞춰 점점 더 무의식적으로 인종주의를 규탄하게 되었다. 그런 제스처는 그들이 종종 "황색인과 갈색인"이라 부르던 사람들이 사는 여러 지역에서 미국의 이익을 촉진하기 위해 필요했다. 그러한 시각은 아키라 이리예Akira Iriye나 좀 더 최근의 제럴드 혼Gerald Horne 같은 학자들의 초기 통찰과 맞아떨어지는 것이다. 그러나 이들은 미국과 영국을 포함한 백인 연합국들이 스스로를 인종적 평등에 전념하는 나라로 제시해야 했다는 점, 즉 아시아 태평양의 인종주의적 제국주의자인 백인에 대한 유색인종의 공동 저항을 호소한 일본에 대응해야 했다는 점을 충분히 파악하지 못했다.[23]

1943년에 미국 의회가 중국인들에 대한 법적인 이민 배제를 폐기하고 그들에게 백인으로 인정되는 사람들이나 아프리카계에 마련되었던 권리인 귀화의 가능성을 부여했다는 사실 역시 일반적으로 알려져 있다. 그런데 이는 주로 "아시아인을 위한 아시아"를 주장했던 일본의 선전에 대항하기 위한 것이었으며, 특히 미국과 중국의 동맹을 강화하기 위한 것이었다. 또한 이는 전후에 중국과 밀접한 경제적 관계를 맺기 위한 기초 공사이기도 했다.[24]

그러나 나는 이 일반적인 관점을 복잡하게 만들고 싶다. 그러기 위해 미국이 일본과 야만적인 전쟁을 벌이면서 일본계 미국인들을 수용소에 가두고 있던 그때에, 그 지도자들과 미디어는 아이들이나 민간인들까지 포함되는 '적국인'의 살해 및 적국인과 동일시된 미국의 소수자들(고아들까지 포함된)에 대한 감금이 인종적인 동기를 지닌 것이 아님을 보여 주기 위해 점점 더 노력할 수밖에 없었음을 논의하려 한다. 실제로 전시에 일본계 미국인들은 두드러져 보였다. 더구나 그들은 수용되어 있었다. 따라서 미국은 자국의 인종적 소수자들과 전 세계, 특히 아시아의 유색인들에게 적의 인종에 대해서조차 인종주의를 발휘하지 않았음을 긴급히 보여 주어야 했다. 따라서 제2차 세계대전 중 통용되던 아시아인 소수자들에 대한 생각, 즉 미국에 거주하는 중국, 필리핀, 남아시아인들은 각각의 출신국과 동일시되는 경향이 있었으며, 그 나라들이 연합국과 관계하고 있기 때문에 혜택을 받은 반면, 일본계 미국인들은 적과의 결합으로 인해 고통 받았다고 하는 통상적인 관점이 완전히 정확한 것은 아니다.

일본계 미국인을 포함한 미국 내 모든 소수자들의 운명은 미국을 그어떤 인종적, 민족적 소수자도 차별하지 않은 나라로 재현하려 했던 더 광범위한 프로파간다와 연결되었다. 이런 의미에서 1952년에 일본인의 귀화를 허용했던 맥카렌 월터 법the McCarren Walter Act은 적국과 동일시된 사람들을 차별해 왔던 인종주의적인 전시 정책의 단순한 역전이 아니었다.

그 대신 이 법령은 1943년에 중국인에게, 1946년에 필리핀인과 인도인에게 귀화 자격을 주었던 조치들처럼, 1945년이라는 분수령을 가로지른 흐름의 한 부분이었다. 다시 말해 그것의 목적은 국가 계획에 더 다양하고 많은 수의 사람들을 동원하는 것이었으며, 유색인 동맹국들을 획득하는 것이었다. 물론 인종주의적 살해와 차별은 전쟁 기간 내내 계속되었다. 그러나 내가 세우고자 하는 논점은, 비록 많은 인종주의자들이 파농이 말하는 "양심의 가책"에 사로잡혀 있지는 않았다고 할지라도, 적어도 총력전을 이끄는 사람들은 일본의 프로파간다 기구가 일본계 미국인을 포함한 미국 내 소수자들에 대한 차별을 활용해 일본을 전 세계 유색인들의 진정한 해방자로 내세울 수도 있으리라는 공포에 시달렸다는 사실이다.

전쟁의 한가운데에서 미국 정부와 군대의 고위 관료들은 서해안에서 일본계 미국인들을 제거한, 명백히 인종주의적인 조치조차 인종주의 때문이 아니라 단지 군사적 고려 때문에 일어난 일이었다고 소급해서 주장하지 않으면 안 되게 되었다. 통전기通戰期(the transwar years·2차 세

계대전부터 냉전이 최고조에 이르렀던 시기)에는 대량 파괴 무기의 사용
조차 군사적 필요의 논리에 의해 결국 정당화되어야 했다. 그것은 비인
간으로 보이는 적을 절멸하기 위한 단순한 수단으로 생각되지 않았다.

제2차 세계대전 동안 일본과 미국이 점점 더 비슷해졌다는 논의는
전쟁에 대한 대부분의 학술적이고 상식적인 이해와 상충한다. 그러나
약간의 의미심장한 예외들이 있다. 이 책과 가장 관련이 깊은 작업은
존 다우어John W. Dower의 고전 《자비 없는 전쟁War without Mercy》[25]이
다. 이 책은 제2차 세계대전의 발발, 진행, 그 사후 결과에 미친 인종주
의적 폭력에 대한 강력한 논의를 펼치고 있다. 그리고 일본의 인종주의
와 미국의 백인 인종주의 모두에 대해 탁월하게 고찰하고 세세하게 질
문하며 그 어느 편에도 도덕적인 우위를 허용하지 않는다. 더 나아가
다우어는 국사國史 쓰기의 전통적인 틀에서도 벗어나 있다. 역사적 방법
을 명확하게 이론화하기보다는 실례를 들어 제시하는 수사적 전략을 취
하면서도 말이다. 한편 그의 초국가적인 관점은 두 나라의 역사가 어떤
식으로 불가분하게 얽혀 왔으며 또 어떤 식으로 계속 그러한가를 볼 수
있게 해 준다. 예컨대 그는 흑인들, 미국 원주민들Native Americans, 아시
아계 미국인들에 가해진 미국의 인종주의가 일본의 팽창주의를 정당
화할 알리바이로 작용했음을 납득할 수 있게 해 주었다. 역으로 그 국
민들, 즉 국가와 천황을 충성스럽게 섬기며 "하나로 뛰는 심장들"의 균
열 없는 화합을 말한 일본의 선전은, 짐승이나 벌레 같은 적의 심성에
대한 인종적인 스테레오타입들로 바뀌어 미국에서 재출현했다.

하지만 그의 텍스트가 제2차 세계대전에 대한 가장 중요한 책 중 하
나라는 바로 그 사실로 인해, 즉 이 책이 태평양을 횡단하는 역사 쓰기
의 대단히 중요한 모델이며 학교 수업과 학술적 저술에 엄청난 충격을

주었다는 점 때문에, 나는 내 책이 다우어의 책을 넘어설 필요가 있음을 느낀다. 나는 이 책의 두 가지 면에 대해 불편함을 표시하겠다.

첫째, 다우어는 '문화와 인격' 및 '민족성'에 대한 비교문화적인 연구에 종사한 루스 베네딕트Ruth Benedict 등의 전시 문화인류학자들에 대해 여러 번 날카롭게 비판한다. 그러나 그는 전시 및 전후의 사건들을 설명하기 위해, 문화인류학자들처럼 일본 문화에 대한 비역사적인 이해에 너무나도 자주 의지한다. 다우어에게 순수성과 오염(타락)에 대한 일본의 관심, 흰 색에 대한 편애, 위계적인 구도 내의 적절한 위치에 자신과 타자를 위치시키는 경향 등은 모두 20세기 일본의 자기 및 타자 인식의 독특성을 설명해 주는 고대의 오래된 문화적 코드들이다. 그는 이 '지각의 일본적 양식들Japanese modes of perception'이 그가 고대, 전통적인 것, 몇 세기에 걸친 것과 동일시하는 과거와 '민간 신앙'[26]에서 기원한다고 설명한다. 이때 '민간 신앙'은 과거를 민중의 위치와 결합시키는 하나의 크로노토프chronotope로 작용한다.

가장 납득할 수 없는 것은 다우어가 제2차 세계대전 시기 및 그 이후에 일본인들이 이방인이나 '외부자'에 대한 민간의 고유한 이해를 통해 그들의 적인 미국인을 파악했다고 주장하는 점이다. 일본인들은 그들이 먼 옛날부터 방문해 왔다고 믿는 낯선 신들stranger gods(まれびと・나그네)과 마찬가지로 이 타자들이 불길한 성질과 호의적인 성질을 모두 지녔다고 상상했다. 원래 '외부자'는 불길한 동시에 호의적이므로, 일단 점령군이 도착하자 예전에는 "귀축鬼畜"이던 미국인들은 쉽사리 은인들benefactors로 다시 상상되었다.

구조주의적 인류학과 일본의 토착주의적nativist 민족지학에 크게 영향 받은 이 비역사적이고 문화주의적인 분석은 몇 가지 점에서 문제가 있다. 가장 중요한 것은 이러한 분석으로 인해 근대의 국가, 사회, 제국에 일반적으로 나타나는 근대성 일반의 문제로서 인종주의를 완전히 폭로할 수 있는 진정한 가능성이 차단된다는 점이다. 다우어는 20세기 일본과 미국의 인종주의를 비판하기 위해 경외심이 들 정도로 노력한다. 그러나 결국 그는 일본의 인종주의를 타자성에 대한 일본의 독특한 이해가 낳은 신기한 결과로 생각한다. 그리고 일본의 타자 이해는 역사가 진행되는 동안 거의 변하지 않은 것처럼 보인다. 《자비 없는 전쟁》에서 오염(타락)에 대한 고대적 집착, 근대 초기에 유럽인들을 개 같은 발과 이상하게 생긴 남근을 가진 존재로 재현한 일, 20세기에 루스벨트와 처칠을 악마 같은 인간들로 상상한 일 등등, 인간적 차이에 대한 이질적이고 역사적으로 불연속적인 이 모든 이해 사례들은 어쨌든 동일한 근원적 문화가 여러 가지로 발현된 것인 양 제시된다.

이러한 관점은 문제가 있다. 이는, 루스 베네딕트와 그녀의 동료들이 그러했듯이 "일본"이 널리 퍼진 개념으로 존재하기도 전부터 민족문화가 일관성을 지녔던 것처럼 전제하며, 그로써 일본 내의 문화적 차이를 무시할 뿐 아니라 문화는 기본적으로 변하지 않는다고 가정하기 때문이다. 다우어는 인종주의를 효과적으로 비판하면서 때때로 미국과 일본의 인종주의적 현상의 유사성에 주목하게 한다. 그러나 아마도 가장 중요한 것은, 그가 궁극적으로는 일본 문화에 대한 광범위한 일반화에 의지함으로써만 해독될 수 있는 하나의 수수께끼로서 근대 일본을 재생산하고 있다는 점이다. 《자비 없는 전쟁》은 우리로 하여금 비교 가능한 근대 국가로 미국과 일본에 대해 생각하게 한다. 하지만 그렇게 할 때조차 다우어는 "최종심급으로서의 문화"라고나 할 만한 것에 의지함으로써 미국과 일본의 근대성이 다르다는 관점을 부활시켰다. 요컨대 다우어는 부지불식간에 그가 비판했던 '민족성' 학파의 인류학자들이 도입한 방법론을 따르면서, 비교할 수 없는 두 개의 문화 단위들로 일본과 백인 미국을 재생산했다. 발리바르의 표현을 바꿔 말하면, 문화를 변하지 않는 것으로 보는 그러한 이해는 최악의 경우 생물학적 인종과 아주 유사한 방식으로 차이를 자연화할 수 있다.[27]

둘째, 나는 미국과 일본이 수행한 선전의 의도되지 않은 효과와 결과들을 다우어보다 더 심각하게 받아들인다. 나는 정책 입안자들의 의도들intentions을 무시하지 않는 한편, 미국과 일본이 인종주의적인 차별을 저지르지 않는 국가나 제국인 것처럼 행동했던 개인들과 기관들의 효과들effects도 고려한다. 인종이 생물학에 기초를 둔 것처럼 행동하는 일이 실제적인 힘을 가지듯이, 인종주의를 실천하지 않는 것처럼 행동하는 일, 특히 가장 명백히 드러나는 인종차별의 행태들을 조정해야 하도록 만드는 일 역시 실생활상의 결과를 낳는다.[28] 그러므로 다우어가 국내에서 인종주의가 횡행하고 있으면서도 그와 동시에 전쟁을 수행하기 위해 아시아의 동맹국들이 필요했던 미국의 모순적 상황을 날카롭게 보여줌에도 불구하고, 나는 일본과 미국의 인종주의 거부에 대한 분석을 더욱 심화시키고자 한다.

특히 나는 두 나라의 인종주의 거부가 식민지의 소수민족 군인들을 동원하고, 미국과 아시아 태평양 지역의 다양한 인구로부터 일반적인 협력을 획득하려는 아주 실용적인 목적에서 비롯되었지만, 다른 한편으로는 또 다른 결과들도 낳았음을 설명하고 싶다. 즉 일단 그런 공식적 인종주의 비난이 국가 이데올로기의 중심적 구성 요소가 되면, 모병 장소 같은 곳에서 예전의 형태로 차별적인 정책과 행위를 유지하기는 점점 더 어려워진다. 이는 미국에서 그러했듯이 일본에서도 그러했다.

따라서 일본의 전쟁 기구가 순수한 야마토 종족의 패권을 주창하는 인종주의적 이데올로기에 의해 추동되었다는 다우어의 주장과는 달리, 그러한 이데올로기는 전쟁 말기에 식민본국metropole, 공식적인 식민지인 조선과 대만, 미크로네시아, 종속국인 만주국 등 제국 내 대부분의 지역에서 희미해지고 있었다.

나는 순수한 야마토 종족에 관한 담론의 모든 흔적이 군대, 정부 지도자들, 관료의 실세 집단은 물론이거니와 공적인 시야에서도 사라졌다고 주장하려 하지는 않는다. 그러나 일단 총력전의 실용적이고 물질적인 요구가 식민지인들의 협력과 참전의 필요성을 촉진하게 되자 담론과 구체적인 정책들은 더 이상 조선인과 다른 식민 주체들을 차별하여 국가 공동체로부터 배척할 수만은 없게 되었다. 내가 주장하려는 것은 이 사실이다.

이러한 변동은 다우어가 인용했던 핵심적인 텍스트들 중 하나가 전쟁 말기에 어떤 운명에 처하게 되는가를 보면 명확히 알 수 있다. 다우어는 《야마토 민족을 중핵으로 하는 세계 정책의 검토大和民族を中核とする世界政策の檢討》를 인용하면서, 일본인들이 스스로를 우월한 종족이라고 보고 그 종족적 순수성을 보존할 긴급한 필요성이 있다고 믿었음을 증명하고자 했다. 그가 설명하듯이 이 텍스트는 1943년 7월 1일 이전에 완성되었으며, 후생성 연구부 인구 민족 부서와 연결된 연구자 집단이 생산한 방대한 양의 연구로 구성되었다. 다우어는 "야마토 민족이 그 당시에 특별히 세력을 지녔다고 믿을 이유는 없다"는 점을 기꺼이 인정한다. 하지만 무엇보다도 그는 이 텍스트가 당대에 널리 퍼졌지만 여전히 "애매하게cryptically" 표현되어 있었던 수많은 전제들을 명백하고 구체적으로 표명했다고 믿기 때문에 한 장 전체에 걸쳐 이 문서에

대해 논의한다.[29]

분명히 다우어는 이 텍스트의 저자들과 나치 이데올로그들이 몇몇 관심사를 공유했다는 점을 설득력 있게 설명한다. 종족 집단은 피, 역사, 정치 형태, 문화 등에 기초하고 있으며, 우월한 종족은 그 순수성을 보존해야 한다는 믿음도 거기에 포함된다. 일본에서 이는 열등한 민족들에 의한 오염으로부터 일본 민족을 보호하는 정책을 취하라고 집요하게 주장하는 일과 함께 대동아공영권 내 민족적 위계질서의 최상위에 놓인 일본의 위치를 긍정하는 일로 번역되었다. 하지만 이 텍스트에 대한 다우어의 분석은 불완전할 뿐 아니라 어느 정도 오해를 불러일으킨다. 제국과 식민지 정부는 야마토 민족의 보존과 관련해 이 연구가 제안한 가장 중요한 몇몇 정책들을 무시했기 때문이다. 《야마토 민족을 중핵으로 하는 세계 정책의 검토》는 조선과 대만 출신의 식민지인들과 일본인의 과도한 접촉, 즉 민족 간 결혼과 군대 내의 혼합 등을 경고했다. 그러나 육해군에 동원된 조선인과 대만인의 수는 계속 증가되었다. 이는 내 책의 입장을 잘 뒷받침해 준다. 사실 일본 내각은 1942년 5월보다 일 년 이상 앞서 이미 조선인의 징병 실시 결정을 공식적으로 인가했다. 그리고 1944년에 시작되는 징병제 실시를 위해 조선인들을 준비시키는 데 엄청난 노력을 기울였다. 《야마토 민족을 중핵으로 하는 세계 정책의 검토》가 완성된 지 겨우 두 달 후인 1943년 9월에, 내각은 1945년부터 대만인도 징병될 것이라고 발표했다. 게다가 식민지인 육해군 병사들은 민족적으로 분리되지 않은 통합된 부대에서 일본인들과 함께 복무할 것이었다.

또한 조선총독부는 조선인과 일본제국인의 이종족 간 결혼을 공식적으로 장려했다. 이는 다른 대부분 식민 정부의 정책과 구별되며, 반

反이종족결혼법state antimiscegenation laws이 예외없는 규칙이었던 미국과는 완전히 다른 입장이었다. 나는 이후의 장에서 인종주의적 사고와 그 폐기 사이의 모순이 어떻게 타협되었는지에 대해 자세히 논의할 것이다. 하지만 여기서는 일단 전쟁의 긴급함으로 인해 인종주의적인 차별을 부인하고, 더 나아가 차별 폐지의 진실성을 구체적인 정책으로 증명하는 일이 점점 더 필요해졌음을 지적하겠다. 이 현실적 요구는 순수한 야마토 민족 담론이 엘리트 내부, 그리고 외부의 많은 사람들 마음속에 작용해 왔던 것만큼이나 강력했다. 그 요구는 순수한 일본인이라고 여러 번 인정된 조선인 및 대만인과 관련된 공식적인 담론과 정책에서 특히 거세게 나타났다.

왜 일본계 미국 병사와 조선계 일본 병사인가?

일본계 미국인 및 확대된 "일본" 개념 내의 조선인에게 부과된 병역은, 미국과 일본에서 인종적이고 민족적인 차이의 관리 방식이 어떻게 변화하는가를 고찰하게 하는 특히 의미심장하고 설득력 있는 장을 제공한다. 두 나라는 글로벌한 무대에서 인종주의를 거부하는 것처럼 연기해야 했으며, 군대의 인력 수요를 충족시키기 위해 이들을 병사로 모집해야 했기 때문이다. 이 절박한 문제로 인해 두 나라는 군대 안팎에 실제로 존재했던 차별에 예기치 않은 방식으로 맞서지 않을 수 없었다. 더 나아가 군대의 인력 문제는 전반적인 인적 자원의 필요와 더불어 민간과 군의 노동력 부족에 대한 공포가 점점 심각해지면서 고려되었다.

이 군인들이 왜 자신과 자신의 커뮤니티를 비웃음과 혹독한 착취의 대상으로만 여기는 정부를 위해 싸우겠는가? 최소한 동등한 기회가 주어질 것이며, 성과에 근거해 지위가 상승할 수 있다는 표면적인 기준이라도 강력히 제시할 필요가 있지 않았겠는가? 미국의 일본인 소수자들과 일본제국의 조선인들에게 두 정부는 인종주의가 작용하지 않을 것이라는 무언가 구체적인 신호를 더욱 폭 넓게 보여 주어야 하지 않았겠는가? 그렇지 않고서야 어떻게 이 소수민족 군인들이 총구를 잘못된 방향으로 돌리지 않으리라고 믿을 수 있겠는가? 그렇게 하지 않고서야 이들이 다수자인 일본인 또는 백인 군인들을 불신하여 그들과 싸우거나 그들에게 협력하기를 거부하지 않으리라고 확신할 수 있겠는가? 만일 그런 일이 발생할 경우 그것은 효율성을 크게 파괴할 것이다.

두 나라 정부가 이 유색인 병사들을 모집한 목적 중 하나는 그들이 인종적 평등을 신봉함을 세계에 보여 주는 것이었다. 따라서 차별적인 정책들을 철폐하는 쪽으로 나아가는 중요한 조처를 취함으로써 인종주의에 저항한다는 증거를 선취할 필요가 있지 않았겠는가? 그렇게 하지 않으면 하극상, 탈영, 징병 기피, 군대 내의 인종이나 민족 갈등 등이 발생해 군의 효율성과 선전 계획이 위태로워질 것이다. 게다가 앞으로 살펴보겠듯이, 이러한 필요성으로 인해 군대와 민간의 지도자들, 관료들 및 그들을 지원했던 많은 사람들(작가, 영화제작자, 사회과학자, 미디어 종사자들)은 혼신의 노력을 기울이지 않을 수 없었다. 그들은 인종적으로 차별 받는 사람들과 전 세계의 잠재적인 유색인 동맹국들에게뿐 아니라 두 제국의 다수자들에게도 그들의 나라가 인종적 평등에 헌신했음을 증명하고자 했다. 그렇게 하지 않았다면, 미국인으로서의 일본인이나 일본인으로서의 조선인이라는 상상 전체가 거짓으로 보였을 것이다.

조선은 일본의 가장 큰 공식 식민지였으며, 민간과 군대의 노동력을 동원할 수 있는 일본 외부의 가장 중요한 원천이었다. 따라서 전쟁을 위해 조선인의 민족적 차이를 관리할 필요가 있었음은 의문의 여지가 없었다. 1장에서 아주 자세히 살펴보겠지만, 육군이 조선인 특별지원병 제도를 운용하기 시작한 1938년부터 21만 4,000명 이상의 조선인들이 일본 육군과 해군에서 복무했다. 이 총수에는 1944년과 1945년에 징집된 약 19만 명의 조선인들이 포함된다. 처음에 대부분의 병사들은 조선에 주둔한 군대(조선군)에 들어간 후 필요에 따라 전출되었으며, 이런 식으로 육해군은 군사력 전반에 이 사람들을 보급했다. 그 밖에도 일본군은 15만 명 이상의 조선 민간인들을 고용했다. 일본어로 군조쿠軍屬(군속)라고 불린 이들은 운전사, 통역자, 안내인, 인부, 건설노동자, 감옥의 간수 등이었다. 이들 중 많은 사람은 육해군 정규 병사들이 처한 것만큼이나 위험한 조건에서 일했다.[30] 전부 합해서 36만 명 이상의 조선인들이 1938년부터 1945년까지 군인 및 군속으로 일본제국의 군대에서 복무했다. 1939년에 미군 전체에서 복무한 사람이 겨우 45만 8,000명이라는 사실을 생각할 때, 이는 놀라운 숫자다.[31] 그리고 전후에 이들에 대한 기억이 상대적으로 적었다는 사실은 그 많은 인원수보다도 더욱 놀라운 일이다.

이와 비교해 제2차 세계대전 기간 동안 군대에서 복무한 하와이와 미국 본토 출신 일본계 미국인의 수는 다소 적어 보일 것이다. 공식·비공식 역사는 종종 전쟁 기간 동안 군에 복무한 모든 일본계 미국인의 합계를 "대략 3만 3,000명"으로 어림잡는다. 하지만 이 수는 1940년 7월 1일부터 1946년 11월 30일까지 복무한 모든 사람을 포함하는 것이다. 좀 좁게 보아 진주만 공격에서 시작해 1945년 8월에 전쟁이 끝날 때까지 군대에 있던 일본계 미국인의 총수는 대략 2만 3,500명이었다.[32] 그러나 2장에서 살펴보겠듯이, 인적 자원을 최대한 활용하는 총력전의 논리는 군과 민간의 지도자들로 하여금 일본계 미국인들과 같은 상대적으로 작은 그룹의 잠재적인 노동력조차 도외시할 수 없도록 했다. 실제로 전시에 미국 본토(12만 6,947명)와 하와이 식민지(15만 7,905명)의 일본계 미국인 인구는 무의미한 것이 아니었다. 그들은 핵심적인 부대와 전시경제에 긴요한 작업장에 배치될 수 있는 수만 명의 잠재적 노동자들을 의미했기 때문이다.[33]

더 나아가 일본계 미국인들의 소개疏開와 본토 수용이 널리 알려졌음을 고려할 때, 이 소수자들에 대한 정부의 처리는 인종주의 거부의 진실성을 측정하는 가장 민감하고 눈에 띄는 바로미터가 되었다. 다양한 내국인을 관리해 유색인 세계 전체에 걸쳐 정치적 경제적 이득을 촉진하고자 했던 정부에게 일본계 미국인들에 대한 인종주의는 극도의 장애가 되었다. 따라서 이는 미국이 그들을 포용한다는 아주 가시적인 표시(이는 군대에서 가장 극적으로 나타날 것이다)를 통해 철폐되어야 했다. 수용소가 계속 운영되면서도 말이다(그들은 전후에도 수용소를 완전히 폐쇄하지는 않았다). 2장에서 제시하듯이, 실제로 일본계 미국인들을 군대에서 배제하는 국방부의 정책을 뒤집을 때(일본계 미국인은 1943년 2월 초부터 시작된 지원 프로그램을 통해 군대에 받아들여졌다) 결정적인 역할을 한 단기적 고려 사항은 인종, 출신 국가, 종교 또는 기타 차이의 지표들과 전혀 상관없는 미국의 원칙이었다. 즉 당국은 자유와 평등을 진심으로 믿고 이를 구현하는 것처럼 보이는 충성스런 일본계 미국인들을 세계에 과시하고자 했다.

한 가지 예를 들면, 내무부 장관 헤럴드 익크스Harold L. Ickes에게 보낸 1944년 4월 초의 메모에서 전시외국인수용소the War Relocation

Authority(WRA, 서해안에서 이동한 일본계 미국인들을 관리하는 민간기관) 소장 딜런 마이어Dillon Myer는 육군 특수부대 복무를 일본계 미국인에게 허가하기 위해 취해진 조치에 이어, 일본계 미국인에게 개방되지 않은 채 남아 있던 육군 내의 부서뿐 아니라 여전히 일본계 미국인을 완전히 배제하고 있던 해군 역시 개방되어야 한다고 주장했다. 그는 인종차별의 표시들이 국내적 단결과 해외에서의 선전전propaganda war을 위태롭게 했다고 결론지었다.

인종에 근거한 차별이 인종적 소수자 그룹들의 충성심을 훼손하기 쉽고 국가적 단결을 위태롭게 한다는 점이 지적되어야 한다. 나아가 적이 남미와 태평양 지역의 중립국이나 비교전국들을 향한 선전 방송에서 미국은 민주주의를 설교하면서 차별을 실천하는 나라라고 비난해 소기의 효과를 얻어 왔음은 의문의 여지가 없다. 적의 프로파간다 활동으로 인한 한 가지 결과는 인도 발 최근 뉴스 긴급보도에서 발견할 수 있을 것이다. 그것은 인도 군대가 현재 인도를 침략하려 하는 일본 편에 서서 싸우고 있다는 취지의 기사였다.[34]

더 나아가 1940년에 인구국Census Bureau에서 사용된 공식적인 인종범주는 일본인을 미국 대륙에서 니그로Negroes와 아메리칸 인디언에 이어 세 번째로 큰 '비백인 인종'으로 분류했다. 이는 오늘날이라면 놀랄 만한 일인데, 그렇게 된 부분적인 이유로는 히스패닉Hispanics이 백인으로 계산되었다는 점을 들 수 있다.[35] 인종에 대한 전체적인 생각과 인종 관리에서 전시의 일본계 미국인들은 큰 의미를 지녔다. 이는 일본계 미국인과 일본계 미국인 군인들에 대해 방대한 공문서가 기록되었

총력전 제국의 인종주의

다는 사실뿐만 아니라 전시에 그들의 존재가 두드러졌으며, 전쟁 직후에 곧바로 미국의 인종적 이슈에 관한 저작들이 출판되었다는 사실로도 증명된다.

대중 매체의 주장에서는 물론이거니와 사회 현실을 객관적으로 반영한다고 가정되지만 실상은 사회 현실을 반영하는 만큼이나 조작해 내는 인구조사표 같은 데이터에서조차 미국 내의 일본인은 주목되는 위협, 중요한 인적 자원, 미국의 인종적 다양성을 조종하는 쐐기 등과 같이 여러 모순적인 방향들로 돌출되었다. 예컨대 군대 내의 "특수 그룹들"로 규정된 유색인 소수자 그룹들에 대한 전후의 한 평가에서 선발징병국the Selective Service은 아메리칸 인디언, 니그로, 중국계 미국인, 일본계 미국인, 필리핀인, 푸에르토리코인, 기타 다른 인종들의 경우를 고찰했다. 하지만 이 보고서는 그 중심적인 관심 기간 동안(1940년부터 1947년까지) 군대 내의 차별 문제가 이 모든 그룹들 중 "모든 면에서 아마도 니그로들과 일본계 미국인들에게 가장 심각했다"는 점을 강조했다. 이 보고서는 일본계 미국인만 따로 떼어 내어 한 장에 걸쳐 기술하는데, 이는 흑인이나 아메리칸 인디언에 대해서도 하지 않은 일이다. 이 보고서는 "미국 인종 문제의 하나로서 그들의 상황은 복잡했으며, 그 결과 과장되고 왜곡되었다"[36]고 도처에서 강조했다.

배제에서 포용으로, 또는
'거친 인종주의'에서 '친절한 인종주의'로

일본의 조선 지배에 대해 우리가 가지고 있는 이미지는 권력을 부정적으로 사용한 여러 모습들로 점철되어 있다. 이는 일본계 미국인들의 수용에 대해서도 그러하다. 그 이미지는 직접적 강압 아래 놓인 성sex과 노동, 철조망, 차별, 육체적 폭력, 경찰, 감시, 공동체로부터의 추방, 부자유, 죽음 등이다. 이런 이미지들은 부당한 것이 아니다. 그러한 힘의 행사와 과시는 일본과 미국의 인종차별적 인구관리 시스템의 한 부분이었기 때문이다. 그러나 그것들은 전시에 이 사람들을 관리하기 위해 사용할 수 있는 테크놀로지 중 단 한 가지만을 드러낼 뿐이다.

물론 나는 이러한 만행과 죽음정치necropolitics[37]가 실제로 실행되었음을 간과하려 하지 않는다. 종종 생명과 법을 무시한 폭력이 자행되었으며, 이는 총력전 시기까지 계속되었다. 하지만 그와 동시에 나는 그런 만행과 억압의 공간 및 실천이 또 하나의 프로젝트와 나란히 존재했으며, 사실상 그것을 보완했음을 주장하고자 한다. 그것은 건강, 교육, 생계, 안전, 더 큰 정치적 권리에 대한 약속 및 정책과 더불어 일본계 미국인이나 조선계 일본인이라는 새로 형성된 국민들을 국가 안에 기꺼이 받아들이는 프로젝트다.

경멸 받는 소수자들과 식민지 인구를 미국과 일본의 전시 체제에 포섭하려는 전시의 가속적인 움직임이 전례가 전혀 없던 일은 물론 아니었다. 리사 로우Lisa Lowe와 데이비드 파룸보 리우David Palumbo-Liu 등은 19세기 후반과 20세기 미국의 아시아인을 연구해 왔다. 이 학자들은 자본주의와 미국 국가 형태 사이의 모순적인 요구(미국은 국내 생산을 위해 아시아인의 노동력을 확보해야 했고, 아시아에서 경제적·전략적 이득을 증진해야 했으며, 아시아에서 전쟁을 치러야 했다. 그리고 인종, 언어, 문화를 둘러싼 그 어떤 동질성을 유지해야 했다)들이 어떻게 아시아인들을 포용하는 동화적인 담론과 정책들을 산출했으며, 그와 동시에 인종주의를 통해 아시아인들을 이질화했는가를 밝히기 위해 15년 이상에 걸쳐 훌륭한 통찰을 바탕으로 정교한 이론을 구축해 왔다.

로우에 의하면, 아시아 출신 미국인들은 '내부의 외국인'으로 끊임없이 상상되었다. 하지만 그렇게 상상될 때조차 그들은 "국가를 포용성의 상simulacrum으로 구성하는 데 근본적"으로 작용했다. 파룸보 리우에게 '아시아인/미국인'의 개념은 "그리고and/또는or"의 구문처럼 아시아인과 미국인 사이의 포용적이고 배제적인 관계를 동시에 의미한다. 이때 사선은 두 말을 구분함과 동시에 한 쪽이 다른 쪽으로 미끄러져 들어갈 수 있음을 표시한다.[38]

이와 비슷하게 우리는 조선의 식민지 합병으로 인해, 그리고 식민 본국 내부와 제국 전체에서 조선인 노동자와 엘리트 협력자를 얻을 필요로 인해, 포용적인 동시에 인종적으로 배제하는 담론과 정책들이 일본에서 이미 생산되었음을 알고 있다. 한편으로 우리는 식민지 경제의 차별적인 임금 체계와 자본 투자의 불균등한 기회 등 인종주의적인 경제 착취의 일상적 형식들이 작용했음을 알고 있다. 또한 우리는 폭력의 극단적인 순간들을 발견하기도 한다. 1919년의 3·1운동에 대한 식민지 정부의 탄압과 1923년의 관동대지진 후 도쿄 지역에서 일어난 수많은 조선인 학살이 그 예이다. 이때 일본의 작가들은 조선인들이 미개하고 뒤떨어졌으며 더러울 뿐 아니라 일반적으로 근대적 노동윤리를 갖고 있지 않다는 담론을 만들어냄으로써 조선인에 대한 차별 대우를 계속 유지하도록 도왔다.[39]

그런데 이와 함께 3·1운동 이후 일본의 식민 정책이 억압에 의한 폭력적인 지배(무단정치)에서 부드럽고 문화주의적인 형태의 지배(문화정치)로 옮겨가기 시작했다는 사실 역시 널리 인정되고 있다. 후자는 그

람시적인 의미에서 헤게모니적인 것으로 생각될 수 있다. 그것은 식민지 경찰 조직을 확대하면서도, 그와 동시에 동의consent의 동원과 관리를 통한 지배를 점점 더 추구했던 전략이었다.[40]

그러나 조선을 경제적, 정치적으로 병합한 일본은 훨씬 이전부터 또 하나의 담론을 생산하고 있었다. 그것은 조선인이 현실적으로는 그렇지 않더라도 근본적으로는 일본인과 똑같다는 담론이었다. "일본인과 조선인의 공통 선조"(일선동조론日鮮同祖論) 및 "내지와 조선의 단일성"(내선일체론內鮮一體論)에 관한 학술적이고 대중적인 담론이 19세기 말과 20세기에 일본의 조선 지배와 식민 통치를 합법화하기 위한 강력한 담론적 수단이 되었다는 점은 오늘날 꽤 일반적으로 인정되고 있다. 도쿠가와德川 시대(1600~1868) 텍스트들에는 그런 생각과 관련된 논의가 분산적으로 조금 나타난다. 반면에 19세기 말부터 전쟁 이전 시기와 전시 내내 역사가, 언어학자, 인류학자 등 근대 인문과학 분야의 학자들은 일본 열도와 조선 반도의 거주자들이 같은 조상의 후손이며 수많은 문화적인 특질을 공유한다는 생각을 신뢰하게 하는 방대한 지식 자료를 생산했다.[41]

양 세계대전 사이의 기간에 학자, 이데올로그, 저널리스트들은 조선 왕족과 일본 귀족, 더 나아가 조선 왕족과 황실 가문 간의 혈통적 인연을 지적하는 데까지 나아갔다. 예컨대 일본 전역에 널리 보급하기 위해 1928년에 나온 문부성의 한 출판물은 진구코고神功皇后의 뿌리가 조선의 신라 왕국에 있다고 확인했으며, 간무텐노桓武天皇의 어머니가 조선인 혈통이라고 설명했다. 조선 식민 정부의 고위 관료였던 고마츠 미도리小松綠는 일본 낭만파의 철학자이자 문학비평가인 야스다 요주로保田與重郎가 1938년에, 그리고 유명한 조선 작가 이광수가 1941년에 피력

한 것과 비슷한 생각을 이미 1916년에 표현했다.[42] 유명한 우익 이론가인 기타 잇키北一輝는 1923년에 출간된 그의 《일본개조법안대강日本改造法案大綱》에서 조선인과 일본인이 별개의 인종을 이루지 않았다고 단도직입적으로 주장했다. 일본 민족에는 조선인 혈통이 크게 섞여 있을 뿐 아니라 "나라奈良와 헤이안平安 시대의 귀족들"은 "순수 조선인 혈통"을 가장 많이 가지고 있었다. 그는 이것이 자기 당대의 귀족들 얼굴 모습이 대부분 조선인의 얼굴과 비슷한("面貌多く朝鮮人に似たる") 이유라고 설명했다. 더 나아가 나라와 헤이안 시대의 귀족들은 황실 가문과 혈통으로 연결된 특권 계급을 구성했기 때문에 조선인의 혈통은 천황의 혈통 속에 흘러 들어갔다. 이러한 역사를 기반으로 결국 그는 1920년에 이루어진 일본 공주 나시모토 마사코梨本方子와 조선 왕자 이은李垠의 정략결혼이 전례가 없는 일은 아니라고 주장했다.[43]

이러한 포용적인 담론은 보통 배척되었다. 이는 조선에 대한 군사적 점령을 합법화하기 위한 프로파간다일 뿐이라는 것이다. 하지만 우리가 그러한 의도를 인정한다고 해도, 일본인과 조선인의 동일성에 대한 공식적인 설명이 불가피하게 의도되지 않은 결과를 낳았음을 부정하기는 어렵다. 예를 들어 일본에서 식민지인들이 획득한 참정권에 대해 진지하게 분석한 사람은 거의 없다. 하지만 마츠다 도시히코松田利彦 같은 학자들은 식민지 정부와 제국 정부가 계속 일본, 조선, 대만의 단일성을 공표했기 때문에 일본제국의 정치에 조선인이 참가하지 못하도록 저지할 수 없었음을 실증적으로 밝힌다.[44] 전후에 일본의 호적법은 일본에 거주하는 과거의 식민지인들을 투표와 공직에서 배제하기 위해 사용되었다. 그러나 식민지 시대에 일본의 호적법은 일본에 사는 조선인들의 선거 참여를 금지하지 않았다. 전전과 전시의 선거법과 제반 규정들은 투표자와 공직 지원자들이 일본제국의 동일 선거구에 일정 기간 거주했던 "제국의 남성 주체"(제국의 신민臣民인 남자)여야 한다는 것만을 그 자격 조건으로 규정했다.

일정 금액 이상 세금을 내야 한다는 조건 때문에 1925년 이전의 경우 식민지인이 모두 선거에 참여할 수는 없었다. 선거에 참여한 것은 부유한 사람들뿐이었다. 그러나 1925년에 남성의 보통선거권이 제정됨으로써 수많은 조선인 남성들은 투표자이자 잠재적인 공무원이 되었다. 이는 적어도 투표와 관계되는 한 일본 여성들이 식민 본국에 거주하는 조선인 남성들에 대해 서발턴subaltern의 위치에 있을 수 있게 되었음을 의미한다. 그러므로 이는 젠더가 식민지와 제국의 단순한 구분을 복잡하게 만들었음을 의미하기도 했다.

물론 일본에 사는 모든 조선인들이 투표권을 얻지는 못했다. 동일한 선거구에 일 년 동안 살아야 한다는 규정으로 인해 건설 현장과 광산의 노동자로서 자주 이주해야 했던 조선인들은 투표 자격을 얻기 어려웠다. 또한 25세라는 최소 연령 조건 때문에 많은 주민들이 자격을 얻지 못했다. 따라서 1928년 선거의 경우, 일본인 20퍼센트와 비교해 일본에 체재하는 조선인은 오직 9.3퍼센트의 사람들에게만 투표 자격이 있었다. 언어적 장벽 역시 조선인들의 선거 참여를 어렵게 했다. 그러나 1930년에 내무성이 한글을 사용한 투표를 인정하기로 결정하고, 1934년에 중의원 의원선거법이 거주 기간을 6개월로 줄이도록 개정됨으로써 몇몇 장애가 완화되었다. 실제로 1930년의 중의원 선거에 참여한 조선인들 중 21퍼센트가 한글로 투표했다. 어떤 지역, 특히 간사이關西 지방에서는 조선인들이 유권자의 중요한 구성 요소를 형성하기에 이르렀다. 그리고 마츠다에 의하면 기독교 사회주의자 가가와 도요히코

賀川豊彦는 1930년의 총선 유세 기간 동안 한글로 된 현수막을 사용했다. 식민지 기간을 통틀어 유일하게 중의원 선거에 성공한 조선인이었지만, 어쨌든 박춘금朴春琴은 중의원으로 1932년과 1937년에 두 번 선출되었다(앞으로 살펴보겠지만, 박춘금은 조선인의 군 복무를 강력하게 주장한 사람이었다).

요컨대 총력전 체제(일본에서는 1937년 7월에 시작되고 미국에서는 1941년 12월에 시작된다)가 확립되기 전에도 미국 국가 및 그 지배적인 다수자들과 일본계 미국인들의 관계, 그리고 일본 국가 및 그 다수자들과 조선인들의 관계는 인종차별적인 배제와 보편적인 포용이 결합된 복잡하고 모순적인 성격을 지니고 있었다. 우리는 위계의 하위에 놓인 사람들을 포용함으로써 작용하는 그러한 인종주의를 근대 내셔널리즘의 논리적인 결과로 생각할 수 있다(이는 절멸과 제거를 통해 운영되는 '배제적인 인종주의exclusive racism'에 반대되는 것으로서, 에티엔 발리바르가 '포용적인 인종주의inclusive racism'라고 부른 것이다). 거의 모든 근대 내셔널리즘은 차이의 공식적인 거부를 지향하는 데 기초했으며, 이는 사회계급 폐지에서 가장 전형적으로 나타났다. 실제로는 그렇지 않더라도 적어도 이론적으로는 말이다.

프랑스의 사례에 대응하는 일본의 사례는 메이지유신(1868) 후에 사농공상士農工商 네 층의 신분제를 없앤 것, 부라쿠部落 천민 집단의 공식적인 '해방', 오키나와인·아이누·조선인·대만인을 사회적, 정치적으로 일본 국민(고쿠민國民)으로 분류한 일 등이다. 아주 일반적인 의미에서 우리는 이 역사적 예들을 발리바르가 이론화한 바, 인종주의가 내셔널리즘 및 보편주의, 따라서 인도주의와 맺고 있는 상호적이거나 보완적이기조차 한 관계를 증명하는 것으로 생각할 수 있을 터이다. 여기서 우리는 인종주의와 인종주의 거부가 동시에 존재함을 발견한다. 발리바르가 말하는 것처럼, "인종주의자 조직들은 인종주의자로 지칭되는 것을 줄곧 거부한다. 그들은 인종주의자 대신 내셔널리스트라는 명칭이 합당하며, 두 가지 개념을 동일시할 수 없다고 주장한다. 이는 단순히 전술적인 책략이거나 아니면 인종주의적 태도가 원래 지니고 있는, 말에 대한 공포의 징후일까? 거부의 형식을 취하는 한, 실제로 인종race 담론과 네이션nation 담론은 전혀 멀리 떨어진 것이 아니다."[45]

그러나 나는 미국과 일본이 경쟁적으로 총력전 체제로 전환하면서, 그동안 경멸받으며 국가 공동체에서 다양한 방식으로 배제되었던 사람들로부터 더 많은 협력을 얻어내기 위한 방향으로 나아갔으며, 그에 따라 두 나라의 포용적이거나 배제적인 인종주의가 심화되었다는 사실을 보여 주고 싶다. 그리고 이로써 발리바르의 이론을 역사화하려고 한다. 이 책에서 조사된 사례들을 통해 우리는 미국과 일본이 이러한 방향으로 전례 없이 아주 유사하게 나아간 것을 발견할 수 있다. 미국은 일본계 미국인들을 수용소에서 풀어 주면서까지 국가 공동체 내부로 끌어들였다. 그리고 일본은 조선인 전체를 점점 더 국가 안에 포섭했다. 하지만 그와 동시에 두 나라는 이 사람들의 병적이고 불건강한 문화, 뒤떨어진 발전 수준, 동화 등을 강조하면서 자신들과는 일정 정도 다른 특징을 그들에게 부여했다.

포용적인 정책으로 나아가는 전쟁기의 전환으로 인해, 소수민족과 식민지인들을 관리할 전략의 복잡한 재조정이 필요하게 되었다. 이는 내가 사용하게 될 용어인 "거친" 인종주의에서 "친절한" 인종주의로 나아가는 변화로 이해될 수 있을 것이다.[46] 전자는 더 배타적이고 자기중심적이며 비인도적이었으며, 차이를 자연발생적인 것으로 이해하면서 동화의 가능성을 반역사주의적으로 부정했다. 즉, 인종적으로 열등한 사람들은 역사 외부에 있다. 그러기에 비천한 사람들이 지닌 질병이 핵심 인종에 전파되는 것을 막기 위해 그 질병들을 관리해야 한다는 점을 제외하고는 주변화된 사람들의 건강과 복지에 상대적으로 관심이 없었다. 그리고 개별적인 주체들을 인지하지 못하거나 그 존재에 대해 최소한의 고려만 하면서 각각의 개인을 인종 그룹에 집단적으로 귀속시켰다. 이에 반해 후자의 인종주의는 포용적이었다. 물론 포용적이기만 한 것은 아니었지만 어쨌든 훨씬 더 보편적, 인도주의적, 상대주의적이었으며 차이에 대해 더 문화주의적으로 이해했다. 그것은 동화의 가능성을 역사주의적으로 긍정했으며(즉, 인종적으로 열등한 사람은 역사 내부에 있다. 하지만 낙후되었거나 문화적으로 불건전하다), 주변화된 사람들의 건강과 복지 증진에 대해서도 약간은 관심을 가졌다. 그것은 거친 인종주의처럼 소수자 집단들을 집단주의적으로 인종에 귀속시켰지만, 인간 집단의 단위를 형성하는 개인들의 체계적인 주체화에 세심한 관심을 기울였다는 점에서 거친 인종주의와 달랐다. 이는 눈여겨볼 내면성이 없는 단순한 지배 대상으로 취급하는 데에서 벗어나, 적어도 그들을 자기 규율에 어느 정도 참여할 수 있을 만한 자기 반성적이고 학습 가능한 주체로 만들기 위해 노력하는 쪽으로 전략이 바뀌었음을 의미한다.

그러나 이러한 유사성이 있다 해도 일본과 미국의 사례 사이에 실제적인 차이가 존재했음이 부정될 수는 없다. 예를 들어 동화에 대한 담론은 언제나 미국에서보다 일본에서 더욱 강력했다. 일본의 담론은 미국의 담론보다 훨씬 일찍부터 차이에 대한 자연주의적인 관점을 곤란하게 하는 문화와 역사의 영향에 대해 논했다. 더 나아가 조선을 포함한 이

웃 국가들과의 관계에 인종 문제를 결부시키는 일본의 역사는 많은 부분 인종적 차이에 대한 유럽과 미국의 담론이 초래한 것이었다. 그 담론들은 아시아라고 불리는 장소에 사는 사람들의 다양성을 뭉뚱그려서 아시아인으로 분류해 넣었기 때문이다. 따라서 일본에서는 국가 내부의 차이 및 동맹국들 간의 차이를 부정하기 위해 인도주의적인 보편주의와 함께 '일선동조론' 같은 인종적인 친근성이 동원되었다. 이와 비교해 황색인과 갈색인들에 인종적으로 가깝다는 점을 전략적으로 강조할 수 없었던 백인 제국주의자들은 더욱 엄격한 인도주의적 보편주의에 의지하게 되었다. 하지만 이는 그들이 더 이상적이고 진보적이었기 때문이 아니었다. 그것은 인종에 대한 서구의 담론이 이미 인간의 인종들을 거의 고정된 범주인 양 자연스러운 것으로 만들어 버렸기 때문이었다. 이렇게 두 경우에서 우리는 서로 다른 강조점과 특징들을 발견한다. 그러나 그럼에도 불구하고 나는 전시 및 전쟁 직후에 인종주의에 뚜렷한 변화가 나타났으며, 이와 관련해 미국과 일본의 사례는 거칠게나마 비교 가능하다고 논의해 갈 것이다.

거친 인종주의에서 친절한 인종주의로 나아간 전시의 변화를 도식화할 때 푸코의 "생체권력bio-power"과 "통치성governmentality" 개념은 부분적으로 유용하다. 이어지는 장에서 나는 이 개념들 및 그것들을 일본과 미국의 경우에 적용할 수 있는가 하는 문제에 대한 좀 더 충분한 설명을 나중으로 미룰 것이다. 그 대신 나는, 특히 1부에서 총력전 시기 이전에 일본계 미국인들과 식민지 조선인들이 각각 미국과 일본의 생체정치적 체제의 내부보다는 외부에 있었다고 주장할 것이다. 이로써 내가 의미하는 것은 두 국민국가들nation-states이 생계 부양이 필요한 인구의 범주에서 이 그룹들을 배제했다는 사실이다.

거친 인종주의 밑에서 그들은 국가적으로 이용하기 위해 사람들을 살게 한다는 논리로써 실현되는 어떤 정치적 합리성의 대상이 아니었다. 그들에게 권력은 사회적으로 위험하다고 생각되는 사람들을 억압, 배제, 제거할 권리 등과 같은 부정적인 논리를 통해 행사되었다. 하지만 총력전 체제의 친절한 인종주의는 이러한 개인들과 소집단들을 생활, 교육, 건강은 물론 어느 정도의 행복까지도 누릴 자격이 있는 대상으로 삼았다. 그것은 다름 아니라 이 시스템들이 비참하게 버려진 abjected 사람들의 건강과 성장조차 체제의 생존과 번영 및 전쟁에서의 승리를 위해 유용하다고 간주하게 되었기 때문이다. 달리 말해 교전 상태warfare에 의한 복지welfare의 촉진은 권력을 쥔 인구뿐 아니라 인종적으로 구분된 국민들racialized nationals에도 영향을 미쳤다. 물론 이 사람들을 친절하게 보살펴 기르며 그 출산을 촉진하는 양 대우한 것은 그들의 유용함을 알아차린 데서 나온 일이었다. 그들의 생명은 필요할 때면 언제나 쉽게 희생될 수 있었다. 그들은 특히 병사, 강제 노동자, 성노예 등으로 희생되었다.

생체권력 개념을 보완하며 그것과 겹치기도 하는 근대적 통치성 개념은 이 책의 논의를 위해 여러 면에서 유용하다. 그러나 논의를 진전시키기 전에, 그 다양한 면들 중 적어도 내가 제안한 친절한 인종주의 개념에 결정적으로 작용하는 한 가지 면을 더 언급하는 것이 좋을 듯하다.

근대적 통치성을 이론화, 역사화하면서 푸코는 이런 식의 통치술을 사용하는 권력이 집단화된 사람들을 교육하고 그들의 생활들을 보살필 뿐 아니라, 자기반성적인 주체self-reflexive subject인 개인들과 집단의 능동적 참여를 통해 권력의 목적 추구에 그들의 행위를 동원하려 한다는 점을 강조했다. 달리 말해 푸코는 이런 양식의 통치가 자기 통치의 통치the governing of self-governing로써 작용하는 것이라고 이해한다. 그것은 규범적인 선택을 하도록 인구를 관리하면서도 외관상으로는 자유롭고 책임 있는 주체들을 구성한다는 목표를 세운다. 개인들은 어떤 힘에 따르기보다는 스스로의 욕망과 의지대로 행동하는 자기 자신을 경험한다.

이 책에 서술된 바, 권력의 그러한 적극적인 작용은 총력전 체제하인 1943년 2월과 3월에 일본계 미국인 수용소들에서 거행된 정치적인 의례에서 가장 전형적으로 나타난다. 꽤 잘 알려졌지만 여전히 분석되지 않고 있는 이 의례에서 모든 성인 수용자는 질문지에 대답해야 했다. 그리고 질문지는 국가에 대한 충성을 맹세하고 국가 방어를 위해 기꺼이 무기를 들겠다고 공표할 것을 강요했다. 이는 자유로운 동의의 의례였으며 주체들의 자각적인 활동을 가정했다. 하지만 그와 동시에 민간 행정관과 군 관련자들은 개개의 수용자들이 옳은 선택을 하도록 이끌고자 했다.

일본의 총력전 체제 역시 조선인의 자발적인 전쟁 활동 참여 행위, 특히 육해군의 지원병들을 강조했다. 이렇게 우리는 권력 양식modality of power이 식민 주체들을 단지 힘force의 대상으로 취급하는 데에서 벗어나, 그들을 자의식과 자기반성의 능동적인 주체로 생각하는 방향으로 변화됨을 발견한다. 그리고 그 점을 인정할 때에야 비로소 우리는 왜 1930년대 말부터 전시 내내 그렇게도 많은 조선 지식인들이 예전에 주장했던 독립의 요구를 포기했는지, 그리고 일본 국가주의자가 됨으로써 자신들의 자결과 행복을 찾을 수 있으리라고 주장했는지를 이해할 수 있다.

일본계 미국인 지도자인 마이크 마사오카Mike Masaoka는 미군이 일본계 미국인에게 개방되어야 한다고 주장했다. 더 나아가 그는 충성심을 증명하기 위해 일본계 미국인 부대가 자살 대대로 조직되어야 한다고도 제안했다. 그리고 이와 아주 유사하게도 최초의 한국 근대 소설가로 인정되는 이광수, 작품을 가장 많이 쓴 일본제국 작가 중 한 사람인 장혁주, 육군 16사단에 소속된 선전대의 일원으로 일본의 자바 공격에 참여했던 허영 같은 조선 작가들과 영화감독들은 군 복무 등의 행위를 통해 일본인이 됨으로써 자결과 행복을 위한 가장 확실한 길을 얻을 수 있음을 작품에서 보여 주고자 눈에 띄게 반복적으로 노력했다. 이러한 사실은 상당히 시사적이다.

나는 그러한 문화생산자들이 단지 일본의 식민 담론에 응답했던 것만은 아니라고 주장할 것이다. 우리는 이 조선인들을 이미 완성된 일본의 담론에 대한 수동적인 수용자들로 생각해서는 안 된다. "협력자"라는 약한 말로는 일본의 국가적/식민주의적 담론의 윤곽을 이루는 데에 그렇게도 활발히 관계했던 주체들을 지칭하기에 충분하지 않다. 오히려 그들은 스스로의 안정적인 위치를 위해 일본 내셔널리즘의 보편주의적이거나 아니면 적어도 포용적인 차원을 최대한 확장시키면서 그 담론 생산에 참여했다. 미국 국내의 소수자들에 대해서도 이와 비슷하게 말할 수 있다. 그들은 전시 및 전쟁 직후에 배타적이고 인종차별적이며 자기중심적인 미국의 내셔널리즘에 대항하면서 국가 공동체의 외부보다는 그 내부에서 나타났다.

조선인들의 참여를 보여 주는 또 다른 사례는 그들이 제국의 정치에 점점 더 많이 자발적으로 참가했다는 사실에서 찾을 수 있다. 1942년의 경우, 제국의회 중의원에 적어도 6명의 조선인 후보자가 출마했으며, 지방선거에는 108명의 조선인이 입후보했다. 물론 국가 직에 입후

보한 6명이 모두 낙선했으며 지방선거에서는 겨우 38명만 당선되었지만, 그 사실보다 중요한 것은 1930년대 말기부터 많은 조선인들이 일본인으로서의 새로운 기회를 이전보다 훨씬 현실적으로 상상할 수 있게 되었다는 점이다.[47]

더 나아가 이 책은 미국과 일본의 체제하에서 "자기 통치의 통치"가 개인 수준에서만 작용하지 않았음을 밝힐 것이다. 즉 "자기 통치의 통치"는 명목상 자결적인 국민국가들의 동의를 통해 탈식민적 세계의 글로벌 헤게모니를 획득하기 위한 계획들 속에서도 작용했다. 달리 말해 일본, 조선, 대만을 포함하는 국가 내부의 개인들을 통해 움직이는 권력의 작용과, 만주국, 왕조명汪兆銘 정부, 필리핀을 포함하는 국가 외부의 동맹국들에게 영향을 미치는 권력의 작용은 상동적homological이며 상호 보완적이었다.

2장에서 고찰하겠지만, 아마도 가장 믿기 어려운 일은 미국 관리들과 그 고문들이 권력의 이러한 양식을 적국인 일본인들에게 실현할 계획을 늦어도 1942년 늦여름까지는 이미 제출했다는 사실이다. 실제로 미국 점령기에 열매를 맺게 될 이 안에 따르면, 미국은 군부 지배자들에 의한 노예 상태로부터 일본인을 해방시킬 것이었다. 그리고 한편으로는 모든 노력을 기울여 일본 지도자들이 이 지역 내 미국의 이득 증진을 위해 일하도록 이끌면서, 공식적으로는 일본인과 그 정부를 '꼭두각시' 천황 밑의 자결적인 국민국가로 회복시킬 것이었다. 일본 국민에게는 스스로 자기 통치에 참여하고, 미국의 명령에 의해서가 아니라 자신의 이해관계에 따라 활동하며, 평화, 민주주의, 자유 등과 같은 보편적인 이상을 추구하는 경험이 부여되는 듯했다. 요컨대 일본과 그 국민은 미국을 위해 존재하게 되어 있었다. 명목상 독립적이었던 만주국과 그 다민족적인 국민이 예전에 일본을 위해 그러했듯이 말이다.

* * *

이 책이 채택한 초국가적인 비교 방법은 나 이외에도 점점 더 많은 학자들이 취하고 있는 관점의 산물이다. 아시아계 미국인 연구 같은 미국의 소수민족 연구를 포함하는 미국학 및 그 외의 다른 지역학과 국가학은 이러한 방법과 더욱 생산적으로 소통해야 한다.[48] 이러한 시각은 이 책의 주제인 두 가지 병역兵役에 대해 영어, 일본어, 한국어로 서술된 여러 연구의 관점에서 의미심장하게 벗어난다. 그동안 이 개척적인 연구들은 서로 다른 두 군인 집단의 개별적인 역사에 대해 많은 정보를 주었으며, 따라서 중요하게 평가되어 왔다. 나의 여러 인용들을 보면 내가 이 중의 몇몇 연구로부터 크게 도움 받고 있음을 알 수 있을 것이다. 그러나 이 연구들이 개별 역사와 관련해 정보를 주었던 만큼, 그것들은 두 역사를 독자적인 별개의 이야기로 구성해 왔다.

일본계 미국인 병사들을 서술한 역사들은 주로 미국의 인종주의에도 불구하고 발휘된 그들의 전시 영웅주의에 초점을 맞춰 왔다. 그리고 그 목적은 미국 내 일본인들이 완전한 미국인 및 시민으로 간주될 권리를 어떻게 얻어 왔는가를 보여 주기 위한 것이었다.[49] 그러한 관점은 이해될 만하다. 미국 소수민족의 역사에 대한 수많은 글들은 각각의 소수민족이나 인종 그룹이 국가에 나름대로 기여했으며, 따라서 미국인으로 받아들여지거나 인정될 자격이 있음을 보여 주어야 했기 때문이다. 그러나 그 글들은 출신 국가에 따라 사람들을 세분함으로써 종종 이민법의 입장을 의도치 않게 반복하기도 했다. 한편 일본제국 군대 내의 조선인에 대한 역사는 대개 일본 군대의 인력 착취에 대한 것이었다.[50] 여기서도 역시 나는 그와 같은 관점의 진지함이나 가치를 무시할 수 없다. 조선인들에게 부과한 짐과 그들에게 저지른 여러 악행에 대한 실증적인 연구를 통해 식민 지배의 책임을 망각하고 거부하는 일에 대항해야 할 필요가 있기 때문이다.

그러나 이런 유형의 민족적이고 국가적인 서술로 인해, 우리는 각각의 역사들이 그저 특수하고 개별적이며, 따라서 국가와 국가, 제국과 제국의 비교 가능한 상황들을 지적할 수 없을 것 같이 생각하게도 되었다. 즉, 이런 역사 서술들은 개개의 역사들이 사실은 초국가적으로 연결되어 있음을 깨달을 수 없게 했으며, 좁은 자기동일성을 가로질러 각각을 정치적이고 지적으로 연결하는 고찰을 방해했다. 그러나 나의 논의를 통해 미국과 일본의 민간 및 군대 지도자들이 그러한 글로벌한 연결과 비교가능성을 대부분의 전통적인 역사가들보다 훨씬 더 잘 알고 있었으며, 그에 따라 행동했었음이 명확해질 것이다.

나아가 제2차 세계대전 동안 두 나라의 역사가 한 가지 모습으로 수렴되는 것은 전쟁이라는 특수한 순간에 발생한 단순한 아이러니가 아니다. 이는 현대의 아시아 태평양에서 헤게모니를 잡기 위해 미국과 일본이 서로 협력하고 경쟁하면서 최고도로 만나는 지점이자 그 공통의 성격이기도 하다. 최소한 우리는 두 나라가 모두 자본주의 경제에 기초해 운영되어 왔으며, 둘 다 근대 내셔널리즘과 국민국가 형태의 가장 극적인 성공담을 가진 나라에 속한다는 점을 지적할 수 있다. 또한 두 나라는 모두 상대적으로 작거나 중간 크기의 식민제국으로서 1930년대에 탈식민지 실험에 착수했다. 두 나라는 다양한 주민들 중 어떤 사람들은 소수자이지만, 다른 어떤 사람들은 다수파 인구로 간주될 수 있으리라는 이념을 생산했으며, 여성보다 남성에 특권을 부여했다.

하지만 미국과 일본은 서로를 보완하면서도 각자 자신들이 예외적이라고 주장함으로써 우리의 눈을 가렸다. 그리고 그로 인해 우리는 두 나라의 유사성을 충분히 고찰하지 못했다. 만일 우리가 계속 '미국학'이나 '일본학' 등과 같이 국민국가에 초점을 맞춘 규범적인 지식 형태를 추구하고자 한다면, 나는 포개지고 얽힌 장들로 그러한 지식 형태를 생각할 것이다. 우리는 시종일관 그러한 틀 너머를 바라보면서 상호 관여하며 서로 겹쳐진 국민국가들의 역사에 관심을 기울여야 할 것이다. 나는 여전히 미국과 일본의 역사를 서로에게서 배제하고 있는 관습적인 경계들, 그리고 아시아인의 저술을 미국 아시아인의 역사에서 분리시키는 장벽들을 넘어섬으로써 많은 것을 배울 수 있음을 이 책을 통해 알 수 있기를 바란다.

내 목적은 제2차 세계대전 중 나타난 총력전 체제들 사이의 차이를 부정하는 것이 아니다. 비교할 수 있는 사례들을 늘어놓는 것으로는 그 심오한 독자성과 의미심장한 상황에 주목하는 초점 잡힌 역사 서술을 대신할 수 없다. 그러므로 비교가능성과 유사성에 주의를 기울인다고 할지라도, 나는 미국의 소수민족 병사들과 일본제국의 식민지 병사들이 겪은 경험이 똑같다거나, 아니면 한 가지 것을 검토함으로써 다른 한 가지 것을 충분히 이해할 수 있다고 말하지 않는다. 그 대신 나는 전시에 나타난 두 나라의 유사성을 고찰할 수 있도록 하려는 아주 특수한 의도하에 '비교 가능한comparable'이나 '비교가능성들comparabilities'이라는 용어를 사용한다. 이와 더불어 나는 별개의 것으로 보이는 두 역사를 완전히 같은 것으로 환원시키지 않으면서도 점점 더 그 둘을 서로 얽히게 할 다양한 방법들을 추구할 것이다.

이 책의 구성은 이러한 관점을 반영하고 있다. 1부는 미국과 일본의 전시 역사에 대한 대화의 물꼬를 트고자 시도한다. 이는 아시아 태평양 지역의 싸움에서 두 나라 모두에 요청되었던 문제들을 환기하면서 이루어질 것이다. 즉 전쟁으로 인해 두 국가는 인종적 차이를 부여한 주체들을 각각의 정치적인(좀 더 넓게 말하면 생체정치적인) 체제 안에 편입시키기 위해 비교 가능한 노력을 기울이지 않을 수 없었다. 2부는 정부와 군대 문서, 미디어의 재현, 문학, 영화 등과 같은 일련의 이질적인 텍스트들을 분석하면서 일본계 미국인의 병역에 초점을 맞춰 논의를 심화할 것이다. 3부에서는 조선인의 군 복무에 대해 이와 똑같은 작업을 수행할 것이다. 그러나 2부에서 논의된 병역은 일본계 미국인의 수용이라는 특수한 맥락을 지니고 있다. 따라서 2부의 각 장들은 주로 자유, 민주주의, 비밀, 복지, 일본 출신을 포함한 모든 미국인들의 행복 유지를 대리한다는 국가의 주장과 감금의 현실이 아주 명백히 모순되었던 환경에서 거친 인종주의로부터 친절한 인종주의로의 전환이 어떻게 성취되었는가를 보여 주려 한다.

또한 2부에서 다루는 시대 역시 3부의 시대와 약간 다르다. 2부의 논의는 냉전기로까지 이어지기 때문이다. 일본계 미국인들과 관련된 전시와 전후의 연속성(따라서 '통전' 개념의 유용성)을 조명하기 위해서는 그렇게 논의의 폭을 넓히는 것이 필요하다. 그들이 포용적인 인종주의 밑에서 국가에 편입되기 시작한 것은 전시지만, 포용적인 인종주의의 실현은 오로지 냉전기에 이루어졌기 때문이다. 달리 말해 이 시대 구분은 일본계 미국인 대다수가 수용소에 감금되어 있던 전시에 그들을 국가의 모범적인 소수자model minority로 재현하는 일이 얼마나 아이러니하게 시작되었는지를 볼 수 있게 한다. 또한 이는 그러한 재현이 국가적 목적을 위해 소수자들을 동원한 냉전 프로젝트의 한 가지 결과며, 따라서 그것이 얼마나 정교하게 다문화주의적인 방향으로 꾸며진 것이었는지를 강조한다. 이때 (일본계 미군을 포함하는) 일본계 미국인들은 아시아 태평양 지역에서 탈식민적 헤게모니를 성취하는 데에 특히 유용함이 판명되었다.

이와 대비해 3부의 주된 맥락은 전시에 일어난 조선인의 위상 변화다. 조선인은 분명히 제국의 내부이지만 그와 동시에 식민지이기도 하고 일본 국가의 한 부분이기도 한, 둘 사이의 어떤 곳에 애매모호하게 놓여 있었다. 전쟁 기간 동안 식민적인 관계는 점점 더 확대된 국가 개념과 그 지역들 사이의 관계로 새롭게 형성되어 갔다. 이때 조선인 국민 만들기는 좁은 의미의 정치학을 넘어, 조선인들을 살게 하고 젠더 관계와 가족 구조를 변경하고자 하는 생체정치학적인 시도로 확장되었다. 3부의 각 장과 에필로그는 그 모습을 보여 줄 것이다.

이 시도는 자유주의적인 통치성을 결정적으로 증폭시킨다. 하지만 전후에도 계속된 일본계 미국인 국민 만들기와는 달리, 조선인을 일본 국민으로 만드는 일은 일본의 패전과 함께 갑자기 정지되었다. 전후에 미국은 일본을 대신해 탈식민화decolonizing/국민화nationalizing하는 동아시아의 주요 세력이 되었다. 그리고 여러 면에서 총력전 시기에 일본 제국이 기능했던 것과 아주 비슷하게 작용했다. 전후/'해방' 후에 미국의 동아시아 점령은 계속된 폭력(일본이 동아시아의 주요한 반공주의적 군사력과 경찰력으로 작용하는 것을 포함해)을 통해, 그리고 "자기 통치의 통치"라는 더욱 교묘한 제국주의의 동원을 통해 일본과 비슷한 역할을 수행하게 되었다. 아이러니하게도 후자는 일본이 일찍이 대동아공영권의 동맹국들을 대상으로 만들어 냈던 바로 그 전략이었다.

1

'거친 인종주의'에서
친절한 '인종주의'로

가서 살육당하라
그러면 우리는 너에게
길고 즐거운 생을
약속할 것이다.

— 미셸 푸코, 〈개인에 관한 정치의 테크놀로지〉(1988)

01

죽일 권리, 살게 할 권리

일본인으로서의 조선인

총력전과 인구 문제

조선총독부는 일본의 조선 통치 30년에 대한 공식 기록인 《시정 삼십 년사施政三十年史》에서 1937년 중일전쟁이 발발했을 때부터 '인구'에 대한 국가의 이해에 근본적인 변화가 일어났다고 지적했다. 그 이전에 인구는 과잉의 문제로 이해되었다. 그것은 인구가 너무 많은 반면 식량과 고용은 한정되어 있다는 불균형의 이슈로 고려되었다. 그러나 전시에 "인적 자원"이 필요했음은 물론, 미래에도 "무한한 (인구) 성장"이 요구되었기 때문에 인구에 대한 인식은 완전히 역전되었다. 이 책은 "이런 식으로", "이제 인구 문제는 과잉으로부터 인구 부족이라는 정반대의 문제로 바뀌었다"[1]고 말하고 있다.

이 새로운 생각에 대한 총독부의 서술은 믿을 수 없을 정도로 단순하다. 예전에는 인구가 너무 많았지만 이제는 충분치 않다는 식인 것이다. 그러나 이렇게 조선인을 연구와 개입의 대상으로 새롭게 개념화함으로써, 의미심장하면서도 어떤 의미에서는 아이러니한 반향들이 발생했다. 이는 미셸 푸코가 '생체권력'과 '통치성'[2]이라고 명명한 것을 최초로 고려한 사례로 평가될 수 있을 듯하다.

푸코에 의하면 주민의 삶과 죽음에 행사되는 권력의 근본적인 변형은 18세기에 나타났으며 19세기에 확립되었다. 그 이전의 권력은 주로 부정성negativity을 통해 삶과 죽음에 작용했다. 그리고 그것은 초월적인 주권자transcendent sovereign의 통치에서 전형적으로 나타났다. 주권자는 죽일 권리를 통해, 달리 말해 주체들의 삶을 용인함으로써 자신의 권력을 행사했다. 그러나 19세기부터 현재에 이르기까지 이 오래된 권리는 정반대의 성질을 지닌 것에 의해 보완되었다. 부정적인 논리나 목숨을 빼앗을 권리와는 반대로, 푸코가 '생체정치'라고 부른 권력의 새로운 양식은 타자들을 살도록 만듦으로써 작용한다. 그것은 생산적이거나 긍정적인 논리에 의해 행사된다. 이 생체권력은 "삶에 긍정적인 영향을 끼치는 권력, 즉 삶을 정확한 통제와 광범위한 규율에 종속시키면서 삶을 감독하고 최적화하며 다양화하고자 노력하는 권력이다."[3] 그러므로 권력은 사망률과 사망 대비 출생 비율에 관심을 가지게 된다. 권력은 살아 있는 인간들을 목표로 하고 그들에 대한 지식을 축적하며 사람들을 전체로서의 인구로 구성한 다음 그들의 건강, 위생, 출생률, 수명 등을 증진하고자 한다. 권력은 공중위생, 자선단체, 복지기금, 노령연금, 보험, 도시 계획 기타 등등의 수단을 통해 그들을 살게 하고 번창시킨다. 인구는 정치적인 문제이자 규율의 목표가 되었다.

충력전 제국의 인종주의

통치의 궁극적 목적으로서 인구의 발견이야말로 푸코가 '통치성'이라고 부르는 것의 특징이다. 그것은 통치에 대해 사고하거나 권력이 행사되는 근대적 방법이다. 이때 일차적으로 중요한 것은 통치 자체의 합리성이나 통치 내부의 합리성이 아니다. 일차적으로 중요한 것은 "인구의 복지, 환경 개선, 부, 수명, 건강 등의 증진이다. 그리고 통치가 자신의 목적을 달성하기 위해 사용하는 수단들 자체는 어떤 의미에서 모두 인구에 내재하는 것이다. 광범위한 직접적 캠페인을 통해서, 또는 사람들로 하여금 부지중에 출생률을 높이거나 특정한 지역과 활동 등에 유입되게 하는 간접적인 테크닉들을 통해서, 통치는 인구 자체에 작용할 것이다."[4] 이러한 통치성의 체제하에서, 주로 법을 통해 작용하며 초월적인 군주에서 그 범례적인 형식을 얻는 주권sovereignty, 학교·군대·공장 등을 통해 구성되는 규율discipline, 그리고 통치government라는 권력의 세 가지 양식은 함께 작용하여 인구가 전체로서 번창하도록 만들고 관리한다. 하지만 이러한 권력의 삼각 앙상블 가운데 무엇보다도 두드러지는 것은 '통치'다. 그것은 권위, 테크놀로지, 지식의 방대하고 심오한 결합을 통해 넓은 의미의 행위conduct를 안내하면서, 욕망과 이해관계의 동원을 통해 작용한다. 좀 더 확실히 말하면, 푸코가 '통치'는 "행위를 관리하는" 긍정적인 테크닉을 통해 작용한다고 말할 때, 그가 의미하는 것은 통치가 "행위의 가능성을 안내하고 그 가능한 결과에 질서를 부여한다"[5]는 점이다.

이와 같은 생체권력과 통치성에 대한 푸코식의 주장은 전시 체제에서 일본의 인구 이해 방식을 분석하는 데에 어떻게 연관될까? 한편으로 우리는 식민지 지배의 초기부터 일본의 식민지 정부가 한정된 범위나마 피식민지 인구의 삶을 개선하는 일에 관심을 표명했다는 점을 인식해야 한다. 식민지 정부는 교육 및 의학적 지식과 관리의 보급 등을 수단 삼아 그들을 규율하고자 했다. 사실 최근 들어 식민지 조선을 연구하는 학자들은 어떻게 한국에서 신체, 건강, 의학, 재생산, 위생 등에 대한 근대적 이해(이는 조선인 인구를 먹여 살리고 그 인구를 증가시키기 위해 고안된 정책들로 이어질 수 있었을 터이다)가 생산되고 유통되었는지를 설명하는 훌륭한 작업을 내놓고 있다.[6] 더 일반적으로 말하면, 한국과 일본 및 영어권 학자들은 조선과 기타 지역에 대한 일본의 식민 지배가 보여준 "발전적"인 측면들, 또는 푸코식으로 말하면 "통치적"이거나 "규율적인" 측면들을 지적해 왔다. 이러한 의견들은 환영받았다. 이는 오랫동안 지배적이었던 관점, 즉 일본의 식민주의가 순전히 잔인성, 억압, 착취, 부정성 등으로 특징되는 권력 형태를 통해서만 작용했다고 하는 관점에 덧붙여져 그 조정을 가능하게 했다.[7]

다른 한편으로 적어도 1930년대까지 그러한 수단들은 단속적이고 불균등하게 진행되었다. 일본 식민주의하에서 학교·공장·병원·감옥 등과 더불어 시작된 근대성, 규율화, 통치의 기구나 제도들에서 수많은 조선인들은 포함되기보다는 배제되었다. 이는 식민지 근대성 개념에 대한 회의론자들이 이미 논의했던 사실이다.[8] 이러한 논점의 맥락에 따라, 우리는 한 연구자가 시골 마을들을 연구하면서 발견했던 사실을 지적할 수 있다. 즉 "여성들 중 대략 42.7퍼센트가 산파의 도움 없이 스스로의 힘으로 출산했고, (중략) 총 출산 중 31.7퍼센트가 사산이었으며, 태어난 아기들 중 35퍼센트가 한 살 이전에 죽었다." 조선총독부는 1930년에 일본에서 여성 1만 명 당 산파가 18.7명인 것과 비교해, 조선의 경우 1만 명 당 산파는 겨우 1.3명이라고 산정했다.[9] 이와 비슷하게 조선에서 활동하는 의사 인명록 1926년 판에 실린 사람은 1,212명이었는데, 그중 산부인과 전문의는 40명뿐이었다.[10] 더 나아가 연구자들은 식민지 기간 동안 조선총독부가 조선인을 위한 사회복지 서비스 구축을 위해 적극적으로 노력하지 않았음을 오랫동안 지적해 왔다.[11] 일본 국민 주체로서의 조선인 교육은 아주 낮은 수준이었다. 1936년에는 전체 인구 중 대략 8퍼센트만이 조금이라도 일본어를 할 수 있었다. 그리고 1938년에 이르러서야 조선총독부는 (1946년부터) 조선인에게 보편적인 초등학교 교육을 실시한다는 계획을 발표했다.[12]

더 나아가 1930년대 이전에 조선 민족과 그 관습에 대한 조사, 노동자들에 대한 보고, 몇몇 조선인들의 신체에 대한 검사 등이 있었지만, 전쟁의 막바지에 이르기까지 식민지 정부는 조선인의 호적을 정리하느라 정신이 없었다. 달리 말해 식민지 국가colonial state는 이른바 인구를 계산하고 파악하는 테크놀로지를 확립하지 못했다. 그것은 주민들을 통치 대상으로 구성하기 위한 최초의 기반이다. 하지만 국가는 만주, 일본 내지, 중국 및 기타 지역에 사는 조선인은 고사하고 식민지에 사는 조선인의 정확한 숫자와 그 주소조차 확정하지 못했다.

이러한 사실들과 수치들, 그리고 여기서 인용되지 않은 더 많은 사례들을 보면, 조선인들이 교육·생활·건강·재생산·행복 등의 자격을 갖춘 인구로 이해되고 있었는지 그렇지 않았는지에 대해서는 판단하기가 상당히 애매함을 알 수 있다. 식민지 시기 대부분의 기간 동안 대다수 조선인들은 통치성과 생체권력의 내부보다는 외부에 있었기 때문이다. 달리 말해 그들은 주로 배제된 지역에 있었다는 의미에서 내부에 있었다. 실제로 권력은 특히 조선인들에 대해 그 부정성을 발휘했다. 그것은 목숨을 빼앗는 권력을 통해 작용했으며, 공산주의자나 조선 민족주의자 등과 같이 위험하다고 판단되는 사람들의 활동을 제한

하고 억압하는 전략을 통해서 이루어졌다. 식민지 시기 대부분에 걸쳐 일본의 식민주의는 주로 식민지의 차이에 대한 인종적 배제의 논리를 통해 운영되었다. 따라서 일본의 식민주의는 기껏해야 '무관심권zones of indifference'이나 '미결정성undecidability'이라고나 불릴 만한 것을 허용했다. 오직 그 안에서 조선인들은 쇠약해지고 굶주리거나 죽을 수 있었다. 아니면 그 반대로 이를 통해 소수의 사람들만이 내부로 진입하게 될 터였다.[13] 여기서 기억해야 할 또 한 가지 중요한 사항은, 푸코가 설명하듯이, '죽음'이 "단지 살인 그것만이 아니라, 어떤 사람을 죽음에 노출시키고 죽을 위험을 조장하는 현실, 또는 아주 간단히 말해 정치적인 죽음·추방·배제 등과 같은 모든 간접적인 살인 형식"[14]을 뜻한다는 것이다. 달리 말해 '죽임'은 인간을 삶에서 떨어져 나가게 하는 행위들을 의미한다.

'무관심권'이나 '미결정성'과 관련해 내가 의미하는 바는 다음과 같다. 당국은 교육 받은 원주민 엘리트와 믿을 만한 노동자를 양육할 필요가 있었다. 그러나 이 일이 지닌 양면성으로 인해 조선인 중 특정 분야의 개인들만이 근대적 통치성과 연결된 기구와 제도 속에 불균등하고 제한적으로 편입되었다. 전체로서 조선인은 푸코적인 의미의 온전한 '인구'로 조직되지 않았다. 즉 조선인의 개별적이고 집합적인 삶은 적극적인 개입과 규율의 대상으로 평가되지 않았다.

하지만 일단 총력전의 논리로 인해 인구가 부족하다고 생각되자 조선의 식민 주체들을 향한 제국과 총독부의 정책은 극적으로 변화하기 시작했다. 이제 조선인들은 "제국의 일본인"(내지인)처럼 살도록 만들어져야 했다. 그들을 살아 있는 인간적 존재이게 하는 것이 목표가 되었다. 그들은 주요 하위인구subpopulation로서 전체적으로 조직되어야 했다. 정부의 목적은 그들의 건강, 위생, 출생률, 수명, 교육, 일반적인 복지 수준을 높이는 것이 되었다. 그러나 조선인들의 생활수준을 높이려는 식민 당국의 노력이 일본 내지인들을 위한 조치와 동일한 것은 아니었다. 의료를 포함해 조선인들에게 제공된 다양한 사회적 서비스는 전반적으로 내지인의 그것보다 훨씬 열등했다. 또한 이러한 극적인 변화에도 불구하고 부정적인 권력은 소멸되지 않았다. 목숨을 빼앗을 권리는 잔존했으며, 이는 천황의 공무원, 경찰, 법으로써 직접 행사되었다.

어쨌든 1937년 이후에 나온 수많은 공식 문서와 정책에서 우리가 알 수 있는 것은 조선인들의 건강, 교육, 복지를 개선하기 위해 새로운 노력이 시도되었다는 사실이다. 식민지 통치자들이나 국가를 돕는 비공식적 조직에서 근무하는 사람들의 의도가 고상하고 순수한 것이었는지 아닌지는 나에게 중요하지 않다. 여기서 지적할 수 있는 것은 그들이 마치 조선인의 삶을 양육하기 위해 더 열심히 일하는 것이 그들의 책임인 양 행동했다는 점이다. 어쨌든 그들은 조선인의 건강, 부, 행복을 측정하는 지표들이 개선되었음을 언급하면서, 앞으로 더 열심히 일해야 한다고 주장했다.

그렇다면 인종주의나 차별 문제는 어떠한가? 이 문제에 대해서도 역시 푸코는 시사적이다. 생체정치 체제하에서 인종주의—이는 좁은 의미로 가장 널리 이해되고 있다. 즉 그것은 표준화하는 사회에서 열등하다고 간주되는 모든 사람들이 차별됨을 의미한다—는 누가 살아야 하고 누가 죽어야 하는지를 결정하는 데 작용한다. 그것은 내적이건 외적이건 간에 인구를 위협하는 것을 지정하기 위해 인간의 생체학적 장을 나누면서 단절을 만들어 낸다. 그것은 인구의 삶과 복지를 촉진하므로 살도록 만들어질 사람들과, 인구의 삶과 복지를 방해하므로 죽게 해야 할 사람들을 구분한다. 인구를 번성시키기 위해, 생체정치하의 인종주의는 위협으로 간주된 사람들에 대한 살해나 추방을 필연화한다. 전쟁에 직면해서 당국은 일본 내지인과 관련해 조선인을 어떻게 위치시킬 것인가를 결정해야 했다. 조선인을 일본 인구의 핵심인 내지인과 분리되어 노예처럼 취급되고 죽음에 노출되어야 하는, 더 나아가 나치의 홀로코스트식으로 절멸되든지 해야 하는 위험한 타자로 간주할 것인가? 아니면 내지인의 삶과 복지를 촉진하는 데 일조할 수 있다는 점에서 살게 할 자격이 있는 하위인구로 재조직할 것인가?

이 문제에 대한 절대적인 해결책은 없었다. 그러나 전시에 일본과 그 식민지의 인구 부족이 점점 더 첨예하게 느껴짐에 따라 지배 엘리트들은 조선인을 일본 인구의 한 부분으로서 살고 번성하도록 만들어야 한다고 더욱더 요구하게 되었다. 달리 말해, 전시는 조선인들이 '일본' 인구의 외부에서 내부로 옮아가는 전이의 시기였다. 그 이동은 생체권력과 통치성의 논리 및 그 테크놀로지에 의해 이루어졌다. 그러므로 전쟁이 진전되자 조선인에 대한 인종주의적 감정들은 점점 더 절박하게 부인되었다. 그리고 인구 외부에서 내부로의 이동과 나란히 우리는 조선인에 대한 인종주의적 차별의 유형이 변화함을 발견하게 된다. 그것은 뻔뻔하고 배타적인 '거친 인종주의'로부터 포용적인 '친절한 인종주의'라는 새로운 유형으로 나아가는 것이다. 후자는 인종주의적으로 작용함에도 불구하고 인종주의를 거부했다.

병역

군대는 이러한 전이 가운데 특히 강력한 장을 제공했다. 육해군이 조선인 병력에 더 많이 의지하게 될수록 일본제국은 점점 더 조선인들을 국가—정치적 공동체라는 전통적 의미에서뿐만 아니라 푸코가 말하는 생체정치적 의미에서의 국가—로부터 배제하기 어려워졌기 때문이다. 참모총장 구노 세이치久納誠一는 1937년 11월 말에 조선군의 한 문서에 서명했다. 이 문서에 의하면 조선군은 최소한 1932년부터 조선인 입대 문제를 조심스럽게 고려했다. 한때 조선군의 징병 책임자였던 요시다 도시구마吉田俊隈 역시 일본군 내 조선인들의 내막을 기록한 역사에서 한 가지 사실을 밝혔다. 즉 1937년 4월에 조선군하의 20사단 사단장인 가와기시 분자부로川岸文三郎가 이 건에 대한 견해를 조선군 사령관 고이소 구니아키小磯國昭(후에 조선 총독과 수상이 된다)와 상의했다는 것이다.

가와기시는 조선인들에 대한 병역 의무 부여가 그들을 훌륭한 "제국의 신민"으로 만드는 데 기여할 수 있을 것이라고 했다. 이 말은 같은 해 5월의 육군성陸軍省 징모과徵募課의 비공식 조사로 이어진다. 그리고 1937년 6월에 중앙정부가 이 문제에 대한 의견 제출을 조선군에 요청하자, 조선군은 그다음 달에 조선인의 지원병훈련소 입대 허락을 권고하는 견해를 냈다. 미나미 지로南次郎가 이끌던 총독부 역시 열렬하게 지원병 제도를 지지했다. 총독부는 그러한 움직임이 식민지 통치를 용이하게 하리라고 믿었기 때문이다. 그러므로 이러한 자료들로 보건대, 1931년 9월에 벌어진 만주에 대한 대대적인 침공—이는 "만주사변" 또는 역사가들이 이따금 '십오 년 전쟁'이라고 부르는 것의 출발점이다

─직후부터 조선인들의 병역이 진지하게 고려되었던 것이다. 하지만 지원병 제도는 1937년 7월 중국과의 전면전('지나사변')이 확대되기 직전에 행해진 육군성 조사에 자극받음으로써 실제로 수립되었다. 그리고 그 구체적인 정책은 그 즈음에 조선군, 육군성, 총독부 간의 논의를 통해 만들어졌다.[15]

요시다에 의하면 1937년 7월 이후에도 육군성 관료들은 조선인 징집이 여전히 시기상조라고 굳게 믿고 있었다. 그러나 조선군 고위 장교들과 총독부 측의 상당한 노력으로 인해 그들의 두려움은 완화되었다. 예컨대 고이소 사령관은 조선의 상황을 보고하기 위해 참모들을 여러 번 도쿄로 보냈다. 그리고 다양한 사회계급의 실정을 관찰하게 하기 위해 육군성 관료들을 조선에 초청했다. 요시다는 최소 한 사람 이상의 육군성 관료를 위한 현지 안내인으로, 부유한 조선인 사업가이자 만주국 명예총영사로서 일본 육군사관학교를 졸업하고 일본 황실근위대에서 근무했던 박영철朴榮喆이 채용되었다고 밝혔다.[16]

실제로 1937년 7월 직전과 직후에 조선군 내 일본인 장교들과 조선총독부 관료들은 정력적으로 일했다. 그들은 조선인을 군에 받아들임으로써 조선인들의 감정에 긍정적인 효과가 발생할 것이라는 점, 그리고 조선인 남성들이 군대에 복무할 자질이 있다는 점을 내지의 군대 및 정부기관에 납득시키기 위해 노력했다. 그들의 논리는 대충 다음과 같은 것이었다.[17] 첫째, 최고의 애국심은 국가 방위의 책임이 부여된 사람들에게만 요구될 수 있으므로, 병역은 일본에 대한 조선인들의 애국심을 고양시키는 데 기여할 것이다.[18] 둘째, 당국은 조선인들의 낮은 교육 수준 및 일본어와 정신적인 훈련이 결핍된 것처럼 보이는 점을 걱정했다. 그러나 조선인 입대를 주장하는 사람들은 최근 그러한 점이 크게 개선된 증거 및 앞으로 조선인의 수준이 더욱 높아질 것이라는 전망을 제시했다. 예를 들어 총독부는 조선에서 군사훈련(교련)이 1926년부터 실시되고 있는데, 이는 내지보다 일 년 늦었을 뿐이며 대부분 현직 장교가 지휘하는 교련에 1938년까지 66개 학교가 참가했음을 지적했다. 청년훈련소 역시 조선 각지에 설치되어 있었다. 그리고 1937년까지 2,000명 이상의 내지인과 1,500명 이상의 조선인이 84개 정도의 훈련소에 다니고 있었다.

이와 비슷하게 총독부는 1937년 현재 "국어(일본어)로 자유롭게 일상 회화를 할 수 있는" 17세부터 20세까지의 조선인 비율이 겨우 5.85퍼센트(165만 7,385명의 남녀 중 9만 7,033명)라고 평가하면서도, 크게 개선될 미래의 상황을 예측함으로써 이 우울한 양상에 긍정적인 빛을 던졌다. 총독부는 이 연령대 조선인들의 언어 능력을 1966년이라는 먼 미래에 투사했다. 이는 우리로 하여금 1938년 초에는 군대 내 인적 자원의 필요가 진주만 공격 이후 만큼 절박하지 않았으며, 일본의 식민 지배가 끝날 조짐이 어느 곳에서도 보이지 않았음을 상기하게 한다. 총독부는 1966년까지 17세부터 20세까지의 조선인 중 120만 명(45.82퍼센트) 이상이 바람직한 언어 능력을 갖출 것이라고 평가했다.[19]

셋째, 조선군 장교들과 총독부 관료들은 1931년 9월 18일의 만주 침공—이는 즉각 일본의 만주 점령으로 이어졌으며, 그다음 해에는 일본의 속국으로서 만주국이 성립되었다—이후 조선인들의 애국적인 태도가 증가했다고 주장했다. 그리고 그 증거로 반일적인 조선 민족주의를 부정하는 사람들의 수가 크게 늘었다는 점, 과거에 반정부적인 종교 집단 또는 보통 "사이비 종교" 집단이라 지칭되는 데에 소속되었던 사람들이 애국적인 활동에 참여한다는 점, 국가 정책에 대한 조선어 미디어의 지지, 조선인들이 국가 방위에 바친 상당한 양의 돈과 피, 신사神社 참배자의 엄청난 증가, 전승을 기원하거나 보고하기 위한 축제들이 조선인의 후원하에 자주 개최된다는 점 등을 들었다. 이들은 '지나사변' 이후 조선인들이 군대의 활동에 직접 참여하려는 대단한 욕구를 보였음을 가장 두드러지게 지적했다. 예전에 반일 조선인 활동가들의 온상이었던 상하이의 어떤 지역에서는 200명 이상의 젊은이들이 일본군 밑에서 다양한 일을 하기 위해 지원했다. 이들 중 세 명은 살해되었으며, 일곱 명은 크게 부상당했다. 톈진에서 조선인들은 '의용대'를 조직해, 군수품뿐 아니라 아프거나 다친 일본군 병사들도 수송하면서 전방에서 복무했다. 게다가 '지나사변'이 발발한 지 한 달 남짓 지났을 때 105명의 조선인들이 군대에서 일하고자 자원했으며, 그중 몇몇은 피의 맹세를 하기도 했다.[20]

넷째, 이 당국자들은 일본을 위해 군대나 경찰에서 일한 조선인들의 오랜 역사를 이야기했다. 조선군 당국자는, 조선인들이 영역 구분 없이 통합되었을 때 조선인 신병들의 열등한 능력이 일본 부대의 전체적인 전투 수행에 해를 끼칠 것이라는 가정을 반박했다. 조선군은 조선인들이 이미 헌병보조(1919년 8월 이후는 헌병보)와 경찰관으로 복무하면서 반일 '비적匪賊' 진압 전투에서 능력을 증명했다고 지적했다. 조선군은 조선인들의 능력을 의심하는 사람들에게, 만일 적절한 안내자가 있다면 조선인들 역시 내지인과 똑같이 임무를 수행할 것이라고 확신시켰다.[21] 한 자세한 보고서는 헌병의 전반적인 확대와 더불어 1908년 6월에 조선에서 헌병보조 시스템이 실시되었는데, 그다음 달까지 조선인 헌병보조원의 총수가 대략 4,100명에 이르러 헌병대 내 일본인 수의 두 배를 넘었음을 제시했다. 1910년의 합병 후에도 많은 조선인들이 계속 헌병대에서 근무했으며, 그 수는 1914년부터 1919년까지 평균 약 4,700명이었다. 1906년부터 1911년까지만 계산해도 헌병과 폭도들 사이에 1,109건의 충돌이 있었거니와, 이때 조선인 헌병보조원들은 폭도 3,600명의 소탕을 도왔다. 1919년에는 헌병이, 1925년에는 군대가 전반적으로 재조직됨으로써 조선인 보조원의 수가 크게 줄었다. 하지만 이 보고서는 조선 북부 국경에 배치된 주력 부대에 조선인들이 지속적으로 복무했음을 강조했다.

전체적으로 이 보고서는 비록 조선인 보조원들이 기술적으로는 군인보다 군속으로 분류되었지만, 모든 면에서 일본 내지인 헌병과 동등한 능력을 지녔음을 강조했다. 조선인 보조원들은 "조선인의 모범鮮人の儀表"으로서 스스로에 대해 큰 자부심을 가졌으며, 만주 침공 이후 특히 만주와 상하이에서 특출하게 활동했다. 한 조선인 보조원은 금치훈장金鵄勳章(군대에서의 용감함과 통솔력에 수여되는 상)을 받았다. 그리고 단 한 명도 반항하거나 탈영하지 않았다. 이 조선인들은 모두가 순종적으로 행동했다.[22]

또한 이 보고서는 조선인들의 경찰 근무를 칭찬했다. 총독부는 일반적인 조선인들과 동일한 언어 및 "사상"을 공유하는 사람들을 채용하는 것이 아주 유용함을 깨달았으며, 따라서 많은 수의 조선인 경찰(순사)들을 채용했다. 1937년 10월 현재 조선에 근무한 1만 7,067명의 경찰 중 조선인은 7,203명이었다.[23] 보고서는 이 조선인 경찰들이 한정된 훈련 기간(4개월)과 "전통적인 생활환경"으로 인해 자기 규율, 책임감, 능동적인 임무 참여 등에서 내지 일본인의 수준에 도달하지 못한다고 인정했다. 그러나 보고서는 조선인들이 업무 수행에서 보인 최근의 향상도 지적했다. 그것은 몇몇 사람들이 "경찰 최고의 명예인 수훈장殊勳

1부 '거친 인종주의'에서 '친절한 인종주의'로

章"을 받았을 만큼 드라마틱한 것이었다.

보고서는 만주국 군대의 조선인들이 국경 반대편에서 빼어나게 근무했었음을 지적했다. "오족협화"(일본인, 한족, 만주족, 몽골족, 조선인)의 원칙에 따라 만주국은 100만 명의 조선인 주민 중에서 장교와 병사들을 채용했다. 이들은 세 개의 국경감시대로 조직되어 동녕東寧과 훈춘琿春 지역에 전략적으로 배치되었다. 이 부대에서 조선인에 의한 사고가 전혀 발생하지 않은 것은 아니었다. 1936년 여름, 일본인 장교의 처우에 불만을 품은 동녕 부대 한 중대의 중대원들이 반란을 일으켜 러시아 영토로 도망했다. 그리하여 이 병사들에 대한 신뢰는 깨졌으며, 간도Jiandao Province의 조선인 신병 모집이 중단되었다. 하지만 보고서는 그 사건에 대해 조선인만을 비난할 수 없음을 밝힌 한 조사를 언급하면서, 군인으로서 조선인들의 잠재력에 대해 긍정적으로 결론지었다. 게다가 남아 있는 조선인 병사들은 특히 러시아군과의 소규모 전투에서 훌륭히 임무를 수행했다. 조선인의 가치에 대한 인식이 높아졌으며, 조선인을 더 많이 모집하려는 계획들이 수립되고 있었다.[24]

그리하여 1937년 말까지 지원병 제도를 지지하는 논의들은 몇몇 중앙 군부 지도자들에게 아직 잔존하던 저항을 극복했다. 그리고 이는 육군이 조선인 지원자들에게 개방될 것이라는 육군대신의 1938년 1월 15일 성명으로 이어졌다. 육군특별지원병령은 1938년 2월 22일에 칙령(95호)으로 공표되었으며 1938년 4월 3일부터 효력을 발휘해, "17세 이상의 제국 신민 남성" 조선인들이 육군에 지원할 수 있게 되었다.[25] 타이완인들은 1942년 4월부터 육군에 지원할 자격을 가지게 되었다.[26] 군대는 해군특별지원령(칙령 608호)이 1943년 8월 1일부터 효력을 발휘하기까지 조선인과 타이완인을 해군에 받아들이지 않았다. 그러나 이 법령은 16세부터 20세까지의 두 식민지 출신 남성들이 해군 내 대부분(전부는 아니다)의 직책에 지원할 수 있도록 했다.[27] 곤도 마사미近藤正己는 해군이 1943년까지 지원병을 받아들이지 않으려 했던 데에는 두 가지 요인이 있다고 주장했다. 육군과 비교해 해군은 늦은 시기까지 인적 자원의 요구가 그렇게 크지 않았다. 그리고 흥미롭게도 미군이 일본인의 해군 근무 허용에 저항했던 것처럼, 일본 해군 역시 적은 수의 믿을 수 없는 부대원들이 쉽게 함정 전체를 사보타주할 수도 있다는 점을 고려했다.[28] 일본 해군이 이러한 유보를 극복한 데에 반해, 미국 해군은 전체 전쟁 기간 동안 일본계 미국인에게 계속 봉쇄되어 있었다.

군 당국이 시험적으로 새 제도를 시작했기 때문에 처음 받아들여진 조선인 지원병의 수는 아주 적었다. 그 후에 지원병의 수가 늘어나게 된 것은 그들을 더 신뢰하게 되었고 인력이 더 많이 필요했기 때문이다. 지원병은 1938년과 1939년에 각각 400명과 600명으로 시작되었지만, 1943년에 이르기까지 총 1만 6,830명의 조선인 지원병이 육군에 입대했다. 처음 2년 동안 이 지원병들은 오직 조선군(19사단과 20사단)에만 소속되었다. 하지만 그들은 1940년부터 관동군關東軍에서, 1942년부터는 북지나방면군北支那方面軍에서도 복무하기 시작했다. 특별지원병 제도의 마지막 해인 1943년에 육군은 아무 제한 없이 그들을 전 분야에 배치했다. 이와 비슷하게 처음에 조선인 지원병들의 배치가 보병, 치중병輜重兵(운송병), 고사포병 부대에 제한되었던 것과는 달리, 1941년부터 육군은 그들을 야산포병으로도 배치했다. 그리고 그들은 1942년부터 모든 종류의 부대에 배속되었다. 게다가 해군은 해군특별지원병 제도하에 최소한 총 3,000명의 조선인 지원병들을 뽑았다.[29]

조선에서 육군의 지원병 제도는 먼 미래에 식민지에까지 징병을 확대하려는 의도하에 제도화되었다. 그러나 진주만 공격이 이러한 노력을 가속화했다. 1942년 5월 8일에 일본 내각은 조선으로의 징병 확대를 승인하는 결의를 통과시켰다. 그리고 정부는 법령 4호(1943년 1월에 공포되고 1943년 8월 1일부터 발효)에 의해 조선에서 징병을 시행할 수 있도록 병역법을 개정했다.[30] 1943년 9월의 결의를 내각이 승인하면서, 그 후 곧 타이완에서도 징병을 실시하기로 결정되었다.[31] 그 결과 일본 군은 1944년부터 조선인들을, 그리고 1945년부터 타이완인들을 징병하기 시작했다.

현재까지 일본의 조선인 징병제도에 관해 가장 자세한 실증적 연구를 펼친 사람은 히구치 유이치樋口雄一다. 그는 전쟁의 마지막 2년 동안 최소한 19만 명의 조선인 징집병들이 육군과 해군에서 근무했다고 산정했다. 1944년과 1945년 각각의 경우, 여기에는 곧장 현역병으로 징집된 병사 5만 5,000명(매년 육군에 4만 5,000명, 해군에 1만 명), 얼마간 보충병으로 있다가 육군에 소집된 2만 9,000명, 그리고 "특별근무대"에서 근무했던 1만 1,000명이 포함되어 있었다. 후자는 본래 노동부대labor unit였으며, 이 부대의 어떤 사람들은 무장도 하지 않았을 것이다.[32] 징집되자마자 곧 전투병이 된 사람들은 대부분 조선군에 편입되었으며, 관동군에 소속된 사람은 훨씬 적었다. 그 후 조선군은 징병된 조선인들을 다른 부대 전체에 배분했다. 조선군의 한 문서는 1944년에 전투병이 된 4만 5,000명 중에서 중국 원정군China Expeditionary Army에 가장 많은 인원(1만 445명)이 가고, 그다음으로는 관동군(9,925명)과 남부군Southern Army(7,647명) 순으로 배치될 것이며, 그 나머지는 전 군에 배속될 계획이었음을 보여 준다. 징병된 조선인들은 모든 종류의 부대에서 복무했지만 대부분은 보병이었다.[33] 공식적인 정책은 조선인에 대한 차별 배치가 없어야 한다고 명령했다. 하지만 한 보고서는 "조선인들의 교육 수준과 기술 수준으로 인해" 기술부대에 배속된 사람들은 거의 없으며, 많은 수의 사람들이 비전투 부대noncombat unit에 배치되었음을 지적한다. 이 문서는 군대가 모든 부대의 조선인 비율을 대개 전선 부대에는 20퍼센트, 후방 부대에는 40퍼센트, 비전투 부대에는 80퍼센트로 제한했다고(비록 이 제한이 엄격하게 준수되지는 않았다는 증거가 있음에도 불구하고) 주장한다.[34]

또 다른 조선인과 타이완인 병사 집단인 이른바 '학병學兵'에 대해서도 언급해야 할 것이다. 그것은 상대적으로 규모가 작지만 중요한 의미를 지니고 있었다. 1943년 10월에 일본 정부는 주로 군 장교 인력의 증대 수단으로서 (칙령 755호에 의해) 학생들의 징집 연기를 중단했다. 의학, 과학, 공학 등과 같이 군사 행동에 필수적이라고 간주되는 분야의 학생들에게는 징집 연기 특례가 계속되었지만, 법문학과 학생들은 더 이상 징집을 연기할 수 없었다.[35] 조선인과 타이완인 학생들은 이러한 법률적 변화와 무관했다. 따라서 그들을 같은 목적으로 동원하기 위해 육군성은 육군특별지원병 채용 규칙을 제공했다. 1943년 10월 20일에 공포되고 효력을 발휘한 이 규칙에 근거해 고등교육을 받는 조선인과 타이완인 학생들은 합법적으로 육군에 지원할 수 있게 되었다. 그렇지 않았더라면 그들 대부분은 이전의 육군특별지원병 제도가 폐지된 후, 징집을 위한 연령 조건(20세)을 초과함으로써 그 사이의 공백에 놓였을 것이다. 이 규칙하에 총독부는 같은 해 10월 25일부터 11월 20일까지 지원병을 받아들였으며, 이들은 1944년 1월 20일에 육군에 들어갔다. 이 규칙에 따른 적격자 중 70퍼센트 정도(6,203명 중 4,385명)가 입대했다.[36] 해군에는 식민지 학생들이 입대할 이와 비슷한 길이 없었다.

1부 '거친 인종주의'에서 '친절한 인종주의'로

그리하여 처음에 육군특별지원병 제도에 의해 소규모로 출발한 때로부터 1944년과 1945년의 징병제 실시(강요)에 이르기까지 조선인 청년 남성들은 일본의 전쟁 수행에서 아주 큰 역할을 하게 되었다. 종전될 때까지 그들은 거의 모든 종류의 육해군 부대에 복무하고 있었다. 그리고 위에 제시된 수(1만 6,830명의 육군 지원병, 3,000명의 해군 지원병, 19만 명의 육군과 해군 징병, 4,385명의 학병 지원)에 비추어 보았을 때, 우리는 1938년부터 1945년 사이에 대략 21만 4,000명의 조선인 남성들이 일본군 병력으로 근무했음을 알 수 있다.

병역의 모순들

학자들은 총독부가 지원병 제도를 직접적으로 중요한 병력 보충 수단으로 생각했을 뿐 아니라 "황민화皇民化(조선인을 일본 천황의 충성스런 신민으로 만들어 내려는 폭넓은 정신적 캠페인)"의 일환으로도 생각했다는 데에 대개 동의한다.[37] 황민화 운동은 4대 개혁 프로그램에 집중되었다. 그것은 여타 종교들을 신도로 대체하고자 했던 종교 개혁, 정신의 일본화와 일본어 교육을 강조했던 교육 개혁, 조선인과 타이완인에 대한 창씨개명 강요, 식민 주체들을 군사력에 포함시키는 것 등이었다. 일본적인 것으로의 동화 정책은 식민화된 민족들의 독특한 문화적 삶과 전통을 절멸시키고자 한 것으로 통상 이해된다. 따라서 "민족 말살"이라는 표현이 자주 사용되었다. 그리고 이러한 맥락에서, 식민 주체들을 징집하는 것은 일본이 조선인과 타이완인을 동등하게 간주하지 않으면서도 마치 그렇게 대우하는 것처럼 보이려는 노력의 일환이라고 설명된다.

군대는 조선인이 내지 일본인과 완전히 평등하다고 평가했으며, 중앙정부와 식민지 정부 역시 그렇게 말했다. 그러나 이 터무니없는 주장과 대다수 조선인의 현실적 생활조건 사이에는 커다란 간극이 있었다. 그 점을 생각할 때 우리는 왜 학자들뿐 아니라 그 외의 여러 사람들이 일본 통치자들의 발표가 단지 속임수일 뿐이었다고 즉각 결론을 내렸는지 충분히 납득된다. 이를테면 이는 "명백한 이중성론argument of obvious duplicity"이라 할 만한 관점이다. 그런데 이런 시각은 적어도 두 가지 점에서 불충분하다.

첫째, 이 논의는 역사적 조건의 변화에도 불구하고 전혀 변화되지 않는 일본의 인종주의를 전제한다. 그러나 인종주의는 여러 역사적 조건들 중의 한 부분이었다. 둘째, 평등을 선언하는 캠페인은 단지 실용적이고 미심쩍은 목적에서 비롯되었을 테지만, 그렇다고 할지라도 거기에서부터 의도되지 않은 효과가 나타나기도 했다. 하지만 이중성론은 그 편협한 관점으로 인해 그 사실을 고려하지 못한다. 예컨대 조선인들을 성공적으로 군대에 소속시키기 위해 군대, 중앙정부, 총독부는 천황과 국가가 그들을 일본인과 동등하게 생각한다는 점을 조선인들에게 확신시킬 필요가 있을 뿐만 아니라, 내지 일본인들에게도 조선인들이 믿을 만하며 충성스럽다는 인상을 심어 줄 필요가 있다고 결정했다. 1938년부터 1945년 사이에 군대 및 군대와 관련된 중앙정부와 식민지 정부 당국은 선전의 타깃을 조선인들에게 맞추었던 것만큼이나 민간과 군대의 일본인 관료들 및 제국 전체의 일본인 대중들에게 맞추었다.

다음 장에서 더 자세히 논의하겠지만, 조선인들을 염두에 둔 선전에 더해 일본의 주류 신문, 잡지, 라디오, 문학, 그리고 영화조차 조선인과 일본인이 진실로 평등하다는 점을 내지 일본인들에게 전달했다. 평등이라는 말을 쓰고 평등을 위한 프로그램들을 활용하면서도 한편으로는 조선인에 대한 차별적인 태도를 아주 분명히 유지했다는 점에서 지배 엘리트들은 불성실한 태도를 보였다. 하지만 그들 역시 평등 담론에 휘말려들어 평등을 촉진하게 되었다. 유럽의 식민주의에 대한 최근의 흥미로운 논의들이 지적하는 것처럼,[38] 일본제국이 식민지들을 개조하려고 노력할 때, 일본제국 자체가 그 계획들에 의해 끊임없이 개조되고 있었다. 평등의 담론을 활용하는 식민 정책들은 실용적인 의도에서 비롯되었을 것이다. 그러나 그 담론은 식민 지배자들의 빤한 거짓말을 식민지인들에게 아주 믿음직스럽게 들리게 할 수 있을 정도로 그렇게 깔끔하지는 못했다.

이와 비슷하게, 조선인들의 징병이 결정되고 그 이행을 위한 준비가 시작된 후, 조선총독부는 조선 전 지역의 도지사들에게 새 징병제도에 대한 여론 지도 지침을 보냈다. 그 지시 사항들을 요약하면서 조선총독부는 조선인에 대한 징병이 "국체國體의 본의本義"[39]에 기초한 것이라는 쪽으로 여론을 이끌어야 한다고 설명했다. 이 말은 필시 널리 보급된 문부성의 책 《국체의 본의》(1937)에서 직접 인용된 것이었다. 모리스 스즈키가 지적했던 것처럼, 이 책은 생물학적인 인종에 대해 전혀 언급하지 않았다. 그리고 일본인을 단일한 인종으로 보아야 하는가 하는 질문에 대해 애매모호한 태도를 취했다.[40]

실제로 여론 지도 지침에서 총독부는 일본이 인종적으로 단일한 나라가 아니었으며, 조선인 징병은 '내선일체'와 '일시동인一視同仁'에 기초한 것임을 암시했다. 또한 총독부는 황군의 정신과 조직이 타국의 군대와 근본적으로 다르며, 일본군은 식민지 군대처럼 조직되지 않을 것

총력전 제국의 인종주의

임을 강조했다. 이는 조선인만으로 분리 구성된 부대는 없을 것임을 의미했다. 이는 나의 관점과 아주 밀접하게 관계된다. 총독부는 여론을 형성하기 위한 노력의 첫 번째 타깃에 일본인 자신들, 특히 조선에 사는 일본인들을 포함해야 함을 지적했다.[41]

의도의 성실성을 질문하는 데에서 벗어나 인종주의적 차별 거부가 초래한 결과 쪽으로 주의를 돌리며 문제틀을 다시 설정할 경우, 명백한 이중성론이 제시하는 것과는 상당히 다른 현실이 나타날 것이다. 총력전 상황으로 인해 특히 1937년 이후에는 이전의 그 어느 때보다도 일련의 모순된 인종(민족) 담론과 정책이 훨씬 더 많이 쏟아져 나왔다. 그것들은 자신을 당연히 일본인이라고 생각했던 식민 지배자들뿐 아니라, 일본인이 되고자 했던 식민지인들도 똑같이 포괄했다. 실용적인 이유로 인해 국가와 식민지 정부의 공식 입장이 일본인과 조선인의 근본적인 평등을 주장하는 방향으로 전환하게 되자, 당국은 그 평등 담론을 정말로 믿는 것처럼 행동할 수밖에 없었다.

그런 것처럼(as if) 행동하기는 현실적인 효과들을 산출했다. 거기에는 군대에서뿐 아니라 제국 전체에 걸쳐 조선인 통치와 관련된 구체적인 정책이 변화될 것을 촉구하는 압력도 포함되어 있었다. 마침내 지배 엘리트들은 새로운 인종적 상식의 생산과 전파에 기여하게 되었다. 이는 거친 인종주의적 관점을 공공연히 채택하는 일을 더욱 어렵게 만들었다. 즉 더 이상 조선인들의 건강과 복지에 무관심할 수 없었으며, 더 큰 정치적 권리를 바라는 조선인들의 욕구를 무시할 수 없게 되었다.

일본인 인구의 외부에서 내부로

분명히 조선인의 군사 동원을 전후해 많은 장교들은 조선인을 동등하게 대우하는 것에 계속 저항했다. 그들은 두 민족의 구별을 철폐하는 듯한 정책이 파생시킬 결과에 대해 불안해했다. 지원병 제도가 몇 년 시행된 후에도 종종 군대와 정부의 관료들은 여전히 조선인들을 이방인으로 언급했다. 예컨대 진주만 공격 직후 "인적 자원의 국력"에 대한 연구를 수행하면서 육군성 병비과兵備科는 여전히 일본인을 야마토大和 민족으로, 제국 내의 다른 민족들은 "외지外地 민족"으로 지칭했다. 병비과는 일본의 군 인력 자원과 일반 노동력 수요를 야마토 민족만으로는 충족시킬 수 없다고 주장했다. 이는 조선인과 여타 식민 주체들을 핵심적인 일본 인구 외부의 집단으로 간주함을 명백히 보여 준다. 그들은 "우리 민족わが民族"[42]이라 지칭되었던 것 바깥의 민족 집단들이었다. 병비과는 조선인을 비롯한 다른 민족들을 동원해야 한다고 말했다. 그러나 이는 조선인 자체가 안전하게 살 자격이 있는 인구의 한 부분으로 인정됨을 의미하지는 않았다.

일본인과 식민지 주체들을 가르는 엄격한 선을 유지하는 것이 절대로 필요하다고 가장 확실히 밝힌 공식적 언급 중 하나는 서론에서 간단히 말한 바 있는 1943년의 연구, 즉 《야마토 민족을 중핵으로 하는 세계 정책의 연구》[43]에서 발견된다. 이 연구의 저자들은 전쟁을 위해 제국의 인적 자원을 동원해야 할 필요성과 서로 다른 집단들을 계속 구분하고 싶은 욕망 사이의 긴장에 대해 극도의 우려를 표명했다. 당시 유행하던 미국의 우생학 담론에서는 타자의 엄청난 다산성에 대한 공포와 더불어 인종적 오염에 대한 걱정이 심화되고 있었다. 이와 비슷하게

이 보고서는 조선인과 타이완인이 동화되지 않았을 뿐 아니라 놀랍게 빠른 속도로 인구를 늘리고 있다고 주장했다. 타이완과 조선은 '병참 기지'로서 중요한 위치를 점했다. 그러나 타이완과 조선은 '사자 몸속의 벌레獅子身中の虫'처럼 되어서는 안 되었다. 즉 그 주인에게 해를 가하는 일이 허락될 수는 없었다.

이 연구는 조선인과 타이완인을 관리하기 위한 다섯 가지 지침을 제안했다. 첫째, 일본 내지의 조선인들은 전쟁이 끝난 후 조선으로 돌아갈 것이라는 점을 확실히 해야 했다. 둘째, 러시아의 위협으로 인해 북조선과 동만주 사이의 국경에 사는 조선인들은 다른 곳으로 이주해야 했다. 그곳에는 조선인을 대신해 일본 내지인들이 살게 될 것이었다. 셋째, 조선인들은 개척을 위해 뉴기니New Guinea 같은 불모지에 보내져야 했다. 넷째, 일본 내지인들이 조선과 타이완 인구의 10퍼센트를 이루도록 조정되고 배치되어야 했다. 마지막으로 이 연구는 당국의 과도한 '내선일체' 정책 때문에 아이러니하게도 조선인들에 의해 내지 일본인들이 압박을 받는다고 느끼는 수많은 사항들을 열거했다. 제시된 것들 대부분은 식민지 정부가 수행하는 동화 캠페인의 필수적인 부분이었다. 즉 창씨개명, 공통교육, 징병, 내지에서의 선거권(투표 시 한글 사용의 승인을 포함하여), 일선통혼日鮮通婚 등이 그것이었다. 요컨대 우생학적인 생각을 가진 후생성의 연구자들은 전쟁 때문에 필요하게 된 식민 제국의 동화 프로그램이 핵심 일본인들을 둘러싼 경계를 없애게 될 것을 걱정했다. 그들은 거주에서뿐만 아니라, 사회적·문화적·정치적·성적으로도 안전한 거리를 둔 채 조선인들을 노동자로 묶어 두고자 했다.[44]

보고서는 다른 부분에서 조선인과 일본 내지인 간의 성교와 결혼이 초래할 유해한 효과를 다루었다. 그리고 특히 제국 내에서 많은 조선인 남성들이 일본 여성들과 짝을 이루는 일의 위험성을 경고했다. 미국의 흑인 남성과 백인 여성의 결혼에 대한 연구를 인용하며, 이 보고서는 인종 간의 결합이 양측 모두에 오로지 가장 낮은 사회적 인자들을 유인하므로 회피되어야 한다고 결론지었다. 보고서는 이러한 결과가 일본 내지의 몇몇 지역에서 있었던 조선인 남성과 일본인 여성의 결혼에 대한 또 다른 연구에 의해서도 이미 확인된 바 있다고 말했다. 그러나 보고서의 저자(들)를 난처하게 하는 명백한 사실은, 이끌고 정복하는 인종이 이끌리고 정복당한 인종의 여자들을 차지하는 지배의 일반적인 원칙과는 반대로 상황이 역전되어 있었다는 점이다. 즉 조선인 남성이 일본인 여성을 아내로 삼은 비율이 압도적으로 높았다. 백인 식민주의하의 흑인 남성들에 대한 널리 알려진 프란츠 파농의 심리학적인 논의를 앞질러, 이 보고서는 "이끄는 민족"의 여성들과 결혼함으로써 이 여성들과 성적인 관계에 들어간 수많은 조선인 남성들의 변칙anomaly이 부분적으로는 정복자에 대한 "정복감을 만족"시키고자 하는 조선인 남성들의 소망으로 설명될 수 있다고 평가했다. 또한 보고서는 "과도한 내선일체 담론"과 창씨개명운동을 비난했다. 일본인과 조선인 이름 사이에 아무 구별이 없기 때문에 내지의 순진한 일본 여성들은 종종 조선인을 일본 내지인으로 오해했으며, 따라서 조선인들의 성적인 농락거리가 되었다는 것이다. 나아가 이 보고서는 생리학보다 성격에 초점을 맞춰, '혼혈아'와 내지의 일본 아이들을 구분할 만한 지적 능력이나 육체적 능력의 차이는 별로 없는 반면 "예상되듯이, 부끄러움을 모르고 국민정신이 박약한 왜곡된 인격자들이 많다"[45]고 지적했다.

평등이라는 말을 사용했으며, 군대에 조선인들을 받아들이는 것이 바람직하다고 주장했던 군대와 정부의 관료들조차 대부분의 전쟁 기간 동안 일본 내지의 정치적 공동체에서 조선인들을 배제하는 선이 유지되어야 한다고 강조했다. 예컨대 1937년 6월의 지원병 제도 수행 권고안에서 조선군 사령부는 일단 조선인들이 군대에 들어올 수 있게 되면, 그들은 틀림없이 권리를 요구할 것이라고 경고했다. 그리고 "동등한 권리에 대한 조선인들의 열광에 영합"[46]하는 것을 엄중히 경계했다. 이와 비슷하게 특별지원병 제도에 대한 추밀원의 질문을 예상해 준비한 자료에서 총독부는 "선거권과 공무담임권은 원래 별개로 생각해야 할 문제"라고 강조했다. 또한 지원병 제도가 반드시 조선인을 징병제에 포함시키기 위한 전주곡은 아니라고 주장하기조차 했다.[47]

그러한 경고들은 내각이 조선인 징병제 실시를 공식적으로 결정한 1942년 5월 8일에 이르기까지 군대 및 민간관료 집단에서 떠돌았다. 식민지에서의 모병에 대해 논의한 조선군 사령부 내의 특별위원회는 "군 복무는 황민의 숭고한 의무"이며, "조선에서의 징병 시행에 대한 보상으로 선거권과 공무담임권이 부여되지는 않을 것"[48]이라고 역설했다. 이와 유사하게 조선인 징병을 내각에 설명하기 위해 준비된 척무대신拓務大臣의 문건은 이 새 정책을 지지하는 수많은 사례들을 제시하는 동시에, 다른 한편으로는 "징병제 실시의 교환조건으로 선거권과 공무담임권이 부여되어야 한다"[49]는 생각을 비난했다. 조선인 징병에 대한 견해를 밝힌 육군대신의 초안 역시 척무대신의 문건과 마찬가지로 "숭고한 의무"라는 말을 사용했으며, 이로써 조선인의 병역이 정치적 권리와 교환될 것이라는 생각을 거부했다. 더 나아가 이 문서는 조선인의 향상을 추켜세우며 일본의 군사적 필요상 조선인과 타이완인을 군 자원으로 동원할 수밖에 없음을 강조하면서도, "물론 야마토 민족이 대동아 방위의 중심을 차지할 것"[50]이라고 주장했다.

그러나 군대 및 식민지 관료들은 조선인의 동원이 평등이라는 공식적 자세에 근거해 수행될 때에만 효과적일 것이라고 결론지었다. 그렇게 하지 않는다면, 왜 조선인들이 일본을 위해 싸울 것이며, 또 부대 내의 민족 간 갈등은 어떻게 피할 수 있을 것인가? 식민 지배자와 식민지인이 근본적으로 같다고 주장함으로써 조선인들을 군대에 편입시키려는 캠페인이 시작되자, 점점 더 많은 조선인들이 국가공동체national community(생체정치적 대상으로서 인종적으로 결합된 인구, 그리고 궁극적으로는 투표하고 공직을 차지할 수 있는 인구라는 의미에서의 공동체)에 들어오게 되었으며, 그 추세를 막는 일은 불가능하게 되었다.

이러한 흐름은 앞서 인용했던 1937년 조선군 사령부의 자료에서도 어렴풋이 발견된다. 사령부는 조선인의 병역 의무를 강조함으로써 정치적 권리를 확대하려는 어떠한 요구도 받아들여서는 안 된다고 총독부에 촉구했다. 그러나 사령부는 두 민족 사이의 완전한 동일성을 촉진하라고 장려했으므로, 적어도 내지인과 조선인 간의 공식적인 구별은 분명히 사라지기 시작했다. 사령부는 병합의 목적이 "같은 인종이고 같은 종족同祖同根인 조선인을 천손 종족天孫種族heavenly ethnos인 우리와 한몸으로 만드는 일이 필요한 이유를 진정으로 밝히는 것"이었음을 강조했다. 더 나아가 사령부는 상호 이익에 대한 설명 없이 조선인들이 일본인이 되리라고 간단히 기대할 수 없음을 재조在朝 일본인들에게 경고했다. 재조 일본인들은 조선을 고향으로, 문자 그대로 "조상의 무덤이 있는 장소墳墓の地"로 대해야 했다. 그리고 그들은 스스로를 제국의 정신에 충실한 '조센진朝鮮人'들로 생각할 만큼 도량이 커야 했다. 만일 조선인들이 스스로를 일본인으로 생각하기를 기대한다면, 그 정책은 자기 자신을 '조선인'이라고 생각하는 조선 내의 '내지 일본인'들 없이는 실패할 것이었다. 그렇지 않다면 그것은 "결국 일방적인 수단처럼 보일 것"이기 때문이다. 따라서 조선군 사령부는 호적법을 식민지에서도 시행하라고 권하기조차 했다.[51]

그런데 기억해야 할 중요한 사실은, 위의 문서 및 이와 유사한 문서들이 프로파간다로 기능하도록 의도된 것이 아니었다는 점이다. 그것들은 정책 입안을 위한 권고였다. 당국자들은 개인적으로 인종주의적 견해를 가진 사람들이건 그렇지 않은 사람들이건 간에, 분명히 순수한 논리에 의해, 그리고 앞에서 언급한 바 조선인들에 대한 만주군의 차별적 대우 때문에 발생한 1936년의 반란 같은 경험을 떠올리면서, 평등한 정책을 실천하기 위해 본격적으로 노력하지 않는다면 조선인들의 대규모 전쟁 동원은 실패로 귀결될 것이라는 주장에 설득되었다. 지원병 제도가 성공하기 위해서는 무차별 정책을 지지하는 수밖에 없었다. 그리고 그것은 군대 내의 조선인들에 대한 대우를 개선하는 데에서 시작될 것이었다. 따라서 전후에도 인종적 분리 정책을 포기하지 않았던 미군과 달리, 일본군은 조선인 지원병 제도를 시행하기 전에 분리 정책을 명확히 거부했다. 한 조선군 문서는 조선인들을 특별부대에 배치하는 등의 차별은 국민적 통합의 정신에 반하며 특별지원병 제도의 효율성을 반감시킬 것이라고 설명했다.[52] 다음과 같이 조선군 사령부는 무차별 정책을 아주 명확하게 강조했다. "지원병 제도를 채택하고 수행하는 한, 입대 이후 조선인을 반드시 내지인과 조선인을 통합시키고 동등하게 만든다는 근본 원칙에 근거해서 취급해야 한다. 이 문제를 다루는 데 있어 사소한 이유로 인한 그 어떤 차별적인 태도도 절대로 사라져야 한다. 그렇지 않으면 이 제도는 이득보다는 손해로 귀결될 것이다."[53]

이러한 분위기에 상응하여 총독부는 1937년 11월의 조선인 지원병 제도 실시 절차의 개요에서 다음과 같이 강조했다. 엄격한 과정을 거쳐 적절한 지원자들을 선발한 후, "이 제도는 원칙적으로 내지인과 조선인 사이에 차별 없이 적용되어야 한다. 달리 말해 교육, 재입대, 하사관 지원, 급료 등의 모든 것에서 내지 일본인과 조선인은 똑같은 대우를 받아야 한다."[54]

1942년 5월에 조선인 징병이 발표된 후에, 특히 그 구체적인 준비가 시작된 후에는 인종 또는 삶과 복지의 자격에 의해 조선인과 내지 일본인을 가르고 배제하는 선을 엄격히 유지하기가 점점 더 어려워졌다. 그것은 정치적 권리도 마찬가지였다. 앞서 논의했던 조선인들이 '외부인'으로서 군대에 동원될 것이라는 배제적인 개념과는 정반대로, 공식 문서들은 점점 더 조선인을 '대동아공영권의 지도자'에 포함했으며 제국의 "중핵적中核的 지도자"[55]라는 개념 속에 위치시켰다.

분명히 이 새로운 담론은 차별을 비난했으며, 조선인이 일본의 핵심 인구에 포함됨을 주장하면서, 조선인을 일본 국민의 한 부분으로 인정했다. 하지만 그와 함께 이 담론은 조선인을 여전히 내지인에 뒤떨어진 민족으로서 서술하는 경향을 보였다. 그것은 궁극적으로 차별이 사라질 것을 예측했다. 그러나 다른 한편으로 조선인들은 본질적으로는 동등하지만 실제로는 여전히 평등하게 취급되지 않을 것이었다. 이는 차크라바티Dipesh Chakrabarty가 다른 맥락에서 말했듯이, 타자들을 역사의 "상상적인 대합실an imaginary waiting room"에 배치하는 일종의 역사주의적 논리였다. 달리 말해 그것은 조선인들에게 "아직 아니다not yet"[56]라고 말하는 한 가지 방법이었다. 그리고 이는 인종주의의 소멸로 이어지지 않았다.

대신 그것은 문화적 특성과 격차 해소의 담론을 통해 위계질서를 재생산하는 새로운 종류의 차별을 구성하도록 했다. 민족적이거나 인종적인 차별을 강력히 비난하고 포용의 제스처를 취하는 바로 그때에 차별은 새롭게 형성되었다. 하지만 앞으로 논의하겠지만, 역사주의의 논리 자체가 점점 더 많은 모범적인 개인들로 하여금 대합실을 빠져나와 스스로 완전한 일본인으로 대우받기에 충분하다고 주장하게 하는 통로를 열었다. 그리고 부단히 압박해 오는 총력전의 요구를 충족시키는 과정에서, 완전하지는 않더라도 조금씩 조금씩 대합실 자체가 해체되기에 이르렀다.

포용적 인종주의와 조선 출신 훈련병들

포용적인(또는 친절한) 인종주의의 논리는, 엄격하게 생물학적이거나 근본주의적이기보다는 문화적이고 역사주의적인 논리를 통해 인종주의를 거부하는 동시에 재생산한다. 그리고 이는 군의 조선인 대우에 직접적으로 영향을 끼친 문서인 《조선 출신 병사의 교육 참고 자료朝鮮出身兵の教育参考資料》(이후로는 《조선 출신 병사》 또는 '지침'으로 지칭함)에서 간결하게 표현된다. 이 문서는 육군항공대를 제외한 모든 육군의 교육 문제에 지침을 제공한 최고기관인 교육총감부教育總監部가 발행했으며, 1944년에 두 권의 작은 책으로 나왔다. 광범위한 참고 서지와 내용으로 볼 때, 저자들의 일반화가 조선인과 조선 역사에 대한 오리엔탈리즘적인 지식의 방대한 축적에 근거했다는 점, 그리고 이 책이 조선인 병사들의 훈련을 담당하는 일본인 장교들을 위한 매뉴얼로 기능했다는 점을 알 수 있다.[57]

공식적 슬로건이 '일시동인'으로 나아간 것에 발맞춰, 이 텍스트는 황민으로서 조선인들의 자의식이 높아졌으며, 따라서 이들이 대동아 실현을 위한 특별한 임무를 띠게 될 수 있음을 강조하는 드라마틱한 서문으로 시작된다. 물론 이 글은 오늘날 동아시아의 지도적 위치가 '일본인'에게만 있고, 다른 황민들은 그 아래에서 "적당한 위치"를 차지할 것임을 여러 번 전제했다. 그러면서도 다른 한편으로 이 서문은 조선 출신 병사들이 "대동아 지도 민족의 일원으로서" 막중한 임무를 수행하도록 허락되어야 한다고 선언했다.

그러나 조선인들이 그렇게 되고 안 되고는 "(그들의) 교육자들이 지닌 분별력과 열정"에 달려 있었다. 지침은 이 교육자들에게 조선인 병사들을 차별하지 말라고 경고했다. 교관들은 "(조선인들의) 민족적 특성과 조선의 현 상황에 대해 충분히 인식하고 이해해야 하며, 근거 없는 편견의 노예가 되거나 일반적인 경향에 기대어 개인들을 즉각적으로 판단"해서는 안 되었다. 더 나아가 지침은 조선인들의 "성격, 생각, 도덕적 기질"에 존재하는 결점에 과도하게 초점이 맞추어진 듯한데, 사실은 그와 똑같은 단점들이 일본 내지인들 사이에서도 광범위하게 발견될 수 있다고 주의시켰다.[58]

여러 정부기관의 연구들뿐 아니라 인류학자, 민담학자, 역사학자, 언어학자, 경제학자들의 학문적 고찰을 요약하면서 《조선 출신 병사》는 내지 일본인과 다르다고 생각되는 조선인의 특성을 약술했다. 하지만 그렇게 하면서도 지침은 이 차이들이 초역사적인 것이라고 생각하지 않았다. 오히려 지침은 차이들이 특수한 지정학적 요인들과 구체적인 역사 경험의 산물이라는 입장을 유지했다. 《조선 출신 병사》는 조선 반도가 예로부터 일본과 친밀한 혈연적, 문화적, 정치적 관계를 유지했지만 역사가 진행함에 따라 두 지역이 갈라졌고, 그로 인해 조선인들에게 특수성이 생겼다고 설명했다.

지침은 '내선일체'와 '동조동근'에 대한 학문적 사고를 길게 기술한후, 조선인과 일본인 사이의 원래적인 동일성을 가정했다. 조선인들은 여러 역사적 과정을 겪으며 그 동일성에서 벗어나 퇴화했다는 것이다. 중국, 만주, 몽골 등의 큰 세력과 가까이 있는 조선의 지리적 위치는 불행했다. 이 세력들로부터 무자비한 위협을 받아 겨우 반독립 상태에 있을 수밖에 없었기 때문이다. 이런 상황은 힘 있는 자에 대한 과도한 순종적 태도를 형성시켰다. 즉 단순한 외국인 대접 이상으로 나아간, 강자에 대한 일종의 영리한 기회주의를 길러 냈다. 그 결과 나타난 조선인의 특성을 지침은 '외교적 성격' 유형이라고 불렀다.[59]

조선 왕조 시대 동안 나라 안은 정치적으로 불안했으며 조정은 백성을 설득하는 데에 실패했다. 이로 인해 "자기 보존"을 중시하고 "개인의 가족에 집착하는" 성격과 사고방식이 촉진되었다. 더욱이 당파싸움이 정치 생활에 확산되어 "민족적인 고질"이 되었다. 즉 조선인들은 이른바 자기 방어를 최우선시하는 경향을 갖게 되었으며, 극단적으로 의심이 많은 성격 형태가 두드러지게 되었다. 정치적, 사회적 엘리트 집단인 양반과 중인은 오직 자기 이익만 알았다. 나아가 그들은 관아에서 사복私腹을 채우고자 했다. 당파싸움으로 인해 항상 그 위치가 위태로웠기 때문이다. 동시에 그들은 백성들로부터 큰 이익을 짜냈다. 백성 대부분은 아주 가난한 소작인이었다. 그들은 "극단적으로 원시적인" 최저경제 속에서 살았다. 양반 엘리트들에 의지할 수 없었던 백성들은 자기 보호를 위한 전략을 고안할 수밖에 없었다. 하지만 그들은 자신의 운명을 개척하지 못했다. 문맹의 농부들은 오히려 운명론에 이끌리거나 귀신과 영혼을 믿는 관습적인 신앙에 굴복했다.[60]

《조선 출신 병사》는 조선인을 퇴보한 민족으로 묘사했다. 따라서 보호와 선의benevolence의 담론을 통해 일본의 조선 지배를 정당화했다. 조선의 퇴보를 초래한 책임이 식민지 시기 이전의 역사에 있었다면, 일본제국의 일부가 된 조선 근대사는 진보의 이야기로 기술되었다. 그것은 "대동아공영권 지도 민족의 일원으로서" 아직은 실현되지 않은 완전한 동화를 목적으로 하는 것이었다. '신조선新朝鮮'의 역사는 이제 막 시작되었다. 새로운 조선을 이루기 위해서는 조선의 사상, 신앙, 성격, 풍습의 개혁이 필요했다. 달리 말해 만일 역사가 조선인의 차이를 발생시켰다면, 그 역사는 일본인으로서의 동일성 또한 만들어 낼 수 있을 터였다.

조선인과 조선인 병사에 대한 다른 수많은 저작들과 마찬가지로《조선 출신 병사》역시 식민지인들의 풍습 및 습관에 다음과 같은 특징이 있다고 생각했다. 첫째, 지침은 조선의 종교와 신앙을 뒤떨어진 것으로 가치절하하기 위해 총독부에 의해 출간된 무라야마 치준村山智順의 방대한 민족지학적 연구들을 활용했다. 지침은 조선 시대의 지배적 신앙 체계였던 조선 유교가 효도에 과도한 비중을 두었으며, 그로 인해 군주를 향한 신하의 충성심을 약화시켰다고 평가했다.《조선 출신 병사》가 '유사 종교'라고 부른 카테고리에는 동학교도 등이 포함되었는데, 이런 것들은 사회운동과 조선인의 민족의식을 선동하는 반면 '근로 윤리'를 방해하는 미신적인 유파로 이야기되었다.

이와 비슷하게 지침은 조선의 민간 종교를 원시적이고 운명론적이며 미성숙한 것이라고 폄훼했다. 그것은 그저 귀신과 영혼, 풍수지리나 점 등의 "비속한 미신에 대한 믿음"으로 이루어진 것이었다. 따라서 《조선 출신 병사》는 진보 및 근대화와 관련해 "세계의 탈마법화"[61]와 합리화에 가치를 부여하는 반면 미신과 숙명론을 비난하는 베버의 이론과 아주 유사한 논리와 언어를 구사하면서, 조선의 종교와 신앙이 거의 무가치하다는 결론을 내렸다. 그러므로 근대적 과학 정신이 미신을 타파하게 됨과 동시에, 반도인의 진정한 정신적 기초를 제공하기 위해 이 유사종교들은 일본 정신으로 계속 대체되어야 했다.

지침은 "조선적인 특성"이 어떤 강점들을 가지고 있음을 인정했다. 그러나 지침은 역사적으로 생성된 결점—이라고 저자들이 생각하는 것—들을 강조했다. 지침은 조선인들이 이기적이므로 단결해서 행동하기 어렵다고 주장했다. 조선인은 음모를 꾸미고 일관성이 없으며 진실하지 못한 경향이 있을 뿐 아니라 책임감이 박약했다. 아이러니하게도 지침은 이러한 문제점을 지적하면서 루스 베네딕트의 고전적인 논의를 예시했다. 즉 루스 베네딕트는 내면화된 행위 기준이 없는 것이 일본인의 민족적 특성이라고 보았으며, 이러한 관점으로써 전후 일본에 대한 미국의 가부장적인 태도를 정당화했다. 달리 말해 일본의 식민주의자들과 미국의 점령자들은 피지배자들을 자기 통치에 필요한 책임 있는 근대적 주체성이 결여된 존재로 재현함으로써 그들의 헤게모니에 정당성을 부여했다.[62]

지침은 조선인들이 강자에 아첨하고 약자를 업신여긴다고 평가했다. 중국과 오랫동안 관계 맺은 결과, 조선인들은 그저 타자를 흉내 낼 뿐 창조성이 없었다. 동학조차 유교, 불교, 도교를 절충적으로 모방해

뒤섞은 것일 뿐이었다. 유교는 학문에 대한 존경을 낳았지만 무예에 대해서는 그렇지 않았다. 따라서 조선인들은 문약文弱에 빠졌다. 조선인들은 상대적으로 가난에 순종하게 되었다. 그러나 빈약한 과학 지식과 짝을 이루고 있는 이 인내력은 '불결'과 아름다움에 대한 감수성을 저하시켰다. 그들은 수다스러워서 익살을 부리거나 논쟁하기 일쑤지만, 행동으로 나아가는 일이 거의 없기 때문에 대부분의 논쟁은 논쟁으로 끝났다.

《조선 출신 병사》는 조선인들의 정신적, 육체적 능력에 대한 "과학적" 연구들을 활용하여, 조선인들이 지능검사에서 내지인들보다 약간 낮은 점수를 받은 것으로 볼 때, 아마도 문제는 교육적, 환경적 불리함이었을 것이라고 결론 내렸다. 조선인들은 "복잡한 사고력"에서는 능력이 떨어지는 것처럼 보이지만 아주 좋은 기억력을 가지고 있었다. 그들은 자기에게 이익이 있을 때에만 불굴의 야심과 결단력을 보였다. 이미 입대한 사람들을 관찰한 결과, 조선인 병사들은 훌륭한 체력과 정신력을 가지고 있었으며, 일반적으로 내지 일본인들보다 열등하지 않았다.

《조선 출신 병사》의 다음 장은 조선의 관습, 풍속, 언어에 대해 자세히 서술하고 있다. 여기서 이 모든 민족지학적인 데이터를 요약할 필요는 없을 것이다. 그러나 문화적 차이를 조롱하며 동화를 강요하면서도, 이 지침이 내지인들에게 인내와 감수성을 발휘하라고 장려한 점은 지적되어야 한다. 조선인들은 일본어를 말할 때 종종 존경을 표시하는 접두사인 "오ぉ, 御"를 생략하는 버릇이 있어 마치 무례한 것처럼 보이기도 했지만, 이로 인해 책망 받아서는 안 되었다. 조선어에는 이에 해당하는 접두사가 없는 것이다. 이와 마찬가지로 내지 일본인들이 이해해

야 할 것은, 조선인들의 침묵을 상냥하지 않고 선의가 없는 것으로 판단해서는 안 된다는 사실이었다. 조선인들은 윗사람이 먼저 말 걸기 전에 낮은 지위의 사람이 말 거는 일을 무례하다고 생각하기 때문이다. "물건을 받고 나서 감사함을 표현하지 않는 것이 (조선인들의) 관습이다" 등등. 관습과 풍속에 대한 이 장을 요약하면서 지침은 다음과 같은 결론을 내렸다. "보통의 조선 관습 중에 일본인의 관습으로 보면 대단히 무례해 보이는 경우들이 적지 않지만", 그 이유에 대해 잘 알지도 못하면서 판단을 내리거나 공격해서는 안 된다. 그 대신 "개혁하고 지도하기 위해 진지하게 인내하며 (그들에게) 우리나라의 관습을 가르칠 필요가 있다."[63]

지침의 마지막 부분은 현재 제국의 군대에서 근무하고 있거나 과거에 근무했던 조선인들의 행동을 서술했다. 지침은 전체적으로 조선인들의 근무 성적이 아주 좋았다는 사실, 그들은 전장에서 공을 세웠으며 많은 사람들이 영웅적으로 죽었다는 점을 지적했다. 어떤 부록은 그들의 용기를 서술했다. 그러나 지침은 이 병사들의 조선인다운 특징들을 바꿀 필요가 있음을 계속 강조했다. 그리고 이러한 결점 때문에 나타날 수 있는 군대 내의 행동에 각별히 주의할 것을 환기시켰다. 예컨대 조선인들은 효도와 개인적인 이득을 지나치게 중시했으며, 이로 인해 조선인 병사들을 다룰 때 문제가 발생했다. 그들은 부모가 아프다는 사실을 알게 되면 휴가를 얻기 위해 가짜 전보가 오도록 하는 것을 포함해 무슨 일이라도 할 것이기 때문이었다. 게다가 사적인 일에 대한 그들의 과도한 집중은 부대 근무에 나태한 태도를 촉진했다. 조선인들은 개인적으로 영웅주의적인 행동을 보이기도 했다. 하지만 한편으로는 무예를 천시한 전통으로 인해, 과감하게 행동하기를 꺼렸고, 전장의 무서운 상황을 견디지 못했으며, 피 흘리는 모습에 겁을 먹었다. 그리고 고통이나 피로를 과도하게 표시했다.

마지막으로 지침은 조선 문화에 대한 차별적 지식을 통해 잘 알려진 일상적 위생습관의 차이에 주의를 환기시켰다. 그것은 19세기 말 이래 형성된 인종적인 상식 중 하나였다. 특히 세기가 바뀔 무렵 조선에 온 일본인 방문자는 낙후되고 비문명적일 뿐 아니라 불결하기조차 한 나라로서 조선의 이미지를 구축했다. 1905년에 출판된 책에서 한 저자는 서울이 세계의 "똥 수도shit capital"이며, 조선의 7대 생산물이 "똥, 담배, 이(虱), 기생, 호랑이, 돼지, 파리"[64]라고 썼다. 《조선 출신 병사》는 조선인 병사들의 이른바 더러운 식습관 및 "위생에 대한 지극히 빈약한 감각"을 설명하기 위해 앞에서 언급했던 바 조선인들이 불결에 무감각한 것이 빈곤의 결과라는 논의와 더불어 위생에 대한 위와 같은 담론도 활용했다. 지침은 조선인들이 밥 위에 국을 부어 게걸스럽게 먹으며 밥을 흘린다고 말했다. 그들은 깡통이건 세숫대야건 양동이건 간에, 밥을 먹거나 얼굴을 씻거나 걸레를 빨 때 습관적으로 같은 그릇을 사용했으며, 같은 걸레로 바닥과 상을 모두 닦았다. 조선인들은 목욕, 세탁, 청소를 좋아하지 않았으며, 아무렇지도 않게 가래침을 뱉거나 공공연하게 코를 풀었다. 그들에게는 파리와 이도 아무렇지 않았다.

조선인 병사들에 대한 이러한 평가는 아주 경멸적이고 인종주의적으로 느껴진다. 그러나 조선인들의 풍습, 습관, 의식을 만든 것이 생물학이 아니라 역사라는 것, 따라서 조선인들은 변해야 하며 변할 수 있으리라는 생각이 이러한 평가를 상쇄하고 있었다는 사실에 다시금 주목하는 것이 중요하다. 그 점에서 《조선 출신 병사》는 인종적 소수자들에 대한 미군의 훈련 방법과 상상 이상으로 닮아 있다. 나는 일본계 미국인을 훈련시킨 매뉴얼을 찾아낼 수는 없었다. 하지만 미국 전쟁성 War Department의 《니그로 부대의 지휘Command of Negro Troops》는 《조선 출신 병사》와 잘 비교될 수 있는 텍스트다.

이 매뉴얼은 제한된 내부용 문서로서 《조선 출신 병사》 1권과 같은 달에 나왔다. 그리고 "정보를 제공해 부하들에 대한 이해를 심화시킴으로써 장교들의 효율적인 부대 지휘를 돕는다"는 매뉴얼의 목적 역시 《조선 출신 병사》와 비슷했다. 이 매뉴얼은 인종주의를 두드러지게 비난하는 한편, 흑인 병사들과 백인 병사들 사이에 실제로 존재하는 차이에 주의를 환기시켰다. 따라서 매뉴얼은 "선발징병법Selective Service Act은 병역을 위한 선발과 훈련에 인종적 차별이 없을 것을 명한다. 성공적으로 판명된 규율 및 훈련과 지도 방법이 니그로 부대들에도 다른 부대들과 마찬가지로 동일하게 적용된다"고 처음부터 과감하게 명시했다. 그러나 매뉴얼은 "군대 내의 니그로들에게는 특수한 문제가 있다"고 지적했다. "니그로 집단이 군대 내의 다수자들과 실질적으로 다른 역사를 가지고 있다는 것, 즉 그들에게는 평균 학력이 열등하고, 일반적으로 백인보다 직업적으로 숙련되지 못한 일을 했으며, 국가적으로도 제한적인 역할만 맡아 왔다는 사실"에서 발생한 문제들이 있다는 것이었다. 따라서 이 미국 매뉴얼은 《조선 출신 병사》와 마찬가지로 인종화된 소수자와 지배 집단 사이에 존재하는 그 어떤 생물학적 차이도 부정했다. 그 대신 비동일성들을 만들어 낸 요인으로 역사를 도입했다. 즉 "타고난 차이"를 부인했지만, 그와 동시에 테스트에서 나온 여러 "사실들"을 강조했다. 그것들은 "니그로들"이 일반적으로 빈약한 소질을 지니게 된 이유를 설명해 주는 듯했다. 매뉴얼은 흑인들이 음악과 춤에 선천적인 능력을 가지고 있다는 일반적인 생각을 인정하지 않았다. "그들의 인종이 아니라 그들의 역사와 삶"[65]으로부터 이 재능이 생겨난 것임을 단언했다.

미국의 매뉴얼은 낮은 시험 점수가 "니그로들"을 가르칠 수 없다는 뜻이 아니라 교관에게 "특별한 인내심, 기술, 이해"가 필요함을 뜻한다고 주장했다. 그 점에서 이 매뉴얼의 방침은 조선인들에 대한 《조선 출신 병사》의 관점 및 일본인 교관의 교육 방법과 아주 흡사했다. 매뉴얼은 타고난 결핍으로 인해 전투에서 흑인들을 믿을 수 없다는 가정이 잘못된 것임을 강조하기 위해 "훌륭한 병사는 태어나는 것이 아니라 만들어진다"는 슬로건을 환기시켰다. 매뉴얼은 "지난 이삼십 년 동안 수행된 심리학자 및 다른 과학자들의 수많은 연구 중에서" "집단으로서의 니그로들이 정신과 정서의 면에서 유전적으로 결함이 있음을 증명한 연구는 단 하나도 없다"[66]고 결론지었다. 비록 효율적인 인력 활용을 위해서였다고 할지라도, 논리적으로 보아 어쨌든 독일인들이 주장한 것과 같은 인종 이론은 거부되어야 했다.

우리는 《니그로 부대의 지휘》나 《조선 출신 병사》를 읽음으로써 교관들의 거친 인종주의적 태도가 반드시 변화했거나 군대 내의 인종차별이 사라졌으리라고는 생각하지 않는다. 그보다 이 텍스트들은 포용적이며 겉보기에는 친절한 새로운 인종주의로의 전이를 반영하고 촉진했다. 그것은 다른 역사, 낙후된 발전, 문화 등의 담론으로써 스스로 인종주의적인 논리를 재생산하면서도 공식적으로는 인종차별의 불법성을 역설했다. 따라서 조선인들과 조선인 병사들에 대한 공식적인 발표조차, 진짜로 차별을 실천하는 자는 일본 내지인이 아니라 강한 민족의식을 가지고 동화의 이상을 거부하는 일부 조선인들이라고 공공연히 단언하게 되었다. 달리 말해 민족적 차이를 주장하는 조선의 민족주의자들은 오늘날이라면 '역차별reverse discrimination'이라고 불릴 만한 일을 저지른다고 비난받을 수 있었다.[67]

나는 위와 같은 사실에 더욱 주목해, 이 논리에 내재된 모순들이 거의 억누르기 힘든 힘을 가지고 있었음을 주장하고자 한다. 내가 보기에 그것은 이 담론의 지지자들조차 예견하거나 바랄 수 없었던 여러 변화들이 외적인 평등함의 내부에서 폭발하게 했다. 예를 들어 협조회(교초카이協調會)는 관료들과 기업 리더들로 이루어진 반관半官 싱크탱크로서 사회실태 조사에 관여했고 정부에 사회 정책에 관해 자문했으며 노자관계를 '조정harmonizing'하기도 했다. 그런데 1944년에 이 단체의 멤버들은 조선인에 대한 자유주의적이고 포용적인 방침을 권장하는 것 외에 아무것도 할 수 없음을 깨달았다. 협조회는 1944년 8월에 〈반도인 문제〉라는 보고서를 내면서, 조선인들의 일반적으로 좋은 신체 및 "특히 그들의 훌륭한 이빨과 눈"에 대해 지적했다. 그리고 이로써 문화적 기초를 지닌 친절한 인종주의가 생물학주의와 완전히 절연할 수 없었음을 암시했다. 또한 보고서는 어떤 조선인들의 뛰어난 학문적 재능, 국민학교에서 교육받은 조선인들이 일본인들과 점점 더 구분할 수 없게 된 점(보고서에 의하면, 얼굴 표정조차 똑같아지고 있었다), 조선인 교육의 효과 및 이러한 노력을 지속할 필요성 등을 강조했다. 보고서는 이 모든 양상들이 내지식 생활방식에 점점 더 동화되고 있음을 보이는 것이라고 만족스럽게 논했으며, 따라서 조선인들 중 '좋은 사람いいひと'이 지도적인 위치에 있어야 한다고 했다. 더 나아가 보고서는 징병의 영향에 대해 특별히 지적하면서, "조선에서 징병을 실시하도록 결정되었기 때문에, 앞으로 우리는 반도를 완전히 믿을 수밖에 없다"[68]고 결론 내렸다.

실제로 조선인의 전쟁 동원에서 노출된 모순들은 식민지 정부를 계속 압박해 조선인들에 대한 가장 차별적인 몇몇 정책들을 바꾸도록 했다. 86회 제국의회에 대비해 총독부가 수집해 편찬한 자료에서 총독부 총무국은 "(식민) 통치의 입장에서 보았을 때 (1944년의) 가장 획기적인 일"은 징병제의 실시였다고 지적했다. 이 편찬물은 식민지 정부가 얼마나 조선인의 교육과 복지를 진전시키고 차별의 표지를 없애면서 "조선인의 모든 인적 물적 요소들을 전력화戰力化" 하려 했는지에 대해 주목했다. 총무국은 필리핀과 버마의 독립, 자유인도Free India(또는 Azad Hind, 즉 영국의 지배로부터 인도를 해방하기 위해 활동했던 인도의 망명 임시정부)의 설립, 그리고 인도네시아 독립 약속의 예를 따라, '소승적 민족의식小乘的 民族意識'을 지닌 조선인들이 조선의 자치를 요구할 것을 특히 두려워했다. 그러한 일의 발생을 예방하기 위해 이 문서는 일본이 주도한 위와 같은 사태들로 인해 조선인들이 스스로를 '대동아의 지도 민족'으로 인식하게 되어야 한다고 강조했다. 이는 "다양한 방면의 조선인 처우 개선"을 통해 조선인의 전쟁 공헌에 보답함으로써만 달성할 수 있을 것이었다. 곧 살펴보게 되겠지만, 총무국은 그때까지 일본 정부의 공식적인 슬로건 중 하나이던 "조선인과 타이완인의 처우 개선"이라는 말을 사용했다. 그리고 "우리는 개선이 필요한 여러 문제들이 있음을 깨달아야 하며, 그것은 사회의 모든 제도 및 관습적 절차들을 가장 작은 부분까지 하나도 빠짐없이 조사함으로써 확인할 수 있다"[69]는 결론을 내렸다.

총독부 관료들은 조선의 교육받은 엘리트들에게 특히 영향을 미치는 차별적인 정책을 제거하거나 최소한 개선함으로써 그들의 협력을 확보하기 위해 각별히 주의했다. 관료들이 그렇게 한 것은 공무원, 경찰, 군대, 미디어, 기업 등을 포함하는 모든 주요 식민 규율 기구들에 인력을 충원하기 위해서는 조선의 엘리트들이 필요함을 알아차렸기 때문이다. 그뿐 아니라 그들은 오직 조선 엘리트들의 도움을 통해서만 조선의 대중을 성공적으로 동원할 수 있다는 점도 깨달았다. 따라서 전쟁이 막바지에 다다랐을 때, 식민지 정부는 교육받은 조선인 엘리트들로부터 가장 자주 듣는 불평 중의 하나, 즉 조선인과 일본인 관료의 급료 차이가 사라져야 할 차별의 한 형태라고 하는 불만에 대해 어느 정도 실질적으로 응답했다.

일본이 조선을 공식적으로 병합하기 몇 달 전인 1910년 4월에 이미 일본 정부의 칙령 137호는 일본 내지인에게 오지 수당을 지급할 수 있도록 함으로써 이들과 식민지(외지) 원주민 관료 사이의 가봉加俸 급료차를 인정하는 법적 기초를 수립했다. 1910년 10월에 발효된 두 개의 조선 관련 특별법(총독부령 15호, 칙령 403호)은 예컨대, 고등관에 40퍼센트, 판임관 5급 이상의 관료에 60퍼센트의 수당을 준다고 명문화했다. 차별을 향한 비난에 대처해, 그리고 내지와 식민지가 평등하다는 공식적 정책에 어울리는 제스처를 취하기 위해, 정부는 단지 오지 수당을 폐지할 수도 있었을 터였다. 그러나 그 대신 1944년 4월 1일자로 발효된 칙령 230호는 일본 내지인을 이 혜택의 대상으로 특정한 옛 칙령의 문구("內地人たる")를 삭제함으로써, 원칙적으로 제국 전역의 원주민들도 내지인들만큼 급료를 받을 수 있게 했다. 1944년 4월에 발효된 총독부령 168호와 지침 230호는 고등관 최고위직으로부터 공립중학교와 국민학교 교장에 이르기까지의 조선인 관료, 그리고 읍장이나 면장 역시 수당을 받을 자격이 있다고 밝혔다.[70]

이 법률적 변화들이 발효되기 직전인 1944년 3월의 담화에서 조선총독부 재무국장 미즈타 나오마사水田直昌는 급료 차이를 없애기 시작한 조치가 내선일체라는 대의의 한 부분을 이룬다고 설명했다. 곧 징병제가 실시되고 의무교육 시행이 3년밖에 남지 않은 상황에서, 내지인에게만 적용되는 특별수당제가 야기하는 불평등은 해소되지 않을 수 없었다. 물론 미즈타도 알고 있었던 것처럼, 1944년의 변화에도 불구하고 식민지 하층 노동자로 일하는 대다수 조선인들의 문제는 여전히 남아 있었다. 그러나 그는 "물질적으로도 정신적으로도" 내지인과 완전히 똑같아진 조선인 관료 계층에게만 수당을 주는 것이 평등의 이상이라는 생각에 매몰되어 있었다. 그리고 그렇게 생각함으로써 이러한 배제를 정당화했다.

달리 말해 식민지 정부는 내면적으로 일본인이 되었으며, 그 "경제적 여건이나 라이프스타일 등이 내지 일본인과 전혀 다르지 않은" 사람들만을 대상으로 급료 차이를 없애려 했다. 미즈타가 보기에 그렇게 제한하는 일은 가장 문제되고 있는, 이른바 자격을 결정하는 원칙에 곧 어떤 근본적인 변화가 일어날 것이라는 점과 아무 상관이 없었다. 그가 말하듯이, "관료나 그에 상응하는 사람이 내지인이건, 타이완인이건, 조선인이건 가리지 않고, 또한 해외로 나갔건 그렇지 않건 상관없이 식민지 기관에 근무하고 있기만 하면" 수당은 지급될 것이었다. 그는 일본 내지인이 아니라는 이유로 식민지 원주민들이 더 이상 다르게 대우받아서는 안 된다고 생각했다. 그들이 모든 면에서 일본 내지인과 같다면, 그들은 내지인으로 취급되어 그에 상응하는 급료를 받을 것이었다. 상층의 조선인 관료들은 가장 많이 동화된 것 같으므로 수당을 받을 자격이 있었다.

미즈타의 입장은 우리가 여러 번 논의했던 바 평등의 논리하에 문화적 인종주의를 지속시키는 노선과 다르다. 그러나 조선인과 내지인의 차이에 대한 선험적이고 귀속적인 가정에 근거한 근본적인 법적 원칙이 이미 전복되었다는 점에서 미즈타는 옳았다.[71] 더 나아가 전전에 의미 있는 효과를 나타내며 실행되기에는 너무 늦었지만, 1945년 4월 총독부령 75호는 내지인과 조선인 관료 간의 모든 급료 구분을 제거했다.[72]

이와 마찬가지로 총독부의 지도자들은 경찰과 식민 관료 최고위직에 근무하는 조선인의 수가 증가하는 것을 자화자찬했다. 여기에는 잘 알려진 바 1944년에 이사카 가즈오伊坂和夫(조선명 윤종화尹鍾華)를 식민지의 첫 번째 도 경찰부장으로 황해도에 임명한 일, 강원도 고등과장(고등과는 '사상경찰'이다)과 경기도 형사과장으로 조선인들을 뽑은 일 등이 포함되었다. 1944년 말 현재 13명의 도지사 중 5명이 조선인이었으며, 그들은 전쟁이 끝날 때까지 그 직책을 유지했다. 따라서 조선총독부는 오늘날의 미국에서라면 고등교육을 받은 한국인들을 위한 일종의 '소수민족 우대 정책affirmative action'이라 불릴 만한 일을 실행하고 있음을 주장하기조차 했다. 총독부는 1943년에 37명 이상의 특히 많은 조선인이 고등문관 시험을 통과했다고 보고했다. 총독부는 "중앙정부 당국자들의 협조적인 후원을 통해" "그들 중 12명은 중앙 정부기관의 채용에 정식으로 선발됨으로써 예기치 않은 진로를 열었다"고 자랑했다. 나머지 사람들 중 21명은 총독부에 자리를 얻었고 2명은 학생이 되었으며 1명은 만주국 관청에서 근무했다. 오직 한 사람만이 채용되지 못했다. 또한 총독부는 1943년에 이왕가李王家의 한 사람이 천황의 지명으로 제국의회의 귀족원 의원이 되었으며, 중추원 고문이었던 한상룡韓相龍이 국민총력조선연맹의 사무국 총재에 임명되었음을 지적했다.[73] 국민총력조선연맹은 조선인들을 전쟁에 동원하기 위해 관료, 군대, 사적인 개인들의 활동을 결합시키는 중요한 정부 외곽 조직이었다.

포용의 정치와 생체정치

1944년 7월 22일 도쿄 히데키에 이어 고이소 구니아키 장군이 일본 수상에 취임했다. 고이소는 1942년 5월 29일부터 1944년 7월 22일까지 조선 총독이었으며, 총독의 자격으로 식민지에 징병제 도입을 주재했다. 또한 이전에 그는 조선군 사령관(1935.1 2. 2~1938. 7. 15)으로서 조선에 특별지원병 제도를 만드는 데에도 주요한 역할을 담당했었다. 85회 제국의회 전에 나온 1944년 9월의 정책 담화에서 고이소는 일본제국의 국민들에게, 그리고 사실상 전 세계에[74] 조선인과 대만인에 대한 대우 개선이 필요함을 명백히 밝혔다. 그는 다음과 같이 말했다.

제국의 중요한 부분으로서 조선과 타이완은 제국의 번영 및 전쟁 목적의 실현에 공헌하기 위해 각각 그들 지역에 특수한 일들을 수행하고 있다. 이미 그들은 특별지원병으로서 뛰어난 성과를 이루었으며, 이제 우리는 징병제의 실시를 목전에 두게 되었다. 국가의 입장에서 보았을 때, 그토록 많은 동포들이 성전聖戰의 전장에서 봉공하려는 진실한 의지를 보여준 점은 경하할 일이다. 동시에 나는 그들의 대우에 대해 충분히 재고할 필요가 있다고 믿는다.[75]

이 담화와 더불어 고이소는 "조선 및 대만 동포에 대한 처우 개선" 조치를 취하기 시작했다. 이 슬로건과 관련된 일들은 일본 정부의 공식 정책이 되었다. 그것은 미디어를 통해 공적 담론 속에 명제처럼 유통되기도 했다. 이 캠페인은 두 방면에 걸쳐 전개되었다. 그중 한 가지는 명확히 "정치 처우"로 범주화된 것인데, 이는 조선인과 대만인 대표를 국회에 보내는 운동에 집중되었다. 다른 한 가지는 "일반 처우"로 불린 것인데, 이는 조선인과 대만인의 공공복지와 행복을 증진하리라고 생각되는 일련의 조처들에 초점을 맞추었다.[76] 따라서 후자는 푸코가 말하는 넓은 의미의 '통치'와 잘 어울린다.

징병제에 따른 조선인 모집 과정에 대한 1942년 5월의 조사에서 총독부는 참정권 문제가 조선인의 징집 결정과 짝을 이룰 것이라고 인정함으로써 선견지명을 보였다. 보고서는, "사물에는 그림자가 따르는 것처럼" "조선인 징병 문제와 연결해 투표권 및 공무담임권에 대한 논의가 일어날 것이 명약관화하다"고 말했다.[77] 그러나 1944년 말이 되자 징병뿐만 아니라 조선인의 일반적인 전쟁 동원 역시 참정권 문제와 연결되지 않을 수 없게 되었다. 다나카 다케오田中武雄(다나카는 고이소 총독 시절에 정무총감을 지냈으며, 조선인 참정권에 대한 공식적인 논의가 일어났을 때에는 고이소 내각의 관방장관으로 근무)가 전후의 좌담회에서 회고했던 것처럼, "그들(조선인들)을 병사로 배출하는 일兵に出す"은 "투표권과 공무담임권 문제를 진지하게 고려"[78]하도록 촉발시킨 가장 중요한 요인이었다.

그해 11월에 조선 및 대만 재주민 정치 처우 조사회朝鮮及び臺灣在住民政治處遇調査會 설립을 위한 결의안이 통과되었다. 그 후속 법규들(12월 23일 승인, 12월 26일 공포)에 근거해 고이소는 조사회의 방향과 구성원을 거의 완전히 장악했다. 고이소는 위원회의 회장이 되었으며, 그의 내무대신과 국무대신 및 국회의원이 포함된 정부의 몇몇 지도적 인물들을 위원회 위원으로 임명했다. 다나카 다케오뿐 아니라 조선과 대만의 정무총감을 필두로 식민지 정부의 고위직에 근무했거나 근무하는 사람들이 위원회에 소속되었다. 하지만 조선인이나 타이완인은 위원으로 임명되지 않았다.

일반적으로 본국 정부와 관료들은 식민지와 본국에서 내지인의 특권이 사라지는 것을 두려워해 조선인과 대만인에게 국회에 참여할 권리를 주는 일에 수동적이거나 심지어 저항적인 경향이 있었다고 지적되어 왔다. 반면에 육군성의 대표자들, 총독부, 그리고 고이소 자신은 식민지인들에게 참정권을 주려는 움직임을 공격적으로 증대시켰다.[79] 그 점에서 도죠 내각이 물러나고 고이소가 수상이 된 것은 조선인과 대만인이 제국의회에 참여할 권리를 부여하는 법률의 최종적인 통과를 가능케 할 다행스런 일로 보였을 수도 있다. 실로 전후에 다나카 다케오 및 총독부의 고위 관료였던 그 외의 몇 사람은 이 법률적인 변화가 일어난 과정에 대해 황홀하게 회고했다. 그들이 상기한 바에 따르면 고이소는 조선 총독으로 근무하던 시절부터 조선인과 대만인의 참정권을 강하게 주장했다. 육군과 해군은 고이소의 의견에 동의했다. 그러나 도죠와 내무성 관료들은 완강히 반대했다. 따라서 도죠가 권력을 가지고 있는 한, 필요한 법률적 변화가 일어날 희망은 거의 없는 듯했다. 그와 반대로 일단 도죠 내각이 사퇴하자, 고이소가 권력을 쥐고 자신의 아젠다를 추진할 수 있게 되었다. 때때로 고이소는 상당한 저항에 부딪치기도 했다. 하지만 그의 강력한 위치와 새로운 정책에 대한 군대의 적극적인 지원에 힘입어 결국 법률은 통과되었다.[80]

이렇게 고이소 및 다나카 다케오 같은 고이소 지지자들은 새로운 법률이 통과되는 데에 핵심 역할을 수행했다. 그러나 조선인의 정치 참여는 결국 총력전 시기가 되어서야 확대되기 시작되었다. 식민제국의 통치 구조상 국민의 정치적 권리 중 어떤 형태의 것들을 식민지에서 확장하기 위해서는 "국내와 식민지 통치의 통합"으로 나아가는 더 큰 흐름이 필요했다. 이러한 움직임을 제도적으로 지원한 중요한 변화는 1942년의 척무성拓務省 폐지, 그리고 조선과 대만 총독부 및 가라후토청樺太廳(사할린청)의 사법권을 내무성에 신설된 관리국으로 이전한 일이었다. 이와 반대로 간토슈關東州(관동 조차지)와 난요(南洋, 일본 치하의 미크로네시아제도)는 새로 발족된 대동아성大東亞省의 관리를 받게 되었는데, 이는 간토슈와 난요의 상대적인 정치적 외부성을 반영하고 있었다. 1945년 3월, 국회의 하원(중의원)은 본토 바깥의 일본 점유지를 일컫는 '가이치外地'라는 말의 사용 폐지 청원을 받아들였다.[81] 더욱 중요한 사실은 일본제국이 조선인과 대만인을 전쟁 준비에 동원한 결과, 참정권 확대를 약속하는 일이 발생했다는 점이다.[82] 이는 고이소의 담화에서도 알 수 있거니와, 옛 식민지 관료들 역시 회상을 통해 그 사실에 동의하고 있다.

조선인과 대만인은 1945년 4월 1일에 공포된 두 개의 법률에 근거해 투표권 및 국회에 대표를 보낼 권리를 얻었다. 법률 제34호는 조선과 대만에 거주하는 25세 이상의 제국 남성으로서 최소 15엔의 직접 국세를 내는 자는 중의원 선거에서 투표할 수 있다고 규정했다. 조선에는 23석, 대만에는 5석의 중의원 의석 수가 할당되었다. 오카모토 마키코岡本眞希子가 보여 주었듯이, 세금 자격 조건이 높은 이 법률은 분명히 식민지의 조선인과 대만인 유권자 수에 제한을 두기 위해 의도된 것이었다. 게다가 새로운 법률이 발효되기 전에 전쟁이 끝났으므로, 이 법률에 근거한 선거는 한 번도 치러지지 않았다.

자격 제한 문제는 논외로 하고, 어쨌든 법률 제34호는 본국과 가장 큰 두 식민지 사이의 정치적 관계가 근본적으로 재고되었음을 보여 준다. 법률이 통과되던 무렵 이 참정권 이슈에 대한 조사를 명 받은 사람들 중 한 명인 아키야마 쇼헤이가 1950년대 말에 회고한 바에 의하면, 이 법률 제정이 전시에 끼칠 영향에 대해 그와 그의 동료들은 크게 우려하지 않았다. 그들은 일본의 대중 정치를 장악하고 있는 대정익찬회大政翼贊會가 결국 식민지에서의 선거가 중요한 영향력을 발휘하지 못하도록 방지할 것이라고 생각했다. 그 대신 그들은 대만인과 조선인에게 제국의회에 참여할 권리를 주는 일이 전후에 막대한 파문을 일으킬 것을 두려워했다. 여기서 우리는 일본의 대만과 조선 통치를 종식시킨다고 한 카이로 선언(1943)의 약속에도 불구하고, 결코 두 나라의 즉각적인 독립이 보장되지는 않았음을 기억해야 한다. 만일 조선이 일본의 한 부분으로 남는다면, 참정권과 관련된 변화로 인해 식민지인들은 중대한 이슈의 결정권이나 캐스팅 보트를 가질 수도 있었다.[83]

이와 비슷하게, 정무총감이던 다나카 다케오와 식민지 관료였던 호즈미 신로쿠로穗積眞六郎는 "크고 작은 영향력을 가진" 모든 일본 정치인들이 조선인에게 참정권을 줌으로써 영국의 '아일랜드 문제'와 유사한 어려움이 발생할 수 있음을 몹시 염려했다고 말했다. 호즈미는 19세기 말 이래 아일랜드계 하원의원들이 중요한 순간에 캐스팅 보트를 쥐어 왔음을 강조했다. 이는 결국 아일랜드 민족당Irish National Party의 성공, 신 페인Sinn Fein의 등장, 아일랜드 독립공화국과 영국 치하 북아일랜드의 분열을 낳았다. 호즈미는 영국 의회정치에 아일랜드인이 참여함으로써 그러한 문제들이 크게 야기되어 왔음을 아는 일본 정치인들이 "캐스팅 보트에 대단히 예민했다"[84]고 서술했다.

다나카는 국회 내의 조선 대표에 불안을 느끼게 한 세 가지 일반적인 원인들을 회상했다. 첫째, 도죠 내각이 실각함과 더불어 국회는 다시금 중요한 논의의 장이 되었으며, 일본의 정치가들은 식민지의 대표들이 논의에서 의미심장한 영향을 끼칠 수도 있음을 우려했다. 둘째, 국가의 지도자들은 여전히 전쟁 패배를 불가피한 것으로 생각하지 않았으므로 참정권을 확대하겠다고 한 모든 약속을 전쟁이 끝난 후 지켜야 할 것에 대해 걱정했다. 마지막으로, 이 문제를 논의하는 사람들은 캐스팅 보트가 될 수 있는 식민지의 대표들과 국회에서 협의하는 일이 조선과 대만의 독립 가능성을 연다고 이해했다. 요컨대 이들 옛 식민지 관료들은 위험부담에도 불구하고 참정권 확대 및 전반적인 처우 개선에 대한 식민지의 요구를 어느 정도 충족시키는 일이 필요하다고 진심으로 믿었음을 증언했다. 그들이 이런 결론에 도달한 것은 조선인과 대만인을 전쟁에 동원하려 했기 때문이었지, 일본이 전쟁에 패배하고 있으며, 따라서 그들의 약속이 무의미하게 될 것이라고 가정했기 때문이 아니었다.[85]

두 번째 법률은 귀족원에 관계된 것이었다. 1932년부터 귀족원에는 당시 존재한 법 조항에 근거해 세 명의 조선인과 한 명의 대만인이 종신직으로 소속되어 있었다. 칙령 193호는 조선인과 대만인을 귀족원 의원으로 선발하기 위한 더욱 실질적인 길을 열었다. 칙령은 최소 30세 이상의 조선이나 대만 거주자 10명이 칙임의원으로서 7년간 귀족원에서 일할 것임을 명문화했다. 제국의 공식적인 비차별 원칙을 준수하여, 법률은 조선과 대만에 거주하는 내지인들을 선발에서 제외하지 않았다. 그러나 누구나 조선인이나 대만인이 임명될 것이며, 그 임명은 총독부의 추천에 의해 결정될 것임을 암묵적으로 이해하고 있었다. 그 결과, 7명의 조선인과 3명의 대만인이 그때까지 생존해 있던 한 명의 조선인 귀족원 의원과 합류했다. 조선이 점점 더 일본 국가의 한 부분이 되고 있던 전쟁 말기의 기묘한 유품으로서, 이 새로운 식민지 의원들의 이름은 1946년 7월 4일까지 국회의원 공식 명부에 남아 있었다. 그 이전에 귀족원 의원이 되었던 조선 왕가의 한 사람은 1947년 5월 귀족원이 폐지될 때에도 여전히 의회의 공식 명부에 있었다.[86]

전쟁에 동원되면서 조선인들은 국가의 정치 시스템 내부에 받아들여졌다. 그뿐 아니라 그들은 생활, 건강, 재생산, 행복을 보장받을 자격이 있는 인구 안에 즉각 포함되었다. 달리 말해 조선인들은 생체정치의 통치성 체제 내에 포괄되었다. 모든 근대 국민국가가 그러하듯이, 국가가 이런 식으로 사람들의 삶과 죽음에 개입할 수 있으려면 무엇보다도 인구를 확인, 감시하는 정확하고 포괄적인 관리 기술이 확립되어야 한다. 일본에서 이는 19세기 말에 아주 부정확하던 예전의 호적을 정비함으로써 완성되었다. 그리고 이 일의 직접적인 계기가 된 것은 1870년대의 징병제 도입이었다. 이 새로운 징집제도는 징병 대상 젊은이의 위치를 파악할 방법을 요구했다.[87]

조선에서는 이와 비슷한 일이 전시에 전개되었다. 물론 호적을 조선 인구의 효율적인 기록과 관리의 도구로 만들려는 시도는 그 이전에도, 일본이 조선을 공식적으로 지배하기 이전에도 있었다.[88] 하지만 식민지 국가가 호적 정리의 광범위한 캠페인을 성공적으로 수행한 것은 식민지에 징병 실시를 준비하기 시작했을 때였다. 1944년에 징병이 실시될 것이라고 한 1942년 5월의 성명 이전에, 조선의 호적은 뒤죽박죽이었으며 당국도 그 사실을 알고 있었다. 조선인들은 새로 가구를 이루었을 때에도 독립적인 호적을 만들지 않기 일쑤였다. 여자와 아이들을 누락시킨 호적이 많았으며, 한 사람이 하나 이상의 호적에 등재된 경우도 많았다. 아니면 그와 반대로 소멸된 가구가 기록에서 삭제되지 않아 수많은 '유령 호적들'이 있었다. 더 나아가 사람들의 나이가 부정확하거나 성별을 표시하지 않은 호적들도 많았다. 특히 노동 연령의 남성 인구가 큰 유동성을 보인 것 역시 상황을 악화시켰다. 많은 사람들이 정기적으로 거주지를 바꿨다. 하지만 조선인들은 조선 내의 다른 장소에 있건, 아니면 일본 내지, 만주, 북중국 등의 먼 지역에 있건 간에 굳이 기류寄留 신고를 하려 하지 않았다.[89]

등재되지 않은 모든 조선인들을 등재하고 기류 신고를 하는 데에 요구되는 막대한 예산과 인원을 산정한 어떤 공식 문서에 의하면, 조선 내의 110만 명이 등재되어 있지 않았으며 호적지가 아닌 장소에 사는 600만 명 이상(600만 1,991명)이 기류 신고를 해야 했다. 600만 명 중 520만 명 이상이 조선인이었다. 모든 일본인은 내지에 등재되었기 때문에 아마도 110만 명의 호적 미등재자 대부분이 조선인이었을 것이다. 더 나아가 이 보고서는 조선 외부에 사는 조선인들을 위해 추가적으로 220만의 임시거주 신청서 양식이 필요하다고 산정했다. 따라서 조선 내부와 외부에 거주하는 조선인 총인구 2,515만 4,560명 중 거의 750만 명(744만 7,497명)의 기류 신청서 양식이 필요했다. 또한 보고서는 여러 행정 구역의 인구 중 부 거주자의 약 40퍼센트, 읍 거주자의 30퍼센트, 면 거주자의 20퍼센트나 되는 사람들이 기류 신고를 해야 한다고 평가했다. 그러므로 호적에서 연령과 성별을 정확하게 표시한다고 해도, 그것으로 개인들의 위치를 정확히 알아 낼 수는 없었다. 국가의

모든 실제적 목적을 위해 필요한 수많은 유동인구는 포착되지 않은 채로 남아 있었다.[90]

효율적으로 징병하고 노동력을 동원하기 위해 조선총독부는 1942년 9월에 〈조선기류신고령朝鮮寄留届け令〉을 제정한 후, 출생지 이외의 지역에 거주하는 사람들에 대한 정확한 기록을 유지하고자 비상하게 노력하기 시작했다. 법령은 호적지 이외의 지역에서 90일 이상 사는 사람들의 기류 신고를 요구했다. 또한 총독부는 주로 징병을 실시하기 위해 호적의 부정확함을 제거하는 대규모의 운동을 1943년 2월에 시작했다. 그때까지 조선총독부는 한 번도 인구를 완전히 장악한 적이 없었다. 하지만 기류 신고를 강제하고 모든 호적을 정리하기 위해 집중적으로 애쓴 결과, 처음으로 주민 거의 전체를 파악하고 관리할 수 있게 되었다. 어떤 공식 자료에 의하면, 1943년 말에 조선의 호적은 약 80퍼센트가 정확한 것으로 여겨졌다. 이와 같이 인구를 포착하기 위한 국가의 시도는 상당히 성공했지만, 언뜻 보았을 때 이는 내가 앞서 말한 바 인구를 살게 하는 테크놀로지로서의 생체권력 및 통치성과는 관련이 없는 것처럼 보일 것이다. 그러나 이 상대적인 성공을 가능케 한 요인들 중 하나가 정확한 호적에 근거해 전시배급을 주고자 한 식민지 국가의 노력이었음을 지적해야 한다. "기류 신고 하고 배급표 받자" 등의 표어를 활용함으로써 당국은 그 등재, 감시 활동을 사람들의 삶을 유지시킴과 동시에 그들을 죽음에 동원하는 (징병)수단으로 전환시켰다.[91]

전시에 일본 내지 및 산업화된 다른 국가들에서도 그러했던 것처럼,[92] 식민지의 사회복지 정책들은 생활조건의 개선이 특히 죽음의 요구에 거의 직접적으로 연결되었던 계층의 인구를 타깃으로 했다. 조선인 군인과 그 가족들은 일본의 〈군사부조법軍事扶助法〉(1937)에 근거해 보조를 받게 되었다. 1944년에 총독부 관료들이 말했던 것처럼, 1943년 이전에 조선에서 법적인 수혜자는 내지인 이주자들 및 특별지원병 제도로 군대에 들어간 소수의 조선인 가족들뿐이었다. 그러나 장교를 포함해 새로운 조선인 학병이 입대함과 더불어 1944년부터 징집된 병사들이 대규모로 유입되자 총독부는 조선인 법적 수혜자의 수가 가파르게 증가할 것이라고 예측했다. 이는 징병된 병사의 대다수가 가난한 농가 출신이었기 때문에 특히 그러했다.

조선인에 대한 보조를 계획된 규모에 맞게 처리하기 위해 총독부는 1944년에 내지 정부의 후생성으로부터 수당 관리 권한을 인수받았다. 그리고 병사 지원을 위해 거의 100만 엔(94만 9,657엔)을 썼다. 게다가 그 총액은 대단하지 않지만, 1944년에 총독부는 동거녀, 서자, 삼촌, 부모, 조카딸, 조카 등 법률에 규정되지 않은 부양가족들에게 줄 수당 금액의 3분의 2를 지급하기 위해 국고에서 자금을 책정했다. 당국은 1944년 7월 말 현재 거의 4만 5,000명의 군인가족 중 22퍼센트가 군대의 보조가 어떤 형태로든 필요하며, 또 계속되는 대규모 징병으로 인해 보조가 필요한 가족의 수가 앞으로 가파르게 상승할 것이라고 추정했다. 이와 비슷하게 1937년 중일전쟁이 개시되었을 때부터 1944년 6월 말까지 1만 1,784명으로 이루어진 3,775세대가 생활 부조를 받았으며, 805건의 의료, 출산, 매장埋葬, 직업 지원이 있었다. 총독부는 군사부조법이 적용되지 않는 군속(군대의 민간인 직원)을 재정적으로 지원하기도 했다. 예컨대 총독부는 1944년 6월 현재 국고에서 나온 기금을 육해군에서 일하다 죽은 1,932명의 군속 세대에 지급했다고 주장했다.[93]

직접 금전적으로 돕는 것과 함께 식민지 당국은 퇴역 병사와 생존자들을 돌볼 여러 제도를 만들었다고 밝혔다. 예를 들어 당국은 1941년 2

월 경상남도에 결핵이나 늑막염에 감염된 퇴역 병사들을 위한 요양원을 설립한 일, 이런 종류의 환자들을 내지와 조선의 전문 병원과 의원에서 치료하기 위한 정책, 퇴원한 퇴역 병사들의 재취업 촉진을 위한 교육, 상이 병사들을 위한 10명의 지역 진로 상담자 배치 및 열차의 무료 승차나 할인 같은 특전에 대해 언급했다. 직업 훈련이나 직업소개소 등 전쟁 과부 및 그 외의 생존자들을 위한 프로그램과 시설이 서울(경성), 대구, 부산 등의 주요 도시에 설치되었다. 가족사업 운영이나 노동 불만 문제 중재, 장학금 지급, 진로 상담자의 가정방문 등을 수행하면서 다양한 일들을 돕는 군사원호상담소도 만들어졌다.

군사부조협회의 조선 본부(이는 그 모체 조직이 일본 내지에서 재단으로 설립된 지 두 달 후인 1938년 12월에 처음 만들어졌다) 아래 조직된 도 및 지역 단체들의 네트워크는 총독부와 힘을 합해 이 부조 활동을 도왔다. 더 나아가 이 단체들은 조선인의 군 지원을 위해 계획된 다른 활동들에도 관여했다. 그것은 군 지원 개념에 대한 지식의 보급, 육해군 병사들의 전송과 환영 행사 발기, 위문편지나 위문품 보내기 고취, 전사자 애도 활동 수행 등이었다.[94]

한편 아시아 태평양전쟁 전 기간에 걸쳐, 그중에서도 특히 전쟁 막바지에 식민지 국가 및 이와 긴밀하게 연결된 관변 조직들은 일반 조선인을 대상으로 한 사회사업과 사회복지를 점점 더 확대했다. 예컨대 이 기간 동안 여성 노동자를 더 많이 동원하기 위해 수만의 공동탁아소가 개설되었다. 1938년 8월에 공포된 〈조선이재구조기금령朝鮮罹災救助基金令〉은 재난 희생자들을 위한 기금 모집을 용이하게 했다. 1944년 3월 1일에 〈조선구호령朝鮮救護令〉이 제정된 것은 노인, 아동, 임산부, 정신적이고 육체적인 병자나 장애자들에 대한 도움과 보호를 증진하기 위한 법률적 노력의 정점에 놓인 일이었다. 물론 일본 내지에서는 이와 비슷한 법이 이미 12년 전쯤 통과되었으며, 또 내지의 것과 비교할 때 〈조선구호령〉의 내용은 훨씬 제한적이었다.[95]

총독부는 1941년 11월에 총독부 자체의 후생국을 설립했다. 이것은 1938년에 설치된 내지의 후생성에 행정적으로 대응하는 것이었다. 정무총감 오노 로쿠이치로大野綠一郎가 설명하듯이, 이 독립된 기관은 근로동원 및 "건강, 위생, 체력 증진 및 모든 형태의 사회복지 제도, 요컨대 인적 자원의 기본적 계발을 위한 임시적이고 항구적인 여러 수단"과 관련된 문제를 관리하기 위해 설치되었다. 세세한 사항들을 모두 다룰 수 없으므로, 여기서는 후생국이 사회, 근로, 위생, 건강 등의 네 부서로 구성되었다는 점, 그리고 신체적 건강, 임산부, 유아와 아동, 전염병과 의료진 등의 공공보건 이슈, 음식과 물, 노동과 고용, 사회적 의료적 재해 구조, 주택, 군사부조, 소년원 등의 다양한 문제들을 취급했다는 점만을 지적해 두자.[96]

이는 모든 조선인이 혜택을 받았음을 의미하지 않으며, 역으로 많은 사람들이 반드시 죽음에 노출되어 있었음을 의미하지도 않는다. 그러나 이는 왜 많은 조선인들이 생활 지원을 받았으며, 왜 식민지 관료들이 꽤 중요한 통계적 측면에서 총인구가 늘었음을 자랑할 수 있었는지를 설명해 준다. 예를 들어, 제85회 국회(1944. 9)를 위해 준비된 자료집에서 총독부는 1940년의 국세조사와 1944년의 인구조사 사이의 3년 7개월 동안 조선의 인구가 비약적으로 증가했음을 강조했다. 총독부의 계산에 의하면, 일본인, 다른 식민지인, 외국인을 제외한 조선 내의 조선인 인구는 2,354만 6,932명에서 2,513만 3,351명으로 늘었다. 더 나아가 식민지 정부는 1938년부터 1942년까지 5년 남짓 동안 조선의 인구가 매년 평균 41만 7,638명씩 자연 증가(출생에서 사망을 뺀 것)했다고 주장했다. 이는 매년 평균 1,000명당 17.18명이 늘어난 것이며, 같은 해 일본 내지의 증가율 12.03명을 훨씬 넘어서는 수치였다.[97]

이와 같은 조선의 사회사업과 사회복지에 대해서는 이미 다른 학자들도 연구해 왔으며, 나의 논의는 그 연구들에 크게 의지하고 있다. 하지만 그들은 이러한 프로젝트들이 모두 사회적 불만을 방지하고 일본 국가와 전쟁 프로그램에 이익이 되도록 의도된 불순한 것이었다고 결론지어버리는 경향이 있었다. 예컨대 그들은 빈자 구제책이 '순수한 구민救民'이 아니라고 말해 왔다. 나아가 학자들은 이런 형태의 프로그램들이 지닌 결함, 특히 조선과 일본 사이의 격차에 초점을 맞추곤 했다.[98] 하지만 나는 권력과 관계없는 '순수한 구민'이나 사회복지 같은 것은 없다고 말해 왔다. 일본제국을 포함한 전 세계 사회사업과 사회복지의 역사는 결국 사람들을 효율적인 노동자와 군인으로 만들고 사회적 갈등을 예방하기 위해 그들의 삶을 부양했던 역사로 이해해야 한다. 죽을 필요가 없었던 사람들이 얻은 명백한 이득을 부정하는 것 역시 이상한 일이겠지만 말이다.[99]

그러므로 우리는 고이소가 1944년 담화에서 표명한 "조선과 대만 동포들의 처우 개선"에 대해 논의하지 않을 수 없다. 그것은 조선인과 대만인에 대한 이른바 "전반적인 대우" 개선을 지향한 운동의 두 번째 국면에 해당한다. 1944년이 지나갈 무렵, 고이소 구니아키 내각은 내무성이 초안을 작성한 제안서인 〈조선 및 대만 동포 대우 개선에 관한 건朝鮮及び臺灣同胞に對する待遇改善に關する件〉을 채택했다.[100] 제안서는 1. 내지 거주 조선인 동포의 처우 개선에 관한 건, 2. 내지 거주 대만인 동포의 처우 개선에 관한 건, 3. 조선과 대만 내의 처우 개선 등의 세 부분으로 구성되었다.

이 문서는 1부에 대해서만 꽤 자세히 서술하고 있다. 1부는 내지에 있는 조선인들과 관련된 것인데, 다음과 같은 8개의 항목으로 되어 있다. (1) 조선인에 대한 "일상적 대우"를 개선하기 위한 "내지인 일반의 교화", (2) "여행 제한제도의 철폐"로써 조선인들이 조선과 내지를 자유롭게 오갈 수 있도록 할 것, (3) 조선인들을 다루는 "경찰의 태도를 개선함"으로써 "차별받는 느낌이 일어나지 않도록" 할 것, (4) "노동 관리를 개선"해 "조선인 노동자들이 작업장에서 안전을 느끼고 생활에 만족하도록" 보장할 것, (5) "복지제도의 쇄신", (6) "진학 지도", 즉 교육과 관련해 조선인 아동들을 내지 아동들과 동등하게 대우함으로써 내지의 기술전문학교 및 그 이상 학교로의 진학을 도울 뿐 아니라 적절한 수단을 강구해 조선인 학생들을 금전적으로 보조할 것, (7) "구직 지원", (8) "내지로 호적을 영구히 이전할 수 있도록 문호를 개방"할 것.

학자들은 이 제안서에 대해 오래전부터 알고 있었다. 그러나 그들은 이 문서를 아주 회의적으로 읽는 경향이 있었다. 즉 이 문서를 전혀 받아들이지 않거나 제안서 작성자의 진심을 의심했으며, 제안서의 의의와 효과의 범위를 축소했다. 학자들은 이 문서에 핵심 권고 사항들에 대한 구체적인 세부 내용이 없고, 법적 구속력이 있는 말도 없다고 지적했다. 그리고 오히려 이 문서가 일본이 평등 정책을 취하는 듯이 보이도록 하는 프로파간다에 이용되었다고 말했다. 예를 들어 제안서뿐 아니라 세부 사항을 기술한 부록 그 어디에도 내지를 오고 갈 여행의 자유가 언제 어떻게 실현될 것인지 제시되어 있지 않으며, 이와 비슷하게 내지로의 영구적 호적 이전이 가능하다는 것에 대해서도 세부 사항이 없다는 것이다. 오카모토 마키코가 지적하는 것처럼, 실제로 식민지에서 내지로의 여행 제한은 전쟁이 끝날 때까지 유지되었으며, 호적 이전의 방법은 전혀 구체화되지 않았다. 호적 이전이 실현되었을 경우, 내지인과 조선인 사이의 모든 법적 구분이 제거되었을 터이며, 따라서 혈통을 근거로 조선인을 차별하도록 하는 법률적 기초는 사라졌을 것이다.[101] 더 나아가 제안서의 수많은 초안들을 꼼꼼히 읽으면서 오카모토는 그 특별 권고의 범위가 점점 협소해짐을 명확히 보여 주었다. 초기의 초안은 제국 전체의 모든 조선인과 대만인을 위한 수단을 고려했지만, 마지막 초안은 그 포괄적이고 구체적인 권고들을 내지에 사는 조선인들에 대한 것으로 한정했다는 것이다. 요컨대 학자들은 이 문서의 진실한 의의를 최소화하곤 했으며, 일본 식민주의하 조선인들의 상황을 개선하기에는 부족한 여러 단점을 강조했다.

그러나 전쟁은 일본 내지의 안과 바깥에 사는 조선인들을 새로 형성되는 다민족 국가 및 통치성 체제에 포섭하도록 하는 변화를 촉발했다. 따라서 그 한계와는 별도로 제안서는 더욱 광범위한 맥락 속에서 이해되어야 한다. 오카모토조차 지적하고 있듯이, 일본에 거주하는 조선인들은 그저 식민지인들이기보다는 "일본 내지 사회의 소수자"[102] 비슷한 위치를 점하기 시작했다. 오카모토는 전쟁 말기에 내무성과 후생성이 내지의 조선인 노동자들을 효율적으로 관리하기 위해 특히 중앙협화회中央協和會를 활용해 사회사업 확대용 예산 배정의 상당히 자세한 규정을 마련했다고 밝혔다. 중앙협화회는 일본 내지의 조선인들을 관리하고 동화시키고자 어느 정도 독립적이던 기존의 여러 조직을 통합해 1939년에 설립되었는데, 여기서 나는 이 단체의 이름이 1944년 11월에 중앙후생회中央厚生會로 바뀌었다는 점을 덧붙이고 싶다. 이 이름은 이 조직의 주요 목적이 생활 개선이었음을 명확히 암시하기 때

문이다.[103]

그러므로 내각의 제안서가 충분치 못했다는 사실보다 중요한 것은, 전쟁이 막바지로 가면서 내지 안팎의 조선인들을 보호, 육성할 필요성 및 평등에 대한 논의가 관료 사회의 지배적인 담론이 되고 있었다는 사실이다. 이제까지 고찰해 왔던 것처럼, 조선인들을 일본의 생체정치적이며 정치적인 체제에 포섭하기 위한 전반적인 조치는 그 범위가 상당히 넓었다. 따라서 포용이 제한적이었으며 여전히 차별이 존재했다는 사실 등에만 집착할 경우, 우리는 전쟁 말기에 발생한 변화를 인식하지 못하게 될 것이다. 그렇게 초점을 잘못 맞출 때, 우리는 새로운 형태의 인종주의로 나아가는 근본적인 변화를 깨닫지 못하게 된다. 그리고 이 새로운 형태의 인종주의는 경멸당하던 사람들의 포용을 통해, 인종주의의 거부를 통해, 생활할 권리를 통해, 그리고 조선인들로 하여금 일본인과 똑같은 번영과 행복을 상상하게 하고, 가끔씩 그것을 실현시키게도 할 방법의 확대를 통해 작용하기 시작했다.

* * *

패전 직후, 조선이 일본으로부터 벗어날 것이라는, 받아들이기 싫은 전망에 직면해 조선군 징병의 책임자였던 요시다 도시구마는 일본을 위해 싸웠던 조선인들에 대해서뿐만 아니라 그가 일본의 절대적 평등 시스템이라고 상상했던 것에 대한 감상적인 찬미로써 일본군 내의 조선인들에 대한 내막의 기록을 종료했다. "현해탄의 소용돌이치는 파도는 맹렬하다"고 그는 말했다.

그리고 또다시 우리는 일본과 조선이 헤어지게 될 날을 맞았다. 그러나 징병을 통해 병사들이 경험했던 군 생활, 병사들이 끝내 추구했던 완전한 평등, 공명정대, 능력주의 지지를 제일 원칙으로 했던 이 군대 생활은, 병사들의 가슴에 새롭게 일어설 조선의 추진력이 될 씨앗을 확실히 심었다. 언젠가 따뜻한 봄빛 속에서 분명 이 씨앗들은 싹이 터, 일본과 조선 사이에 사랑과 존경의 꽃을 피울 것이다. 그리고 상호 조화의 정신으로 열매를 맺게 될 것이다.[104]

요시다는 일본제국이 그 마지막 몇 년 동안 인종주의를 극복하고 평등을 실천해 조선인들을 국가 안에 진심으로 맞아들였다고 굳게 믿었던 듯하다. 그는 사랑과 존경의 상호성을 서술했다. 그 안에서 애국적인 조선인들은 일본을 위해 싸웠을 뿐 아니라 종종 생명을 바치기도 했으며, 반면에 일본의 시스템은 조선인들을 완전히 공평하게 대우했다는 것이다. 그러나 요시다가 표현한 감정의 외면적인 진실성만큼이나 충격적인 것은 조선인과 일본의 관계에 대한 이 환상적인 관점과 식민 통치하의 수많은 조선인들이 경험했던 억압 및 폭력 사이의 격차다. 심지어 요시다는 자기 스스로 명명했던 "계속적인 탈영 시기"에, 즉 새로 징집된 병사들이 대거 사라져 야간 감시를 강화하고 첩자와 보초를 증원하고 탈출을 막기 위해 철제 담장을 보수, 강화할 필요가 있던 시기에[105] 징집 대상 젊은이들에게 가해진 명백한 탄압을 무시하기조차 했다.

자신의 위선 및 체제의 야만성에 대한 요시다의 맹목은 단지 개인적인 일탈로 이해해서는 안 된다. 그것은 전쟁 말기 일본의 고상하고 포용적인 형태의 인종주의가 평등의 수사와 차별의 부인을 통해 그 속악

함을 어떻게 감추려 했는지를 드러낸 한 양상일 뿐이다. 하지만 우리의 논의는 여기서 더 나아가야 할 것이다. 즉 만일 일본이 예전에 경멸당하던 주민들을 전례 없이 삶, 복지, 행복이 필요한 국민의 일부로 여기면서 국가 안에 포섭하기 시작했다면, 그리고 만일 실제로 '거친 인종주의'에서 '친절한 인종주의'로 변화했다면, 다시 말해 '죽일 권리'에서 '살게 할 권리'로의 전환이 있었다면, 어째서 조선인들은 죽음과 야만성을 그렇게도 많이 경험했을까? 우리는 끔찍하고 위험한 환경에서 엄청난 사망률과 부상률을 보이며 노동을 강요받았던 수십만의 조선인 남성들이 겪은 비인간적인 대우를 어떻게 설명할 수 있는가? 다른 것은 차치하더라도, 어떻게 우리는 수만의 조선 여성들이 '위안부'로서 성적인 노예 취급을 받았던 것을 설명할 수 있는가? 조선인들에 대한 조직적인 육체적 성적 폭력이, 일본이 친절한 인종주의로 전환하던 바로 그 기간에 가장 무섭고 광범위하게 행사되었음을 알게 되었을 때, 우리는 정말로 이를 어떻게 설명할 수 있겠는가?[106]

위의 질문들은 두 가지 방향에서 검토될 수 있다. 첫째, 푸코가 말했듯이 생체정치적인 체제 아래에서 죽음을 요구할 권리는 '살게 할 권리'의 이면임을 인식하는 것이 중요하다. 푸코는 18세기 말에 공중보건을 위한 체계적인 국가 프로그램이 출현함과 동시에 대규모의 군대와 군사 테크놀로지가 발전했으며, 이로 인해 대량의 죽음이 초래되었음을 우리에게 일깨웠다. 국가의 생체정치적인 관점에서 보았을 때, 남성과 여성 개인은 긍정적이든 부정적이든 국가의 힘에 영향을 미칠 때에만 의미가 있다. 즉 "어떤 때 그가 국가를 위해 해야 할 일은 생활, 노동, 생산, 소비다. 그리고 어떤 때 그가 해야 할 것은 죽는 일이다." 또한 푸코는 겉으로는 상반되는 이 두 가지의 결합이, 공전의 살육과 더불어 대중적인 "복지, 공중보건, 의료 지원" 프로그램의 제도화가 수행된 제2차 세계대전 중에 최고조에 도달했음도 상기시켰다. 푸코가 설명하듯이, "국가가 인구를 돌보는 것은 오로지 자기 자신을 위해서다. 따라서 필요한 경우, 국가는 당연히 사람들을 죽일 권리가 있다. 그러므로 생체정치biopolitics의 역은 죽음정치thanatopolitics다." 그리고 그는 더욱 아이러니한 표현을 구사하며 말한다. "우리는 그러한 동시발생을 다음과 같은 슬로건으로 상징화할 수 있으리라. 가서 살육당하라. 그러면 우리는 너에게 길고 즐거운 생을 약속할 것이다."[107]

전시에 수행된 생의 도구화는 핵심적인 인구를 보존하기 위해 일본인과 조선인의 삶이 부양되는 동시에 학살에 내몰렸음을 의미했다. 하지만 아시아 태평양 전쟁 이전까지 일본제국 내의 조선인들, 그리고 다음 장에서 고찰하듯이 미국제국 내의 일본인들은 정부가 적극적으로 관리할 가치가 있는 인구가 거의 아니었다. 따라서 그들에게 사회 방어를 위해 죽을 것을 요구하려면, 그 이전에 그들을 국가 안에 받아들여야 했으며 그렇게 포섭됨으로써 이득을 누릴 수 있다고 꼬드겨야 했다. 따라서 나는 전시의 이 두 하위인구를 염두에 두고 푸코의 슬로건을 다음과 같이 다시 써야 할 듯하다. "국가에 온 것을 환영한다Welcome to the nation. 가서 살육당하라. 그러면 우리는 너에게 길고 즐거운 생을 약속할 것이다."

둘째, 푸코가 깨달았으며 조르조 아감벤Giorgio Agamben과 아실 음벰베Achille Mbembe가 더욱 정교하게 이론화했던 것처럼, 생체권력이 진보했음에도 불구하고 순수한 죽음정치necropolitics는 근대에 이르러서도 전혀 사라지지 않았다. 사람들의 삶이나 법은 아랑곳하지 않고 목숨을 빼앗는 주권 권력 역시 온존한다.[108] 전쟁 기간 동안 일본과 미국의 소수자들과 식민지 주체들에게는, 그들이 어떤 중요한 방면에서 주류 인구에 편입될 때조차 문화적 차이의 담론을 통해 어느 정도 다른 특징이 부여되었다. 포용적인 인종주의로 인해 일본과 미국은 이 하위 인구들을 하나의 전체로, 아니면 최소한 몇 개의 부분들로 분리할 수 있었다. 그리고 그렇게 한 후 그들을 불확정적인 상태나 예외 지역들로 (영구히, 또는 위기의 순간에) 구성해 냄으로써 권력이 완전히 부정적으로 작용하도록 만들 수 있었다. 물론 인종화된racialized 차이는 계급과 성의 여러 표지들에 의해 복잡한 성격을 띠고 있었다. 따라서 전시에 조선인들이 다시 깨어난 일본인으로서 새롭게 형성되면서, 어떤 사람들, 특히 조선인 엘리트들에게는 전례가 없는 기회가 부여되었다. 하지만 그와 동시에 확대되는 '일본'의 이미지 안에서 어떤 사람들—강제 노동자로 동원된 가난한 남성들이나 성노예가 될 것을 강요받았던 가난한 여성들—은 다시 분리되었다. 그들은 생체정치의 긍정적 측면에 대한 예외들이었다. 그들은 인구 일반, 즉 보통 사람들을 위해 희생되었다.

02

"아주 유용하며 아주 위험하다"

삶, 죽음, 인종의 글로벌 정치

이 임무를 경시하지 말라. 일본인은 인구 1퍼센트의 10분의 1일 뿐이지
만 그들은 잠재적으로 아주 유용하며 아주 위험하다.

– 일본계 미국인의 충성도 앙케트 조사를 평가하는 헌병감사무실 직원이 "해야 할
  일과 하지 말아야 할 일"(1943년 3월경)

사회 분석가인 알렉산더 레이턴Alexander H. Leighton 중령은 애리조나
의 광대한 포스턴 일본인 수용소에 산 지 15개월 후에 개개의 수많은 미
국인들이 미국에 사는 일본인들이 인간이라는 점을 쉽게 잊어버렸다고
결론 내렸다.

– 〈쨉들은 인간이다Japs Are Human〉, 《타임Time》 1945. 6. 25.

어떤 일본계 미국인들은 미국 국가공동체의 완전한 구성원이 되고 있었다. 하지만 진주만 공습 직후, 미약하나마 미국의 구성원이 되고 있던 모습이 순식간에 사라져 버렸음은 말할 것도 없다.[109] 전쟁 기간 내내 일본계 소수자들은 국가공동체의 내부보다는 외부에 있었다. 그리고 인구조사 등과 같은 인적 회계 기술들technologies of human accounting은 일본계 미국인들을 국가에 소속시키기 위해 작용했던 만큼이나 그들을 사회로부터 배제하기 위해 작용했다. 아니, 사실 그것들은 일본계 미국인으로부터 사회를 보호하기 위해 작용했다. 인적 회계 기술들은 광범위한 미국의 생체정치 체제에 속해 있었다. 하지만 그것들은 주로 통치성의 관대하고 자유로운 혜택에서 일본인들을 배제하는 수단으로서 생체정치 체제에 속해 있었다.

이 외부성은 그 유명한 연방과 주 정부 법률의 거미줄 같은 규정 및 당국의 인구관리에 의해 상징적·행정적·법률적으로 유지되었다. 그것들은 일본인의 미국 이민 물결을 차단했다. 그리고 이미 이주해 온 사람들과 그 아이들을 인종적이고 계급적으로 흰 피부를 지닌 시민 인구 the properly (and propertied) white civic population로부터 격리했다. 이 법률적인 메커니즘과 관련해 떠오르는 것은 1924년의 이민법이다. 이 법은 1952년에 맥카렌 월터 법이 통과될 때까지 거의 모든 일본인 이민을 사실상 종식시켰다. 이와 관련된 예로는, 오직 "자유로운 백인들"과 아프리카 혈통에만 귀화를 허용한 귀화 관련 법률들, 귀화 시민이 될 수 없는 사람들의 토지 소유를 금지한 주 정부 차원의 외국인토지법들, 수많은 주의 혼혈금지법 등도 들 수 있다.

1940년의 인구조사는 서해안에서 일본인들을 소개시키는 데 일조했다. 그런데 인구관리 기술의 입장에서 보았을 때, 그것은 독일과 이탈리아 출신자를 포함한 유럽 출신 사람들을 다루는 것과는 완전히 다른 방식으로 일본인을 파악했다. 인구조사국은 출생한 나라를 표시하기 위해서만 '독일인'과 '이탈리아인'이라는 개념을 사용했다. 반면에 '일본인'이라는 용어는 출생국과 인종 모두를 가리켰다. 달리 말해 인구조사에 의하면, 일본계 미국인들은 설사 미국에서 태어났다고 할지라도 개념적으로는 여전히 '일본인'이었다. 반면에 독일계 미국인과 이탈리아계 미국인은 더 이상 '독일인'과 '이탈리아인'이 아니었다. 이는 인구조사국이 진주만 공격 직후에 미국 내 일본인에 대한 통계표를 인종에 근거해 만들 수 있었고 또 실제로 만들었지만, 유럽 출신자들에게는 그렇게 할 수 없었음을 의미했다. 조사국은 지역을 아주 좁게 나누어 그곳에 사는 일본인 수를 군대에 제공했다. 어떤 도시의 데이터에는 블록별 인구수마저 표시되어 있었다. 그런 정보는 일본인 전체가 소개되었을 때, 군대가 그 총수를 산정하는 데 도움을 주었을 것이다.[110]

나아가 미국 내의 중국인과 일본인의 건강을 개선하기 위한 국가의 조치는 아주 적었다. 그리고 그 몇 안 되는 조치의 목적조차 이 집단들이 백인 사회를 의학적, 인종적으로 "오염"시킬 수 없도록 이들을 격리하고 청결하게 하는 데에만 집중되어 있었다. 이는 이들에 대한 공중보건 정책 및 담론을 논한 최근의 연구들에서 분명히 드러나는 사실이다. 예컨대 1920년대에 로스앤젤레스의 공중보건소들은 육아상담을 포함해 소액의 의료비를 멕시코인들에게 제공하기 시작했다. 그러나 나탈리아 몰리나Natalia Molina는 일본인들이 그런 조치로부터 거의 완전히 배제되었음을 밝혔다. 이런 차이가 발생한 것은 1920년대에 큰 규모의 백인 고용주들이 더 이상 일본인을 값싼 노동력의 주요 공급처로 여기지 않았기 때문이다. 이와 반대로 고용주들은 멕시코 사람들을 값싼 노동력의 인력 풀로 보았으므로 그들에게 최소한의 의료비가 제공된 것이었다. 분명히 로스앤젤레스 공중보건소들은 출생과 사망 기록이 포함된 일본인 인구 동태 통계를 수집했다. 그러나 몰리나가 설명했듯이, 공중보건소들은 일본인들의 건강을 증진시키고 수명을 연장시키는 데 관심을 두기보다는 일본인들의 다산성多産性 및 그에 대비되는 백인들의 '인종 자살race suicide'을 염려하며 일본인들의 출생률을 감시하는 데 더 많은 관심을 가졌다. 이와 유사하게 얼마 전 로저 다니엘스Roger Daniels는 뉴딜 구호국들New Deal relief agencies이 "일본계 미국인들에게는 거의 영향을 주지 않았음"을 보여 주었다. 로스앤젤레스의 한 지역 감독관은 전쟁이 일어나기 전에는 지역 거주 3만 7,000명의 일본계 미국인 중 겨우 25명 정도가 정부의 생활 보호를 받았다고 보고했다.[111] 요컨대 전쟁 발발 전의 법률적, 인종적, 문화적, 사회적, 의학적 담론과 정책들은 미국 내 일본인들의 본질적인 외부성을 표현하고 유지하는 데 공모했다. 1942년 3월에 일본인들을 서해안에서 대대적으로 내쫓은 일은 이 배제적인 정책들을 반영한 동시에 강화했다.

관과 군, 그리고 백인 주민 일반은 이러한 국가 인종주의state racism를 적극적이거나 암묵적으로 승인했다. 이것이 가능할 수 있었던 적어도 부분적인 이유는 그들이 미국 내의 일본인들을 완전한 인간에는 미달한다고 보았기 때문이다. 예컨대 일본계 미국인들의 소개를 마지막으로 결정하기 직전에, 《로스앤젤레스 타임즈Los Angeles Times》는 "어디서 부화하든 독사는 독사다. 일본인 부모로부터 태어난 일본계 미국인도 그렇다. 그는 미국인이 아니라 일본인이 되기 위해 자란다"[112]라는 유명한 말을 했다. 1942년 5월에 아이다호주의 주지사는 아이다호주의 모든 일본인이 일본으로 추방되어야 하며, 그 후 그 섬나라가 가라앉아야 한다고 말했다. 그가 든 이유는 다음과 같은 것이었다. "일본인들은 쥐처럼 살고, 쥐처럼 번식하며, 쥐처럼 행동한다."[113] 이러한 말들은 거친 인종주의의 신념을 반영한다. 즉 이 말들은 일본인이 지닌 차이들이 자연적이고 생물학적인 종류의 것이라고 파악하며, 그로써 일본인을 미국의 외부에 계속 붙잡아 두는 일은 정당화된다.

처음 소개가 시행되는 단계에서부터 일본인을 쥐에 빗댄 비유가 실제의 국가 정책이 되는 것을 우리는 발견하게 된다. 일본인들은 제대로 된 수용소가 지어지기 전에 종종 가축우리에 수용되었기 때문이다. 예컨대 일본인들은 1942년 봄부터 가을까지 예전의 탠포란 앤드 산타 애니타 경마장Tanforan and Santa Anita race tracks의 마구간을 개조해 지어진 '집결소assembly center'에서 살았다. 그리고 포틀랜드에서는 태평양 국제가축전시장the Pacific International Livestock Exposition Pavilion에서 살았다.[114] 아실 음벰베가 말하듯이, 동물성animality은 타자를 "진정한 의미에서 자유도 없고, 역사도 없으며, 개인성도 가지지 못한"[115] 존재로 보는 관점을 조장한다.

그러나 일본계 미국인들이 서해안에서 강제로 쫓겨나 동물처럼 우리에 갇히는 치욕을 당했던 그 총력전 시기에 예상치 못한 사태의 전환이 일어난다. 1943년 초부터 이 경멸받던 사람들을 미국 국가 안에 편입시키려는 전례 없는 시도가 일어난 것이다. 물론 예전과는 다른 방식이었지만 여전히 많은 사람들은 일본인을 동물에 빗대고 있었다. 일본인들은 역사뿐 아니라 개별성도 가지고 있으며, 따라서 선량한 양을 염소로부터 떼어낼 수 있을 것이라고 주장하는 식으로 말이다. 하지만 다른 한편으로는 공적 영역과 국가 정책에서 거친 인종주의가 그어 놓은 배제의 선을 유지하기는 점점 더 어려워졌다. 이 시기에 국가 및 국가의 관료들은 자신들이 인종주의를 발휘하지 않으며, 일본인들이 생활, 건강, 교육, 행복을 보장받을 수 있도록 할 것이라고 주장하지 않을 수 없었다. 더 나아가 그들은 미국에는 차별이 없으므로 일본계 젊은이들이 국가공동체를 위해 목숨을 바치는 일도 허용될 것이라고 말할 수밖에 없었다.

이 새로운 포용 정책을 가속화한 가장 결정적인 힘은 총력전의 인적 자원 활용 논리였다. 일본계 미국인들을 노동자나 군인으로 활용하느냐 활용하지 않느냐의 문제는 전시체제의 주요 이슈가 아니었다고 생각될 수도 있을 것이다. 진주만 공격이 발생할 때쯤 미국 본토 거주 일본인 수(12만 6,947명)와 식민지 하와이의 일본인 수(15만 7,905명)는 미국 대륙 전체 인구(1억 3천 166만 9,275명) 및 그 식민제국의 인구 숫자와 비교해 아주 적었기 때문이다.[116] 하지만 총력전 상황에서 인력 자원 활용의 논리는 그렇게 평상시처럼 작용하지 않았다. 실제로 일본계 미국인의 수용이 개시되고, 그에 따라 수만 명의 잠재적인 성인 노동력 풀이 제거되자, 정확히 그와 동시에 국가의 인적 자원 역량에 위기가 발생했다. 1942년 봄에 캘리포니아의 농부들은 징병으로 인한 가을 걷이 노동력의 부족을 경고했다. 그리고 이로 인해 그해 말에는 '브라세로 프로그램Bracero Program'이 시작되었다. 이 프로그램에 의해 대부분 멕시코 사람들인 수만의 노동자들이 전쟁 기간 동안 매년 미국에 왔으며, 전후에 그 숫자는 더욱 늘어났다.[117] 알려져 있듯이, 군대가 일본인을 서해안에서 체계적으로 강제 소개하기 시작한 지 며칠 지나지 않은 1942년 4월 초에 이미 농업 관계자들은 수용된 사람들의 노동력을 사용하기 위해 그들의 석방을 요구하고 있었다. 사탕무 관계자들이 일본계 미국인 노동자들을 가장 요란하게 요구했다. 그리고 그들의 목소리는 무시될 수 없었다. 전쟁 때문에 거의 모든 외국인 노동력의 공급이 끊김으로써, 곧 심각한 설탕 부족이 발생할 것 같았기 때문이다. 그리하여 5월에 농업 석방 프로그램agricultural leave program이 시작되었으며, 1942년 10월 중순에는 약 1만 명의 수용자들이 계절노동을 위해 일터로 갔다. 실제로 10월 1일에 발효된 세밀한 규정들은 기한이 정해지지 않은 장기 석방(외출)을 포함해 다양한 형태의 석방을 허락했다. 그해 말, 전시외국인수용소WRA는 수용자들을 석방해 수용소 바깥의 지역사회에 재정착시키는 정책을 취하기에 이르렀다.[118]

총력전의 인적 자원 활용 논리는 군대로도 퍼졌다. 그것은 인종주의를 비난하면서 일본계 미국인들의 집단 수용을 거부할 수밖에 없도록 정부와 루스벨트 행정부를 압박했다. 전쟁을 치르기 위해 모든 인적, 물적 자원을 동원할 필요에 직면했을 때, 미국 국가는 인구의 삶, 건강, 복지, 교육을 원조할 합리적인 필요성을 수용소의 일본계 미국인들에게까지 적용하지 않을 수 없다고 판단했다. 이 역사적인 순간의 인구조사는 앞서 미군이 일본인들을 체포해 서해안에서 쫓아 내던 때처럼 일본인 집단과 그 집단을 이루는 개인들을 포착해 격리할 수 있게 만듦을 의미하지 않았다. 대신 그것은 개개인의 삶을 부양할 뿐 아니라, 그들이 궁극적으로 죽음을 준비하기만 한다면 그 자유와 행복을 증진시켜 줄 수조차 있음을 의미했다.

여러 '수용소relocation centers'들은 그런 의미에서 설립되었다. 수용소들은 학교, 도서관, 병원, 체육관, 야구장, 지역 평의회community councils, 읍민회town meetings, 선거, 언론과 종교의 명목상 자유, 신문, 공원, 미인대회, 보이스카우트, 걸스카우트, 캠프파이어 소녀단Campfire Girls, YMCA, YWCA, 그리고 '아이들 마을Children's Village'로 불린 만자나Manzanar의 전시용 고아원까지 만들었다. 그리고 이런 시설들로써 자유주의 사회의 가장 좋은 모습처럼 보였던 것들을 아주 부족하나마 복제해 내려 했다.[119]

　일본계 미국인들은 위험한 자들로서 계속 가시철조망 안쪽에 격리되어 있었다. 그러나 그 와중에도 그들은 수용소의 공간과 메커니즘을 통해 삶을 양육할 가치가 있는 하위인구로 조성되었다. 물론 수용소가 자유주의 국민국가와 완전히 똑같다고는 할 수 없다. 수용자들은 인종주의적으로 구성되었으며, 핵가족과 가정의 프라이버시 유지를 위해 수용소의 혹독한 조건에 굴욕적으로 타협할 수밖에 없었음이 너무나 명백하기 때문이다. 그러나 여러 면에서 수용소는 분명히 소규모의 자유주의 국민국가였다. 그리고 내가 이제까지 일본 식민지 '조선의 통치화'에 대해 고찰했던 것과 동일한 방식으로, '미국 수용소의 통치화 governmentalization of the American internment camps'라고 명명함직한 일들의 정체 역시 규명할 수 있을 것이다.

　하지만 미국이 '거친 인종주의'를 거부하고 조금 더 친절한 형태의 인종주의로 전환한 데에는 생체정치와 죽음정치를 논한 푸코의 일반적인 틀로는 보이지 않는 또 다른 요소들이 작용했다. 일본계 미국인들과 관련해서, 누가 살고 누가 죽을 것인가 하는 질문, 즉 군인으로 죽을 권리를 포함해 누가 자유주의적 민주주의와 국가의 물질적, 정신적 혜택을 받을 가치가 있는가, 더 정확하게 말하면, 가치가 있다고 평가받는가 하는 질문에 심도 있게 대답하기 위해서는, 제2차 세계대전 중에 미국 내의 일본인들을 미국인으로 만들어 낸 구체적인 역사적·초국가적 우연성들을 고찰해야만 한다. 일본계 미국인들이 미국의 통치성 체제 안으로 들어간 사정은 일단 전시의 인력 동원과 관련된다. 하지만 앞으로 살펴보듯이 그것은 인력 동원과 관련된 바로 그 만큼이나 미국의 헤게모니 열망과도 관련된다. 즉 미국은 전시와 전후에 걸쳐 일본과 아시아의 헤게모니, 더 일반적으로 말해 세계의 '황색인과 갈색인들'에 대한 헤게모니를 잡으려고 노력했다.

이 장은 인종주의적 국가의 관료와 군인들이 처음에는 일본계 미국인을 군 복무에서 배제했다가 1942년 가을부터 이러한 결정을 완전히 뒤집었으며, 다시 1943년 1월이 되자 이들을 공격적으로 입대시키기 시작하게 된 과정 및 거기에 작용한 우연성들을 추적할 것이다. 앞 장에서와 마찬가지로 나는 주로 군 입대 문제에 초점을 맞출 것이다. 군대는 병사 자신들뿐 아니라 이들로 대표되는 인종적racialized 공동체들이 국가의 외부로부터 국가 안으로 들어가는 것을 가장 전형적이고 극적으로 보여 주는 장소이기 때문이다. 이때 전시외국인수용소와 전쟁성이 공모하여 육군 지원자의 채용 정책을 수용소의 성인 남녀 수용자의 충성도를 결정하는 일반 프로그램과 연결시킨 일은 주목을 끈다. 이는 시민형 군인citizen-soldier이 곧 표준적인 시민normative citizen임을 보이는 굉장히 중요한 상징성을 띠고 있기 때문이다.

나아가 나는 일본계 미국인들의 군 입대에 관련된 논의와 정책이 국내 및 세계의 일본계 미국인 일반을 어떻게 통치할 것인가 하는 더 큰 질문과 항상 얽혀 있었다는 점에 상당히 관심을 기울일 것이다. 이렇게 여러 가지로 고려한 결과, 많은 일본인들이 전쟁터로 가 일본인 전체수에 비교해 턱없이 많이 죽거나 부상하게 된 대가로, 체제는 일본계 미국인들에게 시민권의 풍부한 혜택을 약속했을 것이다.

'거친 인종주의'와 유색인 세계 동맹에 대한 두려움

진주만 공격 때 미군에는 약 5,000명의 일본계 미국인이 있었다.[120] 그리고 그들 중 대다수는 징병된 사람들이었다. 헌병감사무실OPMG이 편찬한 어떤 역사 기록에 의하면, 선발징병제Selective Service System는 출신 국가나 인종을 차별하지 않고 "어떤 국적을 가졌건 모두 똑같이" 선발했다. 그리고 "추축국들과 전쟁할 개연성이 커지는 것과 상관없이 모든 나라 출신들을 육군에 받아들였다." 분명히 일본, 이탈리아, 독일 출신의 미국인들이 군에 들어옴으로써 야기될 수 있는 여러 반목은 거의 고려되지 않았다.[121]

그러나 일본계 미국인이 군에 복무할 기회는 진주만 공격 이후 급속히 감소했다. 수백 명의 일본계 미국인들이 진주만 공격 이후에도 여전히 징병 통지를 받고 이를 지역 징병위원회에 신고하고 있었다. 하지만 반면에 이미 군대에 있던 많은 사람들은 아무 설명도 없이 방출되었다. 진주만 공격 직후인 1942년 1월 중순에 칼 벤데트슨Karl R. Bendetsen 소령은 헌병사령부를 대표해 글을 쓰면서, "육군항공대, 육군통신대 Signal corps, 기갑부대, 화학부대" 등과 같은 군대 내의 특히 취약한 부서에는 "일본계 그 누구도 임명하거나 전근시키지 말 것"을 권고했다. 그 대신 그는 일본계 미국인들을 "미국 내륙의 부대나 군사 시설들"[122]에 배치하라고 충고했다. 1942년 3월 말, 군 인사국장인 육군 중장 제임스 와틴James E. Wharton(역주: 원문은 James K. Wharton으로 오식됨)은 1942년 3월 27일에 "일본계 남자들의 모병이나 입대" 중단을 권고했다고 밝혔다. 더 나아가 그는 당시 5,000명으로 추산되던 군대 내의 일본계 미국인들이 "미국 내륙 전체에 걸쳐 몇 명씩 흡수되거나 분산되도록" 하라고 충고했다. 덧붙여 와턴은 "그 충성심이 심각하게 의심되는" 사람들을 노동부대에 배치시키라고 역설했다.[123] 그달 말이 되었을 때, 육군은 일본계 미국인의 모든 입대를 중지시켰다.[124]

이렇게 전쟁성은 일본계 미국인들의 군 입대를 신속히 중단하고, 그들을 덜 위험하다고 판단된 분야 및 부대에 묶어 두었다. 그리고 "왜 독일인과 이탈리아인이 아니라 일본인인가"[125]라는 항의가 있을 수 있음에도 전쟁성은 이와 병행해 재빨리 일본계 민간인 직원들을 해고하기 시작했다. 이따금 상관들로부터 동정을 받기도 했지만, 직원들은 결국 이러한 처분을 받지 않을 수 없었다. 따라서 그들의 입장에서 보았을 때, 인종에 근거해 차별하지 않는다는 전쟁성이나 정부 관료들의 입장과 이러한 정책 사이의 모순은 너무나도 명백했다.

예를 들어, 해고된 어떤 직원—일본인 아버지와 영국 국적의 어머니 사이에서 태어났으며 미국인 남편과 결혼한 미국 시민이었다—은 자신이 해고된 것에 항의했으며, 전쟁성의 정책이 "페어플레이와 정의를 지지하는 민주적인 나라"의 원칙에 맞지 않는 것 같다고 지적했다. 그녀는 "우리나라가 지지하는 모든 것에 참여하고 전심으로 공헌해 온 어떤 가족의 자식들이" "그런 불공정한 대우를 받을 만한 아무런 일도 하지 않았는데" "어떻게 갑자기 차별을 받고 그 생계수단을 박탈당할 수 있단 말인가?"라고 힐문했다. 마지막으로 그녀는 자기 남동생을 겨우 열 달 전에 군대에 넣은 그 전쟁성이 어떻게 그 병사의 누이가 "경리과 사무원으로 의무를 수행하지 못하게" 할 수 있는지 질문했다. 이렇게 그녀는 일본계 미국인의 배제가 특징이었던 이 시기의 거친 인종주의를 극복하기 위해 중요한 한 요소에 대해 계속 논의했다. 아마도 이 사무보조 타이피스트junior-Clerk typist는 그녀가 편지를 쓰고 있는 순간에도 전쟁성이 얼마나 공격적으로 모든 고용의 문을 닫았는지, 그리고 그 일이 그해 늦가을까지 얼마나 인종적 배제와 봉쇄의 엄격한 논리에 지배되었는지에 대해 충분히 이해하지 못했을 듯하다. 예를 들어 1942년 설날에 공군 참모차장은, "평화 시에 인종이나 신념에 근거한 차별은 없을 것이다. 그러나 전시에 정부는 잠재적인 적들로부터 스스로를 보호해야 한다"[126]고 말했던 것이다.

실제로 1942년 6월에 전쟁성은 시민권과 무관하게 모든 일본인에게 입대할 자격이 없다고 노골적으로 공표했다. 전쟁성 장관 헨리 스팀슨Henry Stimson은 예외적 케이스로 특별히 인정된 경우 외에 전쟁성은 "시민권 소지 및 기타 이유로 일본인과 일본계를 군과 관련된 일에 받아들이지 않을 것"임을 징병 담당관에게 확실히 알렸다. 징병사무소 역시 시민권을 가졌건 그렇지 않건 간에 모든 일본인 등록자들을 4-C 또는 "받아들일 수 없는 외국인non-acceptable alien"으로 재분류했다. 마지막으로 1942년 11월 14일에 육군 참모총장실 내의 장교회의는 더 이상 일본계 미국인들을 활용하지 말라고 권고했다. 이렇게 일본계 미국인들이 군대에서 광범위하게 배제되고 있었지만, 번역자와 통역자로 일본인이 필요했던 군 정보기관 및 하와이에서는 예외가 존재했다.[127]

하와이 지역에서는 일본인의 노동력이 크고 중요한 부분을 담당하고 있었다. 따라서 하와이 부Hawaii Department의 사령관 델로스 에몬스Delos C. Emmons는 군대 내의 일본인 민간 노동자들을 해고하라는 전쟁성의 1942년 2월 명령에 저항했다. 그리고 훨씬 더 중요한 사실은, 다소 일관성은 없었지만 그가 일본인들을 하와이에서 대거 몰아 내려던 계획을 방해해서 결국 실패하게 했다는 점이다. 그는 또한 노동력 부족 및 그것이 전시 경제의 생산성에 미칠 충격을 크게 걱정했다. 더나아가 일본계 2세가 군대의 인적 자원으로서 쓸모가 있음을 알고 있던 에몬스는 하와이의 일본인 2세 군 요원들을 현역 근무에서 방출하려는 전쟁성의 계획에 저항했다. 그 대신 그는 일본인 특수대대의 설치를 제안했으며, 그 계획은 제100보병대대의 창설로 실현되었다. 이 부대는 진주만 공격 직후에 하와이 방위군Hawaii National Guard의 비일본계 하와이인 신병 동료들로부터 하와이 일본인 2세들을 분리시켜 만든 특수부대였다. 이 2세 부대는 1942년 6월부터 본토에서 훈련을 시작했다.[128] 요컨대 하와이에서는 일본계 미국인들을 활용하는 일이 더욱 절박하고 실질적으로 필요했다. 그러므로 적어도 지역적으로는 어느 정도 덜 배제되는 결과가 나타났다. 그리고 민간이나 군 노동자로서의 쓸모에 따라서도 그런 일이 있을 수 있었다.

하와이에서의 예외에도 불구하고, 1942년 9월까지 일본계 미국인들은 더 이상 군대에 받아들여지지 않을 것처럼 보였다. 정말로 수용소들은 일본인들을 실제적, 상징적으로 국가에서 배제할 것 같았다. 그러나 1943년 1월에 전쟁성은 여러 가지로 연구하고 정부 내의 다양한 민간 조직이나 군 조직 대표자들 및 기타 여러 조언자들과 협의한 후, 일본계 미국 시민들의 군 지원이 허용되기 시작할 것이라고 선언했다. 군과 민간의 당국자들은 자신들이 일본계 미국인의 군 복무와 관련해 진주만 공격 후 일 년 정도 시행된 전쟁성의 정책들을 완전히 뒤집었음을 충분히 알고 있었다. 그리고 그들은 그런 정책들이 얼마나 배타적이었으며 명백히 인종주의적이었는지에 대한 자세한 지식이 확산되고 유통되는 것을 막았다.

예컨대 전쟁성 장관은 1942년 9월 26일자 공문을 통해, 오로지 조

총력전 제국의 인종주의

상이 일본인이라는 이유로 일본계 미국인들을 자원예비군the Enlisted Reserve Corps에서 즉각 내보내라는 명령을 근무지원 사령부에 내렸다. 그리고 1943년 2월에 전시외국인수용소 소장 딜런 마이어가 이 공문의 사본 열람을 신청했을 때, 마이어는 그것이 "기밀문서로서 일반 공개용이 아님"을 알게 되었다. 참모장 윌리엄 스코비William F. Scobey 대령은 마이어에게 공문의 사본을 제공하면서, "이 지시는 기밀이며 배포되어서는 안 된다. 여기 고지된 정책은 전쟁성의 현재 입장과 일치하지 않으며, 직원들이 그것을 수정하는 중"[129]이라고 경고했다.

이 말은 실제 사실을 축소한 것이었다. 1월이 되자 군 기관과 집행부는 일본인 2세 적격자들을 다시 입대시켜 그들로만 구성된 특별 전투부대에 배치하기로 결정했기 때문이다. 더 나아가 그들은 일본계 미국인 병사들 및 이들로 이루어진 부대를 국가가 인종주의적 차별에 절대적으로 반대하는 상징으로 전환시키려 애쓰기 시작했다. 따라서 프랭클린 루스벨트 대통령은 유명한 1943년 2월 1일의 담화에서, 일본계 미국인으로만 구성된 442연대 전투부대의 설치를 승인하며 다음과 같이 언급했다.

조상이 어디 출신이건 간에 충성스런 미국 시민 그 누구도 시민으로서의 책임을 수행할 민주적 권리를 박탈당해서는 안 된다. 이 나라의 기초를 이루고 있으며 국가의 통치를 가능하게 해 온 원칙은, 아메리카니즘Americanism이 마음과 가슴의 문제라는 점이다. 아메리카니즘은 인종이나 조상의 문제가 아니며 과거에도 절대 그렇지 않았다. 훌륭한 미국인은 이 나라에 충성을 바치며 자유와 민주주의에 대한 우리의 신조에 충성스런 사람이다. 충성스런 모든 미국 시민에게는 이 나라를 위해 봉사할 기회를 제공해야 한다. 군대의

병사건, 군수물자를 생산하건, 농업에 종사하건, 공무원이건, 아니면 전쟁에
필수적인 다른 일에 임하건 간에, 그의 능력이 가장 크게 공헌하게 될 곳이
라면 그 어디에서든지 말이다.[130]

이 포용적인 정책에 걸맞게 1944년 1월부터 일본계 미국인들은 다
시 징병 대상이 되었다. 그리고 그해 9월에 전쟁성은 시민권자가 아닌
일본인에게조차 군 복무 지원을 허용할 것이라고 결정했다.[131] 이러한
전개와 병행해, 1943년 5월 3일에 일본계 미국인들을 다시 군대의 민
간인 직원으로 일할 수 있게 하라는 명령을 내렸다.[132]

그렇다면 1942년 6월과 9월에 일본계 미국인들을 군대에서 내보내
라고 그렇게도 무겁게 압박했던 여러 생각들, 그리고 국가는 뭐란 말인
가? 어떤 요인들로 인해 원래의 결정을 1943년 초에 완전히 뒤집게 된
것인가? 왜 전쟁성과 정부는 시민권과 무관하게 모든 일본인을 완전히
배제하던 정책을 송두리째 바꿔, 미국 시민권자가 아닌 일본인 지원자
조차 받아들이기로 했던가?

일본계 미국인들에게서 완전한 시민형 군인으로서의 자격을 박탈하
게 된 것은 주로 단순무식하고 거친 인종주의 때문이었다. 일본인의 인
종적 차이에 대한 이 "자연주의적" 관점[133]으로 보았을 때 일본계 미국
인들은 그 신체적 특성과 기질에 너무나 고착되어 있었으며, 따라서 역
사적으로 변하거나 백인 미국에 동화될 가능성의 외부에 있는 듯했다.
육군 참모총장실 내의 장교위원회가 제출한 어떤 보고서는 이러한 양
태의 인종주의가 압도적으로 힘을 발휘해 군과 민간 노동력으로서 일
본인들의 잠재력에 대해 전혀 고려하지 못하게 했음을 아주 명확히 밝
혔다. 이 보고서는 "대통령의 요구에 따라 일본인 조상으로부터 태어

난 미국 시민들의 군사적 활용 문제를 연구해 그에 대한 권고안을 내려는 목적으로"[134] 전쟁성 장관의 명령하에 작성된 것이며, 1942년 9월 14일에 승인되었다.

장교위원회는 총력전에서는 민간과 군 노동력으로 소수 집단들을 동원하는 일이 우선 그들의 생체정치학적 쓸모를 계산한 후에 결정되어야 할 것이라는 점을 확실히 했다. 그와 더불어 위원회는 징병관리소, 이민국, 부관참모실, 1940년의 인구조사, 전시외국인수용소 등으로부터 유용한 데이터를 급히 찾아 다음과 같은 현황 파악에 도달했다. 즉 위원회는 입대 적령기의 일본계 미국 시민 남성이 약 3만 6,000명이며, 이들 중 약 반 정도가 "군에 받아들일 만하다"는 점, 그리고 4,000명 정도가 이미 군대에 있으므로 징집할 수 있는 일본계 미국 시민 남성이 어림잡아 1만 4,000명임을 발견했다. 하지만 그들이 잠재력을 가졌다는 사실 및 "(전쟁 준비와 관련해) 그런 특수한 부류의 개인들에게 적당한 어떤 자리가 있을 것"이라는 희망에도 불구하고, 장교위원회는 이 집단이 "너무나 인종적 특징이 두드러지므로 대부분의 군 기관들과 미국 시민들에게 특히 거부감을 준다"고 지적했다. 이와 동일한 논리로 위원회는 다음과 같은 결론을 내렸다. "유감스러운 사실은 미국에 대한 충성과 관련해 일본인 조상으로부터 태어난 이 사람들의 행동에 아주 의심스러운 경향이 있다는 점이다."

나아가 장교위원회는 보급부대Services of Supply와 육군지상부대Army Ground Forces의 사령관들, 달리 말해 그 부대의 병사들을 다스릴 두 주요 지휘관이 "전장의 전투부대원으로서든, 아니면 다른 목적으로 조직된 부대의 대원으로서든 간에 군대에서 일본계 미국 시민들을 무제한적으로 사용하는 것에 찬성하지 않는다"고 말했음을 밝혔다. 더 정확히 말하면, 뒤언웨그L. Duenweg 소령은 육군지상부대 사령관 리즐리 맥네어Leslie J. McNair를 대신해 위원회 앞으로 보낸 1942년 8월 12일의 공문에서 "일본인 조상을 둔 미국 시민들을 군대에 뽑지 말 것"이며, 불가피하게 고용할 경우 "이들을 내륙의 중요하지 않은non-critical 군사 시설에 배치(해야)한다"고 권고했다. 뒤언웨그는 "일본인들이 자기 나라의 관습, 언어, 학교에 집착하기 때문에 일본과 분쟁을 겪고 있는 현재, 그들 인종 모두에 대한 자연스런 불신이 더욱 악화"되었으며, 따라서 다른 병사들이 그들과 일하기를 원하지 않을 것이므로 그들을 군에 채용하기 어렵다고 했다.

이렇게 뒤언웨그는 상황을 우려하는 방식으로 말했기 때문에, 이러한 논법은 장교위원회의 마지막 보고서에 그대로 반복되었다. 계속해서 그는 일본인의 신체적 특징, 즉 "일본 인종의 독특한 피부색과 용모"로 인해 인종 그룹으로서는 너무 눈에 띄는 동시에 개별적으로는 누가 누군지 분간되지 않으므로, 그들을 활용한다는 것은 현명한 생각이 못될 것이라고도 말했다. 그들은 개인으로서가 아니라 집단의 일원으로서 오염될 수 있으므로, 그들을 한꺼번에 배제하면 "불온한 행동을 할 그 어떤 반역적인 개인들도 파악하기 쉬울 것"이었다. 그들이 다른 사람들과 뒤섞이는 것을 허용할 경우, 충성스런 사람들로부터 그렇지 못한 사람들을 솎아 낼 수 없을 것이다. 또 뒤언웨그는 여러 "사회적 분규들"에 대해서, 그리고 "이 나라에 사는 일본인들이 니그로들에게 반反 백인 정서를 조장하고 있다"[135]는 증거에 대해서 언급하기도 했는데, 나는 호기심을 자극하는 이 문제에 대해 잠시 후에 논할 것이다. 맥네어가 1942년 3월 26일에 쓴 봉인된 메모를 통해 적어도 3월 말 뒤언웨그는 그동안 사령관이 "일본계 병사의 모집을 중단"할 뿐만 아니라, "이미 복무하고 있는 사람들을 해고하거나 강제노동수용소work camps에 배치하려고 하기도 했었음"[136]을 위원회에 알릴 수 있었다.

보급부대의 사령관은 일본계 미국인 활용에 대해 절대적으로 반대하지는 않았다. 그는 작전참모를 통해, 많은 수의 일본계 미국인 병사들을 자기 휘하의 여러 부대에 소속시키는 일은 "실행할 수 없다"고 위원회에 통보했다. 그러나 그는 새로 입영한 일본계 미국인들이 다른 부대로 옮겨간 병사들을 대체할 가능성을 열어 두었다. 그는 일본계 미국인들이 전투부대나 근무부대service troop에 배치될 수 있을 것이라고 제안하기도 했다. 그러나 그와 동시에 그는 일본계 미국인들이 육군항공대, 육군통신대, 기갑부대, 화학무기부대에서는 배제되어야 한다고 명백히 경고했다. 그는 일본계 미국인들을 "아일랜드와 아프리카 또는 영국 섬들의 전투부대나 근무부대"[137]에서 활용한다는 아이디어에는 개방적이었다. 반면에 그는 그들을 중앙아메리카나 남아메리카, 태평양이나 카리브해에 배치하지 말 것을 권고했다. 마틴 한스Martin J. Hans 대령 역시 "그들을 믿지 않았다"[138]는 간단한 말로 군대의 일본계 미국인 채용 반대에 힘을 실었다. 그의 의견은 가치가 있었다. 그는 일본인들을 소개시키는 석 달 동안 일본인들과 접촉했었기 때문이다.

위원회는 서부방위사령부Western Defense Command 사령관으로서 일본계 미국인들을 대대적으로 소개하는 데에 주도적인 역할을 했던 육군 중장 존 드위트John L. DeWitt의 의견도 들었다. 대부분의 다른 사람들과 마찬가지로 드위트는 일본인을 전혀 믿지 못했다. 그러나 그는 총력전 상황으로 인해 그들을 군대의 노동력으로 채용하는 문제를 심각하게 고려할 필요가 발생했다고 이해했다. "미국에 있는 상당수의 일본계 미국 남성 시민들을 활용하지 못하는 것은 유용한 모든 인적 자원을 활용하지 못하는 결과를 낳을 수 있다." 따라서 그는 많은 경계심과 제한을 조건으로 일본인 2세의 입영을 권장했다. 그는 일본계 미국인의 활용을 미국 대륙 내부의 근무사령부들service commands에 제한하고, 사보타주로 인해 "전쟁 준비를 방해"할 수 있는 영역에서 배제할 것과 "비무장 근무부대에만" 배치할 것을 주장했다. 또한 그는 통역자와 번역자가 필요한 모든 군 정보사단Military Intelligence Division(MID)에 일본계 미국인들이 채용될 수 있으리라고 인정했다.[139]

드위트의 권고는 주목할 만하다. 이는 총력전을 위해 가능한 모든 인력을 동원해야 할 필요 때문에 군에 배제적인 정책들을 중지하라는 엄청난 압박이 가해졌음을 보여 주는 것으로 읽힐 수 있다. 드위트조차, 즉 충성도 테스트 결과를 전혀 믿을 수 없다고 계속 주장할 정도로 일본계 미국인들을 완전히 경멸했던 그조차, 군대에서 일본계 미국인들의 인력이 낭비되도록 방치할 수 없다는 점에 동의했다. 그러나 몇 달 후 상황을 주도하게 될 자유주의자들의 (친절한 인종주의적) 견해와 달리, 그는 일본계 미국인들을 충성스런 미국인으로서 국가공동체에 공식적으로 받아들이지 않은 채 단지 그들의 노동력만을 사용할 수는 없으리라는 사실을 납득하지 않았다. 뻔뻔스럽게도 그는 병사들이나 일본계 미국인 사회에 대한 그 어떤 반대급부적인 이득도 주지 말고 아주 차별적인 조건하에 그들을 완전히 착취하라고 요구했다. 달리 말하면, 그는 일본계 미국인들의 노동을 아무 자유주의적인 죄의식liberal guilt 없이, 즉 그들을 미국의 통치성 체제에 편입시키는 일 없이 착취할 수 있었을지도 모른다. 일본의 식민지 관료들 및 군 관료들의 거친 인종주의적 견해에 맞장구치기라도 하듯이, 실제로 드위트는 군 당국이 일본계 미국인들과 관련해 어떤 정책을 취하건 간에, 이는 미래에 이들에게 미국 시민권을 주는 문제와 상관없는 일이어야 한다는 단서와 더불어 그의 노골적인 진술을 마쳤다. 대체로 이런 부정적인 견해와 함께, 위원회는 전시외국인수용소의 토마스 홀랜드Thomas Holland(딜런 마이어 소장을 대리했다) 및 모제스 페티그루Moses W. Pettigrew 대령과 루퍼스 브라튼Rufus S. Bratten 대령(이 두 사람은 모두 일본어를 익혔다. 그리고 미국인들은 이들이 일본인에 대한 전문적 지식을 가졌다고 믿었다)의 좀 더 자유주의적인 의견도 들었다. 홀랜드는 수용된 일본계 미국 시민들과의 대화에 관해 보고하며, "아주 적은 비율을 제외하고" 그들이 충성스러웠으며 "전투 임무에 배속되어 행동으로 충성을 증명"하고자 함을 발견했다고 말했다. (남성) 일본계 미국 시민들은 낭비되어서는 안 되는 "상당한 양의 매우 훌륭한 인력"을 대표하며, 이들이 전반적으로 아주 충성스러운 미국인 집단이라는 점에 이 군인들은 동의했다.[140] 하지만 '일본인 문제'에 대한 이 자유주의적인 견해는 당시에 상황을 주도하지 못했을 것이다.

그러나 여기서 우리는 '거친 인종주의'를 보완하면서 위원회로 하여금 일본계 미국인의 입대 중단을 권고하도록 한 아주 중요한 이차적 요소도 고려해야 한다. 의사 결정 과정에 작용한 이 요소는 그 짧은 보고서에는 나타나지 않는다. 하지만 토의 과정에서 위원회가 수집한 기록 및 이와 관계된 여타 기록에 나타나는 강력한 흔적은 이 요소가 적어도 위원회의 고문 중 한 사람이었던 맥네어 장군에게 큰 영향을 주었다는 점, 그리고 십중팔구 그 영향력이 훨씬 광범위하게 작용했다는 점을 암시한다. 그것은 미국 내의 일본인들이 백인의 특권에 반대하는 글로벌한 운동에 흑인들을 분주히 동원하고 있으며, 만일 일본인들의 입대가 허용된다면 이 캠페인이 더욱 확대될 것이라는 공포였다. 이는 뒤언웨

그에 의해 인용된 진술에서 맥네어가 "이 나라에 사는 일본인들이 니그로들에게 반백인 정서를 조장하고" 있는 증거를 언급하면서 말하고자 했던 바로 그것이다.

맥네어는 육군지상부대 사령관이라는 영향력 있는 위치를 차지하고 있었으므로, 최소한 1942년 3월부터 미국 흑인들에 대한 일본인들의 선동이 의심된다고 계속 통지받고 있었다. 당시 아칸소주 하원의원이던 테리D. D. Terry는 많은 수의 일본계 미국인 병사들이 훈련 받고 있던 아칸소주 리틀록Little Rock의 로빈슨 캠프Camp Robinson 주변에서 일본인들이 불온한 행동을 하고 있다는 여러 소문에 대해 최초로 맥네어의 주의를 환기시켰다.[141] 이 일본계 미국인 병사들은 진주만 공격 이전이나 직후에, 즉 일본계 미국인들이 입대할 자격이 있는지 어떤지에 대해 아직도 상당한 불확실성이 있었을 때부터 입대해 있었다.

리틀록 시민위원회는 테리 하원의원 및 로빈슨 캠프의 사령관 말론 F.B. Mallon 중장과 함께 그러한 점에 대해 처음으로 문제를 제기했다. 말론의 보고서와 호드슨 루이스Hodson Lewis(시민위원회의 리더 중 한 사람이자 위원회실의 서기)가 쓴 공문에 의하면, 그 지역 주민들은 일본계 미국인 병사들이 "리틀록의 유색인 지역으로 침투해 그곳 사람들과 잘 어울리고 있다"는 점을 우려했다. 그들은 "백인들이 일본인들을 평등하게 대우하는 것을 보고 이 근처의 니그로들이 더 많은 것을 요구하게 될 수 있다"[142]는 점을 두려워했다. 더 나아가 루이스는 일본계 미국인 병사들이 그 지역의 백인이나 흑인 여성들과 어울리는 끔찍한 문제 specter에 특히 경악했던 듯하다. "당신에게 우리의 반대 의견을 전쟁성에 제출해 주기를 아주 열렬히 요청하는 것은, 상당히 위험해질 수 있는 난처하고 심각한 문제가 발생하고 있기 때문입니다." 그의 걱정은

총력전 제국의 인종주의

다른 인종 간의 성교에 집약되었다. "우리는 일본인 병사들과 니그로 여자들의 교제에 대해 신뢰할 만한 보고를 받고 있습니다. 이는 니그로 남자들에게 꽤 심각한 상황을 초래하고 있고, 아시다시피 적지 않은 문제를 일으킬 것입니다. 상당히 많은 수의 일본인 병사들이 미군 위문협회U.S.O의 음악당 댄스파티에 나갑니다. 지금까지 우리의 소녀들은 건전한 스포츠를 하려고 노력했지만, 계속 그럴 수 있을지, 그리고 아무 제한 없이 이 일본 남자애들과 춤을 추게 해야 할지 모르겠습니다."[143]

요컨대 리틀록을 이끄는 시민들은, 흑인에 대해 백인이 패권을 쥐고 있는 그들의 관습적인 세계가 일본인이라는 예기치 않은 제3 인종의 갑작스런 출현으로 도전받을 수 있음에 대한 공포를 인종적 공황 상태 race panic 속에서 드러냈다. 게다가 그들은 사회적이고 정치적인 문제를 성적인 문제와 뒤섞는 방식으로 자기들의 걱정을 표현했다. 인종적 불안을 조장하기 위해, 일본인들이 흑인이나 백인 사회에 침투하는 무시무시한 일은 일본인들이 흑인 및 백인 여성들과 성적인 관계를 맺는 장면과 매끈하게 결합되었다.

일본인들이 흑인 사회에 들어가 불온한 행동을 할 것이라고 추측한 다른 정보 보고서들로 판단하건대, 이렇게 사회적·정치적·성적인 경고가 결합되는 일은 리틀록을 넘어 훨씬 널리 확대되었다. 예를 들어 '우리식 발전Development of Our Own'으로 불린 "일본인-니그로 Japanese-Negro" 조직에 대해 군 정보사단 방첩대Counter-Intelligence Group(CIG)가 작성한 한 보고서는 이 그룹의 설립자인 사타카타 다카하시Satakata Takahashi(일명 나카 나카네Naka Nakane)의 아내가 펄 쉐로드 Pearl Sherrod라는 흑인 여성임을 염려했던 듯하다. 보고서는 이 여성을 조직의 활동적인 참가자이자 "거대한 깜둥이 여자huge negress"로 묘사했다. 또한 보고서는 조직을 따르는 추종자 수의 규모(1933년에 디트로이트에서만 1만 8,000명 정도였으며, 1942년 4월에는 8만 3,000명 정도였다) 및 이 그룹이 "흰 인종들의 미국 지배를 타도하는 일에 미국의 검은dark 인종들과 일본의 검은 인종들"[144]이 연합할 것을 집요하게 요구하고 있는 점을 놀라워했다. 루스벨트 대통령의 보좌관 중 한 사람은 일본인과 "깜둥이 여자"의 짝은 "그 결혼으로써 호의와 동정을 획득해 일본인을 편들게 하는 제5열"[145]이라고 지적했다.

1942년 4월에 방첩대는 특히 이 문제에 대해 고찰한 〈미국 니그로 사회에 침투한 일본인의 인종 선동Japanese Racial Agitation among American Negroes〉을 널리 배포함으로써 군과 정보기관 전체에 불붙은 인종적 공포에 기름을 끼얹었다. 방첩대는 이 문서를 맥네어 휘하의 육군지상부대뿐 아니라 제1군, 제2군, 제3군과 제4군, 서부방위사령부, 육군항공대, 보급부대, 해군정보실the Office of Naval Intelligence(ONI), FBI, 심리전국the Psychological Warfare Branch 및 기타 다른 곳에도 유포했다.[146] 이 보고서는 불온한 일본인들이 "인종 반란을 촉진하고 미국 정부와 당국에 대항하는 폭동을 조직"(7쪽)하기 위해 "미국의 니그로들"을 선동하고 있다고 주장했다. 하지만 보고서는 미국에서 인종적 동요를 조장하는 일본인들의 시도가 백인을 타도하기 위한 더 큰 움직임과 연결되어 있으며, 이러한 글로벌한 관점을 가질 때 일본인들의 행동이 얼마나 위험한지를 충분히 평가할 수 있다고 강조했다.

이 움직임은 세계로 퍼져나갈 것이라고 이야기되었다. 즉 동아시아와 그 공영권으로부터 중국과 만주 등을 거쳐 러시아의 투르키스탄으로, 그다음에는 버마와 남아시아에서 중동으로, 다시 대서양을 지나 서

인도제도로, 그리고 거기서부터 미국의 도시들로 확산된다는 것이었다. 보고서는 일본의 프로파간다가 특히 종교적 유대("그중에서도 기독교도에 반대되는 것으로서 회교도"), 인종("비백인 대 백인이라는 인위적인 구분"), 경제("'가지지 못한 자들' 대 '가진 자들'")를 강조하면서 미국 흑인들을 전 세계의 반미 반영 그룹들과 연결하려 했다고 역설했다. 보고서에 의하면 "니그로 조직들을 만드는 조직가와 선동가의 가장 일반적인 발상지"는 영국령 서인도제도였다. 영국제국은 회교와 "니그로 인종"의 교차점(또는 보고서가 표현한 대로 "십자로")이라고 요약될 수 있기 때문이었다. 보고서는 영국령 서인도제도에는 "격렬하게 반영적인 요소"가 있을 뿐 아니라, 전쟁이 터진 이후부터는 "반미적이 되기도"(17쪽)했다고 경고했다.

종교와 관련해 보고서는, 일본인이 기독교와 백색 제국주의에 대항하는 '회교도 옹호자'인 것처럼 보이기 위해 그 선동가들이 노력해 왔음을 상당히 정확하게 관찰했다(4쪽). 보고서는 일본인 행동가들이 러시아 투르키스탄에서 일본으로 망명한 회교도들과 함께 만들어 낸 연대들에 대해 말했다. 그리고 1930년대에 고베와 도쿄에 건립된 커다란 이슬람 사원들, 일본어 판 코란 출판, 네덜란드령 동인도(인도네시아)와 서아시아 같은 곳의 독립운동을 조장하는 일본의 공작 등에 대해 언급했다. 보고서는 일본인 행동가들이 '니그로들'과 미국 내의 '서인도제도 출신'들을 자기편으로 끌어들이기 위해 '아시아적인 종교Asiatic religion'도 이용하고 있다고 고찰함으로써 회교도와 일본인의 연대에 대한 공포를 절실히 느끼게 했다(8쪽). 또한 보고서는 서반구의 회교도들이 보통 평가되는 것보다 훨씬 많음을 경고했으며, 서인도제도 사람과 미국 흑인의 결혼으로 인해 "이 종교적 믿음이 니그로들에게 광범위하게"(8~9쪽) 확산되고 있음을 두려워했다. 이런 식으로 보고서는 백인들의 지위에 대항해 회교도들과 '유색인들'이 일본인의 지휘하에 연대할 것이라는 시나리오를 만들어 냈다.

보고서는 "일본의 전투력에 니그로의 지원"을 얻기 위한 일본의 전략은 다음과 같이 아주 단순하다고 경고했다. "일본의 목적은 백인들을 아시아에서 쫓아 내고, 아무 혜택도 없이 착취당하는 원주민들이 백인 제국주의의 질곡에서 벗어나도록 돕는 것이다. 니그로들은 권리도 없이 착취만 당하는 백인의 희생자다. 따라서 니그로는 일본의 주장 아래 결집해야 한다." 보고서 작성자들은 자기들의 정보가 때때로 "너무 과장된" 것일 수 있음에 주의해야 한다고 충고했다. 그러나 보고서는 다음과 같은 1940년의 조사 결과를 인용했다. "이 문제에 대해 그 어떤 견해라도 가지고 있는 미국의 유색인들 중 80퍼센트에서 90퍼센트 사이의 사람들이 친일적이었다. 그들의 타고난 속성상 가끔씩 시끄러운 경향을 보이므로 이러한 통계가 극적으로 바뀔 때도 있었지만, 그런 경우에도 일본의 철저한 프로파간다는 이 인종 집단에서 상당한 효과를 거두었음을 증명한다"(8쪽). 보고서는 군이 직면한 특수한 위험들을 거론한 장에서, "확인된 바에 의하면 일본인이 흑인을 대상으로 펼치는 지하공작의 목적은 미국 내 니그로 부대들의 반란을 조장하는 것"이라고 역설했다. 계속해서 보고서는 다음과 같이 말했다.

수용된 후, 에티오피아 태평양 운동the Ethiopian Pacific Movement의 지도자 중 한 사람이 이 조직의 회합 자리에서 자신이 다음 달에 입대할 것이며, "만일 그들이 나에게 총을 주고 나를 아시아나 아프리카로 보낸다면, 나는 내 뜻대로 행동할 것"이라고 말했음이 보고되었다. 청중 속의

총력전 제국의 인종주의

한 병사를 바라보면서 그는 다음과 같이 충고했다. "당신 부대로 돌아가서 캠페인을 속삭이기 시작하시오. 그들이 진주만을 기억하라고 말하면, '아프리카를 기억하라'고 대답하시오"(9쪽).

보고서는 "최근 니그로들의 저항과 징집 회피를 고무하는 일본인-니그로 전선 조직들Japanese-Negro front Organizations에 대한 보고들이 있었다"(10쪽)고 덧붙였다.

'일본인-니그로 전선 조직'에는 다음과 같은 것들이 포함되어 있었다. "샌프란시스코의 일본인 불교 사원the Japanese Buddhist Church과 연결되었다고 보고된" 엠마뉴얼 복음 선교회Emmanual Gospel Mission, "인종 전쟁을 옹호하는" 아프리카 아시아연맹the Afro-Asiatic League, 1918년에 그 창설자인 마르쿠스 가베이Marcus Garvey가 "다음 전쟁은 니그로와 백인 사이의 전쟁이 될 것이다. 그리고 일본의 지원을 받아 니그로가 이길 것이다"라고 말한 만국흑인진보협회the Universal Negro Improvement Association, 인민국가당the Peoples National Party과 제휴했으며, "대단히 래디컬하고 반영적이며 이제는 격렬하게 반미적인 조직"인 자메이카 진보동맹the Jamaica Progressive League, "서인도제도 출신의 니그로로서 (일본의 초국가주의 단체인) 흑룡회the Black Dragon Society에 가입할 것과 독일계 미국인 자금의 지원을 주장했던" 로버트 조던Robert O. Jordan이 이끄는 에티오피아 태평양 운동the Ethiopian Pacific Movement, "인종적 평등"을 강조했으며, "니그로의 기원은 아프리카보다 아시아"라고 주장했던 이슬람 운동the Islam Movement, 잠시 후 좀 더 논의하게 될 동방세계 태평양 운동the Pacific Movement of the Eastern World, 일본인으로부터 후원을 받았으며, 그 논자들이 "일본이 미국에 승리함과 더불어 니그로들은 정부 사무실을 갖게 되고 백인과 동등해질 것"이라고 말했던 전진 운동the Onward Movement, 그리고 그 외에도 여러 단체들이 있었다(11~16쪽).

인종 공포가 한창일 때, 맥네어는 전쟁성 장관의 명령하에 작성된 메모(1942년 5월 29일자)를 군무국장으로부터 받았다. 그것은 맥네어가 이미 알고 있던 상황과 관계된 것이었다. 즉 메모는 아칸소 리틀록에서 자행되고 있다고 추정된, 이른바 일본인들의 흑인 선동에 대해 다음과 같이 경고했다.

a. 1942년 4월 23일, 7군단 작전지역 사령관 및 그 인사참모와 정보참모는 11군단 작전지역 본부를 방문할 용무가 있던 전쟁성의 어떤 관료에게, 니그로와 일본계 군인 및 민간인 모두에게 영향을 미치는 아칸소 리틀록의 심각한 상황에 대한 우려를 표명했다. 그 작전지역의 사령관은 상황이 위험하다고 생각했으며, 그곳에 더 이상 니그로와 일본인 병력을 보내지 않을 것임을 시사했다.

b. 작전지역 사령관과 정보참모는 니그로들이 일본인에 의해 조직되고 선동되는 상황을 잘 알고 있는 사람들의 의견에 동의했다. 니그로들에게 반백인 감정과 "유색인 동맹"의 사상을 조장하기 위해 일본인에 의해 설립된 조직인 "동방세계 태평양 운동"의 활동에서 여러 징후들이 관찰되어 왔다. 리틀록의 니그로들이 그들 종족이 보통 가지고 있는 것보다 많은 무기를 보유하고 있음도 발견되었다.[147]

방첩대CIG가 작성한 〈미국 니그로 사회에 침투한 일본인의 인종 선동〉은 동방세계 태평양 운동을 아시마 타키스Ashima Takis 한 사람에 의

총력전 제국의 인종주의

해 조직되어 온 "일본인 니그로 전선 조직"으로 규정했다. 이 보고서는 이 단체의 핵심 세력이 중서부에 있으며, 그 독트린이 다음과 같다고 지적했다. "니그로들은 미국과 아무 상관이 없다. 그리고 일본인 역시 백인들에게 압박 받는 유색인이므로, 만일 전쟁에서 일본이 이긴다면 상황이 전적으로 좋아질 것이다"(14~15쪽).

이 메모는 스스로 여러 가지를 말하고 있다. 그러나 나는 다음 사실을 다시 한번 지적하면서 이 부분을 끝내려고 한다. 즉 내가 말하는 '거친 인종주의'가 일본계 미국인이 더 이상 군에 입대하지 못하도록 막은 주요 요소였다면, 일본인 주도하에 먼 이집트와 인도 또는 가까운 리틀록과 디트로이트 등에서 백인들의 특권을 전복하려 했던 '유색 인종 동맹'에 대한 공포는 일본인들의 군 입대는커녕 그들이 사회에서 자유롭게 돌아다니도록 허용하는 것에 대해서조차 일반의 우려를 심화시켰다.

이렇게 일본계 미국인의 입대 중단은 일본인과 흑인의 인종 동맹에 대한 우려와 연결되었다. 이 현상은 위에 언급된 문서들이 그러한 내용으로 작성된 데에서 멈추지 않았다. 여러 학자들의 훌륭한 연구에서 이미 밝혀졌듯이, 진주만 공격 직후부터 적어도 그다음 해 9월까지 일본인들이 흑인 사회에서 이끌고 있는 전복적인 행동에 대한 공포는 극에 달했다. 그리고 이는 결국 이 운동의 두드러진 용의자들에 대한 하기 검거로 이어졌다.[148] 분명히 미국 방첩대는 최소한 1930년대 말부터 이 문제를 예민하게 생각해 왔지만,[149] 전쟁이 터지자 이에 대한 걱정은 전례 없는 수준에 도달하게 되었다. 요컨대 '유색인종들의 옹호자'로서의 일본인에 대한 우려가 가장 광범위하고 강렬했던 그 기간 동안 전쟁성은 일본계 미국인들을 미군에서 배제하는 쪽으로 꾸준히 움직였다.

그러므로 전쟁성 장관이 일본계 미국인들의 미군 입대를 봉쇄한 장교위원회의 마지막 보고서를 승인한 1942년 9월 14일에, 뉴욕 남부 지구의 지검장인 마티아스 코레아Matthias Correa가 레오나르드 로버트 조던Leonard Robert Jordan과 그의 몇몇 동료들을 폭동 교사 혐의로 체포한다고 발표한 것은 우연의 일치만은 아니다.[150] 후에 작성된 방첩대의 에티오피아 태평양 운동에 대한 보고서는 이 그룹이 "일본인-니그로 네트워크의 모든 종족적인 표지"를 보여 주었으며 "그 출발에서부터 친일적이었다"고 지적했다(에티오피아 태평양 운동은 조던이 메모드 구즈먼Memo de Guzman이라는 필리핀인, 체로키 인디언 추장 문 넬슨Chief Moon Nelson, 제이콥 사뮤엘Jacob Samuel이라는 사람 등과 함께 1935년에 할렘에서 설립한 것으로 추정되는 조직). 방첩대는 조던이 영국령 서인도제도 태생으로서, 실제로 일본의 상선에서 일했다고 밝혔다. 진주만 공격 후 그는 강력한 친일적 입장을 취했다고 전해진다. 그는 "일본의 지도 아래 독립된 조국을 아프리카에서 얻을 수 있을 것이다. 일본인들은 유색인종 중 하나이며 니그로들의 친구라고 할렘의 니그로들에게 말했다." 방첩대에 의하면, 조던은 "미국의 제복을 입는 것이 부끄러울 것"이라고 공언했다. 그는 "니그로들에 대한 린치와 인종차별이 사라질 때까지 미군을 위해 싸우기를 거부할 것이라고 여러 번 말했다."[151]

로빈슨 캠프의 사령관인 말론F. B. Mallon은 "의심스러운 (일본계 미국인) 병사들이 리틀록의 유색인 지역에 침투해 거기서 사람들을 사귀고 있다고 전한 보고서들"에 대한 "전반적 조사"를 수행했으며, 그 후 1942년 3월 20일에 "이 보고서들은 근거가 없다"[152]고 결론 내렸다. 하지만 당시는 일본인의 흑인 선동에 대한 전국적인 히스테리의 시기였

총력전 제국의 인종주의

으며, 따라서 이 조사는 전혀 중요하지 않은 듯했다. 말론은 리틀록에서 그런 활동이 벌어지고 있지 않다고 결론지었다. 하지만 맥네어를 대리한 1942년 7월 6일자 문서에서 뒤언웨그 소령은, "그 주변에서 일어나는 일본인들의 전복적인 활동을 박멸하기 위해 결정적인 조치가 있어야 한다"고 권고했다. 실상 로빈슨 캠프 주변 지역에 나타난 더 큰 인종적 불안과 공포는 군대에서 일하는 일본계 미국인들이 고급 장교에 이르기까지 더욱 광범위하게 계속 확산되는 데에 있었다. 예컨대 하와이의 일본계 미국인 약 1만 명을 입대시키라는 체스터 니미츠 제독 Chester W. Nimitz(미국 해군 총사령관)의 권고에 대해, 참모차장 토마스 핸디Thomas T. Handy 소장은 "일본 출신자들을 입대시키지 않는 것이 좋다"는 전쟁성의 정책을 지지하는 주요 이유로, 로빈슨 캠프의 "반란에 직면한 심각한 어려움"을 언급하지 않을 수 없다고 느꼈다. 육군 참모총장 대리 자신이 이러한 평가에 동의했다. 이와 마찬가지로 아칸소를(따라서 로빈슨 캠프를) 담당하는 근무지원사령부Service Command 사령관 리처드 도노반Richard Donovan이 상황에 대해 훨씬 더 철저히 조사한 다음, 1942년 9월 9일에 "파괴적인 행동들이 그러한 소란과 직접적이거나 간접적으로 관계되었다는 징후가 과거에도 없었으며, 우리 근무지원 사령부의 유색인들 속에 그런 파괴적인 분자들이 활동하고 있다는 징후가 현재에도 없다"[153]는 결론을 내린 것은 아무 영향도 끼치지 못했다.

이러한 조사 결과들에도 불구하고, 위원회는 "일반적으로 일본계 미국 시민들의 군사적 역량은 그들에 대한 보편적인 불신 때문에 부정적이라고 생각된다"고 권고하는 최종 결정을 내렸다. 이 배제적인 정책의 유일한 예외는 그들을 "정보나 [불특정한] 특수 목적들"[154]에 사용할 수 있으리라는 것이었다. 따라서 짧은 기간 동안, 전쟁 준비를 위해 가능한 모든 인력을 동원해야 한다는 압박조차 일본계 미국인의 입대에 대한 거친 인종주의자들의 저항을 분쇄할 수 없었다. 일본인들은 필시 백인을 타도하기 위해 '유색인종들darker races'과 공모하고 있는 믿을 수 없는 인종이므로, 강제수용소에 가둘 필요가 있으며 국가공동체로부터 완전히 추방되어야 한다는 것이 당시 일본계 미국인에 대한 미국 정부와 전쟁성의 일반적 태도이자 정책을 지배하던 관점이었다. 하지만 곧 민간과 군대의 지도자들은 재미 일본인에 대한 이 거친 인종주의적 입장이 미국의 국가 이익에 대한 심각한 장애라고 간주하게 되었다. 그들은 일본계 미국인을 병력으로 활용하지 않는 것 역시 그러함을 깨달았다.

친절한 인종주의와 미국의 아시아 헤게모니

1942년 10월에 전쟁성 안팎의 견해는 군대에서 일본인을 사용하지 말라는 장교위원회의 권고에 반대하는 방향으로 바뀌었다. 군과 민간의 인력으로서 일본계 미국인이 유용하다는 논리가 계속 국가를 압박했던 한편, 단기적으로는 일본계 미국인 병사들의 존재가 글로벌한 선전전에서 엄청난 가치가 있을 것이라는 인식이 결정적인 요인으로 등장했다. 분명히 군대 및 민간의 몇몇 지도자들은 일본계 미국인들의 시민적 권리를 언급했지만, 이는 결정적 요소가 아니었다.

  1942년 10월 2일에 전시정보국OWI 국장 엘머 데이비스Elmer Davis는 루스벨트 대통령에게 보낸 문서에서, 충성스런 '미국 시민 일본인

American-citizen Japanese'을 육해군에서 활용함으로써 전쟁이 인종 갈등이라고 주장하는 일본의 아시아 프로파간다를 반격할 수 있을 것이라고 말했다. 데이비스는 '미국 시민 일본인'들이 미군에 자원할 수 있도록 허용함으로써 그들의 사기가 개선될 수 있으리라고 생각했다. 그리고 다른 한편으로는 그런 조치가 전시정보국이 "필리핀, 버마 등에서" 역선전을 펼치는 데 큰 도움이 될 것이라고 강조했다. 또한 그는 대통령이 나서서 "충성스런 미국 시민들을 옹호하는……대중 연설을 해달라"고 요청했다. 10월 13일에 전시정보국 부국장 아이젠하워M. S. Eisenhower는 전쟁성 차관보 존 맥클로이에게 데이비스의 의견에 찬성하는 편지를 썼다. 그러자 10월 15일에 맥클로이는 전쟁성 장관 헨리 스팀슨에게 데이비스의 의견을 승인하는 메모를 보내, 일본계 미국인들의 "육군과 해군 특별부대 입대"를 허용해야 한다고 말했다. 그는 다음과 같이 말했다. "나는 그런 조치의 선전 가치가 클 것이며, 일본인들이 훌륭한 군대를 만들 것이라고 믿는다." 더 나아가 그는 일본계 미국인의 군 인력 활용에 반대했던 위원회의 권고에 명확히 이의를 제기했다. 그리고 아주 시사적이게도, 맥클로이는 아이젠하워의 10월 13일자 서신에 대한 자신의 긍정적 답변을 뒷받침하기 위해 다음과 같이 말했다. "내가 생각하기에 일본인 부대의 선전 가치는 극동 전체에 걸쳐 아주 클 것이다."[155]

확인할 수는 없지만 전쟁성의 고위 장교임이 분명한, 아마도 맥클로이일 듯한 사람이 10월 28일에 전쟁성 장관에게 메모를 썼다. 그는 부분적으로 일본에서 교육받은 신뢰할 수 없는 2세(키베이kibei)를 제외한 일본계 미국 시민들의 자원입대 프로그램이 시작되어야 한다고 주장했다. 그는 처음부터 전쟁 준비에 모든 인적 자원을 활용할 필요가 있다는 도구주의적인 주장을 재확인했다. 그러면서 그는 수용소 내 일본계 미국인들에게 군 복무 기회를 부여하지 않는다면 그들은 반체제 인사들의 영향력 아래 놓이게 될 것이며, 따라서 "그들이 미래에 보유할 유용한 시민으로서의 가치는 심각하게 손상될 것"이라고 경고했다. 그는 '인종적 특성'으로 인해 일본계 미국인들이 동화되는 데에는 특수한 문제들이 있지만, 그럼에도 "자기 나라를 위해 봉사할 시민의 근본적인 권리"가 그들에게도 있음을 계속 언급했다. 아울러 그는 왜 분리된 특별지원병 부대가 프로그램의 목적을 가장 효과적으로 달성할 수 있는지에 대해 힘들여 설명하기도 했다. 추측컨대 이 사람들에게 미국을 위해 싸우겠다는 자유로운 욕망이 있음을 증명해 보일 수 있기 때문에, "프로파간다에 이로운 점으로 볼 때" 강제 징병제도와 반대되는 지원병 제도가 가장 바람직할 것이라고 그는 역설했다. 게다가 분리된 그룹은 "미국에 대한 이 부대 전체의 충성심을 나타낼 수 있게 할 것이며, 이는 우리가 원하는 선전 효과를 낼 것이다"[156]라고 했다.

1942년 11월 중순에 전쟁성 군사정보대MIS 내의 극동 담당 그룹 지휘자인 페티그루Pettigrew 대령은 맥클로이에게 이 문제에 대한 상당히 자세한 조사 보고서를 썼다. 우리가 고찰해 왔던 것처럼, 1942년 9월까지 장교회의 특별위원회는 일본계 미국인의 군 복무를 긍정적으로 보는 페티그루의 견해를 거부해 왔다. 그러나 그로부터 겨우 두 달 후, 페티그루의 관점은 대부분의 문제에서 전쟁성의 지배적인 의견을 대표하는 것이 되었다. 그때까지 그는 일본계 미국인의 군 복무를 막음으로써 "아주 중요하며 잠재적 가치가 있는 인력이 전체적으로 손실되었다"고 주장하면서, 전시 상황은 전체 인력의 활용을 요구한다는 상식적인 논리를 반복했다. 하지만 그가 주장하는 핵심은 "다른 모든 이익보다”"특별 전투부대를 만듦으로써 얻을 수 있는 심리적, 도덕적 가치가 훨씬 막대하다"는 것이었다. 그가 말했듯이, "이 심리적인 가치는 전 세계에서 획득될 뿐 아니라 우리 미국인 자신에게도 미칠 것이며, 전후에 일본계 미국인 전체의 상황을 의심할 나위 없이 크게 개선시킬 것이었다." 요컨대 페티그루는 전원이 일본계 미국인으로 구성된 부대 하나가 국내외에서 큰 선전 효과를 낼 것이며, 일본계 미국인이 주류사회 안으로 쉽게 복귀하게도 할 것이라고 말했다.[157]

결국 1942년 1월 2일에 전쟁성 차관보 집무실에서 열린 한 컨퍼런스에서 맥클로이는 전쟁성과 해군정보실ONI의 고위 장교들에게 "일본인을 전투부대에서 활용하기로 결정했다"고 알렸다. 인력 활용과 특히 아시아에서의 선전적 요소를 다시 지적하면서, 그는 결정을 내리는 데 다음 세 가지 점이 가장 중요하게 작용했다고 말했다. "(1) 그들의 전투 능력, (2) 선전적 가치, (3) 아시아에 미칠 파급 효과." 군사정보대의 크리스트W. E. Crist의 실황 보고에 의하면, 컨퍼런스 참가자들은 일본계 미국인 부대가 지원병에 한정될 것인지, 아니면 징집병들도 거기 포함될 것인지에 대해 여전히 논쟁했다. 그러나 크리스트는 서부 해안의 일본계 미국인 전체 인구를 소개시켜 수용하기로 결정한 지 채 일 년이 되지 않은 현재, 전쟁성은 국가의 이익을 위해 일본계 미국인 개개인의 충성을 평가해, 그중 적합하다고 간주되는 사람들이 수용소에서 나와 주류사회나 군대 또는 그 두 군데 모두 갈 수 있도록 해야 한다는 새로운 결론에 도달했다고 명확히 설명했다.[158]

그러나 일본계 미국인 입대의 가치에 대한 논쟁이 전례 없는 일은 아니었다. 존 엠브리John Embree는 하와이 거주 일본인과 일본을 연구한 저명한 인류학자인데, 그는 이미 1942년 1월에 하와이의 일본인 2세를 전쟁 준비에 적극적으로 활용해야 한다고 주장했다. 그는 하와이 일본인 2세의 충성심을 진정으로 믿은 듯했다. 강력한 자유주의적 내셔널리스트인 그는 하와이의 일본인 2세들에게 책임과 의무를 줌으로써 하와이와 미국 본토 일본인 사회의 사기를 진작시킴과 동시에, 더 넓게는 미국의 인종주의에 대한 추축국의 선전을 반격하는 이중의 이득을 얻을 수 있을 것이라고 썼다. 엠브리는 효율적으로 총력전을 수행하기 위해서는 국가적 단결을 유지해야 함을 상기시켰다. 그리고 일본인 2세의 사기를 유지하는 것이 중요하다고 역설했다. "통일된 국가는 통일된 공동체들로 이루어질 때에만 존재할 수 있으며, 무관심하거나 불평을 품은 개인들의 그 어떤 영역도 특히 하와이와 캘리포니아 같은 전략적 지역들에서는 국가 방위에 위험을 주는 약점이기 때문"이라는 것이었다. 그와 동시에 일본인 2세에게 중요한 임무를 부여하는 일은 "인종적 차이에 호소하고 인종차별을 주장하면서 하와이 같은 지역의 시민적 단결을 약화시키려 하는 추축국의 프로파간다에 대한 중요한 예방책이 될 것"이었다. 요컨대 하와이의 일본인은, 다양한 민족을 일체화하여 추축국이 시도하는 단결 와해의 노력에 역공을 취함으로써 국가적으로 인종주의를 부인하는 데에 활용될 수 있을 터였다.

엠브리는 일본계 미국인들을 육해군에 총동원하자고 권고하는 데까지는 나아가지 않았다. 하지만 그는 일본인 2세들을 배치할 수 있는 두 가지 경우를 다소 기상천외하게 제안했다. 첫째, 그들 사회에서 존경받는 개인들은 '방공 감시 지도 임무air warden duty'처럼 큰 책임이 있는 자리에 임명할 수 있을 것이다. 두 번째는 다음과 같은 것이었다. "지원입대한 병사들이나 임관 장교들 중, 중요한 군사작전, 예컨대 일본 군함을 폭격하는 일 등을 위해 선발된 소수의 일본계가 그 부여된 임무를 성공적으로 수행한다면, 일본계임에도 불구하고 그가 충성스런 미국 시민이라는 증거로서 그 사람의 이름이 공표되고 그 일본인 조상이 알려질 것이다."[159]

더 나아가 전쟁성이 군에서 일본계 미국인을 배제하는 쪽으로 꾸준히 움직이던 1942년 봄부터 늦여름 사이에도 미국의 정책 결정에 직접 관여하고 있던 몇몇 사람들은 이미 일본계 미국인들이 중요한 선전 역할을 할 수 있으리라고 주장하고 있었다. 전쟁성 차관보 맥클로이가 일찍이 1942년 5월부터 군대의 일본계 미국인 활용에 대해 지지를 표명했음은 잘 알려져 있다.[160] 그러나 전쟁성 군사정보대의 심리전부 부장 오스카 솔버트Oscar N. Solbert 대령이 지휘하고 결재하여 1942년 5월에 나온 프로파간다 종합계획은, 훨씬 실질적이고 솔직하게 미국이 인종주의를 거부한다는 점을 국내외 사람들에게 보여주기 위해 흑인과 일본인을 활용할 수 있을 것이라고 제안했다.[161]

솔버트는 "태평양 전쟁을 인종주의적인 범아시아 전쟁Pan Asia War으로 전환시키려는 일본의 선전공작에 의도치 않은 도움"(34쪽)을 주지 않기 위해, 미국은 "니그로들을 포함한 유색인종에 대해 미국 백인들이 갖고 있는 강력한 인종적 편견들을 줄이려고" 노력해야 한다고 단언했다. 다른 사람들과 마찬가지로 솔버트도 인종주의의 철폐를 중요한 본질적 목적으로 추구하지 않았다. 오히려 그가 가장 중시했던 것은 전쟁에 승리하기 위한 수단으로서 미국의 인종주의 거부를 연기하는 일이었다. 그는 일본계 미국인의 격리 수용에 대해 언급하지 않았다. 하지만 일본인의 격리 수용을 폐지하는 문제는 어찌 되었든 간에, 솔버트는 "일본계 미국인들이 수행한 가치 있는 일을 선전할 수 있다"(34쪽)고 말했다. 그는 "이 나라에서 일본계 미국인들의 상황을 개선하기 위해 취해진 조치가 일본 국내 프로파간다와 아주 잘 연관될 수 있을 것"
(8쪽)이라고 주장했다. 솔버트가 세운 최초의 계획안에는 "(중화민국 자
유지구Free China의 일본인 부대에 대응하는 것으로서) 미국 내 일본인들
을 모집하고 제복을 입혀, 그들로 구성된 자유 일본인 부대Free Japanese
Corps를 설치"하기 위한 권고가 포함되어 있었다. 그리고 노골적으로,
미국 내 이 일본인들을 "명목상으로는 전투를 위해서지만 사실은 프로
파간다 수행을 위한 상징적인 용도를 위해"(18쪽) 동원할 것이라고 말
했다.

그러나 솔버트의 프로파간다 계획은 그 수정안에서 미국 내 일본인
들로 이루어진 부대가 유용한 선전 기능을 할 것이라는 아이디어를 생
략했다. 아마도 이는 당시에 전쟁성이 일본계 미국인을 활용하는 데에
서 한 발 물러나고 있었기 때문일 것이다. 하지만 이 아이디어는 정책
입안자들 사이에서 계속 논의되었다. 정책 결정 과정에서 밀튼 아이젠
하워Milton S. Eisenhower는 결정적인 역할을 했던 듯하다. 그는 나중에
대통령이 되는 드와이트 데이비드 아이젠하워Dwight David Eisenhower
의 막내 동생인데, 흥미롭게도 일본계 미국인과 프로파간다를 연결하
기 위한 독특한 지위에 있었다. 전시정보국으로 옮기기 전에 그는 전시
외국인수용소의 초대 소장이었다. 다시 말해 그는 소개된 일본계 미국
인들의 관리를 책임진 민간인 요원이었다. 아이젠하워는 1942년 8월에
맥클로이 앞으로 상세한 문서를 써 보내, 왜 전시정보국이 특별히 그
문제에 관심을 가지고 있었는지를 설명했다(전시정보국은 "신문, 라디
오, 영화 등"을 통해 전쟁의 상황과 목적에 대해 국내외에 알리기 위해 1942
년 6월에 설립되었는데, 시간이 흐를수록 점점 더 해외에서의 프로파간다
와 심리전에 관심을 가지게 되었다).[162] 그는 당시 전쟁성이 더 이상 일본

계 미국인들을 군에서 쓰지 않는다고 한 기존의 결정을 번복해야 하는 지 심사숙고하고 있음을 안다고 말하면서 논의를 시작했다. 아이젠하워는 전쟁을 위해 모든 인력을 동원해야 할 필요성을 언급했으며, "이 나라에서 태어나고 교육받은 일본인 대다수"의 충성을 보증했다. 그리고 군에서 일본계 미국인들을 배척함으로써 인종이라는 선전전의 수단을 적에게 유용하게 만들었다고 지적했다. 그는 독일계나 이탈리아계처럼 일본계 미국인들도 징병 대상으로 삼아야 할 필요가 있다고 주장했다. 또 그는 "일본인을 징집하지 않는다는 결정은 언제나 인종 이슈를 들고 나오는데, 이는 우리에게 이간계離間計the divide and conquer technique를 쓰고자 하는 적을 앞에 두고서는 특히 하고 싶지 않은 일"이라고 경고했다. 요약하면, 아이젠하워는 만일 충성스러운 일본인을 징집한다면, 일본인 2세 부모들의 사기가 고양될 것이라는 논리를 구사했다. 아이젠하워는 다음과 같이 말했다. "더 이상 적은 우리가 이 소수자들을 차별한다고 주장할 수 없을 것이다. 그리고 우리는 때가 되었을 때 자유 일본을 세우기 위한 기초공사를 하면서, 일본계 미국인들이 참가한 용맹한 이야기를 적에게 들이밀 수 있을 것이다."[163]

일본계 미국인 및 일본계 미국인 병사들의 선전 가치에 대한 가장 잘 다듬어지고 명쾌한 주장 중 하나는 에드윈 라이샤워Edwin O. Reischauer가 제기한 것이었다.[164] 일본계 미국인의 군대 내 활용에 반대하는 장교위원회의 권고를 전쟁성 장관이 승인한 바로 그날(1942년 9월 14일), 라이샤워는 위원회 구성원 및 대부분의 조언자들과 완전히 다른 입장을 취한 메모를 완성했다. 잘 알려져 있듯이, 후에 라이샤워는 전후 미국의 동아시아학, 특히 일본학의 창시자 중 한 사람이 되며, 1961년부터 1966년까지 일본 주재 대사였다. 이후에 그는 학문적 저작, 대중서,

외교적 노력 등을 통해 냉전기 미일 관계의 중심적인 설계자가 될 것이었다. 라이샤워만큼 완벽하게 전후 일본을 대상으로 한 지역학의 지식 생산 정책을 예증하는 사람은 없다.[165] 그러나 1942년에 라이샤워는 확실히 학계와 정부 모두에서 큰 힘을 가진 사람이 아니었다.

1941년 여름 동안 그는 국무성을 위해 일했으며, 일본 주재 대사 조세프 그루Joseph Grew에게 메모들을 썼다. 또한 1942년 여름에 전쟁성 차관보 맥클로이는 라이샤워로 하여금 군 번역가 및 암호 해독가 훈련 학교를 워싱턴 지역에 세우도록 개인적으로 조치했다. 달리 말해 당시 그는 메모를 쓰는 것으로 워싱턴 지역에 분명히 알려져 있었지만, 군대 및 정치 집단의 주요 활동가는 아니었다. 대신 그는 31세로서 갓 박사 학위를 받은 사람이자 하버드대학의 야심만만한 동아시아학 학자로서 때때로 국무성과 전쟁성에 일본 전문가로 호출되었다. 그리고 자기의 아이디어로 권력자들에게 큰 영향을 미쳤다.[166]

하지만 1942년 9월 당시 발휘된 라이샤워의 재능과 개인적 영향력에 대한 질문은 잠시 논외로 하더라도, 그의 메모는 어느 정도 자세히 고찰할 가치가 있다. 왜냐하면 메모는 트랜스내셔널한 논리를 깔끔하게 요약했기 때문이다. 더 나아가 라이샤워의 논리에 의해 권력자들과 그 참모들은 일본계 미국인을 군대, 더 나아가 국가에 받아들일 수 있는가 그렇지 않은가 하는 문제와, 승전을 통해 궁극적으로는 아시아와 그 너머에서 헤게모니를 획득하려는 미국의 계획들을 연결시켰다.

이 이른 시기에 벌써 라이샤워는 전쟁에 이기는 일이 무엇보다도 중요하지만, 미국은 결국 도래할 "평화를 쟁취하기 위해" 준비할 필요가 있다고 논했다. 라이샤워는 일본인과 일본계 미국인이 각각 다른 시민권을 가지고 있다는 점보다는 이 둘의 인종적 동일성을 우선시하는 논

총력전 제국의 인종주의

리를 받아들였다. 그리고 이를 근거로 일본에 대한 전후 정책과 일본계 미국인에 대한 대우라는 구별되는 두 가지 문제를 연결시켰으며, 몇몇 핵심적인 면에서는 이 둘을 융합시킨 평화 쟁취 계획을 제시하기도 했다. 한편으로 그는 뻔뻔스럽게도 히로히토裕仁를 '괴뢰'로 내세운 전후의 '괴뢰 정부puppet regime' 설립을 주장했다. 그리고 다른 한편으로는 일본계 미국인들을 동원해 미군에 입대시키는 정책이 전시보다도 전후에 더 중요한 이득을 줄 것이라고 주장했다.

메모의 첫 부분에서 라이샤워는 천황을 존속시키는 일이 왜 필요한지 설명했다. 그는 "이 전쟁이 끝난 후 일본인들을 우리의 체제로 끌어들이는 일"이 긴급하겠지만, 나치와 파시스트 당, 히틀러와 무솔리니가 있는 독일이나 이탈리아와 달리 일본에는 "적당한 희생양들"이 없기 때문에 그렇게 하기는 쉽지 않을 것이라고 논했다. 라이샤워는 연합국의 승리로 전쟁이 끝났을 때, 독일인과 이탈리아인이 그 "사악한 지도자들"이 잘못했다고 확신하며 기꺼이 미국 편으로 넘어올 것이라고 믿었다. 이와 대조적으로 일본 사람들에게는 손쉬운 타깃이 없었다. 라이샤워는, "비난받을 당이 없으며, 설사 두드러진 개인들이 있다고 해도, 희생양으로 써먹을 만한 사람은 거의 없다"고 말했다. 이 점 때문에 천황은 적극적인 역할을 할 수 있을 것이었다.

당연히 첫 번째 단계는 협력하고자 하는 그룹을 우리 편으로 끌어들이는 것이다. 만일 그러한 한 그룹이 소수의 일본 사람들을 대표한다면, 어떤 의미에서 그것은 하나의 괴뢰 정부일 것이다. 일본은 괴뢰 정부 전략을 광범위하게 사용해 왔지만, 괴뢰들이 적절치 않았으므로 별로 큰 성공을 거두지 못했다. 그러나 일본은 우리의 목적을 위해 활용할 수 있는 가장 좋은 괴뢰를 스스로 창조해 놓았다. 그 괴뢰는 우리 편이 될 수 있을 뿐 아니라, 일본이 중국에서 내세운 괴뢰들에게는 없었던 막대한 권위와 위세를 지니고 있다. 물론 그것은 일본 천황이다.

라이샤워는 괴뢰 정부를 세우고 그것을 조종하는 일에 아무런 양심의 가책이나 거리낌이 없었다. 그는 그러한 정부에 대해 일본 국민 중 소수만이 지지할 가능성이 있다고 공공연하게 시인하기까지 했다. 아이러니하게도 라이샤워는 천황을 우두머리로 하는 새로운 괴뢰 정부를 일본에 설립함으로써, 만주국에서 시행한 일본의 전략, 나아가 남경에 왕정위汪精衛, 汪兆銘의 친일 정부("일본의 괴뢰들")를 내세웠던 일본의 전시 전략을 모방하거나 그것을 능가하라고 미국의 지도자들에게 권했다. 달리 말해 라이샤워는 비효율적으로 수행되었던 일본의 대 중국 전략을 미국이 일본에서 적절히 수행해야 한다고 제안했다. 프라센지트 듀아라Prasenjit Duara의 논의가 환기하는 것처럼, 만일 만주국이 제1차 세계대전 이후 시기(이 시기는 민족자결 이데올로기의 확산과 지역적 민족주의의 발흥으로 인해 실질적 지배 전략으로서 직접적인 식민 지배가 점점 더 어려워지던 때였다)의 식민지보다는 일본의 보호국에 가까웠다면, 만주국과 왕정위 정부는 일본에서 시작되어 미국의 신제국주의 아래 놓이게 될 전후 아시아 국가들의 판도를 예시하는 것으로 간주되어야 했다.[167] 물론 이 둘 사이에는 여러 차이가 있다. 그러나 라이샤워가 아시아에 대한 일본의 전시 제국주의적 전략을 미국이 동일한 지역에 대해 취할 정책의 손쉬운 모델로 아무 부끄러움 없이 전환하려 했음은 충격적이다. 라이샤워는 일본이 이미 생산해 냈던 완전한 괴뢰를 다음과 같이 더욱 정교하게 다듬었다.

총력전 제국의 인종주의

일본에서 평가되고 있듯이, 그[천황]는 사실 자유주의자며 평화를 사랑하는 사람이다. 그는 자기 신민들의 절대적 대다수보다 훨씬 쉽게 유엔과 협력하는 정책에 설득될 수 있다. 그는, 아니 아마도 오직 그만이 국민들로 하여금 현재의 군사 통치를 거절하도록 할 수 있을 것이다. 만일 그가 그의 할아버지처럼 진정한 지도자로서 잠재력을 가지고 있음을 보여준다면 더 더욱 좋다. 만일 그의 **반쯤 미친 아버지**half-demented father 만큼 무능하더라도, 그는 협력과 친선의 상징으로서 여전히 아주 가치가 있을 것이다(강조는 인용자).

천황 및 그 이미지의 처리에 대한 라이샤워의 권고는 1942년 9월 당시 미국의 미디어가 히로히토를 거의 악마적인 인물로 표현하는 데에 거리낌이 없으며, 미국 대중이 천황과 일본군의 야만적 잔인성을 연결시키는 경향이 있다는 점을 충분히 인식하면서 이루어졌다. 이러한 맥락 안에서 라이샤워는 만일 미국이 평화를 얻기 위해 천황을 동원하고 싶다면 미디어들이 천황에 대한 그런 식의 묘사를 유포하지 않게 할 필요가 있을 것이라고 역설했다.

전후의 이데올로기 전쟁에서 천황을 가치 있는 동맹자나 괴뢰로 활용하기 위해 우리는 그를 현재의 전쟁과 무관한 결백한 존재로 유지시켜야 한다. 달리 말해 우리는 그가 아시아판 히틀러와 무솔리니 또는 일본산 전체주의의 화신으로 미국 국민들에게 제시되게 하지 말아야 한다. 천황에 대한 우리 신문이나 라디오의 일반적인 비방으로 인해 전후 세계에서 우리를 위해 활용될 그의 유용성은 쉽게 훼손될 수 있다. 이는 미국 국민들이 그와 협력하거나 그를 하나의 도구로 받아들일 준비조차 못하게 만들 것이며, 당연히 천황과 그 주위 사람들로 하여금 우리 정부에 협조적이지 않게 만들 것이다.

따라서 그는 천황에 대한 논의를 다음과 같이 결론지었다.

지난 몇 달 동안 히로히토라는 이름은 사악한 일본 시스템의 상징으로서 적지 않게 사용되어 왔다. **전후의 문제를 염두에 둘 때, 정부는 미국의 뉴스 보급 기관들이 가능한 한 천황에 대해 언급하기를 자제하게 하고 도죠東條英機나 야마모토山本五十六 또는 하다못해 씹을 만한 가공의 모토 씨(군복을 입은!) 같은 인물을 우리의 적인 일본의 화신으로 삼도록 유도하는 것이 아주 바람직할 것이다**(강조는 인용자).

이 말의 의미는 아주 명확한 듯하다. 하지만 미디어의 악담으로부터 히로히토를 방어할 수 있는 한, 일본을 인격화하기 위해 "모토 씨Mr. Moto"라는 문화적 인종주의의 스테레오타입마저 "뉴스 보급기관들"이 사용할 수 있을 것이라고 한 라이샤워의 엉뚱한 제안을 살펴보는 것도 의미 있을 것이다. 모토 씨는 미국 대중문화가 만들어 낸 '일본인'으로서, 교활하고 공략하기 어려우며 믿을 수 없기로 소문난 사람이다. 그가 처음에는 여러 소설에서 스파이로 나왔으며, 그 후에는 여러 영화에서 유도柔道를 연습하면서 종종 백인들을 돕는 척하는 비열하고 수수께끼 같은 탐정으로 등장했었음을 독자들은 기억할 것이다.

"더욱 중요한" 메모의 두 번째 부분은 일본계 미국인, 특히 일본계 미국인 병사들이 전쟁에서 이기고 평화를 획득하기 위해 수행 가능한 프로파간다 역할에 관한 것이었다. 라이샤워는 일본이 전쟁을 "백색

인종으로부터 황갈색 인종을 해방하기 위한 성전holy crusade"으로 전환하려 한다고 경고했다. 그리고 "일본인들이 현재 아시아에서 벌어지고 있는 전쟁을 전면적인 인종 전쟁으로 무리 없이 변형시킬 수 있을 것"임을 염려했다. 라이샤워가 도입한 일본계 미국인 이슈는 오로지 연합국을 인종주의 국가로 재현했던 일본의 선전에 대항하고자 한 그의 욕망과 연결되었을 뿐이었다. 그는 수용소에 갇힌 일본계 미국인들에 대해 아무런 동정도 표시하지 않았다. 실로 그는 일본인 감금이 군사적으로 필요한 것이었다고 정당화했으며, 감시와 수용에 든 비용을 정부에 부담시킨 것에 대해 일본계 미국인들을 비난하기까지 했다.

그는 미국의 '일본인 문제'와 관련해 군과 민간 관료들 사이에 광범위하게 퍼져 있던 인적 회계human accounting의 언어를 다음과 같이 아무렇지도 않게 사용했다. "한편으로는 강제 수용과 군사적 감시라는 큰 문제를 이 나라에 발생시켰다는 점에서, 다른 한편으로는 아시아의 일본인에게 프로파간다에 용이한 카드 패를 주었다는 점에서, 현재까지 일본계 미국인들은 **순 부채**sheer liability로서 우리의 이익cause에 방해가 되었다. 우리는 이러한 상황을 뒤집어야 한다. 그리고 이 미국 시민들을 아시아 내 이데올로기 전쟁에서 **주요 자산**a major asset으로 만들어야 한다"(강조는 인용자).

그는 전쟁이 "아시아에서 백인의 특권을 보존하기 위한 인종 전쟁이" 아니라 "인종과 상관없이 모두를 위해 더 좋은 세계 질서를 확립하기 위한 전쟁이며, 군사적 승리가 획득되었을 때, 일본계 미국 시민들은 일본 국민들의 마음과 가슴을 열어 줄 쐐기opening wedge로 봉사할 수 있을 것"이라고 논했다. 그리고 이를 증명하기 위한 글로벌 프로파간다 캠페인에 일본계 미국인들을 활용할 수 있을 것이라고 단언했다.

그는 그들이 여러 가지로 전쟁에 공헌할 수 있겠지만, 그중에서도 가장 효과적인 일은 군 입대라고 시사했다. 미국을 위해 열심히 싸움으로써 그들은 미국이 인종주의적이 아님을 보여 줄 수 있을 것이며, 이는 전쟁에서 승리하기 위해서는 물론이거니와 평화를 얻는 데에도 중요할 것이었다. 그는 만일 일본계 미국인 병사들이 전후의 점령에 참여할 수 있다면, 일본 국민들이 더 기꺼이 전승국들에 협력할 수 있을 것이라고 추측했다. 그에게는 이 점이 가장 중요했다. 라이샤워의 결론은 다음과 같았다. "국제연합을 위해 십만 명의 일본계 미국인 및 이들로 구성된 부대가 열렬하게 활동적으로 참여하는 것은 아시아의 평화를 위한 거대한 투쟁에서 막대한 전략적 이익이 될 것이다."

국제연합이 그 목적을 이루기 위해 천황제를 비판하기보다는 천황제의 상징성을 조종해야 한다고 제안한 것은 분명 라이샤워가 처음이 아니었다. 앞서 인용된 1942년 5월의 프로파간다 계획에서 오스카 솔버트 대령은 라이샤워와 마찬가지로 일본을 평화국으로 재건하는 데에 천황이 크게 유용할 것이라고 주장한 바 있다. 솔버트는 일본을 향한 프로파간다 공작이 군부와 천황 사이에 쐐기를 삽입하기 위해 노력해야 한다고 설명했다. 군사 정부가 일본 국민들의 이익도, "현 천황이 바라는 것"(10쪽)도 대표하지 않았다는 점을 일본 국민들에게 선전해야 할 것이다. 솔버트는 천황에 대한 특별한 호감이나 동정을 나타내지 않았다. 그리고 "가끔 천황에 대한 공격이 중국으로부터 제기될 것이다.……그런 공격들, 예컨대 천황이 평범하며 좀 멍청한 인간이라는 주장들은 서구인들보다는 극동의 국민들로부터 더 잘 나올 것"(33쪽)이라고 말하기도 했다. 그러나 미국의 국가 이익을 증진하기 위한 전략으로서 천황은 존경받아야 하며, "평화와 입헌정치의 불행한 친구로 제시되어야" 한다고 그는 느꼈다.

솔버트는 천황이 군부와 분리됨으로써 전쟁의 상징에서 평화의 상징으로 변형될 수 있을 것이라고 주장했다. 그는 5월 23일 초안에서 다음과 같이 지적했다. "천황은 천황 숭배의 초점이다. 그러므로 그는 정치적이고 군사적인 행동을 정당화하기 위해 활용될 수 있는 하나의 상징이다. 과거 일본의 군사 지도자들은 그들의 군국주의적 계획을 위해 천황의 상징적인 측면을 이용해 왔다. 그러나 천황의 상징성—그의 이름이 아니라—은 군사 권력에 대한 비판을 정당화하고 평화로 복귀하기 위한 근거를 강화하는 데에 사용될 수 있다"(33쪽).[168]

이렇게 라이샤워 이전에도 천황을 활용할 것을 제안한 의견이 있었다. 그러나 수많은 증거들은 라이샤워의 메모가 솔버트를 포함한 핵심적인 프로파간다 전략가들 및 전후 계획의 입안자들에게 상당한 영향력을 발휘했음을 암시한다. 예컨대 미디어의 공격으로부터 히로히토의 이름을 방어하는 대신 다른 일본인 지도자들을 희생양 삼을 필요성을 말한 라이샤워의 메모에 호응하면서, 전시정보국 전시정보위원회의 1942년 11월 3일자 기록은 전시정보위원회가 "(전시정보국 내의) 첩보국Bureau of Intelligence에서 온 권고"를 지지했음을 보여 준다. 그 권고는 다음과 같다. "적 일본의 상징으로 '히로히토'라는 이름의 사용을 반대하는 정보 정책이 엄격히 시행되어야 하며, 둘째 전시정보국은 적 일본의 다른 상징을 고안하고 보급해야 한다.…… 코울즈Cowles 씨(전시정보국 내의 국내부서 책임자)는 정부의 공식 담화에서 '히로히토'라는 이름을 사용하는 문제 및 이와 관련된 정책을 세우는 일에 출판국Bureau of Publications and Graphics의 주의를 환기시킬 것에 동의했다."[169] 전시정보국 국장인 엘머 데이비스Elmer Davis는 저명한 하버드대학 교수였는데, 그는 랄프 바턴 페리Ralph Barton Perry 앞으로 보낸 편지에서 공공연히 자기 기관의 정책을 라이샤워와 연결시켰다. 그리고 페리는 라이샤워의 메모를 전쟁성 차관 로버트 패터슨Robert P. Patterson에게 처음으로 전달한 사람이었다.

1942년 11월 7일의 통신에서 엘머 데이비스는 다음과 같이 인정했다. "이렇게 일본에 대한 우리의 프로파간다는 친절하게도 당신이 9월 17일에 제게 보내 주신 메모(이는 1942년 9월 14일자 라이샤워의 메모임)에서 라이샤워 박사가 지적한 방침을 쭉 따라왔습니다. 우리가 매주 몇 시간씩 라이샤워 박사의 도움을 받고자 노력하고 있음을 아신다면 당신은 아마 흥미로워하실 것입니다." 한편 엘머 데이비스에게 보낸 수기 노트에서 솔버트(이 사람은 육군부터 전시정보국까지 상세히 알고 있었다)는 라이샤워 메모의 핵심을 요약했으며, 그 메모가 어디로 가서 어떻게 평가되었는지에 대한 간략한 정보를 써 놓았다. 그리고 다음과 같이 적었다. "라이샤워의 권고는 일본에 대한 우리의 프로파간다 계획 속에 처음부터 작용하고 있었다."[170]

라이샤워가 천황에 대해 이런 태도를 취한 것이 상당히 이른 시기의 일이었음을 잘 이해하기 위해서는 나카무라 마사노리中村政則의 연구를 상기하는 것이 좋을 것이다. 나카무라는 조세프 그루 및 전후 '상징천황제' 창출에 관여한 그루의 중추적인 역할에 대해 논의했다. 그의 연구에 따르면, 아마도 그루는 라이샤워의 메모 후 온전히 반년이 지난 1943년 3월이 되어서야 비로소 히로히토 및 일본의 소위 온건한 요소들에 희망을 걸기 시작했다.[171] 이 시기는 다른 국무성 관료들이 제국 문제에 심각하게 주의를 기울이기 시작하던 무렵이었다.[172] 라이샤워는 일본 국민을 광신자로 설정하지 않았으며, 그루처럼 벌레에 비유하지도 않았다[173](그루는 후에 일본 국민을 벌들과 동일시하면서 여왕벌, 즉 천황이 없으면 그 벌집이 붕괴될 것이라고 했다). 그러나 친일파이자 일본 국민의 오랜 친구로 세상에 알려져 온 이 사람은 일본 국민을 상당히 무시했으며, 그가 보존하기를 바랐던 바로 그 천황제에 대해서도 아주 오만한 태도를 보였다. 라이샤워에게는 "반쯤 미친" 천황이라도 괜찮았을 것이다. 게다가 천황제를 보호하려 했지만 히로히토가 왕좌에 남아 있어야 한다고는 주장하지 않았던 그루와 달리, 라이샤워는 언제 전쟁이 끝날지 또는 히로히토가 전쟁에서 한 궁극적인 역할과 책임이 무엇인지를 결정할 수 없었던 그 시점에 이 전후 계획을 제안했다.

라이샤워의 메모가 일본계 미국인의 병역을 반대했던 장교위원회의 권고를 뒤집는 데에 직접적인 영향을 끼친 것인지는 증명할 수 없다. 하지만 어쨌든 그의 메모는 "충성스런 일본계 미국 시민들의 육군과 해군 입대Enlistment of loyal American citizens of Japanese descent into the Army and Navy"라는 표가 붙은 전쟁성 작전참모실의 핵심 문서 더미 중 최초의 것이다. 이 자료들은 군대에서 일본계 미국인에 대해 논의하던 결정적인 순간에, 랄프 바턴 페리가 이끄는 애국적 조직인 미국 방위 하버드 그룹American Defence Harvard Group을 통해 라이샤워의 메모가 전쟁성 차관보 존 맥클로이의 사무실로 전해졌음을 보여 준다. 처음에 메모는 페리로부터 전쟁성 차관 패터슨에게 갔다. 그리고 "첨부한 일본계 미국 시민들에 대한 서류는 이들이 육군에서 유용하게 사용될 수 있음을 암시한다"[174]는 패터슨의 코멘트와 더불어 맥클로이에게 전달되었다.

그러므로 일본 천황 및 일본계 미국인과 관련된 정책에 미친 라이샤워의 직접적인 영향은 결정적인 것도 아니었으며 미미한 것도 아니었다. 하지만 내 논의의 목적상, 라이샤워의 영향에 집착하는 것보다는 한 개인의 생각을 뛰어넘어 널리 파급된 사고의 구조가 어떤 것이었는지를 알기 위해 그의 아이디어들을 분석하는 것이 더 중요하다. 실로 앞서 논의한 라이샤워 메모의 맥락화가 시사하는 것은, 그러한 전략의 수립이 일본 및 일본계 미국인에 대한 엘리트 (물론 백인) 미국인들의 도구주의적인 이해instrumentalist understanding가 등장하는 징후가 나타났다는 점이다. 이 도구주의적인 이해는 전쟁 기간 내내 관철되었으며, 이윽고 전후 미국에서 상식의 일부가 되었다. 라이샤워는 내가 '괴뢰천황제puppet emperor system'라고 부를 체제를 일본에 수립하자고 제안했다. 이때 라이샤워는 일본의 보통 사람들이 처한 상황은 물론 천황에 대해서조차 사실상 거의 배려하지 않았다. 그러나 전후 미국과 일본의 정치, 군사 엘리트들 및 히로히토 자신이 이른바 상징천황제의 핵심으로서 군주제를 개조하기 위해 협력하면서 괴뢰천황제는 결국 실현되었다. 그들은 천황을 공공의 비판과 극동국제군사재판the International Military Tribunal for the Far East의 기소로부터 방어했다. 그리고 다른 한편으로 진주만 공격 후 겨우 아홉 달밖에 지나지 않았을 때에, 즉 전쟁이 끝나려면 거의 삼 년이나 남은 시점부터 라이샤워가 충고했던 대로 도죠 히데키와 제한된 수의 '군국주의자들'을 희생양의 타깃으로 삼았다.[175]

더 나아가 라이샤워가 권고했던 것처럼 일본계 미국인들은 전시에 군 복무를 하게 되었다. 그리고 많은 일본계 미국인들이 미국의 일본 점령에 참여했다. 루즈벨트 대통령은 일본인들을 군대에 받아들이기로 한 결정이 민주주의의 원칙과 인종주의의 거부에 근거한다고 주장했다. 그런데 이 책에서 분석된 라이샤워의 메모와 그 외의 다른 문서들은 루즈벨트의 말을 포함해 전시의 국가 및 최고위 공직자들이 대중에게 한 말들과는 정반대의 모습을 보여 준다. 즉 우리는 정책 입안자들 및 그 고문들에게 무엇보다도 중요했던 것이 일본에 맞서는 심리전을 개시하고 아시아에서 일본의 선전에 대항할 재료를 제공해야 할 전략적 요청이었으며, 그와 관련된 일본계 미국인들의 유용성이었음을 잘 알 수 있다. 일본계 미국인들의 시민적 권리나 집단 수용을 필두로 그들에게 가해진 인종주의적 행위에 대한 보상 문제는 주요 고려 사항이 아니었다.

메모 및 메모의 맥락은 열전hot war과 냉전cold war을 포괄하는 통전transwar 기간 동안 미국의 일본인들이 어떻게 국가공동체의 외부에서 내부로 옮아갔는지를 설명해 준다. 또한 이는 '거친 인종주의'로부터 벗어나는 일이 일국의 역사라는 좁은 틀로는 완전히 이해될 수 없음도 알려 준다. 이는 국제적인 요인이 국내적인 것보다 중요했음을 의미하지 않는다. 그것은 일본계 미국인들의 운명이 글로벌하고 국가적인 힘에 의해 과잉 결정되었다는 점을 역설한다.

미국 인구의 외부에서 내부로의 이동

1943년 1월 23일, 미군 10개 팀은 헌병사령관이 지휘하는 열흘간의 훈련 프로그램을 받는다고 워싱턴에 보고했다. 각 팀은 한 명의 백인 장교와 세 명의 하사들로 구성되었는데, 세 명의 하사들 중 두 사람은 백인이었으며 한 사람은 일본계 미국인이었다. 프로그램의 목적은 당시 열 곳의 수용소에 갇혀 있던 일본계 성인 미국 시민 개개인의 충성도를 측정하기 위해 이 사람들을 준비시키는 것이었다. 우리가 고찰해 왔듯이, 전쟁성은 일본계 미국인들의 군 복무를 엄중하게 제한했던 진주만 공격 이후의 기존 정책을 이제 막 뒤집었으며, 따라서 이 훈련 프로그램이 필요하게 되었다. 또 노동력 부족이 정부로 하여금 수용된 사람들을 수용소 밖에서 일하지 않을 수 없도록 압박한 점에서도 이 프로그램은 필요했다. 이 프로그램이 끝난 후 훈련 수료자들은 수용소에 배치될 것이었다. 그리하여 그들은 인터뷰와 설문을 통해 수용된 사람들의 개인적 충성도를 측정하고, 그중 충성스럽다고 판단된 사람들이 원한다면 입대하거나 민간 분야에서 근무할 수 있도록 하는 일에 앞장서게 될 것이었다.

훈련을 받는 동안 팀원들은 전시외국인수용소, 해군정보실, 전쟁성 내 여러 부서와 기관의 대표들이 포함된 많은 강사로부터 강의를 들었다. 전체적으로 강사들은 민간과 군 관료 사회 전체에 걸쳐 미국 내 일본인들에 대한 공식적 견해에 커다란 변화가 일어났음을 드러냈다. 일본계 미국인들을 서부 해안에서 집단적으로 소개한 데에는, 그들이 인종적으로 다르고 동화될 수 없으며 미국에 대한 개인적인 충성도를 측정할 수 없다는 전제가 철저히 작용했다. 헌병감사무실의 일본계 미국인 담당 부서가 전쟁 발발 직후부터 이 논리의 특징에 대해 말한 바에 의하면, "비록 정당화될 수 있다 하더라도, 이 나라의 어떤 소수자 그룹도 그토록 명백하고 확실하게 집단적인 차별의 대상이 된 적은 없었다."[176]

하지만 이제 이 강사들은 이러한 논리를 뒤집었다. 그들은 아주 표면적인 몇 가지를 제외할 때 일본계 미국인들은 백인들과 생물학적으로 다르지 않고, 대부분의 경우 미국에 충성하며, 일본인 모두가 똑같지는 않다는 점을 팀원들에게 확신시키려 노력했다. 그들은 각각의 일본계 미국인이 한 사람의 개인이며, 따라서 충성도는 사람마다 다르게 평가될 수 있을 것이라고 강조했다. 그렇다면 충성스럽다고 판단된 사람들은 군대에 합류하고 주류사회에서 일하면서 백인들 사이에서 살도록 허용되어야 할 것이었다. 어떤 강사들은 일본계 미국인들의 삶과 복지 지원의 중요성을 강조하는 데까지 나아가기조차 했다. 전시에 조선인들이 일본 인구의 외부에서 내부로 이동했던 것과 비슷하게, 아이러니하게도 미국 내의 일본인들은 서해안에서 소개되어 수용소에 들어간 지 얼마 되지 않았을 때에 자신들이 미국 인구의 외부에서 내부로 옮겨지는 것을 발견했다.

프로그램 운영 책임자였던 밀러A. C. Miller 대령은 팀원들에게 소개말을 하면서, 일본계 미국 시민들이 전반적으로 충성스러우며, "그 충성스런 미국 시민들에게서 이번 전쟁의 승리에 유용하게 공헌할 기회를 박탈하는 것은 어리석은 일"[177]이라고 설명했다. 나아가 전쟁성 차관보 사무실에서 온 윌리엄 스코비 대령은, "아주 많은, 그리고 실질적으로는 모든 2세 또는 미국에서 태어난 모든 일본인들이 예전부터 당신이나 나와 동일한 문화적 배경을 갖고 있었다. 그들의 피부색과 눈동자 색은 약간 다르다. 하지만 그들은 우리와 같은 대학을 다녔고 같은 소다 파운틴soda fountains에서 식사했으며 같은 게임들을 즐겼다"고 강조했다. 그는 자신이 일본계 미국인 대부분의 충성심에 대해 확신을 느끼고 있으며, 그들 중 몇몇 사람들이 군대에서 일함으로써 "불타는 도쿄의 거리에서 행진"[178]하고 싶은 자신의 바람이 실현되도록 도와주었으면 좋겠다고 말했다.

거친 생물학적 인종주의에 대한 아마도 가장 열렬한 비난은 해군정보실의 세실 코긴즈Cecil H. Coggins 소령으로부터 나왔다. 군대 및 정부 지도자들에게 일본인과 일본계 미국인 전문가로 간주되었던 코긴즈는 일본계 미국인들이 그 어떤 다른 미국인들과도 전혀 다르지 않다고 주장했다. 그는 다음과 같이 말했다. "미국에서 어떤 사람이 일본인의 후손이라고 해서 그가 일본인들처럼 생각한다고 믿는 것은 아주 근본적인 실수다. 이는 완전히 잘못되었다. 일본인 2세Nissei는 동일한 환경에서 살아온 여느 미국인 소년과 완전히 똑같이 생각한다. 그의 뇌세포나 대뇌의 작용에는 그를 동양식으로 생각하게 만들 것이 전혀 없다."[179]

1943년 1월의 훈련 기간 동안, 아이러니하게도 하필 전시에 일본계 미국인이 복지국가에 편입되고 있음을 가장 공공연하게 표현한 사람은 전시외국인수용소 부소장 프라이어E.R. Fryer와 전쟁성 차관보실의 수석 경제전문가 칼버트 데드릭Clavert L. Dedrick이었다. 먼저 프라이어는 '진주만 히스테리'가 가라앉았으며, "국내의 점증하는 인력 수요"로 인해 "공공의 태도"에 어떤 의미심장한 변화가 나타났다고 훈련 팀들에게 알렸다. 그는 계속해서 수용소에 갇힌 사람들에게 학교, 선거에 의한 지역평의회, 병원, 육아 서비스, 다양한 타입의 "치료와 예방의학, 공중위생 및 위생검사 등과 관련된 모든 것"[180]을 포함해, 그가 '커뮤니티 서비스'라고 부르는 것들이 제공될 것이라고 설명했다.

데드릭은 인구를 감시하고 통제하기 위한 통계 운용에 전념했던 사람의 냉혹한 합리성을 발휘하면서 미국에 사는 일본인들의 특징에 대해 말했다. 그리고 일본인 그룹을 서해안에서 신속히 소개할 때 인구조사국이 재미 일본인에 대한 지식을 어떻게 활용했는지 프로그램 참여자들에게 알렸다. 분명히 그는 푸코가 말하는 지식의 위치에 있었다.

즉 인구조사국의 최고참 전문가 중 한 사람으로서, 그는 육군 서부방위 사령부가 일본계 미국인들을 소개하고 수용하는 일을 돕기 위해 1942년 2월 하순에 샌프란시스코에 파견되었다. 데드릭은 일본계 미국인 그룹을 찾아내고 소집해, 그 누구의 개인적 충성심에 대해서도 전혀 평가하지 않은 채 집단적으로 소개시키는 데에 인구조사국에 의해 축적된 지식이 어떻게 사용되었는지를 설명했다. "우리의 첫 번째 작업은 지역을 구획하는 것이었습니다. 우리는 서해안의 이 지역을 각 단위당 대략 1천 명씩 평균해 108개의 소개 단위 지역으로 쪼갰습니다. 우리는 전체 약 11만 500명의 사람들을 108개의 단위 지역에 소개시켰습니다." 데드릭은 각 소개 단위 지역의 일본 가정들이 어떻게 등록되었으며, 각 가정의 대표 한 사람이 어떻게 인터뷰 받았는지를 묘사했다. 그는 이 인터뷰가 아주 간단했으며, 개인적인 충성심을 측정하려는 시도는 전혀 없었다고 설명했다.[181]

데드릭의 강의는 당시 군대 및 민간 관료들이 얼마나 냉정하게 계산적이고 합리적이며 충성심 문제에 무관심했었는지를 보여 주었다. 그러나 그와 동시에 그는 결국 수용자들에게 제공되었던 의료와 건강 서비스에 대한 주의를 환기하기도 했다. 그는 기본적인 의료 서비스에서부터 여성들의 출산 관리, 입원, 음식, 의복, 사회복지사와의 상담에 이르는 모든 것들이 정부 예산으로 제공되었다고 지적했다. 덧붙여 그는 각 수용자가 집결소에서 건강검진을 받았으며, 그중 전염병에 걸렸다고 의심되는 사람들은 격리되었다고 말했다. 마지막으로 수용자들이 최초로 수용된 장소인 집결소에도 병원이 있었으며, 나머지 전쟁 기간 동안 계속 사용된 열 곳의 상설 '수용소'에도 병원이 있었음을 알린 후, 그는 다시 명백한 사실로서 다음과 같이 말했다. "내가 통계적으로 산정할 수 있는 한, 일본인 중 (1942년) 3월부터 11월까지 죽은 사람은 그 전보다 적었다. 죽을 만한 나이에 이르기 전에 죽은 일본인은 더 적었다. 일반적으로 수명이 연장되었다."[182]

소개 기간 중 군과 민간 관료들이 일본계 미국인들의 "일반적인 수명 연장"을 우선시했다고 믿는 것은 순진한 생각일 것이다. 분명히 관료들은 전염병의 확산을 막고자 했으며, 이 목적에 따라 건강검진과 예방접종을 실시했다. 그러나 전염병은 집결소와 수용소 외부의 지역사회로도 확산될 수 있을 것이므로, 이는 수용자들만을 위한 것은 아니었다. 더 나아가 관료들은 분명히 수용자들의 건강을 첫 번째로 고려하는 태도를 거의 보이지 않았다. 수용자들은 좁고 불결한 집결소에 빽빽하게 수용되었으며, 집결소들은 대부분 동물을 위한 공공시설을 개조해 만든 것이었기 때문이다.

어째서 중앙 유타 '수용소'에 수용되었던 그 많은 사람들이 등록 프로그램과 충성도 설문에 분노했는가에 대해 분석하면서, 인류학자이자 수용소 커뮤니티 분석가인 존 엠브리는 그러한 사태를 초래한 극히 중요한 하나의 요소로서 과거에 경험했던 집결소 내의 끔찍한 환경을 들었다. 그는 다음과 같이 말했다. "소개되었을 때의 심리적인 상처들, 특히 참혹한 사회적 물질적 환경 아래 있었던 탠포란Tanforan에서의 쓰라린 경험은 과소평가될 수 없다(예컨대 인종적으로 편향된 관리자들의 태도와 남은 분뇨가 완전히 청소되지 않은 마구간에서의 생활)".[183] 육군 및 공중위생국의 보고서 역시 이와 비슷하게 그러한 사실을 인정했다.[184]

이와 마찬가지로 상설 수용소 열 곳의 위치도 수용자들의 건강을 고려하면서 선택되지 않았다. 잘 알려져 있는 것처럼, 육군은 일본계 미국인들이 원래 살던 곳에 남아 있었다면 거의 접해 본 적이 없었을 사막, 고원, 소택지 등과 같이 극도로 좋지 않은 환경에 수용소를 지었다. 따라서 이러한 환경은 여러 사람이 모였기 때문에 발생할 수 있는 것 이상의 특수한 건강 문제들을 일으켰다. 건강 문제로 꼽을 수 있는 것은 어린이들을 죽음에 이르게 한 엄청난 더위, 음식과 물의 오염, 먼지로 인한 질병, 말라리아 등이었다.[185] 달리 말해 일본계 미국인들이 소개되어 집결소에 감금되었다가 다시 상설 수용소로 옮겨졌던 1942년 봄부터 가을까지, 군과 민간 관료들은 이 사람들에게 새로운 여러 건강 문제가 발생하도록 사실상 방치했다.

그럼에도 데드릭은 일본계 미국인들의 수명 연장에 대해 언급했다. 그리고 이는 민간의 인력 수요에 대한 전시외국인수용소의 명확한 반응 및 일본계 미국인을 군대에 받아들이기로 한 확고한 결정과 더불어, 적어도 1943년 1월에는 군과 민간의 당국자 및 관료들이 단지 성공적인 격리와 감금을 위해서가 아니라 그 삶과 복지를 증진하기 위해 수용자들을 대우했다고 자랑할 수 있게 되었음을 드러낸다. 집결소에서 시작되었던 전반적인 수용자 건강관리 정책은 이제 아이러니하게도 수용소의 운영과 발을 맞춰 발전하게 되었다. 예컨대 그라나다Granada 수용소의 어떤 간호사에 의하면, 의료진들은 모든 아기들과 취학 전 아동의 파일을 가지고 있었다. 그리고 어머니들을 위한 교육과 함께 '웰 베이비 캐어well baby care'를 제공했다[186](〈사진 1〉을 볼 것). 수용자들은 대다수 일본계 미국인들이 수용되기 전에는 신경 쓰지 않거나 위급할 때에만 신세지던 치과 진료까지 받았다. 분명 집결소의 모든 입소자들이 다 이런 치료를 받았다고는 할 수 없다. 하지만 수용소에서 이 서비스는 크게 개선되어 몇몇 게으른 곳들을 제외한 상당수의 수용소에는 필요 이상으로 많은 치과의사가 있었다.[187] 더 나아가 정부의 도움이 필요하다고 파악된 사람들에게 특별 복지 지원을 허용한 법적 규정에 따라 사회보장국the Social Security Board은 수용소 바깥의 지역 사회에 재정착한 수백 명의 수용자들에게 1943년과 1944년 내내 그러한 도움을 제공했다.[188] 수용소에 남은 사람들을 위해서는 사회복지사가 가족 문제 및 노인, 환자, 고아, 비행청소년과 관련된 어려움들을 해결하도록 도왔다.[189] 수용소를 폐쇄한 직후, 전시외국인수용소 당국은 보고서를 발간해 수용자들이 훌륭한 건강관리를 받아 왔다고 말했으며, 심지어 미국 인구 전체보다 전반적으로 더 높은 생존율을 보였음을 지적하기조차 했다.[190]

몇몇 선구적인 연구들이 집결소와 수용소의 일본계 미국인 건강관리에 대해 경험적으로 고찰했다. 그 연구 건수가 많지 않음에도 불구하고, 이것들은 집결소와 수용소의 건강 서비스에 비교적 높은 점수를 주는 연구와 그 부족함을 강조하는 연구로 의견이 갈려 있다.[191] 그러나 내가 문제틀을 구성하면서 질문하는 것은 건강 서비스의 적절성 여부가 아니다. 내가 관심을 가지고 있는 것은, 수용된 일본계 미국인들의 건강과 복지가 무시되었다가 그 후 상대적으로 개선되는 일이 거친 인종주의에서 친절한 인종주의로 전이되는 일과 어떻게 관련되는가 하는 점이다.

감금 장소의 설립은 분명히 '거친 인종주의'가 발현된 것이었다. 거기서 일본계 미국인들은 동물처럼 취급되었으며 그들의 건강은 거의 관심 밖이었다. 중요한 것은, 일본계 미국인들로부터 사회를 보호하기 위해 그들을 격리하고 가두는 일이었다. 따라서 그들이 육체적, 심리적으로 고생스럽기 짝이 없는 극히 척박한 환경에 처하게 되더라도 어쩔 수 없었다. 하지만 충성스럽다고 판단된 사람들을 민간과 군대의 노동력 및 미국의 인종주의 비난을 선전하는 글로벌 프로파간다 캠페인에 편입시키는 방향으로 나아감과 함께, 정부기관들은 수용자들의 건강상 요구에 부응하고자 점점 더 노력하게 되었다.

일본과의 전쟁이 진전되면서 국가는 미국 내 일본인들을 살게 하고 나라 안에 기꺼이 받아들이기 위해 전례 없는 활동을 펼쳤다. 아이러니하게도 푸코적인 의미에서 삶을 촉진하고 행위를 안내하는 목자적인pastoral 활동의 대부분은 군대가 이 경멸스러운 소수자들을 격리하고 가두기 위해 건설했던 감금 장소들에서 발생했다. 달리 말해 전시에 일본인들이 정치적이고 생체정치적인 국가에 포용된 일은 애초에는 국가공동체로부터의 배제를 상징했던 바로 그 장소들에서 일어났다.

분명히 많은 백인 미국인들은 일본인을 국가공동체에 받아들이거나 완전한 인간으로 대우하려 하지 않았다. 수용소를 작은 미국이 되도록 운영한 후 충성스런 사람들을 주류사회로 돌려보내려 했던 전시외국인수용소의 캠페인은 엄청난 저항을 야기했으며, 그 저항은 '거친 인종주의'적 양상으로 나타났다. 1943년 1월, 수용소 운영을 전시외국인수용소 당국으로부터 전쟁성으로 이관하라는 압력을 받으며 상원 군사문제위원회 소위원회는 민간기관에 대한 조사에 착수했다. 운영의 이관 허가 법안을 심의하기 위해 열린 한 청문회에서, 이 법안을 제출한 워싱턴의 몬라드 월그렌Monrad C. Wallgren 상원의원은 "어떤 쨉Jap은 무언가 할 수 있다는 점에서는 굉장히 훌륭한 개an awfully good dog일 수 있을 것"이라고 말하면서 모든 일본인에 대한 불신을 표현했다. 그 후의 청문회에서 월그렌의 동료인 사우스 다코타의 챈 거니

Chan Gurney 상원의원은 일본인을 동물에 비유하지는 않았다. 하지만 그는 기탄없이 일본인들이 "이 나라의 우리들 대부분과 다른 인종에 속해" 있으므로, 그들은 "전시외국인수용소의 석방 프로그램하에 수용소에서 풀려 나더라도 정기적으로 그 소재지를 보고해야 한다"[192]고 말했다.

제기된 불만 중 다수는 음식과 관련된 것이었다. 이는 여전히 확고한 일반인들의 '거친 인종주의'와 인간적 삶의 부양을 강조하는 전시외국인수용소 사이의 긴장을 반영했다. 특히 1944년 초에 걸쳐 정치가, 신문, 일반 대중은 종종 '쨉 수용소들'의 수용자들이 너무 인간적으로 대우받는다고 비난했다. 그들은 '고급 음식 품목'과 유아식을 포함해 "쨉들"에게 먹을 것이 너무 많다고 주장했다. 뉴저지의 파넬 토

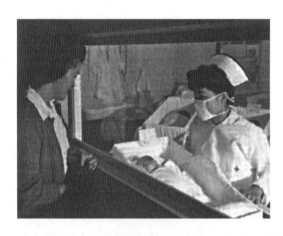

사진 1_미국 복지국가 안에 인구증대 지향적pro-natalist이고 생체정치학적으로 포섭됨. "산부인과 병동에서 창문을 통해 간호사가 안은 아이를 보고 있는 여인." 만자나 수용소. 사진사는 안셀 애덤스Ansel Adams. 미국 의회도서관 출판사진부Library of Congress, Prints and Photographs Division 제공.

마스J. Parnell Thomas 하원의원은 1943년 5월에 다이즈 위원회the Dies Committee(공식 명칭은 비미활동특별위원회the Special Committee on Un-American Activities이며, 이는 후에 악명 높은 하원 비미활동조사위원회the House Un-American Activities Committee가 된다)의 일원으로 서해안을 방문했다. 그리고 "전시외국인수용소가 수용자들을 너무 잘 대우하고 너무 잘 먹인다"고 비난했다. 그는 "불충한 일본놈들에 대한 수용소의 석방 정책"[193]을 즉각 중지하라고 요구하기도 했다. 유타주의 오그덴Ogden에 위치한 해외참전용사협회the Veterans of Foreign Wars의 한 분회는, 석방된 일본계 미국인들이 "자유롭게 유타주를 돌아다니면서" "미국 노동자"의 자리를 차지하거나 군대에 들어갈 수 있도록 허용한 정부의 정책을 비판했다. 그리고 시민권과 상관없이 모든 일본인들이 전범으로 취급되어야 하며, "전쟁이 끝난 후 6개월 내에 모든 일본인들을 미국에서 제거하기 위한 법률 제정을 즉각 착수해야 한다"[194]고 요구하는 결의를 1943년 9월 1일에 통과시켰다.

딜런 마이어는 전시외국인수용소의 역사 및 그곳 소장으로서의 역할에 대해 기술한 바 있는데, 거기서 그는 미국재향군인회the American Legion, 허스트 프레스the Hearst Press, 《로스앤젤레스 타임스》, 상원 군사위원회, 하원 다이즈 위원회, 그리고 기타 군소 세력 측에서 나타난 반동적인 적대감에 대해 논평했다. 마이어는 이들을 "인종차별자들race-baiters"과 "인종주의 그룹들racist groups"로 범주화했다. 내가 보기에 마이어의 학문적 작업은 마이어 스스로가 미국 인종주의의 오랜 역사 내부에 위치함을 드러내고 있다.[195] 그러나 마이어는 다른 사람들을 인종주의자로 평가하는 반면, 자신과 전시외국인수용소의 동료 대부분이 인종주의에서 벗어난 것처럼 가정한다. 이는 마이어가 솔직하지 않음을 의미하지 않는다. 그의 태도는 내가 계속 이야기해 오고 있는 새로운 인종주의를 표현하는 것으로 이해해야 한다. 마이어는 미국 인종주의의 진화하는 양상을 구체적으로 보였다. 그것은 '거친 인종주의'로부터 친절한 브랜드의 인종주의로 나아갔다. 마이어는 전시외국인 수용소의 방어자로서 전자의 인종주의에 대항했던 것이다. 그리고 후자는 일본계 미국인의 자유를 철조망 뒤에 계속 봉쇄하고 있으면서도 자신의 차별적인 전제와 행위를 부인했다.[196]

마이어는 1943년 1월부터 2월까지 상원 군사위원회의 챈들러 소위원회the Chandler Subcommittee에 출석했다. 그리고 그해 7월에는 다이즈 위원회의 코스텔로 소위원회the Costello Subcommittee 앞에 나섰다. 그 자리에서 마이어는 수용자들에 대한 인도적인 대우(라고 그가 생각하는 것) 및 충성스런 일본계 미국인들을 수용소 바깥의 지역사회에 재정착시키려는 수용소의 입장을 변호했다. 마이어는 상원의원들에게 미국의 일본인들이 전쟁이 계속되고 있는 동안 (백인) 주류사회에 되도록 빨리 "흡수"되거나 동화되어야 한다고 강조했다. 그렇지 않으면 전후에 미국은 '인디언 보호구역'으로 인해 발생했던 것과 다르지 않은 또하나의 인종 문제로 부담을 지게 될 것이었다. 그는 "인종 문제를 처리"하기 위해 되도록 많은 일본인들을 서해안 이외의 지역에 재배치하고자 했다. 마이어는 이 사람들에 대한 처리가 글로벌한 반향을 나타낼 것이라고 주장했다. 그 이유를 들며 마이어는 다음과 같이 말했다. "일본의 군국주의 정부가 상당 기간 동안 이번 전쟁이 인종 전쟁이며, 백인들에 대항하는 동양인들의 전쟁임을 증명하기 위해 노력해 왔다. 나는 이것을 인종적 이슈로 만듦으로써 그들의 이론을 증명하는 데에 공헌해서는 안 된다고 생각한다."[197]

이와 비슷하게 7월의 하원 청문회에서 그는 수용소의 프로그램을 일본뿐 아니라 "중국, 인도, 태국, 버마 및 다른 여러 나라도 주목하고 있으며, 인명 피해를 최소한으로 줄이며 적들을 무찌르려 한다면 우리는 이 나라들과 협력할 필요가 있다"고 역설했다. 그가 가장 강력히 주장한 핵심 논점은 수용소의 인도적인 운영을 비판함으로써, "동양인들에게 미국이 비민주적이며 인종주의적인 전쟁을 수행하고 있다고 확신시키는 데에 활용될 재료를 적게 제공"[198]하게 되었다는 것이다.

전시외국인수용소의 관계자들 역시, 종전 직후 출판된《전시외국인수용소, 인간 보호의 이야기WRA: A Story of Human Conservation》에서, "수용소 프로그램에 대한 의회의 조사가 한창일 때" 만들어진 일본의 라디오 방송을 인용했다. 그것은 일본이 인종 문제에 위선적인 미국의 인상을 만들고자 의회의 수용소 공격을 이용했음을 암시하기 위해서였다. 아나운서는 "앵글로 색슨 종족은 아시아인들에 대한 우월감을 느낀다"고 말했다. "(미국에서 일어난) 최근의 사태들은 만인의 동등한 권리라는 그들의 슬로건이 거짓일 뿐임을 보여 준다." 전시외국인수용소의 필자들은 일본계 미국인을 잘 대우하지 않을 경우 발생할 미국인 전쟁포로에 대한 보복을 우려했다. 그러나 이보다 더 중요한 문제로서 그들은 '동양the Orient'의 "수많은 사람들" 및 라틴 아메리카, 아프리카, 남태평양 군도의 다른 '비백인'들의 지지를 얻기 위해 수용소의 인도주의적 프로그램을 계속 시행하는 것이 절대로 필요했다고 주장했다. 그들은 "만일 프로그램이 몇몇 결정적인 국면에서 다른 노선을 취했다면", "우리는 수천 마일 떨어진 곳에서 오는 반향을 오랫동안 느끼게 되었을 것"이라고 주장했다. 요컨대 전 세계가 지켜보고 있었기 때문에 미국의 지도자들은 인종주의를 용인하지 않는 것처럼 행동할 필요

가 있었다. 그들은 일본계 미국인들에게 인간으로서 대우받을 권리를 주었던 것처럼 행동해야만 했다.[199]

그러므로 수용소의 "친절한decent" 대우에 대한 반대자들의 거친 인종주의적 저항에도 불구하고, 국내외 조건들은 공히 마이어 식의 친절한 인종주의에 힘을 실어 주었으며, 일본계 미국인들이 정치적이고 생체정치적인 국가에 편입될 길을 터 주었다. 실제로 일본계 미국인들의 충성심과 군 복무(특히 그들이 죽을 가능성)를 둘러싼 논의로 인해, 수용된 사람들을 너무 관대하게 대우한다고 비판하며 '거친 인종주의'의 더욱 엄격하고 인색한 규칙을 재도입하려 했던 사람들의 시도가 성공하기는 아주 어려워졌다. 1943년 1월 28일 홍보국the Bureau of Public Relations이 전원 일본계 미국인들로 구성된 육군 부대를 창설하려는 전쟁성의 계획을 발표했을 때, 상원 소위원회의 의장이던 켄터키주의 앨버트 챈들러Albert B. Chandler는 홍보국의 공식 기록용 보도 자료를 애국적 태도로 읽을 수밖에 없었다.

〈육군 특수부대를 조직하고자 하는 충성스러운 일본계 미국인들〉이라는 제목의 홍보국 성명은 이 부대가 프로파간다 수행이라는 목적 때문이 아니라 "충성스러운 수많은 일본계 미국 시민들이 국가의 적과 싸우는 일에 한몫할 수 있도록 육군 특수부대를 조직해 달라고 열렬히 요청했기" 때문에 만들어지고 있음을 지적했다. 발표문에는 군대가 인종주의적 차별을 용인하지 않는다고 주장하는 전쟁성 장관 헨리 스팀슨의 말도 포함되어 있었다. 그는 "국가의 전투에 무기를 드는 일은 모든 성실한 시민에게 혈통과 무관하게 부여된 고유의 권리"라고 말했다. 성명 낭독을 끝마치면서 챈들러 의장은 "설명할 필요가 없다That speaks for itself"는 말밖에 할 수 없었다. 그리고 와이오밍주의 조세프 오마호니Joseph C. O'Mahoney 상원의원은 성명 공표 후 며칠 동안 사람들을 지배했던 분위기를 다음과 같이 요약했다. "우리가 싸워 지키려 하는 신조들은 모든 민족과 인종이 공감하는 것이다. 모든 민족과 인종은 그 신조에 따라 행동할 수 있다. 우리가 민주주의를 진정으로 믿는다면, 그만큼 우리는 일본인과 독일인들 역시 민주주의의 원칙들을 발전시킬 수 있으리라고 믿는다. 그리고 나는 우리의 정책이 가능한 한 언제나 그들을 격려해야 한다고 생각한다."[200]

1943년 2월에 열린 청문회 말미에 마이어는 수용소의 공공연한 반인종주의적 입장을 요약했다. 그러자 마호니 상원의원은 스팀슨에게 보낸 루즈벨트 대통령의 2월 1일 문서를 기록해 달라고 요청했다.[201] 이 문서는 일본계 미국인의 특수 전투부대를 승인하고 인종주의를 거부한 것이었다. 4월과 5월에 챈들러 상원의원의 소위원회는 여러 수용소들을 전시외국인수용소의 자유주의적인 운영에서도 벗어나게 하기 위한 법안 통과를 권고하는 데에서 훨씬 더 나아가, 충성스러운 일본계 미국인들에게 징병법을 다시 적용해야 한다고 제안했다. 그리고 그렇게 함으로써 전시외국인수용소를 근본적으로 지지할 뿐 아니라 전쟁성의 입장보다 한 걸음 더 나아가기조차 한 결론을 도출했다.[202]

소위원회의 의장을 포함해, 전시외국인수용소를 비난한 코스텔로 소위원회의 가장 지독한 중상자들조차 차차 그 입장을 바꿨다. 전쟁성 차관보 맥클로이가 전화 대화에서 밝혔던 것처럼, "시작은 딜런 마이어를 괴롭히는 것이었지만, 결국 그의 말을 듣는 것으로 끝났다."[203] 그리고 1943년 9월 30일자 마지막 보고서에서 소위원회는 충성스러운 수용자들로부터 그렇지 못한 사람들을 분리시킬 것, 수용소에서 석방을 요구했던 사람들을 조사하기 위한 위원회 설립, 수용소에 남아 있는

사람들을 위한 미국화 프로그램 등을 권고하면서 전시외국인수용소 편에 섰다.[204]

수용소 운영자들은 스스로를 민주주의, 평등, 자유의 수호자로, 그리고 일본계 미국인 복지의 수호자로 계속 묘사했다. 따라서 수용소 관계자들은 그들의 목적이 자유와 인간적 삶의 보호였다고 말하기라도 하려는 것처럼, 자기들 기관의 역사를 기록한 책의 제목을 《전시외국인수용소, 인간 보호의 이야기》라고 붙였다. 그들은 수용자들을 살게 할 권한이 국가를 대신해 자기들에게 있는 양 행동했다. 물론 그 권리의 뒷면에는 일본계 미국 남성이 군대에 나가 죽음에 노출되어야 한다는 요구가 있었다. 이 통치(주권) 권력을 수용소에서 최고로 구현한 마이어 소장은 일본계 미국인들의 삶을 부양하기 위해 "인종차별자들"과 싸웠다. 그러나 그와 동시에 그는 전장에서 아들을 잃은 수용소 내의 모든 어머니들에게 개인적인 위로의 편지를 보내기까지 하면서 일본계 미국인들의 병역과 희생을 축하했다.

* * *

이 장에서 나는 일본계 미국인들을 군대에 포용하는 것을 놓고 벌어진 논쟁에 대해 서술했다. 그리고 그것이 일본계 미국인들을 생체정치학적 체제의 핵심에 위치한 미국 시민으로 취급해 그들을 살도록 만들 것인가, 아니면 격리한 채 아무 도움도 없이 자유주의적 사회의 표면적인 혜택들에서 소외시키고 말 것인가 하는 논의와 다르지 않다고 주장했다. 일본계 미국인을 시민과 군인으로 받아들일 수 있는가 하는 문제를 논의하는 동안, 총력전을 수행하기 위해 모든 인적·물적 자원을 동원해야 할 필요성은 옛 스타일의 '거친 인종주의'에 사로잡힌 사람들을 끊임없이 압박했다. 그리고 그들은 사라지지는 않았을지언정 결국 퇴각할 수밖에 없었다. 총력전의 물질적인 긴급성은 인종주의적 국가를 몰아붙여 그 지도자들로 하여금 인종주의를 거부하고 일본계 미국인들을 미국 통치성의 체제 내부로 불러들이게 했다. '거친 인종주의'자들은 1942년 9월 장교위원회가 일본계 미국인들의 징집을 중지하기로 결정했을 때 마지막으로 승리했다. 하지만 그 후 적어도 1944년 초까지 반동적 시민사회의 거친 인종주의적인 반격은 가장 격렬한 형태로 지속되었다. 그리고 나는 이러한 움직임이 현재에도 계속 사회의 밑바닥에 흐르고 있다고 말하고 싶다.

또한 나는 전 인력을 동원해야 할 필요성이 군대 및 민간의 정치 엘리트들에게 끊임없이 압력을 가했음을 보이려 했다. 그리고 다른 한편으로 나는 일본계 미국인들을 군대와 국가에 받아들이기로 한 결정이, 이 소수자들에 대한 대우가 궁극적으로 일본계 미국인이라는 한정된 이슈를 훨씬 뛰어넘어 국가의 인종 운영 능력에 어떤 영향을 줄 것인가에 대한 파악과도 연결되어 있음을 보이기 위해 노력했다. 미국의 방첩부대가 일본인 주도하에 백인의 우월성에 맞서는 '유색인종들'의 글로벌한 운동에 대한 인종 공포를 퍼뜨리던 시기에, 일본계 미국인들을 수용해 백인들뿐 아니라 흑인들로부터도 격리시키는 것이 필요하다는 판단은 인력 동원의 긴급함보다 강한 힘을 발휘했다. 그러한 논리는 태평양 저쪽의 일본인을 박멸해, 제국으로 나아가려는 일본인들의 지향을 예방하자는 결정과 짝을 이루고 있었다.

하지만 1942년 가을에서 겨울로 접어들면서 국력과 제국의 이득을 위한 국내외적인 인종 관리 전략에 거대한 변화가 일어났다. 라이샤워의 메모 및 수많은 군과 민간 관리들의 진술들이 예증하듯이, 미국의 지도자들은 일본계 미국인들을 국가공동체로부터 계속 배제하는 태도가 유색인 동맹국들, 또는 라이샤워식으로 말하면 '황색인들과 갈색인들'을 획득하지 못하게 할 것이며, 따라서 그러한 태도는 전쟁에서 승리하고 평화를 쟁취할 미국의 능력을 손상시킬 위험이 있다는 견해에 지배되기에 이르렀다. 그리하여 권력은 인종에 근거해 위험하다고 낙인찍은 사람들을 배제, 감금하고 유색인종을 백인 다수자에게서 격리할 뿐 아니라 그들끼리도 분리시키는 것으로 나타난 부정적인 형태를 벗어났다. 권력은 포용과 동화 및 인종주의 거부라는 긍정적인 논리로 나아갔다. 그것은 유색인종을 국가공동체의 일원이나 동맹국의 시민으로서 편입시키고자 했다. 라이샤워가 권고했던 것처럼, 전후에 이러한 질서는 일본과 일본 국민마저 포용하게 될 것이었다.

그러므로 라이샤워의 메모와 메모의 전반적인 맥락은 '자비 없는 전쟁war without mercy'[205]이라는 존 다우어의 묘사처럼 전쟁이 단지 미국이 일본을 멸망시키고자 했던 그 순간의 일만을 의미하지 않음을 암시한다. 전쟁은 인종주의로 인해 일본계 미국인들이 감금되고 백인들의 미국으로부터 배제되던 때만을 의미하지 않는다. 대신 아이러니하게도 전쟁 시기는 이제 아시아인들에 대해 포용적인 자세를 취하게 된 미국의 새로운 글로벌 헤게모니 속에 일본, 천황, 일본계 미국인들을 편입시키기 위한 계획들이 수립되어 그 어떤 방식으로 수행되던 때이기도 했다. "평화를 쟁취"하기 위해 유용한 모든 것을 운용하고자 한 이 계획들은 히로시마와 나가사키의 핵폭탄 투하, 일본 주요 도시들에 대한 폭격, 오키나와 전투에서 최소 10만 명의 시민이 살해된 일, 그리고 소개와 감금의 경험으로 인해 발생한 일본계 미국인들의 트라우마만큼이나 전쟁의 한 부분이었다.

일본계 미국인들을 향한 국가 전략과 일본을 향한 국가 전략은 상동적이었으며 함께 움직였다. 일본계 미국인에 대한 거친 인종주의를 폐기한 것은 일본과의 전쟁이 인종전쟁이 아니라는 주장과 잘 맞아떨어졌다. 일본계 미국인들을 국가에 포용하는 일은 전후 미국이 새롭게 획득한 아시아 태평양 지역 헤게모니 속에 일본과 아시아를 편입시키려는 야심과 짝을 이루고 있었다. 충성스러운 일본계 미국인들을 그렇지 않은 사람들로부터 구분할 수 있을 것이라는 새로운 생각과 나란히, 이제 대다수 일본 국민과 그들의 천황은 (완전하지는 않다 하더라도) 그 근본에 있어서는 사악한 군벌과 구분되는 괜찮은 인간들로 보이게 되었다.

그러나 이러한 변화를 이끈 도구주의적인 생각은 인종주의가 기적적으로 사라지지는 않을 것임을 실질적으로 뒷받침했다. 아무리 일본계 미국인들을 통치성의 새로운 체제 내부에 받아들인다고 해도, 아무리 정치가와 관료들이 일본을 미국의 가장 밀접한 지역 동맹들 중 하나로 재구성하기 위한 계획들을 세운다고 해도 인종주의는 남을 것이다. 우리는 정치와 군대 엘리트들의 결정에 가장 크게 작용한 것이 일본계 미국인들에게 시민적 권리를 주려는 의도도 아니었으며 그들에 대한 인종주의적 행동을 제거하려는 욕구도 아니었음을 고찰해 왔다. 중요한 것은 그들의 노동력이었으며, 인종주의의 국가적 거부를 연출해 주는 연기자로서 그들이 지닌 유용성이었다.

라이샤워가 수많은 일본인들과 하와이 및 미국 본토에 사는 수십만 일본계 미국인들의 삶과 죽음에 영향을 미칠 정책들을 파렴치하고 계산적으로 제안할 수 있었던 것은 그가 기본적으로 이 두 집단을 타자화했으며, 더 나아가 '황색과 갈색'의 사람들을 국가와 글로벌 공동체의 "우리we" 내부에 포용적으로 위계질서화 했기 때문이었다. 자기 자신과 그 동류 인간들이 미국의 특권적인 주체 시민들subject-citizens이며, 미국이 글로벌 정치의 특권적 주체라는 생각에 근거해, 라이샤워는 일본의 천황 제도와 미국 내의 일본인 소수자들을 손쉽게 연결했다.

종전 직후 라이샤워가 일본 내의 조선인들과 관련된 탈식민적 이슈 해결의 본질적인 중요성을 묵살했을 때, 소수자에 대한 라이샤워의 도구주의적인 이해는 또 하나의 문제적 양상으로 재등장하게 된다. 라이샤워는 전전과 전시만 따져도 200만 쯤 되는 조선인들이 일본 내지로 이주했으며 그들 중 다수가 한국으로 돌아가려다 죽었다는 사실, 그리고 모든 조선인들이 일본 국적자로서의 지위를 일방적으로 박탈당함으로써 일본 정부가 제공하는 거의 모든 형태의 구호와 원조를 받을 자격을 상실하는 등, 일본에서 계속적인 차별과 폭력에 직면했다는 사실을 무시했다. 이 모든 일들 및 그 외의 여러 무자비한 현실들을 무시하면서 라이샤워는 1951년 5월에 일본 내 조선인들에 대해 고찰했다. 그리고 그 선구적인 연구의 서문에서 그는 "동북아시아의 소수자 문제는 다른 지역들만큼 심각하지 않다"고 말했다. 그는 일본의 조선인들이 처한 열악한 상황에 대해서는 아무 관심도 표명하지 않았으며, 그 대신 조선인들이 공산주의에 공명하는 것처럼 보여 우려된다고 명확히 밝혔다. 라이샤워는 "전후 일본에 남은 조선인들로 인해 미국 점령군에게는 여러 귀찮고 복잡한 일들이 발생했다"고 불평했다. 그리고 그들이 "동화될 수 없는 소수자"로서 "일본의 미국인 집단들과 한국 내의 유엔군을 짜증나게 하고 곤혹스럽게 하는 한 가지 근원"[206]이라고 비판했다. 여기서 나는 전시에 라이샤워가 보인 인종적 사고와 소수자들에 대한 도구주의적인 전유專有가 전후의 격렬한 반공주의와 쉽게 결합했다고 결론짓고 싶다.

더 나아가 스스로 인간적 차이가 본성의 문제이기보다는 문화의 문제라고 설명하게 되었을 때조차, 미국의 지도자들과 그들의 자유주의적인 고문들은 계속 동물의 이미지를 활용해 일본인과 일본계 미국인을 묘사했다. 전시에 대중지와 군대는 일본인을 비인간화하고 일본군을 죽일 수 있도록 하기 위해, 또는 일본계 미국인들을 집결소와 수용소에 감금하는 것을 정당화하기 위해 열등한 영장류, 파충류, 쥐, 시궁쥐, 바퀴벌레, 이 등의 이미지들을 동원했다. 물론 몇몇 중요한 예외들을 제외할 때, 더 이상 그런 식으로 일본인을 재현하지 않으려는 경향은 분명히 있었다.[207] 그러나 그 대신 정부와 군대의 최고위자들은 일상적이고 자연스럽게 충성스러운 일본인들을 양sheep으로, 의심스러운 사람들을 염소goat로 계속 지칭했다. 일본과 일본인에 대한 전문가 자격으로 챈들러 소위원회에 불려갔을 때, 조세프 그루는 일본계 미국인과 관련된 정부의 주 업무가 "양으로부터 염소를 격리하는 것이었다"고 증언했다. 그는 일본인 2세의 충성심은 일본 혈통과 아무 상관이 없다고 단언했다. 그는 일본계 미국인들이 충성스럽지 않다고 인종적으로 규정함으로써 국가에서 일본계 구성인자들을 소외시키지 않는 것이 아주 중요하다고 생각했다.[208]

양은 자유주의화된 인종주의liberalized racism의 완벽한 메타포로 기능했다. 그것은 절멸이 아니라 '잔치conviviality'[209] 또는 문자 그대로 공생共生이라고 부를 만한 관계를 맺고 싶은 마음을 불러일으키기 때문이다. 양은 야수, 기생충, 해충이 아니라 인간들이 친밀하게 보살피고 유용한 관계를 맺으며 함께 살 수 있는 길들여진 동물이며, 따라서 행동을 누가 지휘할 것이고 누가 삶과 죽음 위에 놓인 주권 권력을 행사할 것인가는 물론 완전히 명확하게 결정되어 있다. 그러나 자유주의적 인종주의의 동물 이야기는 여전히 일본계 미국인들이 백인 다수자 인구와 어느 정도 자연적으로 구분되는 양떼라고 강력히 암시하기도 했다. 여기서 우리는 이 착한 양들을 격리하고 계속적인 특별 감시와 의심의 대상으로 삼기 위한 거의 생물학적인 이유를 제시하는 일에 문화가 자연을 대신해 기능하는 모습을 다시금 발견하게 된다.

결국 새롭게 형성된 친절한 인종주의자들은 더 위협적인 동물성의 메타포 속으로 쉽게 되돌아갈 수 있었다. 우리가 보아 왔듯이, 조세프 그루는 일본계 미국인 대다수가 충성스러우며, 그렇지 못한 사람들로부터 분리될 수 있다는 관점을 가지고 있었다. 그러나 그는 일본의 일본인들을 지칭해, 여왕봉 같은 그들의 군주가 없을 경우 통제를 잃고 폭발할 벌떼 같다고 주저 없이 말했다. 해군정보실의 세실 코긴즈 소령은 일본계 미국인들의 과거 기록을 칭찬했고, 생물학적 인종주의를 비판했으며, 수용소에 문제를 일으키는 사람들이 생기게 된 데에 대해서는 거의 전적으로 수용소의 제도가 비난 받아야 할 것이라고 주장했다. 하지만 그러한 코긴즈조차 반항하는 사람들을 거름 위의 파리들과 동일시했다. 그는 다음과 같이 말했다. "수용소를 없애지 않는 한 이 수용소 내부의 불평불만가들 문제를 해결하려는 그 어떤 노력도 파리를 처리하려고 파리채를 휘두르면서 거름 더미 위에 앉아 있는 것과 비슷하다. 나는 이 수용소를 통해 당신들 스스로 문제를 키우고 있다고 생각한다. 수용소들을 빨리 없애면 빨리 없앨수록 좋다."[210]

사실 일본계 미국인 수용 제도는 수용소의 즉각적인 폐쇄를 통해서가 아니라, 충성스러운 일본계 미국인 양떼의 일원이라고 신뢰될 만한 사람들로부터 구제불가능한 사람들을 격리시킬 배제의 정교한 구조와 감금의 공간들을 통해 운영되었을 것이다. 다음 장의 주제는 다인종 국가에서 자유를 관리하기 위해 고안된 시스템, 특히 군 입대에 대한 담론이나 국가를 위해 자발적으로 무기를 드는 일 등을 통해 규율된 시스템이다.

2
'미국인'으로서의
일본인

자유는
필시 권력을 행사하기 위한
조건으로서
등장할 것이다.

– 미셸 푸코, 〈주체와 권력〉(1982)

03

선택의 주체, (부)자유의 미로

사람의 아들이 영광을 떨치며 모든 천사들을 거느리고 와서 영광스러운 왕좌에 앉게 되면 모든 민족들을 앞에 불러놓고 마치 목자가 양과 염소를 갈라놓듯이 그들을 갈라 양은 오른편에, 염소는 왼편에 자리 잡게 할 것이다. 그 때에 그 임금은 자기 오른편에 있는 사람들에게 이렇게 말할 것이다. **너희는 내 아버지의 복을 받은 사람들이니 와서 세상 창조 때부터 너희를 위하여 준비한 이 나라를 차지하여라.** (중략) 왼편에 있는 사람들에게는 이렇게 말할 것이다. **이 저주받은 자들아, 나에게서 떠나 악마와 그의 졸도들을 가두려고 준비한 영원한 불 속에 들어가라.**

– 마태오복음 25:31–41(강조는 인용자)

일본계 미국인 염소들을 양들로부터 격리한다는 비유는 민간과 군 통치자들 사이에 널리 회자되고 있었다. 그런데 이는 내가 계속 '거친 인종주의'에서 '친절한 인종주의'로 나아간 것에 대해 논의하면서도 앞에서는 충분히 분석하지 못했던 변화의 또 한 가지 국면을 보여 준다. 소수자를 통치하는 이 새로운 양식은 더 이상 억압적이거나 부정적인 수단만으로는 운영될 수 없었다. 그것은 부정적인 수단과 함께 긍정적인 방법이 필요했다. 이를테면 소수자들을 격려해 군 입대 결정 등의 여러 가지 일을 자발적으로 선택하도록 지도해야 했다.

새로운 정치적 합리성은 푸코가 근대적 통치성이라고 규정한 것, 그리고 근대적 통치성의 기초를 이루는 권력의 목자적牧者的 관계라고 의미심장하게 비유한, 일련의 긍정적인 조치들을 배치하게 될 것이었다. 푸코가 지적했듯이, 목자적 관계에서 양치기나 목사는 모든 양들을 확실히 구원하기 위해 전체로서의 양떼뿐만 아니라 양떼를 이루는 개개의 양들을 알아야 한다. 양치기는 각 개인의 내적 의식을 알아야 할 책임이 있으며, 개인은 양치기의 지도에 복종해야 한다. 하지만 이 관계에서 권력은 부정적인 수단을 통해 작용하는 것처럼 경험되지 않는다. 심지어 남자건 여자건 간에 개인은 자신이 이끌리고 있는 것조차 알아차리지 못하는 듯하다. 푸코가 말하는 것처럼, "사목司牧은 사람들을 지휘, 관리, 인도, 지도, 제어, 조종하는 기술과 사람들을 감시하고 한 걸음 한 걸음씩 몰아가는 기술을 만들어 냈다. 또한 사람들을 평생에 걸쳐 존재하는 매순간 집단적이고 개인적으로 돌보는 기술을 만들어 냈다." 나아가 근대적 통치성의 새로운 목자적 권력에서 자유는 "통치성 자체에 필수적인 한 가지 요소가 되었다. 이제 훌륭한 통치의 조건은 그 자유다. 어떤 형태의 자유들은 진정으로 존중된다. 자유에 경의를 표하지 못하는 것은 법률적 권리의 남용일 뿐 아니라, 무엇보다도 어떻게 적절히 통치할 것인가에 대해 무지한 것이다. 이제 자유의 조정integration 및 이 자유를 통치 행위의 장 내부에서 특수하게 제한하는 일이 중요해졌다."[1]

상식적으로 보면 일본계 미국인의 수용은 부자유, 배제, 감금, 제한의 시스템이 작동한 것으로 파악된다. 즉, 우리는 그것을 일본계 미국인들에게서 이동의 자유 등 여러 시민적 권리를 박탈한 것으로만 이해하는 경향이 있다. 하지만 이 장은 군 지원 캠페인 및 이와 연결된 이른바 '등록registration'이라는 정치적 의례ritual에 대해 논의하면서, 그것들이 자유를 단순히 제한하기보다는 관리했음을 밝힐 것이다. 그리고 그것들이 어떻게 자유주의적 통치성의 긍정적인 방법들을 반영하는지도 설명할 것이다. 그렇게 하기 위해 나는 캠페인과 등록의 핵심 도구로 작용했던 앙케트들에 대해서도 분석하려 한다. 나는 앙케트—앙케트의 핵심은 병역 복무의 자발성과 국가에 대한 무조건적인 헌신을 묻는 것이었다—의 근본적인 전제가 수용자들의 적극적인 참여였으며, 이는 이전의 전제와는 구별되는 새로운 것이었다고 주장할 것이다. 이때 수용자들은 수동적으로 복종하는 노예나 비인간적인 대상들이 아니라 합리적으로 결정하는 자유로운 주체여야 했다. 이는 일본인 소개의 배경이 된 기존의 전제와 근본적으로 모순되었다. 즉 더 이상 일본인은 주체성 없는 동물과 비슷하다고 생각되지 않았다.

그와 동시에 자유주의적인 통치성은 시민의 자격을 갖추지 못했다고 판단되는 사람들의 배제를 요구했으며, 수용소를 자유의 공간으로 정화하기 위해 협박이나 폭력을 사용했다. 미국의 통치 엘리트들은 거의 전부 크리스천이었다. 따라서 염소와 양을 대립시키는 메타포는 "사람의 아들이…… 마치 목자가 양과 염소를 갈라놓듯이"라고 하거나

〈지도 2〉

㈜자유의 미궁Labyrinth of (Un)freedom: 일본계 미국인 수용소 단지. 〈제 2차 세계대전 중 일본계 미국인의 수용과 관련된 미국 서부 지역들〉이라는 자료를 토대로 만들었음. 미국 국립공원 관리소 제공.

양들이 신의 왕국을 상속받는 대신 염소들은 영원한 불로 저주받을 것이라고 한 마태오복음의 구절(위에 인용된)과 의식적이건 무의식적이건 연관되었을 것이다. 애초에 일본계 미국인들을 가시철조망 안에 집어넣었던 수용소 바깥의 자유주의처럼, 수용소 내부의 자유주의 역시 미심쩍은 사람들을 그들이 원래 살던 수용소에서 쫓아냄으로써 작용할 것이었다. 따라서 우리는 서로 연동된 일련의 (부)자유 공간들을 발견하게 된다. 그것들 각각은 더 넓은 외부의 자유 공간들에 비해서는 자유롭지 않지만, 인접한 부자유 공간들에 비해서는 자유로웠다. 달리 말해 수용소들은 미국의 공간을 자유의 공간으로 구성했다. 그러나 이른바 '정상적인' 시기에 툴 레이크 수용소the Tule Lake camp를 제외한 여러 수용소들이 자유의 공간으로 만들어진 것은, (위험하다고 의심된 사람들을 원래의 수용소에서 추방해 감옥으로 보내는) 감옥과 수용소의 연계 시스템, 그리고 위기 때마다 FBI와 헌병이 정기적으로 수용소에 침입한 일 등을 통해서였다.

수용자들의 충성도 조사가 요청되었을 때, 이를 담당한 거미줄처럼 얽힌 여러 당국은 "조사 대상자 개인"이 스스로 충성을 인정했다는 사실만 믿고 그를 신뢰 가능하다고 결정할 수 없었다. 여자건 남자건 간에 조사 대상자가 위험한 인물일 수 있으며 거짓말을 하는 것일 수 있었다. 사실 가장 위험한 사람이 거짓말도 잘 할 터였다. 원칙적으로 누구를 국가에 수용할 수 있는가 하는 문제에서 인종적 귀속보다 우선하는 것은 입대와 충성 서약 등과 같은 개인의 자유로운 선택일 수 있었다. 이와 더불어 필수적으로 요청된 것은 배경이나 기타 사항을 묻는 안전 검사에 합격하는 일이었다.

또다시 이러한 조건은 목자의 메타포에 공명한다. 목자는 양떼를 이루는 모든 개인의 사적인 세부 사항을 알아야 하기 때문이다. 또한 목자나 양치기의 지배는 "질병이나 스캔들로 전체 양떼를 오염시킬 수 있는 양들을 추방할"[2] 권력을 포함하기 때문이다. 그러므로 앙케트는 자기 선언을 요구했던 (단 두 가지) 질문들보다 훨씬 많은 질문을 포함하고 있었다. 그것들은 개인의 사회적 배경과 살아온 이력을 조사하기 위한 것이었다. 이 질문들에 대한 답변—이는 다른 기관의 보고서들과 비교해 검토되었다—을 근거로 평가자들은 조사 대상자 개인이 선언한 입대 의지 및 충성 서약의 신뢰성을 측정한 자세한 프로파일을 완성했다. 앙케트 평가를 위한 가이드라인의 분석을 통해 우리는 국가공동체로의 수용 가능성을 결정하는 기준으로서 적국과의 물질적 연결뿐만 아니라 종교를 포함한 문화와 정치적 이데올로기가 생물학적 인종을 대신해 기능하는 모습을 살펴볼 수 있을 것이다.

앙케트와 죽음

총력전은 민간과 군대의 노동자를 요구했다. 그리고 글로벌 캠페인에 일본계 미국인들을 동원하려는 계획이 수립되고 있었다. 따라서 일본계 미국인 성인들의 충성을 판정하고 등록하기 위한 전쟁성과 전시외국인수용소의 합동 계획은 거의 필연적으로 실현될 수밖에 없었다. 이미 전시외국인수용소는 수용된 사람들이 최소한 1942년 가을까지 수용소를 떠나 재정착할 수 있게 하겠다고 공공연히 약속했다. 따라서 수용소로서는 위험인물을 가려내기 위한 효율적인 시스템이 필요했다. 전쟁성은 전쟁성대로 입대 지원자들과 전쟁에 꼭 필요한 분야에서 일하려 하는 노동자들의 충성을 판정할 수단이 필요했다. 따라서 두 기관은 배경 조사뿐 아니라 대대적인 등록 캠페인을 실시함으로써 서로 힘을 모았다.[3] 이때 등록 캠페인은 국가를 군사적으로 방어하겠다는 의지와 충성을 입증하는 앙케트의 자기 선언을 활용했다. 따라서 앙케트는 '등록'이라는 정치적인 의례의 핵심 수단이 되었으며, 1943년 2월 둘째 주부터 3월 중순까지 수용소 전체에서 이루어졌다.

1943년 1월 2일에 전쟁성 차관보ASW 사무실에서 열린 회합에서 참모부관은 정보참모차장실AC of S(G-2)과 헌병감사무실OPMG에 지시를 내려, 전시외국인수용소의 관할하에 일본계 미국 시민들의 충성도를 판정할 계획을 공동으로 고안하라고 명령했다. 그 목적은 "(a) 전시외국인수용소에 의한 석방 허가, (b) 그렇게 석방된 사람들이 군대에 복무할 것인지 아니면 전쟁에 필요한 공장이나 기관에 고용될 것인지"를 확실히 하기 위한 것이었다. 두 조직의 관료들로 구성된 위원회는 전쟁성 차관보, 해군정보실, 전시외국인수용소의 대표들과 상의한 후 지시받은 대로 일했다. 딜런 마이어는 계획의 예비적 개요에 대해 언급하면서, 충성도 판정 프로그램이 "입대 연령에 속하는 수용소 내의 모든 사람들에게뿐 아니라 수용소 바깥의 사람들에게까지 확대될 것"[4]이라고 알렸다.

이러한 논의를 거쳐 나온 1943년 1월 20일의 전쟁성 지침은, "한 명의 장교와 2세 출신 일본계 미국인 한 사람을 포함한 세 명의 사병으로 구성된" 팀을 요구했다. 수용소에서 "이 팀들은 전시외국인수용소의 앙케트 실시 관리를 보조할 것이다." 앙케트는 외관상 징병 연령이 된 것으로 보이는 2세 남성들을 대상으로 실시될 것으로, 전쟁성 지침은 그 실시 의무를 징병관리소에 부과했다. 홍보국은 전체 프로그램에 관련된 홍보를 엄격하고도 독점적으로 관리할 것이었다. 군 지원자로 선발된 2세가 작성한 앙케트들은 곧장 군의 정보참모 차장실에 전달되어 승인 여부가 결정될 것이었다. 입대가 아니라 부대 바깥의 일에 지원한 사람들의 앙케트는 헌병감사무실로 보내도록 했다. 지원하지 않은 사람들의 앙케트뿐 아니라 조사 대상자 개인들의 충성도 확인과 관계된 그 외의 모든 정보도 즉각 헌병감사무실로 가게 될 터였다. 지침은 FBI와 해군정보실ONI의 기록을 점검하라고 헌병감사무실에 지시했다. 그리고 유용하다고 판단될 경우, 완성된 앙케트의 사본을 서부방위사령부에 보내 심층적인 조사를 요청하라고 명령했다.

나아가 이 지침은, 수용자를 무기한 석방하는 것과 관련해 각 개인들에 대한 부정적이거나 긍정적인 의견을 제출할 합동위원회의 설립을 요구했다. 합동위원회는 자신의 추천에 근거해 전시외국인수용소가 석방한 일본인 2세를 "전쟁 준비에 중요한 공장이나 시설에 채용하는 데에 대한 반대"가 조금이라도 있다면, 그 점 역시 지적할 것이었다. 위원회의 구성과 관련해 지침은 FBI, 해군정보실, 전시외국인수용소, 정보참모차장실, 전쟁성 참모, 헌병감사무실의 대표자들로 위원회가 만들어질 것이며, 이에 대해 법무성, 해군성, 전시외국인수용소가 동의했다고 설명했다. 따라서 시민권자를 대상으로 한 앙케트는 두 방향으로 평가되었다. 그 하나는 군 지원자를 위한 것이며 다른 하나는 그 외의 모든 사람에 적용되는 것이었다.[5] 지침은 시민권자가 아닌 일본인에 관해서는 아무 언급도 하지 않았다. 하지만 수용소 앙케트를 돕게 될 병사들에 대한 열흘간의 훈련 프로그램을 시행하는 동안 전시외국인수용소는 외국인들에게도 등록을 확대하기로 결정했다.[6]

민간 에이전시(전시외국인수용소)는 상대적으로 자유주의적 분위기를 지녔으며, 정보기관과 군 조직들은 이에 비해 훨씬 보안적인 경향이 강했으므로, 미국의 일본인에 대한 의심의 정도는 서로 달랐다. 그러나 우리는 지침을 통해 이들이 공통의 기반을 구축했었음을 알 수 있다. 민간과 군 에이전시들은 미국에 대한 충성의 면에서 개개 일본인이 서로 구별될 수 있으리라고 전제하며 출발한 거대한 보안 시스템 속으로 엮여 들어갔다. 물론 이는 서해안에서 일본인들을 집단적으로 소개하기 위해 필요했던 전제, 즉 많은 사람들이 믿어 왔던 기존의 전제와는 완전히 모순되는 것이었다.

그동안 전쟁성의 입장은 그런 식의 거친 인종주의에서 벗어났으며 상황은 변했다. 그로 인해 전쟁성 차관보 존 맥클로이 같은 고위 관료들은 어떻게 충성스런 사람들과 그렇지 않은 사람들을 구별할 수 있게 되었는지, 대량 소개 이전에는 불가능했지만 이제는 왜 구별 가능하게 되었는지를 설명할 수밖에 없었다. 예컨대 앙케트에 근거한 등록 작업이 완료된 지 약 한 달쯤 후에, 맥클로이는 상원의 전시외국인수용소 조사 소위원회 위원장인 앨버트 챈들러에게 편지를 보냈다. 일본인을 대상으로 한 전시 정책들에 대해 코멘트를 요구한 챈들러의 초청에 응해, 맥클로이는 전쟁 상황이 변했음을 다음과 같이 설명했다. 예전에, 즉 "일본이 우리 서부 해안을 곧 공격할 것이라는 전망에 직면했을 때, 우리는 일본인들이 제5열 활동fifth column activity을 감행하게 하기보다는 그들 전부를 소개하기로 결정했습니다. 그것은 5열 활동이 추축국에 맞선 다른 나라들에서 치명적인 것으로 판명되었기 때문입니다. 하지만 소개는 단지 집단적으로 이루어진 대량 소개였으며, 어떤 수용자의 개인적인 충성심에 대해 공격을 가하지 않았다는 점을 이해하는 것이 중요합니다." 달리 말해 맥클로이는 대규모 소개 프로그램이 시행된 것이 일본인 개개인의 충성심을 확인할 수 없다고 믿어서가 아니라 사태가 급박했기 때문이었다고 강조했다. 이 새로운 상식에 따라 맥클로이는, 불충하고 위험한 사람들을 색출하고 격리하는 일이 긴박함만큼 나머지 사람들을 전쟁 준비에 활용하는 것도 중요하다고 생각했다. 요컨대 그는 "내 말의 요점은 불충하지도 위험하지도 않은 사람들을 수용하는 것이 군사 보안상 불필요할 뿐만 아니라, 인력 활용의 측면에서도 현명하지 못하다는 것"[7]이라고 역설했다.

물론, 서로 함께 일하는 동안 전시외국인수용소와 헌병감사무실은 종종 충돌했다. 그것은 사람들이 석방될 만한지, 전쟁 준비에 대단히 필요한 분야에서 일할 만한지를 평가할 때 얼마나 엄밀한 기준을 적용하는가를 놓고 벌어진 대립이었다. 헌병감사무실은 군대의 경찰 조직으로 기능하고 있었다. 그리고 여러 다른 임무 외에도 특히 전시 생산 보호를 위한 전쟁성의 내부 보안 프로그램들[8]을 감시할 책임을 맡고 있었다. 따라서 헌병감사무실 직원들은 전시외국인수용소가 필요하다고 생각했던 것보다 훨씬 더 자주 석방 및 노동 허가를 거부하는 경향이 있었다. 이는 딜런 마이어가 인종차별에 대해 일관되게 비판한 일을 포함해, 전시외국인수용소 관계자들이 일반적으로 인종주의를 배척했던 것과 대비된다. 그러나 간과할 수 없는 중요한 사실은, 그럼에도 전시외국인수용소 역시 미국의 일본인들을 특별히 주의해서 취급해야 한다고 믿었던 여러 에이전시 그물망의 한 부분을 이루고 있었다는 점이다. 전쟁성, 헌병감사무실, 그리고 맥클로이 등의 관료들과 마찬가지로 전시외국인수용소 역시 혐의가 증명될 때까지는 모든 일본계 미국인들을 결백한 사람으로 생각해야 한다고 주장하지 않았다. 실로 전시외국인수용소는 독일계 미국인과 이탈리아계 미국인을 비롯한 그 어떤

총력전 제국의 인종주의

다른 집단에도 적용되지 않았던 특별 보안수단들을 일본인에 부과하는 것에 대해 지지했다.

등록 프로그램에서 사용된 앙케트는 악명 높은 27번과 28번 질문만으로도 상당히 유명한 것이 되었다. 이 질문들에 답하면서 사람들은 군에 입대할 의향이 있는지 없는지, 그리고 미국에 대한 충성을 맹세하는지 그렇지 않은지 대답해야 했다. 예컨대 강제 수용과 군 복무를 다룬 뛰어난 소설로, 널리 읽힌 존 오카다John Okada의 《노 노 보이No－No Boy》(1977)는 수용소의 생활 조건 속에서는 그 어떤 합리적인 선택도 불가능했었음을 일깨우기 위해, 이 한 쌍의 질문에 대해 "노 노"라는 두 번에 걸친 부정적 답변의 수사를 구사했다. 그러나 그 중요성에도 불구하고 앙케트와 등록 절차는 그동안 놀라울 정도로 거의 분석되지 않았다. 이것들에 대한 언급은 가장 간단하고 기본적인 서술이나 단순한 인종주의 비난 이상으로 나아가지 않았다.[9] 그러므로 나의 목적은 새로운 실증적 세부사항들을 부가적으로 제공하면서 일반적인 사실과 관련된 몇몇 오류를 바로잡는 데에만 있지 않다. 이 책의 보다 중요한 목적은 앙케트와 등록 캠페인에서 드러나는, 일본계 미국인, 즉 미국의 하위인구를 지배하기 위한 정치적 합리성을 강조하는 데에 있다.

제2차 세계대전 기간 동안 일본계 미국인에 대한 허가 프로그램clearance program을 기술한 전쟁성의 공식 역사는, "앙케트 실시의 아이디어가 일본에 대한 정보를 잘 알고 있는 특정한 해군 장교들로부터 비롯되었다"[10]는 점을 지적한다. 이미 2장에서 언급했던 바, 일본인의 군대 내 활용을 논의한 1943년 1월 2일의 컨퍼런스에서, 해군정보실 부장 대리 엘리스 자카리아스Ellis M. Zacharias 대위와 그의 해군정보실 동료인 해군 소령 세실 코긴즈는 일본계 미국인의 충성심 판정 전략을 고안하는 일에 해군을 포함할 필요가 있다고 말했다. 군 사회 내부에서 자카리아스와 코긴즈는 일본인과 일본계 미국인에 대한 전문가로 널리 인정받고 있었다. 자카리아스는 육군보다 해군에 일본인에 대한 훨씬 치밀한 기록들이 있다고 말하면서, "일본계 미국인들의 충성심이 손상되지 않도록 하기 위해"[11] 실제로 충성스러웠던 그들의 충성심을 조속히 인정하는 것이 중요하다고 제안했다.

코긴즈가 일본인을 배척하는 생물학적 인종주의에 대한 강력한 비판자였으며, 일본계 미국인의 압도적 다수가 충성스럽다는 견해를 강화하는 데 주도적으로 기여했음을 독자들은 아마도 기억할 것이다. 이 컨퍼런스에서 코긴즈는 자신이 하와이에서 첩보원undercover man이었으며, 하와이에 사는 일본인들의 충성도를 측정하기 위해 '40항목 체크 시스템40-point check system'을 개발했다고 설명했다. 군사정보대MIS의 크리스트 대령의 직접적인 평가에 의하면, 코긴즈는 "그의 '40항목 시스템'이 충성도를 결정하는 데 적절했으며, 모든 일본인 2세 중 대략 80퍼센트가 충성심을 지니고 있었으므로 해군이 그들을 부르려 할 것이라는 의견을 피력했다."[12] 그 후 며칠 지나지 않아 군사정보대는 "주로 해군정보실의 경험에 근거한 앙케트를 고안할 것"이라는 결론에 도달했다. 해군정보실의 전문가들에 의하면, 군사정보대는 "이 앙케트 답변들이 신뢰할 만한 충성심 지표를 제공할 것"[13]이라고 믿었다. 그 후 얼마 지나지 않아 작전참모차장AC of S(G-3)은 전쟁성 차관보에게 코긴즈가 만든 앙케트가 충성심 조사의 기본이 될 것이라고 알렸다.[14]

군인과 전시외국인수용소 직원으로 열 개의 팀이 구성되었으며, 프로젝트를 준비하기 위해 워싱턴에서 훈련을 받았다. 이 팀들은 각각 2월 첫째 주 중이나 2월 10일경에 수용소 중 한 곳에 도착해 실제 등록을 시작했다. 모든 팀들은 3월 중순까지 임무를 완수했다. 등록 첫 단계에서 수용자들은 두 가지 양식의 앙케트 중 하나를 받았다. 징병 가능한 최소 연령을 초과한 모든 남성들(17세 이상)은 선발징병 양식 304A, 즉 '일본계 미국 시민 진술서Statement of United States Citizen of Japanese Ancestry'를 받았다. 선발징병국의 도장이 찍혀 있었지만, 사실상 그것은 전쟁성의 서류였다. 이 서류의 27번과 28번 질문은 다음과 같았다.

(27) 당신은 명령받은 어느 곳에서건 전투 임무를 수행하면서 미군에 근무할 의사가 있는가?

(28) 당신은 미국에 대한 무조건 충성을 맹세하고, 외국이나 국내 세력의 모든, 그리고 그 어떤 공격으로부터도 성실하게 미국을 방어하겠는가? 그리고 일본제국 및 기타 외국 정부, 권력, 조직에 대한 모든 형태의 충성과 복종을 거부하겠는가?

팀의 요원들은 이 두 질문에 대답하기 전에 징병 가능한 남성들을 개인적으로 인터뷰했다. 그리고 등록자가 군 복무 의사를 표현할 경우, 군 지원에 대해 심층 인터뷰를 했다. 만일 지원하고자 한다면 그는 필요한 서류를 작성했다. 그 후, 1월 20일의 지침에서 지시되었던 것처럼 이 모든 서류들은 정보참모차장실에 전달되어 평가받았다. 만일 군정 보부의 허가가 나면, 지원자는 곧바로 신체검사를 완료하도록 안내될 터였다.[15]

17세 이상의 다른 모든 성인들, 달리 말해 시민권자가 아닌 성인 남자들 및 시민권자이건 비시민권자이건 상관없이 모든 성인 여성들은 전시외국인수용소 양식 126 Rev., 즉 '전시외국인수용소 석방 허가 신청서War Relocation Authority Application Leave Clearance'를 작성하도록 되어 있었다. 이 서류는 304A 양식과 아주 유사했다. 그러나 질문이 전부 33개였으므로, 질문이 28개인 304A 양식보다 약간 길었다. 그리고 그 대상이 비시민권자이거나 여성들이라는 점과 관련된 문제를 주로 다뤘으며, 군무 이외의 취업이나 석방에 각별한 관심을 반영하고 있었다. 가장 두드러진 특징은 27번과 28번 질문의 문장이 상당히 다르다는 점이다. 126 Rev.는 다음과 같았다.

(27) 만일 기회가 주어지고 당신에게 자격이 있음을 알게 될 경우, 당신은 육군간호부대the Army Nurse Corps나 육군여자보조부대WAAC (Women's Army Auxiliary Corps)에 지원할 의향이 있는가?

(28) 당신은 미국에 대한 무조건 충성을 맹세하고, 일본제국 및 기타 외국 정부, 권력, 조직에 대한 모든 형태의 충성과 복종을 거부하겠는가?[16]

종종 지적되었듯이, 이 두 질문에 대한 다양한 해석은 수용자들 사이에 엄청난 혼란과 불안을 야기했다. 사실상 27번 질문은 비시민권자 남성들과 성인 여성들에게 육군간호부대나 육군여자보조부대에 근무할 의향이 있는지를 묻는 것이었다. 전시외국인수용소 판 28번 질문은 단지 "외국이나 국내 세력의 모든, 그리고 그 어떤 공격으로부터도 성실하게 미국을 방어하겠는가?"라는 구절만 생략했을 뿐, "일본제국 및 기타 외국 정부, 권력, 조직에 대한 모든 형태의 충성과 복종을 거부하

총력전 제국의 인종주의

겠는가?'를 여전히 포함하고 있었으므로 더욱 문제가 되었다. 이 양식을 만든 사람들은, 만일 일본제국을 포함한 다른 모든 나라에 대한 충성을 부인할 경우, 미국 법에 의해 시민권이 부여되지 않은 외국인들이 무국적자가 될 수밖에 없다는 사실을 고려하지 않았다. 전시외국인수용소는 이 문제를 즉각 깨달았다. 그리고 2월 12일, 외국인들에 대한 질문(여성 시민권자에 대한 질문은 제외하고)을 다음과 같이 바꾸라고 모든 수용소에 명령했다.

> 당신은 미국 법을 지키고, 어떤 식으로든 미국의 전쟁 활동을 방해하게 될 행위를 하지 않겠다고 맹세하는가?[17]

이 질문들 및 그것들이 함축하는 더 광범위한 의미에 대해 좀 더 자세히 분석하기 전에, 전쟁성과 전시외국인수용소의 앙케트 모두에 관한, 단순하지만 예비적인 한 가지를 고찰해야 할 것이다. 그것은 내가 앞 장에서 내린 결론으로부터 아마도 예측될 수 있을 하나의 명확한 논점에 대한 것이다. 즉, 이 시기에 국가는 어떤 남자나 여자가 군인으로서 죽기를 지원하기만 하면, 그 사람이 시민으로 살 권리를 전적으로 인정했다. 어떤 사람들은 28번 질문에 긍정적으로 대답하는 것이 그렇게 실행하는 것과 같다고 생각했다. 하지만 기술적으로 이 질문은 군 지원을 요구하지는 않았다. 대신 질문자들은 원칙적으로 입대할 의사가 있는 시민들을 찾았다.

질문자들은 그렇게 생각되는 응답자들의 참전 의사를 표시하기 위해 그 남성들에게 팔을 두 번 들라고 요구했다. 두 번째로 팔을 들 때는 28번 질문의, "모든, 그리고 그 어떤 공격으로부터도 성실하게 미국을 방어하겠는가?"라는 구절이 나올 때였다. 더 나아가 제2차 세계대전 중에 일본계 미국인의 군 지원 선택권은 보통 남성들에게만 부여되었던 것처럼 생각된다. 그러나 전시외국인수용소의 양식이 일본인 2세 여성들에게 군 간호사나 육군여자보조부대원으로 근무할 의향이 있는지를 물었다는 사실에 주목해야 한다. 전시외국인수용소가 일본인 1세 남성들에게 후자의 질문을 한 것은 단지 경솔하고 부주의했기 때문이다. 하지만 여성들에 대한 질문을 고안하는 데에는 남성들에게 제시된 군대의 질문과 대비될 만한 모종의 생각이 분명히 작용했다. 이 포용의 의례ritual of inclusion에서, 태어나면서부터 법적으로 미국 시민이었지만 그동안 정치적이고 생체정치적인 국가에서 인종적으로 배제되어 왔던 일본계 미국인들은 국가공동체의 내부로 들어오도록 초대되었다. 그러나 그것은 오직 죽음의 문지방을 넘어서만 가능했다. 역으로, 비시민권자용 양식에서 "모든, 그리고 그 어떤 공격으로부터도 성실하게 미국을 방어하겠는가?"라는 구절을 생략한 것은 정치적이고 생체정치적인 공동체의 내부에 완전히 받아들여지지 않은 사람들에게 공동체의 방어를 위해 무기를 들도록 강요할 수 없다는 전시외국인수용소의 생각을 반영했다.

만자나에서는 상황을 더욱 미숙하게 처리한 일이 발생했다. 이곳의 관리자들은 외국인들이 28번 질문에 긍정적으로 대답할 경우 발생하는 무국적 문제를 신속히 깨닫고 등록이 시작되기 전에 질문을 수정했다. 그것은 다음과 같았다.

당신은 미국에 동조하고, 외국이나 국내 세력의 모든, 그리고 그 어떤 공격으로부터도 미국을 방어하는 데에 성실하게 동의하는가?[18]

"모든, 그리고 그 어떤 공격으로부터도 미국을 방어하겠냐"고 외국인들에게 묻는 것은 앞서의 논의와 모순되는 것처럼 보일 것이다. 이는 시민권이 없는 사람들에게 국가를 위해 죽을 준비를 하라고 요구하면서도, 그들의 대답과는 무관하게 국가는 그들을 포용하지 않을 것을 의미하기 때문이다. 그러나 만자나의 등록에 대해 보고했던 전시외국인수용소 커뮤니티 분석가는 시민권과 무기를 드는 것 사이의 관계에 대해 지역 행정관들이 적절히 이해하지 못했음을 특별히 지적했다. "많은 일본계 외국인들에게 '예스' 대답은 자기 시민권의 나라에 대항해 무기를 드는 데 동의하는 것처럼 생각되었다"고 그는 말했다. "미국과 일본을 포함한 대부분 나라의 법에 따르면 그런 동의나 행위는 반역으로 간주된다. 따라서 시민권이 박탈되거나 그보다 더한 처벌을 받는다." 달리 말해 만자나 행정관들의 독특한 문장은 비시민권자들의 삶을 요구함에 있어 국가가 가진 권한의 한계에 대한 완전한 몰이해를 드러냈다. 그 한계를 이해했던 전시외국인수용소 워싱턴 지역 행정관들은 28번 질문을 상황에 맞게 고쳤다.[19] 그리고 결국 4월에 만자나의 행정관들은 자신들이 만든 외국인용 28번 질문을 워싱턴 수용소에서 만든 것으로 교체했다.[20]

'나무 블록들'에서 자유로운 주체들로

27번과 28번 질문에 대답하는 정치적인 의례는 삶, 죽음, 시민권이 서로 연결되어 있음을 확실히 보여 줄 뿐 아니라, 통치되는 주체성들을 향한 통치자의 태도에 근본적인 변화가 발생했음을 드러낸다. 육군 중장 존 드위트는 1942년 12월에서 1943년 1월까지의 결정적인 두 달 동안—이때 전쟁성과 전시외국인수용소는 일본계 미국인들에 대한 군 모집 캠페인과 등록 시스템을 만들어 냈다—여전히 기존의 관점을 드러내었다. 그는 일본계 미국인들의 충성심을 정확히 평가할 수는 없지만, 가장 위험한 자들을 다른 사람들로부터 격리하는 일은 가능할 뿐만 아니라 필요하기도 하다고 계속 주장했다.

그는 수용자들의 대답에 의존하는 앙케트는 차치하고라도, 그 외의 어떤 충성심 테스트도 믿지 않았다. 자유주의적인 통치성이 합리적임을 표방한 사람들과 달리, 드위트는 수용된 사람들의 사적인 생활을 파악하거나 그들을 총력전 준비라는 목적을 향해 이끌고 가는 데 아무 관심이 없었다. 따라서 12월에 그는 대략적인 격리 계획을 제출했다. 이 계획에 의하면 특별히 의심스러운 네 가지 범주에 분류된 개인들 및 그들과 같이 행동하고자 하는 가족 구성원은 어느 날엔가 아무 통보 없이 차출되어 격리센터로 지정된 수용소로 가게 될 것이었다. 이 범주에 속하는 사람들은 본국 송환이나 일본으로의 국외 추방을 요청한 사람들, 다른 구치소나 포로수용소에서 가석방된 외국인들, 일본인 집합소나 전시외국인수용소 경찰의 '평가' 기록이 많은 사람들, 그리고 정보기관 리스트에 올라 있으며, 그 기관에 의해 잠재적으로 위험하다고 판단된 사람들이었다. 일제 검거 당일, 수용소는 군대에 의해 완전히 통제되고 일상적인 업무는 정지될 것이었다. 최종적으로 결정된 등록 계획과는 달리, 드위트의 제안은 수용자들에게 충성을 맹세하거나 부인할 것을 요구하지 않았다.[21]

열 개의 팀이 워싱턴에서 전시외국인수용소로 떠나기 며칠 전인 1943년 1월 27일에 드위트는 육군 참모총장 앞으로 편지를 보냈다. 그

총력전 제국의 인종주의

편지에서 드위트는 팀들이 수행하게 될 계획을 거세게 비판했다. 이 문서를 분석한 바 있는 에릭 뮐러가 이미 설명했던 것처럼, 드위트는 충성스러운 사람들과 그렇지 않은 자들을 분리할 수 있다는 견해가 서해안에서 일본인들을 집단적으로 소개한 일에 대한 애초의 정당화 논리를 크게 해칠 것이라고 생각했다. 만일 이제 와서 그런 구분이 가능하다고 주장한다면, 그다음에는 집단 소개와 수용이 잘못이었다고 평가될 것이며, 아니면 적어도 더 이른 시기에, 수용자들이 임시 집결소에 머무는 동안에 개별적인 평가가 수행되었어야 했다는 의견이 나올 수 있을 터였다. 새로운 계획은 충성스럽다고 판단된 사람들을 계속 소개시켜 둘 필요성이 있는지에 대해서도 의심할 것이다. 더 나아가 뮐러가 지적했던 것처럼, 드위트는 일본인 2세 개인들에 대한 정보가 부족하므로 그들의 충성도를 정확히 판정할 수 있으리라고는 상상할 수 없다고 주장했다.[22]

이러한 논점들을 넘어 드위트의 비판은 점점 더 시대착오적이 되어가는 그의 견해와 전시외국인수용소 및 전쟁성의 새로운 통치 행위 사이의 대립을 확실히 보여 준다. 참모총장에게 보낸 문서의 여러 부록들 중 하나에서 드위트는 앙케트 방법을 거부했다. 그는 다음과 같이 말했다. "(앙케트는) 이런 타입의 조사를 시작할 때에나 쓸 수 있는 수단이며……아무리 선서를 하고 조사한다 할지라도, 실제로 적국에 충성을 바치는 사람은 분명히 그 어떤 앙케트에도 성실하게 답하지 않을 것이다. 만일 그 사람에 대한 어떤 기록이라도 있다면, 조사와 질문에 덧붙여 그것을 체크하면, 사실상의 불충을 알 수 있는 상당한 지표를 얻을 수 있을 것이다. 그리고 그 반대의 경우는 없을 것이다."[23] 다시 말해 드위트는 논리적이기는 하지만 정부의 새로운 정책과는 더욱 동떨어진 이유를 들며 설명했다. 즉 충성스럽지 않은 사람들은, 그렇게 충성스럽지 않기 때문에 앙케트에 성실하게 답하지 않으리라는 것이었다. 그가 보기에, 존재하는 기록과 조사로써는 '실질적인 불충'을 찾아낼 수 있을 뿐 충성심의 신뢰도를 판정할 수는 없을 것이었다.

12월 제안에 등장하는 '대체 계획'에서, 드위트는 "염소들로부터 양을 구분할 수 없었기" 때문에 전체적인 강제 소개가 필요했었다는 여론이 계속 유지되어야 하며, 이런 입장에 변화가 있어서는 안 된다고 주장했다. 그러나 1942년 9월에 일본계 미국인을 더이상 입대시키지 말라고 권고하게 될 장교위원회에 그해 7월에 제출한 견해에서 드위트는 인력의 필요에 대응해 어느 정도 허용적인 태도를 보였다. '나쁜 기록'을 가진 사람들을 격리한 후, 나머지 사람들은 국내 취업이나 군 복무를 위해 석방될 것이었다. 격리는 가장 위험한 사람들을 구별해 내야 하지만, "'충성심'의 판정이나 '승인clearance' 같은 것은 없어야 한다."[24]

드위트가 앙케트에 기초한 계획에 대해 비판한 이유로는, 잘 알려진 것처럼 그가 모든 일본인들을 하나의 인종으로서 계속 불신했다는 점을 들 수 있다. 하지만 드위트의 격리 계획에 대한 전시외국인수용소 법무관의 평가를 보면, 이 육군 중장의 통치 견해와 새로 등장한 자유주의적인 통치성 사이에 여러 불화가 있었음을 알 수 있다. 법무관은 그 계획이 "공포와 감수성은커녕, 다른 인간들과 공유하는 권리와 자유조차 완전히 고려하지 않은 채 소개된 사람들을 마치 수많은 나무 블록들blocks of wood처럼"[25] 다루었을 것이라고 말했다. 달리 말해 새로운 통치성은 수용된 사람들을 권리와 자유는 물론 공포와 감수성을 지닌 인간으로 취급하고자 했다. 반면에 드위트는 그러한 권리와 자유를 보호하는 데 무관심했거나 수용된 사람들이 감정과 내면을 가지고 있음을 인식조차 하지 못했다. 드위트는 수용된 사람들로부터 오직 "나무 블록들" 또는 그가 "도망evasion"이나 "침묵의 막힌 벽blank wall of silence"[26]이라고 불렀던 것을 보았다. 즉 그는 수용자들로부터 알 수 없고, 이해되지도 않으며, 서로 구분되지 않는 덩어리진 얼굴들을 보았다. 그는 그들의 개인적인 주체성에 대해 더이상 아무 것도 알려 하지 않았다.

그러나 자유주의적인 통치성을 구사하려 했던 관리자들은 개인들 각각의 의식 속으로 침투해 들어가야 하며, 그들이 자유롭고 합리적인 선택을 하도록 이끌기 위해 개별적인 인간으로서의 그들을 알아야 한다고 느꼈다. 푸코에 의하면, 통치 전략은 "의식conscience에 대한 지식과 의식을 이끄는 능력을 함축한다."[27] 그들은 수용소가 민주적이고 자유롭다는 이미지를, 아니면 적어도 전시 상황에서 가능한 만큼은 민주적이고 자유롭다는 이미지를 지키고자 노력했다. 이 자유주의적인 (인종주의적) 통치자들은 자신들을 그들의 적인 나치와 구별했다. 그리고 일본인들을 소개했음에도 불구하고 인종과 무관하게 모든 시민들의 민주주의적인 권리를 신봉한다고 주장했다. 그러나 드위트는 등록의 주요 목적 중 하나가 질문 그 자체에 있다는 사실을 이해할 수 없었다. 이 정치적인 의례에서 대답은 물론 중요했다. 하지만 그보다 훨씬 더 중요한 사실은 수용된 모든 성인들이 선택을 강요하는 하나의 시스템에 순종했다는 점이다. 푸코의 말을 활용해 보면, 드위트는 수용된 사람들에게 계속 침묵을 강요했지만, 전시외국인수용소와 전쟁성은 그들에게 자유로운 행위자들free agents로서 말할 것을 강요했다고 할 수 있다. 드위트가 계속 권력에만 특권을 부여한 반면, 새로운 통치성을 구사한 수용소와 전쟁성은 수용된 사람들이 자유에 종속되도록 만들

었다.[28]

따라서 그들은 자기들의 과업을 설명하기 위한 모임에서 간략한 보고를 읽었다. 그리고 이 '수용소 연설Relocation Center Address'에서 팀 구성원들은 자기들이 "자유로운 미국 시민들의 자원 활동에 궁극적으로 의존하는" 수용자 등록을 완수했고, 군 지원자를 모집하기 위해 노력했으며, 이 일에 성공했다는 점을 강조했다. "당신은 이것(여기서의 삶)이 자유가 아니라고 이의를 제기할지도 모른다"고 그들은 시인했다. 그러나 (서투를지언정) 그들은, 국가적 위기의 순간에 "다수의 이익이라고 생각되는 것을 위해서는 이따금 소수의 이해관계가 일시적으로 희생되거나 고려되지 않아야 한다. 국가가 가지고 있는 선의의 증거는 좋은 시기가 왔을 때 당장 모든 권리를 회복시키기 위해 움직이느냐 아니냐를 보면 알게 될 것이다"라고 설명했다. 그들은 수용된 사람들이 "상당한 고난과 커다란 불안의 시기"를 지나왔음을 인정했다. 하지만 그러면서도 그들은 미국 사회가 항상 그 구성원들에게 선택의 자유를 부여했다고 단언했다.

모든 일본계 미국인들이 그들의 정부에 충성스럽지는 않다. 우리 인구 중 어떤 그룹도, 조상들이 수백 년 전에 이곳으로 온 사람들조차도 거기 속한 모든 구성원들이 자기 나라에 완전히 충성을 바치지는 않는다. 그것은 우리 사회가 개인들에게 공익에 기여할 수단의 선택을 허용하는 자유로운 사회이기 때문이다. 자기에게 기회를 준 나라에 대한 그 어떤 의무도 받아들이지 않는 개인들이 모든 그룹에 있다. 그들이 어디에 있건, 그들의 혈통이 어떻든지 간에, 그들은 불충한 사람들이다.[29]

한편으로 이 말은 에른스트 르낭Ernest Renan과 엘리 케두리Elie Kedourie 같은 내셔널리즘 이론가들이 오래전에 강조했던 바, 국가적 귀속의 구조가 지니고 있는 일반적인 성격을 드러낸다. 이 말은 뜻밖에도 내셔널리즘이 귀속성ascription이 아니라 그 구성원들의 자발적인 선택에 궁극적으로 기초한다는 점을 포착하고 있다. 뒤에서 계속 고찰하겠지만, 일본의 내셔널리즘 및 일본제국에 대한 조선인 개인들의 복종과 자기 결정 사이에는 아마도 예기치 않았던 구조적인 정합성이 있었다. 이는 케두리가 칸트의 교리적인 중요성과 지상명령의 개념—선험적인 자유를 내적인 도덕 명령에의 복종 및 종속과 연결시킨 개념—을 강조한 이유이다. 명백히 수용소에 있는 개인들을 암시하며 케두리가 지적했던 것처럼, "어떤 사람은 가장 지독한 지하감옥에 갇힐 수 있으며, 또는 가장 추악한 폭정에 시달릴 수 있다. 하지만 그의 의지가 자유롭다면 여전히 그는 자유로울 것이다. 이 내적 법률에 대해 칸트가 개괄한 바 있듯이, 지상명령에 따라 행동할 때 그의 의지는 자유롭다." 르낭 역시 국민적 현존national existence은 "매일의 국민투표a daily plebiscite", 즉 반복적인 선택의 문제라고 간단명료하게 고찰하면서 내셔널리즘의 핵심적 성격을 포착했다.[30] 그렇게 보면 국가공동체의 각 구성원은 혈통과 무관하게 "공익에 기여하기 위한 수단을 선택할 수 있었다"고 팀 멤버들이 설명했을 때, 그들 역시 국가적 귀속이 궁극적으로는 구성원들의 자유 의지에 기초한다는, 낯설지 않은 주장을 편 것이다.

이전까지 일본계 미국인들은 인종적 귀속에 따라 미국 국적의 선택 가능성에서 배제되어 왔다. 그들은 이 문제와 관련해 아무 선택권도 없었다. 법률에 의해 1세들은 귀화 신청을 할 수 없었다. 법적으로는 시민이었음에도 불구하고 2세들은 국가 사회로부터 추방되었다. 그들은 추방되기 이전부터도 백인에게 보장된 법적 권리의 영역에서 일방적으로 배제되어 있었다. 그러나 아이러니하게도 이제 명백히 부자유를 의미하는 시공간에서 민간과 군대의 관료들은 나라를 위해 싸우고 충성을 서약하는 수용자들의 선택을 환영한다고 말했다. 지원병 제도voluntarism로 전환한 것의 논점을 더 명확히 하기 위해서는, 1944년 7월 1일에 루즈벨트 대통령이 공법 405Public Law 405에 서명함으로써 국적법을 수정한 사실도 지적되어야 할 것이다. 이 법률은 궁극적으로 국적은 선택의 문제며 따라서 개인들이 자유롭게 국적을 버릴 수 있어야 한다는 원칙하에 모든 시민에게 전시에 국적을 포기할 권리를 주었다. 웨인 콜린스Wayne Collins가 전후에 국적 포기 결심을 번복하고자 했던 국적 포기자들을 변호했을 때, 흥미롭게도 그는 그들의 행위가 "자유 의지의 소산이 아니었다"[31]고 주장했다. 콜린스는 국적을 긍정했건 포기했건 간에, 행위의 진실성을 알기 위해서는 개인 주체가 자유롭게 행동했는지 어떤지 판단되어야 한다는 점을 다시금 밝혔다.

물론 1세들은 얼마간 내셔널리즘의 일반적인 원칙에 참여할 수 없었다. 그러나 인종적 포섭의 추세 및 귀속보다 선택을 중시하는 경향에 발맞추어, 1944년 9월 11일부터는 시민권이 없는 일본계 남성들도 군대에 지원할 수 있게 되었다. 군무국장이 정책상의 변화를 선언하며 강조했던 것처럼, 그러한 지원자들의 경우 특별 서명이 붙은 자원입대신청서Application for Voluntary Induction(DSS 165)가 지역 관청에 제출되어 적당한 군 모병 부서로 전해져야 했다. 이 일이 말해 주는 핵심은 이 서류가 "복무 신청이 자발적이었다는 결정적인 증거"[32]를 제공하게 된다는 점이다. 일본계 미국인의 입대 승인 프로그램에 대한 전쟁성의 공식

총력전 제국의 인종주의

역사에서 설명되듯이, 국무성은 "외국인 지원자에 대한 그 어떤 압력도 없음을 보이는 방법으로" 자유로운 선택을 내세우는 이러한 과장된 연출을 권장했다. 이는 국제법이 "적국인들에 대한 강제 입대를 금지"하기 때문이었다. 비시민권자들의 자원 입대 신청 과정에 나타난 이러한 배려는 자원자 및 제 3자들 모두에게 포섭을 자발적인 것으로 이해시키고자 한 정부의 관심을 증명한다. 그뿐 아니라 이는 국가에 소속되는 것이 강요되어서는 안 되며 자유롭게 행동하는 주체에 의해 결정되어야 한다는 생각이 적국 사이에서조차 공유되어 있었다는 점도 암시한다. 여러 경우에서 실제 강요가 있었는지 그렇지 않은지는 요점이 아니다. 중요한 것은 적국들과 마찬가지로 국무성 역시 자발적인 행위만을 적법한 것으로 인정할 것처럼 법률을 통해 원칙적으로 동의했다는 점이다. 또 그러한 논리는 조선처럼 일본에 의해 "점령된 나라" 사람들의 미군 입대를 가능하게 했다. 그들이 법적으로는 일본 국적을 가지고 있을지언정, 그 의지에 반해 일본인이 된 것이라고 추정되었기 때문이다.[33]

어떤 경우건 팀의 멤버들은 수용된 사람들이 전장 및 전쟁물자 생산 공장이나 기관에서 국가의 적과 싸우는 일에 자진해서 참여할 때가 되었으며, 그들이 가능한 한 빨리 "미국인의 현 생활과 직업에서 정상적이고 올바른 몫"을 되찾을 것이라고 설명했다. 더 나아가 발표자들은 일본계 미국인들을 분리된 부대에 제한하는 것이 계속적인 차별의 증거라고 비난받을 것을 예상했다. 따라서 발표자들은 그러한 배치가 부대원들의 성취를 더욱 돋보이게 할 것이며, 이는 "당신의 일본 혈통 때문에 당신에게 편견을 지니고 있던 사람들에 대한 살아 있는 질책"이 될 것임을 설명하고자 노력했다. 그와 동시에 그들은, "해외에 있는 국민들에게, 그리고 특히 동양the East에 있는 사람들에게 당신들은 민주주의의 이름으로 모인 국민의 단결을 보이는 척도가 될 것"이라고 말했다. 요컨대 '수용소 연설'은 수용된 사람들에게 정부가 당신들이 필요하고, 당신들을 신뢰하며, 당신들의 삶은 가까운 미래에 정상을 회복할 것이므로, 당신들은 군대에 지원해 충성을 확인하도록 격려되었다고 말했다. 팀 멤버들은 그 선택이 수용된 사람들 자신에게 달려 있다고 말하려고 했다.[34]

자유주의적인 규칙을 구성하는 예외들

그러나 자유에 대한 그러한 말들이 신뢰를 얻기 위해, 그리고 수용된 사람들을 올바른 선택으로 안내하는 전략이 실현되기 위해, 마이어와 그의 행정관들은 수용소를 자유주의적인 민주주의 사회의 복제물처럼 보이도록 하는 일에 성공해야 했다. 그 일은 공개 토론, 자치, 지역 모임, 수용소 행정관들과 선출·비선출 수용자 대표들의 커뮤니케이션, 출판의 자유 등에 대한 약속을 필요로 했다.

하지만 수용소 관리자들과 전쟁성의 팀들은 그들에게 할당된 과업을 완수할 실제적인 필요성에 직면했을 때 옳은 선택을 하도록 수용자들을 몰아가는 다양한 수준의 강제 수단을 활용했다. 예를 들어 〈팀 캡틴들을 위한 일반 지침〉은 전시에 "선동적이거나 불충한 행위 및 말"을 한 사람들에게 가혹한 처벌을 내릴 수 있도록 한 선동법의 금지 조항들the provisions of the Sedition Acts에 대해 알려 경고할 수 있다고 각 팀에 권했다. 금지 조항에는 "미국 육군이나 해군 안에서 반항, 불충, 폭동, 임무 거부를 의도적으로 발생시키거나 야기하려는 일"이 포함되었다. 그리고 이는 특히 "미국의 신병 모집이나 입대 업무를 고의적으로 방해할" 사람들을 표적으로 했다. 이 지침은, 법령을 게시해서는 안 되며, "대화나 수용소 리더들이나 블록 관리자들과의 회의 등을 통해 두드러지지 않는 다른 방식으로 사람들에게 전달되어야 한다. 그것은 위협용으로 사용되어서는 안 되며, 단지 하나의 적절한 정보로서 제공되어야 한다"고 조심스럽게 말했다. 앙케트 응답 거부에 대해 공공연하게 가해지는 위협은 아무것도 없을 것이었다. 대신 각 개인은 "자기 자신의 이익을 따르라고 재촉받아야" 했다. 분명히 이런 식의 정보 제공과 위협은 잘 구분되지 않았다. 그러나 당국은 별 주저 없이 둘 사이의 선을 넘나들었던 것처럼 보인다. 적어도 토파즈Topaz와 툴 레이크Tule Lake에서, 수용소 관리들은 선동죄로 고소당할 수 있다고 하면서 수용된 사람들을 공공연하게 위협했다. 그리고 그라나다Granada에서도 그랬던 것이 거의 확실하다.[35]

그라나다의 팀 캡틴은 28번 질문에 대해 부정적으로 대답하거나 조건부로 "예스"라 답한 사람들 이름을 프로젝트 디렉터에게 주었다고 보고했다. 디렉터나 수용소의 경찰서장은 이 이름들을 블록 관리자에게 넘겼으며, 블록 관리자는 대답을 무조건 "예스"로 바꾸도록 강요하려 했다. 그 팀 캡틴은 다소 놀라면서, "28번 질문에 '노'로 응답한 모든 사람이 포로수용소나 정치범수용소에 가게 될 수도 있다는 말을 들은 후에도, 그 대답을 바꾸지 않았다는 점이 나에게는 놀라웠다"[36]고 했다.

그와 동시에 수용자들이 고분고분하도록 이끌기 위해서는 훨씬 무자비하고 종종 폭력적이기도 한 조치가 필요했다. 이른바 자유의 공간에서 용납될 수 없다고 판단되는 생각을 품거나 그런 정치적 활동을 하는 사람들은 추방, 감금되었다. 달리 말해 수용소 내의 자유주의를 위한 조건은 자유에 부적합하다고 판단된 사람들을 배제하는 것이었다. 이는 바깥세상의 자유주의를 위한 조건의 복사판이었다. 부적합한 사람은 예외적으로 취급될 것이며, 그들의 자유는 아무 해명도 없이 거부될 것이었다. 그러므로 등록이 시작된 지 얼마 되지 않아 수용소들로부터 매일 같이 혼란, 저항에 대한 보고가 들어오게 되자, 그에 따라 마이어는 프로젝트 디렉터들(각 수용소의 소장들)에게 문제를 일으키는 사람들을 단호히 다루라고 지시했다. 하지만 그는 이 일이 당분간은 위압적으로 보일 테지만, 결국은 '정화 과정purifying process'이 될 것이라고 그들에게 확신시키기도 했다.

나는 몇몇 프로젝트 디렉터들과 전화로 이야기했었다. 그리고 그때 한 말을 다시 반복하고 싶다. 즉 등록이 완전히 성공할 때까지 방해가 되는 어떤 것도 허용되어서는 안 되며, 군 지원에 대한 그 어떤 간섭도 용서될 수 없다. 몇몇 수용소에서는 선동가들이 활동하고 있는 듯하다. 방해의 적당한 증거가 있는 경우, 주저하지 말고 체포하라. 길라Gila에서 르 로이 베네트Le Roy Bennett는 FBI에 도움을 요청해, 13명의 외국인과 14명의 키베이를 2월 16일에 체포했다. FBI는 외국인들을 제거했으며, 전시외국인수용소는 키베이를 제거해 유타주의 모아브Moab 격리수용소로 보냈다. 툴레이크의 하비 코벌리Harvey Coverley는 문제를 일으키다 체포된 사람들 대부분을 그곳에 수용하는 것이 필요하다고 지적한다. 하트 마운틴Heart Mountain에도 이와 비슷한 위기가 나타나고 있으며, 이에 대해 대담한 행동이 필요하다. 등록은 정화 과정이 될 것으로 기대된다.[37]

총력전 제국의 인종주의

요컨대 마이어는 그의 프로젝트 디렉터들이 FBI와 함께 일하면서 '적당한 증거reasonable evidence'라는 막연한 근거만으로도 반대자로 의심되는 사람들을 색출해 주저 없이 체포할 것을 기대했다. 긍정적인 면으로 보면, 그러한 프로세스는 원하지 않는 요소들을 수용소에서 제거하도록 할 터였다.

툴 레이크에 위기가 임박했다고 한 마이어의 견해는 옳았다. 그곳은 가장 과격하게 비협조적인 수용소임이 판명되었다. 마이어가 편지를 쓴 지 겨우 사흘 후에 전시외국인수용소 안전부는 기관총과 총검을 든 헌병들의 지원하에 28명의 남자들을 체포, 제거했다. 수용소의 42번 블록에 살던 사람들 중 35명이 탄원서에 연대 서명해 등록 대신 본국 송환을 요청했는데, 이들 중 거의 대부분인 28명이 체포된 것이다. 그들은 다음과 같이 아주 고상하지는 않지만 강력하게 말했다. "우리 서명자들은 선발징병에 서명하고 싶지 않다. 그러나 본국 귀환을 위해서라면 모든 일이 끝날 때까지 언제라도 서명할 것이다." 3월 10일에 프로젝트 디렉터 코벌리는 마이어에게 편지를 써서 그 전날 저녁 현재 총 105명이 격리수용소에 수용되었음을 알렸다. 그리고 키베이(일정 기간 일본에서 교육 받은 후 미국에 돌아온 미국 시민들)를 대상으로 한 '검사 프로세스'를 통해 61명의 신원이 확인되었다고 보고했다.

이밖에도 다른 체포 사건들이 있었다. 마이어는 툴 레이크의 미등록자들과 관련된 3월 하순의 '미처리 사항' 개괄에 대략 130건의 체포가 있었다고 적었다. 체포된 사람들 중 12명은 반란에 참여한 죄를 인정했는데, 이들은 알투라스Alturas의 모독Modoc 카운티 감옥에 투옥될 것을 선고받았다. 한 사람은 적국인수용소로 보내졌고, 다른 다섯 사람 역시 똑같은 운명에 처해졌던 듯하다. 17명의 키베이들은 유타주 모아브의 격리 캠프로 곧 이송될 것이었다. 마이어는 400명에서 450명의 또 다른 미등록자들이 체포되지 않았다고 보기도 했다. 그는 특별히 그들을 어느 정도까지 처벌할 수 있는지 암시했다. 처벌 중에는 징역형도 있었으며, 내가 말했던 바 체제의 '살게 할 권한'에 의해 가능하게 되었던 복지 지원의 중단, 예컨대 "의복비, 체포되지 않았더라면 받을 자격이 있었을 모든 실업 보상 수당과 공적 보조금"의 불허가 등이 포함되어 있었다. 《훼손 *The Spoilage*》의 저자들인 도로시 스웨인 토마스Dorothy Swane Thomas와 리처드 니시모토Richard S. Nishimoto는 근처에 있는 버려진 CCC(Civilian Conservation Corps, 민간인 관리부대)캠프로 이송된 키베이의 총수를 대략 100명으로 제시했다. 저자들은 전시외국인수용소가 군대의 도움을 받으면서 몇 주 동안 이 CCC캠프를 운영했으며, 그것은 들어오고 나가는 모든 우편물에 대한 검열을 포함한 극히 엄격한 보안하에 수행되었다고 지적했다.[38]

툴 레이크 팀의 캡틴 에반 캐롤Evan W. Carroll 중위는 과거에 징벌이 어려웠던 때에는 이 프로젝트를 진행하면서 체포나 이송이 전혀 없었다고 설명했다.[39] 따라서 이 체포는 툴 레이크에 대한 '정화 과정'의 개시처럼 보였을 것이다. 실제로 정화 행위는 수용소 행정에도 파급되었다. 몇 사람의 교사들 중 두 사람이 3월 6일 사직 요청에 동의했다. 그들은 "전쟁이 국제적 분쟁 조정 수단이 되는 것에 반대했으며, 그들에게 전쟁에 복무할 것이 요구된다면 아마도 거부했을" 사람들이었다. 3월 31일의 편지에서 마이어는 "반전주의자이자 양심적 병역 기피자"인 전시외국인수용소 직원들의 활동에 대한 "걱정스러운 보고를 받고 있다"는 정보도 코벌리에게 주었다. 마이어는 17명 정도의 이름을 말하면서, 툴 레이크의 관리자에게 교정 수단을 동원하라고 지시했으며, 그들 중 대부분이 일 년 이하의 기간으로 고용되었으므로 공식적인 해명 서류 없이도 해고할 수 있음을 알렸다.[40]

그러나 툴 레이크의 관리자들은 자유 유지를 위한 정화를 실시하기보다는, 수용소를 자유주의적 규칙의 주요 예외지역으로 변모시킬 만큼 엄청난 수준의 강압 수단을 계속 사용했다. 이러한 움직임은 전시외국인수용소가 운영하던 근처의 CCC캠프에서 더욱 충격적으로 나타났다. 그곳에서 죄수들은 강제 노동을 해야 했기 때문이다.[41] 전시외국인수용소의 커뮤니티 분석과Community Analysis Section는 푸코가 자유를 통해 작동하는 자유주의적인 통치성과 절대적인 힘의 행사를 구분한 것에 조응하는 방식으로 이 일을 수행했다. 즉 체포가 있은 후 툴 레이크에서는 "힘으로 등록에 영향을 미치려는 집요한 행정적 시도가 두드러졌다. 최초의 체포 후 계속 발생한 일련의 행동 및 이에 수반된 공공연한 적대시가 그것이다." 관리자들은 "이주자들colonists을 설득하는" 예전의 정책을 버리고 힘을 행사함으로써 수용된 사람들의 투쟁성을 격화시켰다. 커뮤니티 분석과에 대해 논의한 어떤 저자는 다음과 같이 통찰력 있게 요약했다. "사람들은 계속 힘이 사용되는 것에 대해 아주 분개했다. 그래서 그들의 시민권적인 저항은 등록의 거부와 동일화되었다. 툴 레이크에 거주하는 수천 명이 보기에, 그리고 그들의 수많은 친구와 이웃이 보기에, 등록하는 것은 지배자의 꼭두각시라는 의미에서 개가 되는 일이었다."[42]

이렇게 툴 레이크에서 자유주의적인 통치성은 붕괴되었다. 그리고 등록 캠페인 몇 달 후인 1943년 7월 15일에 전시외국인수용소 관리 지침 100번이 나옴으로써 돌이킬 수 없는 지경이 되었다. 그것은 "수용소에 거주하는 일본계들 중 그 행위에 의해 현재 교전 상태에 있는 일

2부 '미국인'으로서의 일본인

본에 충성을 바치고 있음이 판명된 사람들"[43]의 격리 장소로 사용될 수 용소들을 지정했기 때문이다. 국외 추방이나 본국 송환을 요청한 사람들, 그리고 28번 질문에 답하기를 거절하거나 "노"라고 대답한 사람들은 명백한 격리 대상자였다. 후자의 경우에 속한 사람들은 재심위원회 Board of Review의 심문을 받았는데, 이때 그들은 자신의 대답을 바꿈으로써 심문하는 관리들에게 자신이 미국에 충성함을 확신시킬 기회가 있었다.

제3의 범주는 훨씬 막연했다. 여기에는 다양한 이유로 전시외국인수용소의 석방 승인을 거부한 모든 사람들이 망라되었으며, "등록 후 부정적 대답을 긍정으로 바꿔 달라고 한, '노'가 아닌 사람들no-noes, 본국 귀환 신청을 취소해 달라고 요청한 본국 귀환자들, 그리고 등록 기준으로 보았을 때는 '충성'이지만 정보기관이나 전시외국인수용소의 프로젝트 관리들에게는 이와 '반대되는' 보고들이 축적되어 있는 다양한 사람들로 된 그룹"[44]이 포함되었다. 이러한 범주에 속한 사람들에 대해 관리자들은 "미국 사람들과 조화하는 데에" 관심이 없는 사람들이라든지, "일본식 생활 방식을 따르고자 하는 사람들" 등과 같은 막연한 기준을 적용했다. 그리고 이 기준은 등록 절차의 대강을 소개한 전시외국인수용소의 팸플릿이 정한 것이었다. 역으로 말해 팸플릿은 "미국인이 되고자 하며", "오직 미국의 번영에만 관심을 가진"[45] 사람을 충성스러운 사람으로 보고 있었다.

이렇게 툴 레이크는 억류 시스템으로 운영되는 격리수용소segregation center로 변형되었다. 이는 툴 레이크가 더이상 다른 수용소들과 동일한 목적을 갖는 장소가 아니라는 것을 의미했다. 그곳에서 관리자들은 감금된 커뮤니티를 자유주의적인 민주 사회의 모조품으로 보이게

하려는 목적을 우선시할 필요가 없었다. 툴 레이크는 자유를 주기에 부적당하다고 판단된 사람들이 아무 이유 없이 추방되어 영구히 유폐될 수 있는 지역이 될 것이었다. 부자유의 공간으로서 툴 레이크가 있다는 사실은 여타 수용소에 사는 사람들의 자유가 성립될 수 있게 했다.

따라서 수용에 대한 마지막 정량 보고에서 전시외국인수용소는 "자유로운 개인"이라는 개념이 상대적인 카테고리임을 인정했다. 자유로운 개인의 의미는, 구분되었지만 서로 연동된 감금 공간들 안에서 각 개인이 어디에 위치하느냐에 따라 결정되었다. 보고서는 1943년 가을에 격리의 낙인이 찍힌 사람들이 속속 툴 레이크로 흘러들어 갔으며, 그에 반해 "어떤 '자유로운' 사람들"(작은 따옴표는 원문 그대로임)은 툴 레이크에서 빠져나갔다고 언급했다(《사진 2》를 볼 것). 제약이 훨씬 심한 곳들과 비교했을 때 툴 레이크 역시 자유로운 공간으로 운영되었음을 역으로 암시하면서, 보고서는 1943년 9월부터 1944년 5월까지 격리수용소가 여러 법무성 수용소에 감금되었던 약 134명의 가석방paroled 외국인들을 받아들였다고 밝혔다. 1943년 9월 중순부터 10월 중순 사이에 툴 레이크를 중심으로 들어오고 나가는 대량의 이동이 발생했다. 이 기간 동안 6,289명의 '자유로운' 사람들이 툴 레이크에서 나와 여섯 군데의 수용소 중 한 군데로 재배치되었으며, 새롭게 '부자유'가 된 격리 대상자 및 그 직계 가족들 8,559명이 아홉 군데의 다른 수용소를 떠나 툴 레이크에 수용되었다.[46]

충성스러운 사람들을 그렇지 못한 사람들로부터 분리시키는 절차가 시행되는 동안 격리수용소는 힘에 의한 지배 논리를 물리적으로 구현하기 위해 새로 지어졌다. 이로써 힘에 의한 지배는 상징적인 동시에 실제적으로 구체화되었다. 토마스와 니시모토는 이 변모를 다음과 같이 기술했다.

8피트 높이의 이중 접근방지 펜스가 수용소 전역에 둘러 쳐졌다. 그리고 새 게이트가 7구역Ward Ⅶ과 관리 지역 사이에 만들어졌다. 외부 경계 헌병이 200~300명에서 대대 전체 병력으로 증강되었으며, 그들을 수용하기 위해 바라크들이 새로 설치되었다. 군사 지역에는 비록 구식이지만 인상적인 탱크 여섯 대가 거주자들에게 잘 보이도록 나란히 서 있었다. 이로 인해 백인들 중 수많은 사람들이 툴 레이크가 강제수용소의 모습으로 변하는 것에 항의하며 사직했다. 사직한 사람 중에는 소개된 사람들과 친밀하고 협조적인 관계를 맺고 있었으며, 수용소 내의 민주적 조직을 발전시키기 위해 노력을 아끼지 않을 만큼 사회적 성향이 있던 몇 사람이 포함되

사진 2_툴 레이크에서 나와 그라나다 수용소에 도착하는 '자유로운 사람들free individuals'.
War Relocation Authority Photographs of Japanese American Evacuation and Resettl ement,
BANCPIC 1967.014 - PIC. John McClelland, photographer. 14 September 1943.
캘리포니아 대학교 버클리 캠퍼스 밴크로프트 도서관the Bancroft Library 제공.

총력전 제국의 인종주의

어 있었음은 주목할 만하다.[47]

일반적으로 전시외국인수용소는 여타 수용소에 있던 사람들을 석방해 주류사회에 편입시키려고 했다. 그러나 툴 레이크 격리센터에서 나온 사람들의 즉각적인 재정착은 금지되었다. 일상적인 커뮤니티 관리 프로그램을 없앰으로써, 툴 레이크는 수용자들의 자치가 이루어지는 것처럼 보여 주는 일도 포기했다. 초등교육과 고등교육은 의무적인 것이 아니라 선택적인 것이 되었다. 이는 툴 레이크의 새로운 역할이 지정되기 약 한 달 전에 만자나 수용소에 전문대학이 설립, 인가된 일과 첨예하게 대조된다. 분명히 툴 레이크는 여전히 의료 서비스, 신도神道를 제외한 종교의 자유, 커뮤니티 신문, 강제가 아닌 자원 노동 등과 같은 자유주의적 통치성의 외관을 지닌 채 운영되었다. 그러나 노동 조건, 수용소 직원들의 부패, 자치의 결여 및 부적절한 음식과 의료 서비스 등을 둘러싸고 관리자들과 수용자들 사이에는 갈등이 계속되었다. 갈등은 1943년 가을의 집단적 항의로 최고조에 이르렀는데, 이에 대해 관리자 측은 무자비하게 대응했다. 이를 통해 힘과 지도가 균형을 이루고 있던 다른 모든 수용소들과 달리, 툴 레이크에서는 힘이 지배할 것이라는 점을 확실히 했다.[48]

얼마 전 리처드 드린논이 아주 상세하게 밝혔던 것처럼, 11월 4일에 수용소 내의 보안요원들은 베어링과 야구방망이를 휘둘러, 항의하는 수용자들을 문자 그대로 짓부쉈다. 같은 날 군대는 수용소에 진입하여 자유로움을 가장했던 모든 것을 즉각 중단시켰다. 수용소에는 군법이 적용되었으며, 그러한 상태는 다음해 1월까지 계속되었다.[49] 그곳에는 백인 통치자들과 피통치자들 사이의 지도하고 지도받는 복잡한 관계가 아니라 양자의 엄격한 구별만이 있을 뿐이었다. 캠프의 백인 구역 Caucasian section으로 불리던 곳들—관리 사무소, 숙소, 창고, 병원 등 —을 나머지 지역들로부터 격리하기 위해 설치한 높은 철조망과 접근 방지 펜스는 그 점을 상징했다. 게다가 군대는 수용소를 접수한 후, 즉각 중요 보안구역을 구획해 펜스를 쳤다. 그리고 펜스 내부를 철저한 군대식 영창으로 운영하면서, '트러블메이커'로 추정되는 수백 명을 무기한으로 가두었다. 'B 구역'이나 '감시구역'의 딱지가 붙은 곳은 부자유의 운명이 각인된 또 다른 지역이었다. 이곳들로 말미암아 나머지 구역은 상대적으로 자유로운 공간이 되었다. 이 영창은 군에 의해, 그리고 마지막 한 달은 전시외국인수용소에 의해 1944년 8월까지 계속 운영되었다.[50]

그러나 툴 레이크의 경우 및 기타 배제적인 정책의 사례는 다른 수용소들이 자유주의적 통치성을 더욱 발전시킬 수 있게 한 예외들이었다. 예컨대 포스턴Poston에서는 등록과 모병이 비교적 순조롭게 진행되어 백 퍼센트 등록에 응했으며, 236명의 군 지원자가 나왔다. 이 수는 308명이 군대에 지원했던 미니도카Minidoka에 이어 전체 수용소 중 두 번째로 높은 것이었다. 그러나 수용소의 팀 캡틴 존 볼턴John H. Bolton 중위가 설명했듯이, 상대적으로 분규가 적었다는 점이 부분적인 이유가 되어 FBI는 두 사람의 트러블메이커를 이 수용소에서 제거했다. 툴레이크가 격리수용소로 전환될 것을 예상하면서 볼턴은 "적은 비율의 불충한 자와 트러블메이커"를 제거해 현존하는 한 곳의 수용소에 집어 넣도록 할 전반적인 정책을 제안하기까지 했다. 그는 포스턴에서 그렇게 했던 것처럼, 이 일이 "조용하게, 그리고 절대 알려지지 않게" 수행되어야 한다고 말했다.[51]

길라 리버Gila River에서의 '정화 과정'은 1943년 2월에서 3월까지 다음과 같이 진행되었다. 2월 10일에 팀들이 등록을 개시했지만, 처음 며칠 동안은 충성도 질문에 대한 대답이 극히 실망스러웠다. 10일에 열린 수용자 미팅에서 팀원 중 일본계 미국인 하사가 이야기했을 때, 그는 "야비하고 모욕적인 욕설이나 육체적 폭력의 위협과 함께 이곳저곳에서 터져 나오는 호된 질문 공세"를 받았다. "야유하는 무리들이 일본 국가를 부르며 아부라멘Aburamen 하사의 차를 따라갔다.……이 기간 동안 다른 군 스태프들은 일본인과 미국인(원문대로임) 모두로부터 조롱거리가 되고 모욕을 받으면서 수용소를 돌아다녔다." 노먼 톰프슨Norman R. Thompson 대위는 팀의 리더로서 다음과 같이 보고했다. "그 외에 주로 트럭 운전사들이 자주 소란을 일으켰다. 그들은 우리가 차를 타거나 걸어서 지나가고 있을 때 흙먼지 때문에 번호판이 잘 안 보인다는 점을 이용해 트럭의 방향을 바꿔 우리 쪽으로 돌진했다." 12일에 전쟁성 차관보의 행정관인 스코비 대령과 헌병감사무실의 제이 휴즈J. D. Hughes 중위가 수용소에 도착했다. 스코비는 수용자 리더들과 만나 등록과 모병을 방해하지 말라고 설득하려 했다. 당국은 이러한 어려움으로 인해 13일과 14일에 등록을 중지하는 한편, 주로 키베이들로 구성된 그룹들이 대답을 망치고 있다고 판정했다. 등록과 군 지원자 모집은 15일에 재개되었다.[52]

한편 12일에 마이어와 전화 통화한 후, 길라 리버의 프로젝트 디렉터인 베네트L. H. Bennett는 "파괴적인 활동들"에 대한 조사를 시작했다. 이 조사에는 베네트와 그의 부하들이 마이어에게 제출했던 열 명의 리스트에 대한 재점검이 포함되어 있었다. 또한 베네트가 말한, "우리가 생각하기에 파괴적인 사람들을 색출하는 데 무언가 도움을 줄 수 있을" "모든 수용자와 임명된 사람"에 대한 조사도 실시되었다. 베네트, 베네트의 부하 두 사람, 톰프슨 등은 미국 연방검사인 플린트 씨Mr. Flint라는 사람과 피닉스Phoenix에서 만났다. 그들은 그에게 수상한 사람 20명에 대한 정보를 제공했는데, 그중 16명은 외국인이었다. 플린트는 FBI가 책임을 지는 한, 리스트에 오른 비시민권자들을 체포하기 위해 대통령의 승인을 요청할 수 있다고 동의했다. 그리하여 베네트와 다른 직원들은 담당자인 콜터 씨Mr. Colter라는 사람과 상의했다. FBI 보조요원인 콜터 씨는 협조를 수락했으며, 16일 아침에 승인이 남에 따라 외국인들을 체포하기 위해 12명의 요원을 파견했다. 톰프슨, 베네트, 베네트의 부하들은 20명의 명단에 속해 있던 나머지 네 사람의 키베이도 체포하기로 했다. 베네트는 수용소 보안대에 모든 키베이들을 모아브로 호송하라고 지시했다.

16일에 27명의 외국인과 키베이를 싹쓸이해 체포하기 위해서는 전시외국인수용소, FBI, 법무성뿐 아니라 헌병의 협력도 필요했다. 베네트는 이 일에 관여한 다른 사람들과 상의해, 이들을 제거하는 동안 각 구역 간의 왕래를 중단시키고 군중의 모임을 해산하기 위해 2, 3마일 떨어진 각 구역의 펜스 게이트와 수용소 입구에 군 경호원들을 배치하도록 했다. 예정 시각인 오후 3시 정각에 수용소 직원들이 FBI의 자동차들을 운전하여 처음에는 뷰트Butte로, 그다음에는 캐널Canal 커뮤니티로 들어가 프로젝트를 완수했다. 요원들은 목표로 삼은 사람들을 한 번에 한 명씩 수용소에서 끄집어내 헌병본부에서 대기하던 트럭에 태웠다. 이 본부는 뷰트와 캐널 캠프로부터 피닉스로 가는 길의 교차점에 이미 설치되어 있었다. 전시외국인수용소의 보안대는 이와 똑같은 방식으로 각각의 키베이를 외국인용 첫 번째 트럭 가까이 있던 두 번째

총력전 제국의 인종주의

트럭에 옮겨 태웠다. 경기관총으로 무장한 헌병 한 소대가 만반의 준비를 갖추고 트럭 근처에 서 있었다. 이 일을 하는 데 걸린 시간은 겨우 2시간 25분이었다. 그리하여 베네트는 오후 6시에 수용소 전체가 "정상으로 복귀되었다"고 보고할 수 있었다. 그때 외국인들을 태운 트럭은 뉴멕시코주 로즈버그Lordsburg의 법무성 수용소로 가고 있었다. 오후 7시에 키베이 미국 시민들을 태운 트럭은 모아브 격리센터로 가고 있었다. 이러한 청소가 있은 후, 충성도 질문에 부정적으로 기재했던 수용자들은 다시 불려가 대답의 번복을 허락받았다. 남성과 여성, 시민과 비시민의 등록은 계속 진행되어 3월 15일에 완료되었다.[53]

딜런 마이어는 1943년 2월 11일 상원 군사위원회의 챈들러 소위원회에서 증언하면서, 일본인에게 자유를 부여할 시스템에 대해 간단히 요약했다. 그것은 미로같이 복잡한 격리 시스템을 통해 수행될 것이었다. 이날은 마이어가 전시외국인수용소에서 지원병 모집과 모든 성인들에 대한 충성도 앙케트의 캠페인을 시작한 날이라는 점에서 의미심장하다. 그는 "특별 조사를 위한 한 가지 기초로서 여러 다른 종류의 카테고리들을 활용하는 것이 우리의 현 정책입니다"라고 말하기 시작했다. 그러나 그는 이어서 다음과 같이 말했다.

개별적인 케이스에 대한 고려 없이 격리 프로그램을 계속하는 것은 전시외국인수용소의 정책이 아닙니다. 요약해 말씀드리면, 전시외국인수용소의 격리 정책은 대체로 다음과 같습니다.

첫째, 격리의 가장 긍정적이고 만족스러운 형태는 수용소 바깥에서 직업을 갖거나 입대하기에 적격한 사람들의 배치를 위한 무기한 석방(외출)입니다.

2부 '미국인'으로서의 일본인

둘째로는 파괴적이거나 트러블메이커로 판단될 수 있는 외국인들을 법무성 감금Justice detention[원문대로] 캠프나 군대 수용소에 배치하는 것입니다. 현재 우리는, 전시외국인수용소가 어떠한 경우에도 서류를 제출할 수 있으며, 이로써 타당한 근거가 입증된다면 우리 수용소들이 추천하는 모든 외국인들을 받아들일 것이라는 법무성의 동의를 얻고 있습니다. 이 일은 그 점에 근거해 움직이고 있습니다.

셋째, 외국인이나 시민권자의 경우 공히 범죄 행위가 결정적으로 증명될 수 있다면, 연방 법정이나 지역 및 주 법정에 기소될 것입니다.

넷째, 정식으로 법적 절차를 밟을 만큼 충분한 증거가 없다고 느껴지는 어떤 미국 시민들의 경우, 우리는 일시적으로라도 그들을 집단에서 떼어놓기 위해 격리센터에 계속 수용할 것입니다. 그리고 아마도 그런 센터들이 필요하게 될 것입니다.

의장님, 이로써 현재의 정책을 대체적으로 말씀드렸다고 생각합니다.[54]

이 개괄에서 마이어는 전시외국인수용소가, 군역에 적합한 젊은 남성들을 포함한 일본계 미국인들을 주류사회의 자유로 복귀시키고자 했음을 간명하게 설명했다. 이 목표를 달성하기 위해 요원들은 '카테고리들'에 근거한 조사를 실시했다. 아마 마이어는 카테고리라는 말로 1세 Issei(법적으로 시민권의 자격이 없는 1세대 이민자), 2세Nisei(태어나면서부터 미국 시민권을 가지고 있는 2세대 일본계 미국인), 또는 키베이 2세(일본에서 교육을 받고 미국으로 돌아온 2세) 등의 구분을 의미했을 것이다. 또한 마이어는 카테고리에 의한 판단이 충분하지 않다고 역설하기도 했다. 따라서 그 대신 충성도에 대한 개별적 측정이 실시되었다.

하지만 마이어의 증언은 일본계 미국인들에게 자유와 평등을 보장

총력전 제국의 인종주의

한다는 원칙과, '인종'을 이유로 계속 자행되는 차별 사이의 모순을 드러냈다. 왜냐하면 마이어가 케이스 바이 케이스로 대량 석방하겠다는 목표를 역설할 때조차 '무기한 석방(무기한 외출indefinite leave)'이란 말은 전시에 재미 일본인들이 생활할 미국 내의 적절한 장소는 수용소며, 일본과의 전쟁이 계속되는 한 수용소 바깥으로 나간 사람들은 여전히 의심스러운 인종 집단의 멤버들일 것임을 줄곧 암시했기 때문이다. 실제로 챈들러 소위원회에 속한 상원의원들의 질문에 대해 마이어는 전시외국인수용소가 재정착한 모든 일본계 미국인들을 꾸준히 감시했음을 확인했다.

마이어는 전시외국인수용소에 주소를 알릴 법적인 의무는 석방된 외국인들에게만 있었지만, "그렇게 하는 것이 꼭 필요하고 실용적이라고 생각"[55]했기 때문에 일본계 미국인들에게도 그렇게 할 것을 요청했다고 말했다. 이후 한 청문회에서 나온 질문에 답하면서 마이어는 그때까지 '무기한 석방' 허가를 받은 1,760명의 행방을 모두 알아야 한다고 주장했다.[56] 석방된 수용자 전체에 대한 이 같은 감시는 전쟁 기간 내내 지속될 것이며, 따라서 수용소로부터 석방됨과 동시에 특별 추적의 대상이 되는 모순적인 상황 역시 계속되었다. 더 나아가 1944년 12월 7일(1945년 1월 3일 발효)에 집단추방 명령이 폐기될 때까지 그들은 자유롭게 서해안으로 돌아갈 수 없었다. 전시외국인수용소 역시 서부방위사령부가 추방령을 폐지할 것이라는 성명에 뒤이어 수용소들을 폐쇄할 계획을 발표한 1944년 12월 20일까지 '무기한 석방(외출)'이라는 말을 계속 사용했다. 전시외국인수용소는 그 이후의 석방을 '최종적 출발terminal departure'[57]로 생각했다.

수용소 외부에서건 내부에서건 "자유로울 자격이 없다"고 판단된 사람들과 관련해서 마이어는 각각 비시민권자와 시민권자를 수용할 두 가지 타입의 특별 캠프를 설명했다. 전자에 대해 마이어는 법무성과 군대가 "파괴적이거나 트러블메이커로 생각되는 외국인들을 법무성 감금detention[원문대로] 캠프나 육군포로수용소Army internment camp에 수용하고 있다"고 말했다. 그가 염두에 두었던 것은 전시외국인수용소가 아니라 법무성이나 육군이 운영하는 캠프들이었다. 거기에는 "위험하다"고 간주된 일본인 및 기타 적국 국적의 외국인들이 갇혀 있었다. 민간과 군 정보기관들은 특별히 의심스럽다고 생각되는 사람들—대개 커뮤니티 지도자나 라디오 소유자, 예컨대 어부라는 등의 아주 빈약한 증거를 가지고—을 1941년 12월 훨씬 이전부터 감시해 오고 있었다. 진주만 공격 후 몇 시간 내에 FBI는 적국민법Alien Enemy Act에 근거해 그들을 체포하기 시작했다. 1942년 11월까지 5,000명에 가까운 독일계 및 2,000명 이상의 이탈리아계와 더불어 일본계 5,534명이 감금되었다.[58] 적국민법은 1798년에 제정된 아주 오래된 적국민법에 기초해서 1918년에 만든 것이었다.

마이어는 적국민법이 그런 식의 체포를 명확히 정당화하지 않았음에도 불구하고 1세와 함께 상당수의 2세가 "위험한" 사람들의 초기 청소 과정에서 체포되었다는 사실을 증언 시에 말하지 않았다. 나아가 전시외국인수용소에서 추방되어 외국인을 대상으로 한 법무성 수용소에 전쟁이 끝난 후 수용소가 폐쇄될 때까지 감금된 사람들 중에는 상당한 수의 2세가 있었다. 테츠덴 카시마Tetsuden Kashima가 지적하듯이, 수상한 일본 국민들을 감금한 것은 미국이 일본과의 전쟁을 공식적으로 선포하기 이전이었으므로 FBI가 수행한 초기의 체포는 합법적이지 않았을 것이다. 게다가 전쟁이 끝날 때까지 법무성은 많은 경우 그 사법권의 한계를 넘어섰다. 즉 법무성은 일본 국민과 함께 31명의 2세들, 즉 미국 시민들을 체포, 감금했다.[59]

법무성은 체포된 사람들에 대한 심리를 실시했지만, 본토의 경우 기소된 사람들에게 변호사를 허용하지 않았다. 그리고 하와이와 본토 모두에서 항소는 실질적으로 불가능했다. 심리 결과에 따라 일본으로의 본국 송환, 석방 또는 가석방(이는 하와이에는 적용되었지만, 서해안 소개 이후 본토에는 적용되지 않았다.), 라틴 아메리카를 거쳐 미국으로 이민 온 소수에게는 라틴 아메리카로의 복귀, 그리고 대부분의 경우 법무성 수용소나 군 수용소에 장기 감금하는 등의 판결이 가능했다. 물론 일본인을 서해안에서 몰아낸 이후에, 이 수용소들에 갇히지 않는다는 것은 일시적인 '집합소'로 직행해 다시 수용되거나, 그 후 전시외국인수용소의 캠프에 더 오랫동안 감금됨을 의미했다. 마이어가 설명했던 것처럼, 전시외국인수용소는 관리자들이 '트러블메이커'로 간주한 사람들을 '수용소'에서 추방해 법무성 캠프로 보낼 준비를 항상 갖추고 있었다. 전쟁이 막바지에 이르렀을 때 법무성 캠프에 있던 7,364명 중 5,211명이 일본계였다. 테츠덴 카시마는 전시에 일본계를 수용했던 감금 캠프의 네트워크에 대해 아주 광범위하게 논의하면서, 법무성이 총 1만 7,477명의 일본계를 가두었다고 평가했다. 달리 말해 이 총수는 일본인뿐 아니라 독일인, 이탈리아인 및 다른 나라 출신이 포함된 전체 수용자의 약 54.8퍼센트였다.[60]

위에 언급된 증언 중 더욱 충격적인 것은, 그 어떤 죄로도 기소할 만한 증거가 없는 일본계 미국 시민들을 가둔 격리수용소에 대해 마이어가 태연자약하게 설명했다는 사실이다. 마이어는 수용소에서 추방되어 최고로 경계가 삼엄한 감옥에 갇힐 '트러블메이커들'을 색출해 내기 위해 수용소 관리자들이 법률이나 명확한 기준에 얽매이지 않았던 한 가지 상황을 묘사했다. 이른바 만자나 폭동Manzanar Riot(캠프의 환경 및 일본계 미국인 다언어 능력자들의 입대 추진을 배경으로 만자나 수용소에서 1942년 12월에 폭발한 소요) 직후 전시외국인수용소는 유타주에 모아브Moab 격리센터라는 캠프를 세웠다. 모아브 격리수용소는 1943년 4월에 폐쇄되었지만, 증언 시 마이어가 예측했듯이 이 수용소가 했던 일은 계속 이어졌다. 처음에는 애리조나주의 레우프Leupp 격리수용소가, 그 후에는 툴 레이크 수용소 내의 영창stockade이 모아브의 역할을 수행했다.[61]

요컨대 전시외국인수용소가 내세웠던 자유주의적 국민국가의 복제물 같은 이미지는 오직 사람들을 더 배제하고 더 자유롭지 못하게 할 공간 및 정책들—법무성과 군대 수용소, 모아브와 레우프 격리수용소, 결국에는 툴 레이크 격리 센터, 그리고 그 안의 영창—과의 관계를 통해서만 상징적이고 실제적으로 유지될 수 있었다. 이러한 커넥션과 더불어 마이어의 2월 11일 증언이 전시외국인수용소의 책임을 전쟁성으로 이전시키고자 했던 상원 법안 S.444를 검토하는 청문회에서 이루어졌다는 사실도 기억되어야 한다.

마이어가 청중들의 관심을 끄는 데 성공함으로써 엄청난 결과가 초래되었다. 만일 법안이 통과되었더라면, 건강하게 기능하는 민주적 사회의 외관을 꾸미기 위한 미로 같은 새 제도는 더이상 기능하고 발전하지 않았을 것이기 때문이다. 그 경우, 군대는 그저 모든 수용소들을 인계 받아 거기에 영속적으로 군법을 적용했을 것이며, 그렇게 함으로써 자유주의적 통치성을 통해 수용소를 다스리려 했던 전시외국인수용소의 실험을 종결시켰을 것이다. 그러나 이와는 반대로 법안 통과의 실패는 이러한 정치적 합리성이 일본계 미국인이라는 하위인구를 다스리는 새로운 상식으로서 수립되었음을 의미했다.

전쟁성 차관보 맥클로이의 참모인 윌리엄 스코비 대령은, 군대가 "군사적 특성보다는 사회적 특성을 지닌" 임무를 "맡을 만큼 전문적으로 훈련되어 있지 않다"는 이유로 전쟁성조차 법안 S.444에 반대했다고 설명했다. 그는 그의 대화 상대에게 군 헌병이 수용소 외부의 사회를 '일본인의 도발'로부터 보호할 준비가 잘 되어 있으며, 위기에는 주저 없이 대응할 것임을 보증했다. "우리 부대는 기관총, 소총, 권총, 최루 가스 등 부대의 병력 규모와 형태에 적절한 정상적인 무기들로 무장되어 있다"고 확인했다. "그들은 그 무기들을 사용할 준비가 되어 있습니다. 그들은 무기들을 잘 다룰 줄 알며, 비상시에는 주저 없이 무기들을 쓸 것입니다." 그러나 그가 말하고자 한 것은 이러한 군대의 역할이 사회 관리로까지 확장되지는 않을 것이라는 점이었다.[62]

청문회는 2월 11일의 상원 소위원회의 증언에서 마이어가 말한 계획을 무산시키지 않았다. 오히려 청문회는 이미 실시되고 있던 계획들을 추진하도록 실제로 마이어를 도움으로써 전쟁성, 상원, 미디어, 다양한 정보기관들, 일반 대중 등의 요구를 충족시키고자 했다. 법안 통과의 실패는, 완전히 자유롭지는 않지만 상대적으로 자유로운 공간들과 짝을 이루고 있는 격리와 관련해, 여전히 수상한 이 소수자들의 관리 방법에 대한 민간과 군 통치자 및 여러 정보기관들의 의견이 일치하게 되었음을 의미했다. 하지만 "쨉" 같은 말을 자주 사용하는 등, 상원 의원들의 질의는 뻔뻔스러운 인종주의적 표현들로 가득했다. 사우스다코타주의 챈 거니Chan Gurney 상원의원은 석방된 일본인들이 "이 나라에 사는 우리 대다수와 다른 인종에 속하기" 때문에, "계속 그들로부터 정보를 얻고 언제든지 단서를 얻을 수 있도록 최소한 달마다, 가능하다면 매주, 그들이 어디에 있는지 보고해야 한다"[63]고 말하기까지 했다. 하지만 그러한 거친 인종주의의 정서조차 석방된 일본인들이 충성스런 미국인으로 처신할 것이라는 믿음에 어느 정도는 의지했던 자유주의적 플랜을 뒤집지는 못했다.

1943년 6월 8일부터 전시외국인수용소를 조사한 하원 위원회의 보고서 역시 완전한 만장일치는 아니지만 통치자들 사이에 점점 찬성하는 분위기가 확대되고 있음을 확인했다. 비미 활동에 대한 다이즈 위원회의 9월 30일자 보고서는 근본적으로 전시외국인수용소가 이미 운영하기 시작한 기본 원칙들을 반복했다. 즉 보고서는 불충한 사람들로부터 충성스런 사람들을 분리하는 일에 대해 사람들에게 더욱 알릴 것, 수용자들의 석방 허가 요청을 조사하고 판단할 위원회를 설치할 것, 수용소에서 엄격한 미국화 프로그램을 실시할 것 등을 요구했다.[64]

루즈벨트 대통령은 1943년 2월 1일에 전쟁성 장관 스팀슨에게 보낸 유명한 편지에서 일본계 미국인으로 구성된 전투부대 창설을 강력히 찬성했다. 그랬던 만큼 그는 1943년 11월 14일의 한 메시지에서 일본계 미국인을 다루는 방법에 대한 새로운 컨센서스를 스스로 발표했다. 이제 그는 인종적 평등의 원칙을 긍정했을 뿐 아니라, 불충하거나 그럴 가능성이 있는 사람들을 충성스러운 사람들과 분리해 계속 구금하는 대신 충성스러운 사람들의 석방을 더욱 촉진해 그들을 주류사회에 편입시킨다는 전시외국인수용소의 계획을 지지하기도 했다.

형식적으로 이 메시지는 상원 결의안 166호(1943년 7월 6일)에 대한 대응으로 만들어졌다. 결의안은 대통령에게, (1) 불충한 사람들 및 "그 충성이 의심스러운" 사람들을 충성스러운 사람들로부터 격리하고, (2)

"정부의 적당한 부서에서 수용소의 환경 및 앞으로의 운영 계획에 대한 전체적이고 완전한 공식 문서를 공표하게" 하기 위한 행정명령을 내리라고 요구했다. 이 메시지에서 루즈벨트는 그러한 행정명령이 이중으로 불필요할 것이라고 말했다. 전시외국인수용소가 이미 그와 같은 격리 계획을 수립했을 뿐만 아니라, 이미 수용자들은 기차를 타고 툴 레이크 격리센터에서 나가거나 그곳으로 들어가고 있었다. 더 나아가 전쟁동원청the Office of War Mobilization은 수용소의 환경에 대한 간략한 성명을 발표했으며, 대통령의 메시지와 관련해 전체적인 보고서가 나오고 있었다. 달리 말해 루즈벨트는 의회와 전시외국인수용소가 합의했다고 보았으며, 따라서 그는 대통령으로서 전시의 감금, 자유, 자발적 선택("그들은 할 수 있으며, 그러기를 원한다."), 그리고 인종에 대한 현재의 이해 상태에 대해 그저 박수나 치려고 했다.

전시외국인수용소는 불충한 수용자들을 격리센터에 격리함과 함께 이제 군사적 필요성으로 인해 불가피했던 소개의 고생 속에서도 이 나라에 대한 충성심이 여전히 확고한 일본계 미국인들을 보통의 가정과 소개 지역 외부의 미국 전체 일터로 재배치하기 위해 그 노력을 배가할 것을 제안한다. 우리는 군사적 상황이 나아지는 대로 즉각 충성스러운 사람들이 원래 살던 지역으로 돌아갈 권리를 회복시킬 것이다. 그동안 일본계 미국인들은 다른 나라 출신들과 마찬가지로 우리의 제도를 받아들일 수 있고 또 그러기를 원하며, 국가의 부와 번영에 나름대로 소중하게 기여하면서 우리와 함께 충성스럽게 일한다는 사실을 보여 주었다. 우리로 하여금 이 전쟁에 참전하도록 한 바로 그 이상을 옹호하는 입장에서 볼 때, 우리에게 중요한 것은 다른 소수 민족들과 마찬가지로 이 소수자들에 대해서도 높은

수준의 공정하고 친절하며 평등한 대우를 유지하는 일이다.[65]

문화, 종교, 정견을 이유로 한 불충

총력전 시기 일본계 미국인 통치 정책의 윤곽을 완성하기 위해서는 앙케트 조사로 돌아가는 것이 필요하다. 그리고 신뢰도나 '충성'에 대해 최종적인 판정을 내렸던 광범위한 기관 및 치안 조직망 곳곳에 앙케트가 전달되었던 동선을 추적하는 것이 필수적이다. 앙케트의 두 가지 버전은 27번과 28번으로 끝나지 않고 그보다 훨씬 많은 문항으로 되어 있었다. 그러나 보통 이 사실은 기억되지 않는다.

또 한 가지 종종 망각되고 있는 사실은 전시외국인수용소와 전쟁성이 다른 정보 소스로부터 온 정보들 및 앙케트에 대한 전반적인 평가에 근거해 사람들의 안전도를 감정했다는 점이다. 즉 304A 양식을 작성하며 군에 지원하고자 하는 어떤 성인 남성의 경우, 안전의 관점에서 보았을 때 단지 자원입대신청서Form DSS 165를 제출하고 27번과 28번 질문에 긍정적으로 대답하는 것만으로는 입대 자격을 충족시킬 수 없었다. 그러므로 전쟁성 정보참모차장실 방첩대CIG의 특별인가 부서는 304A 양식에 대한 표준화된 점수 체계에 따라 지원자 개개인의 충성도를 평가했다. 그들은 군 정보사단MID, 해군정보실ONI, 전시외국인수용소, FBI 등이 보유한 기록들에 기대어 사람들을 체크하기도 했다. 지역의 입대사무소는 이 선발 절차를 통해 전쟁성이 수용 가능하다고 판단한 지원자들의 신청서에 근거해서만 일을 처리할 수 있었다. 정보참모차장실은 젊은 남자들의 징병(지원자 모집 다음 단계) 절차를 시작하면서 잠재력 있는 징병 대상자들을 평가하기 위해서는 더 유연하고 개별화된 접근이 좋다고 판단하여 엄격한 점수 체계를 버렸다. 그러나 정보국은 304A 양식을 계속 사용했으며, 지원 프로그램하에 만들어졌던 일반적인 평가 지침을 따랐다.[66]

전쟁성 정보참모차장실 방첩대의 일본인 담당부서가 304A 양식을 평가하기 위해 사용한 기준과 점수 체계는 〈미국 육군 전투부대에 복무하기 위해 지원 입대 신청을 한 일본계 시민들과 관련된 특별 앙케트 분석 차트Analysis Chart of Special Questionnaires Relating to Citizens of Japanese Ancestry Who Make Application for Voluntary Induction Into the Army of the United States for Service with the Combat Team〉라는 이름의 서류 안에 명확히 기입되어 있었다. 이 분석 차트는 생물학적 인종주의를 공식적으로 거부하기 시작하던 즈음에, 군대 그리고 더 크게는 정부가 어떤 사람들을 국가에 받아들일 수 있다고 생각했는지를 아주 잘 보여 준다. 첫째, 적국 및 적국 국민과의 연결을 밝히고자 했던 방첩대의 욕망으로 인해, 일본과 맺고 있는 가족적·사회적 관련성 및 그 외의 실질적인 연결을 평가하는 다수의 기준들이 상당히 노골적으로 강조되어 적용되었다. 이 항목에는 결혼 상대자의 시민권, 부모의 시민권, 이미 군에서 복무하는 친척들의 존재, 가족 구성원들의 소재지, 학력, 일본으로의 여행 빈도 및 투자(예컨대 1935년 이후 일본 엔화를 구매했던 사람은 거부되었다), 사회 공헌, 소속된 클럽과 단체, 신문과 잡지의 취향(일본계 미국시민 연맹the Japanese American Citizen League의 《퍼시픽 시티즌Pacific Citizen》 같은 영어 출판물들이 선호되었다), 일본 영사관에의 출생 신고(신고하지 않은 것은 더 좋았다), 과거의 본국 송환 신청 등이 포함되어 있었다. 별로 놀랍지도 않은 이러한 지침에 덧붙여, 차트는 평가 대상자의 반응이 일본으로부터 종교를 포함한 문화적인 거리가 있고, "영국화된anglicized"(백인) 문화에 동화되려고 하며, 종류를 불문한 급진적인 정치성 대신 주류사회에 참여하려는 경향을 보일 경우 긍정적인 점수를 주라고 평가자들에게 권고했다.

따라서 평가자들은 첫 번째 항목, 즉 304A 양식의 1번 질문인 이름에 대한 대답에서부터 점수를 주거나 뺐다. 차트는 다음과 같이 지시했다. "만일 이름이 영어로 되어 있고 일본 이름이 사용되지 않을 경우 (1점 가산). 만일 일본 이름이 여전히 사용되면 (1점 감점)." 식민지 조선에서 조선인들에게 조선 이름 대신 "일본식" 이름을 선택하도록 강제한 창씨개명의 억압성에 대해 여러 논의가 있었거니와, 이 항목 역시 문화와 국가가 결합된 유사한 사례를 보여 준다. 특히 수용소 내외의 비백인 사회에 대해 대단히 동화주의적으로 압박한 결과, 하와이에서는 1942년에 약 2,400여 명이 영어식 이름을 신청했다.[67]

16번 질문은 종교에 대한 것이었는데, 다음과 같았다. "크리스천(2점 가산), 불교도(1점 감점), 신도주의자(2점 또는 3점 감점), 정기적인 신사 참배(탈락)". 우리는 앞 장에서 일본인들이 주도해 이슬람교와 연합한 유색인종의 글로벌한 동맹을 군 당국과 정보기관이 얼마나 두려워했는지 이미 논의했지만, 여기서는 어떤 사람을 국가에 받아들일 수 있는가 없는가를 판단하는 데에 종교가 문제가 되었던 또 다른 사례를 살펴보겠다. 예상할 수 있듯이, 일본의 총력전 제국은 제국 내부의 사람들에게 이와 비슷한 종교 탄압을 보여 주었다. 일본제국은 특히 조선 같은 식민지에서 신도주의자를 최상위에 놓고, 크리스천을 가장 수상하게 취급했다. 언어와 관련해 일본의 전시 담론에서는 국가에 받아들이는 조건으로서 "국어" 말하기 능력을 중시했다. 타고난 것이라고 가정된 민족적 특질보다 획득된 문화적 능력이 점점 더 강조되었던 것이다.

　그러나 18번 질문은 외국어 능력에 대해 거의 히스테리 수준의 의심을 보였다. 그것은 다음과 같았다. "일본어를 읽을 수 있음(3점 감점), 일본어 말하기(0점), 일본어 모름(2점 가산), 일본어 외의 다른 외국어를 말할 경우 (1점 가산)". 마지막 규정은 전쟁 상황을 배경으로 영어 이외의 언어 지식에 가치를 부여하고 있는데, 이는 한편으로는 일본어를 읽을 수 있는 사람들에게 감점을 주면서 그와 동시에 군대가 국가 방위를 위해 일본어 구사자들을 통역자와 번역자로 훈련시키려고 노력한 일 사이의 어처구니없는 모순과 날카로운 대조를 보인다. 교육에 대한 13번 항목 역시 미국에서 일본어 학교에 다닌 경우 1점이나 그 이상 점수가 깎일 것이라고 경고하면서, 일본어 능력을 향상시킬 수 있는 모든 형태의 교육을 거절했다. 그것은 다음과 같았다. "고등학교 시절에 계속 일본어 학교에 다녔다면, 이는 부모에게 시간이 부족해 다닐 수 없다고 말한 경우보다 미국화가 덜 되었음을 보여 준다. 높은 일본어 점수를 땄다면, 이 역시 신도—야마토 민족의 교육을 더 많이 받은 것이다."

　차트는, 시시한 것 같지만 문화적 관점에서 보았을 때 사람들의 신뢰 가능성과 관련해 많은 시사점이 있다고 판단되는 스포츠와 취미 등의 카테고리에 주의하라고 평가자들에게 권고했다. 19번 질문에 대한 가이드라인은 궁도弓道, 유도, 검도처럼 본질적으로 일본의 민족주의적인 스포츠로 간주되는 것에 관심이 있는 사람들에게는 감점을 줘야 한다고 지적했다. "유도 고단자라면 거부하는 것이 최상, 유도 사범은 탈락". 이와 반대로 "만일 전형적인 미국 스포츠라면 1점 가산, 전형적인 일본 스포츠라면 1점 감점". 다음 지침은 아마도 십중팔구 스파이 행위에 대한 우려에서 나온 것일 터이다. "만일 취미가 수집이라면(이것은 썩 좋은 것은 아니다) 1점 감점. 취미가 사진이나 라디오라면 1점 감점".

특정 타입의 직업을 지녔던 사람들에게 감점을 준 이유를 가장 잘 설명해 주는 것은 제5열 활동에 대한 공포다. 일본 정부기관을 위해 직접 일한 사람과 항해 무선기사로 일한 사람은 모두 즉각 거부되었다. "미츠비시三菱나 미츠이三井 같은 준 공기업"에서 일한 사람, 일본이나 미국에서 발행된 일본어 신문이나 정기간행물의 신문기자로 근무한 사람, 일본어 강사, 아마추어 무선기사 자격증을 그냥 가지고 있는 사람은 아주 의심스럽다. 이 사람들은 모두 2점 내지 3점 감점이었다. 하지만 믿을 수 없는 일본인에 대한 집요한 걱정으로 인해 그 외에도 상당한 수의 애매한 직업 카테고리도 1점 감점을 받았다. 그것은 어부, 호텔 소유자나 경영자, 택시 기사, 수출입 사업가, 상선 선원, 철공소, 자동차, 중기계, 증기선 수송 회사 등이었다. 무슨 이유에선지 군 정보기관은 한 가지 직업을 좋지도 나쁘지도 않다고 본 반면(광부 0점), 농업 분야의 직업은 좋다고 결정했다(1점 부여).

마지막으로 차트는 주류사회의 정치적·사회적 활동 및 단체에 참여하는 데에 대해 긍정적인 점수를 주라고 지시했다. 이는 수동적인 지배 대상이 아니라 자의식적인 주체—시민을 구성하는 자유주의적 통치성의 전략을 반영했다. 그리하여 7번 항목은 다음과 같이 지적했다. "선거인 명부에 등록된 투표자라면 1점 가산, 투표권이 부여된 후(여기서 나이를 참고할 것) 실시된 첫 번째 국민투표 명부에 등록되었다면 1점 가산". 이와 반대로 자유주의적 민주주의 정부 형태에 위협이 된다고 생각되는 정치적 경향을 가진 사람들은 감점되거나 탈락될 것이었다. "만일 공산당에 입당했다면 탈락시켜야 한다." 그러나 일본제국의 안보 정책은 미국 정부의 그것보다 훨씬 과격하게 반공주의적이었으므로, 이 원칙은 일본에 대한 충성과 아무 관계가 없었다. 17번 질문에 대한 점수 부여 역시 이와 비슷한 논리를 반영했다. 일본계 미국시민 연맹JACL, 부유한 일본계 미국인들이 이끄는 하이퍼 아메리칸 협회hyper−American organization의 회원에게 2점이 가산된 반면, 산업별 노동조합 회의Congress of Industrial Organizations(CIO)에 소속된 사람은 1점 감점을 받았다. 이렇게 정치적 견해에 따라 불충의 성향을 추정하는 일이 헌법적 문제를 초래한다는 사실에 대해 한 평가자는 아마도 약간 놀라면서, "맙소사Heavens!"라는 코멘트를 이 조항 다음에 적어 놓았다. 남자인지 여자인지 알 수 없지만, 이 사람은 다른 곳에 "이 '수집collecting'이 얼마나 중요한가?"[68]라고 썼다.

앞서 간략하게 지적했던 것처럼, 이 가이드라인들을 충족시키고 보충적인 배경 검사를 통과함으로써 신체검사를 받고 입대할 자격이 부여된 지원자들의 파일은 징병사무소로 전달되었다. 정보참모차장실은 받아들일 수 없다고 판명된 사람들의 파일을 전시외국인수용소로 돌려보냈다. 그리고 후자는 이 파일들을 헌병감사무실과 일본계 미국인 연합위원회Japanese−American Joint Board(JAJB)에 전달했다. 정보참모차장실은 1944년 7월 25일까지 일본계 미국인 군 복무 심사를 계속했다. 1944년 7월 25일에 전쟁성은 이 임무를 헌병감사무실로 이전했다. 거기서 이 일의 책임을 맡은 것은 새로 만들어진 인사보안부 일본계 미국인과Japanese−American Branch, Personnel Security Division의 군 입대 허가계Military Clearance Section였다.[69]

헌병감사무실과 일본계 미국인 연합위원회도 무기한 석방 및 전쟁 준비에 중요한 공장과 시설에 취업하려는 모든 여성 시민들과 군에 지원하지 않은, 즉 대부분의 성인 남성 시민들의 파일을 심사하는 데에 협력했다. 헌병감사무실에 소속된 산업노동자 보안과Industrial Employee Security Branch의 일본계 미국인계(이것은 후에 과로 승격되며, 다시 4부실Class Ⅳ Installation이 된다)는 대상자의 앙케트, 전시외국인수용소의 26번 양식(고용 데이터 양식), 기타 정보 검사들에 근거해 각각의 케이스를 평가했다. 일본계 미국인계는 길라 수용소의 등록 책임 팀장이었던 노먼 톰프슨 대위에 의해 주도되었기 때문에 군 지원과 등록 캠페인에 강력한 영향을 주었다. 게다가 7명의 옛 팀장들이 톰프슨을 도왔으며, 23명의 하사관 조사관들 중 9명 역시 예전의 팀 멤버였다. 여기에 21명의 민간인들이 참여해 최초 인원 52명으로 일본계 미국인계가 구성되었다.[70]

원래 의도대로라면, 연합위원회는 무기한 석방 및 전쟁 준비에 중요한 공장과 시설에서 일할 자격과 관련된 추천서를 작성하기로 되어 있었다. 그러나 대상자 수가 너무 많았으므로 첫 달에 연합위원회는 군수공장 취업 자격을 결정하지는 못한 채 석방과 관련된 평가만 수행했다. 이렇게 자문 자격을 가진 연합위원회가 추천서를 만들지 못함에 따라, 1943년 5월과 6월에 전시외국인수용소는 연합위원회의 승인 없이 약 1만 명의 사람들을 석방해 그들 중 수백 명을 긴요한 군수공장에 취업시킬 수 있었다.

다른 이유와 더불어 보안 문제라고 생각되는 것을 다루기 위해 전쟁성은 1943년 10월 14일에 또 다른 지침을 공표해, 군수공장 취업 자격을 연합위원회의 개입 없이 헌병감사무실에서 결정할 수 있도록 했다. 그 결과 헌병감사무실은 3,381명의 취업 신청자를 심사해 1,921명을 허가하고 810명을 불허가했으며 650명에 대한 결정을 보류했다. 이렇게 결정함에 있어 헌병감사무실은 요원들에게 현지조사를 위해 현장

총력전 제국의 인종주의

에 나갈 것을 명령했다. 따라서 신청자들에 대한 직접 심문은 점점 증가했다. 이는 예전에 헌병감사무실이 회피해 오던 일이었는데, 그것은 "신성한 헌법적 권리를 침해할 가능성이 있으므로 미국 시민들을 심문하는 것이 좋은 형식이라고는 전혀 생각되지 않았기 때문"이다. 연합위원회는 계속 무기한 석방과 관련된 추천서를 작성해서, 1944년 5월 1일까지 약 4만 명의 성인 미국 시민의 무기한 석방을 추천했다. 그러나 연합위원회는 결국 1944년 5월 25일에 폐지되었으며, 그 임무는 헌병감사무실로 넘어갔다.[71]

* * *

위에서 나는 1943년 2월부터 3월까지 펼쳐진 군 입대와 등록 캠페인이 자유주의적인 통치성의 정치적 합리성을 통해 일본계 미국인 인구를 통치하게 되는 결정적인 전환의 중요한 계기였음을 설명하고자 했다. 앞 장에서 분석했던 것처럼, 이런 양식의 통치는 거친 인종주의로부터 벗어나는 일과 동시에 일어났으며, 수용자들을 자유롭고 자의식적인 주체로 보는 인식을 통해 수행되었다. 수용자들의 자유의지를 통한 통치는, 군 복무 및 무조건적인 충성을 위해 기꺼이 목숨을 걸겠다고 자발적으로 선언할 것을 요구한 27번과 28번 질문에서 가장 전형적으로 구체화되었다.

그와 동시에 여러 예외들이 있음으로써 자유주의적인 지배가 가능했다. 이 예외들에는 (아이러니하게도 평상시에는 자유의 공간으로서 설립된 툴 레이크 센터 내의) 군법 포고, 수용소를 "정화"한다며 "트러블메이커"로 추정되는 사람들을 FBI와 군대의 도움을 받아 싹쓸이해 체포한 일, 전시외국인수용소가 FBI·법무성·전쟁성과 협력해 복잡한 감금 공간 시스템을 고안한 것, 앙케트를 필두로 한 예외적인 여러 보안 장치 및 제도 등과 같은 폭력적이고 억압적인 수단들이 포함되어 있었다. 이 (부)자유 공간의 시스템과 더불어, 그리고 그 공간의 내부에서 수용소 밖의 미국은 최고의 자유를 의미했다. 그러나 수용소 외부에서도 일본인은 전쟁 기간 내내 인종으로 인해 계속 보안상 특별 주목 대상이었다. 그러면서도 당국은 (이전에) 경멸 받던 사람들 중 어떤 사람들을 군대, 군수공장, 기타 민감한 곳에 받아들일 수 있는가를 판단하기 위해, 즉 어떤 사람들을 국가에 받아들일 수 있는가를 판정하기 위해 문화, 계급JACL, 정치적 이데올로기(공산주의자와 일본주의자) 등과 같은 인종 이외의 지표들을 계속 활용했다. 1944년 12월 17일 서부방위사령부가 일본인의 서해안 거주 제한 명령에 대한 취소 결정을 발표한 후에도, 헌병감사무실은 일본인을 국가에 받아들이는 데에 대한 추천권을 여전히 행사했다. 명령 취소를 선언한 1944년 12월 17일과 그 발효일인 1945년 1월 2일 사이에 헌병감사무실은 이 집단 소개 정책 포기에 대한 예외로써 1만 1,000명 정도를 계속 서해안에서 배제하라고 권고했다.[72]

자료를 보면 전시외국인수용소와 헌병감사무실은 종종 서로 대립했으며 근본적으로 갈등했던 것처럼 나타난다. 일본계 미국인 인구를 너무 가혹하거나 느슨하게 관리한다고 한 편이 다른 한 편을 비판하는 식이다. 헌병감사무실 직원들은 무기한 석방에 관련된 헌병감사무실과 연합위원회의 추천이 절차상으로는 오직 권고일 뿐이기 때문에, 자기들이 호의적으로 판단하지 않았거나 검토조차 하지 않았던 사람들을 자주 전시외국인수용소가 풀어 주었다고 불평했다. 또한 원칙적으로 연합위원회는 시민들만을 평가했기 때문에, 전시외국인수용소는 비시민들을 석방할 때 독자적으로 행동했다. 더 나아가 헌병감사무실은 석방이 허가된 수용자들이 군수공장에서 일하기에 적합하지 않다는 자기들의 권고를, 전시외국인수용소 관리들이 고용주들에게 알리지 않은 적도 있다고 비난했다. 요컨대 헌병감사무실의 직원들은 전시외국인수용소가 보안에 무관심하다고 나무랐다.[73]

이와 반대로 전시외국인수용소의 관리자들은 헌병감사무실이 군수공장과 시설에의 취업 제한에 과도하게 열중한다고 보는 경향이 있었다. 헌병감사무실은 차별을 공식적으로 비판했지만, 실상 그 직원들의 말에서는 종종 '거친 인종주의'가 배어 나왔다. 예를 들어 전쟁이 끝날 것이라는 사실이 명확해진 1945년 3월 말에도 헌병감사무실의 인사보안부 부장은 긴요한 군수공장에 취업하려는 일본계 미국인들에 대한 보안상의 주의를 느슨히 하는 데에 반대하는 까닭을 전쟁성 차관보에게 설명했다. 그는 한동안 일본계 미국인들을 의심하는 이유를 장황하게 이야기한 후, '인종적 차이 자체' 등과 같이 막연하지만 중요한 의미가 있는 요인들 때문에 이 사람들을 분리시켜 특별히 고려하게 되었다고 결론지었다.[74]

이와 유사하게, 개인들에 대한 현지조사를 준비시키기 위해 일본계 미국인 부서의 여러 조사관들이 마련한 〈일본계 미국인 코스〉 8강講은 때때로 문화와 인종 사이의 경계를 흐릿하게 하기도 하면서, 일본계 미국인이 "영국화된" 미국의 (백인) 문화에 동화될 때 국가에 받아들여질 것이라는 생각을 영구적인 것으로 만들었다. 따라서 군 지원자 평가용 가이드라인처럼, 〈일본계 미국인 코스의 개요Outline of Japanese-American Course〉는 요원들에게 일본어에 능숙한 것을 의심스럽게 보라고 말했다. 그리고 "어느 정도 정확하게 영어를 말할 수 없는 사람은 미국인이라 할 수 없다"고 강조했다. 이와 비슷하게, 개요는 일본인의 종교가 "다른 국민들의 경우보다 훨씬 민족주의적"인 반면, 미국에서는 교회와 국가가 건강하게 분리된 결과 종교와 내셔널리즘이 거의 무관하다고 보는 통념(일반적으로 그렇게 생각되지만 사실은 오도되고 거만한 가정)을 반영했다. 따라서 개요는 조사자들에게 기독교 신앙을 가진 "사람들을 좋게 평가하는" 대신 불교도와 신도 신자을 주의하라고 충고했다.

이렇게 결론을 내리면서 코스 개요는 일본계 미국인 인구의 비정상성pathology을 강조했다. 일본계 미국인들의 삶이 "정상적인 미국의 생활 방식과 너무 달라서, 조사자들은 그 독특한 문화와 철학에 대한 상당한 준비 및 연구가 있은 후에야 그들의 생활에 효과적으로 접근할 수 있다"는 것이었다. 마지막으로 개요는 다음과 같이 말했다. "일본인을 조사하는 동안 당신은 속임수 능력을 여러 가지로 발휘하고 증명해 온 인종의 한 구성원을 다루고 있다는 사실을 확인하게 될 것이다."[75]

그러나 헌병감사무실과 전시외국인수용소가 각각 상대편을 자유주의적이거나 억압적이라고 비판하면서 근본적으로 서로 갈등했다고 볼 경우, 이러한 관점으로 인해 우리는 이 두 기관이 다른 정보기관들(특히 ONI, FBI, 법무성, 전쟁성 산하 군 정보기관)과 함께 네트워크를 이루며 전시 자유주의 국가를 만들어 낸 두 기관으로서 서로 협력했다는 사실을 인식하지 못할 수 있다. 툴 레이크 격리센터의 적나라하게 억압적이고 배제적인 특징과 다른 아홉 수용소에서 시행된 양치기 식의 안내는 서로 연동되어 있었다. 따라서 이 두 기관은 상호보완적으로 정보를 공유했으며 다른 정보기관들과 상호작용했다. 두 기관은 미로 같은 수용소를 봉쇄하면서도 수용소를 넘어 멀리 국경으로까지 확장된 자유주의적 통치성의 체제, 즉 전후 글로벌 헤게모니 획득 전략의 한 부분이 될 바로 그 체제를 함께 수립했다. 더 나아가 마이어 같은 전시외국인수용소 관리자들은 이른바 인종차별자들race-baiters을 계속 공격했을 뿐 아니라, 다른 모든 미국인들과 마찬가지로 일본계 미국인들도 입대해야 한다고 주장할 정도로 당대의 자유주의적 환경을 촉진하려 했으면서도, 그와 동시에 아무 거리낌 없이 일본계 미국인들을 특별 감시의 대상으로 삼았다. 그리고 일본계 미국 시민과 비시민 모두에게 미국의 다른 소수자들에게는 요구하지 않았던 충성 테스트를 부과했다. 달리 말해 이 자유주의자들이 뭐라고 말해 왔든, 그들은 일본인이 의심스러운 인종이라는 생각을 유지했다. 그들은 배경 검사 및 자발적인 충성서약을 통해 충성심이 증명되기 전까지는 일본인이 시민권을 주기에 부적합한 인종이라는 생각을 결코 버리지 않았다.

등록 가능한 7만 7,957명의 수용자 중 7만 4,703명이 앙케트를 완성했다는 것은 민간과 군의 당국자들 및 정보기관이 수용자 집단뿐 아니라 수용자 개개인에 대해 막대한 양의 데이터베이스를 구축했음을 의미한다. 이 데이터베이스로 인해 당국자들은 믿을 만한 일본인과 그렇지 않은 일본인을 구별할 수 있었고, 사회적 카테고리에 따라 데이터를 도표화할 수 있었다. 그리고 일본계 미국인들의 주류사회 복귀를 촉진해 그들로 하여금 민간과 군의 노동력 부족 보충에 일조하게 할 수 있었다. 그와 동시에 앙케트 문항을 채우는 푸닥거리는 모든 성인 남녀 시민 수용자들에게 충성의 대상이 미국인지 일본인지를 명확히 선택하라고 압박했다. 제2차 세계대전 기간 동안 일본계 미국인들의 충성도 조사에 관여한 사정을 쓴 헌병감사무실의 공식 역사조차 자기들이 특정한 소수 집단에 대한 데이터를 수집하는 데에 공헌했으며, 반복된 선택의 굿판을 통해 일본계 미국인들이 스스로를 자의식적인 주체로 구성하지 않을 수 없도록 역할한 데에 대해 다음과 같이 인정하고 높이 평가했다.

> 헌병감사무실은 이제까지 우리 인구의 그 어떤 부분에 대해 수집한 것보다도 훌륭하고 가장 완벽하며, 미래에 정부 당국자들이 일본계 인구를 사회적, 경제적, 정치적으로 재조정하려 할 때 헤아릴 수 없는 가치를 지니게 될 기록을 축적함으로써 일본인 문제의 향후 해결에 공헌했다. 이와 연관해 보았을 때, 원래의 정책과 프로그램에 통제가 너무 많아 대다수 일본인들이 국가를 위하느냐 적대하느냐 하는 문제를 회피할 수 있었던 반면, 특히 선발징병의 재개, 격리, 시민권 포기 등을 포함한 그 후의 수정된 정책은 일본인들의 생각과 행동을 명확히 하는 데에 공헌했다고 보는 것이 정당할 것이다. 그들은 점차 이 나라와 자기 아버지의 조국 중 어느 한 가지를 적극적으로 선택할 수밖에 없는 처지에 이르게 되었다.[76]

헌병감사무실은 등록을 필두로 하는 수용소 생활의 반복적인 고통이 일본계 미국인들의 국가 귀속을 선택하도록 강요했음을 정확하게 지적했다. 그러나 이렇게 양자택일적이고 강제적으로 국가를 선택하도록 하는 데에 성공했다고 상상할 때, 이는 일본인 조상을 가진 미국 시민들이 이전에는 그와 같은 명확한 선택을 제시받은 적이 전혀 없었음을 은연중에 드러낸다는 사실에 주목해야 한다. 전시외국인수용소의 법무관이 말했듯이, 과거에 그들은 아주 많은 "나무 블록들" 같았다. 아이러니하게도 일본계 미국인들이 명백히 특별한 인종적 차별의

총력전 제국의 인종주의

타깃으로 보였던 바로 그 순간에, 국가는 예전 그 어느 때보다도 더 공격적으로 그들을 자기 안에 공식적으로 맞아들였다. 선택은 그들 몫이었다. 그리고 만일 그들이 등록에 불복하는 선택을 하거나 핵심 질문에 "노"라고 대답했을 경우, 그들은 국가로부터 전적으로 배제되어 그러한 반항을 위해 마련된 영원한 불의 저주와 심판을 견딜 준비를 해야 했다.

04

논리와 역논리들,
그리고 반격행위

그 혼란의 정도가 더하고 덜할 뿐, 공동체에는 언제나 투쟁과 정치가 존재
한다. 그 어떤 종류의 공동체에서도 그러한 투쟁과 정치 없이 인간의 자기
관리self-management는 불가능하다는 것이 일반적인 고찰인 듯하다……
그 대안은 힘을 사용하는 것인데, 이 경우 언제나 저항이 일어나며 이는
작용과 반작용에 의한 극단적인 억압으로 나아간다. 그리고 이는 결국 압
제, 노예노동, 은밀한 적대행위 등으로 귀결된다. 깔끔하지는 못한 것처럼
보이지만, 그래도 선의에 호소하는 비효율적인 자기 규율self-rule이 다른
그 어떤 것보다 더 좋고 더 경제적인 듯하다.

— 알렉산더 에이치 라이턴Alexander H. Leighton (포스턴 수용소에 대하여) 《인간 통치
The Governing of Men》(1946)

앞 장에서 나는 일본계 미국인들에 대한 통치 양식이 자유주의적인 규율을 가능케 하기 위해 예외와 권력을 활성화하는 복잡한 통치성 쪽으로 변해 가는 모습을 제시했다. 딜런 마이어가 수용자들을 더 엄격히 규제할 필요가 있는지를 묻는 상원 청문회의 공격적인 질문에 대답했던 것처럼, 그것은 가혹한 "방식의 대우로 인해 더 많은 제5열을 만들 것인가 아니면 그와 다른 방식으로 대우함으로써 훌륭한 시민들을 더 많이 만들 것인가에 대한 질문이다."[77]

그러나 나는 수용된 사람들에 대해서는 별로 논의하지 않았다. 나는 이 역사적인 전환기에 살면서 어떻게 그들이 군 지원과 등록에 참여하거나 그것을 거부했는가를 중심으로 논의하는 도중에 이 사람들을 슬쩍 언급했을 뿐이다. 따라서 이제 나는 충분히 다루지 않은 이 문제에 주목하려 한다. 이 논의에서는 저항 또는 협력이라는 이분법적 틀에 초점을 맞춰 사태를 단순화하는 렌즈가 사용되지 않을 것이다. 또 대부분의 일본계 미국인들이 근본적으로 충성스러운 미국인이었다는 점을 증명하려는 의도도 그다지 작용하지 않을 것이다. 그러한 목표는 당국의 틀을 본의 아니게 재생산할 것이다(당국은 압도적 다수의 일본계 미국인들이 충성스러며, 툴 레이크를 제외한 아홉 곳의 "자유로운" 공간이나 주류 사회에 안착할 수 있을 사람들과 구제 불가능한 사람들을 분리시키기 위해 등록이 필요하다는 견해로 나아갔다). 그 대신 나는 자유로운 주체인 것처럼 말하라는 요구와 관련된 수용자들의 발언들과 행동들을 탐구할 것이다. 앞으로 살펴보겠지만, 이런 식의 통치는 뒤죽박죽 혼란스럽고 힘든 일이었다.

등록과 군 지원에 대해 일본계 미국인들이 보인 반응 중 가장 충격적인 모습은 그들이 아주 강렬하고 빈번하게 역질문들counterquestions

을 쏟아냈다는 것이다. 예를 들어 전시외국인수용소와 전쟁성의 앙케트가 각각 33개와 28개의 질문으로 되어 있었던 반면, 일련의 회합 이후 툴 레이크 자치회는 군 지원, 등록, 앙케트에 관한 약 150개의 질문을 프로젝트 디렉터에게 주었다. 툴 레이크는 등록과 관련해 특수한 지역이었지만, 그 질문들은 똑같이 잔인하고 양이 많았다. 대부분의 수용자들은 수많은 질문에 대답하는 대신 그에 대한 역질문들을 쏟아냄으로써 반응했다. 이 역질문들은 수용자의 정보를 수집하고 수용자가 말하게 하기 위해 민간, 군대, 정보기관에서 모인 모든 사람들의 논리reasoning를 일시적일지언정 효과적으로 사보타주했다. 그러나 긴 안목으로 보면 통치자들과 수용자들의 대화를 통해, 의심스러운 소수자들이 포함되어 있을 어떤 사회를 통치하기 위한 자유주의적인 모델이 정교하게 만들어지게 되었다.

수용된 사람들이 당국에 질문하고 청원해 그에 대한 대답을 기대할 수 있는 권한은 자유주의적 통치성의 맥락 속에서 발생했다. 이는 이성을 통해, 그리고 자유로운 주체들의 동원을 통해 작용한다고 상상되는 통치 양식이다. 따라서 당국은 수용된 사람들이 공식적인 설명을 듣고 질문을 할 기회를 주어야 했다. 물론 여러 당국은 수용자들 중 노동자나 교육받지 못했다고 여겨지는 사람들보다는 미국식 교육을 받은 사람이나 크리스천, 그리고 더 동화되고 더 부유한 사람들에게 더 큰 이성적 능력이 있다고 생각했다. 예컨대 미니도카에서는 등록을 거부한 사람이 한 명도 없었던 대신 군 지원자가 가장 많았는데, 팀장인 스탠리 아놀드Stanley D. Arnold는 이런 일이 일어난 이유를 당시 많은 사람들이 공유하던 믿음과 관련시켰다. 그것은 미니도카 수용자의 압도적 다수를 이루고 있던 워싱턴주 출신 수용자들이 더 훌륭한 계급,

"일반적으로 말해 서해안 지역에 살던 일본인들과 다른 계급에 속해 있다"는 믿음이었다. 한편 캘리포니아주와 오리건주로 이민한 일본인들은,

대개 일본에서 하층 농민들이었으며, 거의 교육받지 못하고 돈도 없으며 공포와 무지 속에 케케묵은 시골 종교에서 벗어나지 못했다. 반면에 워싱턴의 일본인들은 어느 정도 교육받았고 돈을 가지고 있었다. 또는 사업 관계상 자발적으로 이 나라에 왔다. 그들은 미국이 빈곤한 나라가 아니라 기회의 나라이기 때문에 왔다. 그들은 퓌젯 사운드 지역the Puget Sound area 에서 금전적으로 잘 지내 왔다……젊은 세대 중 다수가 기독교를 받아들였다……지원자들 중 불교도는 있다손 치더라도 거의 없다.[78]

사회과학자 알렉산더 라이턴은 저 유명한 1942년 가을의 포스턴 수용소 스트라이크를 분석하기 위해 역사가 휴 보턴Hugh Borton의 도쿠가와 시대(1600~1867) 농민봉기 연구를 참고했다. 그리고 시끄러운 수용자들을 어느 정도 시대에 뒤떨어지고 이성을 결여한 사람들로 봄으로써 휴 보턴과 비슷한 오리엔탈리즘적인 이해를 드러냈다.[79]

그렇게 계급에 근거한 종교적이고 오리엔탈리즘적인 편견을 품고 있었지만, 전쟁성은 수용된 사람들과의 대화를 아주 중시했다. 따라서 전쟁성은 〈수용소 연설〉에서 "이 설명의 말은 당신들 덕택에 만들어진 것"이라고 수용자들에게 확신시켰다. 그리고 이와 함께 수용자들의 예상 질문에 대한 대답도 팀 캡틴들에게 제공했다. 이 질문들 중 상당수는 지원 프로그램의 평범한 세부사항에 대한 것이었다. 하지만 다른 것들은 정부의 인종주의 거부와 실제로 존재하는 정책 사이의 모순에 대

한 것이었다. 그것은 당국의 논리가 지닌 약점을 겨누었다. 그리고 앙케트를 처리하는 팀들은 다음 질문들에 어느 정도는 대답해야 했다. "일본계 미국인 전투부대 편성은 격리의 한 형식인가?", "그 전투부대는 전부 일본 혈통의 미국인 장교에 의해 지휘될 것인가?", "이미 군에 복무하고 있는 일본계 미국인들은 차별받아 왔는가?", "왜 몇몇 일본계 미국인들은 해고되었는가?", "내 가족의 서해안 복귀가 허가될 것인가?"[80]

물론 군대에 지원하고 앙케트를 완성하라는 요청에 대한 일본계 미국인들의 반응을 복원해 서사적으로 재현하려는 시도는 결국 실패할 수밖에 없다. 단 한 명의 주관성이라도 충분히 다시 포착해 내는 일은 어려울 뿐 아니라 오히려 불가능하기 때문에 그런 작업의 완전한 성공은 불가능하다. 그리고 그런 만큼 단편적인 증거들 및 필연적으로 정치화된 전후의 수용소 기억에 근거해 모든 일본계 미국인의 상태를 복구하려 할 경우, 수만 가지 장애가 복합적으로 발생할 것이다. 얼마 전 조안 스코트Joan Scott가 '경험의 증거'에 대한 고전적인 에세이에서 주장했듯이, 언제나 재현은 심지어 주체 자신에 의해서조차 이미 매개되어 있으므로 인간 주체의 경험에 도달하게 할 순수하고 매개되지 않은 텍스트는 없다. 가야트리 스피박Gayatri Spivak은 서벌턴 연구의 딜레마에 관한 도발적 에세이를 쓴 바 있다. 자주 인용되는 이 글에서, 스피박은 서벌턴의 과거를 복원하려는 노력은 끝내 접근 불가능성이라는 벽에 부딪치지 않을 수 없다고 논했다. 이와 비슷하게 일본계 미국인들의 군 지원, 등록, 수용소 생활 경험의 개괄은 항상 수많은 개별적 경험들의 삭제와 망각을 포함할 것이다.[81]

이 아포리아를 인정하고 그에 대응하면서, 나는 수용된 사람들이 전

총력전 제국의 인종주의

쟁성 및 전시외국인수용소 관리자들과 가진 수많은 회합에서 던졌던 질문들 중 주요 유형들을 한데 묶어 그대로 제시하는 전략을 사용하며 논의를 시작할 것이다. 이 역질문들의 불협화음은 수용자 집단 내부의 대화들, 당국으로부터의 반응들, 그리고 그에 대한 역반응들을 낳으며 좀 더 명료한 토론의 형식으로 나아갔다. 앞으로 살펴보듯이, 이 모든 담론들은 등록 시행 몇 달 전에도 있었지만, 등록 과정을 통해 논리적 일관성을 띠며 널리 퍼졌다. 그 지배적인 담론에는, 내가 '무조건 충성unconditional loyalty'과 '조건부 충성conditional loyalty'이라고 부를 아메리카니즘의 두 버전이 포함되어 있었다. 이 두 담론은 수용된 사람들 사이에 갈등을 발생시켰고 그 갈등을 반영했지만, 그러면서도 많은 특징들을 공유했다. 가장 중요한 점은 자유, 평등, 안전, 행복 등 미국 특유의 보편적 이상으로 가정된 것들의 가치를 두 담론이 공통적으로 인정하고 있었다는 사실이다. 이 오버랩으로 인해 사람들은 다른 수용자들과 대화하거나 당국자들로부터 압박을 받은 경우 손쉽게 '조건부' 충성론에서 '무조건' 충성론으로 옮아갈 수 있었다. 그러나 다른 한편으로는 미국이 이 보편적 이상을 실현한다는 주장의 진실성을 공공연하게 거부하는 담론들도 존재했다. 여기에는 통치자들의 논리를 급진적으로 사보타주할 가능성이 잠재되어 있었다.

질문의 홍수

전시외국인수용소의 몇몇 직원과 전쟁성의 팀들은 수용자들의 질문을 그대로 옮겨 적거나 요약했다. 그것들은 수용자들의 감정을 반영하는 몇 개의 넓은 테마를 중심으로 한데 묶일 수 있다.[82] 간단한 인용을 위해서, 나는 다음과 같은 약어를 사용하겠다.

GMH42: Gila, "Butte Community Open Meeting", 10 February 1943, Mess Hall #42

GMH52: Gila, "Butte Community Open Meeting", 9 February 1943, Mess Hall #52

TL304A: Tule Lake, "Questions Pertaining to Form 304 − A"

TL126: Tule Lake, "Questions Pertaining to WRA Form 126 − Revised"

RC: Rohwer Relocation Center, Summary of Questions at Block Meetings

PI: Poston, "Minutes of Meeting for Registration : Meeting for Registration of Roku I", 10 February 1943

PII: Poston, "Minutes of Meeting for Registration : Meeting for Registration of Roku II", 11 February 1943

덧붙여 가독성을 돕기 위해 나는 물음표가 없는 필사본에 물음표를 첨가했다. 그리고 반복되어 나오면 성가시기 때문에 오타와 비문법적인 문장들을 지적하기 위한 '원래대로sic'의 사용을 생략했다. '주' 표시 뒤에 수용자의 질문에 대한 나의 의견을 적었다.

1. 몇몇 질문들은 질문의 논리를 이해하지 못했음을 밝혔다.

"나는 충성스러운 미국 시민에 대한 당신의 정의definition를 알고 싶습니다. 일본인이건 아니건." (GMH52)

"나는 충성스러운 시민과 충성스럽지 않은 시민을 이해할 수 없습니다."
(GMH52)

"전시외국인수용소 126 – Rev. 양식의 28번 질문에 나오는 '미국에 대한 무
조건적인 충성'이라는 말이 구체적으로 무엇을 의미합니까?" (TL126)

"양식의 27번 질문에 대한 설명 요청." (PII)

"질문 28번 설명 요청." (PII)

"27번 질문에 대한 대답이 '노'라면, 그것은 그렇게 말한 사람이 미국에 충
성스럽지 않음을 의미합니까?" (주: 대답은 다음과 같았다. "그렇게 말하는 사람
은 미국에 충성스럽지 않거나 멍청한 핫바지라는 것이 내 해석이다.") (GMH52)

2. 다른 것들은 통치자 자신을 수용자의 위치에 두고 수용자들의 관
점에서 질문을 보라고 요구하면서 질문들의 적절성에 대해 좀 더 공격
적으로 도전했다.

"캡틴, 당신이 우리와 똑같은 환경에 있다면 무엇을 하겠습니까?" (GMH52)

"만일 당신이 집에서 쫓겨나 이런 수용소에 끌려온다면, 그들이 당신을 적
국의 외국인(4 – C)처럼 대한 후에도 당신은 여전히 미국에 충성심을 느끼겠
습니까?" (GMH52)

"아버지가 강제로 수용소에 갇히고 소개로 인해 어머니가 경제적으로 아주
가난해진 2세의 경우, 미국의 전쟁성은 그 2세가 미국에 진심으로 기여할
수 있다고 생각합니까? 미국 전쟁성의 의견은 무엇입니까?" (TL304A)

3. 다른 것들은 종종 긍정 답변과 부정 답변이라는 단순한 양자택일
이 부적절함을 지적하면서, 27번과 28번 질문이 수용자들의 감정을 반

영할 수 있는지에 대해 이의를 제기했다.

"28번 질문이 수정되거나 완전히 삭제될 수 있습니까? 그리고 27번 질문 역
시 수정되거나 삭제될 수 있습니까? (TL304A)
"모든 질문에 '예스'나 '노'로만 대답해야 합니까?" (GMH42)
"'예스', '노' 또는 '중립'의 세 가지 대답이 가능해야 함." (TL304A)
"27번 질문과 관련해, 우리가 '노'를 써 넣는 이유를 밝힐 수 있습니까?"
(TL304A)
"27번 질문에 대해 조건부 '예스'로 대답할 수 있습니까?" (TL304A)
"27번 질문에 대해 현재 '미정'으로 대답할 수 있습니까?" (TL126)

4. 다양한 강도로 가장 빈번히 등장하는 세 가지 유형의 질문들 중
하나는, 차별적 대우의 역사 및 정부가 삶을 보호해 주지 못한 점에 비
추어 볼 때 27번과 28번 질문이 과연 온당한가에 대한 것이었다. 대부
분의 수용자들은 자신들의 삶이 훼손되었으며, 의회와 주류사회에서
벌어지고 있는 적대적인 소동과 더불어 향후 자신들의 미국 생활에서
많은 것이 유보되었다고 느꼈다. 오래전 《훼손Spoilage》의 저자들은 이
점에 대해 간명하고도 날카롭게 고찰했다. 저자들은 "소개와 강제 수
용으로 인해 시민으로서 권리를 거의 모두 잃게 된 대신 군에 복무할
한 가지 '권리'만 회복된 것에 대해서 2세들은 그 정당성을 의심했다.
앙케트의 질문들과 질문들이 표현된 방법은 그들에게 강력한 저항의
반응을 일으켰다"고 논했다. 도로시 스웨인 토마스와 리처드 니시모토
는 28번 질문에 대해 시민권이 없는 남성들의 경우보다 월등히 높은 퍼
센트의 2세 남성들이 "노"라고 답한 사실을 지적하면서, 부정적인 반응

은 불충보다는 저항을 의미했다고 밝혔다. 그 저항적 "노"의 비율이 가장 높은 곳은 만자나였다. 이곳에서는 시민권자 남성들의 52퍼센트가 28번 질문에 부정적으로 대답했으며, 비시민 남성들의 부정적 대답 비율은 겨우 1퍼센트 남짓이었다.[83]

a. 몇몇 질문은 차별이 자행된 과거의 역사를 생각할 때, 군대에 지원하거나 전쟁 준비에 적극적으로 참여할 것을 요청하는 일이 온당하지 않음을 명확히 했다.

"우리가 가진 것을 사실상 다 빼앗고 나서 어떻게 우리가 군에 지원하리라 기대할 수 있습니까? 우리가 지키기 위해 싸울 자유와 정의가 어디 있는지 말해 주시겠습니까? '공정한 대우'의 뜻이 뭡니까?" (GMH42)

"아무것도 가진 것 없는 우리가 무엇을 지키기 위해 싸워야 합니까?—특히 이렇게 수용소에 갇혀 있는데 말입니다." (GMH52)

"우리가 우리 집에 있었더라면 전쟁성은 더 많은 지원자들을 얻을 수 있지 않았을까?" (PI)

"모든 일본인들(1세와 2세)이 오리건주의 몇몇 도시들로부터 공식적으로 무시당했고, 2세의 시민권 말소가 시도되었으며, 시민권자들과 비시민권자들 모두 펜스 뒤에 갇혔다. 그리고 소개 이전에도 2세의 군 지원은 거부되었으며 키베이들은 해고되었다. 그런 판에 등록이나 지원이 필요할까? 개인적으로 그 대답은 '노'다." (강조는 원문대로임) (TL304A)

"일본인 군인이나 2세 시민들이 캘리포니아로 돌아갈 수 있는가? 돌아가지 못한다면, 왜 우리가 군대에 들어가야 하는가?" (TL304A)

"육군은 작년에 있었던 사탕무 밭 노동자들에 대한 편견과 차별을 알고 있는가? (그 사람들은 노동력 부족을 완화하기 위해 나가서 전쟁 준비를 도왔다. 미국인들은 이를 미국에 대한 충성과 신뢰의 상징으로 받아들일 의향이 있었는가? 아니다. 편견을 가지고 차별하는 것으로 볼 때, 그들은 사탕무 밭 노동자들의 공헌을 인정하려 하지 않았다.)" (괄호는 원문대로임) (TL304A)

b. 몇몇 질문들은 일본계 미국인에 대한 대우를 이탈리아계 및 독일계 미국인에 대한 대우와 대조하거나, 차별적인 대우에 대해 일반적으로 우려했다.

"일본계 시민들을 캘리포니아에서 소개한 것은, 이탈리아 사람이나 독일인들은 차치하더라도, 이 나라를 위해 싸울 의무가 없는 외국인들조차 일본계 시민들보다 더 특권이 있다고 생각하기 때문입니까? 왜 그렇습니까?" (GMH52)
"다른 나라 출신의 시민들도 똑같은 앙케트에 답하고 있습니까? 만일 그렇지 않다면, 왜 우리에게 그것을 요구합니까?" (GMH52)

c. 다른 질문들은 수용된 사람들이 긍정적으로 대답하기에 앞서, 시민권을 회복해 주고 물질적 손실을 배상하며 폭력과 인종주의로부터 일본계 미국인들을 보호해 주겠다는 정부의 보증을 원한다는 사실을 암시했다.

"만일 우리가 군에 지원하면, 시민권이 회복됩니까?"
(주: 대답은 다음과 같았다. "당신은 한 가지 근본적인 사실을 놓쳤습니다. 당신은 한 번도 시민권을 빼앗긴 적이 없었습니다." 이 대답에 대한 의견은 다음과 같았다.

총력전 제국의 인종주의

"하지만 간접적으로 권리가 박탈되었습니다.") (PI)

"우리가 군에 복무함에도 불구하고, 몇몇 주에서는 우리가 토지 등을 소유하지 못하도록 하는 법률들이 통과되고 있는 판에, 우리의 시민권이 사라지지 않을 것이라는 보장이 어디 있습니까?" (RC)

"백인들과 같은 평등하고 비차별적인 권리의 보장 요구가 304-A 양식의 27번과 28번 질문에 추가되어야 한다." (TL304A)

"정부는 소개로 인해 발생한 모든 일본인들의 시간적, 금전적 손실을 변상할 것입니까?" (TL304A)

"우리(일본인)의 약점을 자기의 개인적 이득을 위해 이용하면서, (1) 전후 모든 일본인과 일본계 미국인들을 추방할 것, (2) 전후 일본계의 귀가를 불허할 것, (3) 모든 일본계의 시민권을 취소할 것 등등의 비민주적인 기사를 마구 내갈기는 주요 정치가나 여러 신문 잡지의 기자, 편집자의 더러운 프로파간다 언사를 정부의 군대는 막아 왔습니까?" (TL304A)

"만일 수용소를 나와 재배치된다면 우리의 경제적인 안정과 지위는 어떻게 됩니까?" (TL126)

5. 가장 자주 제기되었던 세 가지 질문 범주들 중 또 한 가지는 특히 군대에 대한 것이었다. 그것들은 일본계 미국인과 관련된 군의 정책이 인종주의적이었다는 데에 대한 공포를 환기, 함축하거나 표현했다.

a. 많은 질문들이 일본인으로만 구성된 독립 부대가 인종주의의 상징이 아닌가 하는 점을 겨냥했으며, 그러한 정책이 민주적 원칙과 어울리지 않음을 지적했다. 이곳저곳에서 사람들은 흑인들을 군대 내의 가장 비참한 집단으로 보는 생각에 근거해 종종 "짐 크로우Jim Crow(흑

인"라는 말을 사용했다. 그리고 자기들이 니그로의 범주로 떨어질 것을 우려했다. 총알받이로 사용될지 모른다는 걱정도 있었다.

"분리된 일본인 부대를 만듦으로써, 일본인과 서양인 사이의 이해를 증진시키기보다는 오히려 방해하게 되지 않을까요?" (GMH42)

"원칙상, 2세들이 다른 미국인들과 어깨를 나란히 해서 싸울 수 있다는 점을 증명하기 위해서는, 특별 승진의 기회나 독립 부대로서 집단적 성과를 통해 충성을 보일 기회가 없더라도 부대를 분리시키지 않는 것이 더 가치가 있지 않겠습니까?" (GMH42)

"지난 번 전쟁의 니그로 지원자들과 비교할 때, 2세 부대는 계급 차별이 아닌지요?" (PI)

"'특수' 전투부대는 소수자 집단 대우의 위험한 선례가 되지 않을까요?" (GMH42)

"지난번 세계대전에서 캐나다 육군은 일본인 지원자들과 니그로들을 전선으로 보내고, 백인 병사들은 그들 뒤에 있었으므로, 많은 일본인들과 니그로들이 죽었습니다. 미국이 그렇게 하지 않을 것이라고 보증할 수 있습니까?" (GMH52)

b. 몇몇 질문들은 일본계 미국인들을 군대에서 배제하다가 이제는 모병 캠페인을 공격적으로 벌이는 전쟁성의 일관성 없는 정책에 대한 설명을 요구했다.

"미국 정부는 왜 그렇게 빨리 마음을 바꿨습니까? 일 년 전만 해도 정부는 우리가 군대에 가기를 바라지 않았습니다." (GMH52)

"오늘 저는 저를 4C로 분류한 2월 5일자 카드를 지역 위원회로부터 받았습니다. 이 분류는 도대체 뭡니까?" (주: 아이러니하게도 이 수용자는 지원 프로그램 발표 일 주일 후, 즉 수용소에서 등록 캠페인이 시작되기 직전에 선발징병에 부적격하다는 통지를 받았다.) (GMH42)

"전쟁이 발발한 지 몇 달 지나지 않아 저는 군에 지원해 받아들여졌습니다. 입대 삼 개월 후에 저는 저의 군 복무를 더이상 원하지 않는다는 통보를 갑자기 받았습니다. 또한 24시간 내로 군대를 떠날 것과 더이상 군복을 입지 말라는 통보도 받았습니다. 이렇게 해 놓고 어떻게 제가 다시 지원하기를 기대할 수 있습니까?" (GMH52)

"일본에 부모와 친척이 있다는 이유로 왜 병사들이 군에서 '내쫓기고', 어떤 장교들로부터는 스파이로 불려야 합니까? 이 빈정거림과 차별에 대해 불평이 있었습니다. " (GMH42)

c. 몇몇 질문들은 일본계 미국인에 대한 정책과 다른 그룹들에 대한 정책 사이의 비일관성을 지적하면서 양자의 동등한 대우를 요구했다.

"왜 우리는 백인들과 똑같은 방식으로 징집되지 않습니까?" (RC)

"징집될 경우, 가족 부양을 위한 징집 연기 등 백인들과 동일한 권리를 가지게 될 것이라는 어떤 보장이 있습니까?" (RC)

"군 복무자 가족들의 재정착이 지원됩니까? 아니면 수용소에 남아 그 비정상적인 환경 속에서 '썩어야' 합니까?" (GMH42)

"충성스러운 사람으로서 2세를 국가에 받아들이는 것이 미국의 목적이라면, 왜 그들을 니그로를 포함한 다른 미국인들처럼 징집하지 않습니까?" (GMH42)

"지난번 전쟁에서 일본 출신 외국인들은 시민권을 얻기 위해 14년 동안 싸워야 했습니다. 그 후 그들은 대법원까지 가야 했습니다. 이 점에 대한 해명 요청. 아울러 샌프란시스코와 로스앤젤리스의 재향군인회 분회들은 이 퇴역 군인들을 추방했습니다." (PI)

"군복을 입고 있는데도 왜 우리는 군복을 입은 다른 사람들처럼 연방 내의 모든 곳을 여행할 수 없습니까?" (TL304A)

"제1차 세계대전 때 군에 복무했던 1세와 2세가 수용소에 있습니까? 왜 그렇습니까?" (GMH42)

"일본계 미국인 여자들에게 백인 간호사들이나 육군여자보조부대원들과 동일한 권리가 주어집니까?" (TL126)

6. 가장 자주 제기되었던 세 가지 질문 범주들 중 마지막 것 역시 군대에 대한 것이었다. 하지만 그것들은 반드시 비난조만은 아니었다. 이 질문들은 단순히 지원과 징병에 대한 정보를 요구했으며, 복무하는 동안 지원자가 어떤 대우를 받을 수 있는지에 대해 더 자세히 알고자 했다. 많은 질문들이 인종주의와 군 지원 요구 사이의 모순에 대해 분노하기보다는 개개의 선택들에 따르는 이익과 비용에 대해 냉정하게 계산했다. 여기서 나는 아주 적은 수의 사례만 들겠다.

"의사 등은 지원이 제한됩니까?" (주: 응답자는 의사들도 지원할 수 있다고 말한다. 그러나 지원자가 너무 많으면 다른 부대에서 근무할 수도 있다고 잘못 말한다.) (PI)

"육군 치과 예비부대the Army Dental Corps Reserve에 들어가 치과 수업을 계속 받을 기회가 우리에게 주어집니까?" (GMH52)

총력전 제국의 인종주의

"우리가 장교훈련학교에 다닐 수 있습니까?" (GMH52)

"키베이들도 들어갈 수 있습니까?" (PI)

"지원 기간은 4년, 아니면 전쟁 기간 및 그 후 6개월 동안입니까?" (PI)

"우리 '일본계 미국인들이 의도된 목적을 위해 뛰어난 자질을 지녔다'고 할 때 육군이 가진 생각은 무엇입니까?" (GMH52)

"시력이 약한 사람은 군대에 갈 수 없습니까?" (GMH52)

"우리가 지원하지 않을 경우, 선발징병제를 통해 다른 부대에 의무 징병될 것을 기대할 수 있습니까?" (PI)

"부양가족이나 아이들이 있는 사람도 징집됩니까?" (GMH42)

"지원자들에게 승진 우선권이 있습니까?" (GMH42)

"소개로 인해 중단된 대학교육을 끝마치고자 하는 사람에게는 입대 전에 교육을 끝낼 기회가 주어집니까?" (GMH52)

"얼마나 근무해야 휴가를 받을 수 있습니까?" (GMH52)

"육군여자보조부대에 들어가고자 하는 여성들은 어떻게 됩니까?" (GMH52)

"일본인 (2세) 전투부대를 태평양 지역으로 보내 일본군과 싸우게 하는 것이 미국 육군의 의도입니까?" (GMH42)

"일본인 전투부대에도 탱크 부대가 있습니까?" (GMH42)

"2세의 징병은 의회를 통과한 법안입니까, 아니면 단지 군의 명령입니까?" (TL304A)

"입대 후 결혼할 수 있습니까?" (GMH52)

7. 많은 질문들이 정부가 군인 가족들을 부양할 것인가에 대해 관심을 보였다. 분명히 수용자들과 당국은 정부가 삶을 개선해 주리라고 기

대했다. 수용자들은 일반적으로 질문을 제기했으며, 그 결과 당국은 당연히 군 입대와 병사의 죽음이 지닌 의미를 삶과 연관시켜 생각했을 것이다. 어떤 질문들은 군 지원 요청을 거부하거나 받아들이는 것과 관련된 감정적 반응 못지않게 치밀한 손익 계산을 또다시 보여 준다.

"수용소에 남게 될 부모는 어떻게 됩니까?" (주: 캡틴은 다른 병사들의 부모와 똑같은 수당을 받을 것이라고 대답한다. 그러나 아마 실제로 그들은, "당신이 떠나 있는 동안, 집과 음식, 의료시설이 제공되므로 다른 미국인 부모의 75퍼센트 남짓"을 받을 것이었다. 이러한 대화는 정부가 생활을 개선해 줄 것에 대한 수용자 측의 기대를 드러내는 동시에, 어느 정도 뒤틀린 논리에 근거해 당국이 일본계 미국인들에게 과도한 생활 혜택을 제공하고 있음을 보여주기 위해 노력했다는 점도 드러낸다.) (GMH52)

"우리가 여기 수용소에 있을 때 연로한 부모와 어린 아이들은 부양가족으로 간주됩니까?" (GMH52)

"전쟁이 끝난 후 노인들의 안전은 누가 돌보게 됩니까?" (GMH52)

"아이들이 여럿인 가족이 많은데, 그들은 재정적으로 심각한 상황이며 캘리포니아의 재산이 처리되지 않은 채 남아 있으므로 미래가 불투명합니다. 만일 제가 외아들인데 입대한다면 어떻게 됩니까? 정부는 전후에 가족의 안녕을 보장할지요?" (주: 이 질문이 보여 주는 일반적인 관심과는 별도로 다음 사실을 지적해야 한다. 즉 1세의 토지 소유를 금지하는 법률들로 인해 부동산 소유권은 종종 자식들 명의로 되어 있었다. 그렇다면, 토지 소유자로 되어 있는 외아들이 죽으면 그 재산은 어떻게 될 것인가?) (GMH52)

"만일 이주자가 병역을 위해 미국 육군에 입대한다면, 미국 정부는 그 부양가족을 지원하거나 그들의 복지 지원을 계속하기 위한 법률을 만들 것인지요? 부양가족이란 취업할 수 없는 부모, 어린 자식들 또는 장애인들입니다. 만일 복지 혜택이 있다면, 그것은 어떻게 시행됩니까? 그리고 그들은 툴 레이크 같은 캠프에 수용됩니까? 아니면 바깥에서 자기들 식으로 살아야 하는 겁니까?" (TL304A)

"2세 병사가 사망할 경우, 부모가 전시외국인수용소에 남는다면 그 부양가족에게 다른 미국인들과 동일한 보살핌이 제공됩니까?" (TL304A)

"전쟁이 끝난 후, 군 복무 중에 가입한 전쟁 손해보험은 어떻게 됩니까?" (GMH42)

"만일 2세가 교전 중에 죽으면, 보험금을 한꺼번에 받게 됩니까? 그리고 만일 불구가 되면 얼마나 받습니까?" (PII)

"남편이 입대하면 그 아내에게는 달러로 얼마나 지급됩니까?" (PI)

"아내는 소득세 과세 대상이 됩니까?" (PI)

"어떤 사람이 전시 노역을 위해 수용소에 있는 가족을 떠나면, 정착할 때까지 그 사람의 생계가 보장됩니까?" (PI)

8. 관리자와 전시외국인수용소 커뮤니티 분석가들뿐 아니라 여러 학자들도 전시외국인수용소의 126 Rev. 양식, 즉 '석방허가신청서 Application for Leave Clearance'로 인해 야기된 혼돈에 대해 종종 지적해왔다. 처음에 많은 사람들은 양식을 다 작성하면, 그것이 석방 허가 신청과 사실상 똑같을 것이라고 생각했다. 비록 오류로 판명되었지만 그것은 논리적인 결론이었다. 그렇지 않다는 것이 확인된 후에도, 양식을 작성하면서 많은 사람들은 나중에 준비도 되기 전에 수용소를 떠나게 되지 않을까 하고 걱정했다. 이상하게 보이지만 그들은 가족과 헤어지는 것이나, 늘 그랬던 것처럼 그들을 적대하는 듯한 낯선 고장에 가게

되는 것을 원치 않았다. 따라서 많은 사람들에게 수용소를 떠나는 것은 달갑지 않은 전망이었다. 더 나아가 수용자들은 앞서 설명되었듯이, 미국의 법률로 인해 미국 시민이 될 수 없는 1세들에게 그들을 시민으로 인정하는 자기 나라에 대한 충성 포기를 요구하는 것이 불합리함을 깨닫고 있었다.

"코벌리Coverley 씨나 군 대표자는 오늘(1943년 2월 10일) 석방 허가 신청 같은 것에 관심이 없는 1세들이 이 특별한 신청 양식을 다 작성하면, 그 제목을 '등록'으로 바꿀 것이라고 말했습니다. 하지만 다음과 같은 의문이 남습니다. 즉 대답해야 할 질문이 바뀌지 않았으므로, 이 특별한 문서를 오직 '등록'을 위한 것으로만 생각하는 등록자의 의사에도 불구하고 이 문서가 여전히 석방허가신청서로 간주될 수 있지 않을까요?" (TL126)

"왜 전시외국인수용소는 완전히 다른 범주에 속하는 두 그룹의 사람들, 즉 이른바 여성 미국 시민들과 적국인들에게 동일한 양식을 사용합니까?" (TL126)

"1세에게 앙케트 같은 것으로 질문하는 데에 대한 규정이 제네바 조약에 있습니까?" (TL126)

조건부 충성과 무조건 충성

이 질문들은 등록의 불합리함 및 수용자들에게 죽음을 요구하는 정부의 권한에 대한 회의와 분노로부터, 가족의 운명과 삶의 유지에 대한 헤아릴 수 없는 걱정, 그리고 더 많은 정보를 알아내어 그 비참한 환경에서나마 그저 최선의 선택을 할 수 있기를 바라는 겉으로는 냉정해 보이는 욕망에 이르기까지 엄청나게 다양한 감정들을 반영하고 있다. 이러한 관심들을 드러내는 훨씬 더 많은 질문의 목록을 보일 수 있겠지만, 여기서 나는 수용자의 등록이 어떤 결과를 낳았는지, 특히 그들이 당국과 대화하거나 의논하려 한 노력이 어떤 결과를 초래했는지에 대한 고찰로 넘어가려 한다.

첫째, 수용자들은 국가에 대한 충성 맹세를 선택하지 않을 수 없음을 이해하게 되었다. 그들은 등록을 거부할 수 있었으며, 실제로 7만 7,957명의 유자격 수용자들 중 3,254명의 남녀가 그렇게 했다. 그들은 27번과 28번 질문 둘 다나 그중 하나에 대한 대답을 거절할 수 있었다. 아니면 1,041명이 그렇게 했던 것처럼 28번 질문에 조건부로 대답할 수 있었다.[84] 그러나 어떤 경우에도 성인 남녀는 모두 충성에 대한 선택을 표명하라는 요구에 복종하지 않을 수 없었다. 이는 별로 중요하지 않은 사실처럼 보인다. 그러나 미국 내의 그 어떤 인종 그룹에게도 마치 모두가 귀화자이기라도 한 것처럼 국가에 대한 충성을 맹세하는 개인적인 의례가 집단적으로 강제된 적이 없었으며, 그 후 지금까지 어느 누구에게도 그러한 절차가 강요된 바 없음을 기억하는 것이 중요하다.

그들이 처한 상황의 독특함은 그토록 많은 의견을 말했던 대부분의 수용자 자신들에게 영향을 끼쳤다. 물론 두 개의 핵심 질문에 대한 "노"라는 대답이 미국에 동화하지 않겠다는 의미라고 생각할 수는 없다. 이는 "예스"가 반드시 무조건적인 동화를 의미하지 않는 것과 마찬가지다. 예컨대 27번 질문에 대한 어떤 "노"는 부모의 압력이나 연로한 부모를 떠나는 데에 대한 걱정을 드러낸다. 어떤 "예스"는 국가에 대한 동일화와 아무 상관이 없다. 대신 그것은 군대에서 전문적인 기술을 얻거나, 최대한 문제가 없는 선택을 하고자 하는 욕망에 기인한 대답이다.

전시외국인수용소 커뮤니티 분석가들은 등록 과정의 성공과 실패에 대해 고찰하면서, 그것이 여러 면에서 일관성 없었고 서툴렀음을 인정했다. 그들은 관리자들이 아주 낙관적으로 그 일에 착수했지만, 세세하고 충분히 준비하지는 못했다고 보았다. 즉 관리자들은 아주 다른 여러 방식으로 운영함으로써 등록을 마칠 수 있었다. 그리고 이로 인해 분석가들은 27번과 28번 질문에 대한 "예스"나 "노" 대답에 단일한 의미를 부여하지 말라고 경고했으며, 따라서 전체 수용소에 걸친 의미 있는 통계적 비교가 가능할 것이라고 가정하지도 말라고 경고했던 것이다. 전시외국인수용소는 다음과 같이 보고했다. "수용소 거주자들에게 등록이 제시된 방식은 천차만별"이었으며, "등록이 수행된 방식, 위기 상황에 대처하기 위해 관리 당국이 사용한 수단, 특히 여러 프로젝트들에서 발생한 위기의 종류 역시 천차만별이어서 수용소들의 등록 결과는 각각 독특한 것으로 생각되어야 했다. 이러한 이유에서 다른 프로젝트들의 앙케트에 나타난 비슷한 반응들도 동일한 의미를 지니지 않는다. 그것들은 동일한 의미를 지닌 것처럼 함께 집계되어서는 안 된다."[85]

우리는 "예스"와 "노"가 충성과 관련된 특수하고 제한된 의미를 가리키는 표시라고 신뢰할 수 없다. 그러나 등록 절차 자체는 미국에 대한 충성을 이해하는 방식을 공고히 하여 유통시켰다. 전쟁성 팀들과 전시외국인수용소 관리자들은 미국에 대한 믿음과, 일본계 미국인을 군대에 받아들이기로 한 전쟁성의 결정을 포함한 정부의 노력에 대한 긍정적인 확신에 근거한 무조건적인 충성을 추구했지만, 수용자들 중 소수만이 이러한 논리에 따랐다. 수용자들로부터 제기된 역논리 중 가장 일반적인 것은 '조건부 충성'이라고 지칭되기에 딱 어울릴 만한 것이었다. 그것은 미국식 내셔널리즘의 이론적 가설인 보편적 이상을 존중했지만, 거기서 더 나아가 인종적 차별의 실질적 종식이 보증될 뿐 아니라 보장되기까지 할 것을 원했다. 수많은 수용자들은 공공연하게 그러한 태도를 드러내면서, "만일 내 헌법적 권리가 문서로 보장된다면, 예"[86]라고 조건을 달아 28번 질문에 대답했다.

그러나 그 수용자들은 자기를 파괴하려는 통치자들의 국가를 위해 죽겠다고 서약할 생각은 전혀 없었다. 몇몇 관리자들과 팀 멤버들은 그러한 태도가 다름 아닌 충성의 의미 그 자체와 모순된다고 느꼈다. 로워Rohwer의 팀 캡틴 존 홀브룩John A. Holbrook 대위는 다음과 같이 말하며, 보상을 바라는 이러한 자세가 불충에 다름 아니라는 결론을 내렸다. "17세 이상 37세 이하 군대에 갈 나이의 일본계 미국인 집단은 군 지원에 관심이 없다. 그들은 충성스러운 시민들이 아니기 때문이다. 적어도 충성이 어떤 물질적 보상 없이 스스로를 표현하고자 하는 것이라면 말이다……그들은 누군가를 위해 무언가 한다는 것을 이해하지 못하며, 이를 사회적이고 물질적 향상이라는 반대급부를 받는 일과 혼동한다."[87] 제롬Jerome의 팀 캡틴인 유진 실러Eugine Siler는 무조건 충성주의자들을 "확신 집단conviction group"으로 불렀던 반면, 조건부 충성을 말하는 사람들을 "편의주의 집단expediency group"이나 "기회주의자들opportunists"로 지칭하면서 비판했다. 그와 동시에 어떤 수용자들은 훨씬 더 급진적인 대항 논리를 보이며 미국 내셔널리즘의 정당성에 도전했다. 그들은 미국의 내셔널리즘이 유색인종을 평등하게 대우할 능력이 있기나 한지에 대해 의문을 던졌다. 그들은 국가에 충성을 서약하는 것이 불합리하며, 이는 통치자들이 인종적 평등을 실천하지 않음을 스스로 거듭 증명할 뿐이라고 폭로하면서, 더욱 근본적인 방식으로 미국 국가의 가설에 대한 사보타주를 추구했다. 실러는 이런 유형의 많은 사람들을 망라해서 지칭하기 위해 "유해한 집단poisonous group"이라는 말을 사용하자고 제안했다.[88]

토파즈Topaz의 등록은 수용자들이 1세에 대한 관심을 표명한 과정 및 수용소 사회가 조건부 충성 옹호자와 무조건 충성 옹호자로 분열된 양상을 더욱 역동적으로 고찰할 수 있게 한다. 또한 그것은 자유주의적 통치성 밑의 권력이 어떤 메커니즘 속에서 이성과 강압적 수단 모두를 통해 작용하게 되는지 일별하게 한다. 토파즈의 몇몇 사람들은 입대 지원을 포함한 전쟁 준비에 능동적이고 무조건적으로 참여하는 것이 미국의 자유, 평등, 민주주의의 약속이 실현되게 하고, 자신 및 일본 민족이 이처럼 훌륭하다고 하는 국가에 완전히 포용될 자격이 있음을 증명하는 길이라고 일찍부터 믿고 있었던 듯하다. 그러나 관리자들은 대부분의 수용자들을 군에 지원하게 하기 위해서, 또는 양식을 작성하는 데에 동의하게 하기 위해서조차 논리적 설득뿐 아니라 공공연하거나 은밀한 협박으로 회유해야 했다.

처음에 토파즈의 관리자들과 팀들은 입대 및 등록에 대한 엄청난 반발에 부딪쳤다. 1세들은 28번 질문, 특히 첫 번째 나온 양식의 언어 표현에 대해 우려했다. 그들은 자기들의 일반적인 안전에 대해 걱정했으며, 이제 수용소 생활에 막 적응하기 시작한 마당에 또다시 강제로 이송될지 모른다는 점에 대해서도 걱정했다. 2세와 키베이들은 자기들이 시민권을 박탈당했으며, 당국이 제시하는 독립된 전투부대가 현재 자행되고 있는 인종차별의 상징이라고 느꼈으므로 주저했다. 많은 사람들은 "소개의 쓰라린 경험을 모두 겪은 후 이제 와서 입대하는 것은 싫다"고 했으며, 어떤 부모들은 입대에 반대하라고 자식들을 압박했다. 2월 14일 오후에 토파즈의 33개 블록 대표자들은 회의를 열어, 등록을 할 것인가 아니면 먼저 시민권 투쟁을 벌일 것인가를 놓고 많은 논의를 펼쳤다. 그 자리에 있던 수용소 커뮤니티 분석가 존 엠브리가 관찰했던 것처럼, "만일 투표를 했다면, 십중팔구 반대였을 것이다." 하지만 프로젝트 디렉터는 방첩법the Espionage Act을 발동하겠다고 위협해 그 투표를 막았다.[89] 그렇게 하면서조차 디렉터는 수용자들에게 "이 주제에 대한 그 어떤 의견이라도 개인으로서 자유롭게 말할 수 있으며, 등록에 대한 **조직적인** 방해에 대해서만 법이 적용된다(강조는 원문)"고 하면서 자유로운 발언을 존중하는 것처럼 행동했다.[90]

이 대규모 회의에 이어 수용자들은 전쟁성 장관 헨리 스팀슨에게 보낼 일련의 시민권 관련 결의안을 기초하기 위해 9인 소위원회the Committee of Nine를 조직했다. 엠브리는 한 명의 "불같은" 키베이를 제외하면, 소위원회가 "필시 오후 회의의 다양한 그룹들을 합리적으로 대변한" "상당히 좋은 대표 의견"을 제시하고 있다고 보았다. 엠브리는 구마모토현의 한 마을을 연구한 고전적인 민족지학 저서 《스에무라Suye Mura須惠村》를 불과 4년 전에 출판했다. 따라서 일본에 대한 선구적인 구조기능주의 인류학자로 더 잘 알려진 엠브리의 명성을 고려할 때, 어떤 독자들은 그가 토파즈의 등록 위기에 참관 옵저버로 일하고 있음을 발견하고는 놀랄 것이다. 엠브리는 보고서에서 프로젝트 디렉터, 두 명의 스태프 멤버, 소위원회와 함께 늦은 밤까지 계속된 어떤 회의에 참석했다고 밝혔다. 이 회의에서 관리자들과 수용자들은 결의안을 양보하여 전쟁성 장관에게 보낼 수 있을 만한 온건한 문서를 만들어 냈다. 수용자들은 스팀슨의 대답을 기다리는 동안에도 등록을 계속 실시하는 데에 동의했다. 엠브리가 포함되었던 그 회의는 전시외국인수용소를 위해 더 심각한 사태가 일어나는 것을 막는 데 일조했다.[91]

9인 소위원회는 충성스런 미국 시민의 입장에서 항의를 제출했다. 그들은 "충성스러운 미국 시민으로서 우리의 의무를 수행하기 위해, 그리고 미국 헌법에서 확립된 민주주의의 원칙을 신봉하기 위해" 전쟁성 장관에게 보내는 요구를 작성했다고 강조했다. 그들은 수많은 권리와 혜택을 포기한 채, 금전적이거나 기타 개인적인 손실을 감수하면서 소개에 최대한 협력해 왔음을 설명했다. 그리고 미래에는 시민들이 재판도 없이 다시 소개되거나 감금되는 일이 방지되기를 바라며, "헌법과 그 수정조항에서 구체화된 대로 언론의 자유, 신앙의 자유, 출판의 자유, 집회의 자유"가 지켜질 것과 더불어 모든 인종이 동등하게 대우받을 것을 믿는다고 밝혔다. 이렇게 그들은 그들의 존재와 분노에 대한 설명으로 탄원서를 시작한 후 다음과 같이 요청했다. 그들은 수용자들의 즉각적인 석방을 요구하지 않았다. 그들은 "완전히 자유롭게 이동할 수 있고 귀가를 선택할 수 있기를" 바랐지만, 그것은 오직 "전시정보국과 FBI 및 기타 기관들의 조사가 끝난" 후의 일이 될 것임을 인정했다. 그들이 조건부 충성을 맹세했다는 아주 중요한 사실만 빼면, 그들의 논리는 당국의 논리와 크게 다르지 않았다. 그들은 무엇보다도 미국 시민으로서의 권리를 확인해 줄 것을 대통령에게 요청했다. 그들은 1세의 안전을 바랐으며, 충성스럽지 않은 사람들을 '우호적인 외국인들friendly aliens'로 다시 범주화할 것을 희망했다. 당국은 독립 부대가 군사적 성취를 더욱 돋보이게 할 것이라고 말했지만, 일본계 미국인들은 자기들이 군대의 여러 곳에 분산 배치될 경우 사람들에게 더 잘 알려질 것이며, 그에 따르는 "깊은 동지애"로 인해 "백인 병사들에 대한

총력전 제국의 인종주의

교육"도 이루어질 것이라고 주장했다. 그들은 그들이 투쟁해 지켜낼 네 가지 자유Four Freedoms(프랭클린 루즈벨트가 선언한 네 가지 기본적 자유. 언론의 자유, 신앙의 자유, 가난으로부터의 자유, 공포로부터의 자유 – 역주)의 민주주의적 원칙이 자신들에게 적용되기를 원했다. 마지막으로 그들은 다음과 같이 서약했다. "만일 정부의 대변인으로부터 또는 가급적 미국 대통령으로부터 만족스러운 대답을 듣는다면, 우리는 우리 미래의 권리 보장과 관련된 두려움이나 불안 없이 우리의 이 나라를 위해 나아가 싸울 수 있다."[92]

15일 오후에 1세들은 프로젝트 디렉터와 모임을 열어 그들의 다양한 관심사에 대해 말했다. 그들은 소개로 인해 발생한 금전적 손해 및 지난 여름 사탕무 밭 노동에 대한 불충분한 대가에 대해 불만을 나타냈다. 그들은 부모로서 아이들을 교육시켜 법을 준수하는 시민으로 키우기 위해 여러 가지를 희생했음에도 불구하고, 정부가 그들의 자식을 외국인처럼 대우한 것에 대해 특히 비난하려 했다. 1세들 역시 '석방 허가 양식'이라는 제목의 의미에 대해 불안해했다. 이것은 그들이 또다시 이동하게 될 것을 의미하는가? 좋은 관리자administrator(중립적인 사회 과학자와는 반대되는) 엠브리는 이 모임이 "그들에게 일종의 카타르시스였다"[93]고 서술했다.

저녁 때 팀 캡틴 윌리엄 트레이시William L. Tracy 중위는 "육군의 우호적인 그룹"이 등록 계획의 배후에 있었다고 소위원회에 설명했다. 경계할 필요가 전혀 없는 상황임을 환기시키면서, 트레이시는 몇몇 국회의원과 많은 일반 대중들이 "일본계 미국인들에게 비우호적이었다"는 점에 유의하라고 조심시켰다. 더 나아가 그는 군이 격심한 인력 부족 때문에 일본계 미국인들을 필요로 한다는 소문을 떨쳐버리고자 노력했다. 우리가 보아 왔듯이, 이 소문은 실제로 근거가 있는 것이었지만 말이다. 그는 수용자들로 하여금 육군 내의 우호적인 그룹이 일본계 미국인들에게 관심을 가지고 있으며, 등록 운동이 실패할 경우 이들이 아주 실망할 것이라고 믿게 하려 했다. 더 중요한 사실은 등록이 잘 진행되지 않을 경우, 일본계 미국인들을 위한 하나의 기회로 보아야 할 군 입대 계획이 어그러져 결국 중단되리라고 트레이시가 생각했다는 점이다.[94]

소위원회의 멤버들은 이 점에 대해 대단히 유화적인 제스처를 취하면서, "수요일(17일)까지 전체 수용소가 등록을 완료할 것"임을 트레이시에게 확신시켰다. 게다가 보다 협조적인 젊은 남녀 그룹, 즉 대부분 일본인이기보다는 "학문적, 지적 경향에서 젊은 미국인들"이 된 그들은 디렉터를 찾아가 소위원회의 탄원을 추진하게 한 데에 대해 항의했다. 그들은 자기들과 논의하지 않았음을 비난하면서 "방해자들"의 전략을 비판하기도 했다. 16일 저녁때 엠브리는 이 두 번째 그룹과 네 시간 동안 만났다. 그때 엠브리는 이들이 전시외국인수용소의 정책에 대해 정확히 알리는 더욱 적극적인 역할을 하기 위해 교육 본부와 수용소 신문《토파즈 타임즈*Topaz Times*》를 원한다는 사실을 알았다. 덧붙여 그들은 교사들 중 몇몇이 "일본인을 미워하는anti-Japanese" 인종주의자며, 많은 키베이들이 "등록 과정 전체를 잘못 전하고" 있음을 알렸다. 그들은 수용소를 떠도는 많은 소문들 중 하나를 언급했는데, 그것은 일본인 전투부대가 "사상자가 많이 나는 전선에 보내질 것"이라는 소문이었다. "또 다른 것은 그 전투부대가 즉각 승선해 대서양 한가운데 빠질 것이라는 소문이었다. 또 다른 것은 나이 든 사람들의 걱정에서 유래한 듯한 소문으로, 전투부대가 파일럿 훈련을 받고 도쿄를 폭격하리라는 것이었다." 442연대 연합전투부대의 엄청나게 위험한 여러 임무와 아주 높은 사상자 비율을 생각해 보면, 첫 번째 소문은 오히려 정확한 예언처럼 보인다. 그러나 그것은 차치하고, 이 수용자들은 무조건 충성을 바칠 수 있는 "민주주의에 친화적인 요소"가 뒷받침됨으로써 관리 당국이 등록을 더 확실히 주도하고 관여하기를 바란다는 사실을 시사했다.[95]

그날, 스스로를 "토파즈의 다른 거주자들Other Residents of Topaz"로 부르는 그룹, 즉 16일 오후에 엠브리와 만났던 사람들이 포함되었을 것으로 추측되는 이 그룹은 "존경하는 전쟁성 장관 스팀슨에게 다수 의견의 표현으로서 제출된 결의안에 이의를 명확히 제기하는" 성명을 냈다. 소위원회로 대표되는 사람들과 마찬가지로 그들은 스스로를 충성스러운 미국 시민으로 내세웠다. 그러나 소위원회의 항의자들과는 달리, 그들은 자기들의 충성이 무조건적임을 강조했다. "우리나라에 대한 충성은 과거의 불만이나 상처에 대한 언급 없이 표현될 그 어떤 것"이라는 것이었다. 그들은 다음과 같이 말했다.

> 우리는 우리의 충성을 표현하는 문제에 혼동이 있었음을 느낀다. 우리는 우리의 권리를 위해 싸워야 할 것을 믿는다. 그러나 우리가 지지하는 그 이상들을 지키기 위해 우리나라가 전쟁을 하고 있는 현재, 우리는 우리나라와 우리의 이상을 위한 싸움이 가장 중요하다고 확신한다. 우리는 등록할 것이다, 우리는 충성스럽다, 우리는 미국을 위해 싸울 것이다.

에드윈 이이노Edwin Iino는 서명자들의 리스트를 만들었는데, 거기에는 미네 오쿠보Miné Okubo도 포함되어 있다. 엠브리는 미네 오쿠보를 의심할 바 없는 "저명한 젊은 여성 예술가"로서 젊은 민주주의자들the Young Democrats 중 한 명으로 규정했으며, 몇몇 독자들이 알고 있듯이 오쿠보는 이제는 잘 알려진 그녀의 대표작 《시민 13660 Citizen 13660》(1946)을 출판함으로써 수용소 경험에 대한 책을 출판한 최초의 수용자가 되었다.[96]

따라서 9인 소위원회와 "다른 거주자들"은 서로 많은 것을 공유했으며, 일본계 미국인들을 관리하는 방법에 대해 (백인) 미국의 새로운 여론을 만든다는 전반적인 목적을 신봉하고 있었다. 그들은 원칙적으로 격리 계획을 비판하지 않았으며, 두 집단 모두 싸워서 지켜내야 하는 보편적인 것으로 미국 시민들이 상상하는 가치를 명백히 긍정했다. 결국 9인 소위원회의 조건부 충성론자조차 등록 프로그램이 완료되도록 돕겠다고 약속하면서 통치의 입장으로 수렴되었다. 더 나아가 디렉터들이 충성스런 수용자들에게 상호 신뢰와 협조에 기초해서만 시민으로서의 권리가 회복될 것임을 환기시켰던 반면, 수용소 신문에 게재된 마이어와 전쟁성의 반응은 "궤변을 늘어놓거나 흥정할" 때가 아니라고 하며 디렉터들을 재촉하는 것이었다. 따라서 그 후 9인 소위원회는 "이번 등록을 정부의 선의를 나타내는 것으로서"[97] 긍정하는 성명을 발표했다.

엠브리는 시민의 권리를 즉각 회복시키라고 맹렬히 주장했던 "과격한 키베이"조차 "속죄redemption"를 경험했다고 지적했다. 그 사람은 엠브리에게 탠포란 집결소와 토파즈에서의 경험으로 말미암아 "격분하게" 되었다고 설명했다. 그는 "미국 정부의 진실성에 대한 믿음"을 상실했었다. 그러나 자기의 견해를 알리고 "그중 몇 가지가 관리 당국으로부터 승인"되는 과정을 통해 "좀 더 이성적이 되었으며, 마침내 전체적인 위기를 차분히 되돌아보았을 뿐 아니라 전시외국인수용소의 진의를 더 잘 이해하게 됨으로써, 불과 사흘 전에 공격했던 정부에 대해 협조를 할 수 있게 되었다."[98] 《훼손》의 저자들은 "밑바닥에 흐르는 의심과 원한의 끈질긴 영향력"이 토파즈에 계속 작용하고 있었으며, 이는 "토파즈 거주 성인 남성의 32퍼센트가 28번 질문에 부정적으로 대답한 사실로도 알 수 있다"고 지적했다. 그러나 관리 당국과 팀 멤버들이 위기에 처한 등록 작업을 다룬 방식은 자유주의적 통치성의 사례를 잘 보여 주었다. 그들은 9인 위원회와 "다른 거주자들" 그룹을 모두 만났다. 그리고 직접적인 힘을 과시하는 대신 이른바 '이성'으로써 그들의 정당한 불만들을 인정했다. 당국과 팀 멤버들은 수용자들이 지닌 미국적 내셔널리즘의 정서에 호소하면서 협력을 이끌었다. "다른 거주자들"이 권고하는 대로 그들은 수용소 신문을 충분히 활용하기 시작했다.

한편 프로젝트 디렉터는 수용자 사회와 협조해 워싱턴의 생일에 모임을 개최해 분열의 상처를 치유하고 "수용자들이 다시 서로 가까워지게 할 것"[99]을 계획했다. 더 나아가 엠브리의 역할은 근대적 통치성의 또 다른 특징, 즉 통치를 위해 사회과학자들이 수행해 온 중요한 기능도 보이고 있다(보통 이는 총력전 같은 위기의 순간에 이르기 전까지 국가의 공식적인 부분이 되지는 않는다). 그런 시기에 비국가/국가의 구분은 평상시로 간주되는 때와 비교해 훨씬 불명확해진다. 여기서 나는 전시외국인수용소가 그 분석가들과 함께 생산한 데이터와 통계가 양적, 질적으로 엄청나게 축적되어 있다는 사실뿐 아니라, 사회과학자들이 일본계 미국인의 소개와 재정착에 대해 연구하면서 통치를 위해 크게 공헌했다는 사실도 상기하게 된다. 이 자료들은 저자들의 의도에 반하여 사용되어야 할 것이다.

과도한 동일화

토파즈에서는 겨우 총 116명의 지원자밖에 나오지 않았다.[100] 그러나 입대를 원한다고 언명한 많은 사람들은 의욕을 보이고자 크게 노력했다. 수용소의 지원자 등록에서 발생한 문제들에 대해 알게 된 후, 프로젝트 디렉터 찰스 에른스트Charles F. Ernst는 마이어에게 상황을 설명했다. 그 자리에는 그때까지 토파즈에서 서명을 마친 약 55명 중 12명이 초청되었다. 이 모임 후, 이 12명은 신병 모집 운동을 시작했으며, 결국 100명 가까운 사람들이 입대하게 되었다. 이 지원자들은 민주주의에 대한 신념 및 "모든 형태의 독재, 압제, 인권 유린을 없애겠다"는 바람을 선언한 〈강령credo〉을 만들기도 했다. "미국에 대한 믿음"을 내세우면서, 그들은 "이 나라의 군대에 지원하는 것이 이러한 목적의 실현으로 나아가는 한 걸음이며, 미국에 대한 충성의 적극적인 표명"이라고 단언했다. 토파즈의 지원자들은 이 강령을 다른 수용소들에도 전할 것을 프로젝트 디렉터에게 요청했다. 프로젝트 디렉터는 다른 수용소의 지원자들과 토파즈 지원자들이 서로 단결하는 것이 고무되고 알려지기를 바라면서 마이어와 상의 후 강령을 다른 수용소들에 전했다.[101] 토파즈 지원자들의 강령이 다른 수용소들에 유포되자 바라던 효과가 나타났다. 예컨대 하트 마운틴Heart Mountain의 지원자들은 〈2세 지원자들의 강령Credo of the Nisei Volunteers〉을 냈다. 여기서 그들은 토파즈 동료들의 말을 그대로 흉내 내면서 그들이 뜻하는 바를 좀 더 설명했다. 그들은 즉각적으로 시민권civil rights이 회복되기 때문이 아니라 정부를 믿기 때문에 나라를 위해 싸울 것이라는 말을 반복했다. 그들은 "합당한 인정과……전후의 재건 과정에서 사회의 모든 영역으로 신속히 복귀하게 될 것"을 희망했다. 그러나 그들은 "그러한 결과는 전장에서 우리의 용기를 증명한 후에야 기대할 수 있을 것"[102]이라고 제안했다.

토파즈 거주 일본계 미국인 시민권 위원회The Resident Council for Japanese American Civil Rights는 입대 캠페인이 끝나기 직전에《승리를 위한 지원자들Volunteers for Victory》이라는 제목의 소식지를 발행했다. 여기서 지원자들은 군 복무를 결정한 동기를 설명했다. 희생을 예상하기라도 하는 것처럼, 그들은 자유와 민주주의를 위해 투쟁한 미국의 오랜역사 안에 자신들을 위치시키면서 아이콘이 된 링컨의 게티즈버그 국립묘지 연설을 자기들 선언의 서문으로 사용했다. 그들은 이전에 왔던사람들이 "헛되이 죽지 않았음을, 즉 신의 가호 아래 이 나라가 새로운자유를 낳을 것이며, 국민의, 국민에 의한, 국민을 위한 정부가 지구에서 사라지지 않을 것임"을 보증하는 커다란 대의에 스스로를 바치기로결의했다. 이렇게 링컨의 말을 사용한 경우는 문서보관소에 있는 여러지원자 선언문들 전체에 걸쳐 여기저기에서 보인다.

팸플릿의 강력한 테마는 정부가 삶과 행복을 보호할 것이라는 믿음이었다. 이는 자유주의적 통치성의 실행을 환기하는 것이었다. 팸플릿은 햇빛 속에서 대도시를 향해 걷는 네 사람의 가족을 배경으로, 전투를 각오한 한 사람의 무장 병사가 등장하는 그림으로 시작된다. 병사들의 전투는 적에 맞설 뿐 아니라 그 가족들의 안전한 주류사회 재정착을위협할 여러 세력들과도 싸우고 있다. 팸플릿은 군 지원 기회를 주는것이야말로 "우리 정부가 우리의 복지에 관심이 있음을 분명히 말해준다"고 설명했다. 타로 가타야마Taro Katayama는 "내가 미국 시민으로서 그 어떤 혜택을 받아 왔건, 내가 미래에 어떤 삶을 꾸리게 되건, 나는 이 나라에서 그렇게 하고 싶다"고 선언했다. 이와 비슷하게 헨리 에비하라Henry H. Ebihara는, "나는 내 부모, 형제, 자매를 위해 미국에서 행복과 안전을 확실히 하고 싶다. 이 나라는 그들의 나라다. 이 나라는 내 나라다"라고 했다. 다른 사람들은 자기들이 파시즘, 전체주의, 군사 파시스트적 독재와의 싸움에 참여함을 강조했다. 무엇보다도 그들은 이것이 충성을 증명할 극적인 기회이며, 그들이 취하는 행위의 자발성이 이 충성 표명의 드라마를 고양할 것임을 역설했다. 팸플릿은 "입대를 제안한 토파즈 최연장자"의 특별한 사례를 보고하기도 했다. 이 사람은 나이가 60세였을 뿐 아니라 이민 1세이기도 했다. 지원할 수 있는 나이도 아니었고 시민권도 없었지만, 그는 "자기의 남은 생을 이번 전쟁에 복무하면서 민주주의의 대의를 위해 쓰고자" 원했다. 그리고 그의 신청은 심의 대상으로 수락되었다. 더 나아가 팸플릿은 수용자들이 군인 보험에 들 수 있음을 알렸으며, 지원자들이 1942년의 군인 부양가족 수당법Servicemen's Dependents Allowance Act의 대상임을 보증했다.[103]

마이크 "모세" 마사오카Mike "Moses" Masaoka는 무조건 충성의 입장에 가장 크게 기여했으며, 통치자들이 새로운 방식으로 수용자들을 다룰 수 있게 도왔던 대표적인 일본계 미국인이다. 이런 입장을 취한 많은 일본계 미국인들이 마사오카와 함께 일본계 미국시민 연맹JACL의 회원이었다. 아시아계 미국인 활동가와 학자들은 오랫동안 JACL 멤버들, 특히 마사오카가 (백인) 미국과 과도하게 동일화된 것을 비판해 왔다. 그러나 그들의 활동을 더 깊이 분석함으로써, 우리는 새로운 통치성을 발전시키며 '거친 인종주의'로부터 '친절한 인종주의'로 전환을 가속화하는 일에서 통치자와 피통치자의 교차점에 위치한 사람들이 중추적인 위치를 차지하게 된 과정에 대해 심도 있게 이해하게 될 것이다.[104] 등록과 앙케트 및 군 지원에 "응답responding"했다는 말은 JACL 남녀 회원들의 행동성을 묘사하기에는 너무 약하다. 실상 그들은 단지 지도를 받은 것이 아니라, 지도하는 통치자들을 도와 현실적으로 존재하는 인종주의와 인종주의 거부 방침 사이의 모순을 해결할 구체적인 정책들을 수립하도록 했다.

여기서 통치자와 피통치자라는 이항대립은 깨어진다. 이 일본계 미국인들은 두 카테고리가 교차하는 곳에 스스로를 위치시켰기 때문이다. 실제로 마사오카는 언제나 일본계 미국인들에게 지원의 기회를 부여할 책임이 자신에게 있기라도 한 것처럼 행동했다. 그는 자기를 "모세" 마사오카라고 불렀는데, 이 별명은 시사하는 바가 많다. 설령 기독교의 목자적 권력이 헤브라이의 목자－신pastor－God 개념을 상기시킨다는 푸코의 관점을 받아들이지 않는다고 해도 그렇다.[105] 프랭크 미야모토Frank Miyamoto는 사회학자로서 전시 일본계 미국인의 소개와 재정착에 대해 연구했다. 그 연구에서 미야모토는 군대가 일본인들을 서해안에서 제거했을 때, "JACL은 소개 절차에 대한 반대를 조직하기보다는 그것을 관리하는 데에 훨씬 유능했다"[106]고 쓴 바 있다. 이는 전쟁기 전체에 걸친 JACL의 활동에 잘 들어맞는 말일 것이다. JACL의 리더십은 당국의 관리를 받는 한 부분이었지만, 그와 동시에 관리 기계의 톱니바퀴로 계속 기능하기도 했기 때문이다.

아이러니하게도 일본계 미국시민 연맹과 마사오카의 전쟁 시기 활동을 분석하기 위해 활용할 수 있는 가장 훌륭한 비판적 연구들 중 하나는 JACL 조직 자체에 의해 추진된 것이었다. JACL 및 그 관계자들은 1988년의 결의를 통해 자신들이 일본계 미국인들에게 가한 전시의

"피해, 고통, 불법행위"에 대해 공식적으로 사과했다. 그에 이어 이 조직은 변호사이자 샌프란시스코 주립대학 강사인 도로시 림Dorothy Lim과 계약해, 이 사람에게 전쟁 직전과 전시에 수행된 JACL의 활동에 대한 연구를 맡겼다. JACL의 문서 기록, 신문, 회의 기록에 접근하고, 2차 자료들과 더불어 기타 문서들을 사용할 수 있는 조건에서 림은 1989년 연말에 95페이지의 문서를 완성했다. 〈림 보고서Lim Report〉로 불리게 된 이 보고서가 비공식적으로 읽히는 동안, JACL의 몇몇 지도자들은 조직에 위해가 되는 것이 폭로되지 못하도록 압력을 넣었다. 그리하여 결국 그들은 원본의 많은 부분을 희석하고 순화한 28쪽짜리 버전을 만들어 냈다.[107]

〈림 보고서〉의 원본과 기타 연구들은, 일본계 미국시민 연맹을 지도한 멤버들이 진주만 공격 직전의 몇 년과 전쟁 기간에 걸쳐 전시외국인 수용소를 필두로 한 여러 정보기관들, 군대, 정부 내 다른 에이전시들의 정책에 이의를 제기하기보다는 그들과 활발히 협력했다는 반박할 수 없는 증거를 제공한다. 그들은 일본계 미국인 동료들에 대한 정보를 수집했으며, 그것을 FBI, ONI, MIS 등에 주었다. 그들은 이 인구를 서해안에서 소개시키는 일 및 그 사후 관리를 적극적으로 지원했다. 예컨대 마사오카는 톨란 위원회the Tolan Committee(일본계 미국인들 및 다른 인구를 전략적 지역에서 소개하는 일에 대해 논의할 목적으로 전쟁 초기에 의회가 설립한 위원회) 앞에서 조직의 중앙 서기이자 현장 집행관으로서 JACL에 대해 증언했다. 그리고 만일 연방정부와 군대에서 소개가 필요하다고 판단한다면 JACL은 그 일에 전적으로 협조할 것이라고 맹세했다. 등록 문제와 직접 관련된 사례를 들면, 강제 소개 실시 직전인 1942년 2월에 JACL은 그 배경에 대한 앙케트를 통해 키베이 인구의 충성도를 조사했다. 그것은 약 일 년 후에 수용소에서 이루어질 등록의 시운전인 셈이었다. 여기서 더 나아가 JACL은, 그 시도가 대단히 성공했다고 보이지는 않지만 일본인 인명부를 통해 확인할 수 있는 모든 일본계미국인 각각에 대한 포괄적인 데이터베이스를 만들고자 했다. 이는 구제불가능하다고 간주된 사람들을 배제함으로써 일본계 미국인을 통치하는 시스템의 모습을 예시했다. 이때 마사오카는 그 데이터가 "사회의 나머지 부분을 보호하기 위해 나쁜 사람들을 색출하는 데"[108]에 유용하게 쓰일 것이라고 설명했다.

군 복무와 관련해, JACL은 죽겠다는 의지가 일본인들의 충성심과 시민의 자격을 설명할 방법이 될 것이라고 정부, 군대, 정보기관들보다먼저 제안했다. 1942년 11월 중순에 열린 솔트레이크시티Salt Lake City 집회에서 JACL은 미네소타주 캠프 새비지Camp Savage 군사정보언어학교Military Intelligence Language School에서 일할 수용자의 모집을 돕겠다고 제의했다. 그리고 거기서 훨씬 더 나아가 JACL은 그런 기회가 주어진다면 2세 지원자들을 보내겠다고 결의했다. 마사오카는 1944년 4월에 작성된 한 보고서에서, 소개를 피하려고 노력했던 마지막 순간에 "가장 위험한 임무의 선봉에 서기 위해 어느 곳에라도 갈 지원 '자살 부대suicide battalion'의 조직을 제의했었다고 주장하기도 했다. 이는 대단히 놀라운 일이 아닐 수 없다. 그는 다음과 같이 말했다. "'자살 부대'의부대원들이 계속 충성을 바칠 것인가에 대해 회의하는 사람들을 안심시키기 위해…… 그 가족과 친구들은 '인질들'로서 스스로 정부의 손아귀에 붙잡혀 있을 것이다."[109]

마사오카 같은 사람들은 1943년 겨울 즈음에는 군대, 시민, 정보 당국이 맺은 관계망의 지배적 논리가 되어 버린 바로 그 일들을 촉진하고 활성화하는 데에 오랫동안 참여했다. 그러므로 1943년 2월과 3월에 있었던 등록과 군인 모집의 푸닥거리에만 초점을 맞출 때, 우리는 그 사실에 대해 적절히 파악할 수 없다. 물론 우리는 마사오카 자신의 엄청난 주장에도 불구하고 정책 만들기에 끼친 일본계 미국시민 연맹과 마사오카의 영향력을 과대평가하지 않도록 주의해야 한다. 다이즈 위원회(비미활동특별위원회)가 1943년 7월 7일에 인용한 1942년 11월의 전국본부the National Headquarters 보고서에서 마사오카는 다음과 같이 자랑했다. "마이어는 우리를 자기 부하들을 대하듯이 대한다. 우리는 모든 주요 정책들이 채택되기 전에 마이어와 논의했다……만일 국회의원들이 전시외국인수용소의 정책을 만들 때 우리가 맡은 역할을 알게 된다면, 그들은 (전시외국인수용소를) 맹렬히 추궁할 것이다."

이러한 주장에도 불구하고, JACL과 마사오카는 통치 당국이 이미 움직여 가던 일반적인 추세에 부합하는 아이디어나 구체적인 정책들만을 제공할 수 있었다. 마이어는 마사오카를 반박하면서 힘의 벡터를 아주 잘 암시하는 방식으로 다음과 같이 말했다. "그(마사오카)는 종종 다른 사람들이 만든 정책들을 자기 것으로 가로챘다."[110] 그러나 JACL과 마사오카가 '거친 인종주의'와 '친절한 인종주의' 사이의 갈등을 제거하도록 당국을 계속 압박했다는 점은 인정될 수 있을 것이다. 예를 들어 JACL과 마사오카는 충성스러운 사람들을 주류사회로 돌아가도록 풀어 주고 성인 남성 시민들이 군에 입대하도록 해 줄 것을 당국에 지치지도 않고 계속 촉구했다. 그리고 전후에는 일본계 외국인들이 시민으로 귀화할 수 있도록 한 맥카렌 월터 법안의 지지 운동을 펼쳤다.

그런데 강조해야 할 것은 마사오카와 JACL이 일본계 미국인 사회에서 주도적인 위치를 차지하지 않았다는 점이다. 오히려 그들은 소수의 입장을 제출하면서, 그것이 모든 일본계 미국인들의 의견을 대표하기라도 하는 것처럼 내세웠다. 1943년 7월 3일에 열린 다이즈 위원회의 청문회에서 마사오카는 자신이 "소개 및 지원자에 대한 정보를 해군 정보실에 주는 일에 관여해 왔음"을 밝혔다. 그리고 JACL이 소개에 참여했으며, "몇몇 투쟁적인 소수들"이 활동한 결과 JACL의 평이 사실상 좋지 않다고 증언했다. 그는 회원 수가 2만 명에서 5,000명으로 줄었는데, 5,000명이라는 수조차 과대평가된 것 같다고 지적했다. 즉 JACL의 기록을 담당한 위원회의 조사관은 1,800명의 정회원에 600명의 준회원밖에 없다고 산정했다. 마사오카는 "미국의 일본계 미국인들을 대표하는 집단이 JACL뿐이었으므로, JACL은 그 구성원들을 올바로 대변하지 않고 과장"[111]했다고 인정했다. 그러나 마사오카와 JACL는 일본계 미국인 역사의 주류서술에서 가장 널리 이야기되고 부각되었다. 이는 일본계 미국인들이 보인 무조건 충성의 신화가 그 신봉자들에게 균형감각 없이 확산되었으며, 그렇게 되도록 한 부분적인 진실을 JACL이 제공했다는 데에서 주로 기인한다.

그렇다면 모세 마사오카는 누구였던가. 우리는 그가 통치받는 사람들의 대변자처럼 자화자찬하면서도 스스로를 통치자 편에 기꺼이 소속시킨 것을 어떻게 설명할 것인가? 일본계 미국시민 연맹의 첫 번째 사무국장으로서, 그리고 아마도 전시와 전후에 워싱턴에서 가장 잘 알려진 일본계 미국인 로비스트로서, 한 출판물이 말했듯이 그는 "어쩌면 그가 살던 시대의 가장 유명하고도 가장 영향력 있던 일본계 미국인"[112]이었다. 그리고 그는 흥미로운 자서전을 남겼다.[113] 이 자서전은 일본인 수용이 있은 지 한참이 지난 후에 저술된 것이지만, 그가 백인 중심의 미국에 지나치게 동일화되었다고 할 수 있다면, 이 책은 그 점에 대해 암시하는 바가 아주 많다.

《사람들은 나를 모세 마사오카라고 부른다*They Call Me Moses Masaoka*》는 인종화된 주체-시민the racialized subject-citizen에 작용하며 국가와의 극단적인 동일화로 나타나는 내셔널리즘의 분열 효과를 보여 준다. 마사오카의 삶을 추적해 그가 유타주에 살던 젊은 시절로 돌아가 보면, 내셔널리즘과 인종주의가 서로 얽혀 있는 구조에 대해 의외로 많은 것을 발견한 수 있다. 이 얽힌 구조는 총력전 이전부터 작용했지만 일본과의 군사적 갈등이 있을 것이라는 무서운 전망과 더불어 더욱 심화되었다. 많은 근대 국가들에서도 그런 것처럼, 미국 내셔널리즘의 포용적이고 보편주의적인 담론들이 만들어 낸 메시지와 인종주의의 배타적인 담론들은, 전자공학의 용어를 사용해 말하면 반대 방향으로 동시에 두 개의 메시지를 보낼 수 있는 듀플렉스duplex 방식이었다. 한편으로 그것은 마사오카 같은 인종화된 주체들에게조차 평등, 자유, 기회를 약속한다. 그러나 다른 한편으로 그것은 모든 주체들을 규격화된 자격이나 구분에 근거해 평가하면서, 그들에게 표준화를 강요하는 차이의 위계질서를 유지한다.

이 자격들 중 어떤 것은 교육적 성취를 통해, 그리고 사회적 행동의 교정(일반적으로 통용되는 예의를 갖추는 일, 품위 있게 말하는 일, 깨끗한 상태를 유지하는 일, "단정하게properly" 먹는 일 등)을 통해, 아니면 예외적인 군 복무를 통해 획득할 수 있는 것이다. 하지만 그 외에 인종, 민족, 젠더의 특징들은 선천적인 것으로 간주되며, 따라서 개인적인 노력으로 쉽게 극복될 수 없다. 후자의 '결핍들'은 전자의 자격을 얻기 위한 비상한 노력에 의해서만 보충될 수 있다. 이는 내셔널리즘적이고 인종주의적인 근대 담론의 구조로서 그 노골적인 본질을 보여 준다. 그것은 소수자 그룹의 어떤 구성원들로 하여금 국가공동체에 대한 '사랑'을 극단적으로 표명하지 않을 수 없게끔 한다. 즉 과잉 보상overcompensation이나 과잉 동일화hyperidentification는 국민 주체들이 평등한 동시에 모자란 사람으로서 추궁당하도록 하는 모순된 방식들에 대한 하나의 합리적인 대응이었다.

오래전에 프란츠 파농은 "말하는 것은 절대적으로 타자the Other를 위해 존재하는 것"[114]이라고 지적했다. 마사오카의 삶과 자서전에서 말하기는 하나의 강박처럼 보인다. 자서전 전체에 걸쳐 마사오카는 반복해서 (백인) 타자처럼 말할 수 있는 자기의 비상한 능력을 언급한다.[115] 그는 토론 대회 수상자로 얻은 엄청난 성공과 일본계 미국인 및 미국의 이익을 위한 대변자로서 자신이 지닌 뛰어난 자질에 대해 자랑스럽게 쓴다. 그리고 그는 자기가 일본어를 말할 능력이 없다는 점에 대해서도 이와 똑같이 자부심을 가지고 있었던 것 같다. 그러나 그가 타자로부터 인정받고자 했던 그만큼, 자신이 결코 백인이 아님을 그 타자가 계속 환기시켰을 때 마사오카의 초조함은 심화되었다. 백인 사회의 거부는 백인과 동일하게 인정받고 싶은 훨씬 더 큰 욕망만을 낳았던 듯하다.

마사오카가 전해 주는 것은 (백인) 타자처럼 말하고 싶은 욕망, 즉 그를 백인 화자로 인정할 마음이 없는 타자의 입장과 짝을 이루고 있는 자신의 욕망과 관련된 비극적이고 안타까운 이야기다. 그는 일본인으로서 경험했던 인종주의에 대한 의견과 함께 자신의 웅변술을 발견하게 된 이야기로 자서전을 시작한다. 예컨대 그는 2세들이 영화관에서 "당시에 검둥이 천국nigger heaven으로 불리던 발코니의 가장 높은 좌석에 흑인들과 나란히"(30쪽) 앉을 것을 강요받았다고 회고했다. 그러나 마사오카 및 다른 일본인들이 직면했던 차별에도 불구하고, 마사오카는 남학생들의 전형적인 활동에 참여했으며 이를 통해 연설에 열중하게 되었다. "나는 언제나 말할 수 있었다. 어떤 때 나는 논쟁적이었다. 청중 앞에 서서 말한다는 생각은 즐거우면서도 두려웠다. 솔트레이크시티 시절, 라디오가 막 들어오기 시작하던 그때, 연설은 청년의 주요 활동이었다……훌륭한 연설자는 풋볼이나 농구 스타처럼 존경받았다."(31쪽)

고등학교 시절의 자칭 화려한 토론자로서의 경력을 쌓은 후, 마사오카는 유타대학에 들어가 토론술 팀forensics team에 가입한다. 대공황 시기였으며 대학을 다니는 내내 고학해야 했던 부담에도 불구하고, 그는 토론 팀에서의 행복한 날들과 자기가 성취한 여러 성공에 대해 쓴다. 그는 자신이 반 멤버들에게 완전히 받아들여지기 위해 한 일에 대해서도 말한다. 그는 사회적 엘리트 출신의 이 대학생 청년들과 사귀기를 좋아했으며, 그들이 후에 사업이나 정치에서 크게 성공했다고 묘사했다. "토론을 위해 인터마운틴 웨스트the Intermountain West의 여러 지역을 여행하면서, 우리는 미래의 꿈과 희망을 공유했다. 내 팀원들은 모두 훌륭한 마음을 지녔으며, 격려가 되는 친구들이었다. 그들과 나는 배경이 달랐지만, 나는 완전히 받아들여졌다. 실제로 나는 그들의 리더로 생각되었을 것이다. 나는 그들 집에 초대되어 그들의 여자들과도 알게 되었다"(41쪽). 말하기speaking는 백인이라는 타자가 되어, 마사오카가 이 젊은 백인 남성들의 소유물로서 서술한 "그들의 여자들"을 그들과 공유하는 길을 제공하는 듯했다.

그러나 젊은 시절의 마사오카가 뛰어난 연설로 승리한 바로 그 순간, 백인 미국은 그를 백인이 아니라고 인식하곤 했다. 서사가 진행함에 따라, 우리는 곧 마사오카에게 끔찍한 추억이 있음을 알게 된다. 사건은 1936년 덴버에서, 즉 "우리(대학 토론 팀)가 맞은 가장 큰 대회였던" 국가 초청 토너먼트에서 발생했다. 마사오카는 최고상에서 탈락했지만, 인터마운틴 웨스트의 유력 신문은 아주 긴 사설을 실었다. 그리고 마사오카에게 미국의 인종적 배타성에 직면해 그의 백인성whiteness을 증명할 필요가 있을 것이라고 지적했다.

> 이 공화국은 자유, 민주주의, 공평한 기회의 나라다…… 최근 덴버에서 개최된 연설 대회에서 유타대학의 한 젊은 일본인 학생이 컨퍼런스의 가장 감동적인effective 연설자로 상을 받았다…… 한 아시아계 외국인이 우리 철자법의 복잡한 점들과 불합리한 점들을 마스터하고, 발음과 표현상의 언어적인 핸디캡을 극복했으며, 사고 능력을 획득해 생각을 논리적인 순서로 배열할 수 있을 뿐 아니라 자기를 명확하고 강력히 표현할 수 있는 이때에, 미국인 학생들이 실패할 이유가 없다(42~43쪽).

달리 말해, 《솔트레이크 트리뷴Salt Lake Tribune》은 마사오카를 그저 "외국인" 취급했다. 그리고 "장점이 발휘될 때, 이 나라에서 인종, 신조, 피부색 등은 향상 발전의 장해물이 될 수 없음을 기억해야 한다"는 결론을 내리면서, 사설은 다른 인종, 신조, 피부색이 국가의 외부자로 간주되는 자동적 근거임을 무심코 드러내었다. 마사오카는 "우리가 우리의 아메리카니즘을 표명하는 것과 무관하게, 우리가 얼마나 많은 세대에 걸쳐 미국에 살고 있는지와 무관하게, 많은 사람들이 우리의 희지 않은 얼굴을 외국인 신분의 증거로 본다"(42쪽)고 고찰했다. 존 아이소John F. Aiso가 살면서 겪은 이와 비슷한 경험이 의미심장하게 보여 주

는 것처럼, 백인 타자처럼 훌륭하게 말한다고 해서 미국인으로 인정받는 일이 보장되지는 못했다.[116]

하지만 이 일은 마사오카로 하여금 백인 사회에 받아들여지고자 하는 욕망을 포기하게 하지 못했다. 오히려 이는 백인이 아닌 자로서 말하는 내부의 타자를 포함한 자기 내부의 (비백인) 타자에 대한 더욱 큰 경계심을 갖게 했다. 자서전에서 말하고 있지는 않지만, 그가 1942년 4월에 일본인들의 습관과 말을 교정하는 것이야말로 수용소의 일본인들을 미국인으로 바꾸는 정책의 중심이어야 한다고 건의했음이 알려져 있다. 당시 전시외국인수용소의 디렉터였던 밀턴 아이젠하워Milton Eisenhower에게 그는 "서투르고 '동양적인' 소리가 사라지도록 발성과 발음에 특히 중점을 두어야 한다"[117]고 간청했다.

인종주의의 제거를 향해 꾸준히 나아가는 아메리칸 드림은 마사오카에게 환각적인 영향을 끼치기조차 했다. 그는 〈일본계 미국인 강령 The Japanese-American Creed〉에서 자신이 오로지 아메리칸 드림 속에 살고 있는 것처럼 가장했다. 이 글은 1940년 JACL 전국 모임의 연설이었다. 마사오카가 말하듯이 그것은 "한 격렬한 글쓰기 기간에" 작성되었으며, 그 후 공공연히 이곳저곳에서 읽혔다(이 문건은 심지어 《연방의회 의사록Congressional Record》에도 나타난다). 여기서 그는 "일본인 조상을 가진 미국 시민"임에 대한 자부심을 피력하면서, "오늘날 이 세계에서 그 누구도 향유하지 못하는 자유와 기회"를 포함해 미국이 그에게 준 모든 것에 대해 일련의 찬미를 시작했다. 더 나아가 마사오카는 여성 미국the woman America인 "그녀"가 "다른 모든 남자들처럼 한 명의 자유로운 남자로서 가정을 이루고 돈을 벌고 내 뜻대로 기도하고 생각하고 말하고 행동할 수 있도록 나에게 허락했다"고 썼다. 하지만 후에 마사오카가 반성했던 것처럼, 그가 썼던 것 중 어떤 부분은 완전히 왜곡된 것이었다. 사실은 다음과 같았다. "나는 돈을 거의 벌지 못하고 있었다. 분명히 나는 가정을 이룰 입장에 있지 않았다. 그러나 나는 희망을 가졌다. 나는 먼 미래를 내다보고 있었다. 나는 모두 진심으로 썼다. 그리고 미국의 의미에 대한 내 마음을 바꾼 적이 없었다"(50쪽). 아메리칸 드림은 지연되었지만, 그는 그 속에 살고 있는 것처럼 계속 행동했다.

자서전 전체에 걸쳐 마사오카는 강박신경증이라는 말과 가장 잘 어울리는 모습을 보여 준다. 언제나 그는 강박신경증 속에 자기 및 자기 주위 다른 일본계 미국인들의 인격적 특질을 만든 민족적/인종적/문화적 원인을 위치시켜야 했다. 파농은 이와 완전히 비슷한 상황은 아니지만 이와 비교 가능한 식민주의하의 사례를 서술했다. 그는 다음과 같이 말했다. "그것은 다른 사람에 대한 체계적인 부정이자 다른 사람이 가진 인간성의 모든 속성을 부인하려 하는 무서운 결정이므로", "식민주의는 그 피지배자로 하여금 끊임없이 '진짜로 나는 누구인가?'라고 스스로 질문하지 않을 수 없도록 압박한다."[118] 마사오카에게 두 항 중 일본인 쪽이 전적으로 부정적이지는 않았다. 따라서 (백인) 타자와 (비백인) 타자 사이의 내적인 분열은 파농이 묘사한 바 식민 주체성의 완전히 엄격한 마니교 같은Manichaean 성질을 지니지는 않는다. 그것은 오히려 이후의 장에서 내가 근대화론의 논리 및 '모범적인 소수자model minority'의 이상으로서 논하려 하는 것과 잘 들어맞는다. 이것들에 의해 비백인 민족/인종/문화의 특수한 속성은, 그것이 백인 민족/인종/문화의 지배적 위치를 전복시키지 않는 한, 아니, 사실은 타자(백인)가 되도록 주체를 돕는 한 존재할 수 있도록 허락된다. 더 나아가 통전기를 지나며 '거친 인종주의'에서 '친절한 인종주의'로 이행했기 때문에, 마사오카는 자기의 인간성이 그렇게도 무자비하게 부인되었던 일을 상기하지 않았다. 하지만 파농이 인종화되고 식민화된 사람들의 특징으로 묘사했던 끊임없는 자문self-questioning 및 자기를 규율해야 할 강박적인 필요는 여전히 마사오카와 무관하지 않다.

그러므로 마사오카는 어린 시절 받은 일본 쪽 교육으로부터 인내심의 덕목을 배웠다고 쓴다. "일본인은 인내심에 해당하는 가망がまん(我慢)이라는 말을 가지고 있다. 이 말은 결심을 바꾸지 않는다hang tough, 견딘다endure, 참는다stick it out 등을 의미한다. 내 부모가 실천했던 것이 그것이다. 그리고 내 부모가 그렇게 모범을 보임으로써 가족에게 가르친 것이 그것이다……그러나 나는 인내의 덕목보다 더 많은 것을 배웠다. 나는 내 권리를 위해 싸울 것을 배웠다. 그것은 내가 미국으로부터 받은 유산이었다"(22쪽). 그의 평가에 의하면 그의 아내이자 노먼 미네타Norman Mineta(국회의원이었으며 후에 교통부 장관이 된다)의 누이인 에츠Etsu 역시 이 같이 분열되고 위계화된 정체성을 갖고 있었다. "그녀는 속속들이 미국인이다. 하지만 그녀는 자기의 미국적인 힘, 진취성, 독립성을 정절, 신뢰, 동정, 사려 깊음 등과 같은 최고의 일본적인 여성다움과 결합시킨다"(368쪽). 이런 식이다. 마사오카는 (백인) 미국의 인종주의로부터 수많은 좌절을 맛보았다. 그러나 그에게 필요했던 것은 자기 내부의 (비백인) 타자를 빈틈없이 복속시키면 결국 백인 사회에 받아들여지게 될 것이라고 계속 재확인하는 일이었다.

따라서 '자살 특공대'와 인질들을 요구함으로써 자기의 (백인) 미국성Americanness을 증명하고자 한 마사오카의 거의 광신적인 욕망은 그를 백인이 아닌 자로 보는 (백인) 타자의 인식을 벌충하기 위한 수단으로 이해되어야 한다. 자서전에서 공공연히 말하듯이 마사오카는 일본계 미국인 혈통을 지닌 그의 인종이 명예를 회복할 기회를 환영했다. "(수용이라는) 이 차별적인 행동이 불공정했던 것처럼, 우리의 국가적 지도자들은 또 다른 조건을 내놓았다. 즉 우리는 미국인으로서 시험되어 보지 않았으므로, 이 위험한 시기에 오직 피로써 우리나라에 대한 충성을 증명할 수 있을 것이다." 마사오카와 그의 네 형제는 모두 도전에 응했다. 한 사람은 전투 중에 죽었고 다른 사람은 심하게 불구가 되어 돌아왔다. 그러나 마사오카는 미국에 분개하지 않았다. 그는 이러한 피의 희생을 통해 그와 그의 형제들, 그리고 일본계 미국인 동료 병사들이 인종적 편견을 극복했으며 자기들에게 "아메리칸 드림을 나눌 권리" (22~23쪽)가 있음을 증명했다고 강조했다.

다른 논리들과 반격행위
또는 너의 논리를 사보타주하기

수용소의 일본계 미국인 동료들 중 아주 적은 사람들만이 마사오카의 논리를 따랐다. 수용소의 역사를 고찰하면서 오래전에 미치 웨그린 Michi Weglyn은 다음과 같은 정확한 결론을 내렸다. "(2세의 군 입대 허용이라는) 발전에 거침없는 갈채를 보냈던 애국자들보다, 그리고 감정이 격화되었던 수용소들에서보다, 한밤중에 수용소를 떠나 비밀스럽게 군에 지원한 사람들이 훨씬 많았다."[119] 결국 군인 모집은 대규모 수용이 없었던 하와이에서는 굉장히 성공했지만 본토에서는 무참하게 실패했다. 헌병감사무실 내부의 공식 역사에 의하면, 전쟁성은 병사

3,000명의 쿼터를 채우기 위해 미국 본토에서 4,286명, 하와이에서 1,500명의 지원자를 기대했다. 그러나 일본계 미국인이 군대에 지원할 수 있다고 발표한 후 거의 두 달이 지나도 예상했던 2만 3,606명(이 중 1만 9,606명은 수용소에 있었고 4,000명은 바깥에 있었다)의 대상자들 중 겨우 1,253명만이 입대했다. 그리하여 "(1943년) 3월 말에는 전쟁성과 다른 정부기관들로부터 부당한 대우를 받았다고 생각한 수용자들의 분노로 인해 군 지원 운동이 실패했음이 명백해졌다." 6월 말까지 열 곳의 수용소에서 겨우 1,208명의 남성들만이 지원했다. 이 인원 수는 3월 초까지 약 2만 5,000명의 적격한 남자들 중 9,509명이 지원 입대를 신청한 하와이의 인원 수와 크게 대조되었다.[120]

일본계 미국인 여성들의 군 입대 시도 역시 "완전한 실패"였다. 1943년 4월 초에 전쟁성 차관보 존 맥클로이는 육군여자보조부대Women's Army Auxiliary Corps의 지휘관인 오베타 컬프 호비Oveta Culp Hobby에게 일본계 미국인 여성들의 WAAC 지원이 허용되어야 한다고 말했다. 맥클로이를 포함해 호비, 인사참모차장실AC of S, G-1, 정보참모차장실AC of S, G-2, 헌병감사무실 사이에 논의가 오간 후 전쟁성은 1943년 7월 28일에 일본계 미국인 여성의 입대를 인가했다. 육군여자보조부대는 그때 막 미국 육군에 완전히 통합되어 여성육군부대Women's Army Corps라는 새로운 명칭을 갖게 된 상태였다. 전쟁성은 일본계 미국인 남성들에 대한 정책과는 달리, 여성들이 일본계만의 독립 부대로 분리되지 않고 구별 없이 임명될 것이라고 결정했다. 하지만 전쟁성은 여성 지원자들의 충성도를 판정하기 위해 남성들에게 적용한 것과 비슷한 주의 깊은 절차에 따라 특별 심사를 하기로 했다. 남성 지원자들에 대한 조사를 군 정보사단이 수행한 것과는 달리, 전쟁성은 여성에 대한 허가 업무를 헌병감사무실에 할당했다.[121] 그것은 모든 일본계 미국인들에 대한 심사 프로그램을 시행한 결과, 남성들뿐 아니라 여성들에 대한 광범위한 자료가 일본계 미국인 연합위원회Japanese-American Joint Board에 이미 축적되어 있었기 때문이었다.

군 당국은 낙관적으로 일본계 미국인 WAAC 지원자 수의 상한선을 500명으로 설정했다. 특히 남성들의 대답과 비교했을 때 충성도 질문에 대한 여성들의 긍정적인 대답 비율이 높게 나왔다고 지적한 수용소의 등록 실시 보고서, 그리고 일본계 미국인 여성들이 일본인으로서 익숙하게 경험하지 못했던 미국에서의 자유를 고맙게 생각한다는, 수용되어 있다는 점을 고려할 때 놀랍기 그지없는 믿음 등이 작용한 결과, 아마도 그들은 희망적인 태도를 갖게 되었을 것이다. 리사 요네야마가 논의했듯이, 미국이 유색인종 여성을 해방시켰다고 믿는 전형적인 오만함을 과시하는 일은 미군의 침략과 점령을 정당화하는 데 아주 빈번하게 활용되었다. 팀 리더 중 한 명인 노먼 톰프슨 대위는 27번과 28번 질문에 대한 길라 리버의 반응들을 보고했다. "WAAC나 육군간호부대 근무에 지원한 사람이 전체의 87퍼센트이며, 원칙적으로 27번 질문에 예스라고 대답함으로써 충성 비율 88퍼센트라는 눈부신 기록이 여성 시민들에 의해 수립된 데에는 미국 여성들에게는 당연하게 생각되는 권리와 자유를 일본 여성들이 과거에 거의 누리지 못했었다는 사실이 부분적인 이유로 작용했다."[122]

열광적으로 애국적이었던 여성 지원자들에 대한 기록은 분명히 존재한다. 수용소 바깥인 뉴욕에서 군 입대를 신청했던 캐스린 이세리 Kathleen Iseri의 경우가 그중 하나다. 그녀는 WAAC 모병 본부에 편지를 보내, 자신의 지원 신청이 처리되는 데 왜 그렇게 긴 시간이 걸리는지

문의했다. 그리고 마사오카의 〈일본계 미국인 강령〉 전문을 인용하면서 질문을 마쳤다. 그러나 전체적으로는 여군 모집에 지원한 사람이 아주 적었고, 특히 수용소에서 그러했다. 전쟁성이 일본계 미국 여성들의 입대 허가 지시를 발표하기 직전인 1943년 7월 중순에 칼버트 데드릭 Calvert Dedrick은 수용소가 분석한 지원 가능한 여성들에 대한 데이터를 만들었다. 당시 그는 헌병감사무실 소속 일본계 미국인 부서의 수석 경제분석가였는데, 그의 계산에 따르면 "17세 이상 미국 출생 일본 여성들"은 1만 9,031명이었다. 하지만 그들 중 50명도 안 되는 사람이 열 곳의 수용소에서 지원했으며, 1945년 10월까지 수용소 내부와 외부에서 겨우 142명의 일본계 미국인 여성들이 지원했다.[123]

우리는 지원한 소수의 남녀가 그들의 충성심을 열광적으로 증명했을 것이라고 보통 믿게 된다. 하지만 이들 중 많은 사람이 그러한 믿음에 훨씬 못 미치는 태도를 보였다. 예를 들어 젊은 인류학자이자 당시 수용소의 사회학연구소 연구원이던 엘리자베스 콜슨Elizabeth Colson은, 등록과 지원에 대해 부정적인 것이건 긍정적인 것이건 간에 포스턴에서는 일반적으로 눈에 띄는 동요가 일어나지 않았다고 관찰했다. 그녀는 "지원과 등록에 대한 수용소 안의 태도"를 판단하기 어렵고 "장소에 따라 다른 듯하다"고 인정하면서, 포스턴 구역 두 곳에서 신청자들을 위한 블록 파티가 열렸으며, 이에 대한 조직적 저항이 제한적으로 약간 있었지만 전반적으로는 평온하다고 보고했다. 한 블록은 이 문제에 대해 완전히 무관심한 것처럼 보이기조차 했다. "두 남성이 지원했으며, 그들을 위해 블록 파티가 열렸다. 그러나 이제 모든 일들이 잊힌 듯하다. 사람들은 오직 지원자들이 언제 떠나는지에 대해서만 관심을 보인다." 다른 블록에서는 지원자 세 명 중 두 사람을 대놓고 비판했으며,

또 다른 곳에는 "지원 반대 모임"이 있었다. 그녀는 그녀가 들은 몇 가지 안 되는 지원 이유에 대해 다음과 같이 밝혔다.

한 사람은 자기는 어쨌든 입대가 거부될 것이라고 확신했기 때문에 지원했으며, 다른 사람은 아마도 자기가 징집될 것이므로 지금 가는 편이 좋다고 생각했기 때문에 (지원)했다. 나는 이것이 상당히 일반적인 감정이라고 이해한다. 결혼해 어린 아들을 둔 한 남성은, 더 젊은 남자들이 아무도 가려 하지 않는 것 같고, 군 지원이 일본인의 충성심을 보일 기회라고 생각했기 때문에 지원했다고 말했다. 의사와 치과의사 중 몇몇은 장교로 임관될 수 있다면 지원하겠다고 한다. 내가 보기에 장교 임관이 안 되면 그들은 가지 않을 것이다. 한 사람에 대해서는 지난번 전쟁에서 군 복무를 통해 의사들이 기술을 향상시킬 좋은 기회를 얻었다는 사실에 영향 받아 지원했다는 말이 들린다.[124]

포스턴의 다른 연구자들—이 중에는 수용자들도 몇몇 포함되어 있었다—이 보고한 바에 따르면, "미국에 대한 충성심을 보이고 싶어서" 참여한 2세 지원자들이 이따금 있었다.[125] 그러나 그보다 훨씬 자주 수용자들은 충성심이 주된 동기가 아니었음을 솔직히 드러냈다. 포스턴에서 지원한 내과의사의 아내는 많은 의사들이 지원한 요인이 "충성심 문제"였지만, 사실 그들이 가장 바란 것은 "아주 좋은 훈련 기회"였다고 설명했다. 그녀는 "스페인—미국 전쟁에 참전한 몇몇 의사들이 최고의 외과의사가 되었다"[126]고 지적했다. 이와 비슷하게 포스턴의 다른 지원자는, 수용소를 나가고 싶었으며 군 복무가 앞으로 취업에 도움이 될 것이므로 지원했다고 말했다. "나는 수용소를 떠나고 싶고, 따라서 이것은 하나의 기회다. 예술 분야에 나의 장래가 있을 것이라고 생각한다. 나는 군대에서 내 예술, 즉 스케치와 그림 그리기를 계속할 계획이다. 나는 군에 있는 동안 위장화camouflage painting 부서에 들어가고 싶다. 그렇다, 나는 그 분야에 내 미래가 있으리라고 생각한다."[127] 어떤 아버지는 아들 중 한 명이 지원한 것을 확인해 달라고 요청받았다. 그러자 그는, "그렇습니다. 하지만 그 아이는 거부될 가능성도 있다고 생각하면서 지원했습니다. 보십시오, 그 애 눈이 아주 좋지는 않습니다"라고 불쑥 말했다. 질문자가 "그렇다면 아드님은 왜 지원했습니까?"라고 묻자, 아버지는 다음과 같이 대답했다. "글쎄요, 그 애는 자기가 징집될 것이라고 생각하고 있습니다. 만일 나중에 징집되면 그땐 좋은 보직을 얻을 기회가 많지 않습니다. 지금 지원이 받아들여지면, 보급계 장교가 될 기회가 있습니다."[128]

우리가 보아 왔던 것처럼, 수용자들이 열광하지 않게 된 데에는 27번과 28번 질문의 엉성한 문장을 비롯해서 실제로 등록할 때 여러 면에서 나타난 전시외국인수용소의 서투른 처사가 분명히 작용했다. 하지만 그렇게도 적은 사람들만 지원하게 된 첫 번째 이유는, 모임이 여러 번 계속되어 대화에 참가할 기회가 주어진 이후에조차 압도적 다수의 수용자들이 여러 질문들에 대답하지 않거나 불충분하게 대답한 상태에 머물러 있었다는 점이다. 등록과 입대 캠페인이 시작되기 전부터 수용된 사람들은 이미 정부와 군대에 적의를 품고 있었다. 이에 대해 커뮤니티 분석과는 〈육군과 전시외국인수용소의 석방 허가 등록Army and Leave Clearance Registration at War Relocation Centers〉이라는 제목의 개괄적인 보고서에서 다음과 같이 밝혔다. "1943년 1월에 수용소 거주민들은 소개 과정에서 자신들이 차별받았고, 그에 대한 저항에 실패했으며,

미국에서 자기들의 미래가 여러 방향에서 위협받고 있다고 느꼈다. 또 그들은 전시외국인수용소와 정부가 일반적으로 믿을 만하지 않고 특히 군대는 자신들의 현 상황에 대한 책임이 있다고 생각했다."[129]

2월과 3월에 수용자들은 당국에 설명을 촉구했다. 그중 가장 중요한 이슈는 자기들을 그토록 뻔뻔하게 차별했던 나라를 위해 왜 죽을지도 모르는 일에 지원해야 하는지에 대한 것이었다. 이와 관련해 로워의 팀 멤버 한 명은 다음과 같이 말했다. "어떤 사람들은 미국의 인종차별이 아주 심해져서 더이상 자신들이 충성스런 시민으로서 권리와 혜택을 누릴 수 없을 것이라고 믿는다. 그렇다면 왜 그들이 그토록 암담하고 불명확한 어떤 것에 목숨을 걸고 지원하겠는가."[130] 수용자들은 아무 내용도 없이 단지 차별 거부를 선언하기만 하는 대신 인종주의를 종식시키기 위한 구체적인 정책들을 수행한다는 조건하에 군에 지원했다. 그들은 정부와 군대가 모두 인종차별을 하지 않는다고 주장했음에도 불구하고, 그 주장과 나란히 어떻게 명백히 불평등한 정책들이 그렇게도 많이 존재할 수 있는지를 설명하라고 당국을 압박했다. 그러나 일본계 미국인들의 군 입대 허가 프로그램을 기술한 공식 역사를 보면, 전쟁성조차 사실상 차별은 설명하기 어려운 모순이었다고 인정했다.

전쟁성이 분리 정책 같은 것들에 반대했음에도 불구하고, 실제로는 일본계 미국인들의 군 복무를 442보병연대에서만 허용하도록 하는 규칙이 작용했으므로 결국 분리에 이르게 되었다. 따라서 모두 일본인으로 구성된 특별 전투부대에 지원하는 것을 제외하면 일본계는 아무도 전투부대에 들어갈 수 없었다. 이 사람들과 관계되는 한, 선발징병 규정은 여전히 중단되어 있었다. 몇몇 중요한 해군 장교들은 일본계 미국인들을 활용하라고 육군을 열심히 설득했다. 그러나 막상 해군은 그들의 해군 복무 허용을 거절했다. 이 배제 정책은 해병대와 해안경비대에도 유사하게 적용되었다. 군대 중 공군은 그 어떤 일본계도 받아들이지 않을 방침이었다. 그러므로 일본계 미국인 시민은 스스로를 어느 정도 정당화하면서 자기의 인종적 배경 때문에 차별을 받고 있다고 느꼈다.[131]

그러나 일본계 미국인들은 조건부 충성의 논리를 고집했으며, 무조건적인 지원을 하고자 하지 않았다. 그뿐 아니라 많은 사람들이 지원을 거부하기도 했다. 이는 그들이 미국이 인종과 상관없이 모든 사람들에게 자유, 평등, 안전, 행복을 보장하는 유일한 국가라는 주장을 전혀 믿지 않았기 때문이었다. 또는 수용소의 경험으로 인해 그러한 주장이 근거 없다고 확신하게 되었기 때문이었다. 지원하기는커녕, 그들은 핵심적인 질문들에 긍정적으로 답변하지도 않았다. 오히려 그들은 주어진 질문들 및 위정자들이 말하는 거짓 정의의 합리성마저 인정하지 않았다. 예컨대 툴 레이크의 한 수용자는 28번 질문에 대답하지 않은 이유에 대해 다음과 같이 설명했다. "나에게는 시민의 권리가 주어진 적이 없으므로, 그런 질문들에 대답할 필요가 없다."[132] 그 문맥이 아주 복잡하고 또 시간적으로도 거리가 있지만, 이 사람의 도전적인 태도는 현재 활동하고 있는 브라질 랩 그룹 라치오네 엠씨즈Racionais MC's가 표현한 태도를 나에게 상기시킨다. 1990년대 말에 나온 그들의 가장 유명한 랩 중 하나는 〈카피쿨로 4, 베르시쿨로 3Capículo 4, Versiculo 3〉인데, 아주 흥미롭게도 이 랩은 "주는 나의 목자"라고 한 시편 23절을 인용하고 있다. 여기서 라치오네 엠씨즈는 다음과 같이 외쳤다. "나는 너

의 논리를 사보타주하기 위해 왔다!/ 나는 너의 신경질적인 시스템을 뒤흔들기 위해 왔다!" 결국 그들은 인간들Racionais이었다. 테레사 칼데이라Teresa P. R. Caldeira는 이 랩을 훌륭하게 읽어 내면서 사보타주에 복합적인 의미가 있음을 암시한다. 이 래퍼들은 "민주화되고" 신자유주의화된 상파울로 주변에서 매일매일 절박하게 발생하는 죽음과 폭력에 대해 말하고 있다. 즉, 랩 중 많은 것은 당연히 이 래퍼들이 사는 세계의 특수한 문제들을 말하고 있다. 그러나 이 래퍼들은 진실, 지식, 이성의 전체 상을 무너뜨리고, "시스템, 통계, 엘리트들의 논리"를 사보타주하며, "법률적이고 제도적인 것보다 더 도덕적으로" 정의를 개념화한다. 그리고 이 모든 것들은 수용소의 자유주의적인 (인종주의적) 통치성의 합리성에 대한 일본계 미국인 수용자들의 반응에 공명한다. 또한 이 그룹의 또 다른 랩인 〈이성적인 배심원Juri Racional〉의 가사가 표현하는 것처럼, 그런 식으로 통치의 합리성을 전복하는 일은 종종 "패거리 속의 흰 양, 즉 배신자white sheep of the race, betrayer"에 대한 거칠고 가끔은 폭력적인 공격을 고무했다. 일본계 미국인의 경우 배신자들은 이누いぬ(문자 그대로의 뜻은 개들dogs이며 밀고자를 의미한다)로 불렸다.[133]

푸코라면 이런 타입의 반응을 "타자들을 관리하는 절차에 대항한다는 의미에서 반격행위counter-conduct"라고 부를 것이다. 달리 말해 당국이 관리(또는 직접적인 관리)나 자기 통치를 추구하는 목자적인 권력 형태를 통해 수용자들을 통치하고자 했음을 인정한다면, 부적절한 순응만을 의미한다는 점에서 푸코가 너무 수동적이라고 생각했던 생각한 '위법행위misconduct'보다 반격행위라는 말은 체제 실행 전체에 대한 보다 공격적인 투쟁을 의미하게 될 것이다. 반격행위는 다음과 같이 말하는 거부의 한 형태를 의미한다. "우리는 이 사람들을 따르고 싶지 않다⋯⋯우리는 이러한 복종의 목자적인 시스템을 원치 않는다. 우리는 이와 같은 진리를 원치 않는다. 우리는 이 진리의 시스템 속에 그대로 있고 싶지 않다. 우리는 우리를 심판하는 시스템, 즉 우리 자신의 본질이 무엇인지, 건강한지 아픈지, 미쳤는지 정상인지 등등을 우리에게 말하는 끝없는 관찰과 시험의 시스템 속에 계속 있고 싶지 않다."[134]

많은 수용자들은 미국이 백인의 세상이며, 어떻게 해도 일본계 미국인들이 동등하게 대우 받을 희망이 없다고 생각했다. 따라서 그들은 일본제국의 이상이라고 생각되는 것과 어떤 식으로든 동일화하는 것이 가장 쉽게 선택할 수 있는 대안이라고 단순히 믿게 되었다. 전전과 전시에 걸쳐 그들은 인종주의를 아주 많이 경험해 왔다. 그러므로 그들에게 미국이 말하는 인종차별 철폐는, 전 세계의 백인 인종주의로부터 아시아인들 및 다른 유색인종들을 해방하는 진영에 속해 있다고 주장하는 일본제국 지도자들의 선언보다 더 믿을 수 없는 것으로 보였다. 팀 캡틴인 톰프슨은, 길라에서 그에게 이야기하고자 했었던 수용자들 중 5퍼센트 정도가 군 복무를 거부한 이유에 대해 다음과 같이 말했다고 평가했다. "그들은 적어도 그들이 살아 있는 동안에는 미국의 여론이 동양인의 동화를 허락하지 않을 것이라고 굳게 믿고 있었다. 따라서 그들은 미래에 자기들이 일본에서 살고 있을 것이라고 예상했다."[135] 상당수의 2세 수용자들에게 일본제국의 가설들truth claims은 일본계 미국인들을 수용소에 가둔 정부의 주장들이나 흑인과 동일한 조건하에 "쨉들"을 총알받이로 활용할 것을 암시한 군대의 주장들보다 더 진실하게 들렸다. 이 사실의 중요성과 비교할 때 톰프슨이 말한 5퍼센트라는 수가 정확한지 아닌지는 별로 중요하지 않다.

총력전 제국의 인종주의

토마스와 니시모토 역시 전쟁 전에도 '동양'이 다음과 같이 이상화되었음을 툴 레이크에서 관찰했다. "무한한 가능성의 장소로서……철조망 울타리 안쪽에서 미국에서는 더이상 성공의 기회가 없다는 느낌이 심화되었다. 많은 경우 일본 지배하의 자바나 만주에서 펼쳐질 차별 없는 미래의 희망이 앞날을 계획하는 근거가 되었다. 어떤 키베이는 영어와 일본어 모두를 구사할 수 있는 2세에게 만주는 훌륭한 미래를 제공할 것이라고 했다. 그 자신도 '일본인의 얼굴을 즐길 수 있는' 그곳에서 출세할 것을 계획하고 있었다."[136] 아마도 수천 명의 하와이와 미국 본토 거주 일본인들이 진주만 공격 이전에 미군 복무에 실패했으며, 그후 일본의 제국주의적 프로젝트의 일환인 만주 이주를 선택했다. 최근의 연구는 그들의 경험을 고찰하기 시작했다. 인종주의에 직면해 일본계 미국인들은 아시아 대륙을 향한 일본의 팽창주의에 적극적으로 참여함으로써 미국 내셔널리즘의 주장들을 거부하기도 했다.[137] 한 번도 일본에 산 적이 없으며 제1차 세계대전 때 미군으로 싸웠던 조세프 구리하라Joseph Kurihara 같은 일본계 미국인 2세대조차 인종주의 및 오랫동안의 수용소 경험―그 기억은 보통 억압되어 왔지만―으로 인해 친일적인 태도를 취하게 되었다. 구리하라는 또다시 '쨉'으로서 인종주의적 차별을 받게 된다면, 자기는 "100퍼센트 쨉이 될"[138] 것이라고 말했다. 격리 후의 툴 레이크에서 일본 문화와 정치의 르네상스가 일어났다. 더 나아가 개인적 이유가 무엇이었든 간에 1세, 2세, 키베이를 포함한 일본계 8,000여 명이 전시 또는 종전 직후에 미국을 떠나 일본으로 갔다고 집계되었다.[139]

등록과 군 지원 요청 기간 및 그 전후에 있었던 이 급진적인 형태의 반격행위를 고찰하는 것은 그것을 '저항'으로서 기념하거나 칭찬하기

위해서가 아니다. 우리가 깨달아야 할 것은, 미국과 일본이라는 국민국가에 기초한 강력한 두 제국의 프로파간다 기제가 각각 자기 제국이 인종적 평등을 지지하며 상대방은 표리부동할 뿐이라고 주장하면서 서로 경쟁하던 아시아 태평양 지역에서, 일본계 미국인들이 전체주의적이고 배제적인 하나의 체제와 결별하며 다른 체제를 편드는 것이 비논리적인 일은 아니었다는 점이다. 따라서 미국의 인종주의로 인해 등록몇 달 전 수용소에는 종종 일본의 우익 그룹들과 상상적인 연계를 드러내는 지하조직들이 발생했다. 예를 들어 만자나의 만자나 흑룡회the Manzanar Black Dragon Society, 남캘리포니아 혈맹대Southern California Blood Brothers Corps, 남캘리포니아 정의당Southern California Justice Group, 애국자살대Patriotic Suicide Corps 같은 것들이 정보기관들뿐 아니라 민간과 군 당국자들을 놀라게 했다.[140] 다이즈 위원회는 수용소에 대해 몇 달 간 조사한 후, 그 "갱들"에 대한 특별한 관심을 표명했다. 그리고 이것들에 던바 갱the Dunbar Gang이나 요고레즈the Yogores 같은 이름을 덧붙였다. 그러나 이 명칭들은 일본 우익과 별로 밀접하게 연관되지 않는다. 이 명칭들은 "갱들"이 그 어떤 의미에서도 반드시 친일적이지는 않았음을 표시한다.[141] 따라서 글자 그대로 "더럽혀진 사람들the defiled ones"을 의미하는 "요고레즈汚れs는 일본의 우익 이데올로기와 강력하게 동일화된 것이기보다는 쓰레기같이 버림받은 자the abjected로서의 자기 정체성을 암시한다.

어쨌든 다이즈 위원회는, 만자나 자치위원회(만자나의 자치 시스템을 발전시키기 위해 설립되었으며, 수용소 관리자들과 밀접하게 협조할 2세들이 위원회의 좋은 자리를 차지하고 있었다)의 위원들이 1942년 11월 초에 혈맹대로부터 편지를 받았다고 주장했다. 한 편지는 군대에 대한 혐오와 미국 정부 및 미국 정부가 제안한 자치 시스템에 대한 비판을 표현했다. 그리고 수용자들이 자기 의지에 반해 수용된 마당에 자치라는 것은 말도 안 되는 소리라고 지적하기조차 했다.

미국 정부가 우리에게 주었던 부끄러움에 대해 생각하라. 재산 파괴와 2세의 투옥에 대해 생각하라.

이제 와서 자치 시스템을 시작하는 것은 더럽고 이기적인 책동에 지나지 않는다. 군대가 우리의 의지를 고려하지 않고 우리를 여기 집어넣은 순간, 그와 동시에 **우리는 그들이 우리를 죽이고자 하든 먹이고자 하든 상관없이 모든 것을 군대에 맡겨야 하게 되었다.**[142]

어머니들은 수용소 생활과 군 복무에 대한 학문적이거나 대중적인 내러티브에서 보통은 잊힌 존재였다. 하지만 그런 어머니들도 종종 통치자들의 논리를 사보타주하려 했다. 그들은 조용하게, 그리고 회합 같은 공적 공간 외부나 관리자들의 음성이 미치지 않는 곳에서 그렇게 했다. 1세들로부터 저항이 있었음을 고려할 때 2세들이 지원하기 어려웠다는 사실이 자주 지적되어 왔다. 하지만 그와 더불어 우리는 어머니들의 영향력 있는 위치에 대해서도 각별히 주목하는 것이 좋다.

존 오카다의 소설 《노 노 보이》에서 이치로의 어머니는 비이성적인 상태에 있는 것처럼 보인다. 그녀는 왜 젊은 일본계 미국인들이 군에 들어가려 해야 하는지 헤아릴 수 없으며, 왜 다른 어머니들이 아들의 그런 행동을 허락하는지는 더욱 이해할 수 없다. 그녀는 자기 아들을 전쟁에 나가 죽도록 했으며 그 결과 산송장으로 계속 살고 있는 다른 어머니들보다, 자기 자신이 더 낫다고 생각한다("비난 받을 사람은 그녀이며, 죽은 사람은 그녀이다"). 전쟁이 끝난 후 이치로의 어머니는 일본이 전쟁에 졌다는 것조차 믿으려 하지 않는다. 아들에게 그녀는 "배가 오고 있으니 우리는 준비해야 한다"고 경고한다. 징병 반대자인 이치로는 "어머니의 광기를 거울에서 보라, 그 아들의 광기를"이라고 생각하면서, 자기에게도 어머니의 광기가 존재함을 부정하지 못한다. 이치로의 모친은 여러 면에서 이해받지 못한다. 그러나 나는 그녀의 광기를 미국 내셔널리즘을 되비추는 논리로 읽는다. 미국의 내셔널리즘은 일본 내셔널리즘의 전도된 반영으로 포착될 때에만 하나의 비이성으로서 인식될 수 있을 것이다. 그녀가 일본의 내셔널리즘에 "미친" 것은 미국의 내셔널리즘에 아무 의문 없이 참여하는 것만큼 "정신 나간" 일이다.[143]

어머니들은 당국의 논리를 사보타주할 수 있었으므로 관리자들과 군대의 눈에 두렵게 비쳤다. 여러 문서 기록들은 그러한 어머니의 모습을 보여줌으로써 이 소설의 상상적이고 문학적인 힘을 보완한다. 이 1세대 여성들은 국가에 소속되려 할 가능성이 전혀 없는 상태에서 정치적, 문화적으로 국가공동체 경계 외부의 아주 먼 곳에 위치했다. 그 점에서 그들은 후에 고찰할 식민지 조선 청년의 어머니들과 마찬가지였다. 따라서 그들은 미국과 완전히 비동일화된다고 해도 잃을 것이 거의 없었다. 포스턴의 한 연구자는 자신의 개인적인 일지에서 지원자 어머니들을 비판하면서 몇몇 여성들의 활동을 지적했다. 한 지원자의 어머니는 다음과 같이 고백했다. "저는 아들이 지원한 다음부터 어젯밤에 2교구에서 지원자들을 위한 예배가 열릴 때까지 한시도 행복하지 않았습니다. 많은 여자들이 직간접적으로 좋지 않은 말들을 계속 해대어서

저는 정말 불행했었습니다." 또 다른 어머니는 다음과 같이 단호하게 말했다. "제 남편이 수용되어 있는 마당에 (아들이) 군에 지원하는 것은 더할 나위 없이 멍청한 일이라고 생각합니다. 저는 남편이 갇혀 있는 한 절대로 아들의 지원을 허락할 수 없습니다."[144] 그라나다의 한 커뮤니티 분석가는, 들리는 바에 의하면 아들이 입대 문제를 상의하기 위해 프로젝트 디렉터를 만나는 자리에 한 어머니가 따라온 경우도 있었다고 보고했다. 그 젊은이가 입대 의사를 밝힐 때마다 그 "어머니는 일본어로 아들에게 말했다. 그리고 프로젝트 디렉터 쪽으로 몸을 돌리며 고개 숙여 인사하고 웃었다……알고 보니 그녀는 아들에게, '너는 네 아버지와 네 나라의 치욕이다'라고 말하고 있었다." 또 다른 예로, 지원을 고려하고 있는 어떤 청년은 "일곱 명 이상의 어머니들이 자기 어머니에게 전화해 그의 입대를 막아야 한다고 설득하려 했다고 알렸다."[145] 군의 입대 캠페인 기간 중 수용소를 방문한 한 장교는, 1세와 키베이들이 적령 남성들에게 지원하지 말라고 압력을 가하고 있을 뿐 아니라 "어머니들이 자살하겠다고 위협하거나 부모들이 그 아들들과 의절한 경우도 있다"[146]고 보고했다.

그렇다고 1세 어머니들이 아들들이 직면한 인종주의와 정부의 겉치레식 평등 대우 사이의 갭에 대해 오로지 '광기'로만 대응할 수 있었다는 말은 아니다. 예컨대 전쟁성이 일본계 미국인 남성 시민들이 다시 징병에 적격하다고 결정한 지 대충 두 달쯤 후에 토파즈에 거주하던 수백 명의 1세 어머니들은 전쟁성 장관 앞으로 보내는 진정서에 서명했다. 진정서에서 그들은, 내가 말해 온 '조건부 충성'을 보일 수밖에 없는 뼈아프게 합당한 이유를 대면서, 아들들에게 다시 병역의 의무를 부과하는 데에 반대한다고 밝혔다. 어머니들은 자기들이 아니라 아들들이 수용소에 갇힌 것에 대해 항의하고 있다고 환기시켰다. 그들은 아들들이 등록 기간 중 미국에 대한 충성을 맹세했음에도 불구하고, 왜 "우리들과 비슷하게 분류되어 우리들처럼 수용소에 남아 있는지" 물었다. 그들은 국가와 맺은 관계로 볼 때 아들들과 자기들이 서로 다른데도 이 둘을 동일하게 보는 것에 대해서뿐만 아니라, 독립 부대의 차별적인 처지에 대해서도 비판했다. 그들은 자기들이 국가공동체로부터 버려졌음을 인정했다. 그리고 자신들을 위해서는 아무것도 바라지 않았으며 오직 아들들의 시민권이 회복될 것을 요청했다.

어머니들은 다음과 같이 지적했다. "외국인으로서 우리 대부분은" "왜 우리의 권리와 혜택이 박탈되었는지 이해했다. 하지만 우리는 미국 시민인 우리 아이들이 왜 우리와 비슷한 카테고리에 놓여야 하는지 이해할 수 없다……용감한 우리 아들들의 죽음에 대해 생각할 때, 그리고 훌륭하게 복무했음에도 불구하고 차별당했던 벤 구로키Ben Kuroki 하사의 심정을 헤아려 볼 때, 우리 어머니들은 마음으로부터 고통을 느낀다……우리는 이제 우리 아이들의 시민권을 회복시켜 줄 것을 정중히 요청한다."[147]

민간 관리자들과 군 장교들은 모두 어머니들이 어떤 때는 과격하게 어떤 때는 미묘하게 그들의 계획을 방해하는 하나의 파괴력이 될 수 있다고 생각했다. 따라서 당국이 남은 전쟁 기간 동안, 특히 선발징병제가 복원된 후 어머니들을 달래기 위해 각별히 노력한 것은 그리 놀라운 일이 아니다. 예를 들어 딜런 마이어는 사망한 병사들의 어머니들과 아내들에게 반드시 개별적인 위로 편지를 보냈다. 이 편지에서 그는 "(자기 나라에 대한) 가장 위대한 헌신의 수단으로서 자기 피를 기꺼이 바친" 아들의 자랑스러움뿐 아니라, "이 남자다운 자질을 당신 아들에게 가르

쳐 우리 시대의 가장 큰 시험에 임하도록 준비시켰던"[148] 부모의 자랑
스러움을 강조했다. 전쟁성 역시 전사자의 어머니들에게 금성무공훈장
과 특별 메달을 수여했다. 그러나 기요시 무라나가Kiyoshi Muranaga 일
등병의 모친에게 수훈십자훈장을 수여하는 폴크 앳킨슨Polk Atkinson
대령의 사진(《사진 3》)이 말해 주듯이, 그 어머니는 여전히 잠재적으로
전복적인 모습을 보이고 있다. 아마 사진가의 의도는 아니었겠지만, 어
머니의 굳은 얼굴은 명예롭기보다는 슬프고 도전적으로 보인다. 그녀
는 메달을 바라보면서, 그것이 아들을 대신하기에는 아주 부적당하다
고 생각하는 것 같다. 비백인 여성인 그녀는 떨면서 백인 남성 장교로
부터 인정받고자 하지 않는다. 상황은 오히려 그 반대다. 메달을 주고

사진 3_잠재적인 전복자로서의 어머니.
《전시외국인수용소의 일본계 미국인 소개와 재정착 관련 사진들War Relocation Authority
Photographs of Japanese-American Evacuation and Resettlement》, BANC PIC 1967.
014-PIC. Iwasaki Hiraku, photographer. Ama che, Colorado. 21 April 1945.
캘리포니아대학교 버클리 캠퍼스 뱅크로프트 도서관 제공.

있는 대령은 그 어머니 앞에서 그녀의 인정이 필요한 것처럼 침착하지 못해 보인다. 그러나 어머니는 대령의 겁먹은 시선에 대꾸하지 않는다.

　다른 사람들은 일본의 내셔널리즘이나 미국의 내셔널리즘 그 어느 것으로도 환원될 수 없는 다양한 방법으로 반격행위에 가담했다. 예컨대 팀 캡틴 톰프슨은 자기에게 군 복무를 거부하는 이유를 밝힌 사람들 중 상당히 큰 그룹(15퍼센트)이 "반전론자이자 병역 기피자"였음을 지적했다. 톰프슨이 설명하듯이, 이 사람들은 주로 키베이들로서, 중국과의 전쟁이 선포되자 "중국과 싸우는 일본군의 병역을 회피"하고 싶어서 미국에 돌아온 사람들이었다. 그는 이런 범주의 개인들이 일본과 미국의 병역을 모두 회피하려 하며, 그러한 욕망으로 인해 이 그룹이 "정말로 급진적이고 그 어떤 나라나 정부에 대한 충성심이 전혀 없다"고 느꼈다. 툴 레이크의 선동자들처럼 어떤 사람들은 정보 수집에 반대하는 운동을 일으켰다. 그리고 이로써 앞에서 본 랩의 가사처럼 시스템·통계·엘리트들의 논리에 대한 불신을 확실히 표명했다. 그들은 등사판으로 찍은, 〈왜 당신은 등록하지 말아야 하는가Why You Should Not Register〉라는 성명서를 모든 간이변소에 붙여, 작성된 대답은 모두 그 대답을 쓴 사람들에게 불리하게 작용할 것이라고 경고했다. 성명서는 의회와 군대가 "우리 모두를 충성스럽지 않다고 결정해 시민권을 취소함으로써 적국인으로 만든 후, 합법적으로 우리의 재산을 몰수하기"[149] 위해 수집된 정보를 사용할 수 있다고 말했다.

*　*　*

　이 장에서 나는 수용소의 일본계 미국인 남녀들이 등록과 모병 캠페인 과정에서 경험하고 질문했으며, 거부하고 참여했던 수많은 방법들을 불충분할지언정 복원해 보려고 노력했다. 가장 무원칙적이고 비이성적인 배제와 감금을 포함하는 자유주의적인 통치성의 전략들이 툴레이크를 제외한 아홉 곳의 수용소 공간을 계속 '정화'하는 동안, 통상 '조건부 충성'의 담론 쪽으로 기울어졌던 사람들에 의해 몇몇 형태의 저항이 지속적으로 발생했다.

공간적 제한으로 인해 징병 반대에 대해 충분히 조사하기는 어렵다. 그러나 최근에 활동가들과 학자들은 이 오랫동안 망각된 역사를 발굴하기 시작했다. 수용소의 수많은 남성들은 인종주의와 인종주의적 정책들을 부인하면서도 일본계 미국인들을 계속 감금한, 논리적으로 앞뒤가 안맞는 내셔널리즘의 담론을 그냥 두고 볼 수 없었다. 약 315명의 일본계 미국인 남성들이 징병 회피로 유죄판결을 받았으며, 대부분 2년 정도 감옥에 갇혔다. 징집 반대 운동의 지도자 중 한 사람인 프랭크 에미Frank Emi가 그러했듯이, 그들 대부분이 내세운 논리는 "만일 우리가 시민이라면, 적법한 절차 같은 건 코빼기도 못 보고 우리나 우리 가족들이 이 수용소에서 뭐 하고 있는 것이냐. 만일 우리가 시민들이 아니라면, 우리는 징집 대상이 아니다"라는 것이었다.

그 밖에 다모츠 시부타니Tamotsu Shibutani는 군 복무의 모범적인 영웅주의를 보여 준 것과는 아주 거리가 먼 한 일본계 미국인 그룹에 대해 말했다. 그는 어떻게 그들이 그들에게 부과된 큰 기대에 부응할 수 없는 무능력과 차별로 인해 완전히 전락했는지, 그리하여 "미국 역사상 아주 무질서한 부대 중 하나"를 이루게 되었는지 우리에게 설명해 준다. 시부타니에 의하면, K중대는 많은 2세 고참병들을 포함한 여러 사람들에게 경멸의 대상이 되었으며, 보통 '꼴통고문관 부대

fuck-up outfit'로 취급되었다. 그리고 최근에 셜리 카스텔누오보Shirley Castelnuovo는, 차별에 반항했다는 이유로 투옥되거나 군 중노동부대―이 부대는 후에 1800공병대대의 B중대가 된다―에 배치된 대략 200명쯤 되는 일본계 미국인 병사들의 역사를 발굴했다.[150]

그러나 불행하게도, 군에 대한 저항자들에게 민간과 군 당국자들은 일본계 미국인들의 의견 중 '무조건 충성'을 주장하는 소수파의 담론을 가장 활발하게 전유하고 동원했다. 이 담론으로써 그들은 현실적으로 존재하는 인종주의와 인종주의 거부 사이의 모순을 해결하려 했다. 당국은 조건부 충성의 논리가 처음부터 제기된 것으로는 절대 인정하지 않았다. 그들은 그것이 토파즈의 9인 위원회에 의해 나중에 발의된 것으로 보았다. 오히려 입대하거나 무조건 충성을 맹세하고자 한 수용자들 및 마이크 마사오카 같은 JACL 지도자들의 의지가 그 후 몇 년간 징병 반대자들을 괴롭히기 위해 다시 활용되었다. 통치자들은 수용자들의 시민권이 완전히 회복되기만 하면, 그들이 시민으로서 의무를 다 하지 않을 수 없을 것이라는 생각을 받아들일 수가 없었던 것이다.

에릭 뮐러Eric Muller는 일본계 미국인 징집 반대자들의 논리에 대한, 더 상식적이고 아마도 더 윤리적인 분석과는 반대되는 법률적인 분석을 멋지게 수행하면서 그 이유를 이해하기 위한 몇 가지 힌트를 준다.[151] 정부에 의해 감금된 어떤 남성 시민이나 여성 시민이 그가 가지지도 못한 자유를 지키기 위해 목숨을 걸라고 요구받아서는 안 된다고 주장하는 일은 그럴 듯하고 정당한 것처럼 보인다. 그러나 법은 상황을 그런 식으로 보지 않는다. 법적으로 보았을 때, 정부가 시민적 권리를 침해했다고 주장하는 것은 국가를 위해 목숨을 바쳐야 할 의무와 별개의 문제다. 한 개인은 정부가 그 시민적 권리를 침해했을 가능성과는 무관하게 시민으로서 의무를 계속 완수해야 한다. 내가 논의해 왔듯이, 등록은 미국에 대한 충성 맹세를 선택하는 일종의 의례를 중심으로 이루어졌다. 이러한 상황에서 비시민과 시민의 경계를 넘는 것은 대부분 자유롭게 병역에 지원할 의사를 표명하는 일로써 나타났다. 그러나 일단 시민으로 인정되면, 시민적 권리가 침해된다고 할지라도 그 사람은 국가에 봉사하는 문제에서 아무 선택권을 가지지 못한다. 따라서 뮐러의 분석은 암시하는 바가 많다. 하지만 《그들의 나라를 위해 죽을 자유 *Free to Die for Their Country*》라는 그의 책 제목은 어떤 의미에서 그다지 정확하지 않다.

1944년 1월부터 징병에 적격하다고 인정되었으면서도 여전히 철조망 뒤에 놓여 있던 이 시민들은 나라를 위해 죽을 자유조차 없었다. 그들은 죽지 않으면 안 되었다. 이 기묘한 도덕적 수수께끼는 다시 생체 권력과 인구 문제를 논의함으로써 가장 잘 설명될 수 있다. 푸코라면, 국가는 국가 자신의 이익을 위해 시민들을 살게 했기 때문에, 시민들이 아니라 국가가 필요할 때 자유롭게 그들의 생명을 빼앗는다고 말할 것이다. 국가는 생(삶, 자유, 행복의 추구)을 제공한다고 주장하며, 그렇기 때문에 일방적으로 생을 빼앗을 수 있다. 불행하게도 이 논리는 토파즈의 '다른 거주자들'과 JACL이 내놓은, 국가에 대한 무조건 항복으로 예시되었다. 결국 징병 반대자 2세들에게 무조건 항복이 강요되었기 때문이다. 정부가 "미국 시민으로서의 모든 권리들을 회복시키는 첫 걸음을 이제 막 떼어 놓았을 뿐"임을 알면서도 '다른 거주자들'은 자기들의 목숨을 무조건 내놓겠다고 맹세했다. 역으로 후에 많은 징병 반대자들이 자기들은 국가에 충성을 바치지만 시민권이 회복되기 전까지는 병역 요구에 따르지 않을 것이라고 주장했을 때, 이는 조건부 충성이라는 9인회의 좌절된 원래 입장을 다시 내세운 것이었다.

수용자들을 징병 대상으로 삼는 것이 불공정하다고 믿었던 사람들은 자기들의 견해가 옳다고 굳게 확신했으므로 국가 및 징병기관의 논리와 동떨어진 생각에 갇혀 있었다. 어떤 커뮤니티 분석가는 하트 마운틴의 징병 반대 감정을 다음과 같이 고찰했다.

그들의 얼굴은 서로를 마주보고 있었다. 그들은 나머지 국민들이나 정부에 등을 돌렸다. 그들은 더 큰 현실과 접촉하지 못하는 경향이 있었으며, 징병기관이 냉혹하게 가동된다는 사실을 반쯤 잊은 듯했다. 끊임없이 되풀이되고 강화되는 그들의 의견이 전적으로 타당하고 옳은 것 같았으므로 그들은 어떤 변화가 있을 것이라고 생각했다. 마치 그들은 그들이 충분히 힘들다고 느끼고 충분히 힘들게 말했다면 어떻게든 징병이 중단되거나 자기들 바람대로 수정될 것이라고 거의 믿는 듯했다.[152]

그러나 상식적으로 타당한 정의는 법정과 생체정치적 국가의 논리에 좌절했다. 결국 징병 반대자들에게는 투옥이 선고되었다. 그들은 국가공동체로부터 축출되었으며, 오랜 세월 그들 자신의 일본계 미국인 커뮤니티에서도 밀려나 소외되었다.

민간과 군 당국은 1943년 2월부터 3월의 캠페인 기간 동안 스스로 만들어 낸 수많은 위기에 봉착했다. 그러나 전시외국인수용소는 캠페인이 전반적으로 성공했다고 판단했다. 전시외국인수용소가 설명했듯이, 군은 수용소에서 겨우 1,200명 정도의 지원자만을 확보할 수 있었다. 하지만 하와이에서 충원된 많은 수의 지원자들과 합칠 경우, 이는 부대를 편성하기에 충분한 인원 수였다. 전쟁성은 지원자의 수가 적고 앙케트 대답 중 명백히 '불충'의 비율이 높은 데에 대해 불평했다. 그러나 캠페인은 442연대 연합전투부대를 만들 수 있게 함으로써 전쟁성의 주요 목적들을 실현시키는 일에 공헌할 수 있었다.

우리가 보아 왔던 것처럼 이러한 일들은 군대의 인력 수요를 충족시킴과 동시에 이른바 미국의 보편적 가치를 위해 싸우는 소수자들을 국내외의 관중들에게 보일 프로파간다 캠페인을 시작하려는 목적을 지니고 있었다. 다음의 말을 볼 때, 전시외국인수용소 역시 이러한 중요성을 알고 있었다. "수용소에 있는 젊은 남자들의 지원은 2세들의 충성을 상징하는 것으로서 대단히 중요하다. 철조망 안에서도 군에 입대함으로써, 이 지원자들은 미국에 대한 지극한 헌신을 증명했다."[153] 지원 프로그램은 아주 제한적으로 성공했지만, 그 작은 부분적 진실조차 일본계 미국인들의 무조건 충성의 신화를 만들어 내고 '모범적인 소수자'로서 그들의 이미지를 생산하기 위해 사용되었다.

지원을 거부한 모든 사람들, 미국제국의 약속보다 일본제국의 약속이 더 믿음직스럽다고 생각했던 모든 사람들, 차별적 조건하에 군에 복무하는 일의 정당성과 올바름에 의문을 표시했던 모든 사람들, 일본군이건 미군이건 가리지 않고 그 어떤 군대에서도 일하고 싶지 않았던 모든 사람들, 통계학의 대상이 되는 것에 이의를 제기했던 모든 사람들의 수많은 역논리나 반격행위들. 이 모든 역논리들 및 당국을 불편하게 하는 기타 반응들은, 자기들을 일본계 미국인의 대변자라고 생각했던 몇몇 사람들과 당국의 뜨거운 공모를 통해 남은 전쟁 기간과 그 이후에 묵살되거나 주변화되었다. 역으로 미국에 무조건 헌신하겠다고 한 소수의 맹세는 일본계 미국인의 군 복무와 충성을 대표하는 주류적인 표현인 양 어울리지 않는 주도권을 얻게 되었다. 그렇게 된 것은 그러한

표현이 전시 및 전후 미국의 다인종 내셔널리즘multiracial nationalism에
아주 편리했으며, 지금도 그렇다는 바로 그 이유 때문이다.

05

영화 〈고 포 브로크〉

통전기의 아메리칸 히어로 만들기

이 일본계 미국인들은 모든 현대식 무기를 지급받아 그것을 다룰 수 있도록 훈련받을 것이다. 이것이 일본계 동료 시민들의 애국심에 대한 우리의 믿음을 보여 주는 것임을 미군의 일본계 미국인 활용과 관계된 모든 이야기에서 아주 자세히 언급해야 한다. 이는 일본의 경우와 유용하게 대조된다. 일본군은 오로지 일본인 부대 안에 끼어 등 뒤의 기관총과 대포의 감시를 받는 최하 계급 총알받이로만 비일본인 병력을 사용한다. 이 이야기를 잘 전하면 추축국의 위성국가들에 효과를 미칠 것이다. 일본계 미국인 입대의 기초가 지원임을 강조하라. 일본계 미국인들은 지원을 허락받기 위해 오랫동안 캠페인을 벌여 왔다.

– 전시정보국 해외공작부Overseas Operation Branch, Office of War Inform ation, 《게시판Bulletin》, 1943년 2월 둘째 주(5~12일).

사카모토K. Sakamoto 부부는 아들 중 한 명이 교전 중에 죽고 두 명은 무 공훈장을 받은 네 명의 퇴역군인의 부모다. 이들이 록클린Rocklin 근처에 있는 그들의 검소한 농장 집에 돌아와 보니 집은 완전히 불타 버린 상태였 다⋯⋯최근 플레이서 카운티Placer County에서는 점령 기간 중 백인 가족 들이 차지했던 농장 집을 일본인 소유자들이 되찾으려고 돌아올 경우, 집 이 잿더미가 될 것이라는 위협이 있었다.

-〈집 없는 일본 병사 부모들Parents of Japan G.I.s Homeless〉, 《시에틀 포트 인텔리 전스Seattle Port Intelligence》, 1945. 9. 20.

일본계 미국인의 군 지원 프로그램은 실패했으며, 따라서 미국 본토 에서 많은 수의 지원자를 내지 못했다. 그러나 (주로 징병되어) 하와이 와 미국에서 입대한 지원자들은 군대에서 그들이 차지한 비율을 넘어 서는 수많은 목숨과 육체를 희생하면서, 상식적 기준으로 볼 때 놀라운 군사 영웅적인 공훈을 점점 더 많이 이루어 냈다. 처음에 그들은 원래 하와이 일본인으로 구성된 부대였던 100보병대대와 함께, 그 후에는 442연대 연합전투부대와 함께 유럽에서 전투부대원으로 복무했다.[154] 이는 아마도 가장 잘 알려진 일일 것이다.

진주만 공격으로 전쟁이 발발했을 때, 대부분 징집된 약 1,500명의 하와이 일본인들은 이미 하와이 주방위군에서 복무하고 있었다. 그 후 몇 달 사이에 주방위군 298연대와 299연대에서 근무하던 하와이 일 본인들의 운명에 커다란 불확실성이 발생했다. 그러나 1942년 5월 하 와이 임시 군정장관인 델로스 에몬즈Delos Emmons 대장은 이 부대들 을 특별 대대로 만든 후 본토에 보내 훈련시키자고 권고했다. 다음달, 앞으로 만들어질 100대대에 소속될 1,432명이 본토를 향해 출발했으며, 위스콘신의 맥코이 캠프Camp McCoy와 미시시피의 셸비 캠프Camp Shelby에서 훈련받기 시작했다. 처음부터 100대대에 있던 24명의 장교 중 16명이 일본인 2세였지만, 중대장은 전부 백인이었고 최고 지휘자 두 명 역시 백인이었다. 100대대는 1943년 9월에 이탈리아에서 전투를 시작했다. 살레르노Salerno의 최전선 교전을 필두로 그들은 이탈리아 북부로 이동했다. 이 부대의 전과는 여러 미디어의 주목을 받았지만, 수많은 사상자도 있었다. 100대대는 1944년 6월에 새로 도착한 442연대의 연합전투부대에 부속되는데, 이때까지 이 부대에서 900명의 사상자가 나왔다. 처음 배치되었을 때 100대대의 부대원이 약 1,300명이었던 것을 고려하면 이는 엄청난 수였다.

이미 고찰했듯이, 1942년 2월 1일에 루즈벨트 대통령은 약 5,000명의 일본계 미국인들이 이미 입대해 있고, 이들이 미래에도 입대할 가능성이 있음을 심사숙고한 끝에 일본계 미국인으로 442연대 전투부대를 구성할 것이라고 발표했다. 442연대는 하와이뿐 아니라 본토 출신의 지원자들도 받았는데, 그들은 대부분 수용소에서 곧장 입대한 사람들이었다. 1943년 5월 셸비 캠프에서 훈련이 시작되었다. 그러나 이 부대는 1944년 5월까지 유럽으로 출항하지 않았다. 이탈리아에 배치된 전투부대는 육군의 모든 분야가 망라되어 이루어진 거의 자족적인 부대였다. 이 전투부대는 연대본부중대, 대전차중대, 포병부대, 의료지원부대, 근무부대, 제2대대와 제3대대, 552야포대대, 232전투공병부대, 206육군지상군부대 등으로 구성되어 있었다. 원래 442연대에 소속되어 있던 제1대대는 나중에 모자라는 병력을 보충하기 위해 후방에 남았다. 그리하여 1944년 6월에 442연대가 100대대와 결합했을 때 100대대가 연대 전투부대의 제1대대가 되었다. 442연대와 100대대는 이탈리아와 프랑스에서 펼쳐진 일곱 번의 주요 군사행동에서 격렬하게 싸웠다. 그리고 100대대에서는 원래 병력의 세 배인 9,486명이라는 엄청난 사상자가 나왔다. 이 중 사망자는 약 600명이었다. 한 작전의 임무는 특히 값비싼 대가를 치렀지만, 백인 고위 장교들이 일본계 미국인들의 목숨에 대해서는 그들의 영웅적 행위에 대해서 보이는 관심만큼 관심을 보이지 않는다는 점을 분명히 보여 주었다. 442연대가 보주 산맥Vosges Mountains의 적진 안쪽에서 함정에 빠진 텍사스 대대 부대원 211명을 구하기 위해 800명의 사상자를 냈던 일이 그것이다. 1945년 3월에 552야포대대는 여러 부대들이 요청하는 갖가지 명령을 수행하는 이동 대대가 되었으며, 나치의 다카우 죽음의 캠프Dachau death camp 죄수들의 해방에 참여했다. 종종 사람들은 부대의 규모와 복무 기간으로 볼 때 100대대와 442연대 전투부대가 미군 역사상 훈장을 가장 많이 받은 부대라고 말한다. 부대원들이 받은 훈장들 중 가장 의미 있는 것으로는, 21개의 명예훈장, 52개의 수훈십자훈장, 559개의 은성훈장, 대통령의 부대 표창 8개, 1개의 수훈장, 그리고 9,486개의 상이기장傷痍記章 등을 들 수 있다.[155]

육군의 군사정보대 언어학교를 졸업한 수천 명의 일본계 미국인들이 전시에 통역자, 번역자, 전범 심문자 등으로 아시아 태평양 전체의 전투 지역에서 복무했다. 그들은 언어학자로 불렸지만, 아주 위험한 작전 수행에 자주 연루되었다. 일본인 민간인과 군인들의 항복을 설득하는 큰 위험을 무릅쓴 경우도 있었다. 전후에 그들은 연합국의 일본 점령 치하에서 계속 일했다. 더 나아가 일본계 미국인들은 하와이의 건설 프로젝트를 수행하기 위해 1944년 4월에 활동을 시작한 1399 공병건설대대에서 복무했다. 극소수의 사람들만이 군의 격리 정책 및 다른 부대로부터 일본인계 미국인들을 배제하려는 전쟁성의 정책에서 벗어났다. 예컨대 벤 구로키Ben Kuroki는 육군항공대의 사수로 싸웠으며, 그 후 북아프리카와 유럽에서 공훈을 세워 전쟁영웅으로 널리 선전되었다.

하지만 현재의 관점으로 볼 때, 공적인 담론에서 비백인들 중 유일하게 용감했던 병사로 일본계 미국인이 재현된 것을 그들의 영웅적 희생 때문으로만 설명할 수는 없다. 우리는 일본계 미국인들의 군사적 성취와 커다란 희생이 그들 내부에서 솟아 나온 순수한 것이었으며, 따라서 그 점이 부담되어 (백인) 미국인들이 인종주의를 넘어 일본계 미국인들을 동등하게 대우하지 않을 수 없었다고 상상하지 말아야 한다. 분명히 우리는 태평양전쟁 기간을 포함한 근대사를 통틀어 미국 대륙과 그 식민지 내부의 다른 소수자들뿐 아니라 흑인들도 여러 번, 그리고 많은 경우 훨씬 더 여러 사람이 군인다운 용기와 희생으로 평가될 유사한 행동들을 보여 주었음을 알고 있다.

제1차 세계대전 동안 미국 징병사무소는 인종을 이유로 병역을 면제하지 않았으며, 따라서 거의 37만 명의 흑인들이 군대에 징집되었다. 제2차 세계대전 때에는 대략 125만 명이 육군, 해군, 육군항공대, 해병대 등 네 가지 주요 군에 징집되었다.[156] 많은 수의 멕시코 출신 미국인들이 이와 비슷하게 복무했다. 공식 집계에 의하면 제2차 세계대전 동안 군에 입대한 히스패닉들의 수는 25만 명에서 50만 명 사이 어디쯤이었다.[157] 1917년에 아메리칸 인디언의 약 반은 미국 시민권을 가지고 있지 않았다. 따라서 제1차 세계대전 중 정부는 그들을 징집에서 면제하기로 결정했다. 그러나 이들 중 1만 명 정도가 군에 지원했으며, 그 결과 의회는 1924년에 모든 아메리칸 인디언들에게 시민권을 주었다.

애리조나주, 뉴멕시코주, 메인주에서 아메리카 인디언들은 투표권이 없었다. 하지만 제2차 세계대전 때 그들은 징병 대상이 되었다. 아메리카 인디언들 중 약 2만 5,000명의 남성과 수백 명의 여성들이 1940년 7월부터 1945년 12월까지 군에 합류했다. 이 인원 수는 많지 않은 것처럼 보인다. 하지만 이는 18세부터 50세 사이의 신체 건강한 모든 아메리칸 인디언 남성의 3분의 1이 넘는 수가 군에 복무했음을 의미한다.[158]

하와이 출신 일본인 외에 다른 식민지 출신의 수많은 병사들도 이와 비슷하게 총력전에 기여했다. 1940년부터 1946년 사이에 군은 5만 3,000명의 푸에르토리코 사람들을 입대시켰다.[159] 필리핀 사람들에 대한 미국인의 인식은 복잡한 성격을 지녔다. 전후에 그들은 완전한 미군의 요원은 아니었다고 부정되었으므로, 제2차 세계대전에 참가한 필리핀 사람들에 대한 통계는 아주 부정확하다. 그러나 필리핀계 미국인 부대인 필리핀인 1보병연대와 2보병연대의 부대원들 이외에도, 약 20만 명의 필리핀인들이 미군에서 복무했으며 전쟁에서 살아남은 것으로 추정된다. 주류언론의 보도는 필리핀에서 수행된 연합군의 활동을 위해 필리핀인들이 공헌하고 희생한 사실을 거의 언제나 주변적인 것으로 만들었다. 하지만 일본의 바탄 반도 공격에 맞서다 죽은 연합군 병력의 약 90퍼센트는 필리핀 사람이었다. 그리고 바탄 죽음의 행진(Bataan death march, 1942년 4월 9일 일본군이 미군과 필리핀군 포로를 이동시키며 수많은 사망자를 낸 일 - 역주)으로 죽은 7,000명에서 1만 명 중 필리핀인은 거의 600명이나 되었다. 바탄을 넘겨준 직후, 식민지 본국인 미국에서 필리핀인의 용기는 널리 알려졌다. 그리고 1942년 2월, 미국에 거주하는 필리핀 사람들을 참전시키기 위해 필리핀인 1보병연대와 2보병연대가 편성되었다.

1942년 3월, 전쟁수행권한법the Second War Powers Act은 군대 내의 비시민권자들에게 여러 공식적인 절차를 생략하고 미국 시민이 될 수 있는 권리를 부여했다.

하지만 미국이 승전한 후, 필리핀 출신 퇴역군인들의 전쟁 기록은 공공의 시야와 기억에서 급속히 멀어졌다. 1946년 2월의 무효법Rescission Act을 통해 의회는 미군과 함께 싸운 필리핀 병사들에게 미국 시민이 되어 퇴역군인 수당을 받을 수 있게 하겠다고 한 루즈벨트 대통령의 약속을 철회했다. 이 법은 필리핀 공화국 육군과 미국의 인가를 받은 게릴라 부대 활동이 "퇴역군인 수당을 위한 현역 복무로 간주되지 않음"을 특별히 명문화했다. 따라서 수만 명의 필리핀 퇴역군인들은 다시 한 번 시민권의 자격을 갖기 위해, 1990년에 미국 이민과 귀화법the U.S. Immigration and Naturalization Act이 통과될 때까지 거의 45년을 기다릴 수밖에 없었다. 미국을 위해 싸웠으나 대부분 가난하게 사는, 이제는 늙은 필리핀 사람들이 재향군인관리국이 주는 정식 수당을 받을 자격은 내가 이 글을 쓰고 있는 현재까지도 없다. 일본군에 복무했던 조선인 퇴역군인의 경우와 유사하게, 그들의 조국이 '해방'됨으로 인해 예전의 식민 권력은 필리핀인의 군 복무에 대한 정치적이고 생체정치적인 책임을 쉽게 폐기할 수 있었다.[160]

다른 유색인종 병사들의 경우와 비교했을 때 일본계 미국인들에 대한 공적인 기념은 상대적으로 많다. 이를 순수하게 분출된 그들의 군사적 용맹성 때문이라고 설명할 수 없다면, 어떤 요소들로 인해 그들의 승리에 대한 내러티브가 그토록 풍부하게 생산되어 왔을까?

일본계 미국인 병사들은 특히 라디오, 영화, 대중적 글 등에서 어떻게 재현되어 왔을까? 또 이 재현들은 통전기의 인종 관리에 대해 우리에게 무엇을 말해 주는가? 이 질문들에 대답하기 위해서는 국내외의 청중들을 대상으로 한 미국의 프로파간다 문제로 돌아갈 필요가 있을 것이다. 하지만 현재로서 가능한 것은, 인종주의적 차별을 거부하는 국가를 위해 싸우는 충성스러운 소수자의 이미지를 만들기 위해, 전쟁 기간 동안 미국의 프로파간다 기관들뿐 아니라 민간과 군 당국 역시 일본계 미국인 병사들을 활용하는 데에 집착했다는 사실 및 그 활용 범위를 보여 주는 일이다.

일본계 미국인 병사들을 전쟁영웅으로 만드는 일은 할리우드와 학자들이 가세하면서 전후에도 계속되었다. 통전기 전체에 걸쳐 일본계 미국인들 및 일본계 미국인 병사들에 대한 기억을 재현하고 생산하는 정치학은 미국 내의 인종 관리 정치학뿐 아니라 미국이 전 세계, 특히 아시아 유색인종과 맺은 관계와 지속적으로 연동되어 왔다. 내가 이미 이야기했듯이, 그리고 이 장에서 더 자세히 밝히겠지만, 우선 전쟁에서 이기고 그 후 계획된 평화를 이룩하기 위해서는 유색인 동맹국들을 획득할 필요성이 있었다. 그리고 이로 인해 일본계 미국인들은 모범적인 병사이자 미국인으로 쉽사리 복권되었다. 이런 이미지들의 생산은 전후에 활발히 이루어졌으며, 특히 냉전 시기에도 계속되었다.

하지만 냉전기의 기억 만들기가 동화주의적인 모델에서 다문화적인 모델로 변화되었다는 점에서 둘 사이에는 아주 중요한 차이가 있었다. 즉 기존의 관점은 문화적 차이를 문화적 비정상이나 미발달로 파악했다. 그러나 그러한 관점이 바뀌어, 이제 문화적 차이의 어떤 면들은 가치를 인정받을 수 있게 되었다. 이렇게 된 데에는 미국의 동아시아 헤게모니 장악을 위한 계획이 직접적으로 관련되어 있었다. 그로 인해 일본은 미국의 동생으로서 글로벌한 공동체 내의 특별한 위치를 차지하게 되었다. 그 계획은 자본주의적이며 "거의 백인이지만, 완전히 백인은 아닌" 위치를 일본이라는 국가에 부여했다. 그와 더불어 재인종화된 re-racialized 전후 미국 사회 내부의 일본계 미국인들은 일본이 미국의 판도 안에서 새로운 위치를 얻은 것과 동일한 방식으로 몇몇 중요한 점에서 자기의 자리를 얻게 되었다. 일본계 미국인들이 전후 미국의 모범적인 소수자로 계속 이행해 갔던 것과 마찬가지로, 일본은 미국의 모범적인 소수자 국가model minority nation가 되었다.

자유와 평등의 연출

전시정보국OWI에서 나온 "자유와 평등의 연출Staging Freedom and Equality"이라는 표어가 알려 주는 것처럼, 미국 정부의 프로파간다 기관들은 일본계 미국인 입대 캠페인이 시작되기 전부터 이미 일본계 미국인 전쟁영웅 이야기 만들기를 준비하고 있었다. 전쟁성은 더 이른 시기부터도 대중에게 공개되는 수용소의 충성도 조사 관련 정보를 완전히 통제, 관리하기 위해 공보국에 프로그램과 관련된 모든 홍보를 조정하고 책임지라고 지시했다. 공보국은 정보참모차장, 전쟁성 참모, 헌병감사무실, 해군정보부, 전시외국인수용소, 전시정보국 등과 긴밀하게 협력하며 일하게 되어 있었다. 모든 정보 공개에는 '참모부관의 승인 approval of the Deputy Chief of Staff'[161]이 필요했다.

프로파간다의 핵심은 미국이 자기 병사들에게 현대식 무기들을 지급한다는 것이었다. 이는 "일본인 부대 안에 끼어 등 뒤의 기관총과 대포의 감시를 받는 총알받이"로 이용될 뿐인 일본군 내의 비일본인 병사들과 달리, 일본계 미국인들이 자발적으로 지원병에 합류했음을 보여주는 것일 터였다. 앞으로 고찰하겠지만, 태평양 반대쪽에서 일본군은 흥미롭게도 계급이 아주 높은 조선인 장교의 숫자와 함께 조선인 특별지원병 제도가 5년째 시행되고 있음을 이미 자랑하고 있었다. 일본의 민간 및 군 당국은 훨씬 일찍부터 미국과 비슷한 프로파간다 캠페인을 시작했다. 그들은 조선인들이 일본에 대한 애국심이 높아져서 황군에 입대하려는 강렬한 욕망을 보여 왔음을 선전하고자 노력했다. 일본은 조선인을 내지인과 함께 군대의 구성원으로 통합한 것이 조선인에 대한 불신을 상징하는 것이 아니라 일본제국이 군부대를 인종주의적으로 구분하지 않음을 나타내는 것이라고 선전했다.

독자들이 기억하듯이, 이는 일본계 미국인들 및 미국의 기타 소수자들이 군대 내의 차별을 종식시키기 위해 종종 주장했던 논리이기도 했다. 즉 구별된 독립 부대는 평등의 원칙에 위배되었다. 전쟁성 차관보 사무실의 존 홀John Hall은 1943년 2월 8일 현재 "일이 계획대로 추진되지 않을 가능성이 있으므로, 외국에 대한 일본계 미국인 병사들의 프로파간다적인 면을 활용하는 것"이 시기상조일 수 있다고 전시정보국에 알렸다. 그러나 다른 한편 그는 전쟁성이 장차 그런 계획에 반대하지 않을 것임을 암시하기도 했다.[162] 실제로 일본계 미국인의 군사적 공훈을 상찬하는 일이 많아지기 시작하자 이를 근거로 프로파간다 기관들은 국내외 청중들을 향해 기세를 높였다.

잘 짜인 프로파간다 시간표에 따라 1943년 1월 28일, 즉 충성 앙케트를 지휘하기 위해 군대의 팀들이 수용소에 도착하기 대략 일주일 전에, 전쟁성 공보국은 전원 일본계 미국인으로 특별부대를 구성하겠다고 표명한 보도 자료를 냈다. 조선인 입대에 관한 일본의 선전과 비슷

총력전 제국의 인종주의

하게, 전쟁성은 이 새로운 프로그램이 자유와 평등에 대한 국가의 책임 및 이에 봉사하고자 하는 일본계 미국인들의 욕망에 힘입어 만들어진 것이라고 했다. 따라서 보도 자료는 "국가의 적들과 싸우는 일에 자기 몫을 할 수 있도록 육군 특별부대를 조직해 달라는 충성스런 일본계 미국인들의 수많은 열렬한 요청들을 연구, 검토한 끝에" 이 조치가 취해졌다고 언명했다. 그리고 루즈벨트 대통령의 2월 1일 성명을 예상이나 한 듯, 보도 자료는 "조상이 누구인지와는 무관하게 국가의 전투에 무기를 들 수 있는 모든 믿음직스러운 시민의 타고난 권리"를 확인한 전쟁성 장관 헨리 스팀슨의 말을 인용했다. 보도 자료는 '2세Nisei'라는 말도 소개하며, 이 말이 "일본 혈통을 지닌 미국 태생 시민"을 의미한다고 설명했다. 그리고 부대를 편성한 것이 "모든 충성스러운 일본계 미국 시민들로 하여금 군 복무뿐만 아니라 군수공장 취업 등을 통해 전쟁에 승리하는 데 적절하게 기여할 수 있도록 하는 보다 큰 프로그램의 일부분"[163]임을 강조했다.

이미 훈련을 받고 있던 하와이 출신 일본계 미국인 병사들에 대한 보도 자료와 함께, 미디어의 대공세는 대통령의 성명 발표일인 2월 1일부터 가속화되었다. 공보국은 100보병대대의 병사들이 '쨉스Japs'로 불리는 것에 분개하며, '제이 에이즈(일본계 미국인들, J.A.'s)'나 '니세이(2세)'로 불리는 것을 좋아한다고 설명했다. 공보국은 언어 전문가들을 제외하고는 그들이 태평양 지역에서 배제되었음을 언급하지 않았다. 그 대신 공보국은 이 충성되고 애국적인 미국인들이 "진주만의 친척과 친구들이 기습당한 것에 복수하기 위해 도죠東條 및 그의 패거리들과 조우(랑데부rendezvous)했다"고 말했다. 전국의 뉴스 미디어는 신속하게 이 보도 자료를 입수했다. 멤피스와 테네시 같은 곳에서조차 독자들은

"이들을 쨉이라 부르지 말라"[164]는 설명과 함께 일본계 미국인들이 훈련받는 사진들을 볼 수 있었다.

2월 중순에 전시외국인수용소 직원들은 일본계 미국인 부대 창설 제안에 대한 전국적인 신문 보도를 조사했다. 그리고 "아주 소수의 예외를 제외하고는 긍정적으로 평가되었다"고 지적했다. 매사추세츠의 《스프링필드 리퍼블리칸Springfield Republican》은 부대 편성이 "분명히 미국 대중들 사이에 좋은 인상을 줄 것"이라고 언급했다. 《볼티모어 선Baltimore Sun》은 전쟁성과 대통령의 결정이 특히 추축국들의 입장과는 반대로 미국이 인종주의를 비난하는 증거라고 단언했다. 그리고 이 부대가 "이번 전쟁을 인종전쟁으로 평가하는 독일의 이론에 대한 눈에 보이고 손에 잡히는 생생한 부정"이라고 공언했다. 심지어 일본계 미국인을 배제하라는 요구가 아주 드높았던 서해안에서조차 《포틀랜드 오리거니언Portland Oregonian》과 《샌프란시스코 크로니클San Fransisco Chronicle》 같은 신문들은 이 조치를 높이 평가했다. 전자는 이를 "히로히토에게 나쁜 소식"이라고 불렀으며, 후자는 이 결정이 "출신 인종이 아니라 충성심이 그들(일본계 미국인들)에게 적절한 유일의 테스트라고 느껴 왔던 모든 사람들을 만족시킬 것"이라고 말했다[165](괄호는 원문대로임).

다른 주류 미디어들 역시 재빨리 선례를 따랐다. 《리더스 다이제스트》의 2월의 이슈는 하와이 출신 일본계 미국인 병사들에 대한 것이었는데, 거기에는 《볼티모어 선데이 선Baltimore Sunday Sun》의 기사를 압축한 글이 실렸다. 《리더스 다이제스트》는 일본계 미국인의 입대가 인종을 초월한 미국의 능력을 보여 주는 이례적인 일이라고 평가하고자 했다. 기사는 "일본인의 얼굴을 한 미국 병사들"이라는 진부한 표현으로 제목을 삼았다. 기사는 "일본 조상의 후손인 미국인 보병들"을 "미국에 대한 충성이 지극한", "일본인의 얼굴에 미국인의 가슴을 지닌 사나이들"로 묘사했다. 그들은 전쟁 채권을 사고 진주만 공격에 복수를 다짐함으로써 그들의 충성심을 보였다. 기사는 그들이 미국인임을 증명하기 위해, 이 사람들이 기독교 신앙을 공유하고 있으며 일본어를 모른다는 사실을 환기시켰다. 100대대의 목사는 그의 예배가 이 병사들로 "가득 차고 넘쳤으며", "그들 중 어느 누구도 신도 신자가 아니었다"고 보고했다. 기사는 "멕코이 부대의 병사들 대부분이 일본어는 하지도 않았으며", "피 위Pee Wee", "풀 샤크Pool Shark", "알리바이 조Alibi Joe", "피사이트Peesight" 같은 멋진 미국식 별명으로 통했다고 독자들에게 확신시켰다.[166]

그러나 1943년 봄과 여름에 일본계 미국인을 다루는 주류 언론의 기사는 그들의 입대에 대해 거의 할 말이 없었다. 무엇보다도 100보병대대가 9월 말에 이르기까지 유럽에 상륙하지 않았고, 442연대는 1944년 5월까지 출발하지 않았으므로 보도할 기사거리가 많지 않았다. 하지만 이 기간에도 해군정보실 직원으로서 충성심 앙케트를 고안할 때 크게 능력을 발휘했던 세실 코긴즈는 《하퍼즈 매거진》을 공개적인 장으로 활용해, 하와이의 일본인과 일본계 병사들이 "동양적인" 외모를 제외하고는 모든 면에서 모범적인 군인—시민이라고 묘사했다. 그는 군대 및 하와이 방위군 내의 일본계 시민들의 슬픈 운명을 서술했다. 그들은 진주만 공격 이후 해임되었다. 하지만 참고 견디어서 결국 하와이의 노동부대에서 근무할 수 있었으며, 그 후 100대대에서도 복무를 시작하게 되었다. 다른 자유주의자들처럼 코긴즈는 서해안에서 벌어진 일본인 소개와 수용을 비난하지는 않았다. 하지만 그는 코스텔로 소위원회가 1943년 9월 30일의 최종 보고서를 낼 즈음 하와이와 본토의 일본계 미국인들에게 개인적으로 스스로 훌륭한 미국인임을 증명할 수 있는 기회를 부여하라고 일관되게 요구했다. 이로써 그는 이후에 지배적인 공식 입장이 될 견해를 미리 표명했다. 그는, "그들의 얼굴은 동양적이지만, 그들의 생각과 말은 순수하게 미국적이다"[167]라고 썼다. 이 말은 일본계 미국인의 충성심을 암시하기 위해 점점 더 일반적으로 사용되고 있었다. 하지만 이 말에는 '미국'의 카테고리가 백인성whiteness과 동일하다는 의미가 함축되어 있었다.

1943년 9월 말에 코스텔로 소위원회는 전시외국인수용소의 업무에 대해 근본적으로 긍정적인 최종 평가를 내렸다. 이에 동조해 다른 유명인사들도 훌륭한 미국인이 된 일본인을 칭찬했다. 그리고 "양떼로부터 염소들"을 격리하기 위한 시스템 고안과 관련해 정부를 높이 평가했다. 《하퍼즈 매거진》은 1942년 9월부터 일본계 미국인 문제에 대해 일련의 자유주의적인 기사들을 연재했다. 그리고 1943년 10월에 퓰리처상을 수상한 저널리스트 버튼 히스S. Burton Heath의 글을 게재했다. 그는 소개와 수용을 비난하지는 않았지만, 개개의 사람들에게 충성을 증명할 기회를 주지 않은 채 모든 일본계 미국인들을 한데 묶어 감금하는 것이 유대인에 대한 히틀러의 조치와 비교될 소지가 있음을 강조했다. 따라서 그는 전시외국인수용소, 코스텔로 소위원회 및 기타 여러 기관들에 의해 이미 도출된 결론, 즉 양떼로부터 염소들을 격리해야 하며 충성스럽다고 판단된 사람들의 석방이 가속화되어야 한다는 결론을 옹호했다.

히스는 가부장적인 온정주의와 자유주의적이고 고상한 인종주의의 자기만족적 입장을 구체화했다. 그는 나치식의 거친 인종주의를 강력히 비난하고 "일본계 미국인들에 대한 학살pogrom"이 계속 되어서는 안 된다고 경고하는 한편, 그와 동시에 추방 명령을 거부한 고든 히라바야시Gordon Hirabayashi의 유명한 사건을 비판한 재판관을 높이 평가했기 때문이다. 이 재판관은, 전부는 아닐지라도 어떤 아시아인들이 코카시언들Caucasians만큼 훌륭하다는 점을 이해하라고 백인 미국인들에게 조언했다고 알려져 있다. 그는 "그 몽골인종들과 노란 피부들 중에도 우리 주위의 백인들과 똑같이 고귀한 정신, 지적인 통일성, 사회적 의무에 대한 의식을 가진 사람들이 있다"고 말했다. 히스는 미국인들에게 미국의 무차별 원칙을 지지하라고 역설했다. 그리고 한 백인 가족이 자기 글에 나오는 휴Hugh와 루스 키이노Ruth Kiino를 대우했던 것처럼 일본계 미국인들을 대우하라고 촉구했다. 제롬 수용소Camp Jerome로부터 석방되었을 때 "그들은 아주 운이 좋았다. 루스는 휴Hugh가 일을 찾는 동안 휴와 그 아이들을 루스와 함께 살도록 허락할 의향이 있는 어떤 가족의 하우스키퍼 직업을 얻었다."[168]

일본계 미국인들의 소개와 수용을 주재했던 루즈벨트 대통령의 영부인 엘리너 루즈벨트는 히스와 비슷한 시기에 일본계 미국인의 충성심에 대한 유사한 글을 써《콜리어즈Collier's》에 실었다. 근본적으로 그녀는 충성스러운 사람과 그렇지 못한 사람을 나누는 프로그램을 지지했다. 그로 인해 가족이 흩어지게 되더라도 어쩔 수 없는 일이었다. 왜냐하면 '미국의 스포츠맨십' 및 자유와 평등의 원칙이 충성스러운 일본계 미국인들에게 자유의 권리를 주라고 요구했기 때문이다. 이러한 관점을 세우기 위해 도야마 가Toyama family의 사진 한 장이 제시되었다. 그것은 소개 후 일본으로 돌아가버린 부모와 미 육군 하사로서 군복을 입고 있는 아들을 촬영한 것이었다.[169]

일본계 미국인 전쟁영웅 만들기는 여전히 자행되고 있는 인종주의적 차별로 인해, 그리고 몇몇 수용자들이 1944년에 일으킨 징병 저항으로 인해 난관에 봉착하기도 했다. 그러나 1943년 가을에 병사들의 전쟁 공훈이 늘어나자 전쟁성은 새 병사들에 대한 호의적인 언론 보도를 더욱 촉진하려고 했다. 일본계 미국인 병사들은 전쟁성이 프로파간다 목적에 자기들을 이용한다는 사실을 모르지 않았다. 1944년 1월 중순에 100보병대대 부대원들이 하와이의 친척과 친구들에게 보낸 편지들을 가로채 읽은 검열관들은 다음과 같이 설명했다. "이 컬러풀한 연대의 활동은 많이 홍보되어 왔다. 적과 상대하려는 그들의 열망, 전투에서의 용맹성, 미군과 그들 자신에 대한 병사로서의 자부심, 이런 것들은 종종 언론에 보도되었다." 하지만 어떤 병사들이 이런 보도를 즐긴 반면, "어떤 병사들은 자기들이 선전 도구가 되어 왔음을 느꼈다"고 그들은 지적했다. 그리고 다음과 같은 편지 내용을 예로 들었다. "너는 아마 영광스러운 100대대에 대한 글을 읽었을 것이다. 그런데, 신문에서 읽은 것을 다 믿지 마라. 우리는 아주 과장되게 선전된 모르모트 무리들이다."[170]

병사들 자신이 무엇을 느꼈건 간에, 전쟁성은 일본계 미국인 병사들의 뛰어난 전투 수행에 대해 계속 각색하고 보도했다. 442연대가 이탈리아에서 처음으로 전투에 참가하기 시작했을 무렵, 내무성 차관 에이브 포르트Abe Fortes가 이 부대의 홍보에 대해 전쟁성 차관보 사무실에 문의했을 때, 행정관은 다음과 같이 대답했다. "두 일본계 미국인 부대(442연대와 100대대)에 대한 전문 보도, 스틸 사진, 뉴스 영화를 얻기 위한 움직임이 해외의 극장에서 이제 시작되었다. 몇몇 최고의 작가들이 이 부대들의 모습과 이야기를 쓰는 일에 배치되었다. 이에 덧붙여 육군

사진단the Army Pictorial Service이 이 부대들과 함께 전선에 가 있다. 가까운 미래에 필름이 완성되어 배송될 것이다. 이 부대들에 대한 보도 제한이 철폐되었으므로, 신문과 라디오는 최신 상황을 보도하고 있을 것이다."[171]

그러나 보도 라인이 철폐된 후에도 전쟁성은 일본계 미국인 병사들을 찬양하는 보도 자료를 계속 언론에 배포했다. 예컨대 1944년 8월 10일에 전쟁성은 일본계 미국인 병사들이 "이탈리아 전역에 걸친 대공세에서 사실상 모든 전선"에 참가했으며, 6월 26일과 27일에 벌어진 "이탈리아 벨베데레Belvedere와 사쎄타Sassetta 근처의 결정적인 전투에서 적의 측면을 붕괴시킨" 일로 특별 표창장을 많이 받았음을 언론에 설명했다. 전쟁성은 "100대대가 수백 명을 포로로 잡았고 그보다 더 많은 적군을 살해했으며 적의 물자를 엄청나게 파괴한 반면, 단지 두 명의 병사들만 독일군의 포로가 되었다"고 발표했다. 부대원들 중 1,000명이 상이기장, 44명이 은성훈장, 31명이 청동성장, 9명이 수훈십자훈장, 3명이 훈공장을 받았다. 탈영이나 무단결근은 없었다. 반면 언론에는 '역 탈영reverse AWOL' 사건이 두 건 일어났다는 정보가 알려졌다. 전쟁성은 "전쟁 중 입은 상처가 완전히 치료되기도 전에", "두 명의 병사가 후방의 야전병원을 떠나 지나가는 차를 히치하이크해 전장의 자기 중대로 돌아갔다"[172]고 말했다.

미디어는 2세 병사들의 영웅적 행위를 점점 더 찬미했으며, 특히 그들을 '보통' 미국인들로 재현했다. 예를 들어 "프랑스에서 일본인 양키 부대들Japanese-Yank Troops이 미 육군과 합류했다"는 제목의 허스트 뉴스영화는 2세 병사들 개개인의 얼굴을 보여 주면서, 그들이 "미국에서 온 일본계 육체의 미국인들Americans of Japanese parentage fresh from the U. S."이라고 평가했다. 이 장면은 전장에서 병사들이 다른 미국인들과 동일한 어려움에 봉착했다는 인상을 주려고 노력했다. 따라서 내레이터는 수용소와 인종주의를 언급하지 않는 대신, "어떻게 프랑스어를 말해야 하는가가 이 병사들의 첫째 문제"라고 보도했다. 그리고 우리는 대부분 일본인으로 보이는 몇몇 사람들이 프랑스어라는 제목이 있는, 텍스트북 같은 책을 열심히 공부하는 모습을 보게 된다. 뉴스영화는 이 사람들이 "충성스러운 일본계 미국인들"이라고 알려 준다. 우리가 보고 있는 것은 "자유를 위해 싸우고 있는 미국 태생 일본인 육군 통신대의 필름"[173]이다.

1944년 가을에 전시외국인수용소는 전쟁성과 협력해《군복 입은 2세Nisei in Uniform》라는 팸플릿을 발행했다.[174] 이 팸플릿은 아메리카니즘이 인종이 아니라 정신에 있다고 다시금 선포하면서 루즈벨트를 인용했다. "우리 국민을 구성한 개개의 인종과 민족은 추축국 타도를 위해 싸우는 젊은 미국인들을 통해 대표되고 있다." 이는 나치와 싸우고 있는 독일인들, 이탈리아 추축국과 전쟁하고 있는 이탈리아인들, 그리고 "그 부모들이 일본에서 왔지만, 미국에 대한 헌신과 전투에서의 용맹이 눈이 찢어지거나 피부색이 노란 것과는 무관하다는 사실을 보여 주고 있는 사람들"에게도 물론 적용되는 말이었다. 이 텍스트는 일본계 미국인들이 서해안에서 소개된 일에 대해 언급했지만, 강조점은 다른 데에 있었다. 사진이 보여 준 것은 군사훈련, 전투, 지뢰 수색, 보초 서기 등 병사들에게 통상 기대되는 활동을 하고 있는 2세 병사들이었다. 무엇보다도 일본계 미국인 병사들은 백인 병사들과 뚜렷이 닮은 모습으로 제시되었다. 사진을 설명하는 말은 다음과 같다. "에드윈 이이노Edwin Iino, 사부로 이쿠타Saburo Ikuta, 로버트 요네미츠Robert

Yonemitsu는 모두 캘리포니아에서 태어났으며, 그곳의 미국 학교에서 교육받으며 자랐다. 그들은 일본에 간 적도 없다." 이 설명은 '일본인 얼굴의 미국 병사들'이라는 제목을 통해 미국인임이 실상은 백인임과 연결된다는 점을 부주의하게 드러냈다. 하지만 사진 찍힌 사람들은 대부분의 면에서 전형적인 백인들과 닮아 있어 특별히 두드러지지 않았다. 그들은 예전의 밴텀급 복싱 챔피언, 레슬링 팀의 스타, 워싱턴 주립대학이나 유타 주립대학 졸업생들, 조합교회 목사, 스테이지 댄서의 오빠였다. 그들은 우편물 받기를 좋아했고, 구경을 다녔으며, 취미는 다른 미국인들과 다르지 않았다. 그들의 신부들은 웨딩드레스를 입었고, 결혼식 때 웨딩 케이크를 잘랐으며, 집에서 부쳐 온 크리스마스 소포에 기뻐했다. 2세 남성 병사들은 용맹함을 보이다가 때로 심각한 부상을 입거나 사지를 절단하는 고통을 당했다. 육군여군부대의 2세들은 백인 여군들을 흉내 냈다. 예를 들어 하와이의 요시나오 오미야Yoshinao Omiya는 "두 눈이 지뢰에 터질 때까지 용감하게 싸웠다." 따라서 문화적 차이의 표시들이 사라진다면, 인종은 미국인임과 모순되지 않는 듯했다.

전쟁 마지막 해에 국내의 신문들은 일본계 미국인 병사들의 군사적 공훈을 광범위하게 보도하면서, 그들의 용감함과 그들이 고향에 돌아갔을 때 받는 빈약한 대우를 때때로 대비시켰다. 예컨대 AP통신은 안경을 끼고 보통 외모를 한, 캘리포니아 월넛 그로브Walnut Grove 출신 윌리엄 인시그니William Insigne 부인에 대한 기사와 한 장의 사진을 배포했다. 이 여성은 "요시오 마츠오카Yoshio Matsuoka 이등병 가족이 이사하지 않으면 그 집에 불을 지르겠다고 위협한" 죄로 30일간 지역 감옥에 수감되었지만, 결국 **"그녀가** 마을을 떠난다"는 조건으로 감형 선고를 받았다(강조는 원문대로).[175] 병사들이 특별히 언급되지는 않았지만, 《로스엔젤리스 데일리 뉴스*Los Angeles Daily News*》(1945. 6. 23)는 태평양의 미군부대 위문 공연에서 막 돌아온 유명한 코미디언 조 브라운Joe E. Brown이 2세들을 대변했다고 보도했다. 그는 "해외의 아이들"이 "캘리포니아의 일본계 미국인들에 대한 공격이 '끔찍하다'고 생각한다"고 말했다. "우리는 우리가 유럽의 독일인들과 싸운다는 이유만으로 독일계 사람들을 위협하지 않는다", "독일계라고 아이젠하워를 미워하는 것은 분명히 어리석은 일일 것이다"라고 그는 말했다. 《프레스노 비*Fresno Bee*》(1945. 6. 30)는 조지 모리시타George T. Morishita 하사가 442연대에서 복무했으며 상이기장뿐만 아니라 "전투에서의 용맹성으로 인해 은성훈장"을 받았다고 보도했다. 《그레이트 폴스 트리뷴*Great Falls Tribune*》(19457. 2)은 해외 참전 스포케네 재향군인회가 "이탈리아 전투에서 부상한 일본계 미국인 퇴역군인" 리처드 나이토Richard H. Naito 일등병의 회원 신청을 거부했지만, 150전투부대 퇴역군인들은 이 일에 항의하는 탄원서에 서명했다고 보도했다. 퇴역군인들은 탄원서에서 다음과 같이 말했다. "그(나이토)에 대한 거부를 초래한 일부 회원들의 편견은 미국인의 삶에 있을 수 없다. 특히 그렇게 긴 역사와 공적인 중요성 및 고귀한 민주주의적 이상을 지닌 조직에 편견 따위는 있을 자리가 없다. 그것은 우리가 이번 전쟁에서 싸워 지켜내려 한 것이 아니다. 그리고 이런 일은 아직도 태평양 지역에서 할 일이 있는 우리 동료들에게 도움이 되지 않을 것이다." 《미니도카 이리게이터*Minidoka Irrigator*》(아이다호, 1945. 7. 21)는 일본계 미국인 병사들의 전공 일람표를 제시한 기사를 실었다. 전시외국인수용소의 자료에 근거해, 이 기사는 "현재 최소한 2만 529명의 일본계가 미군에 복무하고 있으며, 일본계 미국인들 중 9,000명 이상의 사상자가 유럽과 태평양 작전 지역에서 발생했다"고 알렸다. 이 기사는 유럽의 제6군 사령관 제이콥 디버스 Jacob L. Devers 대장의 편지 내용도 인용했다. "나는 우리의 민주주의적 삶의 방식을 위해 다른 사람들과 마찬가지로 아주 용감히 싸운 2세들을 포함해, 전투원들의 투쟁과 희생을 미국인들이 절대로 잊지 말 것을 강력하게 희망한다. 내 생각에 일본계 미국인 병사들은……이제 미 육군의 첫 번째 병사들에 속한다." 《리더스 다이제스트》의 기사를 발췌해 제시하면서, 《미니도카 이리게이터》(1945. 7. 31)는 100대대를 "아마도 미군 역사상 훈장을 가장 많이 받은 부대"라고 찬양했다. 이 기사는 일본계 미국인 병사들이 추축국들과 싸웠을 뿐 아니라 국내의 차별과도 싸웠으며, "민주주의가 인종보다 강하다"는 사실을 보여 주었다고 말했다. 기사는 용감한 개별적 전투 행동들을 기념했는데, 거기에는 "16명의 쨉들을 포로로 잡아 '베이비 요크Baby York'라고 불린 리틀 케니 야스이little Kenny Yasui"의 일도 포함되어 있었다. 겨우 2년 전만 해도 특히 일본어를 할 수 있다는 이유로 야스이의 미국인 자격은 의심받았을 것이다. 그러나 편리하게도 기사는 이러한 사실을 무시하면서 어떻게 그가 이러한 공적을 달성했는지 설명했다. "도쿄의 와세다대학에서 배운 일본어로 소리치면서 케니는 참호에 숨어 있는 16명이 자기를 일본군 대좌로 믿도록 했다." 《샌프란시스코 크로니클San Francisco Chronicle》(1945. 7. 28)은 2세 병사들과 함께 전투했던 조지 그랜드스태프George H. Grandstaff 대위의 말을 보도했다. 그는 페어플레이와 공정한 대우를 촉구했으며, 35텍사스사단의 "길 잃은 대대Lost Battalion"를 구조하기 위해 일본계 미국인 병력의 40퍼센트를 잃었다고 지적했다. 그는 이 병사들에 대한 인종주의를 비난하면서, "이 텍사스 아이들의 수많은 부모들이, 당신들 중 어떤 사람들이 여전히 '노란 겁쟁이들 Yellow-bellies'이라고 부르는 이 꼬맹이들little half-pints에게 감사하고 있다"고 말했다. 《디 오리거니언*The Oregonian*》(1945. 7. 25)은 한 백인 병사의 분노하는 반응을 서술했다. 그는 한 명은 한 팔을, 다른 사람은 한 다리를 잃은 일본계 미국인 퇴역군인 몇 사람이 시애틀의 소다수 판매장에서 판매를 거절당하고 쫓겨났다는 기사를 읽은 것이다. 그는 다음과 같이 말했다. "기사를 읽은 이곳의 모든 사람은 아주 화가 났다. 나는 일본계 미국인들 같은 병사들이 더 많았으면 좋겠다. 나는 일본인 중 어떤 사람들은 어떤 백인들보다 더 훌륭한 미국인이라는 사실을 깨닫지 못한 사람들이 있다고 생각한다."

프랭크 캐프라Frank Capra의 악명 높은 프로파간다 영화 〈네 적을 알라-일본*Know Your Enemy-Japan*〉은 아마도 적에 대한 전시의 인종주의를 보여 주는 가장 파렴치한 예 중의 하나일 것이다.[176] 그러나 놀랍게도 영화는 바다 건너 일본에 사는 '쨉들'에 대한 일반적인 나레이션이 아니라 일본계 미국인들, 특히 2세 병사들에 대한 칭찬으로 시작된다. 영화는 관객들에게 미국으로 이민 온 일본 어린이들이 미국 시민이며, 미국 학교에서 교육받고 "우리" 말을 한다고 알렸다. 그리고 그뿐 아니라 특히 유럽에 있는 2세 병사들을 비롯해 "그들 중 아주 많은 사람들이 자유에 대한 사랑 및 자유를 위해 죽을 수 있는 의지를 우리와 공유한다"고 지적했다. 나레이션은 이 영화가 일본계 미국인들에 대한 것이 아니라고 결론지었다.

대신 영화는 "여전히 '해방'과 '자유'라는 말이 아무 의미를 지니지 못하는 일본 쨉들의 이야기"를 했다. 따라서 캐프라는 인종이 아니라 오직 국적이 문제라고 말하는 듯했다. 그러나 그와 동시에 영화는 반복적으로 저쪽 '쨉들'과 이쪽 '쨉들' 간의 차이를 흐릿하게 했다. 영화는 캘리포니아 해안을 벗어난 어부들을 보여 주고, 그들이 의심스러운 일본인들과 한 가족임을 경고했다. 그리고 그들 안에 있는 '쨉' 스파이들, 즉 모두 도쿄를 위해 일하고 있는 가게 주인들, 이발사들, 꽃집 주인들을 주의하라고 조심시켰다. 그러므로 영화는 인종이 아메리카니즘의 기준이 아니라고 부인하는 루즈벨트 식 패션 안에 있으면서도, 인종적으로 다르다고 지각된 사람들에 내재된 특별한 위험성들을 경계하게 했다.

(백인) 미국이 2세 병사들을 인정한 가장 기념비적인 순간은 전쟁 종료 후의 여러 승전 축하 행사 중에 있었다. 이탈리아의 레그혼Leghorn에서는 약 3,000명의 2세 부대원들이 대일 전승기념일 퍼레이드의 선두에 서기 위해 선발되었다. 《뉴욕 타임즈》(1945. 8. 19)는 그들이 1만 5,000명 병력의 선두에 설 것이라는 사실을 보도했다. 그리고 그들이 동료 백인 병사들로부터 크게 존경받았으므로 168보병연대의 D중대가 "2세 병사들이 미국으로 돌아가 재정착하는 동안 발생하는 문제들에 대해 전적인 도움을 주기로 약속했다"는 사실을 알렸다. 그 영웅들 중 탈영한 사람은 겨우 여섯 명뿐이었다. 《뉴욕 타임즈》는 "이 여섯 사람이 전투에 복귀하기 위해 허가 없이 병원을 탈출한 사람들이었다"[177]고 지적했다.

종전 직후 2세 병사들의 영웅화가 시도되었는데, 그것이 최고조에 이른 행사는 1946년 7월에 백악관 잔디밭에서 거행된 트루먼 대통령의 442연대 표창 수여식이었다. 컨스티튜션 대로를 행진해 내려온 후, 442연대 부대원들은 그들의 공적이 지닌 중요성을 설명하는 트루먼의 연설을 들었다. 다른 사람들이 그러하듯이 자신 역시 루즈벨트처럼 인종주의를 거부한다고 말하면서 트루먼은 연설을 시작했다. 그는 다음과 같이 말했다. "내 전임자는 아메리카니즘이 인종이나 종교의 문제가 아니라 마음의 문제라고 말했을 것이다." 그는 2세 병사들이 국가와 세계에 기여한 데에 대해 축하했다. 그리고 "당신들은 적과 싸웠을 뿐아니라 편견과도 싸웠다. 그리고 마침내 이겼다"고 지적했다. 그러나 연설은 2세 병사들의 공적이 미국의 진보라는 목적론적인 내러티브에 의해 항상 다시 덧쓰일 것임을 확인하기도 했다. 트루먼은, "그 싸움을 계속하라. 그러면 우리는 계속 승리할 것이다. 헌법이 수호하고자 하는 것을 지키도록 하기 위해, 즉 모든 사람의 항시적 번영을 이 위대한 공화국이 지켜낼 수 있도록 하기 위해서 말이다"[178]라고 훈계했다.

미국의 대서사에 대한 강조는 이 세리모니에 대한 허스트 뉴스영화의 장면에서 훨씬 더 강력히 나타난다.[179] 이 필름에는 열을 지어 행진하는 일본계 미국인 병력이 나오지만, 이 사람들은 명확히 개별화되지 않았다. 사실상 그들은 "동일한 네거티브 필름에서 프린트된 사진들" 같다고 평가된 캐프라 영화의 수많은 '쨉' 병사들과 별로 다르지 않은 듯이 보인다. 뉴스영화의 세리모니는 오로지 부차적으로만 2세를 다룬다. 미국을 대표하며 세리모니의 절차를 지배하는 것은 트루먼의 시선, 얼굴, 연설이기 때문이다. 그는 개인으로 나타나는 유일한 사람이며, 우리가 들을 수 있는 것은 오로지 그의 말이다. 대통령은 2세의 공적을 인정하기 위해 거기 있다. 그러나 그들을 표창하면서 그는 그들의 승리가 오직 미국을 위한 승리로 읽혀야 함을 확실히 한다. 2세들이 공화국으로 하여금 "헌법이 수호하고자 하는 것"을 지키게 했다고 선언할 때, 트루먼은 모든 용감한 행위들이 항상 헌법으로 귀착된다고 주장하고 있다. 그는 의미의 미끄러짐을 막는다. 그것은 의심과 함께 진보의 대서사를 내던져 버릴 수 있기 때문이다.

따라서 전쟁이 종식되던 시기 및 전승을 축하하던 종전 직후까지 일본계 미국인 병사를 영웅화하는 일은 그들의 '정상성normalty'을 강조하기 위한 틀로 짰였다. 이는 백인 중심의 미국에 동화됨을 의미했다. 그것은 인종주의를 거부함으로써 미국의 위대함이 시작되었다는 미국의 내셔널리즘적인 주장이 그들의 공훈에 항상 그림자를 드리우는 방식으로 구성되었다. 로널드 레이건―말이 나온 김에 덧붙이면 이 사람은 가끔 현실과 영화를 혼동하는 것 같았다―은 이러한 생각을 한 일본계 미국인 영웅의 훈장 수여식에서 다음과 같이 표현했다. "미국은 세계에서 독특한 나라다. 미국은 인종이 아니라 방법, 즉 이상에 근거해 세워진 유일한 나라다. 다국적 배경에도 불구하고가 아니라, 다국적 배경으로 인해 우리는 세계의 모든 힘을 가져 왔다. 그것이 미국식 방법이다."[180]

하지만 우리는 일본계 미국인 병사들이 국내뿐 아니라 세계의 청중들을 향해서도 미국이 인종차별을 하지 않는다고 연기해야 했음을 또한 상기해야 한다. 만일 일본계 미국인들을 병사로 쓰게 된 결정의 많은 부분이 현재적이거나 잠재적인 유색인 동맹국들을 향해 펼칠 프로파간다 캠페인에 일본계 미국인들을 활용하려는 욕망에 의해 추동된 것이라면, 우리는 라이샤워 등이 "황색과 갈색"으로 묘사한 전 세계 사람들(일본인도 포함된)을 특히 타깃으로 삼는 직접적인 여러 캠페인에 일본계 미국인들이 사용되는 모습을 볼 수 있을 것이다.

실제로, 필리핀에서 사용될 1944년 9월 15일자 프로파간다 출판물 계획에서 전시정보국 해외부는 아마도 일본계 미국인들의 공헌을 다루었을 《미군 내의 동양인들Orientals in the U.S. Forces》이라는 제목의 특별 소책자를 배포하자고 제안했다. 이 소책자는 영어판 20만 부, 타갈로그어판 5만 부, 비사야어Bisayan판 5만 부, 일로코어Iloko판 2만 5,000부 등 네 가지 언어로 발행될 예정이었다. 다른 소책자들은《전쟁 속의 필리핀인들》뿐 아니라 버마 전투에 참가한 중국계 미국인들을 다루게 되어 있었다. 이 팸플릿들은 미국의 이미지를 투영해 내려는 일반적인 목적을 촉진할 것이었다.

다른 연합국들과 함께 전쟁에 승리하고 평화를 지키는 일에 진력하는 평화를 사랑하는 민주주의 국가로서, 자유로운 사람들이 공익을 위해 여러 가지 것들을 발전시켜 왔으며 그 성취로 인해 민주주의적 절차의 확고함이 증명된 나라로서, 전시와 평시에 걸쳐 언론과 출판의 자유가 존중되는 나라로서, 그 인종적 출신을 통해, 그리고 그 교육의 기회 덕분에 다른 모든 곳의 국민들에 대한 관심이 증대되고 있는 국민으로서, 특히 필리핀의 진보를 걱정하는 나라로서.

달리 말해, 필리핀을 목표로 한 프로파간다는 전후 이 지역에 미국이 존재하는 것이 자유와 인종적 평등의 원칙에 근거한 민주주의적 프로젝트의 한 부분이 되리라는 점을 강조했다.[181] 전시정보국 해외부는 "중국에 대한 무선정보 활동들"을 직접적으로 말하면서 일본계 미국인 병사들을 특별히 언급하지는 않았다. 그러나 전시정보국은 필리핀에 대한 프로파간다와 유사하게 아시아에 대한 프로파간다가 **다양한 미국의 모습**diversity of American scene(강조는 원문대로)"을 보여 주어야 하며, 일본인을 말할 때조차 인종적 별칭의 사용을 피해야 한다는 원칙을 단언했다. 그것은 "'눈 째진 사람Almond-eyed people'이나 '아시아적 야만인들Asiatic barbarians' 등의 말이 중국인이나 모든 아시아인들에게도 똑같이 적용될 수 있기 때문"[182]이다.

하지만 아이러니하게도 일본계 미국인 병사들은 아시아 프로파간다 중 일본인 자신을 향해 가장 놀랍고도 비상하게 동원되었다. 일본계 하와이인들이 미국 본토에서 훈련을 받고 있던 중에도 이미 전시정보국은 그들을 칭찬하는 일본어 정보를 태평양 지역에 퍼뜨리고 있었다. 예컨대 1943년 5월 13일에 그들은 〈일본계 미군 병사들의 눈부신 기록〉이라는 제목의 라디오 특집 프로를 방송했다. 프로그램은 일본계 미국인 병사들의 특출한 자질을 강조하면서, 사실 그들의 "평균적인 기록은 다른 미국 병사들의 기록보다 좋은 것으로 나타났다"고 말했다. 프로그램은 그들의 충직함, 열정, 자율에 주목했다. 모든 사람이 지원했으며, 전쟁 준비에 참여하기 위해 많은 사람들이 재정적으로 크게 희생했다. 프로그램은 그들의 훈련을 맡은 한 장교의 말을 인용했다. 그는 적을 대놓고 인종화하는 일을 조심스럽게 회피함과 동시에 일본인과 일본 정부를 명확히 구분했다. 그는 일본계 미국인 병사들이 "군국주의적인 일본 정부에 대해 일반적인 미국 병사들보다 더 깊은 증오심을 가지고 있다"고 증언했다. 왜 그랬을까? 그것은 그들이 "추축국을 깨부수려는" 열렬한 염원을 가지고 있을 뿐 아니라, 진주만 공격 때 그들 중 많은 사람이 가족과 친구들을 잃었기 때문이다. 프로그램은 그들이 받고 있는 공정하고 평등한 대우를 언급하면서 끝났다. 프로그램은 "다른 미국 병사들처럼 이 일본계 미국인들이 승진과 기타 권리에서 동일한 대우를 받고 있다"고 말했다.[183]

일본에 보낸 라디오 방송을 논한 전시정보국의 개괄적 역사는, 전시정보국이 적에 대한 심리전의 일환으로 "일본계 미국인들의 활동들,

특히 군사적 활동과 관련된" 〈2세, 미국Nisei, USA〉이라는 10분짜리 일일 프로그램을 1944년 7월 1일부터 만들었음을 지적한다. 이 프로그램은 1945년 5월 18일에 끝난 듯하다. 하지만 전시정보국은 일본에 보낸 그 이후의 라디오 방송에 2세 병사들에 대한 리포트를 계속 포함시켰다.[184] 따라서 1945년 6월, 일본에 보내는 한 라디오 방송 계획은, 인종주의적인 "야만인들"로 "서양인을 잘못 재현하는 일"에 반박하기 위해 2세 병사들이 활용되어야 한다고 설명했다. 그것은 다음과 같이 말했다. "동양인에 대한 미국의 정의와 페어플레이가 일본계 미국 병사들의 명예, 충성, 용기 속에 나타난다. 그것은 군국주의자들이 주장하는 것과 달리 우리가 야만인들이 아님을 깨달은 일본 시민들의 우호적 태도 속에 반영된다. 2세들의 성취와 이에 대한 미국의 반응이 서양인과 동양인이 서로의 이득을 위해 협력하고 있음을 증명한다."[185]

전쟁 마지막 달에 미군 및 여러 민간 기관들은 미국이 인종차별을 지지하지 않았으며, 따라서 항복한다면 패전한 사람들을 잘 대우할 것이라고 설득하고자 했다. 그리고 그 증거로서 2세 병사들과 일본계 미국인들의 전쟁 공헌을 일본 국민 및 다른 동맹국들에게 보여 주는 일에 적극적으로 합세했다. 라이샤워가 역설했던 것처럼, 이들은 전쟁에서 승리하고 그 후에 올 평화의 주도권을 쥐기 위해 병사들을 포함한 일본계 미국인들의 여러 표상들을 동원했다.

그러므로 그들은 〈항일 삐라 살포 예비 계획Preliminary Plan for Leaflet Campaign Against Japan〉을 작성했다. 그것은 일본 국민의 "항복에 대한 심리적 장애물들"을 없애기 위한 전략 개요 수립을 주목적으로 하는 전쟁 말기의 문서였다. 전략에는 프로파간다를 위해 2세들을 잘 조종하는 일이 포함되어 있었다. 이 문서는 "미국인들이 일본인들을 인

총력전 제국의 인종주의

종으로서 미워하지 않음을 보이기 위해", "2세 병사들이 이번 전쟁에서 한 일을 그림과 텍스트로써 이야기하라"고 말했다. 이것은 "서양인들"이 "인도적"이며 필리핀 사람이나 일본군 포로들을 잘 대우할 것임을 선전하기 위한 더 큰 계획의 일부가 될 것이었다.[186] 결국 일본이 항복하자 미국은 수백 명의 일본계 미국인 병사들을 일본에 보냈다. 이 일에는, 미국이 예전의 적을 인종적 편견 없이 공정하게 대우할 것임을 보여 주는 살아 있는 증거로 일본계 미국인 병사들을 사용하려는 장기적인 계획이 적지 않게 작용했다.

통전의 문제들: 〈고 포 브로크〉

영화사가인 리처드 슬롯킨Richard Slotkin에 의하면 1943년 영화 〈바탄 Bataan〉은 할리우드 전쟁영화 장르의 원형이 되었다. 할리우드 전쟁영화는 미군을 구성하는 여러 사람들의 다민족적이고 다인종적인 통일을 주요 테마 중 하나로 하는 영화인데, 슬롯킨은 그 영화들이 직접적인 군사적 맥락을 넘어, "우리의 정치적, 문화적 삶에 생생하게 살아 있는 미국 국민성의 신화를 표현한다"고 강조한다. 그것들은 "다민족적이고 다인종적인 민주주의, 차이에 대한 개방성 등을 품고 있으면서도 국가적 귀속이라는 상식과 공통의 감각으로 결속된 이상화된 자기 상"을 드러낸다는 것이다. 〈바탄〉은 큰 성공을 거두었다. 그리고 〈사하라〉 (1943), 〈과달카날 일기Guadalcanal Diary〉(1943), 〈경 호!Gung Ho!〉(1944), 〈목표 버마Objective Burma〉(1945) 등이 잇따라 나왔다. 영화들은 제각각 특색이 있으며, 어떤 것은 상대적으로 국제적인 관점을 더 많이 가지고 있었다.

하지만 모든 영화들은 다인종적 통일이라는 더 큰 테마를 분명히 보여 주었다. 그 테마는 관객들에게 상당한 신념의 비약을 요청했다. 왜냐하면 제2차 세계대전 중에 미군은 백인들의 혈장blood plasma으로부터 흑인들의 혈장을 격리시키면서까지 사람들을 계속 인종적으로 구분했기 때문이다. 이 장르는 전쟁과 함께 끝나지 않았으며, 〈용감한 사람의 집Home of the Brave〉(1949), 〈레드 볼 특급Red-Ball Express〉(1952), 〈모든 젊은이들All the Young Men〉(1959), 〈포크찹 힐Pork Chop Hill〉(1959) 같은 영화들이 계속 나왔다. 대중문화에서 전시의 다민족적/다인종적 결속의 테마는 1943년에는 상상하기 힘들었던 〈에일리언Alien〉(1979), 〈스타 트렉Star Trek〉(1966년부터 여러 텔레비전 시리즈가 있었으며, 1979년부터 영화가 나왔다), 〈인디펜던스데이Independence Day〉(1996) 같은 이야기들에 투영되기도 하면서, 최근 및 현재에도 여전히 우리 곁에 있다.[187]

나는 〈바탄〉에 대해 7장에서 다시 논할 것이다. 그리고 다민족적이고 다인종적인 군인 만들기 사이의 비교 가능성을 생각할 때, 할리우드 영화와 일본의 식민주의 영화가 놀랍도록 직접 관련된다는 점에 대해서도 7장에서 논할 것이다. 하지만 여기서는 일단 슬롯킨이 이런 류의 장르에 포함시킨 한 편의 영화에 대해 고찰하겠다. 즉 나는 〈고 포 브로크Go for Broke〉가 국가를 근거로 다민족적/다인종적 결속의 테마를 성취하면서, 최초로 일본계 미국인들의 특수한 이미지를 메이저 장편 극영화에 투영한 양상에 대해 생각해 보고자 한다.[188]

우리가 보아 왔듯이, 팸플릿, 신문, 잡지 기사, 축하 뉴스영화 장면들은 이미 일본계 미국인 전사라는 공적인 이미지를 창출했었다. 그러나 1951년에 나온 이 영화는 영화회사의 간판 배우 중 한 사람인 밴 존슨Van Johnson을 출연시킨 할리우드 영화였으며, 시민과 군인으로서 2세들의 이미지를 전례 없이 효과적이고도 널리 퍼뜨렸다. 워싱턴에서 처음 개봉된 이 영화는 수백만 명의 관객을 끌었다. 영화의 감독 겸 시나리오 작가는 육군 전투부대 퇴역군인으로서 〈전장*Battleground*〉(1949)으로 아카데미상을 받은 바 있는 로버트 피로쉬Robert Pirosh였다. 그리고 제작자는 도어 스카리Dore Schary였는데, 애초에 스카리는 무명용사 묘지에 묻힌 한 병사의 아이덴티티에 대한 영화를 구상했던 듯하다. 누구인지 알 수 없으므로 그 병사의 인종은 그 어떤 것도 될 수 있었다.[189] 한 학자는 스카리를 〈바탄〉에 흑인을 등장시킨 아이디어의 제공자로 보기도 했다.[190] 전시와 전후를 단절하는 대신 연속시켰을 뿐 아니라, 영화 내부와 외부의 삶 역시 섬뜩하게 결합시킨 또 다른 예도 언급되어야 할 터이다. 즉 442연대의 병사를 연기한 사람들은 중요한 토미Tommy 역할을 한 배우(《사진 4》)를 제외하고는 모두 그 부대의 실제 퇴역군인들이었다. 따라서 이 사람들은 미국의 인종주의 거부를 두 번에 걸쳐 연기했다. 한 번은 실제 전장에서 뉴스 미디어를 위해, 두 번째는 전후에 영화를 위해서 말이다.

〈고 포 브로크〉에는 적어도 두 개의 중심 내러티브가 있다. 가장 명확한 첫 번째 서사는 미시시피 캠프 셸비의 훈련으로부터 유럽의 전투에 이르기까지 2세 병사들이 미국 사회 내부의 인종주의와 국가의 적 모두와 싸우면서 얻은 성취에 대한 이야기다. 영화는 본토 출신의 수많은 2세 병사 가족들이 수용소에 있다는 사실을 숨기지 않는다. 한 병사는 선물꾸러미 하나를 수용소의 비참한 환경 속에서 고생하는 사랑하는 사람들에게 보낸다. 전선의 2세 본토인들은 수용소에 있는 가족의 편지를 기다린다. 2세들이 획득한 명예의 하이라이트에는 이탈리아와 프랑스에서의 승리가 포함된다. 즉 자기를 포로로 잡은 사람들의 외모를 이해할 수 없었던 적의 장교가 "이건 무슨 부대야, 중국인?"이라고 말하는 장면과 442연대가 텍사스 출신으로 이루어진 "길 잃은 대대"를 프랑스에서 구출한 유명한 일이 그것이다.

그러나 영화를 지배하면서 442연대의 영웅주의를 포섭한 것은 다른 이야기, 즉 밴 존슨이 연기한 그레이슨Grayson 중위의 정신적 여행이다. 그레이슨 중위는 자기가 이끌어야 하는 '쨉' 병사들을 경멸하는 한 남자로서 그의 정신적 여행을 시작하지만, 영화가 진행되는 동안 인종주의를 거부하기에 이른다. 캠프 셸비에 처음으로 보고할 때, 그는 즉각 전출을 요청한다. 그는 자기 부하들이 '쨉'이라서 그렇게 요청하는 것이 아니라고 하지만, 영화는 사실 그 점이 문제임을 확실히 보여 준다. 두 사람의 장교가 일본계 미국인들이 충성스러운 시민들임을 잇달

사진 4_〈고 포 브로크〉의 배우들.
주연인 밴 존슨(가운데)과 "토미"(밴 존슨 오른쪽) 역을 맡은 헨리 나카무라Henry Nakamura를 제외하고, 사진에 등장하는 다른 배우들은 실제로 442연대에서 복무했었다.
필름 스틸은 미국 의회도서관 영화부Library of Congress, Motion Picture Division 제공.

아 설명하면서 그레이슨을 설득한다. 한 대령은 그레이슨의 생각을 교정하고자 다음과 같이 말한다. "그들은 쨉이 아니다. 그들은 일본계 미국인들, 2세다. 또는 그들이 스스로를 부르듯이 아시아인들Buddhaheads이다. 그들은 모든 종류의 아시아인들이다. 중위……그들은 모두 미국 시민들이며 모두 지원자들이라는 사실을 기억하라." 하지만 그레이슨은 설득되지 않는다. 그는 하와이 '쨉'의 문화에, 그들의 우쿨렐레 연주, 노래, 훌라춤에 불쾌감을 느낀다. 마침내 그는 오하라O'hara가 자기 소대의 중사를 맡을 것이라는 말을 듣고 순간적으로 안심한다. 그러나 마침내 밝혀지듯이, 그 중사의 성명은 아일랜드 이름이 아니라 일본 이름인 다카시 오하라Takashi O'hara다.

유럽 전선으로 가는 도중 그레이슨은 명령서를 읽었다. 명령서에는 이탈리아 지도자들이 자기 국민에게 미국인들은 인종주의자들이라고 믿게 하려 하지만, 사실 "인종적 편견은 우리 미국의 민주주의 개념과 상반된다"라고 되어 있다. 그는 읽기를 멈추고 부하들에 대한 자신의 부정적인 감정에 대해 반성하지만, 여전히 태도를 바꾸지 않고 전출을 고대한다. 그는 "쨉들에 대항해 싸우기 위해 들어온 남자가, 쨉들과 함께 싸우게 되다니"라고 말한다. 그러나 2세 병사들의 전공을 관찰하게 되면서 그레이슨은 점차 설득된다. 텍사스 사단에서 온 컬리Culley라는 옛 친구를 만났을 때, 그는 2세들에 대한 컬리의 인종주의적 태도에 불쾌해 하며 분노한다. 그는 자기의 오랜 친구에게 그들은 '쨉'이 아니라고 말한다. 그리고 스스로도 얼마 전까지 경멸했던 사람들을 두둔하기 위해 주먹싸움을 벌인다. 컬리 역시 곧 2세들에 의해 구조된 후 2세 예찬자가 된다. 그리고 그들과 마찬가지로 442연대의 슬로건인 "고 포 브로크(목숨 걸자)"를 외치기 시작한다. 인종주의와 싸우는 투쟁이 겉보기에는 승리한 듯하다.

그레이슨과 컬리의 인종주의 비난은 미국이 인종주의를 극복했음을 말하는 명백한 알레고리다. 미국의 인종주의 거부는 아메리카니즘이 "마음과 가슴의 문제"이지 "인종이나 조상"의 문제가 아니라는 루즈벨트의 유명한 말이 영화의 도입부에 인용될 때부터 예고된다. 그리고 2세들의 용맹과 백인들의 인종주의 거부가 미국의 약속 실현과는 무관한 것으로 해석될 가능성은 영화의 마지막 부분에서 배제된다. 영화는 2세 병사들이 미국으로 개선하는 것으로 끝나며, 뒤이어 앞서 말했던 뉴스영화 장면이 나온다. 그것은 그들에게 트루먼 대통령이 대통령 표창을 주는 장면이다. 분명히 442연대의 부대원들은 이전의 뉴스영화에서보다 훨씬 개별화되며 트루먼은 덜 부각된다. 우리는 트루먼의 얼굴 대신 442연대 영웅들 개개인의 흐릿한 얼굴들이 연속해서 나오는 것을 보게 된다. 하지만 영화의 마지막에 가까워질수록 2세들의 얼굴은 시야에서 사라진다. 카메라는 펜실베니아 거리를 따라 행진해 내려오는 익명의 병사들을 비추기 위해 멀어진다. 수도 위로 백악관이 숭고하게 어른거리며 나타난다. 끝.

특히 2세들의 용맹담이라는 목적론적인 서사를 반복한다는 점에서 이 영화는 이전의 2세 병사 재현 사례들과 유사한 모습을 보인다. 그러나 우리는 이 영화가 몇몇 주목할 만한 점에서 그러한 서사에서 이탈하고 있음을 알 수 있다. 그리고 그로 인해 이 영화는 1960년대 및 그 이후의 '모범적인 소수자 담론'과 직접 연결된다. 가장 중요한 사실은, 병사들에 대한 이전의 재현들과 달리 이 영화가 개인적이고 문화적인 차이 모두에 대해 더 큰 관용을 보인다는 점이다. 따라서 이 영화에는 오늘날의 온건하고 자유주의적인 다문화주의를 예시하는 많은 요소들이 있다.

아무리 덜 계발, 발전되었더라도, 이 사람들은 스테레오타입이 아닌 현실의 일본계 미국인들이다. 그리고 영화는 관객들에게 이 사람들에게도 (백인) 미국의 문화와는 다르지만 상당히 존중할 만한 문화가 있다는 사실을 깨달으라고 요구한다. 그들은 그레이슨 중위조차 결국 즐기게 될, 우쿨렐레 연주, 노래, 훌라춤 같은 그들 자신의 놀이를 가지고 있다. 그들은 자신들의 "피진 영어pidgin English"를 사용하며 때때로 일본어로 말하기도 한다. 그들은 스스로를 "붓다헤드(아시아인)"로, 장교들을 "하울리haole(백인)"로 부르지만, 이는 그들이 미군 병사로서 일하는 것을 방해하지 않는다.

한 2세 병사가 '길 잃은 대대' 구조 작전에서 부상해 누워 있다. 한 백인 가톨릭 신부가 묵주를 든 그를 보고 왜 미사 때 그를 본 적이 없는지 의아해 한다. 병사는, 이 묵주가 "다른 종류의 묵주"이기 때문이라고 대답한다. 그는 불교 신자다. 병사들에 대한 불교 승려들의 법회가 사실상 금지되어 있음을 무시하면서, 영화는 종교적 차이를 아무 문제없는 것으로 재현한다.[191] 신부는 "당신이 원하면 오겠다"라는 관용의 제스처를 보이며 떠난다.

실제로 영화는 문화적 차이를 전쟁에 활용될 자산으로 재현한다. 한 순간 그레이슨과 컬리는 부대와 분리된다. 그리고 그들이 멀리서 442부대 병사들의 소리를 들었을 때, 그들은 암호로 자신들이 누구인지를 밝혀야 한다. 하지만 그레이슨은 새 암호를 모른다. 그리하여 영화에서 가장 유머러스한 한 장면이 펼쳐진다. 그레이슨은 자기가 배운 유일한 일본어인 "바카타레ばかたれdamed idiot(멍텅구리)"를 외치는 것이다. 그러자 2세 병사들은 그가 분명히 자기들 중 한 사람이리라고 결론짓고

총 쏘기를 멈춘다. 실제로 그레이슨과 컬리는 백인 미국인의 다문화적인 리터러시에 의해 구원된다. 다른 에피소드에서 독일군은 야전전화 한 대를 포획해 본부에 영어로 전화한다. 그들은 미군 부대의 작전을 사보타주하기 위해 442연대 부대원인 척한다. 그러나 본부 전화를 담당하고 있는 기민한 2세 한 사람이 무언가 잘못되었다고 의심해, 그 독일인에게 일본어로 이야기하기 시작한다. 그는 상대방이 진짜 442부대원 중 한 명이라면 자기 말을 이해하고 대답할 것이라고 생각한다. 그 독일인은 무슨 말을 하는지 알지 못하므로 그저 자기가 스기모토 하사라고 반복해 말할 수밖에 없다. 본부의 한 백인 장교가 그 2세 병사의 지략을 칭찬하자, 병사는 "감사합니다. 이건 저 훌륭한 옛날식 양키 노하우일 뿐입니다"라고 대답한다.

이 영화가 환기하는 문화적이거나 민족적인 차이들은, 언표되지는 않지만 전제되어 있는 인종적 위계를 전복할 수 있을 만큼 결정적인 것들이 아니다. 실생활에서 그렇듯이 영화에서도 하급 장교 한 명을 제외하면 장교는 거의 전부 백인이다. 2세 중 한 사람은 항상 인종주의에 대해 불평하는 것처럼 보이지만, 그래도 규칙을 어기는 일은 없다. 더 나아가 2세 병사들의 전반적인 탈남성화는 그들을 엄존하는 인종적 위계질서 내부에 안전하게 자리 잡도록 길들이는 데에 일조한다. 〈네 적을 알라〉 같은 미국의 프로파간다는 '쨉' 병사들의 거의 초인적인 이미지를 겨우 몇 년 전에 만들어 냈다. 비록 "평균 5피트 3인치의 키에 117파운드의 몸무게"로서 육체는 작지만, '쨉' 병사들은 터프하고 단단하며, "산을 돌아가는 속도만큼 빨리 넘어갈 수 있는" 환상적인 군인들이라고 이야기되었다. 한편 미국에 사는 '황인종 남자들'에 대한 공포는 종종 그들의 성적인 불안정성에 대한 공포로 표현되었다.[192]

〈고 포 브로크〉는 일본계 미국인 남성들이 지닌 육체적 특징과 섹슈얼리티의 위협적인 이미지들을 확산시키는 데 일조했다. 가장 적절한 예는, 작은 병사들 중에서도 가장 작은 토미와 관련된 영화의 괴상한 서브플롯이다. 그레이슨이 토미를 처음 보았을 때, 토미는 엄청나게 큰 군복을 입고 있다. 토미는 몸 크기뿐만 아니라 인간됨도 거의 아이 같다. 어느 날 그는 자기 부모가 모두 진주만 공격으로 죽었기 때문에 일본인에 맞서 싸우고 싶다고 눈물을 흘리면서 고백한다. 그는 부모도 여자 친구도 없으므로, 자기도 편지를 받아 보았으면 하고 바란다. 전투 중에 새끼돼지를 발견한 그는 자기가 키우기로 한다. 그는 영화가 진행되는 내내 실제로 그 새끼돼지를 껴안고 있다. 이 일이 있기 전, 영화는 그레이슨이 아름다운 이탈리아 여성과 레코드를 듣고 키스하며 와인을 마시는 모습을 보여 준다. 그러나 토미에게 가장 에로틱한 것은 돼지와의 모험들 속에 있다.

사진 5_〈고 포 브로크〉에서 토미의 애완 돼지가 가난한 프랑스인 가족에게 먹을거리를 주기 위해 희생된다. 필름 스틸은 미국 의회도서관 영화부 제공.

영화가 진행되면서 새끼돼지는 점점 자란다. 이탈리아 현지의 한 농부가 토미의 돼지를 사서 자기 암돼지와 교미시키고 싶다고 한다. 이로써 토미의 돼지가 성性을 가졌음이 비로소 암시된다. 그리고 돼지가 돌면서 엉덩이 쪽을 우리에게 보일 때, 실제로 우리는 돼지가 수컷임을 발견하게 된다. 그 이탈리아인은 "밤비노스 아모레Bambinos, amore"라고 말하면서 간청하지만, 오해한 토미는 그 이탈리아 사람의 가족이 먹기 위해 돼지를 원한다고 생각한다. 농부의 아이들이 "노 잇, 노 잇No eat, no eat"이라고 하며 토미를 안심시킨다. 토미는 마침내 그들이 무슨 말을 하는지 알아차리고 웃지만, 자기 돼지가 너무 어리지 않느냐고 항의한다. 농부는 돼지가 자랄 것이라고 대답한다. 하지만 토미는 제안을 거절한다. 그는 그런 결합을 생각하는 것만으로도 편치 않은 듯 보인다.

곧 442연대의 부대원들은 이탈리아에서 철수해 프랑스로 가며, 토미는 자기 애완동물을 다른 나라에까지 몰래 데려간다. 우리는 그 돼지가 상당히 자랐을 뿐 아니라 제멋대로 날뛰는 것을 볼 수 있다. 토미는 더플 백에 이 몸부림치는 동물을 숨길 수가 없다. 프랑스에서 토미는 한 가난한 농부 가족에게 자기가 전투에 나가 있는 동안 돼지를 보살펴 달라고 부탁할 수밖에 없다. 후에 토미는 자기 애완동물에게 돌아와 농부에게 담배 두 갑을 준다. 농부는 기뻐하지만 실망한다. 아이들이 일곱이나 되는 그의 대가족에게는 먹을 것이 별로 없기 때문이다. 토미는 돼지를 내려다보지만, 돼지를 음식으로 주지 않기로 결정한다. 그러나 그 집에서 걸어 나오면서 토미는 간신히 생명이 붙어 있는 듯이 보이는 프랑스인의 아내가 작은 아이를 요람에 재우는 모습을 발견한다. 토미는 프랑스인의 헛간으로 돌아갔다가 혼자 나온다. 아마도 살찐 돼지는 잡아먹혔을 것이며, 이로써 생식기를 가진 돼지와 토미의 장난은 끝난다(〈사진 5〉).

토미의 탈성화desexualization와 아동화infantilization는 전쟁이 끝난 후 일본계 미국인들이 (백인) 미국 안에 받아들여지기 위해 필요했던 하나의 조건이다. 여기에는 하나의 아이러니가 존재한다. 일본계 미국인들은 자신들에 대한 평가를 만회하기 위해 군인으로서의 용맹이라는 남성주의 담론을 동원해 왔기 때문이다. 더 나아가 일본계 미국인 남성 병사들을 시민으로 보는 담론은 그 한 가지 결과로서 일본계 미국인 여성들을 2류 시민으로 생각하게 하는 일도 초래했다.

'모범적인 소수자'와 냉전

전쟁이 끝난 후 국가 및 국가 내의 소수 인종에 대한 담론은 인종적인 위계를 전복하지 않는 한 소수 인종의 문화적 차이를 용인하는 방향으로 바뀌었다. 〈고 포 브로크〉는 그 변화의 산물이다. 우리가 고찰해 왔던 것처럼, 초기에 일본계 미국인들은 전쟁 수행에 용맹하게 참여한 점에 대한 찬양과 함께 병사와 시민으로 재현되었다. 그리고 그러는 중에 (백인) 미국에 받아들여지는 조건으로서 그들이 지닌 차이가 삭제되는 경향이 있었다. 〈고 포 브로크〉와 그 이후 나타난 '모범적인 소수자' 담론은 이 근본적으로 동화주의적인 관점과 대립하게 된다. 동화주의적인 견해는 마이어 같은 수용소 관리자들 및 기타 자유주의적 관료와 시민들이 지녔던 생각이다. 이에 따르면 위험한 쪽으로 내셔널리스틱한 문화적 차이들은 인종적 소수자들이 국가공동체 전체 속으로 섞여 들어감에 따라 궁극적으로 모두 삭제되어야 한다. 그러나 〈고 포 브로크〉는 아메리카니즘과 이어질 수 있을 것처럼 보이는 한, 아시아 사회의 전통으로 간주되는 가치들을 존중하는 새로운 재현과 담론의 패턴을 포함하고 있었다.

다른 사람들도 이미 지적했듯이, '모범적인 소수자' 담론의 전성기는 1960년대 중반이었다. 이 시기에는 중국계 미국인들의 삶이나 그보다 훨씬 더 많은 일본계 미국인들의 삶이 백인을 포함한 모든 미국인이 동경해야 할 사례들로서 재현되기 시작했다. 사회학자 윌리엄 피터센William Petersen의 〈성공담, 일본계 미국인 스타일Success Story, Japanese-American Style〉이나 〈미국 내 한 소수자 그룹의 성공담Success Story of One Minority Group in U. S.〉 같은 글들이 당시 주류언론에 등장했다.[193] 이 글들은 아시아의 전통적 가치로 생각되는 것들을 교육 및 취업의 높은 성취와 연결시켰다. 권위에 대한 존중, 학습 애호, 직업 윤리 등이 아시아계 미국인들이 이룬 성공의 비결로 생각되었다.

한편 피터센은 일본계 미국인 및 그 군사적 용감성에 특히 초점을 맞추었다. 그는 그가 "문제적인 소수자들problematic minorities"이라고 지칭하는 사람들과 달리, 일본계 미국인들이 인종적 차별을 실질적으로 극복했으며, "거의 아무 도움도 없이 오직 그들 자신의 노력으로" 미국 사회의 시민으로서 성공했다고 주장했다. 그는 모범적인 시민이 되는 것을 가로막은 편견을 뛰어넘기 위해 일본계 미국인들이 발휘한 노력과 능력의 증거로서, 그들이 수용소에 갇혔음에도 불구하고 전쟁에서 뛰어난 성과를 이루었다는 사실을 제시했다. 그는 몇몇 일본계 미국인들의 이해할 수 있는 군 복무 거부가 있었지만, "대부분의 사람들이 아주 불평등한 그들의 몫을 받아들였고, 목숨을 걸었으며, 말도 안 되게

충력전 제국의 인종주의

뒤틀린 게임에서조차 이기려고 결심했다"[194]고 밝혔다.

많은 운동가들과 학자들이 1960년대의 상황에서 보수적 입장에 근거해 인종주의의 나쁜 결과를 부정하는 데에 이러한 논리가 유용했었음을 이미 지적했다. 시민권 운동, 흑인 운동, 도시 소요, 인종 문제 등에 국가가 더 깊이 개입하는 움직임이 발생함에 따라, 모범적인 소수자의 성공담은 사회적 정의를 성취하기 위해 더 공격적인 수단을 사용하는 다른 소수자들의 요구를 불법화하기 위해 동원될 수 있었다. 달리 말해 아시아계 미국인들, 특히 일본계 미국인들이 인종적 편견에도 불구하고 자신들의 노력을 통해 성공했으므로, 다른 소수자들도 그렇게 해야 한다고 주장될 수 있었다. 결국 그들이 비참한 환경에 놓인 것에 대한 비난은 다름 아닌 실패한 소수자들 자신을 향할 수밖에 없다는 것이었다.

그러나 일본계 미국인이 모범적인 소수자라는 담론이 공적인 영역에서 폭발적으로 증가하게 된 일을 설명해 주는 부차적인 요인은 국내의 상황을 넘어선 곳에서 찾아야 한다. "거의 백인이지만 완전한 백인은 아닌" 우수한 소수자로서 일본계 미국인들을 평가한 것은 일본을 일종의 명예직 백인 국가로 구성했던 논리 및 그 역사적 시점과 일치한다. 우리가 보아 왔던 것처럼, 이미 1942년 여름이나 가을쯤에는 에드윈 라이샤워 같은 조언자들뿐 아니라 몇몇 민간과 군의 관료들도 일본을 미국의 동아시아 헤게모니 쟁취 투쟁의 잠재적인 동맹국으로 생각하기 시작했다. 전쟁을 둘러싼 앞뒤의 시기를 지나면서 이 개념은 일본 및 일본인에 대한 대중적 이미지들에 근본적인 변화를 촉발했으며, 이는 전후와 냉전기에 가속화되었다. 일본에 대한 지배적인 이미지들은 기적적으로 바뀌었다. 일본의 이미지는 벌레나 짐승 같은 인구가 사는 낙후된 나라라는 이미지로부터 미국의 가장 믿음직스럽고 우호적이며 민주적인 동맹의 이미지로 바뀌었다(비록 인종주의와 일본인에 대한 정형화된 이미지들이 잠재적이거나 노골적인 형태로 계속 존재하고 있었지만 말이다). 민주적이고 자본주의적이며, 완전하지는 않지만 거의 백인 국가로서 일본은 전 세계의 유색인종들이 갈망하는 새로운 모델로 활용되기 시작했다.

냉전 근대화론이 미국의 제국주의와 연결된 것이었음은 냉전 근대화론에 대한 비판적인 연구를 통해 이미 폭로되었다. 그러나 열전 시기부터 싹튼 미국의 아시아 헤게모니 쟁취 계획과 냉전 근대화론 사이의 통전기 연관성을 논한 연구는 이보다 훨씬 적다.[195] 독자들은 2장에서 상당히 길게 분석된 1942년 9월의 메모에서 라이샤워가 이미 한 가지 계획을 제시했었음을 기억할 것이다. 그 계획에 의해 미국은 도쿄에 '괴뢰 정부'를 세우는 한편, 인종주의를 비난하는 국가로 스스로를 내세움으로써 평화를 쟁취할 것이었다. 라이샤워 자신이 지적했던 것처럼, 그는 "우리의 이데올로기 전쟁에서 승리하는" 한 가지 방법으로서 이 계획을 제출했다. 이데올로기 전쟁에서 승리한다는 것은 '황색과 갈색'의 국민들이 미국식 자유민주주의와 자본주의의 길을 따르도록 영향을 끼칠 필요가 있음을 의미하는 암호적인 말이었다. 1945년 1월에 이르러 미국의 가장 앞선 동아시아 전문가들은 이런 노선의 생각을 진전시켜, '근대화' 개념을 중핵으로 하는 이론화의 단계로 나아갔다.

'뉴욕과 워싱턴 극동 지역 전문가Far Eastern Regional Specialists in N. Y. and Washington'라는 그룹은, 우리가 '열전 근대화론hot war modernization theory'이라고 부를 문제와 관련해 전시정보국에 지침을 내렸다. 지침은 자유민주주의와 산업자본주의 프로젝트를 미국의 프로파간다로 의심되게 할 '서구화Westernization'라는 용어의 사용을 중지하고, '근대화'를 주창하라고 강력히 촉구했다. 전문가들은 '근대화'가 더 중립적이고 세계사적인 용어라고 믿었으며, 근대화의 테마가 "다른 지역의 국민들처럼 극동의 국민들도 그들의 생활 방식을 근대화할 수 있고 근대화해야 함을 설명하기 위한 것"이라고 주장했다. 그들은 "근대화한다는 것이 근대적 과학기술 수단과 근대적인 사회 정치제도의 확립, 즉 과학과 민주주의의 확립을 의미한다"고 말했다. 이는 단지 전후의 계획이 아니라 아시아에서 헤게모니를 잡기 위한 미국의 탈식민주의적 계획이었다. 따라서 근대화는 도시 산업화, 커뮤니케이션, 과학적 농업(즉 농업혁명), 민주적 절차 등과 같은 핵심적인 것들의 채택을 그 지역의 국민들에게 강요함으로써가 아니라, 이러한 프로젝트의 원칙과 요소들을 스스로 받아들이도록 설득함으로써 달성될 것이었다. 그들은 "근대화에 대한 현재의 테마"가 "부분적으로는 우리의 경험을 바탕으로 하지만 전반적으로는 인류 공통의 유산으로서, 전 세계에 적용할 수 있는 여러 원칙과 방법들에 의거해 그들 스스로 할 수 있는 것임을 후진적인 아시아인들에게 보여 주는 일"이라고 말했다. '민주적 절차'에는 국가뿐 아니라 개인들에게 이득을 주기 위해 산업화를 가속화하고, 그것이 "이기적인 계급적 목적이나 쇼비니즘적인 정치 목적"을 위해 오용되지 않도록 산업화에 관여하는 일이 포함될 것이었다. 더 큰 근대화 프로젝트를 추진하기 위해서, "민주주의 제도 내에서의 교육, 읽고 쓸 수 있는 전반적인 능력, 언론의 자유, 출판의 자유, 시민 정부의 대표자를 선출하는 자유선거" 등이 확립되어야 했다.[196]

전문가들은 아시아인들이 근대화로써 이득을 얻을 것이며, 이 근대화 과정을 촉진하는 일이 궁극적으로 미국의 국익에 포함됨을 역설했다. 그들은 지구의 물질적 힘을 활용하는 방향으로 전 세계가 크게 나아감으로써 모든 사람들이 "공전空前의 생활수준"을 획득할 수 있게 되리라고 예언했다. 그러나 모든 사람을 위한 성공적인 근대화가 가능할 것이라고 미리 결론내릴 수는 없었으며, 만일 아시아가 뒤처진다면 미국에 재앙과 파괴가 발생할지도 모르는 일이었다. 그들은, "이 세계적 과정에서 아시아가 지체되는 것을 허용해서는 안 된다", "왜냐하면 아시아가 낙후성에서 벗어나지 못하거나 이전보다 더 낙후된다면, 제국주의, 혁명, 세계대전 등이 일어날 심각한 위험이 발생할 것이기 때문이다. 예컨대 일본이 아시아에서 일깨운 새로운 내셔널리즘을 해소할 건설적인 배출구를 주어야 한다. 아시아적 삶의 낙후성은 우리의 생활방식에 대한 지속적인 위협을 만들어 낼 것이므로, 아시아 근대화는 우리의 생사가 걸린 문제다"라고 말했다(2쪽).

그러나 전문가들의 제안에는 논리적인 비일관성이 있었다. 그들은 스스로 결정하는 주체로서 자유민주주의와 산업자본주의를 채택하라고 아시아인들에게 촉구하면서, 이 낙후된 사람들이 미래를 개척하기 위해 선택할 다른 길을 주지 않으려 했다. 미국은 어느 정도 "바깥쪽sidelines에 서서, 아시아인 자신들이 아시아 대중의 삶을 바꾸도록" 허용해야 할 것이었다. 하지만 "우리"는 "근대화의 주요 원천 중 하나"의 위치를 점하고 있으므로, "어떤 면에서 우리 자신보다 훨씬 뒤떨어진 국민들에게 근대적 삶의 가능성이 충분히 알려지는 것을 지켜볼 무거운 책임을 지고 있다"(2쪽)는 것이었다.

그렇다면 이 전문가들은 "낙후된" 아시아인들을 근대화 프로젝트 쪽으로 밀어붙이기 위해, 그리고 그렇게 하는 일이 아시아에서 미국의 힘을 확장하기 위한 계획의 일부가 아님을 믿게 하기 위해 어떠한 계획을 세웠던가? "이 전체 문서의 가장 중요한" 마지막 포인트는 이 문제에 할당되었다. 가장 좋은 방책은 "근대화가 미국의 독점물이 아니라, 모든 국민들이 참여할 수 있고 또 참여해야 하는 전 세계적인 성장 과정임을 보여 주는 것"일 터였다. "근대화가 국제적인 것으로 보이도록 하면 할수록 더욱더 그것은 기계적이거나 물질적이거나 분열적으로 보이지 않게 될 것이며, 특히 미국적인 삶의 변화를 아시아에 '판매'하고자 하는 미국의 프로파간다처럼 보이지 않게 될 것이다. 스웨덴이나 캐나다, 또는 무엇보다도 **아시아적인**_Asiatic_ 국가들의 발전을 내세워라"(5쪽. 강조는 원문대로임). 전문가들은 공산주의에 대해 그 어느 곳에서도 명시적으로 언급하지 않았으며, 한 섹션에서는 "노동자의 권리와 의무뿐 아니라 조합 조직과 단체 교섭"(3쪽)의 이득을 강조하기도 했다. 그러나 그들은 자유주의적이고 자본주의적이며 비공산주의주의적인 뉴딜 모델을 명확히 제시했다. 이를 통해 노동자들은 "풍요의 열쇠인 대량생산"(3쪽)으로부터 이득을 얻을 것이었다. 그리고 프로파간다는 근대화를 위한 모델, 근대화의 "아시아적인" 모델을 널리 알리는 대신 미국화의 위험성을 축소해야 했다.

따라서 이 전문가들의 문서는 후에 동아시아와 관계하며 발전될 근대화론의 이데올로기적 계획이 지닌 모든 기본적 요소들을 제시했다. 여기에는 다음과 같은 생각들이 들어 있었다.

1. 세계 전체에 걸쳐 자유민주주의와 산업자본주의를 촉진하지 못할 경우 지역적인 정치적 불안정성이 발생할 수 있으므로, 자유민주주의와 산업자본주의를 진전시키는 것은 미국을 위한 일이다. 2. 근대화는 서구라는 특정 지역의 독특한 발전 양식이 아니라 세계사의 보편적인 과정이다. 3. 근대화가 서구화는 아니지만, 미국은 세계사의 최전선

에 있으므로 나머지 뒤떨어진 세계를 지도해 근대화의 목적을 이루도록 해야 할 의무가 있다.

더 나아가 이 문서 및 그 후의 냉전 근대화론은 특히 "아시아적인 나라들"의 내부에서 이 과정을 위한 모델들이 추구되어야 함을 지적함으로써 자유주의적인 태도를 보편적인 휴머니티로 만들었다. 하지만 그렇게 말할 때조차 그것은 미국의 지역적 헤게모니 전략을 위한 대단히 주의 깊은 인종 관리 전략을 무심코 드러냈다. 그들은 근대화에 대한 질문을 바꾸어, 아시아인들로 하여금 "미국이 어떻게 근대화했는가? 가 아니라, '아시아는 어떻게 근대화할 수 있는가?'라고 묻도록 하라"고 말했다. "미국의 예만 드는 것보다 여러 나라의 예들을 듦으로써 더 잘 이해시킬 수 있을 것이다. 근대 아시아의 예가 무엇보다도 가장 효과적일 것이다"(5쪽)라고 그들은 말했다.

근대화를 이론화한 이 열전 시기의 버전은 성공적인 "아시아적" 근대화의 지표로 선전되기 위한 이상적인 나라로 특히 일본을 추천하지는 않았지만, 냉전 시기의 버전은 그렇게 했다. 일본에 적용된 냉전 근대화론은 1950년대 말에 이르러 등장했다. 그리고 1960년대와 1970년대 초에, 달리 말해 모범적인 소수자 담론이 처음으로 뚜렷이 분절, 발화되었던 때에 가장 널리 퍼졌다.[197] 요컨대 냉전 근대화론은 비교적 덜 명확했던 열전 시기의 계획을 발전시켰으며, 일본을 "글로벌한 모범적 소수자"로 다시 만드는 과정을 완수했다. 일본은 오랫동안 근대화를 기다렸다고 주장되기에 이르렀다. 일본이 가진 근대화 능력, 즉 산업화하여 경제적으로 슈퍼 파워 중 한 나라가 되었음을 주로 의미하는 이 능력의 뿌리는 몇 백 년 전인 도쿠가와 시대에 이미 존재했다.

이런 논의를 펼치는 저작들 중 가장 영향력이 있었던 것은 사회학자로버트 벨라Robert N. Bellah의 책이었다. 이 책은 도쿠가와 시대의 모든 일본인이 지닌 것처럼 보인 종교적 믿음과 실천에서 막스 베버의 유명한 프로테스탄트 윤리와 유사성을 발견했다.[198] 근면과 절약의 윤리에 사로잡힌 일본인은 일본에 서양이 도착하기 전에도 이미 (백인) 미국인들 및 서구인들처럼 되고 싶었던 것 같았다. 그러나 나머지 비서구(비백인) 세계의 사람들이나 그 문화(또는 문화 결핍)는 낙후되고 개발되지 않았다는 점에서 오로지 비난받아 마땅한 것뿐이었다. 그들에게는 필요한 문화적 특질, 특히 일본이라는 글로벌한 모범적 소수자가 가진 긍정적인 전통 가치가 없었으며, 따라서 그들은 일본인처럼 되고 싶어해야 했다. 더 나아가 비서구의 다른 나라들은 인내해야 한다고 종종 주장되었다. 일본이 근대화되기 위해 오랜 시간이 걸렸으므로, 다른 나라들이 발전되기 위해서도 긴 시간이 필요할 터였다.[199]

  일본의 세계 내 위치와 일본계 미국인이 차지한 미국 사회 내의 위치는 상동적이었다. 그리고 이 둘은 국내의 모범적인 소수자 담론 생산과 관련된 근대화론에 특히 두드러지고 직접적으로 영향 받으며 서로를 강화하고 있었다. 예를 들어 피터슨은 니그로, 인디언, 멕시코인, 중국인, 필리핀인과 대조적으로 왜 일본계 미국인들이 '차가운 편견'을 극복할 수 있었는지를 질문함으로써 그의 문제틀을 세웠다. 일본의 이민자 그룹은 한 세대나 두 세대에 걸쳐 "공교육, 자유로운 노동시장, 미국식 정치적 민주주의의 혜택을 받았다"는 점에서 다른 모든 백인 이민자 그룹과 똑같았다. "그들은 슬럼에서 벗어났고, 더 좋은 직업을 얻었으며, 사회적 존경과 위엄을 얻었다."[200] 피터슨은 왜 일본인만이 백인 소수자들과 경쟁할 수 있었던 유일한 비백인 소수자 그룹이었는지를 수사적으로 질문한 후, 그 대답을 벨라 등 사회과학자의 저작에서 찾았다.

일본계 미국인의 성공 비결은 일본인 이민자들이 일본에서부터 가져온 문화적 자질에서 발견되는 듯했다. 이와 관련해 피터센은 다음과 같이 말했다. "미국으로 온 1세는 급속한 변화를 겪고 있는 조국 메이지 일본, 즉 아시아에서 유일하게 근대화를 성취한 나라에서 튀어나왔다. 우리는 로버트 벨라의 《도쿠가와 종교Tokugawa Religion》 같은 저작에서 그 이유를 알 수 있다. 검소한 절약과 결합된 일본인의 근면한 노동은 거의 종교적인 명령에 가까웠다. 이는 서양 문화에서 '프로테스탄트 윤리'라고 불리던 것과 유사했다"(41쪽).

더 나아가 벨라와 마찬가지로 일본판 프로테스탄트 윤리를 기능주의적으로 해석하면서, 피터센은 일본계 미국인의 가치를 그 눈에 띄는 외형적 세부들에서가 아니라, 성공에 동력을 제공하는 그들의 유용성과 관련해 찬양했다. 예컨대 일본계 미국인이 크리스천인지 불교도인지는 별로 문제되지 않았다(이는 〈고 포 브로크〉에 화답한다). 이 점을 논하기 위해 피터센은 또다시 '니그로들'의 부정적인 예를 들었다. 그는 '니그로들'이 인종주의를 극복하지 못하는 것은, 그들이 미국 문화와 거리가 있기 때문이 아니라 오히려 아프리카 문화에서 소외되어 있기 때문이라고 말했다. 그는 '니그로들'이 "미국 문화에 가장 깊이 젖어 있으며, 바다 건너의 모국과 의미 있는 연결이 거의 부재한 소수자"라고 주장했다. 그러므로 '니그로'는 "미국이 그를 거부할 때 피난처가 없다." "이 나라의 밑바닥 계층에서 그는 미국과는 다른 또 하나의 잣대로 자기의 가치를 유지하면서 스스로의 자아를 지키기 어려움을 깨닫는다." 이와 대조적으로 일본인들은 "외래문화와 의미 있게 연결되어 있다는 점이 부분적 이유로 작용하여, 우리의 인종주의자들이 만들어내는 가장 높은 장벽들을 기어올라 넘을 수 있었다"(43쪽).

즉, 피터센에 따르면, 흑인들이 미국 사회에서 성공하지 못하는 직접적인 이유가 그 문화적 불완전함에 있는 반면, 일본계 미국인들은 자기들의 문화적 유산에서 소외되어 있지 않았다는 바로 그 사실 덕분에 성공할 수 있었다. 이는 일본계 미국인을 백인의 미국 속에 흡수해 사라지게 하자고 한 예전의 급진적 동화주의 모델과는 거리가 먼 주장이다. 그것은 미국 사회의 전후 및 냉전기 인종주의를 특징짓는 생각이다. 이를 통해 일본계 미국인과 몇몇 아시아계 미국인들은 거의, 그러나 완전하지는 않은 백인으로서 모범적인 소수자가 되었다. 반면에 '니그로들'과 기타 소수 인종들은 문제 있다고 보이는 그들의 문화로 인해 무능한 시민들로 표상되었다.

19세기 중반까지 포괄하는 더 장구한 역사적 렌즈를 통해 관찰할 때, 흑인들과 달리 아시아인들을 받아들일 수 있다고 보게 되는 이러한 변화는 지배적 담론들의 판정 방식에 극적인 전도가 있었음을 드러낸다. 그리고 그것은 아시아인들의 존중할 만한 문화를 근거로 한다. 1869년에 경제개혁가 헨리 조지Henry George는, 잊어버릴 문화가 없는 흑인들은 동화될 수 있는 반면, 너무 많은 문화적 짐을 지니고 있는 중국인들은 동화될 희망이 없다고 주장했다.[201] 그러나 거의 한 세기 후, 근대의 자본주의적인 자유민주주의로 번창하는 데에 도움을 줄 풍부한 비서구 문화를 가졌다는 이유로 일본계 미국인들 및 몇몇 다른 아시아인들은 미국에 동화될 수 있으리라고 단정되고 있었다. 한편 자기들의 것이어야 할 아프리카 문화로부터 크게 소외되었다는 이유로 '니그로들'은 배제와 실패의 운명을 선고받았다.

스웨덴 학자인 군나르 뮈르달Gunnar Myrdal과 그의 조교들이 쓴, 즉 1944년에 출판되어 인종에 대한 전후의 자유주의적 견해에 막대한 영향을 끼쳤던 《미국의 딜레마─니그로 문제와 현대 민주주의*American Dilemma: The Negro Problem and Modern Democracy*》를 상기할 때, 우리는 자유주의자들의 친절한 인종주의에 대해 더 깊이 통찰할 수 있을 것이다. 즉, 뮈르달은 인종에 대한 생물학적인 이론들을 비판하면서 미국의 흑인들에게 민주주의, 평등, 자유를 주라고 요구하는 한편, 평범한 백인 미국에 동화됨으로써만 그가 말하는 흑인들의 '병적인pathological' 문화가 치유될 수 있으리라고 주장했다.[202]

* * *

　전시에 2세들이 보여 준 용맹성이 이 소수자들의 억누를 수 없는 애국심에서 나왔다는 사실을 상상하고 기억하는 일은 분명히 많은 미국인들에게 커다란 위안이 되어 왔다. 이 장과 서문에서 언급된 몇 사람만을 들면, 프랭클린 루즈벨트와 트루먼으로부터 로널드 레이건과 조지 부시 및 그 아들 조지 부시에 이르는 사람들이 그런 미국인들에 속한다. 일본계 미국인들은 그들의 나라인 미국을 그렇게도 사랑했으며, 따라서 차별 너머를 볼 수 있었고 때로는 인종주의도 극복할 수 있었다. 따라서 그들은 건국할 때부터 이미 예언되었던 약속의 나라를 실현할 수 있었다. 이런 식으로 이야기는 흘러간다. 종종 감상적이고 때로는 환각적이기조차 한 반복적인 이야기 속에 등장하는 2세들의 용감한 영웅주의는 애국심이 자연적인 것이며 아무 문제도 없는 것임을 증명하는 한 가지 방법이었다.

　하지만 나는 2세들의 용감함이 미국의 민간 및 군 프로파간다 조직들, 그리고 전시와 전후의 주류언론들에 의해 발견되고 만들어진 것임을 몇몇 역사적 특수성과 더불어 드러내기 위해 노력했다. 이 프로세스는 442연대가 창설되기 이전에, 그리고 심지어 100대대가 유럽에서 전투와 맞닥뜨리기도 전에 시작되었다. 그리고 이 영웅 만들기는 전쟁 막바지에 가속화되었으며, 공공에 일본계 미국인들을 전쟁영웅으로 재현하도록 도와 준 '열전' 판 근대화론 및 냉전 판 근대화론 모두와 함께 냉전 시기에 완성되었다. 요컨대 일본계 미국인 병사들을 국가적 영웅으로 만든 것은 경험적으로 증명 가능한 그들의 군사적 성취만큼이나, 아마도 그보다 훨씬 더 많은 부분이, 일본과 일본계 미국인들을 각각 글로벌한 모범적 소수자와 국내의 모범적인 소수자로 새롭게 위치시킨 정치학에 크게 힘입고 있음이 분명하다.

일본계 미국인의 군사적 용감성에 대해 위와 같은 관점을 제시하면서 다시 한번 말하고 싶은 것은, 내가 일본계 미국인 병사들의 공적을 절대 경시하지 않는다는 점이다. 그 대신 나는 공공의 눈에 비친 그 용감함이 권력과 이해관계가 그려낸 것이라는 사실을 암시하고자 했다. 일본계 미국인의 군사적 영웅주의를 재현하는 정치학 및 그에 수반한 국가 발전의 서사는, 자행되고 있는 인종주의를 은폐할 뿐 아니라 미국의 국가적 신화에 잘 맞아떨어지지 않는 국내외의 다른 역사들을 망각하게도 할 위험이 있다. 그러므로 일본계 미국인 병사들의 큰 희생과 공훈을 드러내는 것으로는 일본계 미국인의 전시 영웅주의를 재현하는 정치학을 비판적으로 고찰할 수 없다. 그 일은, 그들의 용감성을 모든 미국인의 성공담으로 만들 뿐 아니라 역사적으로 주변화된 다른 그룹들이 따라야 할 모델로 보이게도 하는 힘에 대항하는 주의 깊고 조심스러운 움직임을 통해서 가능할 것이다.

3

'일본인'으로서의 조선인

오직 거부의
형식일 경우라면,
인종 담론과 국가 담론은
실상 멀리 떨어져 있지 않다.

– 에티엔 발리바르Etienne Balibar, 《인종주의와 내셔널리즘*Racism and Nationalism*》(1988)

06

국가 동원

제2차 세계대전에서 미국이 수행한 심리전의 핵심 전략들 중 하나는 일본 국가뿐 아니라 식민지를 포함한 더 광범위한 일본제국 내부의 계급적, 인종적, 종교적 분리를 이용하는 것이었다. 전후에 대부분의 미국인들은 일본인들을 균질적인 국민으로 믿는 경향이 있었다. 그리고 전시의 프로파간다는, 영화제작자 프랭크 캐프라의 유명한 말마따나 여러 장의 "똑같은 네거티브 필름에서 프린트된 사진들"[1]처럼 일본인을 재현했다. 반면 미국의 정보기관들은 적의 표면적인 단결 밑에는 깊은 분열에 의해 깨어진 국가와 식민제국의 모습이 감추어져 있다고 이해했다.

미국의 프로파간다는 미국이 소수자들을 공정하고 평등하게 대우함을 전 세계에 증명하고자 노력했다. 그와 동시에 정보기관들은 적군 부대의 인종차별 상황을 연구하고 감시했다. 그것은 일본의 식민지인들과 소수자들의 상황이 개선되기를 바라서가 아니라, 그들의 환경을 악화시킬 방법을 찾고자 하는 파렴치한 목적을 위한 활동이었다. 1942년 4월에 나온 일본에 대한 프로파간다 계획에서 해외정보국Foreign Intelligence Service은 "크리스천 소수자와 에타穢多(부락민, 천민)"를 "국가적 분열"의 촉진을 위한 타깃으로 삼아야 한다고 권고했다. 이보다 더 명백한 예는 일본을 향한 전반적 프로파간다의 1942년 5월 초안이다(이에 대해서는 2장에서 자세히 논의한 바 있다). 이 초안은 아홉 가지 주요 '프로파간다 목적들' 중 특히 "일본 지도자들이 소수자들을 학대하도록 자극해 사기 저하나 효율 감소 또는 둘 다를 유발하면서, 지도자들에 대한 소수자들의 공포를 활용할 것"을 들었다. 더 나아가 초안은 "조선이 여전히 일본의 잠재적 위협"[2]임을 "보통의 일본 국민"에게 설득시키라고 권고했다.

인종적 차이 및 식민지와 제국의 차이를 적의 분열을 조장하는 데 이용하고자 미국과 여타 연합국들은 포로가 된 조선인 병사들이 일본 및 전쟁에 대해 어떤 태도를 가지고 있는지를 심문했다. 일본 통치하의 조선에 가혹하고 차별적인 대우가 횡행했던 반면, 연합국은 일본제국으로부터 조선인 전쟁포로들을 떼어 놓기 위해 그들에게 노골적인 혜택을 주었다. 따라서 당연히 대부분의 전쟁포로들은 일본에 대한 반감을 표현했다. 어떤 사람들은 차별에 대해 불평했다. 일본군에 지원했던 사람들은 충성심보다는 어떤 식으로든 강요받거나 꼬임을 당했기 때문에 일본군이 되었다고 단언하곤 했다.

야마모토 다케나가(조선 이름 차채남 Che Nam Char) 일등병의 경우를 예로 들어보자. 그를 심문한 사람에 따르면 야마모토는 상대적으로 고등교육을 받았으며, 그 14년간의 교육 기간 중에는 입대 전 3년 동안 상업학교에 다닌 것이 포함되어 있었다. 이 사람은 1943년 말 일본군에 지원했으며, 다음해 1월에 조선의 나남에 있던 73보병연대에 들어갔다. 야마모토는 분명히 1943년 10월의 육군특별지원병 임시채용규칙에 의해 입대할 수 있었던 조선인 학병 중 한 사람이었다. 야마모토는 아주 단기간의 기초 훈련을 마친 다음 "특별 가스 훈련"을 받았다. 나남 근처에서 복무한 후 그는 1944년 12월에 필리핀으로 갔으며, 거기서 "필리핀인 게릴라 소탕 작전에 참가했다." 그러나 1945년 2월 초에 그는 자기 부대에서 탈영해 한 필리핀 시민에 투항했다. 그리고 이 필리핀인에 의해 아콥스Acops 서쪽의 게릴라 부대 본부로 이송되었다.

보고서에 의하면 야마모토 일등병은 일본과 일본인을 증오했다. 야마모토는 당국이 조선인 학생들의 군 지원을 엄청나게 압박했다고 밝힌 역사가 강덕상의 논의를 확인해 주었다. 야마모토는 자신이 군 복무를 회피하고자 노력했으며, 당국이 그의 부모를 투옥해 그에게 보복했을 때에야 비로소 입대에 동의했다고 주장했다. 따라서 야마모토는 자신의 탈영이 "지원을 강요받았던 일의 논리적인 결과였다"고 설명했으며, 보고서 역시 그렇게 보았다. 더 나아가 야마모토는 "육군 내의 조선인들이 동등하게 취급되지 않았으며, 종종 가장 힘든 일을 할 수밖에 없었다"고 증언했다. 또한 그는 "조선인들이 진급에서 탈락하고 나쁜 대우를 받은 일"[3]의 책임이 일본인 장교들에게 있다고도 했다.

이와 비슷하게 1945년 3월 26일에 버마에서 투항한 다른 학병은 많은 조선인들이 자기가 있던 49사단에 복무하고 있다는 사실, 그리고 "모든 조선인들이 일본인에 대한 감정을 공유하고 있으며, 탈출해 투항하려 할 것"이라는 사실을 심문자에게 알렸다. 실제로 그는 조선인들이 최소한 세 번의 회합을 열어 탈출 가능성에 대해 논의했다고 보고했다. 보고서는 "더 지적인" 조선인들이 제네바 협약에 대해 알고 있었으며, 투항할 경우 공정하게 대우받을 것이라고 믿고 있었던 반면, "덜 지적인" 사람들은 그에 대해 훨씬 회의적이었음을 지적했다. 심문자는 이 30세의 전쟁포로가 "더 지적인" 사람들에 포함된다고 확신했다. 보고서는 그가 조선에서 11년의 교육을 받은 후 도쿄의 니혼대학日本大學에서 4년간 법률을 공부했다고 지적했다. 흥미롭게도 전시정보국은 뉴델리에서 온 이 '전초기지 보고Outpost Report'를 특히 일본군 내 조선인들에 대한 프로파간다 전략을 수립하는 데 사용하는 경향이 있었다.[4]

그러나 다른 조선인 전쟁포로들은 훨씬 애매한 감정을 드러냈으며, 가끔은 불명확한 태도를 보였다. 어떤 경우, 군대 안팎의 조선인들 중에는 일본을 강력히 지지하는 사람조차 있었다. 징집되었을 가능성이 크며, 마부馬夫로 입대한 가네카와 도키모토(김시완) 병장과 가나오카 준타쿠(김순택) 병장은 그들이 소속되었던 20사단의 비참한 모습을 심문자에게 말했다. 20사단의 병력은 원래 2만 5,000명이었지만, 이들이 투항한 1945년 7월에는 800명까지 줄어든 것으로 생각되고 있었다. 뉴기니의 매프릭 웨스트Maprik West에서 붙잡힌 가네카와와 가나오카는 연합국의 투항 권유 삐라가 조선인들에게 상당한 충격을 주었으며, 따라서 조선인들은 점점 더 "일본인을 위해 전쟁하는 것에 반대하게 되었다"고 말했다. 더 나아가 조선 상공에서 격추당한 연합국 비행사들이 조선인들의 도움을 바랄 수 있겠느냐고 질문 받았을 때, 그들은 모두 긍정적으로 대답했다. 하지만 또한 이들은 "많은 친일파가 있으며" 따라서 추락한 비행사들은 어느 정도 위험에 처할 것이라고도 말했다. 마지막으로 이들은 조선의 독립운동에 대해 들어 알고 있었지만, "독

총력전 제국의 인종주의

립운동이 존재하며 이따금 일본인에 대한 공격을 준비한다는 사실 이상의 것"[5]은 거의 알지 못했다.

1939년 12월에 지원 입대한 가네시로 마사오Kaneshiro Masao 병장은 1945년 7월 13일에 뉴기니의 울루푸Ulufu 지역에서 투항했다. 그는 육군 특별지원을 위해 필요한 최소한의 기간인 6년의 교육을 받았다. 가네카와와 가나오카처럼 가네시로 역시 거의 완전히 지치고 사기가 꺾인 20사단의 모습을 전했다. 가네시로는 각기병과 말라리아를 치료하는 동안 탈영했으며, 오직 "안정된 직업을 얻기 위해 지원했다"고 주장하기도 했다. 그는 조선인들뿐 아니라 자기 연대 내 모든 병사들의 사기가 아주 떨어져 "반 이상의 사람들이 항복에 대해 이야기하고 있다"고 증언했다. 6월에 한 사람의 소대장과 그의 부하 세 명이 실제로 탈영했다. 가네시로는 자기가 조선의 독립을 보고 싶어 하는 크리스천이라고 주장했으며, 김일성을 찬양했다. 그에게 김일성은 자기의 운동을 위해 그리고 가난한 사람들에게 주기 위해, 처음에는 북조선에서 그 후에는 만주에서 일본인의 재산을 훔치는 일종의 말 달리는 로빈 후드였다. 그러나 가네시로는 군대 안의 모든 조선인들이 일본인에 반감을 품고 있지는 않다고도 말했다. 특히 그는 도쿄의 일본 사관학교에 입학해 최소한 대좌 계급까지 승진한 한 조선인에 대해 언급했다.[6]

이름이 알려지지 않은 한 일등병은 1941년 6월에 지원해 78보병연대에서 근무하다가 1943년 10월 5일 뉴기니에서 호주 군에 체포되었다. 그런데 이 사람은 일본군에서 겪은 경험에 대해 상당히 다른 견해를 보여 주었다. 조선에서 6년간 소학교를 다녔던 농부 출신의 이 병사는 자기 대대의 조선인 40명이 일본인과 똑같은 급료와 대우를 받았다고 말했다. 신병들이 "아주 작은 실수만 저질러도 고참 병사들이나 하사관들로부터 따귀를 맞거나 발로 차이는" 일은 있었지만, "일본인과 조선인 병사들 모두가 비슷한 대우를 받았으므로" 이런 일은 차별의 결과가 아니었다. 이 전쟁포로는 실제로 조선인들이 "눈치가 더 빨랐기 때문에 더 훌륭한 병사가 되었다"고 말했다. 더 나아가 그는 조선인에 대한 차별을 말하기는커녕, 많은 조선인들이 복무 후 일 년만 지나면 병장 계급장을 달았다고 증언했다. 그는 조선에서 징병이 인기가 없으며, 조선인들은 일반적으로 "전쟁에서 얻는 현실적 이득이 없으므로 전쟁이 곧 끝나기를 바랐다"고 생각했다. 하지만 그는 "교육과 프로파간다를 통해 젊은 세대가 점차 일본의 생각에 동화됨에 따라 사람들은 아주 행복해 했고 만족스러워 했다. 세금은 적었고 사람들은 크게 간섭받지 않았다"[7]고 주장하기도 했다.

마지막으로 77보병연대 중기관총 중대의 반section(소대와 분대 사이의 단위-역주) 리더인 모로가타 요시오(이대호) 하사는 일본군이 공식적으로 표방한 평등을 믿는 아주 충성스러운 일본 병사로서 미국인 심문자에게 대답했다. 모로가타 하사는 상당한 교육을 받은 사람이었다. 그는 6년 동안 소학교를 다녔고 중학교를 5년 다녔는데, 이는 오늘날 고등학교를 졸업한 사람보다 단지 1년 덜 교육받았음을 의미했다. 그는 한 명의 시민으로서 조선생명보험사의 사무원으로 일했었다. 따라서 1943년 말에 학병제도가 시작되기 전인 1940년 2월에 그가 경성(서울)에서 군에 지원했을 때, 그는 의심할 나위 없이 가장 교육 수준이 높은 지원자 중 한 사람이었다. 군사훈련을 받고 나남의 76보병연대에 배치된 후, 그는 하사관 훈련을 받기 위해 도쿄로 떠났다. 이 사람은 1942년 11월에 하사관 훈련을 끝마치고 나남으로 복귀했다. 그리고 몇 번의 전출 및 어떤 연합국 잠수함이 그가 탄 수송선을 가라앉혀 거의 죽을

총력전 제국의 인종주의

뻔했던 일이 있은 후, 그는 민다나오Mindanao의 도로 건설 현장에서 근무하기 시작했다. 레이테Leyte의 이필Ipil로 재배치된 지 약 6주 후에, 그는 산으로 도망쳐 투항했다.

전쟁포로로서 모로가타 하사는 일본군 복무에 대한 열의를 부인하기 좋은 이유가 있었다. 그러나 그는 "병사가 몹시 되고 싶었었으며", "조선인에 대한 징병이 불가피함을 알게 되자 20세 때 군에 지원했다"고 말했다. 그는 "장교나 하사관들에 의해 조선인들이 차별받은 일"을 비판하기는커녕, "장교들이 나를 예외적으로 배려했으며, 이로 인해 종종 나는 부하들 앞에서 당황했다. 내 임무는 다른 하사관들의 임무보다 훨씬 쉬운 것이었다"고 주장했다. 그가 열심히 일본군이 되고자 했던 뚜렷한 증거로 모로가타 하사는 경성의 조선군 본부에 있었을 때, 자기가 정신고양계精神高揚係에서 일했던 사실을 들었다. 그는 150명의 일본인 장교, 일본인 하사관, 조선인 하사관들과 함께 조선인의 군 지원을 설득하고자 "일본군의 이상과 함께하는 조선 청년"들을 가르쳤다. 이 임무를 위해 "장교와 하사관들은 토론 기술을 증진하고 군 생활의 밝은 면 및 일본과 조선 사이에 존재하는 밀접한 관계에 대해 간략한 강의를 할 수 있도록 교육받았다."[8]

나는 전쟁포로 심문 보고의 몇 가지 사례를 요약하면서 논의를 시작했다. 이는 일본계 미국인들이 무기를 들라는 요청에 대해 보인 반응이 그러했듯이, 일본군으로 복무하는 데에 대한 조선인들의 태도 역시 어떤 식으로든 단순하게 범주화될 수 없다는 논점을 세우기 위해서다. 그것은 일본 통치에 본질적으로 저항적인 소수의 조선인들과 더불어 모든 사람을 저항자와 협력자의 부류 속에 깔끔하게 위치시키는 상투적인 민족주의의 입장을 넘어선다. 이런 식의 범주화는 군 입대와 관련되어 나타난 일본계 미국인들의 놀라운 이질성을 억압해 충성과 불충의 두 항 중 하나를 선택하도록 강요한 후, 거의 대부분의 일본계 미국인들이 근본적으로 충성스럽다고 주장했던 전형적인 시도에 대응한다. 게다가 우리는 논의 대상들에 대해 복합적인 매개의 그물망을 통해서만 말할 수 있고, 따라서 그 논의 대상들은 단편적인 사실들만을 알려 줄 뿐이다. 우리는 바로 그것들로써 그들의 과거에 대해 윤리적 책임을 질 수 있는 일관된 내러티브가 생산되어야 한다는 사실을 인정한다. 하지만 그러면서도 우리는 또다시 경험을 재현하고자 하는 욕구에서 비롯된 아포리아에 부딪친다.

전쟁포로 보고서들은 이 과제의 어려움을 암시한다. 포로들은 특수한 감금 상황에서 증언했다. 그리고 우리는 포로들이 증언할 때 처했던 모든 상황을 알 수 없다. 몇몇 조선인들은 항상 일본군 및 일본 통치에 대한 증오심을 가지고 있었기에 조선인들의 증오를 강조했던가? 아니면 사기 저하와 목전에 닥친 일본군의 패배 또는 자기를 체포한 사람들에게 일본인의 적으로 보이고 싶은 전쟁포로의 마음에서 자기 소개를 그렇게 했는가? 만일 그렇다면, 왜 다른 조선인 전쟁포로들은 그런 생존의 논리를 거부했던가? 그 사람들이 진짜로 일본에 충성을 바쳤기 때문이었던가? 아니면 호주인이나 미국인들로부터 심한 대우를 받았기 때문에 체포한 사람들의 기대를 저버릴 수밖에 없었던 것이었던가? 더 나아가 전쟁포로들의 이야기를 써 내려간 심문자들은 누구였던가? 아마 그들 중 대부분은 십중팔구 일본계 미국인들이었다. 이 사실이 어떤 작용을 하였던가? 조선인 일본 병사들과 일본계 미국인 심문자들이 놓인 환경의 구조적인 유사성으로 인해 일본계 미국인 심문자들은 충성의 내러티브에 더 민감한 감수성을 갖게 되었던가? 같은 아시아인이라는 감각으로 인해 전쟁포로들이 더 협조적이었던가? 아니면 그 감각은 일본계 미국인 심문자들이 사실은 일본인이라는 가정에 의해 순화된 것이었던가? 오늘날 옛 조선인 병사들로부터 일본 병사로서 겪었던 경험에 대해 듣거나 그들의 회고록을 읽을 때 문제는 훨씬 더 복잡해진다. 해방 후 기억의 정치학은 이 내러티브들의 형성에 어떻게 일조해왔는가? 정직하고 진실한 것 같은 그들의 과거 이야기를 계속 의심하면서 듣는 일, 아니면 반대로 그들이 하는 말을 곧이곧대로 받아들이는일은 윤리적으로 정당한가?

이 모두는 간단히 대답하기 힘든 어려운 질문들이다. 하지만 내 전략은 과거를 복원하는 이 책의 의도를 포기하는 것이 아니다. 내 전략은 기록 및 이미 간접화된 문서들에 대한 질문을 통해 희미하게 드러난 부분적인 진실들만을 반영할 수 있음을 인정하는 것이다. 이 장에서 나는 1장의 논의를 이어갈 것이다. 즉 나는 후기 식민국가가 확대되고 비정부 조직들과 개인들의 밀접한 연결이 확장되면서 조선인들을 통치성의 체제 속으로 점점 더 통합했다는 바로 그 맥락 속에 이 기록들을 위치시킬 것이다. 그와 더불어 청년들을 일본 군인으로 만드는 기회이자 요구에 대한 조선인들의 반응을 서술한 다른 기록을 분석할 것이다. 그러한 통치성의 체제는 물리적이고 잔혹한 권력에 의해서만 운영되지 않는다. 그것은 스스로를 이상적으로 규율하고 규범적인 선택을 할 자기 반성적인 주체로 개인들을 구성하고자 하는 관료 조직, 통계학, 신원 조사, 테크놀로지의 폭발적 증가를 통해서도 운영된다.

이 역사적인 시기에 식민지의 집단적 인구 내부의 개인들은 그들 스스로 선택할 수 없는 조건에서 선택해야 했다. 이 장에서 나는 그러한 환경에서 그들이 수행했던 선택의 다양성을 보이려 한다. 거기에는 식

3부 '일본인'으로서의 조선인들

민 국가의 논리와 유사한 조선의 민족적 내셔널리즘 이데올로기들 및 공산주의적 틀로 이루어진 선택들이 포함된다. 시종일관 나는 조선 민중을 일본제국의 신민으로 만들고자 한 것이 불완전한 호명imperfect interpellation이었음을 강조할 것이다. 조선인들은 무수한 선택을 했지만, 거기에는 국가의 합리성을 회피하거나 그것에서 빗나갔으며, 따라서 국가가 합당하지 않은 것으로 거절했던 논리에 근거한 선택들도 있었다.

이는 식민 국가와 당국이 그들 뜻대로 식민지 사회의 모든 환경을 창출했으며, 조선 민중은 그저 그에 반응할 수밖에 없었다는 말이 아니다. 내가 1장에서 이미 암시했던 것처럼, 식민 당국은 식민지 주체들의 예상되는 대응 및 실제로 나타난 대응에 대해 어떤 식으로든 타협하지 않을 수 없었다. 더 나아가 권력의 벡터가 명백했을 뿐 아니라 감금, 징벌, 살해할 수 있는 합법적 권리의 소유 주체가 누구인지 확실했음에도 불구하고, 식민 지배자들과 식민지인들은 완전히 구분되지 않았다. 특히 조선인 엘리트 중 많은 사람들이 식민지 정책의 생산과 고안에 참여했다. 그들은 조선인 군사동원을 결정하는 데에 기여했다. 그리고 앞으로 이 장의 여러 곳에서 고찰하겠지만, 그들은 이 군사동원을 수행하기 위한 테크놀로지의 고안을 돕기도 했다.

동기들

역사가들은 많은 조선인들이 일본에 대한 애국심을 드러내기 위해서가 아니라, 당국이 그렇게 하도록 설득했거나 군대가 생계수단을 제공했기 때문에 일본군에 지원했다고 이야기해 왔다. 이는 설득력 있는 논의다. 앞에서 보았듯이, "안정된 직업"을 얻기 위해 군에 들어갔다는 가네시로 일등병의 증언은 분명히 이 두 번째 동기를 뒷받침한다. 그리고 이러한 결론에 도달하기 위해 역사가들은 〈표 1〉에 제시된 것과 같은 식민지 시기의 공식적인 데이터를 활용했다.

〈표 1〉은 육군특별지원병제도가 1938년에 아주 소규모로 시작되었음을 보여 준다. 즉 지원한 조선인의 수 및 선발되어 조선총독부 육군특별지원병훈련소에 들어간 사람의 수가 모두 적다. 그러나 이듬해가 되자 대단히 많은 수의 조선인들이 입대했으며, 이러한 추세는 겨우 6,300명의 바늘구멍 같은 선발 인원에 30만 3,294명이 지원한 1943년

〈표 1〉 조선인 육군특별지원병 및 훈련소 입소자

연도	지원자 수	증가(%) (1938년 기준)	훈련소 입소자 수	증가(%) (1938년 기준)
1938	2,946	100	406	100
1939	12,348	419	613	150
1940	84,443	2,866	3,060	753
1941	144,743	4,913	3,208	790
1942	254,273	8,631	4,077	1,004
1943	303,294	10,295	6,300	1,551

*출처: 최유리, 《일제 말기 식민지 지배 정책 연구》(서울: 국학자료원, 1997), 188쪽. 최유리가 인용한 원래 자료는 내무성의 〈조선 및 대만의 현황朝鮮及び臺灣の現況〉(1944. 7)이며, 곤도 겐이치 편, 《대동아전쟁하의 조선 및 대만大東亞戰下の朝鮮及び臺灣》(치가사키시: 조선자료연구회, 1961), 33쪽에 수록됨.
**주석: 1장에서 나는 지원이 받아들여진 후 복무한 지원자의 총수를 밝히면서 다음의 자료에 근거해 약간 다른 수를 제시했다. 요시다 도시구마, 〈조선인 지원병/징병의 경개朝鮮人志願兵/徵兵の梗概〉, 4쪽, 1945년경, box 30, 만주 조선 2, 조선군 관계 자료, Military Archival Library, the National Institute for Defense Studies, Japan Ministry of Defense, Tokyo. 그러나 그 차이는 아주 적고 무의미하다.

에 절정에 이르렀다. 이것은 1938년과 비교해 1만 퍼센트 이상 증가한 것이었다. 이러한 양상에 대해, 진지한 역사가들은 군과 민간 당국자들 및 제국의 미디어들이 강조했던 것처럼 그것이 조선인들의 애국심이 높아지고 군대에서 근무할 기회가 주어진 것에 열광했음을 보여 주는 일이라고 설명하는 대신, 〈표 2〉에서 보이는 것과 같이 이와 모순되는 증거를 지적해 왔다.[9]

역사가인 최유리는 지원자 중 겨우 35퍼센트가 "자발적으로" 지원했으며, 압도적인 나머지 다수가 어떤 식으로든 정부 관료들에 의해 설득되었음을 밝혔다. 최유리는 지원자 동원의 강제성, 특히 모병 활동에 지역의 애국반이 활용되었음을 강조한다. 더 나아가 최유리는 자신의 논의를 뒷받침하기 위해, 〈표 3〉에 요약된 지원자들의 심리검사를 사용한다.

〈표 2〉 육군특별지원병 지원 동기의 연령별 조사(1941)

동기	연령									합계
	17세	18세	19세	20세	21세	22세	23세	24세	25세	
자발적 지원자	5,673	6,943	7,771	7,591	6,486	5,357	3,965	2,694	3,704	50,184 (35%)
공무원 권유	9,355	11,089	12,117	11,844	10,704	8,722	6,682	4,347	4,812	79,672 (55%)
기타 동기	1,915	2,012	2,318	2,125	1,742	1,610	1,132	1,146	1,190	15,190 (10%)
합계	16,943	20,044	22,206	21,560	18,932	15,689	11,779	8,187	9,706	145,046

*출처: 최유리,《일제 말기 식민지 지배 정책 연구》(서울: 국학자료원, 1997), 188쪽. 최유리가 인용한 원래 자료는, 조선총독부, 〈제79회 제국의회 설명 자료〉, 1941. 12. ORKB#1236.
**주석: 최유리가 제시한 〈표〉에는 "자발적으로 지원한" 24세가 1,694명으로 되어 있는데, 이는 확실히 오류다. "자발적 지원자" 총수를 1,694명으로 계산하면 24세 지원자 총수가 1,000명 모자란다.

총력전 제국의 인종주의

〈표 3〉의 숫자를 언급하면서 최유리는 조선 전도의 지원자 중 겨우 27.9퍼센트만이 "열렬한 애국심" 때문에 지원했으며, 이 '애국심'의 구체적인 내용조차 불명확하다고 지적한다. 최유리는 명예를 위한 것이건 실용적인 목적 때문이건, 아니면 어떤 다른 이유에서건 간에 압도적인

〈표 3〉 육군특별지원병 지원자들의 심리 상태 조사(1941)

지역	정신상태					
	열렬한 애국심	단지 명예를 위해	개인의 실용적 동기	직업으로 군대 선택	기타	합계
경기	2,657	1,957	2,102	1,482	3,032	11,230
충북	2,720	1,594	997	960	1,816	8,087
충남	4,747	3,542	1,709	1,172	1,853	13,023
전북	921	1,504	1,284	583	477	4,769
전남	5,675	5,468	4,360	2,655	4,161	22,319
경북	3,465	5,225	3,275	2,263	9,299	23,527
경남	2,930	1,896	967	619	2,193	8,605
황해	1,422	1,466	634	542	647	4,711
평남	2,603	1,887	1,324	1,152	2,664	9,630
평북	2,256	1,351	903	587	1,457	6,554
강원	4,017	2,877	1,551	1,065	2,221	11,731
함남	4,342	2,853	1,817	1,358	3,115	13,485
함북	2,698	1,834	872	643	1,328	7,375
합계	40,453 (27.9%)	33,454 (23.0%)	21,795 (15.0%)	15,081 (11.4%)	34,263 (23.6%)	145,046

*출처: 최유리, 《일제 말기 식민지 지배 정책 연구》, 190쪽. 최유리가 인용한 원래 자료는, 조선총독부, 〈제79회 제국의회 설명 자료〉, 1941. 12.

**주석: 최유리의 자료 및 원 자료는 옮기는 과정에서 몇 가지 오류를 범한 듯하다. 따라서 나는 다음과 같이 수정했다. 즉 최유리는 '기타'의 총수를 2만 4,263명(16.7퍼센트)으로 제시했지만, 이 카테고리의 각 도 지원자 수를 합치면 3만 4,263명(23.6퍼센트)이 된다. 이렇게 수정해야만 조사자 총수 14만 5,046명(100퍼센트)이 된다. 또 함경남도 총수가 1만 3,483명으로 되어 있는데, 이는 1만 3,485명일 것이다.

다수가 안정된 생계수단을 찾기 위해 지원했다는 결론에 도달한다. 그녀는 가난한 도道일수록 지원하는 경향이 더 컸다는 미야타 세츠코宮田節子의 논의를 이 표의 데이터가 뒷받침한다고 지적한다. 그리고 지원자 개개인의 실제 경제 상황을 보이기 위해 〈표 4〉를 제시한다.

최유리와 미야타가 논의했듯이, 제79회 제국의회 보고를 준비하기

〈표 4〉 육군특별지원병 지원자들의 재산 조사

지역	재산							합계
	100엔 이하	100엔 이상	1,000엔 이상	5,000엔 이상	10,000엔 이상	100,000 엔이상	500,000 엔이상	
경기	262	2,170	1,574	375	148	7	−	4,536
충북	1,622	2,852	1,626	390	107	1	−	6,598
충남	465	4,726	3,001	768	197	12	−	9,169
전북	161	1,414	752	182	52	−	−	2,561
전남	815	3,760	5,357	1,508	326	16	−	11,782
경북	659	4,693	4,975	3,798	884	197	7	15,213
경남	594	1,571	5,228	947	261	4	−	8,605
황해	89	892	1,675	452	178	5	−	3,291
평남	1,277	2,459	1,719	522	111	6	1	6,095
평북	184	1,412	1,460	681	385	5	−	4,127
강원	968	4,088	4,801	1,414	440	19	1	11,731
함남	292	2,650	2,419	913	361	5	−	6,640
함북	257	1,343	2,031	873	180	2	−	4,686
합계	7,645 (8%)	34,030 (35.8%)	36,618 (38.5%)	12,823 (13.5%)	3,630 (4%)	279	9	95,034

*출처: 최유리, 《일제 말기 식민지 지배 정책 연구》, 192쪽. 최유리가 인용한 원래 자료는, 조선총독부, 〈제79회 제국의회 설명 자료〉, 1941. 12.
**주석: 최유리의 표에는 작은 실수들이 있다. 나는 최유리가 충청남도 '1만 엔 이상'의 총수를 198명으로 제시한 것을 고쳤으며, '100엔 이하' 총수가 7,654명으로 된 것을 7,645명으로 수정했다.

총력전 제국의 인종주의

위해 조선총독부가 수집한 데이터는 지원한 조선인 젊은이들의 애국심이 공식적인 프로파간다가 주장했던 것보다 훨씬 적었음을 확실히 보여 준다. 그들이 지원한 데에는 여러 이유가 있었으며, 대부분의 지원 동기가 일본에 대한 충성심과는 별 상관이 없었음을 부정할 수 없다. 더 나아가 이 두 역사가들은 모두 경제적 인센티브들이 조선인들의 지원 결정에 강력히 작용했을 것이라고 고찰했다.[10] 하지만 이 데이터는 이 역사가들의 결론에 드러나는 확실하고 강력한 어조를 상당히 무디게 할 몇 가지 의문을 일으키기도 한다. 첫째, 〈표 3〉에는 "열렬한 애국심"의 내용과 관련된 디테일이 없다. 하지만 27.9퍼센트는 소수를 의미하지 않는다. 오히려 그것은 단일한 지원 동기 중 가장 큰 카테고리다. 둘째, 지역 당국이 젊은이들에게 지원을 압박했다는 강력한 증거에도 불구하고, 35퍼센트가 "자발적으로" 지원했다는 것은 무의미하지 않은 듯하다.

셋째, 많은 사람들이 가난에서 벗어나기 위한 수단으로 군에 지원했다는 주장은 설득력이 있지만, 〈표 4〉에 따르면 지원자의 반 이상(56퍼센트)이 1,000엔 이상의 재산을 가지고 있었다. 그리고 18퍼센트는 5,000엔 이상의 재산을 보유했는데, 이는 극빈보다 훨씬 높은 생활수준을 의미한다. 표는 10만 엔과 50만 엔 이상의 재산을 가졌던 사람도 없지는 않았음을 보여 주기조차 한다. 이 큰 액수를 역사적인 맥락 속에서 가늠해 보기 위해, 우리는 1941년에 건축 현장의 숙련된 조선인 노동자家作 평균 일당이 겨우 3.44엔이었다는 총독부 데이터를 상기할 수 있다. 비숙련 평인부平人夫의 일당은 훨씬 적어서 평균 1.61엔이었으며, 더 가난한 지역의 경우 임금은 그 반이 될 수 있었다.[11] 그러므로 1,000엔이 넘는 재산을 가진 사람들은 가장 가난한 계층 출신이 아니었다. 아마도 그들은 1944년 말에 이르기까지 이등병에게 매달 6엔에서 9엔을 지급했던 군대의 적은 봉급을 받기 위해 입대할 필요가 없었을 것이다. 이후에 논의할 기관인 육군특별지원병훈련소의 훈련병들은 1938년에 방과 식사를 제공받았을 뿐이며, 교육 및 일상생활에 수반된 여러 잡비(연필, 비누, 도장 값 등)를 내야 했다. 1939년이 되어서야 그들은 한 달에 3엔씩의 교육 수당을 받았다.[12]

따라서 최유리와 미야타의 데이터와 결론은 지원자 일부에 대한 중요한 통찰을 제공하지만, 결국 식민지인들의 주체성을 지나치게 단순화한다. 이는 식민지 당국이 조선인들의 애국적인 열정을 과장되게 주장했음을 폭로하려는 두 사람의 성급함 때문에 일어난 일이다. 조선인들이 애국심으로 인해 군에 지원했다고 추측하기는 상당히 어려울 것이다. 하지만 아무리 그렇다고 해도 최소한 우리는 유의미한 수의 조선인들이 애국심 때문에 군 복무를 선택한 것처럼 행동했으며, 제시된 표들은 그 점을 확인해 준다는 사실을 가장 먼저 인정할 필요가 있다. 전시에 식민지 당국자들이, 어떤 경우 인종주의자가 아님을 스스로에게 납득시키면서까지 차별을 부인하고 평등함을 실천하는 것처럼 행동해야 했다면, 어떤 식민지인들은 그러한 주장을 진짜 믿는 것처럼 행동해야 함을 깨달았으며, 어떤 경우에는 그 공식적 입장이 사실이라고 스스로에게 설득하기도 했다.

뒤돌아보면 조선인들의 애국심에 불신을 표명하기는 아주 쉬웠으며, 그것은 많은 사람들이 선호하는 일이기도 하다. 하지만 우리는 과거를 이해하기 위해 단편적인 증거들을 활용할 수 있을 뿐이다. 그리고 그 단편적인 증거들을 보면, 조선의 독립이 전혀 보장되지 않았던 1930년대 말에서 1940년대 초의 관점에서 식민지 당국자들이 제시한 약속들을 믿거나 최소한 믿는 것처럼 행동한 조선인들에게는 그렇게 하는 것이 가장 합리적인 삶의 방법처럼 생각되었던 듯하다. 공식적으로는 인종주의를 부인하지만 여전히 조선인들을 차별하는 체제에 대해 조선인들이 애국심을 발휘했을 것이라고 생각하는 것은, 수용소에 갇힌 애국적인 일본계 미국인들이 자기들이 누린 바 없는 자유를 지키기 위해 미군에 지원했다는 생각만큼이나 어처구니가 없는 일이지만, 그 반대로 이치에 맞는 일이기도 하다.

그러나 아무리 애매하다고 할지언정, 어쨌든 조선 인구의 한 부분이 일본에 대한 애국적인 마음 때문에 군에 지원했음을 인정한다고 해서, 그것이 일본제국주의가 조선인들에게 긍정적인 권력이었다고 확언함을 의미하지는 않는다. 그 대신 그것은 차별이 자행되고 식민주의의 폭력적 현실이 계속됨에도 불구하고, 포용적이고 친절한 인종주의를 표방하는 새로운 시기가 어떤 사람들에게는 예기치 않은 기회와 행복을 가능케 하는 것으로 생각되었다는 사실을 확인시켜 준다. 내셔널리즘의 권력을 이해하고자 하는 사람들은 아주 소외된 위치에 있는 개인들과 집단들이 왜 국가에 저항하기보다는 종종 충성을 선택하는 것처럼 보이는지를 더욱 철저히 이해해야 한다. 이는 그들이 수행해야 할 과제 중 하나다.

더 나아가 우리는 제시된 여러 표들이 단지 식민지인들의 내면과 심리 상태를 반영하는 것이 아니라, 인구를 관리하기 위해 식민지 당국이 구사한 여러 테크놀로지들의 한 부분이었음을 인정해야 한다. 그것들은 관리와 동원에 유용한 카테고리들을 통해 아주 다양한 주체성들을 단순화했다. 그러므로 만일 위의 표들을 사회적 현실과 지원자들의 의식을 직접 반영하는 것으로 단순하게 받아들일 경우, 우리는 식민 국가의 논리를 재생산하는 죄를 짓게 될 것이다. 그러나 데이터를 당국자들이 의도하는 것과 반대 방향으로 읽을 수는 있다. 특히 지원자들 중 도합 38퍼센트 이상이 대답한 "개인의 실용적 동기"와 "기타" 동기라는 넓은 범주는 흥미롭게도 일본과 일본군에 대한 조선 남성들의 태도를 짐작하게 하는 여지를 제공한다. 한편 당국자들은 지원자 중 거의 4분의 1(23.6퍼센트)의 "정신 상태"를 그 어떤 의미 있는 카테고리에도 넣지 못했다. 이는 국가적 유용성의 한계를 넘어설 만큼 대답의 범위가 넓었음을 암시한다.

따라서 제79회 제국의회에 대비해 만들어진 데이터는 우리에게 식민지 남성들의 여러 주체성에 대해 분명하게 판단하기보다는 신중하게 접근할 것을 촉구한다. 전쟁포로 모로가타 요시오 하사의 예에서 알 수 있듯이 우리는 그 계급적 배경이 어떠하건 간에 적지 않은 사람들이 일본에 대한 일종의 '애국심'에 고취되어 입대했음을 인정해야 한다. 가난이 동기로 작용했던 만큼이나 엄청난 부유함은 아니지만 상대적인 성공 역시 어떤 사람들을 자극한 동기가 되었으리라고 쉽게 상상할 수 있다. 왜냐하면 식민주의로 인해, 그리고 조선이 확대된 '일본' 개념 속에 통합될 가능성으로 인해 물질적 혜택을 본 사람들은 일본 국가에 충성을 바치는 것처럼 행동함으로써 가장 많은 것을 얻었기 때문이다. 그러나 지원하라는 요구에 사람들이 응답한 것은 그들이 속한 여러 환경과 우연성이 복잡하게 뒤섞인, 따라서 어떤 하나의 범주에 딱 들어맞지 않는 이유 때문이라고 생각하는 것이 더 타당하다. 애매모호한 애국심, 일본인과 조선인 당국자들이 주는 큰 압박, 우발성, 불확실성 등과 같은 요인들이 뒤섞이면서, 입대라는 규범적인 선택을 하도록 청년들을 압박했다. 김성수(부유한 사업가이자 교육자인 유명한 김성수와 혼동하지 말 것)의 경우를 예로 들면, 일본제국 육군의 퇴역군인인 그는 일본 정부를 상대로 군 복무 및 전쟁 중 입은 부상에 대한 보상을 청구하는 소송을 무수히 제기해 왔다.

내가 2000년 9월에 김성수를 만났을 때, 그는 자기의 전시 경험을 자세히 이야기하는 데에 별로 관심이 없었다. 그 대신 김성수는 나에게 부산 관광을 시켜 주었으며, 대부분 현재에 대해, 그리고 그가 1978년에 일본에 여행 갔을 때 겪었던 사건들에 대해 말했다. 그때 그는 혼자서 후생성에 걸어 들어가 일본군에 복무했던 조선인 병사들과 민간 노동자들에 대한 공식적인 기록을 보여 달라고 요청했다. 30~40분 정도 후에 김성수와 한 사람의 직원은 김성수가 부상을 입은 후 전출되었던 부대인 144보병부대와 관계된 기록을 찾아냈다. 김성수는 이 일을 아무렇지도 않게 말했지만, 군인 및 군속으로 복무했던 조선인에 대한 일본 정부의 기록이 엄청나게 불완전하다는 사실을 생각할 때, 그리고 통상 일본 정부가 조선인 전쟁 동원을 조사하려는 개인들과 단체들에 협조하기를 꺼린다는 사실을 고려할 때, 이 발견은 기적적인 업적이다. 그의 발견에 근거해 김성수는 자기가 오다테 도시오Ōdate Toshio라는 이름의 일본군 병사로서 근무했고 부상당했음을 증명할 증거 서류를 확보했다. 그 후 그것은 일본 정부에 법적인 보상 청구를 하는 데 필수적인 증거가 되었다.[13]

김성수는 일본과 한국의 후원자들로부터 도움을 받으면서(1990년에는 집단소송을 통해 다른 사람들과 함께, 그리고 1992년에는 개인적으로) 캠페인을 시작했다. 1965년의 한일기본조약의 규정에 따라 아주 제한된 수의 전사자 가족들에게 30만 원이라는 뻔뻔하게도 적은 금액이 지급된 것을 제외하면, 김성수 및 다른 조선인 퇴역군인들과 군속들은 해방

후 일본 정부로부터 아무 보상도 받지 못했기 때문이다.[14] 비슷한 전쟁 체험을 한 몇몇 다른 한국인들과 마찬가지로 김성수 역시 자기가 일본 군 병사로서 싸웠으며 부상당했다고 사리에 맞게 주장했다. 따라서 그는 다른 일본인 병사들과 똑같은 수당을 받아야 한다. 조선의 해방으로 인해 과거에 국가의 신민이었던 사람들에 대한 일본 정부의 책임이 해제되어서는 안 된다. 김성수는 나에게 자신이 일본인들을 증오하지 않는다고 역설했다. 그리고 내가 인터뷰했던 몇몇 한국인 퇴역군인들처럼, 그는 일본군 내의 차별을 경시했다. 김성수는 자기 같은 식민지 출신의 옛 일본 국적자들을 전후에 어떻게 대우했는가에 대한 관심을 원했다. 이 사람들은 '일시동인'과 '내선일체'의 슬로건하에 일본인으로 취급되고 동원되었다. 그러나 종전 후 일본 정부는 더이상 일본인이 아니라는 이유로 그들을 여러 혜택이나 수당 지급에서 일방적으로 배제했다.

내가 일본 군대에서 겪었던 경험에 대해 몇 번 김성수에게 질문했을 때, 그는 이미 써 놓은 자기의 책을 반복해서 가리켰다. 이 책은 다른 기록들처럼 정치적으로 편견이 없지는 않았다. 김성수가 일인칭 화자가 되어 기록한 이 책은 원래 김성수의 친구인 김규철이 쓴 대략 100쪽쯤 되는 수기에 기초한 것으로서, 주로 일본 정부를 상대로 한 소송에 사용하기 위해 만들어진 것이었다. 그 후 후지타 히로오藤田博雄가 김성수와 여러 번 인터뷰한 다음 이 수기를 보강하고 편집했다.[15] 하지만 이 책은 식민주의, 전쟁, 전후 시대에 대한 그 어떤 이데올로기적 서사도 아니다. 이 책은 한 남자의 인생이라는 렌즈를 통해 일본 식민주의 치하 및 해방 후 한국에서의 삶을 솔직히 바라보고 있다는 점에서 주목할 만한 텍스트다. 민족적 희생이나 영웅주의를 말하는 하나의 단순한 내러티브를 구성하는 대신, 저자와 그의 협력자들은 때로는 김성수의 삶과 가족에 대한 좋지 않은 정보까지 포함시키는 한편, 때로는 몇몇 개별 일본인들에 대해 신중하게 칭찬하기도 하는 진솔한 보고를 제시한다.

이 책에 따르면 김성수는 1924년 12월 12일에 경남 울산 좌병영 읍의 약 1,000세대가 살고 있는 마을의 상대적으로 부유한 집안에서 태어났다. 그의 아버지는 방앗간 운영으로 돈을 꽤 잘 벌었지만, 김성수가 태어날 무렵 다른 투자처들에서 실패를 보았다. 이 실패와 함께 김성수의 어머니가 출산 합병증으로 죽으면서 김성수의 아버지는 여러 어려움들을 겪으며 사업을 포기할 수밖에 없었다. 그러나 이미 직장을 가지고 있었던 자식들과 더불어, 가족 전체는 가난하지 않았다. 따라서 김성수는 고향이나 부산에서 소학교에 다닐 수 있었다. 부산에서 학교를 다닌 것은, 그가 부산 중심지의 한 소학교 교사였던 형과 함께 부산에서 살기도 했기 때문이다. 더 나아가 당시에는 중학교에 진학하는 조선 소년들이 드물었지만, 김성수는 부산의 동래고등보통학교에 들어갈 만큼 입학시험을 잘 보았다. 그는 자기가 입학시험에 성공할 수 있었던 것이 많은 부분 자기 집에서 조선인 학생들을 가르쳤던 한 헌신적인 일본인 교사의 노력 덕분이라고 했다(김성수의 책, 14~26쪽). 당시 식민지 조선의 교육제도에서 고등보통학교(1938년에 중학교로 개칭)는 소학교 6학년을 마친 후 입학해 5년 동안 교육받도록 되어 있었다.

김성수의 회고는 일본 식민주의하에서 상대적으로 교육 수준이 높았던 사람들의 정체성 형성에 그 어떤 복잡성이 있었음을 암시한다. 김성수의 군 지원과 관련된 부분적인 책임은 거기에 있다. 그는 차별의 절대적 현실을 상기하면서, 자기 학교에 적은 수의 반일 좌파들과 민족적 내셔널리스트들이 있었음을 회상한다. 예컨대 그는 조선인과 일본인 학교 간 대항 경기에서 나온 차별적인 판정 때문에 항의 사건이 발생한 일뿐 아니라, 천황의 초상화를 모신 학교의 작은 신사 앞에서 배변한 한 조선인 학생의 철면피한 행동도 상술한다. 그러나 그 자신은 어떤 식으로든 눈에 띄게 식민 체제에 저항하거나 식민 체제를 지지했던 것 같지 않다. 그 대신 그는 천황제에 대한 막연한 반감에도 불구하고, 자기 역시 천황이 "절대적인 존재로서 신에 가까운 것 같이 느꼈다"(31쪽)고 말하면서, 일본 지배하의 삶에 인종忍從했음을 회고한다.

김성수가 중학교에 들어간 지 겨우 몇 달밖에 지나지 않은 1937년 7월에 중국과의 전면전이 시작되었다. 그러자 조선인들을 전쟁 준비에 협력시키기 위한 여러 유명한 정책들이 범람하게 되었다. 따라서 김성수가 중학교 교육을 받던 시기는, 조선의 관습과 전통의 말살을 포함해, 조선을 더 큰 개념의 일본 속에 통합시킬 가장 극단적인 수단들이 강구되던 시기와 딱 일치했다. 1939년에 그의 가족은 오다테로 창씨했으며, 김성수는 오다테 도시오가 되었다. 그는 "맞지 않는 다른 사람의 옷을 입어야만 하는" 것 같았던 느낌을 기억한다. 알튀세가 저 유명한 호명interpellation이라는 말로 서술했듯이, 그는 "그 이름을 들을 때마다 나는 내가 육체를 벗어난 모호한 사람으로서, 김성수가 아닌 일본인 오다테 도시오가 되고 있는 것처럼 느꼈다. 그 허구적인 일본인의 이름은 실제로 존재하는 나를 위협하기 시작했다"(34쪽)고 고백한다.

교육에는 학교에 소속된 군 장교가 실시하는 교련이 포함되었으며, 학생들은 매일 악명 높은 〈황국신민서사皇國臣民誓詞〉를 암송하면서 자기의 충성심, 상호 사랑과 협력, 제국을 위한 인내와 자기계발을 맹세해야 했다. 1938년부터 국가는 줄곧 일본인의 언어 교육을 제한했다.

김성수가 아이러니하게 지적하듯이, 조선어 교육이 사라진 후에도 학생들은 적국 말인 영어를 계속 배웠다. 그러므로 중학교 졸업반인 5학년 시절 군대에 지원할 때까지, 그는 일본 국적자로서 혹독한 학교교육과 세뇌의 대상이었다. 김성수는 (반쯤 소화된 콩나물을 천황의 초상화 앞에 남긴 학생의 경우에서 보이듯이, 조직적이건 자연발생적이건 간에) 식민지배에 대한 저항이 있다는 것을 알고 있었다. 그러나 그는 자기가 "보통 사람의 조용한 삶"(42쪽)을 살고 싶다는 막연한 욕망만을 지녔었음을 인정한다.

앞에 제시된 표들의 표면적인 명백함과는 모순되게도, 그의 책에서 김성수는 자기에 대한 의혹이나 불신조차 보인다. 그리고 무엇보다도 고통스런 오른팔의 절단 및 척추와 왼쪽다리 손상 등의 파국적인 전상戰傷을 가져온, 18세 생일 직전의 결정에 대해 고찰한다. 이것들은 그의 나머지 생을 통틀어 깊은 영향을 주었을 터이다. 그는 1941년 가을의 어느 날, 담임선생님이 자기와 3, 40명 정도의 다른 학생들을 함께 불러 군 지원에 대해 강의했다고 회상한다. 지원 요청을 받은 학생들은 동급생들 중 성적, 체력, 가정환경이 가장 좋은 학생들이었다. 따라서 체격이 작고 튼튼하지 않았던 김성수는 자기가 왜 이 그룹에 포함되었는지 의아해 했다. 자기가 왜 거기 끼었는지를 물었을 때, 교사는 김성수의 성격이 쾌활하고 체력이 충분하므로 이상적인 병사가 될 것이라고 대답했다. 실제로 그는 장교가 될 수 있었다. 그는 처음에는 주저했지만, 불쑥 "예, 가겠습니다"라고 말했음을 회고한다.

김성수는 그렇게 무계획적이고 아무 생각 없이 지원하게 된 동기가 정확히 무엇이었는지 확실하지 않으며, 그 몇 마디 말이 지닌 무게를 깨닫지 못했다고 고백한다. 그는 '성전聖戰'에 협력하거나 교사를 감동시키고자 하는 강력한 욕망이 전혀 없었지만, 곧 징병이 실시될 것이므로 어쨌든 끌려가게 되리라고 감지했었음을 기억한다. 그러나 가장 중요한 사실은, 자기의 결정이 형제 중의 한 사람, 즉 반일 운동가로 체포되어 서울에서 경찰에 구금되어 있던 김양수가 석방되는 데에 기여할 것이라고 그가 느꼈다는 점이다. 이런 이유로 인해 그는 입대 전에 들어갔던 훈련소를 '강제 지원병 훈련소Forced Volunteers Training Center' (28~47쪽, 54쪽)라고 부른다.

당국자들의 표현대로, 그의 정신 상태 안의 여러 다른 요소들을 전부 분류하기는 힘들 것이다. 하지만 어쨌든 전시 교육, 개인적 환경, 우연성 등의 생산물인 김성수는 필시 각자 다른 이야기를 지녔을 1942년의 지원자 25만 4,273명에 끼게 되었다. 입대를 결정한 후, 그는 후회했을 뿐 아니라 도망칠 것까지 생각했다. 그러나 결국 지원자들 중에서 선발된 4,077명의 조선인 훈련병 중 한 명이 되었다. 그는 불운하게도 자기 반 동급생들 중 유일하게 그해에 입대했다.

황국신민들의 군 지원과 훈련

표면상으로 일본계 미국인들은 자유롭게 지원을 선택한 것처럼 안내되었다. 그러나 지원 후 그들은 충성심을 판정하기 위한 엄격한 배경 조사를 받았다. 이와 마찬가지로 일단 조선인들이 입대 의사를 밝혔을 경우, 식민지 당국과 군은 관공서와 정보기관의 광범위한 네트워크를 총동원해 지원자들의 개인적 자질과 신뢰성을 조사했다. 그들은 특히 지원자들의 충성심을 측정했다. 일반적으로 민간과 군 당국자들은 군에 들어가기를 내켜하지 않거나 군 복무에 부적당한 사람들에게 입대를 강요하고자 하지 않았다. 처음 몇 해 동안 채워야 할 쿼터는 아주 적었다. 그 후 엄청난 수의 지원자들이 몰렸다. 또한 당국은 반일 운동가들이 군대 내에 존재하게 될 것을 두려워했다. 따라서 효율적이고 믿을 만한 사람이나 그렇게 훈련될 수 있을 사람들을 선발하면서, 위험한 사람들은 조심스럽게 배제했다. 그러므로 당국자들은 이와 관련해 판단하고 결정할 기준을 제시했다. 그리고 선발된 사람들이 국가에 봉사하기 위해 스스로를 활발히 규율하도록 훈련시킬 절차를 고안했다.

1937년 11월에 만들어진 조선인 지원병제도 실시요강에서 총독부는 지원자들의 자질을 지적했다. 지원자들은 "사상이 건전하고 도덕성이 훌륭하며 기질이 뛰어난 사람"이어야 했다. 그리고 "제국 신민으로서 완전한 자기의식을 지녀야" 했다. 그들은 과거의 전과가 없어야 하며, "민족적 내셔널리즘(조선 민족주의)이나 공산주의 운동"에 관여했던 사람이 "선발되어서는 안 되었다." 실시요강은 가족 구성원 중 누구라도 "주의主義나 운동"에 참여했던 기록이 있는 사람에 대한 경고를 덧붙였다.

김성수는 당국이 가난하고 교육받지 못한 사람들이 아니라, 육체적으로 건강하고 교육받았으며 재정적으로 안정적인 사람들을 원했다는 느낌을 받았다. 그리고 이 생각을 확인이라도 해 주듯이, 실제로 실시요강은 위의 조건에 덧붙여 "육체적으로 튼튼하고 건강할 것", 최소한 6년간의 소학교 교육을 받았으며 되도록 "청년연성소나 청년학교 같은 훈련기관"에 입소한 경험이 있을 것, "국어(일본어)에 능통할 것" 등의 자질들을 추가했다. 더 나아가 요강은 지원자들이 "평균 이상의 소득과 좋은 환경을 가진 가정" 출신이어야 할 것을 지시했다. 그리고 지원자가 생계를 책임지고 있어 그가 없을 경우 가족에게 큰 고초를 주게 될 사람을 선발하지 말라고 경고했다.[16]

《육군특별지원병독본》은 공무원과 잠재적 지원자들에게 조선인 육군지원병의 입대와 훈련 절차를 알리기 위해 출판된 것이다. 따라서 이 책은 지방 관료, 총독부, 조선군, 경찰 등이 조선인 지원병 선발과 훈련에 협력할 방법에 대해 상당히 자세한 세부사항을 제공한다. 이 책의 저자인 오카 히사오岡久雄는 지원병제도를 수행하고 뒷받침하기 위한 명확하고 실제적인 가이드라인을 제공했으며, 수많은 법령을 꼼꼼하게 만들기도 했다. 그는 지원병제도가 만들어질 당시 총독부 학무국의 공무원이었다.[17] 오카가 설명했듯이, 지원하고자 하는 사람들은 호적의 간략한 사본과 함께 호적지의 경찰서장에게 복역원服役願을 제출해야 했다. 복역원은 생년월일, 호적지, 현재 주거지, 직업, 특별한 능력得業이나 기술, 근무하고자 하는 부대 등에 대해 물었다.[18]

경찰서장은 복역원과 함께 지원 신청자의 개인사와 자질, 징병 연령이 된 남성들의 등록 양식, 등록 양식에 첨부된 목록 등 세 가지 문서를 추가해 도지사에게 보냈다. 신청자의 개인사와 자질에 관련된 양식은 몇몇 경우 복역원에 이미 나와 있는 것과 동일한 정보에 대해 물었다. 그러나 그것은 신청자의 성격과 행동, 신청자가 고향에서 받는 세평, 입대를 준비하기 위해 받은 교육, 청년학교나 그 비슷한 기관에서 받은 교육의 개요, 가족의 재정 상태, 가족 소개, 입대가 가족에게 끼칠 영향 등 개인의 배경이나 생활환경과 관련된 더 자세한 사항들을 묻기도 했다. 오카는 신청자 가족의 재정 상태와 그 구성에 대한 의미 있는 세부사항들이 제공되어야 함을 강조했다. 등록 양식과 목록은 더 세부적인 것을 바랐는데, 거기에는 징병 연령에 도달한 내지의 일본 남성들에게

총력전 제국의 인종주의

통상 질문되는 (따라서 조선인들이 아직 징병 대상이 아님에도 불구하고 '장정壯丁'이라는 용어가 사용되면서), 신청자의 가족환경, 교육, 직업, 신체적 특질 등에 대한 정보가 포함되어 있었다. 신청자의 신체적 상태에 대한 세목은 지원자들에게 요구된 도별 신체검사를 받은 후에 작성될 것이었다(34~37쪽).

도지사는 지방 경찰서장으로부터 받은 서류들을 검토했으며, 신청자 전체의 기록을 모아 조선군 사령관에게 보냈다. 그러면 사령관은 어떤 신청자를 뽑을지 최종적으로 결정할 것이었다. 그렇게 하기 위해 사령관은 조선에 주둔하는 장교들로 이루어진 선발위원회를 소집했다. 그들은 자기 앞으로 온 서류들을 심사했으며, 기타 필요한 것을 조사한 후 입대에 적합한 신청자들을 선발했다. 오카는 신청자들의 신상조사를 하거나 학과 필기시험과 구술시험을 평가할 때 '국민으로서의 의식'이 가장 중요하다고 강조했다. 그는 인간 됨됨이 전체를 파악하는 것이 구술시험이므로, 이를 위해 자기의 지원 동기 및 국체國體(38~39쪽)에 대해 논의할 수 있도록 준비해야 한다고 지원병 후보자들에게 충고하기도 했다. 그리고 그들은 총명한 '황민皇民'으로서 건국기념일과 메이지세츠明治節(메이지천황 생일) 등과 같은 국경일의 날짜를 알아야 했다(104쪽).

그러나 육군특별지원병제도 시행세칙을 설명하는 육군성령陸軍省令 11호는 이 제도를 통해 입대한 사람들의 경우, 총독부가 관리하는 지원병훈련소에서 이미 훈련을 마쳤거나 앞으로 훈련을 마쳐야 한다고 명문화했다. 따라서 미래의 지원병은 두 가지 지원서를 거의 동시에 제출해야 했다. 즉 그는 육군특별지원병제도를 통한 입대 지원과 더불어, 육군지원병훈련소 입소를 신청해야 했다. 두 신청서에 대한 심사는, 분리되었지만 중첩되는 두 가지 경로를 통해 동시에 진행되었다. 그리고 조선군은 훈련소 입소 신청자가 조사, 선발되어 훈련을 능숙하게 받을 때까지 최종적인 결정을 할 수 없었다. 예컨대 육군지원병훈련소 1기 학생들은 1938년 6월 13일에 훈련을 시작했지만, 그 해 10월 18일까지 군 입대를 위한 마지막 시험을 치르지 않았다(102쪽).

훈련소 입소에 필요한 서류는 입소원入所願, 이력서, 재산 및 수입 보고서, 지역 당국(조선의 시, 읍, 면. 일본에 사는 조선인들에게는 그에 대응하는 일본의 행정기관. 만주국 같은 일본 외부 지역 거주자는 일본 영사관) 책임자의 보증서, 공인 의사의 신체검사 차트, 지원자의 호적 사본 등이었다. 이 서류들에 적힌 대부분의 정보는 육군성에 제출한 지원 서류의 정보와 중복되었다. 하지만 지역 당국의 보증서는 신뢰할 수 있는 충성된 신민의 선발 과정에 또 하나의 여과장치를 추가했다. 그것은 신청자들의 '지조견고志操堅固'와 '행상방정行狀方正'을 확인해 달라고 당국자들에게 요구했기 때문이다. 신청자가 이 모든 것을 호적지의 경찰서장에게 제출한 후, 경찰은 그의 기록을 조사해 기본적인 자질—예컨대 나이, 키, 최소한 6년 교육이나 그와 동등한 교육의 수료 여부 등—과 부적격한 요소들—수감 기록이나 그의 부재 시 가족이 생활에 곤란을 겪을 것이라는 증거 등—이 있는지에 대해 판정했다(78~82쪽. 인용은 80쪽).

1943년에 지원병제도가 종결될 때까지 시행된 지원병 선발 과정을 1938년과 1939년의 데이터가 보여준다고 가정했을 때, 우리는 엄청난 비율의 신청자들이 조선총독부령 71호가 명문화한 육군지원병훈련소 입소의 최소 기준을 충족시키지 못했음을 발견하게 된다. 1938년에는 2,946명의 신청자들 중 겨우 1,663명만이 최소한의 자격을 갖추었음을 알 수 있다. 그리고 1939년에는 반 정도만이, 즉 1만 2,348명 중 6,247명만이 기본적인 자격 기준을 충족시킬 수 있었다.[19] 이 점에서 군 지원과 그에 따르는 훈련소 입소를 고려했던 많은 사람들에게 적어도 먹고사는 문제는 고려 대상이 아니었을 가능성이 크다. 경찰서장은 최소한의 자격 조건을 갖춘 사람들의 전체 등록자 명단을 작성한 후, 신청자들이 낸 자료에 근거해 그들의 개인사와 자질에 대한 보고서를 명단에 첨부했다. 그 후 경찰서장은 모든 서류들을 도지사 앞으로 보냈다. 경찰서장은 훈련병을 선발한 것이 아니라, 신청자가 훈련병으로서 적합한지에 대한 의견을 제시했다. 도지사는 훈련소 소장 앞으로 입소 승인과 관련된 최종적인 추천장을 작성했다(74~83쪽).

개개의 도지사는 자기가 임명한 선발위원회의 심의에 근거해 추천서를 만들었다. 그리고 그 판에서 합격자들이 당첨되듯이 뽑혔다. 자격을 갖춘 신청자들을 판정할 때 위원회는 도지사에게 제출된 서류들과 신체검사, 구술시험, 학과시험 등의 세 가지 시험 결과에 의지했다. 구술시험은 신청자의 전반적 성격과 인성을 측정했다. 그것은 신청자의 사상, 태도, 일본어 능력, 상식에 대한 질문으로 되어 있었다. 수험자들에게는 숫자로 된 등급이 할당되었는데, 이것은 시험 성적 및 경찰이 만든 개인사와 자질 보고서에서 선택된 정보를 참작해 만들어진 것이었다. 학과시험은 국어, 역사, 산술의 세 부분으로 구성되어 있었다. 중학교에 다녔거나 그 이상의 학력을 지닌 신청자들, 또는 그와 비슷한 학력을 지닌 자들은 학과시험을 면제받을 수 있었다. 수험자들의 등수를 매길 때, 선발위원회는 단지 성적 계산에만 근거하지 않았다. 위원회는 정신적인 면에서 본 각 신청자들의 전반적인 '인간적 가치'도 측정했다. 선발위원회의 목적은 "진정한 황국신민"(88쪽)을 뽑는 것이었다. 그러나 오카는 능력을 엄격하게 반영하지 않았던 선발 과정에 '공평'한 요소를 도입하기 위해 최종 순위는 제비뽑기로 정할 것을 제안했다. 이 추가된 단계는 대중 민주주의적 요소를 도입했으며, 평등의 슬로건과도 어울렸다. 도지사들은 각각에 부여된 훈련소 입소자 쿼터(즉 20명씩)의 약 150퍼센트(따라서 30명의 지원자)를 선발위원회가 매긴 상위 순위의 신청자들 중에서 뽑았다. 그리고 최종적 순위를 결정하기 위해 그들을 추첨에 부쳤다. 그러므로 추첨 운에 따라 선발위원회에 의해 최고 순위가 매겨진 신청자가 최종 명단에서는 밑바닥으로 떨어져 입소가 거부되는 반면, 30명 중 가장 하위에 있던 사람이 일등 입소자가 되는 일이 충분히 일어날 수 있었다. 다소 복잡한 이러한 선발 과정으로 인해 자질이 우수한 자를 선발함과 동시에 일본제국이 공평하다는 인상을 줄 수 있었다(84~91쪽).

이제까지 서술한 절차에 의해 선발된 202명의 1기생들은 총독부가 경성제국대학에 만든 임시 훈련소에 들어가 1938년 6월 15일부터 6개월간 교육을 받기 시작했다. 경성(서울) 교외의 경기도 양주군 노해면에 위치한 육군지원병훈련소의 건설은 1939년 3월까지 끝나지 않았다. 입소자가 증가함에 따라 1940년에 총독부는 훈련 기간을 6개월에서 4개월로 줄이는 한편, 일 년에 두 반 뽑던 것을 세 반으로 늘렸다. 그리고 1942년 12월에 두 번째 훈련소를 평양에 개설했다.[20]

육군특별지원병훈련소의 수업은 직접 전투 훈련에 초점을 맞추지 않았다. 수업은 조선인들의 정신적 육체적 자질을 계발해, 나중에 내지 일본인들과 나란히 병사 훈련을 받을 수 있도록 하기 위해 마련되었다. 이는 자기규율을 비롯해 이상화된 일본식 삶의 방법에 조선인들을 동화시킴을 의미했다. 그것은 집단생활의 연습도 부과했다. 경성훈련소의 교관이었던 가이다 가나메海田要가 설명하듯이, 이 수업들은 "큰 기쁨"으로 경험될 것이었다. 요컨대 "훈련소의 시설과 교육 방법이 군대와 비슷하지만, 군대가 모든 것을 전투에 맞추는 것과 달리 훈련소는 인격의 계발, 의지의 단련, 생활 전반의 지도, 신체적 발전을 강조한다."[21]

훈련소의 커리큘럼은 세 부분으로 되어 있었다. "일본 국체의 독특함, 황국신민의 임무에 대한 반성, 국가 도덕" 등에 대한 수업이 포함된 '훈육', "국어, 수학, 국사, 지리, 과학"으로 구성된 '보통학과', 체육, 교련, 무술을 부과하는 '술과術課'가 그것이었다. 이 세 가지 부분이 전체 커리큘럼을 이루었지만, 이것들은 모두 첫 번째 요소인 훈육을 증진시킬 것이라고 생각되었다.[22]

실제로 위에서 언급되었던 지원병 김성수는 그의 회고록에서 충량한 황국신민화 교육이 행진 등의 군사교육과 함께 진행되었다고 기억했다. 따라서 그는 매일 거행된 '궁성요배宮城遙拜(훈련소 입소자들이 도쿄와 황궁을 향해 절하는 일)', 〈황국신민서사〉의 아침 낭독, 〈육해군칙어陸海軍勅語〉 암기 등을 회상한다. 일본인과 똑같은 방식으로 제국의 시스템을 다 받아들일 수는 없었지만, 그는 천황이 어느 정도 "절대적인 존재, 신에 가까운 존재가 되었다"는 점을 인정한다. 그는 자신이 3·1운동을 직접 경험하지 못한 신세대라는 사실이 반일 활동에 관여했던 그의 형들과 다른 점이라고 추측한다.[23]

1942년 말의 시점에서 노해면 제1훈련소의 일상 활동 스케줄을 보면, 오전 6시 기상으로 하루가 시작되어 화장실 용무와 점호를 마친 후 6시 30분부터 7시까지 조회를 가졌다. 조회에는 도쿄의 황궁 및 이세신궁伊勢神宮(황실의 선조인 아마테라스 오오미카미天照大神를 모신 신사)

3부 '일본인'으로서의 조선인들

요배, 〈황국신민서사〉 낭독, 군가 '우미유카바海行かば' 제창, 체조 등이 포함되어 있었다. 그 후의 일정은 아침식사, 청소와 검사, 수업 준비로 이어졌다. 50분 수업을 세 번하고 그 사이에 두 번의 10분간 휴식시간을 두는 것으로 오전 9시부터 정오까지의 일과가 되어 있었다. 60분간의 점심시간 후 입소자들은 네 번의 50분 수업을 더 들었으며, 각 수업시간 사이 및 마지막 수업 후에는 10분의 휴식이 있었다. 오후 4시 50분부터 6시까지 입소자들은 씻고 몸단장하거나 세탁을 했으며, 우편물을 수령했다. 그리고 (한 주에 네 번씩, 정해진 날에) 목욕을 했다. 입소자들의 저녁식사 시간은 40분 이상이었으며, 그 후 70분간의 공부 시간이 끝나면 저녁 점호를 준비했다. 오후 8시부터 8시 30분은 저녁 점호 및 묵언반성 시간이었다. 입소자들은 "그날의 훈련 생활에 대한 감사"와 더불어 오후 9시에 잠자리에 들었다.[24]

저녁 명상 시간에는 "그날의 교육에 대한 자기반성 및 부모의 안전과 평안을 위한 기도"가 포함되었다. 이것은 입소자들을 가족, 국가, 소속 부대, 자기 자신에 대한 책임감을 가진 자기반성과 자기규율의 주체로 만들려 하는 통치의 한 부분이었다. 그들은 일본군이라는 기계의 영혼 없는 톱니바퀴여서는 안 되었다. 이 목자적 권력의 규율 전략은 개개 입소자들이 항상 소지해야 하는 문고판 훈련수첩에서도 나타난다. 이 일기장에는 황국신민이자 황군으로서 낭독과 자기반성을 할 때 필요한 가장 중요한 칙어와 서약 전부가 수록되어 있었다. 거기에는 수상, 선행, 위반사항, 학과 성적, 군사훈련 성적, 결석 일람표 등 훈련소 입소 이전과 이후에 걸친 입소자의 생활 기록도 포함되어 있었다. 이 성취와 과오의 객관적 기록으로 인해 입소자들은 자기규율, 훈련, 의식에 언제나 신경 쓰게 될 것이었다.[25] 다음 장에서 고찰하겠지만 자기규율이나 자기통제, 그리고 이것들이 학교, 훈련소, 군대에 있는 사람들의 영혼에 불러일으켰던 내적인 혼란은 군대 생활을 재현한 문학과 영화에서 두드러지게 발견되는 한 가지 테마가 되었다.

제1육군지원병훈련소의 주목할 만한 조사보고서들은 이 제도가 시행된 마지막 해를 제외한 1938년에서 1942년까지 입소한 사람들의 사회적 배경에 대한 일반적인 상을 보여 준다. 이 데이터들은 신청자들의 성격과 함께 민간과 군 당국이 구사한 복수의 선별 메커니즘을 반영한다. 합격한 신청자들 중 대도시 출신은 극히 적었다. 전체 5년 이상의 기간 동안, 가장 큰 도시 20곳 출신 입소자는 555명에 불과했다. 경성 출신은 겨우 119명, 평양 18명, 부산 74명, 청진 14명, 대구 42명 등이었다. 입소자들의 나이는 18세에서 27세까지였는데, 그중 19세에서 23세 사이에 가장 많은 사람들이 분포되어 있었다.[26] 〈표 5〉와 〈표 6〉이 보여 주듯이, 입소자의 학력과 직업은 총독부와 군이 그 근본 목적에 맞는 지원 병력 동원에 성공했음을 암시한다. 하지만 이는 또한 조선 사회 상위계층 출신 입소자를 확보하는 데에 실패한 일과 함께 몇 가지 문제점들도 드러낸다.

어느 해이든 입소자의 압도적인 다수는 소학교 6년 졸업자였으며, 따라서 기본적인 학력 조건을 겨우 충족시켰다. 그러나 1940년에 훈련소는 소수의 4년제 소학교 졸업생들을 받아들이기 시작했다. 아마도 이는 6년제 소학교와 동등한 교육을 받은 자로 된 자격 규정을 적용할 경우 점점 많아지는 쿼터를 충족시키기 어려웠기 때문일 것이다. 그러나 1938년에서 1942년 사이에 입소한 사람들 중 6년제 정식 소학교 학력 이하는 겨우 8퍼센트에 불과했다. 훈련 과정의 졸업 비율은 입소자들의 자격이 적어도 1942년까지는 변함이 없었음을 암시한다. 1938년부터 1941년까지의 졸업 비율은 각각 99퍼센트, 97.2퍼센트, 98.5퍼센트, 96.9퍼센트였지만, 1942년의 졸업 비율은 56.9퍼센트로 급감했다.[27] 나아가 〈표 6〉의 직업 카테고리에 있는 사람들의 수입과 재산을 광범위하게 일반화할 수는 없지만, 어쨌든 우리는 입소자들의 대다수가 농가 출신임을 알 수 있다. 입소자들의 직업은 다양했다. 거기에는 하급 화이트칼라, 숙련노동자, 육체노동자 등이 포함되어 있었다. 그러나 전반적으로 보았을 때, 상층과 밑바닥 출신의 아주 적은 예외를 제외할 때 입소자들은 일반적으로 조선 인구의 중간이나 중하위 계층 출신이었던 듯하다. 기차역 인부, 웨이터나 보이, 육체노동자 등과 같이 월급이 아주 적은 몇몇 직업들이 눈에 띄지만, 결국 전체 데이터로 보면 경제적으로 극히 가난한 사람이 대다수였던 것은 아니다. 요컨대 총독부와 조선군은 생계를 도모하기 위해 입대하고자 했던 가난한 입소자들을 약간 받아들이는 등의 부분적인 타협을 하지 않을 수 없었던 것처럼 보인다. 하지만 당국은 대체적으로 규율이나 이데올로기 문제를

〈표 5〉 입소자들의 학력 조사

	4년 소학교졸 (그 이하)	6년 소학교 졸업	고등보통 학교졸업	보습학교 졸업	중학교 수학	중학교 졸업	전문 학교 졸업	합계
1938		313	25	53	8	7		406
1939		499	31	62	13	8		613
1940	218	2,454	61	232	76	19		3,060
1941	336	2,622	46	101	72	31		3,208
1942	342	3,208	98	270	115	42	2	4,077
합계	896	9,096	261	718	284	107	2	11,364

*출처: 조선총독부 제1육군병지원자훈련소, 〈생도 제 조사표〉(1943년 1월경) 중의 〈학력조사〉, 일본 사이타마현 가와구치 아리랑 문화센터의 가지무라 문고.

총력전 제국의 인종주의

일으킬 수 있는 사람 및 가난한 사람, 교육받지 못한 사람, 신체적 기준에 미달하는 사람들을 제거하기 위해 치밀한 검증 프로세스를 구사했다. 당국이 가난한 사람들이나 지원할 의사가 없는 사람들에게 지원을 강요하고자 했다는 증거는 없다.

조선인 지원병들은 입대 후에는 물론 전장에서도 아주 훌륭히 복무

〈표 6〉 입소자들의 직업 조사

	1938	1939	1940	1941	1942	합계
농업	234	385	1,798	1,823	2,081	6,321
상업	19	22	153	144	284	622
어업			16	15	28	59
관리			7	4	43	54
지방관리			47	80	178	305
교사 (서당훈장)	5	12	45	39	69	170
회사원	15	12	124	165	300	616
공원工員	21	23	158	142	156	500
간수看守			17	14	5	36
역수驛手			34	36	39	109
운전수	1	1	23	37	57	119
공장노동자		7	113	181	330	631
상점점원	23	41	85	130	128	407
견습생	8	10	46	65	97	226
급사나 사환	36	43	149	110	97	435
육체노동자	21	21	107	87	46	282
학생		4	51	39	57	151
무직	13	18	49	55	49	184
기타	10	14	38	42	33	137
합계	406	613	3,060	3,208	4,077	11,364

*출처: 조선총독부 제1육군병지원자훈련소, 〈생도 제 조사표〉 중의 〈직업조사〉.

한 것처럼 보이는데, 그것은 입소한 청년들이 받은 집중적인 정신 훈련과 엄격한 검증 프로세스 때문이다. 1939년 11월에 조선군 참모총장은 20사단에 배치된 첫 번째 조선인 지원병 몇 사람의 전투 활동 및 사상死傷 기록에 대한 극비 보고서 하나를 배포했다. 보고서는 조선인 병사들을 전반적으로 평가하지는 않았다. 하지만 이 보고서에는 사단 소속 보병 연대 네 곳(즉 80개의 보병 연대 중 77, 78, 79, 80연대)에서 온 세부적인 보고서들이 들어 있었다.[28]

보고서는 여러 면에서 의미심장하지만, 나는 두 가지 점에 주목하겠다. 가장 중요한 것은 보고서가 아주 적은 예외를 제외하고는 조선인 지원병들이 거의 모든 종류의 일에서 대단히 훌륭한 수행 능력을 보여주었음을 기록했으며, 일본 국적자로서 그 어떤 주체성이 내면화되었음을 증언했다는 사실이다. 소수의 보고자들은 그렇지 못했던 예외적인 사실들을 기록하면서, 조선인 병사들 및 일반적인 조선인들을 계속 교육해야 할 필요성이 있다고 강조했다. 하지만 그렇다고 해서 조선인 지원병들에 대해 긍정적인 보고서를 쓴 사람들이 이 병사들의 행동을 과장했거나, 이 병사들이 전장에서 보여준 거의 믿을 수 없을 만큼 놀라운 용맹함을 조작하려 했다고 생각하는 것은 아무 근거가 없는 일이다. 더 나아가 이 보고서들은 병사들과 특별지원병제도를 공정하게 평가하기 위해 군대 내부용으로 배포된 것이었다. 즉 보고서들은 미디어 프로파간다를 위한 것이 아니었다.

일반적으로 평가자들은 조선인들을 훌륭한 병사로서 칭찬했다. 그뿐 아니라 징집된 보통의 일본인보다 모든 경우에서 최소한 우수하며, 꽤 많은 사람들은 아주 뛰어나다는 점에 대해서도 높게 평가했다. 상당히 많은 보고서들이 조선인들을 내지인 병사들이 따라야 할 모범으로 언급하기조차 했다. 그러므로 77보병연대 1중대의 보고서는 이 병사들의 '결점 없음'을 증언했다. 그들의 사상은 "온건하고 적합하며", 전투 수행 능력은 전반적으로 "최상"으로서, 용맹과 비겁함의 척도로 보았을 때 "아주 높은 수준의 용감함과 굳셈"을 보여주었다. 그들은 "일상적 임무에 임하는 열정과 꿋꿋함에서 다른 병사들의 모범"이었다. 그리고 "정신적인 힘"과 결합된 그들의 "강건한 신체"는 "탄환이 빗발칠" 때조차 뛰어난 전투 능력을 발휘하게 했다. 이 보고서를 쓴 사람은 이 병사들이 보인 바, "같은 해 입대한 보통 병사들의 기록을 뛰어넘는 최고의 복무 기록은……조선인 특별지원병 1기로서 자신들이 조선 반도를 대표한다는 생각과 관련된 것"이라고 믿었다. 달리 말해 일본계 미국인 퇴역군인들이 소수자 그룹으로서 자신들의 집단적 가치를 증명하기 위해 전투에 임했다고 종종 말하는 것만큼이나, 이 보고서 및 77보병연대의 9중대, 10중대에 대한 보고서는 자기들의 용감함이 조선인에 대한 신망이 높아지는 데 기여할 것이라는 조선인 병사들의 믿음에 대해 언급했다.

이와 동일하게 77보병연대 제5중대에 관한 보고서는 조선인들의 훌륭한 행위와 정신적 자질을 강조했지만, 작은 약점을 지적하기도 했다. 아니나 다를까 보고서는 그 약점을 "하나의 전통적인 태도"와 연관시켰다. 즉, 조선인들이 명령을 잘 따르며 책임감을 지닌 반면, 그 "행동과 태도에는 풍부한 지략을 위해 필요한 섬세한 요소가 일반적으로 결여되어 있었다"고 말했다. 또한 조선인들이 "여러 문제에서 신속함과 기민함이 없다고 느껴진다"고 했는데, 이는 다른 보고서들의 의견과는 크게 어긋나는 것이었다. 예컨대 5중대의 보고자는 "그들 대부분이 좋은 가정 출신이므로 통상적인 결점을 찾기 어렵다"라든지, "그들 중 뛰어난 사람들의 업무 수행 기록은 1938년 입대한 최고의 (일본인) 징집병과 우열을 다투며, 가장 못한 자들도 중간은 된다"는 등의 결론을 내릴 수밖에 없었다. 77보병연대 9중대와 10중대가 작성한 조선인들에 대한 보고서들은 그들이 완벽한 일본어를 구사할 수 없음을 약간 우려했다. 그러나 9중대의 보고서는 조선인들이 "육체적, 정신적 능력의 강건함"을 보여 주었으며, 그들의 근무 성적은 중대 내 일본인 일 년차 징집병의 최고 수준과 동일하다고 결론지었다. 10중대의 보고서는 조선인 병사들이 모든 면에서 다른 병사들에게 모범을 보였으며, 그들 모두가 첫 진급 심사에서 병장이 되었다고 증언했다.

　77보병연대 12중대의 평가, 그리고 78, 79보병연대의 전반적인 보고서들도 긍정적이었지만, 조선인들에 대한 칭찬의 정도는 상대적으로 덜 열렬했다. 12중대의 보고서는 조선인 병사들이 막사 안의 임무 수행에서 뛰어나지도 열등하지도 않았다고 진술했지만, 행진과 전투 등의 다른 분야에서는 그들에게 높은 점수를 주었다. 보고서는 조선인들이 전투에서 용감했으며 언제나 공격의 선두에 섰다고 지적했다. 더 나아가 수많은 "육체적으로 약한 일 년차 [일본인] 신병들"과 달리 조선인들은 "항상 중대장에 뒤지지 않았다." 따라서 그들은 "다른 병사들보다 훨씬 더 신뢰"를 받곤 했다. 78보병연대의 보고서는 특별지원병들의 여러 자질을 칭찬했는데, 거기에는 "육체적 대담성", "지구력", "고생과 결핍을 견딜 수 있는 능력", "군인 정신", "죽음을 무릅쓰고 솔선수범"하고자 하는 기개 있는 의지력이 포함되었다. 이 보고서는 연대 내에 있는 24명의 조선인 중 19명이 모든 점에서 일본인 병사들과 동등한 수준이며, 5명은 "실제 전투"에서만 약간 뒤떨어질 뿐이라는 결론을 내렸다. 79보병연대의 보고서는 평균적인 수행 면에 무게를 두었지만,

뒤섞이고 혼돈스러운 인상을 주었다.

조선인 지원병들에 대한 가장 긍정적인 평가는 80보병연대에서 나왔다. 이 보고서에 따르면, 이 병사들은 "황군에 받아들여진 영예에 대해 자각"하고 있으며, 이 영예를 지키고자 "다양한 임무 수행에서 훌륭한 성적"을 쌓았다. "일반적으로 그들과 [일본인] 병사들 사이에는 아무 차이도 없을" 뿐만 아니라, "같은 해에 입대한 병사들이라는 점으로 보면 특별지원병들이 모범적으로 생각되었다." 그들의 뛰어난 학과 과목 성적이 그들이 밟은 병사 선발 과정 덕분이라고 지적하면서, 보고서는 연대 내에 있는 22명의 특별지원병들 중 9명이 첫 번째 기회에 병장 진급을 했으며, 9명은 하사관 교육을 추천받았다고 밝혔다.

보고서들은 특별히 고난, 부상, 고통, 결핍을 견디는 조선인 병사들의 육체적 힘과 정신적 강인함을 지적했다. 20사단의 모든 보고서 중 77보병연대 5중대의 보고서만이 한 사람의 조선인 병사가 전투에서 비겁했다고 비판했다. 그는 패닉과 공포로 인해 전투에서 도망쳤는데, 겨우 수류탄 한 개 때문에 난 상처로 고통받았다는 것이다. 그러나 다른 보고자들은 조선인들이 부상을 입었을 때조차 보여 준 용감함에 대한 이야기를 전했다. 이는 널리 선전할 목적하에 공식적으로 인가된 영화 및 보고서들에서 보이는 프로파간다적인 서술에 뒤지지 않았다. 정종태 일등병(77연대 5중대)은 조개껍데기 조각에 목을 다쳤다고 보고되었지만, "동요하지 않고 굳센 모습을 보였으므로 경미한 상처만 입은 것처럼 보였다." 조봉환 일등병(77연대 1중대)은 돌격 정신이 아주 충만하여, 기관총에 넓적다리 관통상을 입은 뒤에도 더이상 서 있을 수 없을 때까지 계속 앞으로 나아갔다. 문재혁 일등병(77연대 6중대)은 적이 새벽에 공격해 오는 동안 수류탄 파편에 가슴과 왼쪽 넓적다리 아랫부분을 다쳤지만 당황하지 않고 아주 침착하게 붕대를 꺼내 스스로 지혈을 했다. 조선인 병사들이 황군으로서 주체성을 보인 사례 중 가장 눈에 띄며 거의 믿을 수 없는 이야기는 79연대의 보고서에서 나왔다. 이 이야기를 제외하면 79연대의 보고서는 조선인 병사들의 장점에 대해 상대적으로 미온적인 태도를 보였다. 따라서 이 에피소드가 과도하게 윤색된 것이 아닐 가능성이 아주 크다. 이름이 밝혀지지 않은 한 지원병이 분명히 왼쪽 허벅지에 끔찍한 수류탄 부상을 입고 고통스러워하고 있었다. "아이고, 아이고" 신음하면서, 그는 싸울 의욕과 승패에 대한 관심을 상실한 것처럼 보였다. 그러나 그는 죽음 직전에 "최선을 다해 주게"라고 자기 동료에게 말했으며, "텐노헤이까 반자이(천황폐하 만세)"라고 세 번 중얼거렸다.

때로는 감상화되었겠지만, 보고서들은 일본군으로 복무한 첫 번째 조선인들의 행동에 대한 솔직한 사례들을 제공한다는 점에서 흥미롭다. 또한 그것은 장교, 하사관, 사병들이 따라야 했던 군의 공식적인 비차별 입장의 범위 및 한계를 암시한다는 점에서도 흥미롭다. 보고서들은 이 일본인 병사들의 내면적인 삶에 대해 별로 말해 주지 않는다. 겉으로는 차별을 거부하고 있지만, 그들의 그러한 행동이 얼마나 진심에서 우러나온 것인지 우리는 알 수 없다.

그러나 내가 이 책에서 견지하고 있는 입장이 그러하듯이, 나는 일본인들의 진심을 판단하는 일보다는 조선인 전쟁 동원 캠페인의 효과를 분석하는 일에 더 관심이 있다. 게다가 언제나 조선인 병사들의 목소리는 보고서를 썼으리라고 추측되는 일본인 장교 및 하사관들을 통해 매개되고 있으므로, 그들의 내면성에 대해서는 아주 제한된 시각만을 제공할 뿐이다. 예컨대 보고서들 중 하나(77연대 5중대)는 조선인들이 자기들의 사적인 일에서조차 일본어로만 말하는 점을 칭찬했다. 하지만 우리는 그들이 자기들끼리만 있고, 보는 사람이 아무도 없을 때에도 조선어를 쓰지 않았으리라고 확신할 수는 없다.[29]

보고서들은 일본인 관계자들이 조선인에 대한 개인적 편견을 완전히 숨기지는 않았지만, 그러면서도 마치 군이 조선인 지원병들을 공평하게 환영했고, 그들의 성과를 칭찬했으며, 능력에 따라 승진을 결정하고 있는 것처럼 모두가 행동했음을 명확하게 지적한다. 나중에 후생성은 조선인들을 폄하하고, 그들이 내지 일본인 병사들과 섞이는 것을 허용하지 말라고 국가에 촉구하기 위해 야마토 민족이라는 것에 호소했다(1장을 볼 것). 그러나 적어도 이 보고서들에서 우리는 그런 식의 일을 획책한 아무런 증거도 발견할 수 없다. 대신 보고서의 필자들은 적어도 원칙적으로는 자기들이 '내선일체'를 촉진하고 있다고 생각했음을 보여 주었다. 77보병연대 5중대에 대한 코멘트는 일반적인 (일본인) 병사들과 (조선인) 특별지원병들의 관계가 "'내선일체'의 정신을 뛰어넘어 진정으로 조화로운 전우의 친밀함을 지니고 있다"고 적으면서 아주 만족스러워하고 있다. 이처럼 그들은 군의 부드럽고 상호부조적인 통합을 찬양했다.

77연대 10중대 내의 조선인들과 내지인 병사들 역시 아주 좋은 관계를 맺고 있었다고 이야기되었다. 특별지원병들은 육군 내의 조선인 1기로서 책임감을 갖고 있었으며, 다른 병사들은 이를 자기 일처럼 느끼고 존중했다. 양측의 이러한 태도는 "알력 없는 동지애, 즉 '내선일체'"로 이어졌으며, 따라서 "병사들은 형제처럼 협력하면서 매일매일을 지냈다" 등등이다. 요컨대 보고서들은 민족적 차별을 거부했으며, 조선인과 내지 일본인이 강력히 결속된 통합되고 조화로운 군대 및 국가의 창출을 바랐다는 군의 공식적인 입장을 반영한다. 물론 이러한 공식 입장에도 불구하고 몇몇 필자들이 조선인의 민족적 성향에 대한 편견이나 고정관념을 드러낸 경우도 있었다. 하지만 이는 인종주의를 거부한 가부장적 온정주의의 언어, 달리 말해 '친절한 인종주의'의 언어 속에 묻혔다.

육군특별지원병에 대한 이 열렬한 보고서에 대해, 그리고 새로운 조선인 병사들을 양육하고 보수를 주었던 것처럼 보이는 일본인들의 행위에 대해, 우리는 더 진전된 어떤 결론을 내릴 수 있을까? 첫째, 일본군 내의 몇몇 조선인은 자신들이 일본제국의 충성스러운 신민인 것처럼 행동했으며, 때때로 이 신념을 표현하며 죽었다. 둘째, 한 부대 내의 조선인과 일본인의 행위는 일본제국을 내선 평등의 옹호자로 재현하며 확대된 일본 개념 속에서 두 민족 사이의 파트너십을 찬양했던 프로파간다가 진실임을 보여 주는 단편적인 사례들을 제공했다.

마지막으로, 비록 프로파간다를 위한 것이었을망정 총독부와 조선군은 조선 사회 전체를 대표하는 조선인 지원병들을 뽑으려 했지만 다른 고려사항이나 현실은 이 목적을 이루는 데 방해가 되었다는 사실을 기억해야 한다. 우리가 고찰했듯이, 1938년부터 1943년 사이에 민간 및 군 당국은 훈련소 입소 지원자 80만 2,047명 중 겨우 1만 7,664명, 즉 신청자의 약 2.2퍼센트(〈표 1〉에서 계산)만을 선발했다. 민간 및 군 당국은 인력 수요를 보충하기 위해서뿐만 아니라 일본 국가를 위해 생사를 자유롭게 선택할 수 있는 '훌륭한 집안' 출신 조선인들의 이미지를 만들어 내기 위해서도 지원병 프로그램을 활용했다. 따라서 그들은 조선 민족의 특징과 의사를 재현하고 대표하기 위해 오히려 그와 아주 동떨어진 개인들의 견본을 경찰의 도움을 받아 추출했다. 당국은 국가의 이상적인 신민에 가장 가까운 사람들만을 선발해 특별훈련소에서 훈련시키면서 이 대상 인구들을 아주 밀접히 통제했다. 따라서 당국은 군과 국가를 위해 적절히 복무하리라고 신뢰할 수 있는 조선인 병사들을 입대시키는 데에는 성공했지만, 조선 사회 전체를 대표하는 병사들을 보유한다는 목표는 이루지 못했다.

이 점에서 총독부와 군은 전쟁이 심화되면서 조선인 군 동원과 관련된 두 개의 커다란 문제에 봉착했다. 첫째, 민간과 군 당국은 지원병제도를 통해 상층계급 출신의 청년들을 의미를 부여할 수 있을 만큼 성공적으로 모집하지 못했다. 〈표 5〉가 보여주듯이, 1938년에서 1942년까지의 입소자들 중 단 2명만이 전문학교 졸업생이었다. 게다가 전체 1만 1,364명의 훈련소 입소자들 중 약 12퍼센트인 겨우 1,372명만이 6년제 소학교 이상의 학력을 가지고 있었다. 여기 제시되지 않은 다른 표를 보면, 1938년에서 1942년 사이에 들어간 입소자들 중 70.4퍼센트의 재산은 3,000엔 이하였다. 이는 매년 별 차이가 없었다.[30]

제도 실시 초기에 가이다 가나메는 부대 내의 계층적 불균등으로 인해 군에 부정적인 결과가 나타날지도 모른다고 경고했다. 1938년부터 1939년 사이의 데이터를 본 후 그는 지원자들 중 "상당한 지위, 교육적 배경, 금전적 재산 등을 가진 사람들의 자식이 아주 적다"고 지적했다. 그에게 이는 조선인들이 여전히 군 복무를 싫어함을 의미했다. 더 중요한 사실은 그가 명약관화한 모순에 대해 우려했다는 점이다. 그는 "교육받은 계층과 지도자 계층이 지원병제도 공표를 두 팔 벌려 환영했으며 다른 사람들에게는 지원을 독려했지만, 군 지원의 결정적인 순간에 자기 자식들이 이 부름에 답하도록 촉구하지 않았다"는 점에 대해 걱정했다. 나아가 중학교 졸업이나 그 이상의 학력을 지닌 사람들의 지원이 적었다는 점은 장차 큰 문제를 초래할 수 있었다. 조선에 필요한 것은 내지 일본인들과 동등한 수준에서 복무할 수 있으며, 고등교육을 받은 충분히 '수양'된 젊은이들을 생산하는 일이었기 때문이다. 이와 관련해 가이다는 비록 보병이라 할지라도 현대의 육군 복무를 위해서는 병사들에게 높은 수준의 과학적 지식이 있어야 한다고 강조했다. 조선인들이 군대에서 탁월한 능력을 보여 주고자 한다면, "정신적 능력과 학문적 능력 모두에서 뛰어난 면"[31]을 계발할 필요가 있을 것이다.

가이다는 "교육받은 계층과 지도자 계층"의 표리부동한 지원 독려를 말하기 위해 중립적으로 들리는 '모순'이라는 단어를 사용했지만, 사실이는 사회적, 정치적으로 영향력 있는 조선인 엘리트들이 돈이나 말로만 지원병제도를 후원하는 경향에 대해 날카롭게 비판하는 표현이었다. 가이다가 보기에 지원병제도는 자기 및 가족의 희생을 방어하는 일에 중상층 젊은이들의 삶을 걸라고 요구하는 것이었다. 여러 문서 기록에는 지원병제도와 징병제 실시를 후원했던 영향력 있는 조선 남성들의 사례가 가득하지만, 그들은 자신의 소중한 것을 희생하지는 않았다. 예를 들어 일본 식민주의 시기의 유명한 사업가로서, 경성의 화신백화점을 필두로 조선 전체에 백화점 체인 등을 소유했던 박흥식은 1939년 1월에 다른 조선인 엘리트들과 함께 〈조선 특별지원병 후원회〉를 조직하는 데에 참여했다. 보도에 의하면 후원회원들은 지원자들에게 도움을 제공하고자 했다. 조선에는 지원병들을 위한 적절한 인프라가 거의 없었고, 따라서 입대를 꿈꾸는 젊은이들은 지원자 선발시험을 보기 위해 필요한 여행 경비와 숙박비를 부담해야 했기 때문이다.

조선 독립운동의 중요한 일원으로서 정치적인 삶을 시작했지만, 결국 일본의 총력전 정책에 대한 열렬한 지지자가 되어 버린 윤치호가 이

후원회의 회장이었다.[32] 박흥식은 특히 직접적인 방식으로 자본주의적 이윤 추구와 일본의 군국주의 및 국가주의에 대한 지원을 밀접히 결합시켰다. 전쟁이 끝날 무렵 그는 가미카제 비행기를 생산하기 위해 김연수와 협력해 미츠이 그룹과 합작 회사를 만들었다. 이 회사는 너무 늦게 사업을 시작하는 바람에 종전까지 비행기를 한 대도 만들 수 없었다.[33] 그러나 일본군 가미카제 조종사로서 죽은 사람들 중에는 조선인 청년들도 있었다.

일본군은 사회적·정치적으로 조선인 엘리트 출신을 대표할 병사들이 충분치 않다는 문제를 해결하기 위해, 1943년 10월이 되어서야 "학병學兵"이라는 의미심장한 프로그램을 제도화했다. 이 제도는 고등교육기관에서 공부하고 있는 조선인과 대만인 학생들이 총독부의 육군특별지원병훈련소에서 먼저 의무적으로 훈련을 받지 않고 직접 육군에 입대할 수 있도록 했다. 카터 에커트가 이미 보여 준 바 있듯이, 일본 식민주의하의 산업자본주의 발달로부터 이윤을 창출했던 상당수 조선인 자본가 계급은 이 캠페인 기간 중 조선 청년들을 입대시키기 위한 운동에 활발히 참여했다. 그들 중에는 김성수(지원병 김성수가 아닌)와 그의 동생인 경성방직의 김연수도 있었다.[34]

징병

조선인 병사 모집과 관련해 더욱 흥미 있는 또 다른 문제는 진주만 공격 후 발생한 일본군의 인력 수요를 충족시키려면 징병 대상을 조선인과 대만인으로까지 확대해야만 한다는 실감과 함께 발생했다. 지원병

제도는 상대적으로 작은 규모였으며, 적어도 원칙상으로는 입대를 희망하는 청년들을 엄격하게 선발해 입대하기까지 오랫동안 훈련시켜야 했다. 따라서 총독부와 일본 군부는 이러한 지원병제도를 조선 청년들에 대한 대단위 징병으로 신속히 변형했다. 이 징병 대상자들 중 대다수는 충분히 교육받지 못했으며 어떤 식으로든 일본어를 말하거나 이해할 수 없었을 뿐 아니라, 일본을 위해 싸울 그 어떤 의무도 있다고 생각하지 않았다. 하지만 그들 또한 현역 병사들로 아주 빨리 변모해야만 했다.

그러나 1장에서 제시되었던 것처럼, 인구를 민간과 군대의 노동력으로 동원하기 위해 우선 총독부와 군부는 징병 대상자들을 파악하기 위한 밑그림을 그려야 했다. 호적은 여전히 조선인 세대와 그 각 구성원들을 추적하기 위한 가장 세밀하고 효율적인 수단이었다. 그러나 《육군특별지원병독본》의 저자인 오카 히사오 같은 관리들은 호적을 신뢰할 수 없는 수많은 증거들을 제시했다. 그는 특히 지원병 신청자를 담당하는 사람들에게 호적과 개인이 일치하는지 각별히 주의해서 확인하라고 지적했다. 1938년의 첫 번째 신청자들의 서류를 검토하면서, 담당자들은 "호적 사본에 신청자 자신의 난이 없거나, 여성으로 되어 있거나, 생일이 두 가지로 되어 있는"[35] 몇몇 경우를 발견했다. 그러므로 호적을 통해 그 사람을 확인했다기보다는, 지원병제도가 지원자 본인과 당국이 호적을 확인할 하나의 기회를 제공했다. 한편 가끔 자기 이름이 들어있지 않은 사본을 제출할 정도로 신청자들은 호적의 정확성에 대해 애초부터 무관심했는데, 이것은 대부분의 보통 사람들이 호적을 통해 실현되는 그들 자신과 그들에 대한 국가적 재현 사이의 관계를 이해하지 못했음을 암시한다.

주로 징병을 위해 이 정치적인 테크놀로지는 완성되어야 했다. 그리고 이로써 조선인들은 하나의 집단으로서, 가족들로서, 개인들로서 파악될 수 있었다. 달리 말해 이로써 그들은 통치성의 근대적 양식이 추구하는 세 가지 주요 목표들을 가로질러서 효율적으로 장악될 수 있었다. 식민지에 징병까지 강요할 수 있는지를 결정하기 위해 총독부와 군은 270개의 검사 팀을 소집해 반도 전체에 걸쳐 18세부터 19세까지의 남성들을 대량으로 조사했다. 1942년 3월 초순 동안 군의관 팀들과 기타 스태프들은 주로 징병검사 모델을 만들면서 대상자들의 신체적 특징, 일본어 실력, 호적 상태 등을 기록했다. 박흥식, 김연수 및 다른 유수의 사업가들은 이 사업을 금전적으로 지원했다. 이 일이 완료된 후, 그들은 식민지에서 징병이 실시될 수 있으리라는 결론에 도달했다. 그러나 1장에서 서술된 것처럼, 호적을 통한 인구조사를 위해 더 진전된 작업을 했다는 것은, 당시의 시스템이 조선인들을 파악하고 통제하기에 부족하다는 사실을 당국이 인정했음과 동시에 모든 조선인들을 권력에 노출시킬 테크놀로지를 완성하고자 노력했음을 의미한다.[36]

인구를 조사해 그 디테일이 드러나게 하는 일은 당국으로 하여금 모든 사람들의 건강, 교육, 복지를 더욱 증진시킬 수 있도록 하는 감시의 첫 단계에 불과했다. 따라서 1943 회계연도의 예산에서 총독부는 징병을 조선에 확대하기 위해 필요한 기초공사 비용으로 다음과 같은 액수를 책정했다. 총독부와 지방 관공서의 행정기구 및 인력 확대를 위해 177만 6,228엔, "징집 연령 남성들의 명부를 작성하는 일, 호적에 등재되지 않은 사람들을 호적에 등재하는 등 호적상의 오류를 바로잡는 일, 호적지에 기재된 곳 이외의 장소에 일시적으로 거주하는 사람들의 상황을 파악하는 일" 등을 담당할 인원을 더 고용하기 위해 346만 9,367

엔, 초등교육(즉 새로 명명된 국민학교 6년 교육)을 마치지 못했거나 그 어떤 훈련도 받지 못한 징병 적령 남성 약 8만 명에게 "언어 강의와 기초 훈련을 제공하기 위해 국민학교 시설을 이용하는 비용 603만 4,783엔이 그것이었다. 정부는 이 청년들을 가르칠 국민학교 교사들과 기타 인원에게 이 돈을 지급할 것이었다. 이 돈은 육군특별지원병훈련소의 수용 인원을 4,500명에서 6,000명으로 늘리기 위해서도 사용될 것이었다.[37]

재무국장 미즈타 나오마사水田直昌는 총독부의 다음 해 예산 중 징병에 관련된 것들을 설명하면서, 호적과 기류계寄留届의 완성이라는 전년도 작업을 계속하기 위해 65만 엔이라는 액수가 1944년 예산에 별도로 충당될 것이라고 지적했다. 미즈타는 이 일이 완수되는 것과 함께 징병 적령 남성들에게 최소한 "일본어를 이해할 수 있는 능력을 갖추도록 하고 아울러 일정 정도의 예의범절仕付け 훈련을 받도록 하는" 일이 중요하다고 역설했다. 처음에 총독부는 1944년의 징병 적령자의 수가 약 22만 명이며, 그중 반 정도가 소학교 교육을 받지 않았다고 판단했다. 사실, 호적 정리 캠페인 기간 동안의 발견으로 인해 적령자 전체 수는 25만 명 이상으로 상향 조정되었다.[38] 그해에 총독부는 조선 내 거주자 20만 명에 조선 이외의 지역에 사는 사람들을 합해서 26만 명이라는 더 많은 수의 적령자들을 다시 집계했다. 조선 내 거주자 중 약 7만 5,000명만이 초등학교(고등소학교 또는 6년제 국민학교)를 졸업했다. 이는 나머지 12만 5,000명 대부분이 "국어(일본어)를 이해할 수 없고 특히 군 입대에 대해 크게 불안한 정신 상태에 있음"[39]을 의미했다. 미즈타가 설명했듯이, 총독부는 필요한 언어 교육과 '예의범절' 훈련을 위해 1942년 10월에 〈청년특별연성령靑年特別鍊成令〉을 공표했다. 이로써 11

만 명의 청년들이 훈련을 시작할 수 있었다. 총독부는 만주국에 사는 조선 청년들이 이와 비슷한 훈련을 받는 데 필요한 예산을 책정하기도 했다.[40]

예외는 있을 수 있었지만(9조), 이 법령은 모든 시·읍·면에 청년특별 연성소 설치를 의무화했다. 법령의 "목적은 조선 청년에게 정신적 육체적 훈련과 더불어, 미래에 군 복무를 하게 될 자들에게 요구되는 자질을 갖추기 위해 필요한 여러 교육들을 제공하는 것이었다. 이와 동시에 근로하기에 적당한 능력을 기르는 훈련도 기대되었다"(1조). 훈련은 조선에 거주하는 17세에서 20세 사이의 조선 청년들을 주요 대상으로 했지만(2조), 국민학교 초등과 졸업생들에게는 이 훈련이 면제되었다(4조 1항). 법령은 원칙상 훈련 기간을 1년으로 정했지만, 필요한 경우 6개월로 줄일 수 있었다(5조).[41] 총독부가 수집한 데이터에 따르면, 1944년 말까지 2,534개소(공립 2,400개소, 사립 134개소)의 청년특별연성소가 조선에 설립되었는데, 이 수는 1945년까지 2,738개소로 늘어날 것이 기대되었다.[42]

청년들은 보통 낮에는 직장에서 일했으므로 저녁에 수업을 들었다. 1년간의 과정 동안 학생들은 대략 400시간의 일본어 교습 및 200시간의 다른 수업과 훈련을 수료했다. 교습은 어학 교육에 중점을 두었는데, 이는 무엇보다도 언어가 군대에서 제 역할을 하기 위한 기본적인 기능이었기 때문이다. 강사들 대부분은 국민학교 교사들이었으며, 각 연성소는 현역 병사 한 명의 파트타임 근무를 확보하려고 노력했다. 징병검사를 치른 후, '갑종' 판정을 받은 청년특별연성소의 청년들은 정신 훈련, 언어 강습, 예의범절 전반을 모두 가르치는 세 곳의 군무예비훈련소軍務豫備訓練所 중 한 곳에서 약 한 달 동안 부가적인 집중 수업을 받았다.[43] 이 새로운 훈련소들 중 두 곳은 노해와 평양의 육군특별지원병훈련소를 개조한 것이었다(조선에서도 징병이 실시되면서 육군특별지원병제도가 폐지되었기 때문에 노해와 평양의 육군특별지원병훈련소는 1943년에 입소자 수용을 중지했다). 1944년 5월에 총독부는 경기도 수원 외곽의 시흥에 세 번째 군무예비훈련소를 세웠다.[44]

그와 동시에 학교를 졸업한 지 얼마나 되었는가를 고려해, 초등교육을 마친 청년들에게도 일 년에 걸쳐 300시간 수업을 받는 청년특별연성소 별과別科에 다닐 것이 요구되었다. 이 과정 역시 정신 훈련, 언어 강습, 예의범절에 초점을 맞추었다. 이 특별 과정을 성공적으로 수료한 후, 징병검사에서 '갑종' 판정을 받은 청년들은 조선 전체의 중요 지역들에 설립된 120개의 합동청년연성소 중 한 곳에서 현역 사관들—이상적인 경우, 한 명의 장교와 다섯 명의 하사관들—이 직접 지휘하는 가운데 한 달 동안 훈련을 받았다. 마지막으로 이제까지 이야기된 훈련 과정을 모두 면제받았던 소수의 중학교 졸업생이나 그 이상의 학력을 지닌 몇몇 사람들은 제국재향군인회Military Reservists Association 등의 기관에서 특별 훈련을 받게 되어 있었다.[45]

요컨대 총독부는 징병 가능한 거의 모든 인력, 특히 최소한 초등교육을 받은 사람들, 그리고 군 복무를 위해 더 확실한 훈련을 수료한 사람들 등, 징병될 가능성이 아주 많은 사람들을 제공함으로써 군에 협력하려 했다. 총독부가 만든 도표에 근거한 〈그림 6〉은 1944년의 징병제 실시와 관련해 위에서 서술된 모든 것들을 요약해 주고 있다.

그러나 전쟁을 위해 사람들을 감시하고 교육하는 일은 징병 적령기의 남성들을 대상으로 한 제도에만 한정되지 않았다. 실제로 먼저 육군 특별지원병제도(1938. 2. 22)를 신속하게 만들고 이어서 조선의 교육제

총력전 제국의 인종주의

도를 개정하는 칙령(1938. 3. 4)을 공포한 일은, 개선과 평등의 기치하에 이루어진 전체 조선인에 대한 교육이 민간 및 군 노동자들을 더 많이 확충하는 일과 불가분하게 관계되어 있음을 보여 준다. 예컨대 총독부는 결혼 적령기의 젊은 여성들을 위한 훈련소를 세웠는데, 이는 그들을 충량한 제국 신민·노동자·가정주부로 만들려는 노력의 일환이었다. 총독부는 1944년 말 현재 약 10만 명의 젊은 여성들이 이 여성청년훈련소에서 강습을 받고 있다고 집계했다.[46] 조선인들, 특히 15세에서 30세 사이에 있는 조선인들의 일본어 능력 향상을 위한 또 다른 노력의 예로는 총독부가 1938년부터 각 지방의 지역사회에 돈과 교과서를 제공하면서 언어강습회의 조직을 독려하기 시작했다는 사실을 들 수 있다. 총독부는 이 캠페인이 시작된 첫 해에 3,660강좌에 21만 373명이 참가했으며, 그 외에 9만 9,302명이 독학을 위해 교과서를 샀다고 집계했다.[47]

이런 캠페인이 일어나게 된 것은 조선인들의 전쟁 참여가 필요하지만, 커다란 언어적 장벽이 총력전 동원을 아주 어렵고 비효율적으로 만든다는 사실을 식민지 통치자들이 날카롭게 인식했기 때문이다. 1940년에 나온 《시정 삼십년사》에서 총독부는 1936년까지의 십 년 동안 일본어 지식이 아주 조금밖에 증진되지 않았다고 지적했다. 조선에 대한 첫 번째 광범위한 국어 실태조사를 보면, 당시 전 인구의 겨우 8퍼센트 정도가 어느 정도의 일본어 능력을 갖추고 있었다.[48] 그러나 1944년 말에 총독부는 초등교육의 전반적인 확대—1946년까지 의무교육이 될 예정이었다—와 함께 국어 강습, 청년특별연성소, 여성청년훈련소의 확산 및 기타 조직들의 모든 노력이 일본어를 이해할 수 있는 조선인 비율의 급속한 향상에 기여했다고 주장했다. 1939년에는 겨우 12.89퍼센트의 조선인들이 일본어를 이해할 수 있었지만, 이 비율은 해마다 증가해 1940년에는 15.57퍼센트, 1941년에는 16.61퍼센트, 1942년에는 19.9퍼센트가 되었으며, 마침내 1943년에는 22.15퍼센트에 도달했다.[49]

위에서 말한 캠페인들 및 애국반상회 등과 같은 지역의 새로운 대중 조직 단위들의 지원에 힘입어 총독부는 아주 성공적으로 징집 대상자들을 등록하고 검사할 수 있었다. 1942년 11월 말에 총독부는 〈조선 중앙 호적정비위원회〉를 만들어, 이 위원회에 호적 정리를 위한 정책 개발을 맡겼다. 그 결과 1943년 3월 1일에 조선의 각 읍·면·동은 호적조사와 동시에 20세 이하의 남성을 포함하는 기류계 신고에 대한 조사를 실시했다. 이로써 625만 4,984건 중 약 227만 1,712건에 오류가 있음이 발견되었다. 그리고 이 중 거의 200만 건에 가까운 오류가 1943년 9월까지 정정되었다. 이러한 준비 덕분에 총독부는 1943년 10월 1일부터 1943년 11월 30일까지의 등록 기간 동안, 징집 적령기에 있던 전체 청년 중 파악되지 않았던 26만 6,643명의 95.5퍼센트 이상인 25만 4,753명을 등재시킬 수 있었다.[50]

조선 전도에서 적령기 청년들을 대상으로 첫 번째 징병검사가 1944년 4월 1일부터 시작되어 8월 20일에 종결되었다. 전국에 걸쳐 40여 개의 검사 팀들이 20만 6,517명의 청년들의 정신과 신체를 검사했다. 총독부에 의하면 이 수는 조선에 거주하는 대상자와 다른 곳에 살다가 돌아온 사람 모두를 합한 인원의 대략 94.5퍼센트에 해당했다.[51] 징병검사를 받은 사람들 중 33.5퍼센트가 '갑종' 판정을, 30퍼센트가 '을종 1' 판정을 받았는데, 두 가지 모두가 현역에 적격했다. 검사 담당관들은 그 외의 16퍼센트를 '을종 2'로, 11.1퍼센트를 '을종 3', 즉 예비 병력으로 판정했다. 9월에 첫 번째 조선인 징집병들이 군 생활에 점차 적응하기 위해 조선 내의 일본군에 입대하기 시작했다. 이제 그들은 일본제국 군대 전체에 배치될 것이었다. 다음해 2월과 5월에 식민지 당국과 군 당국은 전년도의 방식에 따라 두 번째 연도별 징병검사를 실시했다. 그리고

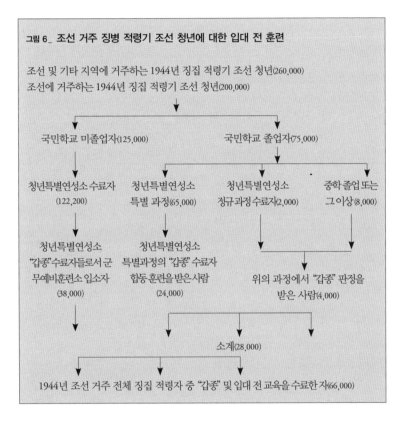

그림 6_ 조선 거주 징병 적령기 조선 청년에 대한 입대 전 훈련

조선 및 기타 지역에 거주하는 1944년 징집 적령기 조선 청년(260,000)
조선에 거주하는 1944년 징집 적령기 조선 청년(200,000)

국민학교 미졸업자(125,000)　　국민학교 졸업자(75,000)

청년특별연성소 수료자 (122,200)　청년특별연성소 특별 과정(65,000)　청년특별연성소 정규과정 수료자(2,000)　중학 졸업 또는 그 이상(8,000)

청년특별연성소 "갑종" 수료자들로서 군 무예비훈련소 입소자 (38,000)　청년특별연성소 특별과정의 "갑종" 수료자 합동 훈련을 받은 사람 (24,000)　위의 과정에서 "갑종" 판정을 받은 사람(4,000)

소계(28,000)

1944년 조선 거주 전체 징집 적령자 중 "갑종" 및 입대 전 교육을 수료한 자(66,000)

아마도 청년특별연성소 정규과정 수료자는 조선 전체에 청년특별연성소 설립을 명령한 1942년 10월의 법령 이전에 존재했던 청년특별훈련소에서 훈련을 마친 사람을 일컫는 것일 터이다. 일본 내지의 예를 따라, 훨씬 적은 수였지만 조선에도 그와 같은 훈련소들이 적어도 1929년부터는 존재하고 있었다.

*출처: 조선총독부, 〈소화 19년 12월 제 86회 제국의회 설명 자료〉, 1944. 12(조선총독부, 《조선 총독부 제국의회 설명 자료 10권》, 도쿄: 후지슛판不二出版, 1994, 56쪽).

징집 첫 해에 활용했던 다양한 훈련소에서 그들을 훈련시켰다.[52]

'이성'

우리가 고찰해 왔듯이, 총력전 체제의 물질적 목적들을 실현하기 위해 식민주의적/국민국가는 사회의 가장 멀고 외진 곳에까지 촉수를 뻗었다. 그것은 일본의 국경을 넘어 조선 반도로 나아갔다. 군, 경찰, 수많은 기타 지방 당국들이 협력해 지역사회는 물론 가족과 개인의 아주 자세한 부분까지 권력에 노출되게 함으로써 이 모두가 전쟁에 협력하고 동원될 수 있도록 했다. 전체화하는 동시에 개인화하는 프로젝트, 즉 규범적인 선택을 할 자기반성적인 주체들을 구성하고자 했던 프로젝트의 모습은 공식적인 담론을 통해 항상 일본 통치하의 이성, 역사, 도덕의 전개를 나타내는 어떤 것으로서 표명되었다.

그것은 진보 및 조선 민중의 성숙도 향상이라는 더 큰 운동의 한 부분으로 상상되었다. 이를 통해 조선인은 궁극적으로 저급한 상태의 일상생활, 지식, 문화(민도)에서 벗어나 내지 일본인과 완전히 동등한 사람들로 대우받을 수 있을 것이었다. 이성, 진보, 조선 민중의 성숙도가 향상된다는 것은 조선인들이 동아시아 지도 민족의 일원으로서 자기들의 목적을 실현하는 첨단에 있음을 의미했다. 그러므로 일본제국의 군대에서 복무하는 일은 조선인이 일본인으로서, 제국의 신민으로서, 세계사의 최전선에 선 한 민족으로서 운명의 한 부분처럼 받아들여야 하는 영예이자 의무였다.

따라서 총독부는 조선인 병사 모집 등의 국가 프로그램들을 지원한

'일반 유식 조선인', 즉 '유식자有識者'들의 행위를 칭찬했다. 총독부는 조선에까지 징병이 확대된 것에 대해 이 유식자들이 "커다란 감사와 열광으로 반응했다"고 주장했다. 왜냐하면 1938년에 특별지원병제도가 실시되기 시작한 이래, 내지인들뿐 아니라 조선인들 역시 자기들의 낮은 교육 수준으로 인해 의무교육이 실시되기 전에는 조선인 징병이 불가능할 것이라고 판단했었기 때문이다. 그러므로 '유식 조선인들'은 1944년부터 징병을 실시하겠다고 밝힌 1942년 5월의 성명이 조선인을 제국 국민으로 인정하는 것이라고 해석했다. 그들은 그것을 "의무교육의 실시, 선거권과 공무담임권의 부여 등등을 통해 내지 일본인과 식민지 조선인 사이의 차별이 곧 제거될 것임"을 알리는 표시로 간주했다. 그러한 태도를 드러내면서 교육받은 엘리트들 중 많은 사람이 열광적으로 징병 실시 준비 작업에 참여했다.[53]

분명히 총독부의 평가는 총독부 관료들 사이에 떠돌던 어떤 소망적 사고를 반영했다. 하지만 그 관료들은 모든 인구가 그러한 열광을 보이지 않음을 솔직히 지적하기도 했다. 이렇게 열광하지 않는 사람들이 있었음에도 불구하고 미디어는 애국적인 개인들에 대해 여러 번 보도했으므로, 우리는 총독부의 공식적인 견해를 그저 과장에 불과한 것인 양 손쉽게 묵살할 수 없다.

민간, 경찰, 군 당국은 전체 인구에 대한 관리 테크놀로지의 그물망을 확대했다. 하지만 그렇게 하면서 그들은 일본 국가 및 그 당국자들의 논리를 받아들이지 않는 타자들과 맞닥뜨렸다. 이성은 국가 정책과의 불화로 귀결될 수도 있었다. 예컨대 예전에 양반이었던 구세대 중 많은 사람들은 전쟁을 싫어하고 군대를 폄하했다. 세계사적으로 자신의 위치를 자각하고 있는 일부 사람들은 일본의 체제가 다른 식민 권력들이 대우

했던 것과 아주 유사하게 식민지 병사들을 대우할 것이라고 믿었다. 아마도 '유식자'인 듯한 어떤 사람은 다음과 같이 말했다. "미군 내의 필리핀 병사들이나 영국군 내의 인도인 병사들처럼 차별받을지도 모른다는 두려움과 다마요케彈除け(총알받이)로 사용될 것이라는 공포로 인해 자식을 군대에 보내고 싶지 않은 수많은 부모들이 있다."[54]

하지만 국가 쪽에서 보았을 때, 병사되기를 포함해 국가적 프로젝트에 자발적으로 참여할 유용하고 합리적인 주체가 되도록 조선인들을 교육하고 격려하는 일은 아주 다른 두 가지 위험성을 내포하고 있었다. 첫째, 총독부는 군 복무를 하는 대신 정치적 권리 등의 혜택이 부여되어야 한다는 생각에 계속 반대했지만, 많은 '유식자' 엘리트들 및 평범한 상식을 가진 보통 사람들은 그러한 주장을 펼쳤다. 그리고 그것은 내가 일본계 미국인들의 경우와 관련해 '조건부 충성'이라고 불렀던 논리에 수반되었던 주장이기도 했다. 왜 의무교육이 시행되기도 전에 징병을 해야 하는가? 또는 권리와 혜택상의 많은 불평등이 남아 있는데도 왜 조선인들이 일본인 청년들처럼 군 복무를 해야 하는가? 일본의 정보기관들은 조선인들이 군 복무로부터 얻는 피상적인 명예와 찬사보다 훨씬 더 얻기를 기대하고 있는 것이 무엇인지에 대해 큰 관심을 가지고 보고했다.

그러므로 당국은 조선에 징병이 실시될 것이라는 1942년 5월 성명에 대한 다양한 집단들의 반응을 조사해 특별보고서를 만들었다. 사법성 형사국은 1943년 6월의 내부 정보 보고서에서 일반적인 조선인들이 이 새로운 사태를 지원병제도의 논리적인 결과로 인정함에도 불구하고, "그들은 일본에 거주하는 조선인들만큼 크게 흥분하지는 않았다"고 지적했다. 조선의 "상층 지식계급"과 관련해, 보고서는 "의무교육,

내지로의 왕래, 급료와 주거보조금, 선거와 공무담임권 등에서 차별적인 대우가 모두 제거되어야 한다는 요구가 그들 사이에서 들린다"고 경고했다. 나아가 보고서는 그러한 요구들이 "총독제도의 폐지를 주장하는 데에까지 나아갔으며", "일본 내지에 사는 조선인들 사이에도 그런 요구가 있다"고 밝혔다. 요주의 인물로 보고된 신의주 출신 무명인의 견해가 증명하는 것처럼, 후자의 요구는 조선이 국가의 한 부분으로서 일본에 완전히 통합되어 모든 차별적인 정책들이 끝나기를 바라는 것이었다(22~23쪽).

조선인들이 군 복무의 반대급부를 받아야 한다는 견해를 설명하기 위해 보고서는 경성에 있는 중추원 멤버 한 사람의 입장을 인용했다. 그는 육군의 특별지원병제도가 상층부에서는 환영받지 못했던 어린애 장난, 즉 '고도모노 아쿠지子供の惡事'에 불과하다고 비난했다. 이와 반대로 그는 징병제의 확대가 조선인들에게 "내지인과 동등한 지위"를 줄 것이라고 진정으로 믿었다. 유럽과 그 식민지들의 예를 참고하면서, 그는 몇몇 조선 청년들이 품고 있는 조선 독립의 꿈을 비현실적인 것으로 평가절하했다. 대신 그는 조선에 징병이 실시됨과 더불어 조선인들이 "내지 일본인과 동등한 대우를 받게 된 데에 대해 감사해야" 하며, 조선인으로서 일본군의 영웅이 되고자 노력해야 한다고 느꼈다. 조선인들은 "제2의 폭탄삼용사(상해사변 때의 영웅들), 제2의 구군신九軍神(진주만에 대한 소형 잠수함 공격 때의 영웅들)이 되어야 한다"는 것이다. 그는 "가까운 미래에 조선인들이 아마도 내지 일본인들과 동등한 참정권을 부여받을 것"이라고 예측했다(22~23쪽).

이 보고서는 일본에 사는 조선인들의 여러 반응을 상당히 자세히 제시했다. 전체적으로 보고서는 일본 거주 조선인들 대다수가 새 정책을 환영했으며, 내선일체의 원칙이 결국에는 실현될 것임을 의미하는 바람직한 표시로서 이 정책을 간주했다는 인상을 주었다. 한 예로 보고서는 징병제 발표 직후에 제국의회의 유일한 조선인 중의원이었던 박춘금이 이끄는 11명의 제국의회 조선인 의원들(박춘금 이외의 박영효, 윤치호, 한상룡 등 나머지 10명은 귀족원 의원—역주)이 미나미 지로 총독과 조선군 사령관 이타가키 세이시로板垣征四郞에게 축전을 보냈다고 언급했다. 그들은 궁성 요배의식을 치른 후, 감사 편지를 가지고 내각, 육군성 각료들, 해군, 척무성 사무실 등을 방문했다. 보고서는 그들이 메이지 신궁과 야스쿠니 신사에도 참배할 계획이었다고 밝혔다. 그리고 박춘금이 장기간 노력한 결과 새로운 징병 정책이 나왔다고 생각하는 것 같다고 추측했다(14~15쪽).

그러나 일본 경찰은 이 보고서를 작성하면서 이 식민지/소수자 주체들의 진짜 동기와 감정에 대해 심각하게 의심했다. 즉, 일본 경찰은 일본계 미국인과 기타 소수자들에 대해 다른 기관들보다 훨씬 더 의심하는 경향을 보였던 미국의 민간 및 군 정보기관들과 유사한 태도를 취했다. 조선인들이 보인 반응을 보고한 일본 경찰의 기록은 우리가 일본 내의 조선인들이 지녔던 감정을 헤아릴 수 있도록 도와준다. 하지만 그것은 조선인들이 평등하게 대우받을 것이라는 총독부, 중앙정부, 육군의 공식 입장에도 불구하고, 정보기관들이 조선인을 계속 불신하게 하는 데에 기여했음도 드러낸다. 보고서는 다음과 같은 결론을 내렸다.

오늘날 반도에 대한 황민화의 결과들이 꾸준히 나타나면서, 제국의 은혜에 감사하며 진정으로 봉공을 맹세하는 사람들이 적지 않을 것임을 분명히 기대할 수 있게 되었다. 하지만 …… 조금 더 깊이 파고들어 가고 조금 더 자세히 살펴보면, 그들 중에는 징병제 실시에 대한 감사의 마음을 표현하면서도 그와 동시에 의무교육 실현뿐 아니라 선거권과 공무담임권, 조선과 내지 사이의 여행 제한 철폐, [내지로의] 호적 이전 등의 문제까지 즉각 들고 나오는 사람들이 상당히 있음이 확실하다. 그들은 징병제가 실시되는 한 이런 문제들이 일거에 해결되어야 한다고 말한다. 또는 이런 문제들이 가까운 장래에 해결될 것 같다고 말한다. 만일 그들의 감사와 열광이 정말로 순수한 것이었다면, 이른바 대가[즉 군 복무의 반대급부로 주어지는 어떤 짓]의 문제를 제기하지 않았을 것이 아닌가? 그렇게 보면, 그들은 황국신민으로서 영예를 얻은 것에 대한 감사와 열광으로 인해 순수하게 기뻐했기보다는 하나의 차별적인 대우가 사라진 것 때문에 크게 기뻐했음이 확실하다. 이는 아직도 반도인 대부분이 일본인으로서의 철저한 의식을 진정으로 갖지 못했음을 알려준다(15쪽).

보고서는 조선인 징병이 여러 권리 부여와 차별 철폐로 보상되어야 한다는, 보고서 작성자의 평가에 의하면 부적절한 생각을 가진 몇몇 대표적인 조선인들에 대한 특정 증거를 제공했다. 고베의 어떤 사람은 10년 이상 징병제 실시를 지지해 왔다고 주장했으며, 미나미 총독과 도죠 히데키 수상이 마침내 그 일을 해낸 것에 크게 흥분하며 고마워했다. 하지만 그는 '총독부의 문제' 자체는 남아 있으므로 한 걸음 더 나아갈 필요가 있다고 주장했다. 그는 "'완전한 내선일체'라는 말을 사용하는 것보다는" "총독제도를 폐지하고 내지의 지방처럼 조선에 현명縣名을 부여해 내무성의 직접적인 관리 하에 둠"(17쪽)으로써 식민지적 관계가 종결되어야 한다고 단언했다. 통합과 비차별에 대한 공식적인 담론을 극한까지 밀어붙인 이러한 논리는 실제로 아주 강력했고 널리 퍼져 있었다. 그리고 그것은 전쟁에 조선인들을 활용해야 하는 물질적 필요성에 확고히 근거했다. 따라서 독자들이 기억하겠듯이(1장) 정부는 1942년 11월에 척무성을 해체했다. 그리고 총독부를 내무성의 새로운 행정기관 아래 직속시켰다. 총독부 폐지로까지 나아가지는 않았지만 말이다.

이름이 밝혀져 있지 않지만 잘 알려진 교토의 어떤 사람도 이와 비슷하게 새로운 정책에 대한 감사와 기쁨을 표현했다. 그러나 이 사람은 스스로도 약간 "이상하다"고 생각하는 '교환조건'이라는 말을 사용하면서, 차별의 완전 철폐를 향해 더욱더 나아갈 것을 정부에 촉구했다. 이 책의 서문에서 설명했던 것처럼, 일본에 거주하던 조선인들은 이미 투표권과 공무담임권을 가지고 일본의 여러 선거에 참여할 수 있었다. 그러나 이 사람은 조선인 징병을 계기로 조선에 사는 조선인들 역시 그러한 권리를 가지게 되어야 한다고 주장했다. 그는 일본 내지와 조선 사이의 자유로운 여행 제한이 하나의 '차별적인 조치'이므로 이 역시 제거되어야 한다고 역설했다. 그는 자기만 이런 생각을 하는 것이 아니라고 말했다. "아마도 조선에서 온 사람들 모두가 그런 생각"을 공유했다.

실무적인 관점에서도 그는 내지와 조선 사이의 차별을 없앨 정책을 우선 실시한 후에 징병을 시작하는 것이 더 좋을 것이라고 판단했다. 그는 고도로 계발된 '국민의식'을 가진 조선인에 대한 뉴스 기사들이 오직 한 무리의 조선 지식인들에 의해 조장된 캠페인의 산물이며, 사실 일본에 사는 조선인들 중 그런 의식을 가진 사람은 거의 아무도 없다고 말했다. 그는 조선과 일본의 통합으로 나아가는 역사적 움직임을 거부하지는 않았지만, 그 대신 의무교육이 선행되어야 한다고 생각했다. 의무교육을 받음으로써 "국체 관념에 대한 이해"와 "천황의 적자赤子라는 국민의식"(16~17쪽)이 생길 것이었다. 요컨대 이 사람은 조선 독립을 요구하는 급진주의자가 아니라 강력한 동화주의자였다. 그는 일본 정부가 평등한 대우를 먼저 실천해, 일본인으로서 조선인들을 시험하게 될 전투 상황 등에 그들을 노출시키기 전에 미리 일본 국민으로 온당하게 준비시키기를 원했다. 달리 말해 그는 불평등한 채로 국민적 삶의 어떤 국면에 참여함으로써 사실상 차별이 악화될 수 있음을 우려했다.

조건부 충성의 논리 및 총력전의 물질적 상황이 정부로 하여금 조선인 통치의 구조와 형태를 실질적으로 변화시키도록 압박했다. 하지만 반면에 조선인의 교육을 향상시키는 일에는 조선인의 성공적인 전시 동원을 위협하는 또 하나의 더 직접적인 위험이 수반되었다. 그 위험은 공산주의자와 민족적 내셔널리스트, 그리고 공산주의와 민족주의라는 대안적 근대 이데올로기들을 따르는 학생들과 관련된다. 그것은 아시아 태평양 전쟁 이전부터 있었던 오래된 문제였다. 징병 등의 새로운 착취 정책을 수행하면서 식민지 정부와 경찰은 이러한 집단과 개인을 집중적으로 주목했다. 따라서 총독부와 특별고등경찰(즉 '사상경찰') 같은 정보기관들은 이런 사람들을 암암리에 계속 감시했으며, 활동가들에 대한 탄압을 강화했다. 예컨대 일본 거주 조선인들의 치안유지법 위반 사건 및 체포 사례에 대한 한 조사에서 경무국 보안과는 '조선 민족주의자 그룹'이라고 기술된 네 명의 조선인들이 투옥된 1940년 8월의 사건을 기록했다. 분명히 그들은 무장반란을 위해 육군특별지원병제도와 징병제를 활용하려는 계획을 세웠었다. 그들은 조선 독립을 이루기 위해 조선 민족주의 동맹bond of Korean nationalism을 중심으로 하는 운동을 조직하고자 했었다.[55]

이런 그룹들을 평가하면서 총독부는 그들이 여전히 위험하다는 결론을 내렸다. 일본의 승전으로 인해 잠시 잠잠했던 그들은 전쟁이 교착 상태에 빠지자 용기를 얻었다. 총독부는 조선 민족주의자들이 제국의 패배에 대한 터무니없는 루머를 퍼뜨리면서 제국의 지배에서 벗어나기 위해 연합국과 함께 활동한다고 주장했다. 그들의 전략 역시 조용한 준비 활동으로부터 동시다발적 봉기, 파괴와 폭동, 인민 선동을 일으키는 것으로 바뀌었다. 공산주의자들은 공산당 조직 공작에서 퇴각해 인민전선 전략을 채택했다. 그러므로 그들은 전시 국가의 여러 요구에 짓눌린 국민들의 실망과 적대감을 자본주의적 국가의 파괴로 몰아가고자 했다. 총독부는 이 공산주의자들이 소련의 참전을 기대하며, 그 기회에 편승해 대규모 인민 봉기와 폭동을 계획했다고 경고했다. 공산주의자들은 조선 민족주의자들과 통일전선을 구축하려는 경향도 지녔다.[56]

총독부 관료들은 운동가들과 민족주의적인 고등교육기관 학생들의 위험을 그저 막연하게 언급했다. 그러나 역사가 강덕상은 입대의 압력을 받았지만, 입대를 거부하거나 입대 후 도망친 학병들이 많았음을 상당히 자세하게 밝혔다. 또 드물지만 항명과 반란을 계획하는 데까지 나아갔던 학병들과, 중국 내의 전선에서 탈영한 학병들에 대해서도 강덕상은 이야기했다. 많은 탈영병들이 중국군이나 당시 중경重慶에 있던 대한민국 임시정부의 군대, 이른바 대한민국 광복군에 가담했다. 가장 유명한 예를 들면, 역사가로서 후에 고려대학교 총장이 된 김준엽은 '탈영 학병 제1호'로서 그가 취한 행동들을 다룬 회고록《장정長征》— 한국에서 베스트셀러가 되었다—을 썼다. 그가 탈영 후 일본에 대한 심리전에서 한 일 중 하나는 다른 조선인들의 탈출을 설득하기 위한 삐

라 쓰기였다.[57]

국가총동원법(1938)과 국민징용령(1939)은 국가에 민간 노동자 징집 권한을 주었다. 그 법률적 체제하에서 총독부는 군대에 지원할 것을 거부했거나, 지원했지만 탈락한 조선 내의 학생들에게 나중에 입대하거나 징용 노동자가 되기 위해 징병검사를 받으라고 강요했다. 1943년 12월에 총독부는 이 내켜하지 않는 두 경우의 사람들 모두에게 노해의 예전 조선인 지원병훈련소에서 약 2주일간의 정신 훈련을 받으라고 명령했다. 훈련을 받는 동안 강사들은 그들에게 자기비판문과 반성문을 쓰게 했다. 적절한 뉘우침을 보이고 입대하려는 욕망을 표현한 아주 적은 수의 사람들에게는 새로운 입대 기회가 부여되었다.

강덕상은 그 외의 사람들과 관련해, 그들이 단기간의 훈련을 받은 후 노동 현장으로 보내졌던 사례들을 보여 주었다. 그곳에서는 가혹한 환경하에 엄격한 감시가 이루어졌다. 그곳은 끊임없이 그들의 영혼을 개조하려 했다. 군인이 아니라 민간 노동자였을지언정, 당국은 이 거부자들에게 일본의 국가공동체 안에 포섭될 가치가 있음을 증명할 또 한 번의 기회를 주었다. 이 사실은 일본 식민제국이 악화일로의 심각한 노동력 부족에 시달리고 있었음을 증명한다. 그러나 총독부 학무국은 만일 그들이 또다시 스스로를 증명하는 데 실패한다면, "국가와 고향으로부터 추방된 사람이 될 것"[58]이라고 말했다. 요컨대 당국은 입대가 진정한 일본인이 될 기회이기라도 한 것처럼 조선인들에게 병사가 될 다양한 길을 꾸준히 제시했다. 그러나 그 규범적인 선택을 하지 않을 경우 주어지는 대가는 국가로부터의 배제였다.

문부성은 일본 내지에 있는 대학, 고등교육기관, 직업학교 관리자들에게 군대에 지원하지 않은 조선인 학생들을 독려해 일시적으로 휴학하거나 완전히 퇴학하게 하라고 명령했다. 만일 학생들이 따르지 않으면 교장 등의 책임자들은 그들에게 퇴학을 명할 수 있을 터였다. 그와 동시에 경찰은 이 조선인 학생들의 실제 소재지를 확인하기 위해 전국을 샅샅이 조사했다. 경찰 기록에 따르면, 경찰은 이런 사람들 중 283명을 찾아냈다. 그리고 52명을 설득해 입대시켰으며, 나머지 231명을 체포했다. 경찰은 체포된 사람들 중 98명을 조선으로 돌려보냈고, 나머지 133명에게는 정신교육을 받게 한 후 강제 노동을 부과했다. 경찰은 군에 지원하지 않은 나머지 1,100명을 계속 수색해, 그들 중 몇 사람을 감옥에 보냈다. 그리고 최소한 한 사람을 자살로 몰았다.[59]

병사를 모집한 후 얼마 되지 않아 용산, 대구, 나남, 대만 및 일본제국 내의 다른 지역들에서 학병이 포함된 작은 규모의 혼란이 몇 건 발생했다. 그러나 전면적인 폭동과 반란을 일으키려 한 가장 가공할 시도는 평양에서 일어났다. 이 일에는 30사단(아키오츠Akiotsu 사단)의 연대들이 연루되었다. 강덕상은 만일 그 폭동이 성공했다면 반란이 촉발되었을 것이며, 그것은 불만을 품은 젊은 장교들이 도쿄의 정부를 타도하려 했던 저 유명한 1936년 2월 26일의 사건 이후 군대에서 발생한 가장 큰 반란이 되었을 것이라고 지적했다.

기록으로 충분히 입증된 강덕상의 논의에 의하면, 그 계획의 지도자인 박성화(일본명 '우하라 아키히로Uhara Akihiro')[60]라는 청년은 예전에도 자기를 입대시키려는 시도들에 완강히 저항한 바 있었기 때문에 그런 행동을 취할 소지가 있었다. 입대 후 다른 조선인 학병들처럼 그는 내지인 병사들의 차별적인 대우에 맞서 강력히 대응했다. 조선인과 일본인 병사들 사이에 민족적 긴장이 증폭되었다. 그리고 이 긴장은 1944년 6월에 최고조에 도달했다. 장교와 하사관 훈련을 신청한 조선인들 중 겨우 11퍼센트만이 받아들여진 반면, 일본인은 신청자의 86퍼센트가 장교와 하사관 훈련을 받을 수 있었다는 사실이 그때 알려진 것이다. 박성화는 신청이 수락된 사람 중 한 명이었지만 동료 조선인들의 운명에 크게 분개했다. 따라서 수위를 낮춘 군사재판 기록의 표현에 의하면, 그는 일본인에 대항하는 "민족적 편견을 가지게 되었다." 박성화와 다른 조선인들은 무기와 탄약을 소지한 후 자기들이 가지고 갈 수 없는 것들은 폭파해 버리고 탈영할 계획을 짜기 시작했다. 그와 동시에 그들은 그 지역의 독립운동을 촉진한 후 만주로 탈출하려 했다. 만주에서 그들은 민족의 독립을 위해 독립군에 가담할 것을 계획했다.

공모한 사람들은 이데올로기적으로 나뉘어 있었다. 민족 자결의 직접적 노선을 취한 사람들도 있었으며, 사회주의적 입장에서 조선의 독립을 지지하는 사람들도 있었다. 그러나 양자가 동의해 이데올로기를 넘어서자는 통일적 입장에 도달한 후, 그들은 넓고 깊은 공동 공모자들의 네트워크를 함께 만들어 냈다. 평양에 있는 6개 부대를 모두 망라했을 뿐 아니라 근방의 지원자들도 포괄한 네트워크였다. 지원자들 중에는 독립운동에 관여하는 사람들 및 여학생들, 그리고 군 병원에서 간호부로 일하고 있는 여성이 최소한 한 명 포함되어 있었다. 어떤 공동 공모자는, 여학생 중 한 사람이 원래 소련 출신이라고 말했다. 조직은 어떤 면에서 일본군을 모방하고 있었다. 즉 고도로 규율될 것과 명령에 철저히 따르는 위계질서를 요구했다. 이 사람들의 입장에서는 불행하게도, 그들의 계획은 헌병에 적발되었다. 1944년 10월 중순에 70명 이상의 조선인 병사들이 체포되었다. 그들 중 절반 정도가 군사재판을 받았다. 군 재판소는 리더인 박성화에게 13년형을 선고했으며, 다른 많은 사람들에게도 무려 9년형을 선고했다.[61]

무지

앞에서 우리는 적령기의 남성들에게 국가의 징병제도에 복종할 것을 요구하는 데에 대한 대응 양상들을 고찰해 왔다. 일본 식민주의 아래에서 교육받은 다양한 계층의 사람들은 어떤 경우에는 긍정적으로 대응했지만, 다른 경우에는 주저하거나 저항적인 태도를 보였다. 즉, 사람들은 징병을 열광적으로 환영하거나 조건부로 지지했으며, 아니면 그야말로 격렬하게 반대하면서 의미심장한 정치적 견해차를 보였다. 그러나 이 견해차와는 상관없이 이 사람들은 모두 일본이 이미 1930년대 이전부터 수행하기 시작했던 작업의 결과물이었다.

일본은 제한된 인원일지언정 식민주의적 국가 프로젝트들을 촉진하는 규범적 선택에 순응할 자기 반성적이고 합리적인 주체들을 생산하려고 노력해 왔다. 그것은 다른 학자들이 '식민지 근대성colonial modernity'이라고 명명해 온 것으로 포섭되어 가는 장기간의 운동이었다. 그러나 그것은 총력전 시기 이전에 중단되었으며, 그 한계는 여러 방식으로 나타났다. 당국이 징병을 통해 수만 명의 조선인들을 동원해야 할 필요에 직면했을 때, 아마도 그 한계가 가장 두드러지게 드러났다. 당국은 정확히 파악할 수도 없고 확실히 알지도 못하는 많은 수의 인구와 맞닥뜨렸다. 그러므로 징병제는 병사로 복무할 준비가 된 조선인 남성들을 간단히 동원할 수 없었다. 그 대신, 우리가 고찰해 왔듯이 일단 조선인 남성들은 생각과 신체적 능력은 물론, 징병 이후의 예의범절에서도 완전히 '일본인'이 되기 위해 훈련소 교육을 받아야 했다.

따라서 또 하나의 문제는 거대한 조선인 민중 집단을 어떻게 전시 체제의 통치성과 이성 속에 통합시키는가 하는 것이었다. 어느 면에서 이

총력전 제국의 인종주의

는 상대적으로 엘리트 계층에 속하는 사람들에 대한 교육과 계발 작업에서 발생하는 갈등 및 그에 대처하는 문제보다 더 큰 일이었다. 민중은 민족주의라는 근대 이데올로기—즉 일본의 내셔널리즘에 대항하는 조선의 내셔널리즘—나 공산주의 등과 같은 다른 근대 이데올로기를 실천할 대안적인 계획을 추구하지 않았다. 당국자들이 보기에 그들은 식민 체제의 문명화 프로젝트 외부에 있는 사람들 같았다. 제국의 이성이 볼 때 그들은 모두 어리석고 무지하며 게을렀다. 그리고 시대에 뒤떨어지거나 낙후된 것으로 간주되었다. 이 사람들—가난한 사람, 공교육이나 다른 교육을 받지 못한 사람, '무식한' 젊은이들, 노인들, 특히 모든 연령의 여성들 등—은 근대적 식민주의와 국민국가의 합리성과는 어림도 없이 동떨어진, 아직 길들여지지 않은 카오스적 본성의 세계를 대표했다.

이로 인해 공식적인 담론은 하나의 계발 프로젝트로서 조선인 대중을 전쟁 준비에 끌어들이고 국민징병제를 확대하는 일을 추진했다. 많은 다른 사람들과 마찬가지로, 요시다 도시구마吉田俊隈는 이 캠페인을 하나의 '계몽운동'으로 불렀다. 그는 이 캠페인을 위해 총독부 및 조선국민총력연맹이 "신문, 잡지, 영화, 연극 등과 같은 영향력 있는 비정부 문화기관들과 밀접히 협력하며 활동했다"고 설명했다. 몇몇 단체들과 개인들이 징병과 관련해 조선 민중을 계몽시키기 위해 얼마나 노력했는가를 보이는 한 예로, 그는 일본 육사의 조선인 졸업생인 정훈 중좌(원문은 "P'o Hun", 즉 '포훈'이나, 이는 '가바蒲'라는 일본 성을 썼으며, 조선군사령부에서도 근무했던 정훈鄭勳을 가리키는 듯하다—역주)의 노력을 언급했다. 정훈 중좌는 당시 남아 있던 유일한 조선어 신문인《매일신보》사장을 설득해 프로파간다 순회공연을 위한 개인적인 기금을 조성했다. 이 순회공연단은 자동차로 가장 궁벽한 오지까지 다니며, 인형극 人形芝居, 야외 강연, 코믹 퍼포먼스 등을 활용해 징병을 쉽게 이해할 수 있도록 설명했다.[62]

1944년 4월에 징병검사를 운영하기 시작한 팀들 역시 무지하다고 생각되는 많은 사례들에 대해 말했다. 요시다 도시구마 같은 공식적 관찰자들은 징병 대상자들이 최대한 좋게 보이도록 노력했다. 즉, 그는 많은 사람들이 징병검사에 적극적이었고, 합격했을 때 기뻐했음을 알리고자 했다. 그러나 그는 낙후성, 어리석음, 또는 광기로조차 보였던 많은 경우들을 무시할 수 없었으며, 이로 인해 조선인들에 대한 문명화 프로젝트가 준비되었다. 무엇보다 일본어를 전혀 할 수 없는 수많은 젊은이들을 상대하기 위해 징병검사는 종종 통역들의 도움을 받으며 시행되어야 했다. 그것은 "손짓 발짓을 하면서, 따라서 우스꽝스러운 장면을 연출"하면서 이루어졌다. 조선인들에 대해 충분히 알지 못하는 대부분의 시험관들과 징병에 대한 지식이 전혀 없는 대부분의 조선인들이 만남으로써 무수히 많은 진담기경珍談奇景이 펼쳐졌다.

한 예를 들면, 징병검사를 받으러 온 한 조선인은 검사관의 책상에 있는 칼 한 자루를 움켜쥐었다가 헌병에 붙잡혀 감금되었다. 하지만 그 청년은 검사관을 해칠 의도가 전혀 없었다. 그는 애국심의 표시로 자기 손가락을 잘라 혈서를 쓰고자 했던 것이었다. 그는 매독에 걸렸으므로 신체검사를 통과하지 못할 것에 대해 남자로서 부끄럽게 생각했다고 진술했다. 요시다가 말했듯이, "모두가 아연실색했다." 다른 예를 들면, 한 젊은이는 노동자로 징용될 예정이었다. 하지만 그는 당시에 일본에서 일하고 있었으므로 검사장에 동생을 보냈다. 요시다는 사람들의 무지뿐만 아니라 머릿수를 채우기 위해 대신 온 사람들을 받아들였던 지방 관리들의 끔찍한 인식 상태에도 경악을 금치 못했다. 요시다는 거의 완전히 다른 시대에 살고 있는 것 같은 어떤 비범한 청년의 위업(?)에 대해서도 자세히 말했다. 검사관들이 간단한 히라가나와 가타카나를 그에게 보여 주었을 때, 그가 할 수 있었던 것은 바보처럼 머리를 가로젓는 일뿐이었다. 그러나 주소와 이름을 쓰라고 하자, 그는 아름다운 한자로 주소와 이름을 썼다. 이 일로 알 수 있듯이, 이 청년은 전통적인 서당에서 교육을 받았으며 약간의 유교적 지식을 가지고 있었다. 한자 서예가 그의 능력 중 하나였다. 하지만 이 청년은 일본 문자에 대해서는 하나도 몰랐다. 또 다른 소수—요시다의 판단에 의하면 아마도 1퍼센트—는 징병을 회피하기 위해 도망하거나 자해하거나 병을 핑계 삼았다. 요시다는 이 사람들이 무엇보다 가족을 우선시하며, 군대에 가야 하는 가족 구성원의 운명을 걱정하는 조선인들의 민족적 경향을 분명히 보여 주는 사람들이라고 결론지었다. 그들은, 예컨대 입대는 곧 죽음이라고 믿으면서 군 생활에 대해 오로지 근심과 공포를 느낄 뿐이었다.[63]

신병들에 대한 훈련과 관찰 임무를 수행한 사람들 역시 이 청년들의 '무지'와 지체된 발전 상태를 발견했다. 군 복무를 하기에 가장 자질이 부족하다고 판단된 사람들을 관찰하기 위해 군무예비훈련소에 온 경성제국대학의 야노 교수와 와다 교수는 이 사람들의 일본어 능력이 내지 일본인의 3세 수준에 해당하며, 지적 능력은 7세 내지 8세 수준과 비슷하다고 추정했다. 독자들이 기억하겠듯이, 군무예비훈련소에서 훈련받고 있는 사람들은 그곳에 가기 전에 이미 청년특별연성소의 훈련을 이수했으며, '갑종' 판정이나 즉각 현역 복무가 가능하다는 판정을 받았다. 따라서 이러한 발견은 더욱 충격적이었다. 교수들의 연구

목적은 1장에서 분석된 신병들의 훈련 매뉴얼 편집을 돕는 것이었다.[64]

당국의 관점에서 보았을 때, 조선인들이 징병제에 참여해야 하는 이유를 이해하지 못하는 것 또는 1944년 9월에 일본군에 들어가기 시작한 후 몇 달 동안 그러했듯이 많은 사람들이 도망친 것은 조선인들이 무지하고 멍청했기 때문이었다. 징병제에 대한 보통 조선인들의 반응을 개괄하면서 총독부는 요시다와 마찬가지로 대부분의 청년들이 징병제를 긍정적으로 생각하고 반겼음을 발견했다. 총독부는 막사에 들어간 후 조선인들의 공포가 대부분 사라졌으며, 내지 일본인들과 잘 어울리면서 임무를 아주 훌륭히 수행했다고 주장했다. 실제로 조선인들은 일반적으로 체력이 우수했으므로 내지 일본인 병사들보다 훈련을 더 잘 받기조차 했다. 그러나 "노인층, 부녀자들, 하층계급 및 무지하고 교육받지 못한 계급 중에는 징병은 곧 죽음이라고 믿는" 사람들이 상당수 있었다. 따라서 그들은 징병 대상자 청년의 소재지를 숨기려 하거나 호적에 기록된 나이를 바꾸려 했다. 어떤 젊은이들은 분명히 죽을 것이라고 믿어 결혼조차 포기했다.[65]

총독부는 어떤 부류의 신병들이 "개인주의적인 생각에 사로잡혀 있었고 편견에 가득 찬 불만을 드러냈으며 소수는 도망치기도 했다"고 인정했다. 그리고 많은 조선인들이 여전히 계몽되지 못했기 때문에 이러한 실패가 발생했으므로 입대 전의 교육과 훈련을 개선할 필요가 있다고 주장했다. 대체적으로 총독부는 도망자들을 대부분 하층의 무학 계급으로 보았다. 그리고 그들을 1. 마치 날품팔이꾼으로 일하고 있는 것처럼 임무를 수행하는, 거의 의무감이 없는 자들, 2. 무절제한 생활 태도에 젖어 있어 엄격한 군 규율을 고통스러워했던 자들, 3. 무지하고 국어에 대한 지식이 충분치 않아 자기들이 무슨 생각을 하는지, 그리고 학과를 따라가기 어려운 사람이 누구인지 알 수 없을 만큼 의사소통이 불가능한 자들 등의 커다란 세 가지 타입으로 분류했다. 총독부는 저항의 동기로서 조선 민족주의나 명확히 형성된 공산주의, 사회주의, 아나키즘 이데올로기가 작용한 곳은 어디에도 없었다고 밝혔다. 그 대신 총독부는 일본 국민으로 활동하기 위해 필요한 자질의 결핍을 강조했으며, 실제로 많은 도망자들이 고향에 대한 그리움을 해소하고자 확실한 목적도 없이 '멍청한 탈주'를 시도했다고 지적하기도 했다.[66]

당국은 사람들에 대한 계몽과 문명화 프로젝트에 가장 큰 걸림돌이 되는 것이 여성들의 행동이라고 생각했다. 그것은 특히 지원자 및 징병 대상자의 어머니와 아내가 취하는 행동으로서, 당국에게 그것은 무식하고 완고했으며 발광마저 일으키는 것으로 보였다. 총독부는 다음과 같이 말했다. "그중에서도 무학자 계급, 특히 여자들과 아이들 중에 아직도 징병은 결국 죽음이라고 믿는 사람들이 있다. 그들은 헤어짐을 참지 못한다. 그들은 기차역에서 서로 껴안고 슬퍼하며 울부짖는다. 아니면 마치 미친 것처럼 큰 소동을 피운다. 이 꼴사나운 광경은 입대하는 청년들의 열광을 물거품처럼 깨뜨려 버리는 역효과를 낸다."[67] 종종 총독부는 자기들이 보기에 낡은 사고방식의 수렁에 빠진 노인들, 오직 무지하고 계몽되지 못한 하층의 무학자들과 여성들을 하나로 묶음으로써 계급, 젠더, 연령 등의 범주들을 뒤섞었다. 그러나 총독부는 주로 여성들을 관찰, 비난, 개조할 표적으로 삼았다. 이때 당국은 또 다른 설득 방법을 강구한 것이 아니었다. 일본계 미국인 수용소의 경우에서 살펴본 것과 유사하게도, 당국은 무시무시한 역공을 취했다.

오늘날 조선 여성들에 가해진 일본 식민 체제의 잔인성에 대해 어느 정도 알고 있는 우리로서는 특히 식민지 여성들이 식민 지배자들을 두려워했으리라고 상상할 수 있을 것이다. 일본 군대의 성노예들sexual slaves로 삼기 위해 조선 여성들을 전시 동원하는 데에 관여했던 일본인 남성들의 증언은 식민지 정부가 식민지 여성들 및 그 성을 관리할 능력에 대해 확고한 자신이 있었다는 인상을 준다. 예컨대 스스로 전범임을 고백한 요시다 세이지吉田清治는 1983년에 나온 책에서 자기가 1942년에서 1945년 사이에, 그의 표현에 의하면 '노예사냥'에 연루되었음을 생생히 서술했다. 그는 군대의 명령하에 공식적 자격을 가지고 일하면서 '위안부들comfort women'을 모집하는 과업을 아주 능숙하게 수행했다. 따라서 그는 '징용귀신'으로 불렸으며, 스스로 이에 대해 자부심을 가졌었다고 회고했다. 비인간적인 애국심에 휘둘렸었음을 고백하면서, 그는 자기가 거의 1,000명에 가까운 '위안부' 포획에 직접 가담했다고 밝혔다. 그중에는 산꼭대기에서 조선인 집들을 내려다보며 젊은 여성이 있는 집을 찾은 후 그 집에 알리지도 않고 들이닥쳐서 그야말로 여성들을 훔쳐 온 일도 포함된다고 증언했다.[68]

분명히 식민 정부가 폭력의 사용 및 끊임없는 폭력적 위협의 결과를 독점했다는 점, 즉 도미야마 이치로富山一郎가 말하는 바, 식민화된 사람들이 느꼈던 '폭력의 예감'[69]을 거의 독점했다는 사실이 경시되어서는 안 된다. 하지만 식민지의 기록들은 체제가 스스로를 충분히 확신할 수 없었음을 보여 준다. 그 기록들은 체제가 언제나 주민 통제의 위태로움에 주의했으며, 거대한 정치적 지배 시스템이 계급과 젠더의 측면 모두에서 기초부터 완전히 와해될 것을 두려워하고 있었음을 보여 준다. 체제는 그 지배 시스템이 가족의 사적인 공간에서부터 무너질 수 있음을 정말로 우려하고 있었다.

군 당국과 식민지 정부는 조선인들을 군사동원하면서 성차gender gap

총력전 제국의 인종주의

에 대단히 신경 썼다. 그리고 아들을 지원병으로 보낸 가족 내부의 성차에 대해서도 그와 마찬가지로 주의했다. 따라서 1942년 하반기에 노해의 훈련소에 입소한 조선인 지원병 1,709명에 대한 사회적 배경 조사에서는, 지원자의 친구들과 친척들 중 입대에 누가 반대하고 누가 찬성했는지를 측정하는 성별 일람표가 사용되었다. 남성들이 더 강력히 입대를 지지한 반면, 거의 모든 여성 친척들은 압도적으로 입대에 반대했다. 그리하여 585명의 아버지들이 아들 편을 들었고 겨우 52명만이 입대를 허락하지 않았지만, 어머니들은 261명이 입대에 찬성했고 354명이 반대했다. 아내들은 찬성 37명에 반대 78명이었다. 이는 533명이 찬성했고 4명만이 동의하지 않은 형제들의 경우와 크게 대비되었다. 남성 중 유일한 예외는 할아버지들로서, 이들 다수가 할머니의 반대 의견에 합세했다. 그리고 남자 형제들처럼 확실히 예측할 수는 없었지만, 누이들은 다수가 오라비의 행동에 찬성했다.[70] 녹기연맹綠旗聯盟(총독부의 정책들을 촉진하기 위해 설립된 비정부 단체)이 발행하던 잡지의 대담에 참석한 한 젊은 지원병이 이 문제에 대해 아주 퉁명스럽게 말했다. "저는 여자들이 나쁘다고 생각합니다. 할머니든 어머니든 누이나 아내든 간에, 여자들이 가장 거세게 (군 지원을) 반대하는 것 같습니다."[71]

　조선인 지원병 모집 및 그 후의 징병 발표에 대한 조선인들의 반응에 대해 보고하면서, 종종 당국은, 그들이 보기에 이상하고 무지한 여성들의 행동에 충격을 받았다. 군부대 앞에서 울부짖고 있거나 며칠씩 계속 막사 바깥에 자리 잡고 앉아 새로 입대한 아들들을 애처롭게 지켜보는 어머니들에 대한 보고들이 들어왔다. 그러한 그들의 행위는 인구를 통제할 수 없다는 정부의 일반적인 공포를 악화시켰다. 요시다 도시구마는 친척들이 커다랗게 무리지어 막사까지 신병을 따라오는 광경, 그리고 입대 후에도 계속 병사들을 찾아오는 모습을 직접 보았다. 그는 특히 "어머니로 보이는 상당히 많은 수의 사람들이 매일 막사 사이의 빈 공간이 보이는 곳에 앉아서 사랑스런 아들의 생활을 하루 종일 걱정하고 있었다. 그리고 각 부대는 어떤 식으로든 이 방문자들에게 예의 바르게 대처하기 위해 예상치 못한 어려움을 겪었다"고 말했다. 더 나아가 요시다는 대체로 무지한 그 여성들의 비협조적인 행위를 비난했다. 그는 다음과 같이 설명했다. "그 당시 조선 여성들, 특히 징병 대상 연령에 해당하는 청년들의 어머니와 누이 중 대략 1퍼센트만이 학교에 다녔다. 이런 상황이었으므로 대다수는 여전히 시대의 흐름에 무감각했다. 많은 사람들이 아직도 옛 관습의 딱딱한 껍데기에 갇혀 맹목적인 자식 사랑에 빠져 있었다. 아주 적은 사람들만이 국가적 모성애에 열성적이었다."[72]

이와 비슷하게 사법성 형사국도 군 복무와 관련해 조선 여성들이 아주 어리석은 모습을 보인다고 말하면서 그들을 혹평했다.[73] 사법성 형사국은 "군 복무에 대한 미신적인 공포, 즉 군인이 되면 반드시 죽는다는 생각이 농어촌에 널리 퍼져 있으며, 특히 여자들이 이런 생각을 완전히 믿는다고 이야기됨"(18쪽)을 발견했다. 당시 교토의 학교에 다니던 한 조선인 정보원은 군 복무 회피가 "반도 부인들의 뇌리에 깊이 뿌리박힌 생각이며, 그들은 군인이 되는 것이 죽음을 의미한다는 관념에 완강하게 집착한다"(19~20쪽)고 알렸다. 다른 곳에서 이 정보원들은 꽤 많은 수의 "하층계급 사람들, 노인들, 친어머니들이 병사가 되는 것을 경멸하거나 두려워賤兵 恐兵하고 있으므로 도피를 권장하는 경향이 있다"[74]고 비난했다. 아마도 과장되었겠지만, 경성(서울)의 유식자 부인有識者 婦人인 어떤 정보원은 "모든 지원병의 어머니들이 [아들의 결정에]

반대했으며", 이제부터 모든 조선 청년들이 징병 대상자가 될 것이므로 "무지한 부인無知な婦人들의 상당한 저항이 있을 것을 고려해야 한다"고 주장했다. 이 여성은 모성애의 위험성을 경고했다. 그녀가 보기에 새 제도가 대중에게 자세히 알려지면, 어머니들이 무슨 짓을 해서든지 자기 아들의 징병 회피를 도우려고 할 것이 아주 분명했다. 이 여성은 다음과 같은 결론을 내렸다. "어쨌든 현재 [징병] 제도에 대한 이 여성들의 정신 상태가 염려와 초조함 중 하나라는 점은 확실하다"(22쪽).

요컨대 당국은 무지와 미신 및 방어적이고 그릇된 모성애가 식민 제국의 전쟁 동원 역량에 대한 커다란 위협이라고 결론지었다. 따라서 1938년에 지원병제도가 시작된 후 전쟁이 끝날 때까지 병사 동원을 위한 프로파간다 공작은 남성들에 대해서 수행된 것과 거의 비슷한 정도로 여성들에 대해서도 계속해서 수행되었다. 실제로 조선 내의 징병 실시를 심의하기 위해 설치된 조선군 사령부 내의 특별위원회는 조선인들에게 징병에 대한 정보를 제공해야 하며, 그것은 "여성들, 특히 모친들의 교화에 각별한 비중을 두어야 한다"[75]고 권고했다. 징병제를 조선에까지 확대하는 문제를 논의하기 위한 1943년 12월의 한 좌담회에서 후생성의 대표는, 그 회의가 일본에 거주하는 조선인들로 하여금 "부모들, 특히 여성들의 징병제 이해를 심화"시킬 수 있도록 특별히 노력하게 하기 위해 기획되었음을 역설했다. 이와 유사하게 당시 협화회協化會(일본에 사는 조선인들의 활동을 규제하기 위해 만들어진 정부 조직) 회장이었으며, 장기간의 식민지 통치 경험을 지닌 세키야 데이자부로關屋貞三郎는 징병에 대한 어머니들, 그리고 사실은 청년들의 전체 가족의 이해 심화가 중요하다고 주장했다.[76]

신문기사는 조선인을 위해 일본 여성의 여러 모범을 제공했다. 수많은 사례들 중 한 가지 것만 제시하면, 이인석李仁錫은 전투 중에 사망한 첫 번째 조선인 지원병이었으며, 그로 인해 가장 추앙받는 조선 출신 일본 전쟁영웅 중 한 사람이 되었다. 그런데 아주 흥미롭게도 그가 지원했을 때 《경성일보》는 모친을 칭찬하기 위해 그의 충성스럽고 용감한 이야기를 활용했다. 지원 결심에 대한 이 청년의 진술을 기록된 그대로 옮기면서, 기사는 다음과 같은 이인석 모친의 말을 인용했다. "어머니로서 자기 자식들을 곁에 두고 싶어 하는 많은 여성들이 있지만, 나는 네 장래에 방해가 되고 싶지 않다." 기사는 그와 같은 모범적인 모성이 없었다면 오늘날의 이인석은 없었을 것임을 강조했다. 그리고 그녀가 아들에게 가족 걱정 말고 나라를 섬기라고 말한 것을 찬양했다.[77]

* * *

이 장에서 나는 1장의 논의를 재론했다. 그것은 조선인들을 일본의 제국주의 전쟁에 끌어들이려는 정책의 추진으로 인해, 조직과 요원을 갖춘 하나의 커다란 기구가 모든 사람을 권력에 노출시켜 쓸모 있는 일본 신민으로 만들고자 맹렬히 활동하게 되었음을 보이기 위해서였다. 이 기구는 하나의 체제로서 자신이 이성, 역사, 도덕성의 세력이며, 더나아가 자유의 세력이기조차 하다고 선언했다. 따라서 체제는 자기가 보기에 합리적이고 교육받았으며 스스로 규율하는 국민들을 생산하기 위해, 비록 힘의 도움을 입을지언정 긍정적인 수단의 사용을 선호했다. 물론 원하지 않는 사람들을 감금하고 처벌했던 일—미국식으로 말하면 "염소들로부터 양을 분리하는 일"—에서 알 수 있듯이, 체제는 절대적인 권력과 잔인성을 버리지는 않았다. 하지만 체제는 인종주의적 차별을 거부했고, 교육과 훈련의 기회를 더 많이 제공했으며, 조선인 일부가 군대 내부와 외부에서 사회적, 경제적으로 성장하도록 허용했다. 그뿐 아니라 체제는 대중을 "계몽하는 일"도 마다하지 않았다. 이것들은 '친절한 인종주의' 체제의 단편적인 모습들이었다. 그것은 '문명화의 사명'에 추동되면서 가장 반항적이고 적대적인 사람들을 제외한 모든 사람을 통치성의 체제 안에 포섭하고자 했다. 실제로 정부는 학병 지원을 거부한 학생들처럼 입대를 주저하는 사람들에게 스스로를 증명할 기회를 여러 번 주었다.

조선인들을 뒤덮은 식민지 말기의 상황은 복잡하고 모순적인 하나의 국면을 만들어 냈으며, 몇몇 조선인들은 그러한 상황 조성에 참여했다. 그 안에서 사람들은 각자의 사회적 위치에서 삶을 개선하기 위해 가장 좋은 방법이라고 생각된 여러 가지를 선택했다. 일본 식민주의하에서 번영을 누렸던 최상층 엘리트들 다수에게 일본에 협력하거나 일본에 대한 조건부 애국심을 발휘하는 일은 총력전에서 살아남고 총력전을 통해 성공하기 위한 논리적인 선택이었다. 비록 그것이 조선 대중의 고통을 대가로 하는 것이었을지라도 말이다. 그들은 식민지 정부와 국가 당국의 평등 선언이 사기성을 지닌 거짓말이며, 따라서 조선인들이 결국 민족 독립을 지지하게 될 것이라고 생각하지 않았다. 그들은 그 선언을 출발점 삼아, 선언이 주장하는 평등을 이제부터 실현하라고 당국을 압박할 수 있으리라 생각했다. 이와 대조적으로 여러 계층의 여성들을 포함해 식민지 시기 대부분의 기간 동안 경제적·사회적·정치적으로 주변인이던 사람들은 자기 자신이나 남자 가족들을 희생시키려 하지 않았다. 억지로 끌려온 지원병과 징집병 및 그 부양가족들이 징병은 곧 죽음이라는 소문을 퍼뜨린 것은 그들이 무지해서가 아니었다. 그들의 물질적 복지를 위해 여전히 피부에 와 닿는 혜택을 거의 제공하지 않는 정부를 위해 죽기를 거부함으로써, 오히려 그들은 훌륭한 상식을 확실히 보여 주었다.

그러나 이 양극단 사이에 있는 조선인들의 선택은 아주 불명확했으며, 오로지 사후적으로만 그렇게 선택했던 것처럼 보일 수 있다. 학병이 되라고 강요받았던 청년들, 즉 1919년 3월 1일의 독립운동 이후에 학교에 간 젊은이들은 미래를 위한 실용적인 길만을 보았을 것이다. 그것이 확장된 일본 개념 속에 완전히 포섭되도록 이끄는 듯이 보이는 길이었든, 아니면 조선 민족주의와 공산주의라는 대안적 근대 이데올로기를 향해 선회하는 길이었든 간에 말이다. 하지만 그 외의 조선인 대다수는 분명히 총력전 이전에 수행된 식민지 통치성의 불완전함을 반영했다. 이들은 그들을 정치적 주체로서 불충분하게 호명한 일본의 체제 및 대안적 근대 이데올로기들의 산물이었다. 총독부가 대수롭지 않은 소수의 현상으로 지적했던 '멍청한 탈주'는 미래의 불명확성을 암시한다. 그 감각은 분명히 수많은 조선인 대중 속에 훨씬 더 광범위하게 퍼져 있었다.

조선인들은 다양한 방식으로 일본의 지배를 받고 있었다. 하지만 나는 그중 경제적, 사회적 위치와 관련된 몇 안 되는 패턴들만을 암시할 수 있었으며, 따라서 이를 통해 사람들의 무수한 경험들이 충분히 재현될 수는 없었다. 일본군과 미군은 모두 내켜하지 않는 사람들을 동원했으며 위험한 사람들을 배제하기 위해 힘을 사용하면서도 적어도 원칙상으로는 인종적인 차별을 거부했다. 그런데 그렇게 함에 있어서 일본군이 최소한 미군만큼은 일관성이 있었으며, 어떤 점에서는 훨씬 더 일관성이 있었다고 나는 또다시 주장하지 않을 수 없다. 이는 대부분의

백인 미국인들이 군대 내부와 외부에서 '니그로들', '멕시코인들', '일본
계 미국인들'을 계속 차별했던 것처럼, 대부분의 일본 병사들이 아마도
조선인에 대해 편견을 품고 있었을 것이라는 점, 그리고 조선인 병사들
을 차별한 많은 사례들이 있다는 점을 부인하는 말이 아니다. 그것은
미국 정부와 마찬가지로 일본의 지배 시스템 역시 인종차별을 비난하
는 방향으로 결정적으로 전환되었으며, 인종차별의 거부가 그 지도자
들에 의해 공식적인 정책으로 채택되었음을 인정하기 위한 말이다.

차별로 인해 평양에서 학병 반란이 촉발된 일이 있었음에도 불구하
고, 이러한 주장은 유효하다. 이 경우에도 일본군은 조선인의 장교 및
하사관 훈련을 절대적으로 배제하지는 않았다. 일본군은 조선인 병사
들에게도 내지 일본인 병사들과 동일한 시험을 볼 똑같은 기회가 부여
되어야 한다는 능력 위주의 원칙을 따랐다. 따라서 사령부는 어떤 사람
들은 합격했고 다른 사람들은 떨어졌음을 병사들에게 알렸다. 물론 사
건이 발생한 데에서도 알 수 있듯이, 조선인 병사들과 비교해 너무 많
은 수의 일본인 병사들이 추천받게 된 것은 편파적인 시험평가 때문인
것 같이 보였다. 하지만 이는 능력제 운용상의 해이함과 남용의 문제였
다. 그것은 인종주의의 폐기를 주장하는 체제에서 전형적으로 나타나
는 일이다. 이와 대조적으로 배제적인 인종주의 밑에서는 오로지 인종
적이거나 민족적 차이 때문에 시험장에 앉을 수조차 없다. 요컨대 추천
된 비율이 낮았다고 할지라도 능력 중심의 시험을 볼 동등한 기회가 주
어진 것은 배제적인 인종주의가 아니라 포용적이고 친절한 인종주의
가 시행되었기 때문이다.

강덕상은 책을 통해 소중한 정보들을 제공했다. 그는 많은 수의 조선
인들이 재판을 받고 몇 년간 수감되었음을 증언했다. 그러나 그는 30사

단의 사단장 역시 이 일로 인해 파면되었음을 언급하지 않는다.[78] 반면 강덕상은 차별을 비난하면서도 적지 않은 30사단의 조선인 병사들이 마치 일본군 복무의 정당함을 믿고 있는 것처럼 계속 행동했다고 밝힌다. 아주 비극적이게도, 평양 사건 음모자들의 계획을 적발하고 보고한 사람은 다름 아니라 부속 헌병부대의 한 조선인 장교였다. 이와 유사하게 어떤 조선인은 히메지姬路 헌병대의 비밀공작을 주도하면서, 총독 암살 계획이 포함되었으리라 추정되는 보성전문학교 출신 학병 그룹의 음모를 붕괴시켰다. 피고들이 평양 사건으로 재판을 받을 때 김석원 대좌는 법정에 앉아 그들을 관찰했다. 그는 일본 육사를 졸업한 조선인으로, 군 생활 초기에는 '말레이반도의 호랑이Tiger of Malaya'로 악명 높은 야마시타 도모유키山下奉文 소장의 부하였다. 김석원 역시 군의 여러 고위직에 있었는데, 그중에는 황군의 조선인 특별 파견대—이 부대는 게릴라로서 후에 북한의 지도자가 되는 김일성 진압 임무를 맡았다—를 이끄는 일도 포함되어 있었다. 대좌는 조선에서 병사들을 모집할 때 적극적인 역할을 했으므로, 평양 반란의 결과에 직접적인 이해관계를 가지고 있었다.[79]

복잡하고 때로는 미묘하기까지 했던 일본군 내의 차별은, 예전에 징병되었던 미스터 장 및 그의 부인 미시즈 윤과 인터뷰를 하는 동안 특히 통렬하고 절실하게 느껴졌다.[80] 나는 2003년 4월에 이 부부를 만났다. 그때 나는 이분들의 친절과 열의 앞에서 겸허해졌다. 이분들은 나에게 열심히 이야기해 주고자 했다. 기억하고 싶지 않을 수 있으며, 그들에게 물질적 편안함을 별로 주지 못했을 어떤 과거에 대해서 말이다. 나는 그들이 전쟁 및 그 결과로 인해 온갖 삶의 풍파를 겪었음을 알았다. 미스터 장은 일본군에 징집되어 일본에서 복무했다. 해방 후 북한으로 돌아갔지만, 그곳의 혼란스러운 사정으로 인해 그는 일자리를 찾아 서울로 이주할 수밖에 없었다. 그 후 1970년대 말에 부부는 미국의 태평양 연안 북서부로 건너갔다. 거기서 미스터 장은 어떤 병원의 하우스키퍼로 일했고, 미시즈 윤은 아이들을 키우면서 바느질을 했다. 그녀에게 아이들은 자존심과 기쁨의 큰 원천이었다. 두 사람은 나에게 일본인이나 일본제국에 아무 원한도 없다고 반복해서 말했다.

미스터 장은 자기가 1944년에 징병되었으며, 제1기 조선인 징집병 중 한 사람이라고 이야기했다. 예비 훈련을 마친 후, 그는 평양의 한 부대에 배치되었다. 그리고 다시 부산을 통해 일본으로 전출된 후, 시모노세키, 홋카이도, 도쿄, 오사카를 거쳐 마지막으로 규슈의 사쿠라지마櫻島까지 갔다. 그가 설명했듯이, 사쿠라지마에 도착할 때까지 그 부대에 배치된 병사들이 더이상 전출되지 않았으므로 그는 전쟁에서 살아남을 수 있었다.

나는 그의 징병 환경과 군대 내의 대우에 대해 특히 알고 싶었다. 그가 저항했는가? 그의 부모는 어떻게 반응했는가? 조선인에 대한 차별은 어떠했는가? 미스터 장은 저항은 불가능했다고 대답했다. 자기 자식을 징병에서 보호하는 것이 자연스럽게 보일 터이지만, 그의 부모들은 그렇게 하기를 포기했다. 결국 경찰이 징병제도를 뒷받침했었기 때문이었다. 미스터 장이 처음 배치되었던 평양의 학병들이 세운 반란 계획에 대해 내가 말했을 때, 그는 그 일에 대해 전혀 들은 바 없으며, 복무하기 싫은 징집병들은 반란을 꾀하기보다는 탈영했다고 지적했다. 차별과 관련해 그는 놀랍게도 군대 내에 차별이 없었다고 진술했으며, 인터뷰를 하는 동안 몇 번이나 그 말을 반복했다. 나는 왜냐고 물었다. "우리는 군인이었기 때문에 그럴 수 없었습니다. 그렇겠지요? 우린 모두 총을 가지고 있었습니다. 그렇죠?" 그리고 그는 웃으면서 말했다. "만일 그들이 우리를 넘보면 어떤 일이 벌어질지 알 수 있지요?" 미시즈 윤이 차별에 대한 나의 질문을 경청하다가 이야기에 동참했다. 그리고 그녀의 경험에 의하면 대부분의 일본인들이 조선인들을 차별했으며, 조선인들이 마늘냄새를 풍기고 더럽다고 말했음을 지적했다. 그녀가 느끼기에 일본인 중에는 좋은 사람들이 많았고, 그런 사람들은 조선인을 차별하지 않았지만, 차별했던 사람들은 아주 지독하게 차별했다.

인터뷰가 끝나갈 무렵, 다시 차별 문제로 화제를 이끌어갔다. 내가 차별의 사례들이나 차별적 태도들에 대해 말해 달라고 두 번째로 간청했을 때, 그는 단 한 가지 일을 기억해 냈다. 그가 군대 매점에서 아주 인기가 있는 책 한 권을 주문했는데, 그 책이 도착하자 판매원은 그를 무시하고 어떤 일본인 병사에게 그 책을 팔았다. 하지만 미스터 장은 분명히 하고 싶었다. "군대에서는 모든 사람이 평등하다고 보았으며, 따라서 차별할 이유가 없었다." 그는 자기가 정치에 대해 몰랐지만, 군대 안에서 "일본은 잘 했다うまくやった"고 고백했다. 그는 편견이 있었던 매점 판매원의 경우는 군대의 "정책せいさく"이 아니라 그저 "그 사람의本人の 개인적인 행위"였을 뿐이라고 치부해 버렸다.

전시기에 일본군에서 용감하게 복무하고 있는 조선인들을 다룬 영화와 문학작품이 많이 생산되었는데, 나는 미스터 장이나 미시즈 윤이 그런 것들을 보거나 읽은 적이 있는지에 대해서도 알고 싶었다. 그들은 내가 말한 문학작품들의 제목을 알지 못했다. 하지만 몇몇 영화를 언급하자 그들의 얼굴이 환해졌다. 예, 예, 하면서 그들은 일본인 감독 도요다 시로豊田四郎의 〈젊은 모습若き姿〉을 기억했다. 내가 일본인 영화감독 이마이 다다시今井正와 조선인 조감독 최인규가 만든 〈망루의 결사

대望樓の決死隊〉를 보았냐고 묻자, 그들은 아주 흥분했으며 향수를 느끼는 것처럼 보이기조차 했다. 그는 "참 좋은 영화였지요よくできたでしょう!"라고 소리쳤으며, 부인은 "예, 그 영화 좋았어요"라고 화답하면서, "여배우가 다나카 기누요田中絹代였죠?"라고 물었다. 내가 하라 세츠코原節子였다고 대답하자, "맞다, 하라 세츠코"라고 했다. 미시즈 윤은 당시에는 독립이 가능할 것이라고 아무도 생각하지 않았으며, "아마도 그랬기 때문에 그 영화들이 좋다고 생각했을 것"이라고 설명했다. 많은 사람들이 이 영화들을 봤다고 그녀는 알려 주었다.

내가 최근에 〈망루의 결사대〉를 보았다고 말하자 그들은 깜짝 놀란 듯했다. 그들보다 최소한 한 세대 떨어져 있으며, 전시에는 아직 태어나지도 않았던 한 명의 일본계 미국인인 내가 어떻게 그들이 60년 전쯤 보았으며, 모종의 노스탤지어와 더불어 회상하던 한 영화를 보게 되었을지 그들이 궁금해 하는 것을 나는 짐작할 수 있었다. 미시즈 윤은, "세상에, 〈망루의 결사대〉, 그 영화 정말 보고 싶어요"라고 외쳤다. 그때 전체 필름을 가지고 있지는 않았지만 그 영화의 클립들이 마침 서류가방에 있었으므로, 나는 혹시 보고 싶으시냐고 솔직하게 물었다. 부부는 물론 그렇다고 말했다. 그리하여 테이프를 플레이어에 넣고 우리는 함께 3분 분량의 클립들을 보았다. 영화가 시작되었을 때, 미스터 장은 조선인 배우 중 한 사람인 전택이田澤二를 알아보았다. 미시즈 윤은 큰 향수를 느낀다고 또다시 말했다. 그러나 우리 모두는 태평양 연안 미국 북서부에 있는 깨끗한 집의 한 거실에서, 특히 일본 황군의 조선인 퇴역군인 한 사람과 같이 앉아 필름을 보며, 일본제국을 위해 용감히 싸우는 조선인들을 묘사한 전시기의 옛 클립을 보는 것에 대해 이상하고 불편한 느낌을 갖고 있는 듯했다. 필름이 아직 돌아가고 있는 데도 미시즈 윤은 나에게 신을 믿느냐고 물었다. 나는 불교도로 자랐다고 대답했다. 그녀는 미국의 대이라크 전쟁을 포함한 전쟁의 죄악에 대해 계속 이야기했다. 나는 영화에 대해 그들에게 더이상 질문할 자격이 없다고 느꼈다. 하지만 이 경험은 식민주의 말기에 영화 등의 문화 생산물들이 사람들에게 끼쳤을 강력한 영향을 나에게 확인시켜 주었다. 이어지는 두 장에서 나는 일본군 내의 조선인 병사 문제를 주요 테마로 한 영화와 문학작품들을 분석할 것이다.

07

민족, 피,
자기 결정

따라서 일본 국가 안에 민족적 차별은 없어야 한다. 황실을 본가本家로 모시면서 천황을 중심으로 한 그 대원칙에 헌신하는 일본 국민들, 그들은 완전히 융화된 일본 민족을 형성하기 위해 점차 모두 통합될 것이다……

나아가 내선일체의 문화 정책은 반도의 문화 생활을 일본 내지와 비슷하게 변형시키는 데에 한정되지 않는다. 옛 조선 문화에 아주 우아하고 세련된 어떤 것이 있다면, 그것은 일본의 문화 영역 속에서 양성되고 촉진되어야 한다. 섬세하고 미묘한 섬 문화를 대륙의 침착한 분위기로 보충하는 일, 이는 새로운 일본 문화의 활기찬 폭과 강건한 원기 안에 추가될 요소들을 보유하는 일이다……일본 문화는 차차 서쪽으로 나아가 만주로 스며들고 중국 전체에 퍼지면서 모든 동양인들에게 문화 생활의 기조가 되고 있다. 그렇기 때문에 오늘날 특히 요청되는 것은 대륙의 모든 곳에서 뿌리 내리고 꽃 필 수 있는 보편주의와 지속성이라 할 수 있다.

– 국민총력조선연맹 보도부輔導部,《내선일체주의와 그 실현을 위한 제 정책 개요》(1941. 6)

전쟁 말기 일본 식민제국 내부의 인종주의 거부 작업은 민간과 군대의 국가기구들이 만든 문서나 명령들보다 미디어를 통해 수행되었다. 신문, 잡지, 영화, 라디오, 문학, 음악, 그리고 기타 미디어들 역시 평등한 일본제국에 대한 여러 이야기를 조선뿐 아니라 내지 및 일본 점령지 전체에 퍼뜨렸다. 이미 1930년대 말부터 내지의 미디어들은 조선인을 지칭하기 위해 사용하던 아주 차별적 꼬리표인 센진鮮人이나 후테이센진不逞鮮人이라는 말을 눈에 띄게 피하기 시작했다. 이는 '니거nigger'나 '쨉Jap'[81] 등과 같이 노골적으로 인종주의적인 용어들을 더이상 사용하지 않으려 했던 연합국 측의 자유주의적인 시도에 필적하는 것이었다. 예전에는 아무렇지도 않게 널리 사용되던 이런 말들을 대신해 미디어는 "반도 동포"라든지 "반도인 또는 반도 출신" 등의 유화적인 호칭을 썼다.[82] 그 경멸적인 꼬리표들이 사라지지는 않았지만, 간사이關西 지방 및 기타 지역에서도 이런 움직임이 있었다. 즉《오사카마이니치大阪每日》와《오사카아사히大阪朝日》를 포함한 주요 신문들이 1930년대 말까지 "신문과 잡지에서 내지 일본인과 조선인에 대한 차별적인 표현을 완전히 삭제할 것"[83]임을 공식적으로 표명했다고 알려진다.

더 나아가 수많은 미디어들은 조선인 병사의 모습을 재현하는 데 초점을 맞췄다. 이는 조선인 병사가 내선일체의 현실을 진정으로 구현한다는 말들 때문이었다. 1930년대 말부터 전쟁이 끝날 때까지 남녀노소, 부자와 빈자를 가리지 않고 모든 계급, 모든 지역, 모든 젠더, 모든

연령의 조선인들에게 엄청난 양의 선전 글이나 말, 그리고 시각적 프로 파간다의 폭탄이 쏟아졌다. 그것들은 조선인 병사들을 칭찬했으며, 병 사들을 후원하는 가족 구성원 및 지역사회를 격려했다. 예를 들어 조선 인 학동들에게 읽히기 위해 1944년에 출판된《소국민을 위한 군인 아 저씨 이야기小國民の爲の兵隊さん物語》는 그 어린 남성 독자들에게 군 생 활을 소개하기까지 했다. 이 책은 일본식 생활방식에 완전히 동화됨으 로써 일본인이 될 것, 이미 병사가 된 형들을 도울 것, 스스로도 일본 병사로 성장할 것을 고무했다. 특별지원병제도하에 최초로 죽은 이인 석은 식민지 출신의 일본 국가영웅이 되었다. 그는 조선인이 사실은 일 본인이라는 점, 그리고 천황과 국가와 제국을 위한 죽음이 하나의 명예 라는 점을 증명한 사람으로 추앙되었다.[84]

　조선어 매체들은 조선인 스스로를 그러한 프로파간다의 명확한 대 상으로 삼은 기사와 칼럼들을 쏟아 냈다. 매체들은 군 복무의 기회가 부여된 것에 대해 왜 조선인이 감사해야 하는지를 설명했으며, 많은 조 선인들이 군 복무를 갈망한다고 주장했다. 그리고 조선인들과 조선인 단체들이 국가의 구체적인 평등 원칙 선언을 축하하는 여러 모습을 보 여 주었다. 예컨대 총독부 기관지《매일신보》─1940년 이후 조선에서 발행되는 유일한 조선어 신문이 된다─는 "조선인으로서 내지 일본인 과 조선인 사이의 차별 철폐에 감격"(1938. 1. 16)하는 사람들에 대해 보 도했다. 그리고 연내에 시행되어 조선인의 교육 기회를 확대할 개정된 교육령의 공표와 군대 내의 평등 표명을 연결시켰다(1943. 1. 18).[85] 이 신문은 '내선일체'의 공표로 인해 전국에서 터져 나오는 "커다란 감사 와 감격"(1943. 1. 18)은 물론, 만주 거주 조선인들의 "환희"에 대해서도 기술했다(1938. 1. 19). 그들은 조선인의 군 복무를 가능하게 할 법령의 공식 발표를 기대하면서 군 지원과 "기념 축하 행사"를 계획하기 시작했다. 이와 비슷하게 이 신문은 육군지원병제도의 개시가 오랫동안 기다려 온 기회가 주어진 것이라고 보도했다. 그리고 법령이 공식적으로 발표되기 전부터도 조선, 일본 내지, 심지어 만주에 사는 500명 이상의 조선인들이 군 지원 서류에 서명하려고 했다고 강조했다(1938. 1. 25).

1942년 5월에 내각이 조선인을 징병하기로 결정한 후, 신문은 군 복무를 "최고의 영예"(1942. 5. 10)나 "제국 신민 최고의 특권"(1942. 5. 12)으로 묘사하면서 조선인들이 크게 고마워하고 있다고 보도했다. 《매일신보》는 그해의 군 지원자 수가 25만 명을 넘었다고 알렸다(1942. 5. 10). 따라서 우리가 앞에서 이미 확인했던 이 숫자는 과장이 아니었다. 한편 징병제 확대와 더불어 "징병의 영예에 고마워하는 조선 청년들의 피의 맹세"(1942. 5. 16)와 함께 "미나미 총독과 이타가키板垣 사령관에 대한 감사 편지들이 대륙과 내지 열도의 조선인들로부터 쏟아져"(1942. 5. 19) 나왔다. 신문은 1919년 3월 1일의 반식민주의 운동에 그렇게 열심이었던 불교(1942. 5. 15), 기독교(1942. 5. 12), 천도교(1942. 5. 21) 등의 종교 집단들이 감사를 표시하는 특별한 행사들을 후원하고 있다고 서술했다.

조선인 징병을 가능케 한 군복무법 변경의 시행일 전후 며칠간 《매일신보》는 국가의 징병제에 조선인이 포함된 것을 "세기의 감격 고조"(1943. 8. 1)라고 묘사했다. 이와 유사하게 이 신문은 반도 전 민중이 "세기적 감격"(1944. 8. 2)을 기념하기 위한 행사들을 후원하고 있다고 언급했으며, "감사"와 "결의"(1944. 8. 3)를 표명하는 조선인의 선언서들을 활자화했다. 이 신문은 징병제 실시를 축하하는 두 노래—〈우리는 제국 군인〉과 〈어머니의 기원〉—의 악보와 가사를 싣기도 했다(1943.

8. 4). 한편 신문은 육체적으로 준비된 청년들이 "승리의 육탄 총열"(1944. 4. 16)로서 신체검사장에 정렬해 있는 몸을 보여 주면서 젊은 신병들의 남성다움과 몸매를 예찬했는데, 이는 다음 장에서 본격적으로 논의할 점이다. 요컨대 조선어 매체는 점점 더 조선인 병사들을 식민지 병사가 아니라 '민족국가의 병사ethnic national soldier'로 표현해 갔다. 조선인 병사들은 차이를 넘어선다는 일본 국가의 주장을 구현한 존재로 묘사되었다.

하지만 조선인과 조선인 징병을 일본제국의 민족 차별 거부와 관련해 재현하는 일은 조선인만을 대상으로 한 것이 아니었다. 이러한 재현은 일본어 미디어 전체에 걸쳐 넘쳐났으며, 내지 일본인을 포함한 식민 제국의 사람 전체를 대상으로 했다. 예컨대 조선에 징병을 실시한다는 1942년 5월의 내각 결정에 뒤이어, 《도쿄아사히東京朝日》의 한 기사는 당시 흔히 말하던 대로 "이제야말로 진짜로 일본인今こそ眞に日本人"이 되기 위해 징병에 참여하고자 하는 조선인들의 강렬한 염원을 강조했다.[86] 이 신문은, 열렬한 애국심을 실현하고 대동아공영권을 건설하려는 드높은 목적에 참여할 기회가 조선인들에게 부여되고 있다고 말했다. 이 기사 및 다른 기사들에서 신문은 일본의 전쟁 준비에 동등하게 참가할 수 있도록 허락해 준 것에 대해 조선인이 정부에 감사를 표하는 편지들을 그대로 옮겨 실었다. 징병 결정을 발표한 《도쿄아사히》의 사설은 징병이 "[조선인들의] 넘쳐흐르는 대중적 의지에 대한 응답이었다"[87]고 밝혔다. 같은 날짜의 또 다른 기사는 '내선일여內鮮一如'가 애국심에 불타는 "불덩어리처럼火の玉に 자라나고 있다"고 묘사했다. 이 신문은 그것을 '조국애'로 명명하면서, 그 진실한 감정이 "반도 방방곡곡에서 들끓고 있다半島津津浦浦に沸き上がり고 썼다. 그러면서 1938년에

특별지원병제도가 시작된 이래 엄청난 수의 조선인이 군 복무를 지원했었던 일은, "우리 반도 동포의 충성심이 얼마나 열렬하고, 그들이 대동아공영권을 세우려는 전쟁에 얼마나 열성적으로 참가하고자 하는지를 보여 주는 보다 확실한 증거"라고 지적했다.

조선뿐만 아니라 도쿄와 오사카 같은 일본의 주요 도시들에서는 조선인을 모범적인 일본 병사로 제시하는 공식적 의식도 거행되었다. 새로운 징병법이 효력을 발휘하기 시작한 날인 1943년 8월 1일에 조선인들과 일본인들은 야스쿠니 신사에 모여 그곳에서부터 시내를 행진하기 시작했다. 이 축하 행사는 황궁 앞 광장에 이르러 끝났다.[88] 이 합동 행진은 내선일체의 현실을 생생히 재현하는 것이라고 평가되었다. 이와 비슷하게 1944년 8월에 정부는 조선인의 일본군 징병 입대 개시를 축하하기 위해 도쿄 히비야日比谷 공원의 대중 집회를 후원했다. 조선 총독이었던 미나미 지로가 연설했으며, 조선인 징집병들은 욱일승천기와 메이지 신궁의 부적을 받은 후 수도 곳곳을 행진했다.[89]

이 장과 그다음 장은 문학과 영화에 주로 초점을 맞출 것이다. 문학과 영화는 조선인 병사들 또는 병사가 되기 위해 지원하는 젊은 조선인 남성들에 대한 지배적인 담론을 가장 극적이고 호소력 있게 나타낸 미디어 형식들이었다. 여기에서 나는 조선인이 일본 국민으로서 획득할 수 있는 주체성의 이상적 형식을 보이기 위해, 그리고 개인적, 사회적 관계 및 기타 관계들의 규범적 모습을 서사화하기 위해 군인 되기를 어떤 방식으로 활용했는가 하는 점을 분석하려고 한다. 이 장에서 나는 문학과 영화에서 반복되어 나타나는 피, 입양, 자기 결정의 테마에 각별히 주의를 기울일 것이다. 그것은 이 문화 생산물들이 때로는 공통의 민족적 기원을 강조하면서, 다른 경우에는 피의 상징성을 완전히 초월하면서, 조선인과 내지 일본인 사이의 경계 및 식민지와 국가 사이의 경계를 흐릿하게 하는 데에 일조했다고 논의하기 위해서다.

나아가 문학과 영화는 국민 주체가 되는 일을 재현하면서, 그것이 궁극적으로는 선택이나 자기 결정행위라고 끊임없이 주장했다. 이는 미국인 되기를 선택했던 일본계 미국인들의 경우나, 더 일반적으로는 근대 내셔널리즘의 독트린 내부에서 잘 나타나는 양상이다. 그다음 장은 이 장의 논의에 기초해 젠더, 로맨스, 가족에 대한 담론들과 국가 및 식민지에 대한 담론들이 지닌 상호 구성적인 성격에 초점을 맞출 것이다.

영화에 나타난 총력전

대중적 영화 잡지 《에이가준뽀映畫旬報》 1943년 7월호는 조선 영화에 초점을 맞춘 특집을 마련했다. 이 특집에 따르면 1941년에 조선의 영화관들은 2,500만 장 이상의 입장권을 팔았다. 당시 식민지 전체 인구가 약 2,400만 명이었음을 고려할 때 이는 인상적인 숫자다. 물론 이는 1940년에 4억 4,000만 명 이상이 유료 입장했던 식민지 본국의 개인별 영화 관람 횟수와 비교할 때 상대적으로 여전히 적은 수였다. 그러나 1927년에 약 360만 장의 입장권이 팔린 것과 비교하면 크게 비약한 것이었다. 1943년까지 조선의 영화 관람자들—약 20퍼센트 내지 30퍼센트가 일본인이었으며, 그 나머지는 조선인이었다—은 13도에 산재한 165개 정도의 영화관에서 영화를 볼 수 있었다. 그리고 근처에 영화관이 없는 벽지 거주자들을 위해서는, 조선영화배급사가 1942년 12월부터 만들기 시작한 13도 활동사진 영사대들이 현지로 가서 영화를 상영

했다.[90]

식민지 정부의 관료들과 그들의 일본인, 조선인 조언자들은 영화가 '국민적 사명'을 촉진하는 강력한 매체라고 종종 주장했다. 영화는 보도, 계발, 교화를 제공할 수 있었으며, 조선인의 황민화를 촉진할 수 있었다. 총독부 내의 식민지 영화 정책 부서 최고 책임자였던 한 관료는, 조선에 오락기관이 거의 없다는 바로 그 점 때문에 조선에서 영화의 중요성은 내지에서 영화가 지니는 의미보다 훨씬 크다고 피력했다.

단지 영화를 보기 위해 벽지 여성들은 등에 아이를 업고 먼 거리를 걸어온다. 그리고 한겨울 날 영화 관람실의 추위를 견디며 영화를 본 후, 다시 걷고 걸어 멀리 떨어진 자기 동네로 돌아간다. 이런 장면들을 떠올리며 그는 국가적으로 중요한 매체로서 영화에 비할 만한 것이 없다고 생각하게 되었다. 영화는 언어와 문화적 이해의 장벽조차 뛰어넘어 모든 사람들에게 호소할 수 있는 일종의 마술적 능력을 지닌 듯했다.[91] 논자들은 특히 다른 예술 형식들과 대조적으로 영화가 사회의 여러 층에 널리 호소력을 지니며, 그 이유 하나만으로도 막대한 영향력을 가진다고 지적했다.[92]

식민지 정부는 이 막강한 매체를 효과적으로 관리할 필요성을 인식하자, 1940년대부터 조선인의 영화 제작과 식민지의 영화 배급을 중앙에서 일원적으로 통제하기 위해 강력한 수단을 강구했다. 총독부에 의해 1940년 1월에 공포되고 그해 8월부터 발효된 〈조선영화령〉은 1939년에 시행된 일본 내지의 〈영화법〉과 유사하게 만들어졌으며, 영화에 대한 식민지 정부의 규제력을 엄청나게 확대했다. 이로써 조선에 있던 총 10개의 독립적인 영화사들은 1942년 9월까지 조선영화주식회사로 완전히 합병되었고, 그해 4월에는 조선영화배급사가 설립되었다. 조선

영화배급사는 조선 내의 모든 영화 배급에 대한 책임을 졌다. 말할 것도 없이, (검열을 포함해) 새롭게 간소화된 이 영화 제작 및 배급 시스템은 사실상 조선 내의 모든 영화 관련 활동을 직접적으로 통제하기 위한 식민지 정부의 능력을 제고했다.[93]

저명한 영화평론가 이영일은 일제 치하 조선인의 진정한 영화 제작이 종말을 맞은 해로 1942년을 지적한 적이 있다. 그는 다음과 같이 말했다. "내가 이렇게 말하는 것은, 그 순간 그 본래적 의미에서 조선 영화의 숨통은 사실상 막혀 버렸기 때문이다."[94] 그와 동시에 전후 일본에서 이 시기의 영화들은 대부분 망각되고 은폐되었으며, 그렇지 않으면 그저 '전쟁협력영화' 시대의 잘못된 산물로서 폐기되었다. 하지만 이 영화들을 탈민족주의적 관점으로 진지하게 분석한다면, 우리는 식민지 말기에 생산된 담론과 실천의 복잡성과 변화를 잘 알 수 있을 것이다. 그것은 이 시대 및 식민지 상황에 관한 통상적인 추정들을 반박할 것이다.

분명히 식민지 말기의 영화들은 생각하는 것처럼 단순하고 예측 가능하지 않다. 첫째, 이 극영화들은 의심할 나위 없이 프로파간다 영화들이었다. 하지만 그 반면 영화감독들은 자기 작품을 오락거리로 만들려 하기도 했다. 그리고 진주만 공격일을 기해 식민지 정부가 미국과 영국 영화의 배급을 모두 금지한 후에도, 감독들은 할리우드 영화로부터 자유롭게 영감을 이끌어 냈다.

그러나 훨씬 더 중요한 것은, 비록 일본인과 조선인 감독들이 국가의 엄청난 감시 밑에서 영화를 만들었다고 하더라도, 그들이 다민족적으로 확대되는 일본제국의 변화하는 필요에 맞춰 자기의 여러 관심들을 타협하고 조정했다는 사실이다. 물론 영화의 중요한 의도는 '조선인'에서 '일본인'으로 전향하는 드라마틱한 모델을 제공하는 것이었다. 그러나 내가 뒤에서 상당한 분량으로 분석하게 될 두 편의 영화들처럼, 특히 어떤 영화들은 일본인 되기를 폭 좁고 특수한 민족적 배타주의가 아니라, 인종적이거나 민족적인 피의 상징성을 거부하는 일종의 휴머니즘적이고 보편적인 내셔널리즘과 동일시하는 지향성을 보였다.

1942년의 《영화연감映畵年鑑》(일본 영화에 대한 반관반민 연보)에서 지적되었던 것처럼, 조선 영화는 조선 자체를 넘어 움직이고 있었다. 이 영화들은 국어, 생활방식, 일본인 되기의 의무(가장 중요한 것은 군 복무 의무) 등과 관련해 모든 조선인들을 교화하려는 목적을 명백히 지니고 있었다. 가장 벽지에 사는 사람들도 이 목적의 예외는 아니었다. 그와 동시에 이 영화들은 조선 영화의 장래가 조선적인 로컬 칼라local color 의 협소한 묘사에서 벗어나는 데에 있다고 강조했다. "너무 조선적인 영화를 만드는 것은 큰 잘못일 것"임을 지적하면서, 연감은 "만일 일본 영화의 미래가 대동아공영권 내에서 공유되어야 한다면, 당연히 조선 영화 역시 공영권의 큰 임무를 수행할 책임이 있는 일본 영화의 일익이어야 한다"고 역설했다. 따라서 《영화연감》의 필자들은 조선 영화의 시장이 조선에만 한정되어서는 안 된다고 주장했다. 그들은 일본 내지, 조선, 만주 등 제국 내부에서 영화를 제작할 때, 배우를 활발히 교류하고 서로 협동해 작업할 것을 고무했다.[95]

1940년부터 1945년 사이에 일본군 내의 조선인들을 테마로 해서 최소한 일곱 편의 장편 극영화가 제작되었다. 그리고 국경경비대의 조선인들에 대한 영화가 한 편 만들어졌다. 그 일곱 편은 〈지원병志願兵〉 (1940), 〈너와 나君と僕〉(1941), 〈젊은 모습若き姿〉(1943), 〈조선해협朝鮮海峽〉(1943), 〈나는 간다今ぞ我は行く〉(1942), 〈병정님〉(1944), 〈사랑과 맹서

총력전 제국의 인종주의

愛と誓ひ〉(1945) 등이다.[96] 편제상 해군이나 육군 소속은 아니지만, 국경경비대는 조선의 국경수비 임무를 수행하는 육군 부대와 아주 비슷하게 기능했다. 유명한 일본인 감독 이마이 다다시今井正는 6장의 마지막 부분에서 언급된 〈망루의 결사대〉(1943)에서 국경경비대의 조선인들을 테마로 선택했다.

이에 더해 조선인과 일본인 영화감독들은 조선인의 군 복무를 다룬 많은 다큐멘터리를 생산했다. 실제로 조선의 유명한 감독 방한준의 〈승리의 뜰勝利の庭〉(1940)은 조선영화령(1940)의 규정하에 '문화영화'로 공식 인정된 조선 최초의 다큐멘터리로서, 훈련받는 조선인 지원병들의 일상생활을 그렸다.[97] 이에 대해 국가는 "국가의식 계발과 국가 지성 발전"에 기여하는 비非극영화라고 인정했다. 조선총독부 도서과의 니시키 모토사다西龜元貞에 의하면, 조선의 육군특별지원병훈련소가 방한준 영화의 무대였으며, 등장인물 모두가 일본어로만 말했다.[98] 모리나가 겐지로森永健次郎는 조선인 징병을 축하하기 위해 1943년에 개봉된 〈쇼와 19년昭和十九年〉을 감독했다. 이와 비슷하게 〈영광의 날榮光の日〉(1943)도 조선인 지원자들에 대한 해군의 문호 개방을 기념했다.[99]

이제 나는 두 편의 영화에 대해 고찰할 것이다. 1942년의 《영화연감》은 이 영화들을 미래를 전망한 초지역적이거나 제국적인 영화의 범주 속에 넣었다. 실제로 《영화연감》은 두 편 중 특히 〈망루의 결사대〉를 이런 타입의 구체적인 사례로 들었다. 이 영화와 〈사랑과 맹서〉는 조선과 일본 내지 영화사의 합동 작품으로, 모두 감독과 남녀 배우들을 조선과 일본 양쪽에서 고용했다.

〈망루의 결사대〉

이마이 다다시는 최인규의 도움을 받으며 1943년의 액션드라마 〈망루의 결사대〉를 감독했다. 일본 회사 도호東寶와 조선의 고려영화사—이 영화를 만들던 중에 조선영화주식회사에 흡수되었다—가 이 영화를 공동 제작했다.[100] 이마이는 전후 일본의 가장 뛰어난 영화감독 중 한 사람인데, 1939년에 메이지유신 직후를 다룬 역사극 〈누마즈 병학교沼津兵學校〉에서 시작하여 1991년의 〈전쟁과 청춘戰爭と靑春〉으로 영화감독 52년 경력을 마감했다. 본인이 인정하는 바에 따르면, 그는 도쿄대학교 학생으로서 좌익 활동에 관여하게 되었지만, 후에 이를 철회하고 전시에는 주로 '협력 영화'들을 만들었다.[101] 이마이는 그가 생각하는 민주적이고 반反봉건적인 가치와 사회관계를 찬양한 반면, 군국주의와 사회적 불평등을 비판한 전후 영화들로 널리 알려져 있다. 공공장소에서 육체적 접촉을 통제했던 전시의 금기를 부드럽게 넘어선, 유리창을 사이에 둔 유명한 키스 장면(《다시 만날 날까지また會う日まで》, 1950), 오키나와 전투가 벌어지는 동안 벌어진 젊은 여성들의 비극적인 자살 장면 묘사(《히메유리의 탑ひめゆりの塔》, 1953, 1982) 등이 대중들이 주로 기억하는 이마이 작품의 이미지들이다. 하지만 이마이가 처음으로 주목받게 된 것은 다름 아닌 〈망루의 결사대〉를 통해서였다.[102]

이마이의 조감독이었던 최인규는 1941년의 〈집 없는 천사家なき天使〉, 그리고 방한준과 함께 연출한 1940년의 〈수업료〉로 널리 평가받은 바 있는, 아주 주목되는 조선인 영화감독이었다.[103] 〈집 없는 천사〉가 개봉되었을 때, 비평가들은 이 영화가 가장 완성도 높은 조선 영화라고 평가했다. 그리고 후에 분명하지 않은 이유로 지명이 철회되기는 했지

만, 처음에 일본 문부성은 이 영화를 1941년의 '추천 영화' 중 하나로 선정했다.[104] 이마이는 최인규가 프로젝트에 적극적으로 협력함으로써, 경찰관 린(하야시 또는 林)이라는 핵심 배역을 맡은 전택이 및 긴에이슈쿠(김영석)라는 중요 배역을 연기한 김신재 등의 조선 스타들이 총출연할 수 있었다고 말했다[105](《사진》 7).

〈망루의 결사대〉는 국민공동체 형성에 대한 영화다. 이 영화는 일본인뿐 아니라 충성스런 중국인과 조선인을 포함하는 다민족적인 국가를 시각적이고 서사적으로 생산하기 위해 조선과 만주 사이의 국경이라는 공간과 그 메타포를 동원한다. 주로 압록강 주위의 지역을 보여주는 이 영화의 중심 드라마 중 하나는 국경 경찰이 반일 게릴라들—그들 표현에 의하면 비적匪賊—의 공격으로부터 식민지의 경계뿐 아니라 나라의 경계를 방어하는 것이다. 여기서 국가의 안전은 두 가지 위협을 받고 있다. 하나는 국가 외부의 위협이며, 다른 하나는 내부의 위협이다.

외부의 위협은 강을 건너오는 비적의 위협이다. 여름과 가을의 국경 지역은 수확이 풍성하고, 일본의 통치하에 소박한 사람들이 조화를 이루며 생활하는 목가적인 장소로 제시된다. 반면에 겨울이 다가오고 깊어짐에 따라 자연은 거칠어진다. 그리고 더 중요한 것은 그로써 국경이 파괴될 수 있는 조건이 만들어진다는 점이다. 강물이 얼어붙는 겨울에 강은 더이상 공동체를 보호하는 자연적 방벽일 수 없다. 그것은 게릴라들이 마음대로 공격해 올 수 있는 길이 되는 것이다. 강 쪽으로부터 꽝 소리가 들리면서 서스펜스가 고조된다. 우리는 그것이 총소리가 아니라 얼음 어는 소리라는 것을 알게 된다.

그와 똑같이 큰 위험은 내부의 위협인데, 이는 국경 바로 안쪽의 국경 마을이라는 특성에서 발생한다. 마을은 신체적으로 서로 비슷한 개인들로 구성된 하나의 다민족적인 공동체다. 각각 다른 옷을 입고 있다는 점을 빼면, 누가 일본 민족이고 누가 그렇지 않은지 구별할 만한 눈에 띄는 육체적 차이는 없다. 물론 옷 역시 바꿔 입을 수 있다. 이마이는 영화 도입부에서 경찰서장을 중국인으로 변장시킴으로써 의복과 민족의 유동성을 보여 준다. 우리는 서장이 정보를 수집하기 위해 그런 식으로 국경을 넘어다니고 있음을 알게 된다. 하지만 이는 적의 스파이들 역시 그와 똑같이 일본 쪽 공동체 안에 잠입할 수 있음도 암시한다. 실제로 영화가 진행되는 동안 우리는 내부로부터 배신이 발생할 위험이 있음을 알게 된다. 특히 왕코Wang Ko 같은 중국인이 위험하다. 그는 일본인 마을공동체 안에 사는 충성스런 중국인의 아들이다. 하지만 그는 반일 비적들 편으로 넘어간다.

일단 강이 얼어붙으면, 비적들이 습격을 개시한다. 그들은 잔인하고 부도덕한 야만인들로 재현된다. 그들은 중국인과 조선인들을 벽으로 둘러싸인 국경 경찰 초소의 피난처로 몰아내면서 마을에 불을 지르고 약탈한다. 여기서 공동체의 구성은 당시 두드러지게 이야기되던 '내선동조론內鮮同祖論'에서 보이는 인종과 민족의 지각된 공통점과는 아무 관계가 없다. 그 대신 마을공동체는 일본인, 중국인, 조선인을 모두 적에 의해 희생된 사람들로 구성해 냄으로써 이루어진다. 비적들에게 살해당하는 첫 번째 일본인 희생자는 경관 긴 슌쇼쿠(김춘식)인데, 사실 그는 조선인이다(《사진 8》). 두 번째 희생자는 불충한 왕코의 아버지인 왕류다. 요컨대 일본의 다민족 국가는 일본의 지배에 의해 형성되지 않는다. 또한 민족적, 인종적 동일성을 가정함으로써도 이루어지지 않는다. 그것은 비적이라는 공통의 적, 즉 타자를 설정함으로써 만들어진다. 이는 순진한 일본이 피해를 입고 있으며, 토착민들과 일본인들이 서로 공감과 동정의 관계를 맺고 있다고 주장하는 이야기다. 이들이 공통의 희생자가 되는 과정을 통해 원래 배신할 마음을 품었던 한 중국인과, 처음에는 일본인 되기를 별로 바라지 않았던 한 명의 조선인을 포함해 모든 마을 사람들은 예외 없이 충성스러운 일본인이 될 것을 선택한다.

이때 선택이나 자기 결정—자유의지에 의해 국민이 되기를 바랄 수 있는 능력—은 아주 중요하다. 식민지 말기의 담론이 일반적으로 그러했듯이, 식민화된 사람들은 일본인 되기를 결심하는 것처럼 재현되었다. 그들은 강제당하거나 어쩔 수 없는 조건 속에 태어난 것이 아니라 자기 결정행위를 통해 일본인이 된다.

영화 도입부에 마을 사람들은 요새 같은 초소의 건설을 도울 것인가 말 것인가를 선택할 자유가 부여되며, 대부분의 사람들은 이 일을 돕는다. 경찰관 중 한 명이 지원군을 부르기 위해 부대를 떠나야 했을 때,

사진 7_국경의 망루와 〈망루의 결사대〉 출연배우들.
영화 스틸은 한국영상자료원에서 제공함.

이 일에 지원한 사람은 다름 아닌 조선인 린 경관이다. 그리고 가장 중요한 사실은, 모든 것을 잃은 듯이 보이고 지원군이 아직 도착하지 않은 시점에서, 일본인과 조선인 남녀 모두가 포로로 붙잡히기보다는 일본인으로서 죽을 것을 선택한다는 점이다.

이 국경 마을을 이루고 있는 다양한 사람들은 초소 아래의 대피소로 피난해 들어가 자살을 결심한다. 그리고 그 장면은 전시 오키나와의 비극을 다룬 이마이의 전후 영화들—여기서 병사들과 민간인들, 남성들, 여성들, 아이들은 어둡고 축축하며 불편한 지하 동굴에 숨어 있다가 자살한다—을 기묘하게 예견시킨다. 먼저 경찰서장의 아내인 요시코가 남편으로부터 권총을 받아 첫 번째로 자살할 준비를 한다. 그다음으로 경찰서장은 지원군을 데려 오기 위해 떠난 조선인 경관(린)의 아내 교쿠젠에게, 이 일은 정말로 그녀 남편이 해야 할 일이지만 필요하다면 그녀의 자살을 돕겠다고 말한다. 하지만 교쿠젠은 서장의 도움을 정중하게 사양한다. 그녀는 자기 자신뿐 아니라 새로 태어난 아이도 죽일 각오를 하고 있음을 서장에게 알린다. 마지막으로 "비적들"에게 최초로 희생된 조선인 경관(긴)의 누이인 에이슈쿠는 약혼자에게 자살하기 전에 먼저 자기에게 총을 쏘아 달라고 부탁한다.

여기서 그런 식의 자살에 해당하는 일본어가 자결自決이라는 점을 상기하는 것이 중요하다. 자결의 문자 그대로의 뜻은 '자기 결정self-determination'인 것이다.[106] 그러므로 조선인들, 특히 조선 여성들이 일본 국민으로 변모하는 것은 자기 결정하는 주체인 그들의 행위에 달려 있다. 죽음을 선택하면서 그들은 일본 국민의 주체성을 획득한다.[107]

하지만 이 이야기는 오키나와의 비극과는 다르게 끝난다. 때마침, 기다리던 지원부대와 함께 린 경관이 도착한다. 비적들은 죽거나 도망치고 국경경비대와 마을은 구조된다. 영화는 희생을 통한 승리라는 테마와 함께 종결된다. 마을을 지키고자 목숨을 바친 사람들을 위한 감동적인 장례식이 열린다. 그러나 조선 옷이 아니라 일본 기모노를 입은 린 경관 아내의 정면 샷 등과 같은 섬세한 터치들은, 거의 자궁 같은 망루 아래의 어둠 속에서 겪은 경험으로 인해 다민족적인 마을공동체가 재탄생했음을 암시한다. 그것은 하나의 통일된 국가를 구현한다.

이 영화의 구조 장면은 포위된 백인들을 구하기 위해 말 탄 주인공들이 기병대와 함께 돌아오는 할리우드의 '카우보이와 인디언' 영화들을 묘하게 상기시킨다. 그와 함께 이마이는 우리로 하여금 이 필름을 만들던 시대의 제국주의와 식민주의라는 글로벌한 맥락도 떠올리게 했다. 즉, 그는 이 영화의 모델이 1939년에 파라마운트사가 만들고 게리 쿠퍼 Garry Cooper가 주연한 할리우드 고전영화로서, 사하라 사막에 주둔한 프랑스 외인부대의 한 전초부대를 무대로 한 〈보 제스트*Beau Geste*〉[108]임

사진 8_오빠의 무덤에 간 긴 에이슈큐(배우는 김신재).
오빠 긴 슌쇼쿠는 첫 번째 '일본인' 희생자다. 필름 스틸은 한국영상자료원에서 제공.

을 줄곧 지적했다. 〈보 제스트〉의 황당한 스토리라인은 값비싼 보석 도둑질을 중심으로 펼쳐지지만, 기본적인 전제는 프랑스 외인부대 및 외인부대를 돕는 '우호적인 아랍인들'이 사막에 사는 미개인들의 공격으로부터 '원주민 2,000만 명'을 지킨다는 것이며, 이로써 특히 문명을 방어한다는 것이다.

조선과 일본에서 미국과 영국 영화의 상영이 금지될 즈음에, 이마이가 〈망루의 결사대〉에서 영화 관습과 테크닉은 물론 주요 스토리라인에서조차 〈보 제스트〉를 표절했으며, 더 일반적으로는 다른 여러 할리우드 영화들도 모방했다는 점은 놀라울 정도로 분명하다. 주제가 그렇게 심각하지 않았더라면 거의 웃음거리가 되었을 것이다(〈사진 9〉). 예컨대 할리우드 영화에서 그러한 것처럼, 이마이 역시 스타의 인기를 이용하려고 노력했다. 따라서 그는 주연배우로 하라 세츠코原節子(〈사진 10〉)와 다카다 미노루高田稔를 캐스팅했으며, 조연배우로는 전택이와 김신재를 캐스팅했다.

이마이는 고전적인 할리우드 영화의 내러티브 형식도 활용했다.[109] 이 내러티브 형식에서는 이성 간의 개인적 사랑과 로맨스의 이야기들―〈망루의 결사대〉에서는 에이슈쿠와 그녀의 약혼자 사이에 펼쳐진다―이 역사적이거나 공적으로 중요한 더 큰 테마와 나란히 진행된다. 그리고 더이상 시간이 남아 있지 않을 때 아슬아슬하게 이루어지는 구원을 포함한 모종의 데드라인이 시간 체계를 구성한다. 이마이 영화의 기본 설정과 공간 배경조차 〈보 제스트〉를 직접적으로 각색하는 데에서 벗어나지 못했다. 두 영화에서 액션은 망루를 설치한 군부대에서 발생한다. 그리고 이 요새들은 모두 (서구인들과 일본인들이 보기에는) 거칠고 도전적이며, 문명과 야만 사이의 경계를 알레고리화 하는 자연적 환경에 놓여 있다. 식민지 말기에 나타난 조선과 할리우드 사이의 이러한 커넥션은 민주주의적인 연합국 대 파시스트적인 추축국이라는 단순한 이분법을 혼란에 빠뜨린다. 그러나 아마도 가장 충격적인 점은 이마이의 영화가 단지 특정한 할리우드 영화 한 편의 복사물이 아니라는 사실이다. 아주 조금 '변형'된 것을 제외하면, 이마이의 영화는 오히려 영화사가인 리처드 슬롯킨Richard Slotkin이 "빅토리안 제국 영화Victorian Empire film"라고 부른 것, 즉 프런티어와 문명을 다루는 모든 장르의 할리우드 영화와 아주 잘 맞아떨어진다.[110]

경외심이 들게 하는 슬롯킨의 연구에 의하면, '빅토리안 제국 장르'는 파라마운트사의 〈어느 벵골 기병의 삶Lives of a Bengal Lancer〉(1935)과 워너브라더스사의 〈경기병 부대의 돌격The Charge of the Light Brigade〉(1936)을 필두로 1930년대 중반에 나타났다. 그리고 이 영화들에 뒤이어 〈위 윌리 윙키Wee Willie Winkie〉(1937), 〈드럼스Drums〉(1938), 〈강가 딘Gunga Din〉(1939), 〈보 제스트Beau Geste〉(1939) 등이 나왔다. 슬롯킨은 이 장르에 속하는 영화들이 1950년대와 1960년대에도 계속 생산되었다고 지적했다. 하지만 여기서 내가 말하려는 논점은 슬롯킨이 밝힌 이 장르의 거의 모든 핵심 요소들이 〈망루의 결사대〉의 중요한 구성 요소들이라는 사실이다.

예컨대 슬롯킨은 다음과 같이 지적한다.

테마로 보았을 때, 이 영화들은 야만적인 무법과 전체주의적인 권위라는 상반되는 양 극단 사이에 있는 어떤 동맹국alliance으로부터 위협에 직면한 문명—문명은 빅토리안 제국이나 그와 대등한 나라에 의해 상징된다—의 위기를 다룬다. 빅토리안 질서, 즉 문명적인 질서는 어떤 부대나 군 초

소 안에서 구체화된다. 이런 영화들의 명목상 가치관은 자유롭고 진보적
인 제국의 가치관과 같다. 그러나 그 주인공들은 전사들이다. 그리고 그
정치학은 백인 여성들 및 아이 같은 갈색 얼굴들을 기꺼이 묵인하면서 행
사된 남성적 가부장제를 정당화하는 정치학이다.[111]

〈망루의 결사대〉에서, '빅토리안 제국'과 '대등한 나라'는 물론 일본
제국이며, '비적들'은 문명—전사들의 전초부대에 의해 구체화되는 문
명—을 위험에 빠뜨린다. 실제로 이 '비적들'은 서로를 감시하거나 권

사진 9_〈망루의 결사대〉(위의 사진)와 〈보 제스트〉(아래의 사진)에서,
요새의 망루에 있던 남성들은 '야만인들'의 공격으로부터 문명을 방어하다가 총을 맞는다.

위주의적인 고류 당의 이름하에 암살을 자행한다. 이들은 자기 멤버를 체크할 때조차 잔인하게 죽이고 불태우면서 "야만적인 무법과 전체주의적인 권위"라는 극단을 모두 재현한다. 부대나 군 초소는 가부장적인 경찰서장 밑에서 지역 주민들을 문명화시키고 보호하는 하나의 "자유롭고 진보적인 제국"이다. 가부장의 주재하에 "백인 여성들 및 아이 같은 갈색 얼굴들을 묶인"하는 문제에 대해 생각하기 위해서는 이 말을 "일본 여성들 및 중국인과 조선인의 아이 같은 얼굴들"로 바꾸어 놓기만 하면 충분할 것이다.

이어서 슬롯킨은 다음과 같이 말한다.

> 광신적이고 아마도 가짜 메시아적인 추장(대개 어떤 종류의 "칸")은 우리의 군대식 유토피아에 맞서 토인 종족들을 규합하고 있다. 그리고 영국 화이트홀Whitehall이나 워싱턴의 귀족 정치가들은 이 문제와 관련해 필요한 일을 하기에는 너무 부패하고 무능력하거나 관료적인 비능률에 갇혀 있다. 종종 배후에 숨어 공작하는 어떤 외국 세력, 즉 사악한 제국(러시아, 독일, 중국 제국)이 있다. 그 결과, 군인과 공무원 등의 영국인(아내와 아이들을 포함해) 및 "우리"에게 의지하는 갈색 피부의 조그만 모든 민족들이 추장과 그에 의해 현혹된 야만인들에게 살육될 위험에 빠져 있다.

영화에서 고류 당의 '광신적'이거나 '가짜 메시아적인 추장'에 대해 많은 것을 알기는 어렵다. 그러나 알 만한 관객들은 이마이 식의 '칸'이 중국인과 조선인 반일 공산주의자나 국경 지대에서 활약하는 민족주의적 빨치산들, 또는 이 둘을 모두 모델로 삼았음을 알아차렸을 것이다. 가장 유명한 것은, 후에 북한 지도자가 되는 김일성이 1937년 6월에 소규모 무장 병력으로 보천보 마을의 공격을 이끈 일이다. 조선 국경 바로 안쪽의 이 마을에서 그들은 경찰관들을 죽이고 파출소에 불을 질렀으며 친일적인 조선인들의 집을 파괴했다.[112] 슬롯킨은 런던과 워싱턴의 정치적 무능함이 1930년대 '빅토리안 제국 영화'의 한 양상이라고 언급했는데, 〈망루의 결사대〉에서 이에 대응하는 모습은 찾을 수 없다. 그러나 영화의 정부 비판을 확실히 통제했던 것이야말로 진주만 공격 이후 미국과 일본제국이 어떠한 나라였던가를 보여 주는 특징적인 양상이었다. 더 나아가 영화에는 배후에 숨어 활동하는 그 어떤 사악한 제국에 대한 단 하나의 힌트도 없다. 만주국이 '비적들'의 진압을 돕는 강력한 동맹국이라고 공공연히 이야기되는 정도다. 하지만 〈보 제스트〉에서 그러하듯이, 비유적으로 사용된 "우리에게 의지하는 갈색 피부의 조그만 모든 민족"은, 〈망루의 결사대〉에서도 "추장과 그에 의해 현혹된 야만인들에게 살육될" 위험에 빠져 있다.

사진 10_주연 여배우 하라 세츠코와 '비적' 두목의 아버지 왕류 역을 맡은 남자배우. 필름스틸은 한국영상자료원에서 제공함.

슬롯킨은 다음과 같은 결론을 내린다.

우리를 구할 수 있는 유일한 사람은 주인공hero이다. 그는 거의, 또는 실제로 원주민들 중 한 명으로 통할 만큼 원주민들을 잘 알고 있는 한 명의 병사로서, 야만과 문명, 광신과 종교, 갈색과 백색, 그들과 우리 사이의 경계에 위치하고 있다. 그리고 우리는 구조받는다. 하지만 그 대가로 반드시 주인공은 죽는다. 영웅적인 마지막 방어나 자살 돌격을 하면서, 주인공은 그 일을 위해 선발된 다른 남성들과 함께 희생적으로 죽는다.

여기서 다시 우리는 위의 말을 살짝 바꾸어 아주 쉽게 번역할 수 있다. "야만과 문명, 광신과 종교, 갈색과 백색, 그들과 우리" 사이의 경계선을 자유롭게 넘나드는 사람은 분명히 궁극적인 영웅(주인공)인 경찰서장이다. 앞에서 언급했듯이, 영화 도입부에서 경찰서장은 타자처럼 옷 입고 말하면서 중국인 한으로 통한다. 그리고 휘하의 다른 사람들이 희생될지언정 '우리'를 구하는 것은 경찰서장이다.

하지만 〈보 제스트〉와 〈망루의 결사대〉가 크게 대비되는 한 가지 문제가 있다. 그것은 "갈색 피부의 조그만 사람들"의 재현과 관련해서다. 린 경관은 포위된 전초부대를 구하기 위해 지원부대를 데리고 오는데, 이에 해당하는 역할을 맡는 〈보 제스트〉의 인물은 '좋은 아랍 원주민'이다. 그는 '나쁜 아랍인들'의 공격을 받은 프랑스 외인부대원들을 구하기 위해 지원군을 요청하러 간다. 그런데 〈보 제스트〉에서 아랍인들은 병사들 속에 완전히 받아들여지지 않는다. 병사들은 민족적으로는 다양하지만 여러 국가 출신의 백인들로만 철저히 구성되어 있다. 그러나 이와 달리 이마이의 영화는 일본의 국가공동체 내부로 조선인과 중국인을 완전히 포용할 것이라고 표면적으로는 약속한다. 대부분의 장면에서 두 명의 조선인 경관은 일본인 경관으로 취급된다. 그리고 모든 충성스런 조선인들과 중국인들은 결국 일본 국가를 은유하는 망루의 요새 안에 포용된다. 또 한 가지 대조되는 점을 말하라면, 〈보 제스트〉의 선임상사가 요새의 조그만 구멍을 열어 아랍인 정찰병에게 지원군을 요청하라고 말한 후 그 구멍을 급히 닫는 장면을 들 수 있다(《사진 11》).

〈망루의 결사대〉에서 일본제국에 전체적으로 포용되기 위한 유일한 조건은 충성심인 것처럼 보인다. 이때 민족공동체와 관련되는 것이건, 아니면 부모와 자식 간의 혈연을 의미하는 것이건 간에, 영화가 이 모든 피의 상징성을 초월하는 듯이 보인다는 사실을 다시금 지적할 필요가 있다. 따라서 경찰서장은 죽어 가는 모친을 돌보기 위해 일본으로 돌아가는 일과 조선에 남아 국경을 지키면서 그곳의 다민족적인 마을을 방어하는 일 중 한 가지를 선택해야만 했을 때, 당연히 조선에 남는다. 여기서 우리는 협소한 가족 중심주의에서 벗어난 내셔널리즘이 요구됨을 발견한다. 내셔널리즘 자체가 가족 중심주의 위에 수립되어야 하면서도 말이다. 경찰서장의 아내인 요시코는 자기가 낳은 아이가 없지만, 그 대신 일본인 조선인 가리지 않고 그들의 부상을 치료하거나 그들에게 맛있는 음식을 제공하면서 모든 사람의 어머니라도 되는 양 행동한다. 일본국가와 일본제국은 할리우드에서 만든 빅토리안 제국 영화들의 보편주의를 넘어서는 보편주의를 열망하는 듯하다.

분명히 이 영화는 국가공동체의 구성에 작용하는 피의 문제를 부정한다. 그러나 그렇다고 해서 이 영화의 유일한 메시지가 평등이라고 할 수는 없다. 문화적 동화를 수용하고 일본 옷을 입는 한 조선인들은 국가공동체 안에 받아들여진다. 하지만 영화는 새로 국민에 편입된 사람들과 내지 출신 일본인을 가르는 차이를 잊게 하지는 않는다. 우리는 조선인들이 조선 민요를 불렀다는 사실, 조선인 아이들에게 일본어 발음을 가르치는 특별 수업이 필요했다는 사실, 조선인들이 일본인들과 다르게 밥을 먹었다는 사실 등을 잊을 수 없다.

평등과 수용 가능성을 재현하고 있지만 젠더적이고 민족적으로 구현된 사람들의 위계는 고스란히 남는다. 예전의 경우 한쪽은 일본의 식민지 지배자들이고 다른 쪽은 지배 대상들이라는 식으로 두 개의 전혀 다른 공동체들 사이에 위계질서가 설정되었다면, 그와 달리 총력전 시기의 위계질서는 같은 국가공동체 내부의 조선인과 일본인 및 남성과 여성 사이에 형성된다. 이제 그것은 문명인과 비문명인을 가르는 애매모호하고 넘나들 수 있는 구분선을 통해 존재해야 한다.

국가공동체 내부에 조선인들을 받아들이는 문제와 관련해, 분명히 〈망루의 결사대〉는 '빅토리안 제국 영화' 이상으로 나아갔다. 전초부대의 알레고리가 말해 주는 것처럼, 총력전 상황에서 일본 치하의 '작은 갈색 민족'은 국가의 경계 바깥에 계속 머물 수 없었다. 그들은 공동체 및 나라를 지키기 위해 싸우는 군대 안에 소속되어야 했다. 그런 의미에서 이마이의 영화는 〈망루의 결사대〉가 만들어진 그해에 막 생산되기 시작한 새로운 타입의 할리우드 영화, 즉 제2차 세계대전 전투영화와 더 많은 것을 공유하고 있다.

리처드 슬롯킨에 의하면 제2차 세계대전 전투영화의 원형적인 모습을 보여 주는 것은 MGM의 〈바탄*Bataan*〉이다.[113] 1943년에 테이 가네트Tay Garnett가 연출하고 로버트 테일러Robert Taylor와 로이드 놀런Lloyd Nolan이 출연한 이 영화는, 때로는 야만적인 적에 맞서 식민지인들과 함께 싸우기조차 하는 미국 남성들의 다민족적이고 다문화적인 통합을 주요 테마로 하는 영화 장르를 출발시켰다. 〈바탄〉은 백인 앵글로색슨 프로테스탄트 여섯 명과 유색인 및 소수민족 출신의 일곱 사람으로 구성된 소대를 묘사했다. 그것은 인종을 분리해 배치하는 미군의 성격상 거의 있을 법하지 않은 잡탕 소대로, 소대원 중 WASP(white Anglo-Saxon Protestants)가 아닌 사람들은 유대인 한 명, 아일랜드인 한 명, 폴란드인 한 명, 라틴인 한 명, 흑인 한 명, 필리핀인 두 명(한 사람은 민다나오에서 온 모로Moro족이고, 다른 한 사람의 이름은 양키 살라자르Yankee Salazar이다) 등이다.

이마이의 〈망루의 결사대〉와 마찬가지로 〈바탄〉은 이 혼성부대를 적과의 최후 결전에서 서로 도우며 조화롭게 행동하는 영웅적인 남성 집단으로 그린다. 흥미로운 점은 이 영화에서도 식민지인이 지원군을 부르러 가는 일에 스스로 나선다는 사실이다. 충성스러운 민다나오 출신

사진 11_ '좋은 아랍인'에게 지원군을 얻어 오라는 말을 하지만,
그를 요새 안으로 들이지는 않는다. 〈보 제스트〉에서.

총력전 제국의 인종주의

모로족이 군복을 벗고 검은 재를 몸에 발라 위장한 후, 도움을 요청하기 위해 한밤중에 정글을 뚫고 달린다. 그의 시도는 결국 실패한다. 그러나 그 이전부터도 이 식민지인 병사는 자기 단짝에게, "한 남자가 자유를 위해 죽는 한, 죽는 장소는 중요하지 않는다(it don't matter where a man dies, as long as he dies for freedom)"라고 분명히 말했었다(강조는 번역자. 틀린 영어를 틀린 한국어로 번역함—역주).

이와 비슷하게 자살은 두 영화를 연결하는 하나의 테마다. 〈바탄〉에서도 적에 절망적으로 맞서는 것 이외에는 아무 구원책이 없기 때문이다. 주인공들은 마지막 한 사람까지 싸우며, 그들 중 한 명은 가미카제 스타일의 공격조차 감행한다. 즉 일본군이 교량을 사용하지 못하게 하기 위해 중위 한 사람이 다이너마이트가 실린 비행기를 일부러 교량 쪽으로 조종한다.

이마이의 영화가 그러하듯이, 〈바탄〉 역시 자유로운 포용의 제스처를 취한다. 하지만 잘 달리지 못하는 유대인, 댄스곡에 빠진 라틴인, 아름답고 깊은 목소리로 블루스를 부르는 흑인 등의 스테레오타입을 제시하면서, 이 영화는 그들이 WASP가 아니라는 점을 계속 표시한다. 더 나아가 이 영화는 모로족 원주민이 언제나 자연 상태로 복귀할 준비가 되어 있는 것처럼 재현한다. 정글을 뚫고 달릴 준비를 하기 위해 옷을 거의 벗은 채로, 그는 "예전에 아주 사람을 잘 죽이던 가족one time very murdering family"을 떠올린다. 그러자 한 하사가 무심코 "옷 입고 다시 문명인이 되라"고 그에게 말한다(〈사진 12〉).

이 영화는 평등 및 인종적 민족적 차별의 초월을 찬양하기 위해 의도되었다. 하지만 영화에서 높은 자리를 차지한 것은 결국 가장 숙련된 병사들로 묘사된 WASP들이다. 요컨대 이마이는 빅토리안 제국 장르에 속하는 전쟁 이전 영화를 자기 작품의 모델로 삼아 왔지만, 미국과 일본에 작용한 총력전 시스템의 구조적 유사성은 〈망루의 결사대〉에 전투영화적인 성격을 각인시켰다. 전투영화는 새로 출현한 영화 양식으로, 이마이가 〈망루의 결사대〉를 만들 때까지 십중팔구는 알지 못했을 것이다.

〈사랑과 맹서〉

〈사랑과 맹서〉는 영화 평론가들이 거의 언급한 바 없으며, 종종 이마이 다다시의 작품 목록에도 오르지 않는 아주 묘한 영화다. 사토 다다오佐藤忠男는 이마이의 경력에 대해 개괄적으로 논평하면서 〈사랑과 맹서〉를 1945년 영화로 이마이의 전체 작품 목록에 포함시킨다. 하지만 흥미롭게도 사토 다다오는 1944년 영화인 〈분노의 바다怒りの海〉가 이마이의 전쟁 시기 마지막 작품이라고 쓴다. 한편 피터 하이Peter High는 전시기 영화에 대한 방대한 연구서에서, 이마이가 〈사랑과 맹서〉가 자기 작품임을 숨기려 할 수 있었다고 지적한다. 거의 종전될 때 이 영화가 개봉되었고(1945. 7. 26), 패전 직후 즉시 상영이 중단되었기 때문에 그럴 수 있었다는 것이다.[114]

〈망루의 결사대〉와 마찬가지로 〈사랑과 맹서〉는 일본 영화회사 도호와 조선영화제작회사가 공동 생산한 초지역적이고 제국적인 영화다. 〈망루의 결사대〉에서 이마이의 조감독이었던 최인규가 이마이와 공동으로 감독했다. 다시 한번 일본인 스타 다카다 미노루가 남자 주연 중한 명을 연기했으며, 젊은 조선인 배우 김유호가 다른 주연을 맡았다.

총력전 제국의 인종주의

김유호는 최인규의 〈집 없는 천사〉에서 연기한 바 있는 고아 역할을 다시 했는데, 이는 이 시기 식민 담론 및 국가의 담론에서 차지하는 고아라는 말의 중요성을 암시하기에 족하다. 전후 일본 영화의 팬들은 무라이라는 이름의 조선인으로 조선의 시골 국민학교 교장 역을 하고 있는 시무라 다카시志村喬를 보고 대부분 놀랄 것이다. 시무라가 주요 배역을 맡은 중요한 영화의 예를 조금 들면, 구로사와 아키라黑澤明 감독의 〈들개野良犬〉(1949), 〈라쇼몽羅生門〉(1950), 〈이키루生きる〉(1952), 〈7인의 사무라이七人の侍〉(1954) 등이 있다.

프로타고니스트가 국가의 사회질서와 화해하는 과정에서 젊은 시절의 불확실함을 극복하여, 계발되고 성숙한 어른으로 발전한다는 점에서, 이 영화의 주요 스토리라인은 성장소설bildungsroman의 관습적 서사를 따른다. 성장소설—더 넓게는 근대 부르주아 문화—에서 그러하듯이, 주인공은 내면성 및 개인적인 자기 결정의 유지라는 한 측면과 정상

사진 12_군복을 벗고 정글을 뚫고 달릴 준비가 된 자칭 '민다나오의 모로족'. 〈바탄〉에서.

성이나 규범적 질서에 대한 순응 요구 및 사회화라는 또 한 측면 사이의 긴장에서 발생하는 갈등들을 결국 극복한다. 프랑코 모레티Franco Moretti가 말하는 것처럼, 근대 부르주아 문화에서 단순한 복종은 충분치 않다(일본계 미국인들을 수용한 일과 앙케트도 상기할 것). 즉, 복종 이외에 다음과 같은 일도 필요하다. "한 사람의 '자유로운 개인'으로서, 그는 공포에 떠는 지배 대상이 아니라 확신에 찬 시민으로서 사회 규범들을 자기 자신의 것으로 지각해야 한다. 그는 규범들을 **내면화**해야 하며, 외부의 강제와 내부의 충동이 더이상 구분되지 않을 때까지 이 둘을 융합해 하나의 새로운 통합을 이루어야 한다"(강조는 원문대로).[115]

제멋대로인 한 조선인 청년이 가미카제 조종사가 되겠다는 자신의 결정—자기의 선택—을 통해, 어른이 되고 남자가 되며 일본인 주체로 거듭나게 되는 이야기를 통해 〈사랑과 맹서〉는 성장소설의 구조를 진행시킨다. "시간은 조국(여기서는 '일본')을 찾기 위해 사용되어야 한다. 만일 그 일을 하지 못하면, 아무 목적도 의미도 없이 인생을 낭비하게 된다."[116] 식민지 시기의 여러 역사적, 사회과학적, 문학적 텍스트들은 조선인과 대만인을 일본에 입양된 고아(양자 또는 얻은 자식貰い子)에 비유했다.[117] 이와 마찬가지로 〈사랑과 맹서〉는 당시 점점 더 국민이 되고 있던 식민지인의 심리적인 고통을 입양된 조선인 아이라는 수사를 통해 알레고리화 한다. 영화는 고아였다는 사실에서 기원한 청년층의 신경증을 탐구한다. 그리고 오직 입양관계에 적극적으로 순응함으로써 온전한 주체성과 자기 결정을 획득할 수 있음을 믿으라고 관객에게 요구한다.

이 영화를 분석하면서 우리는 프란츠 파농이 《검은 피부, 흰 가면Black Skin, White Masks》에서 수행한 작업을 몇 가지 방식으로 따를 수 있다.[118] 이 책에서 파농은 르네 마랑René Maran의 한 소설에 등장하는 앙틸리스

총력전 제국의 인종주의

Antillean 흑인 프로타고니스 장 브뇌즈Jean Veneuse를 진단하기 위해 유기(포기)신경증遺棄神經症abandonment neurosis이라는 정신분석학적 개념을 활용했다. 파농의 읽기에 의하면 장 브뇌즈는 강박적으로 백인 여성으로부터 사랑받기를 욕망한다. 하지만 그는 고통스럽다. 사랑 없이는 살 수 없지만, 버림받는 것을 무서워하기 때문에 사랑을 받아들일 수 없다. 실제로 버려질 것을 끊임없이 두려워하면서 그는 "무의식적으로 바로 이러한 결말에 이르기 위해 필요한 모든 것을 한다"(76쪽, 스위스 심리학자인 저메인 귀엑스Germaine Guex를 인용). 브뇌즈는 기숙학교의 '일시적인 고아들' 중 한 명이던 어린 시절에 그 사랑의 대상에게 버림받았다. 따라서 그에게는 백인 여성이 반복적으로 사랑을 확인해 주는 일뿐 아니라, 자기가 진짜로 백인 남성 중 한 사람임을 백인 남성이 인정해 주는 일이 필요하다. 백인 남성들은 그가 "진짜 니그로들과는 공통점"(69쪽)이 아무것도 없음을 확인해 주어야 한다. 브뇌즈는 과거의 좌절에 집착해, 거절받았던 모든 경우에 대해 괴로워한다. 그리고 자기에게 사랑할 자격이 없다고 느끼게 됨에 따라 공격적이 되고 자존심과 정서적인 안정을 잃는다. 그 결과 그는 "삶 및 사람들과의 관계에서 무능력하다는 압도적인 기분과 더불어 책임감의 완전한 폐기"(73쪽, 귀엑스를 인용)를 느낀다. 나는 조선인의 식민지 의식을 특징짓는 것이 이 '유기신경증'이라고 암시하려는 것은 아니다. 하지만 이는 〈사랑과 맹서〉가 재현하는 식민지 주체의 상황을 분석하는 데에 원용될 수 있다.

긴 에이류(김영용)는 글자 뜻 그대로 고아다. 그가 어떻게 부모와 가족을 잃게 되었는지는 알 수 없다. 그것은 이야기에 내포된 커다란 미스터리 중 하나다. 하지만 어쨌든 그는 경성신보사 국장인 시라이시 씨에게 입양되었다(또는 시라이시 부인이 말하듯이, 시라이시 씨가 "주워 왔

다甘ってきた"). 에이류는 수양부모로부터 사랑받기를 바라며 그들이 자기의 가치를 계속 확인해 주기를 원한다. 하지만 그의 모든 행동은 자신의 무가치함을 증명하려는 욕구에 이끌리는 듯이 보인다. 그는 버림받는 일을 아주 두려워하기 때문에, 끔찍하지만 예기된 결과를 초래하기 위해 그가 할 수 있는 그 어떤 일이라도 할 것처럼 행동한다. 에이류는 어떤 활동에도 계속 집중할 수 없다. 예전에 길 위의 떠돌이였던 만큼, 그에게는 이리저리 방황하는 버릇이 있다. 에이류는 끊임없이 자기를 비하하며, 부모를 기쁘게 할 기회가 생겼을 때조차 일부러 그들을 실망시킨다.

장 브뇌즈의 유기신경증을 설명하기 위해 저메인 귀엑스를 인용했던 파농이라면, 아주 쉽게 에이류의 상황을 다음과 같이 서술할 수 있을 것이다. "이렇게 사랑받을 자격이 있는 대상으로서 자존심이 결여될 때 심각한 결과가 초래된다. 그중 한 가지를 말하면, 이는 그 사람을 뿌리 깊은 내적 불안정 상태에 가둠으로써 다른 사람들과의 모든 관계를 금지 또는 왜곡시킨다. 그 사람 스스로에게 불확실한 것은 자기가 동정이나 사랑을 불러일으킬 권리를 가졌는지 그렇지 않은지 하는 점이다. 정서적인 자기 평가의 결여는 아주 어린 시절에 사랑과 이해의 결핍으로 고통받은 사람들에게서만 발견된다."(75~76쪽)

에이류의 유기신경증에 대한 해결은 아버지와 국가의 사랑을 전적으로 받아들이고 그에 보답하는 것이다. 무라이의 길을 따르면서 에이류는 자신이 가미카제 조종사가 되기 위해 지원해야 한다는 사실을 깨닫는다. 〈망루의 결사대〉에서도 그렇듯이, 완전한 주체성은 죽기를 지원하는 자기 결정행위에서 비롯된다. 예전에 그는 어른들 앞에만 서면 언제나 위축되었고 말을 더듬거렸으며 아이처럼 굴면서 모든 책임을 회피했었다. 하지만 일단 가미카제 조종사가 되기로 결정하자, 에이류는 머리를 곧추세우고 몸을 꼿꼿이 편 확실하고 존경할 만한 청년으로 변한다. 영화 마지막 장면에서 우리는 자살 임무를 위해 떠나는 에이류가 자랑스럽고 용감하며 확고부동하게 한 대의 가미카제 비행기에 앉아 있는 모습을 보게 된다.

입양된 아이의 비유는 〈사랑과 맹서〉에서 두드러지게 나타난다. 이는 일본의 식민주의 담론에서 익숙하게 발견되는 요소인 동시에, 특히 총력전 말기에 형성된 식민주의 담론의 급진적인 버전이었다. 이미 1918년부터 오시마 마사노리大島正德는 다음과 같이 설명했다. "물론 조선인들은 우리와 같은 민족이 아니다. 그러나 그들을 양자나 수양자식이나 주워 온 아이들처럼 우리나라our Nation(원문은 하나의 국가國家, a Nation-Family. 이는 '나라=가정'을 의미-역주) 안에 받아들이는 것, 그리고 마음으로부터 그들을 가족으로 보고 가족으로 대하는 것은 우리 국민을 확대하는 방법이다."[119]

따라서 우리는 어째서 식민주의 담론이 고아와 양자의 비유를 그렇게도 광범위하게 사용했는지, 그리고 그것들이 어떻게 기능했는지에 대해 질문하지 않을 수 없다. 여러 가지 면에서 그것은 동화주의적인 동시에 인종주의적인 식민주의 체제—그리고 근대 국민국가—의 이상적인 비유들이다. 고아와 양자의 비유는 식민지인들을 아동으로 만들고 그들이 지닌 차이를 표시함과 동시에 새로운 주체를 형성하는 효과를 지니고 있기 때문이다. 이 비유들은 혈족의 논리를 중심으로 가족, 국가, 식민지 관계가 구성됨을 부정한다는 점에서 혈족의 논리를 초월하는 듯하다. 실제로 입양의 논리는 모든 차이를 통합해 제국에 결합시키는 일반화의 능력을 가진 것처럼 보일 수 있다. 하지만 그와 동시에 "입양"이나 "수양" 등의 말은 피의 상징성이 중요하지 않다고 보는 바로 그 행위 속에 피의 상징성을 다시 새겨 넣는다.[120]

데이비드 슈나이더David Schneider는 생물학주의에 대해 선구적으로 비판했다. 그리고 주디스 모델Judith S. Modell은 슈나이더의 연구에 의거해 입양에 대한 미국의 근대 담론을 아주 예리하게 분석했다. 미국의 입양 담론은 생물학적 관계가 지닌 상징성을 초월하는 것처럼 보인다. 그러나 그것은 주디스가 "척하는 원칙as-if axiom"으로 부르는 것 아래서 작용하기 때문에 사실은 피의 우선성을 복귀시킨다. 달리 말해 미국의 지배적인 담론에서 입양관계는 이른바 "자연적인" 가족이라는 것을 기껏해야 불완전하게 흉내 낼 수 있을 뿐이다. 즉 "입양가족은 생물학적인 가족과 '아주 비슷하다'."[121] 오래전에 슈나이더가 말했듯이, "생물학적 관계를 모방한다는 바로 그 점에서 입양은 '혈족' 시스템의 외부에서 관리되는 것이 아니라 일종의 '혈족'관계로서 이해될 수 있다. 그렇게 보았을 때, 생물학적 관계가 없다면 입양은 아무 의미를 지니지 못한다."[122] 역으로 말해 입양은 생물학적으로 묶인 부모 자식관계를 자연스러운natural 것으로 규정한다.

만일 우리가 입양된 자식과 생물학적인 자식을 모순적이기보다는 상호 보완적인 관계로 생각하는 이러한 논의를 받아들일 수 있다면, 우리는 식민지 관계를 재현하기 위해 사용된 입양의 비유가 식민지 주체의 동등함을 인정하겠다는 약속으로 보였던 동시에, 다른 한편으로는 그 관계가 항상 원래부터naturally 미심쩍은 것임을 지적하는 효과도 지녔음을 파악할 수 있다. 의심할 나위 없이 이는 입양의 비유가 일본의 식민주의 담론에서 통상적으로 작용했던 방식이다. 그러나 〈사랑과 맹서〉는 피의 이데올로기를 부정하는 극단적인 사례를 대표적으로 보여 준다.

총력전 제국의 인종주의

〈사랑과 맹서〉는 가족들 내부에서건, 아니면 식민지와 제국 사이의 구분을 가로질러서건 간에, 피가 같고 다름의 불변성이나 중요성에 대해 관객들이 품고 있었을 그 어떤 확신도 무너뜨린다. 가장 중요한 것은, 아무리 양부와 양모가 일본인처럼 옷 입고 말하고 행동해도 그들이 실제로는 조선인이라는 사실이 영화에서 충분히 암시된다는 점이다. 첫째, 죽은 전쟁영웅 무라이의 아버지가 교장으로 재직하는 시골 학교에서 시라이시는 학생들에게 자기가 그 학교에 다녔음을 알린다. 그는 하필이면 조선인이 동시에 모범적인 일본인인 현명한 교장으로부터 수업을 받았다. 둘째, 영화 앞부분에서 우리는 에이류의 양부 스스로가 천애의 고아였음을 알게 된다. 그러므로 모두가 고아들로서 양부에 의해 양육되었다는 사실로 인해, 입양은 적어도 부분적으로는 자연스러운 것이 된다. 셋째, 양부모에게는 분명히 생물학적인 아들이 있지만, 에이류는 그 어린 동생보다 훨씬 더 많은 관심을 받는다.

마지막으로, 자기가 버려졌다는 것 때문에 계속 괴로워하며, 자기가 누구인지 어떤 환경에서 버려졌는지를 알고자 하던 에이류가 결국에는 자신의 생물학적인 혈통과 과거가 아무 의미가 없음을 깨닫게 되는 조금 더 복잡한 서브플롯이 있다. 가미카제 영웅의 미망인인 에이코는 상해사변(1932) 당시 자신과 오빠가 상해에서 헤어졌었던 일을 회상한다. 그녀는 자기 오빠가 "카짱, 카짱母ちゃん, 母ちゃん", "어머니, 어머니"라고 부르면서, 중국인에게 살해당한 어머니를 살리려고 무진 애를 썼던 슬픈 이야기를 한다. 나중에 에이코는 삼촌에게 입양되었지만, 그녀의 오빠는 끝내 발견되지 않았다. 적에게 희생된 공통 사례라는 점에서 이것 역시 조선인을 일본인으로 만드는 데에 기여한다. 하지만 더 중요한 것은 에이코가 에이류와 자신이 생물학적으로 연결될 수 있을

지도 모른다는 가능성을 제기한다는 점이다. 정말로 에이류는 그녀의 오빠 에이츄일까? 에이류는 여러 면에서 에이코의 오빠처럼 보이지만, 에이코는 확신하지 못한다. 에이류는 큰 배에 탔던 일을 기억하는가? 그는 아니라고 대답하지만, 바다의 푸른빛이 어렴풋이 떠오르는 듯하다. 에이류는 에이코가 자기 누이일지도 모른다고 계속 생각하며 괴로워한다. 그는 조종사를 지원하면서 생물학적인 혈연이 아무런 의미도 없다고 결정할 때에야 비로소 위안을 느낀다. 그는 조선인 가미카제 영웅으로 죽으면서, 자기와 아무 혈연관계도 없는 무라이의 남동생이라고 생각할 것이다. 에이류는 죽음을 지원했을 뿐 아니라 피의 상징성을 박탈함으로써 일본인의 주체성을 성취한다.

그런 식으로 혈연관계보다 입양관계를 자연화하는 일과 관련해서, 나는 〈사랑과 맹서〉가 식민주의하에서 식민 지배자와 식민지인 사이의 차이를 부정하기 위해 갈 수 있는 데까지 나아가지 않았을까 하는 생각을 가지고 있다. 그렇게 보았을 때, 이 영화는 최소한 두 가지 이유로 급진적이다. 첫째, 이 영화는 주로 조선인 관객에게 보이기 위한 것이었을 가능성이 아주 크다. 이 영화는 젊은 조선인 남성들과 그 가족을 전쟁에 동원하고자 하는 프로파간다 영화다. 그러므로 아마도 이 영화는 식민 지배자들과 식민지인들 사이에 작용하는 차이의 위계를 강조할 필요가 없었을 것이다. 그러나 우리는 이 영화가 시기적으로 늦게 만들어졌다는 점도 고려해야 한다. 일반적으로 총력전을 치르기 위한 물질적, 인적 필요로 인해 조선인과 일본인이 동일하다는 담론이 생산되었다. 그리고 전쟁 상황이 악화되고 절망적인 분위기가 고조되면서, 피를 부정하고 식민 지배자와 식민지인의 동일성을 강조하는 담론은 가장 극단적인 형태에 도달했던 것이다.

〈이와모토 지원병〉

위에서 분석한 영화들이 내선일체를 상상하면서 피의 상징성을 경시했던 반면, 수많은 소설 작품들은 피가 문제됨을 강조했다. 하지만 그것은 일본 내지인으로부터 조선인을 구분하기 위해서가 아니라, 둘 사이의 문화적이고 생물학적인 단일성을 만들어 낸 근본적인 기초를 제공하기 위해서 중요했다.

이제부터 나는 조선인 일본 작가 쵸 카쿠츄Chō Kakuchū(장혁주張赫宙)가 당시 널리 퍼져 있던 내선일체 담론에 확고히 근거해 꾸며 낸 아주 상상적인 이야기를 분석할 것이다. 그것은 〈이와모토 시간헤이岩本志願兵〉 또는 〈이와모토 지원병〉이다. 쵸 카쿠츄의 다른 많은 글들이 그러했듯이, 이 작품은 조선에서뿐만 아니라 일본 내지를 포함한 제국의 다른 지역들에서도 널리 읽혔음이 분명하다. 원래 이 작품은 1943년 8월 24일부터 9월 9일까지 일본의 일간신문 《마이니치신문每日新聞》에 연재되었으며, 그 후 조선인 병사들을 다룬 세 편의 다른 주요 단편소설들과 함께 책으로 묶였다.[123]

일본 내의 조선인 작가들에 대해 전체적으로 연구한 학자는 몇 되지 않는다. 그 학자들 중 한 사람인 임전혜는 쵸 카쿠츄가 일본어로 글을 써 일본 주류문단의 정식 작가로 인정받은 첫 번째 조선인이라고 주장했다.[124] 1905년 조선에서 태어난 쵸 카쿠츄는 경상북도의 시골 교사로 근무하던 시절에 문학적 경력을 쌓기 시작했지만, 1936년에는 일본으로 이주했다.[125] 그는 1932년에 〈가키도餓鬼道〉(아귀도)라는 단편소설로 일본 독자들로부터 널리 주목받게 되었다.[126] 이 작품은 일본 식민주의와 지주제, 그리고 조선 농민들에 끼친 지주제의 억압적 효과를 강렬히 비난했다. 그러나 내가 이 장과 다음 장에서 고찰하려는 작품들은 주로 이 작가가 일본의 내셔널리즘으로 확연히 전향한 후인 1930년대 말에 창작된 것들이다. 한 가지 지적할 것은, 쵸 카쿠츄가 1930년대 중반부터 종전에 이르기까지 일본어로 창작한 조선인 작가 중 가장 많은 작품을 쓴 사람이었다는 사실이다. 실로 그는 1934년부터 1945년까지 전부 29권(이 중 3권은 공저)의 일본어 책을 출판했을 뿐 아니라 엄청난 수의 단편소설, 에세이, 번역까지 발표했다. 따라서 분명히 쵸는 일본어로 글을 쓰는 당대의 가장 생산적이고 세계시민적인 작가 중 한 사람이었다.[127]

앞에서 분석했던 영화들과 달리, 그의 소설들은 일본인과 조선인의 동조동근론을 본격적으로 차용한다. 하지만 〈이와모토 지원병〉을 포함해 조선인 병사를 다룬 그의 소설들은 피를 부정하는 좀 더 보편주의적인 메시지를 보태고 있다. 그리고 그 주된 목적은 조선인과 일본인이 동일한 아이덴티티를 공유한다는 사실을 극화하는 데 있다. 더 나아가 〈사랑과 맹서〉가 그러한 것처럼, 〈이와모토 지원병〉은 버려진 아이의 신경증을 활용했다. 이와모토 이등병의 생물학적인 부모는 죽지 않았다. 그러나 이와모토는 술에 취해 난폭하게 행동하는 아버지를 견딜 수 없어 비행 청소년들을 위한 집에서 자랐으며, 따라서 그는 고아 같은 성격을 가지고 있다. 쵸 카쿠츄의 이와모토 역시 내적으로 문제가 있는 비뚤어진 젊은이로서, 비행 청소년 보호소의 교장 및 일본 천황으로 상징되는 가부장의 사랑에 순종함으로써만 한 명의 완전하고 정서적으로 안정된 주체가 될 수 있다. 그 점에서 이와모토는 〈사랑과 맹서〉의 에이류와 동류다. 하지만 〈망루의 결사대〉나 〈사랑과 맹서〉에서 그러하듯이, 쉽사리 순종적이 되지 않기 때문에 극적인 사건들이 발생하게 된다. 오히려 소설에 전제되어 있는 것은 주인공이 천황과 국가의 요구를 따르는 규범적인 선택을 하지 않을 가능성이다. 이 장 및 다음 장에서 분석된 그 어떤 다른 이야기보다도 쵸 카쿠츄의 〈이와모토 지원병〉은 내셔널리즘이 국가에의 복종을 선택할 자유로운 주체들을 구성함으로써 작용하는 양상을 더 많이 보여 준다. 이러한 선택에서 기인한 내적 갈등은 3장에서 논의된 바, 무기를 잡으라는 부름에 따를 것인가 말 것인가의 선택에 직면했던 일본계 미국인들의 내적인 혼란과도 훌륭히 비교된다.

〈이와모토 지원병〉에서 쵸 카쿠츄는 공간, 장소, 기억이 조선인들을 일본 국민으로 호명하는 방식에 주목한다.[128] 그의 몇몇 다른 작품들도 이와 다르지 않다. 내러티브는 도쿄 정북서의 시골인 무사시노武藏野 지역의 고마高麗 역에서 시작된다. 독자들에게 이곳의 역사는 아직 명확히 제시되지 않는다. 하지만 역 출구 근처에 서 있는 신상神像들로 인해 그 장소가 조선과 친근히 연결되어 있음이 알려진다. 즉 거기에는 한국어로 장승이라고 하는 수호신들, 즉 천하대장군과 지하여장군이 짝을 지어 서 있다(《사진 13》). 이것들을 보면서, 일인칭 화자—이 일인칭 화자의 모델이 작가라는 사실이 책의 서문에서 이미 알려져 있다—는 갑작스런 플래시백과 더불어 시공간과 역사를 넘나드는 기억 여행을 떠난다. 그 기억 여행은 천하대장군의 무시무시한 모습에 놀랐던 조선에서의 어린 시절을 회상하는 데에서 시작되어 고마에서 끝난다. 이야기의 핵심은 이와모토라는 조선인 지원병과 화자의 관계를 중심으로 전개된다. 고마를 방문해 이 장승들을 보았을 때 이와모토는 무엇을 느꼈던가? 화자 자신은 조선에서 자랐지만 이와모토는 내지에서 성장했다. 따라서 이와모토는 자기와 다르게 느꼈을 것이라고 화자는 추측한다. 그러나 이야기 마지막 부분에서 화자의 기억 여행이 한 바퀴 돌아 고마로 돌아갔을 때, 우리는 두 지리적인 공간 사이의 상상적 경계가 지워지면서 조선과 내지를 반대 방향으로 오가게 한 화자와 이와모토의 짝을 이룬 여행이 종결됨을 발견한다.

기억 여행이 시작되려 할 때, 화자는 일본인 병사들이 조선의 고향 마을 거리를 행진하는 것을 보며 커다란 슬픔과 부러움을 느꼈던 자기의 소년 시절을 회상한다. 그는 자기가 목격했던 군인들처럼 씩씩한 남자가 될 희망이 전혀 없는 아이였다. 그러나 지원병제도와 최근의 징병법 개정 덕분에 조선인들도 군대에 들어갈 수 있게 되었으며, 따라서 아마도 어린 시절의 꿈은 결국 실현될 수 있을 것이다. 경성의 육군지원병훈련소 입소 안내장을 받았을 때, 그는 정식 훈련병이 되기로 완전히 마음먹는다. 그러므로 조선으로 돌아가는 화자(쵸 카쿠츄)의 여행은 예전에는 인정되지 않았던 남성다움과 국민 주체성을 회복하기 위한 여행으로 읽힐 수 있다.

그러나 훈련소에 도착하면서 화자는 자기가 정식 훈련병이 되기에는 너무 나이를 먹었다는 것을 알게 되었으므로, 결국 교관의 조수 자격으로 훈련소에 머물기로 한다. 부모의 감사함을 상기하기 위해 훈련병들이 매일 거행하는 묵언 시간에 이와모토가 흐느껴 우는 것을 알게 된 어느 날, 화자와 이와모토의 삶은 최초로 교차한다. 이 일은 그 청년의 과거에 대한 화자의 강렬한 호기심을 자극한다. 그는 곧 청년이 파란만장한 삶을 살았음을 알게 된다. 이와모토는 불량 청소년들을 위한 소년원에 있었으며, 그의 부친은 최근까지도 술주정뱅이였다. 하지만 어쨌든 이와모토는 국가에 봉사하는 모범적인 청년이 되었으며, 그의 군 지원은 아버지를 변화시켰다. 그는 소년원의 다른 청년들이 군에 지원하도록 고무하기도 했다.

처음에 화자는 이와모토에 대해 조금밖에 몰랐지만, 모르면 모를수록 화자는 더 많이 알고 싶어진다. 이와모토는 화자의 모든 질문에 대답하며, 종잡을 수 없었던 한 명의 조선인 소년이 잘 규율된 일본 국민으로 만들어진 삶의 과정을 이야기한다. 어린 시절에 그는 말썽을 일으키곤 했었는데, 이는 주로 그가 조선인이므로 군 복무를 할 자격이 없다는 좌절감에서 비롯된 것이었다. 그러나 아버지 문제가 없었다면 그는 아마도 자포자기 하지 않았을 것이라고 회고한다. 화자는 입대 자격과 관련된 조선인들에 대한 차별, 무책임한 아버지 및 계모와 함께 사는 가족 상황, 조선인 이민자들의 빈곤 등 모든 문제가 이와모토의 절망을 조장했을 것임을 이해한다.

이와모토는 소년원에 있는 대부분의 다른 소년들과 달리 억지로 그곳에 맡겨지지 않았다. 그 대신 지역 협화회(일본에 사는 조선인들의 활

사진 13_오늘날의 고마高麗역,
아직도 장승이 역 앞에 서 있다. 저자 촬영.

동을 통제하기 위해 설립된 정부 조직)에서 온 어떤 사람의 충고에 따라 자기 의지로 그곳에 들어갔다. 그 결과 그가 말했던 것처럼 "나는 과거의 나를 용감히 개혁할 수 있었다"(43쪽). 소년원의 교장인 마루오카는 아이들이 천황의 적자이며 진정한 일본인으로 다시 태어나야 한다고 가르쳤지만, 이와모토는 때때로 자기가 그 목표를 달성할 능력이 있는지 의심하면서 괴로워했다. 그리고 그럴 때마다 그곳에 들어간 것을 후회했다.

청년으로서 한 가지 더 심오한 질문이 이와모토의 마음을 무겁게 짓눌렀다. 고대로부터 조선인과 일본 내지인은 하나였다고 들었지만, 일상생활은 이런 생각과 괴리가 있는 것처럼 보였던 것이다. 오직 고마 신사로 순례 여행을 함으로써 내선일체의 현실은 "깨달음의 섬광"(50~51쪽) 속에 그에게 생생히 다가온다. 풍경의 물질성은 조선인들이 1,200년 전 이전부터 일본 내지에 왔다는 사실, 그리고 그들이 완전히 일본인이 되었다는 사실을 보여 주었다.

이야기가 이 지점까지 진전되었을 때, 화자는 일본으로 돌아가는 여행을 시작한다. 그는 처음으로 조선의 북부와 중부를 방문한다. 그리고 황국 국민들 및 징병 적령기 청년들의 훈련이 각 도 전역에서 펼쳐지고 있는 것을 목격한다. 암만 해도 이와모토에 대한 생각이 화자의 마음을 떠나지 않는다. 그리하여 화자는 이와모토라는 청년의 정신적인 여행을 되짚어 가게 된다. 그는 마루오카 소년원을 찾아가 그곳 학생들의 잘 규율된 생활방식을 본다. 마루오카 교장은 화자에게 자기의 교육철학을 다음과 같이 설명한다. 학교의 주요 목적은 소년들에게 "그들이 일본인이며 황국 신민임을 각인시키는" 것이다. 이와모토에 대해 교장은 단지 고마 신사에 참배하기만 했는데도, "자기 조상들이 야마토 민족의 조상과 같다"(55쪽)는 사실을 이와모토가 깨달았다고 재차 확인해 준다.

마루오카를 방문한 후 화자는 자기 자신도 고마에 참배하러 가며, 따라서 독자들은 이야기가 시작된 시공간으로 돌아오게 된다. 화자는 역 앞에 선 천하대장군의 배웅을 받으며 신사로 향한다. 이와모토가 밟았던 길을 되짚어 가면서 화자는 그 지역에서 조선과 일본 내지가 하나였던 역사를 회상한다. 그리고 당시의 역사학에 근거해, 그는 고구려에서 온 조선의 왕자를 따라 1,797명의 이민자들이 1,200년 전보다도 더 일찍부터 고마에 정착했었음을 지적한다. 그가 고마 소학교를 지나칠 때, 몇몇 아이들이 학교 운동장에서 나오기 시작한다. 화자는 아이들의 얼굴을 관찰하면서, "다섯 중 둘은 최근에 건너온 (조선인) 이민자들로 오인될 만큼 그들과 아주 닮은 것 같다"고 느낀다. 그는 다시금 이와모토를 떠올리며, 이와모토 역시 이 아이들의 얼굴을 보고 충격과 감동을 받았을 것이라고 추측한다. 그리고 곧 이어, "하지만 1,200년 전의 얼굴이 내지 일본인의 얼굴이 된 것—내지화된 것—과 마찬가지로 이와모토의 얼굴 역시 변하고 있다"고 생각한다. 일본과 조선은, 결국, 하나이며 같다(57쪽).

마침내 화자가 목적지에 이르렀을 때 이야기는 그 극적인 결론에 도달한다. 이와모토가 그러했듯이, 화자는 그곳에서 내선일체의 현실을 가장 감명 깊게 느낀다. 그는 다시 한번 이와모토를 회상한다. 그리고 수많은 다른 순례자들 역시 이곳에서 감동받을 미래를 생각하면서 상념에 빠진다. 하지만 가장 중요한 사실은, "고대에 조선인들이 이 무사시노뿐 아니라 나라 안의 모든 곳에 왔으며, 이렇게 번영을 누리고 있다"고 화자가 숙고한다는 점이다. 더 나아가 그는 일본 내지에 있는 백곳 이상의 신사를 꼽으며, 그곳의 기원을 조선에서 찾을 수 있다고 생각한다. 그러므로 마지막으로 화자가 본 풍경은 고마 신사 같은 신성한 장소로 뒤덮인 내지의 풍경이다. 고마 신사는 고대에 조선과 일본이 완전히 혼합되었음을 지금도 시각적으로 증언하고 있다. 이와모토가 더 훌륭한 병사가 되고, "모든 조선인 동무들이 하루라도 빨리 황국신민화의 과업을 완수할 것"(58쪽)을 화자가 기원하면서 이야기는 끝난다.

이렇게 쵸 카쿠츄는 조선과 일본이 원래 국가적으로 통일되어 있었다는 망각된 기억을 일깨우는 회상의 장소로 고마 신사에 주목한다. 이는 조선인 이민의 역사를 일본사에 끼워 넣었던 공식적인 내선일체 담론과 다르지 않다. 〈이와모토 지원병〉뿐만 아니라 쵸의 다른 이야기들 역시 일본 병사나 일본 국민이 되는 조선인 남성들을 다루고 있다. 이 이야기들은 우리로 하여금 조선인 남성들을 국민으로 만드는 데에 시공간이 어떻게 작용하는가에 대해 주의를 기울이게 한다. 이세 신궁, 메이지 신궁, 야스쿠니 신사 및 황거皇居 등 국가의 상징 지형학상 유명한 장소들은 쵸 카쿠츄의 등장인물들을 일본인으로 호명한다. 그러나 쵸 카쿠츄 및 그 외의 여러 사람들은 국가적 기억의 풍경에 있어 조선과 모종의 관계가 있지만 고마 신사보다 훨씬 덜 알려진 다른 신사들도 활용하고자 했다. 작가들, 이데올로그들, 매체들은 일본 내지와 조선이 하나였으며 하나여야 한다는 주장을 뒷받침할 수 있는 물질적 증거를 제시하고자 했다. 그리고 그를 위해 조선 반도에서 건너온 사람들이 세운 것으로 생각되는 일본의 종교적인 장소들뿐 아니라 내지와 관련이 있는 '반도' 전역의 다양한 신사들도 재구성해 냈다.

조선과 일본이 하나라는 테제를 진전시키기 위해 쵸 카쿠츄는 문화적 동화가 육체적 외관으로 나타나는 생물학적인 유전을 극복할 수 있으리라는 정말로 이상한 입장을 취하기도 한다. 즉, "1,200년 전의 얼굴들이 내지화된 것처럼 이와모토의 얼굴도 변하고 있다"는 것이다. 그러한 생각은 우스꽝스러우며 일본 식민주의 담론에 특유한 것으로 보일 수 있다. 그러나 그와 동시대의 근대 세계를 살았던 지식인 중 가장 세계시민적인 사람조차 육체의 변모와 문화적인 동화가 동시에 일어난다는 생각을 자유롭게 신봉했다.

예를 들어 《마이니치신문》에 〈이와모토 지원병〉이 연재되던 때에 저명한 작가 이광수는 〈얼굴이 변한다顔が變る〉[129]라는 짧은 에세이를 발표했다. 이광수의 소설 《무정》(1917)은 종종 한국 최초의 근대 장편소설[130]로 인정된다. 또한 이광수는 한국 독립운동의 주요 참여자였다. 그러나 〈얼굴이 변한다〉를 쓰던 시절에 그는 조선 이름 외에 가야마 미츠로香山光郎라는 일본 이름을 사용하면서 일본제국을 위한 글을 발표하고 있었다. 우리가 고찰하겠지만, 다른 글에서 이광수는 일종의 탈인종주의를 표방하는 일본식 보편주의가 조선인과 일본제국인의 평등을 보장한다고도 주장하게 된다. 하지만 이 글에서 이광수는 혈통의 공통성과 함께 조선인들이 글자 그대로 일본 문화와 섞이면서 그 얼굴이 변화하는 경향이 있음을 강력히 주장했다. 이광수는 30여 년의 일본 식민주의 기간 동안 조선인의 얼굴을 변형시킨 문화의 힘을 지적했다. 그리고 다음과 같이 설명했다. "변한 것은 얼굴만이 아니다. 옷맵시도 걸음걸이도 작법作法도, 그리고 생각도 변해 왔을 것이다. 그런 것들이 하나가 되어 얼굴이 변하게 된 결과를 낳았을 것이다"(27쪽).

조선인들은 일본 옷을 입고 일본인과 결혼하며 일본인과 동일한 교육을 받고 있었다. 그들은 같은 종교기관에서 경배하고 똑같은 언어를 사용했으며 똑같이 생각하고 있었다. 이광수는 이 모든 요인들이 사람들을 완전히 융합시킬 것이며, 따라서 '내선일체'라는 말은 결국 완전히 통일되기 이전 시절의 시대착오적인 옛날식 표현이 될 것이라고 논했다.

쵸 카쿠츄와 마찬가지로 이광수 역시 애초의 혈연적 공통성으로 인해 외모와 문화 모두에서 조선인과 일본인은 하나의 국민이 될 수 있으리라고 주장했다. 이와 대조적으로 "영국인과 인도인은 수만 년이 흘러도 같은 얼굴이 되지 않을 것이다"(27쪽). 더 나아가 조선인과 일본인이 가장 밀접한 혈연을 가지고 있지만, 저류를 흐르는 '혈액적 기초'는 대동아공영권 내의 모든 민족들을 한데 묶었다. 그 점에서 내선일체는 일본, 만주, 중국의 궁극적인 통일을 선도하고 준비하는 것일 뿐이었으며, 일본의 지도 밑에 이 나라들은 "하나의 대민족大民族"을 이룰 것이었다. 이광수는 다음과 같이 말한다. "더 나아가 베트남, 말레이시아, 남양제도의 사람들도 똑같은 얼굴이 될 날이 멀지 않은 듯한 기분이 든다"(28쪽).

피가 중요하지만, 그럼에도 불구하고 문화가 결국 몸을 바꿀 것이라는 생각은 20세기 전반기의 미국에서도 희귀한 것은 아니었다. 데이비드 파룸보 리우David Palumbo-Liu는 풍부한 자료를 구사한 날카로운 연구[131]를 제출했는데, 이 연구를 통해 우리는 미국 이민의 결과를 판단하기 위해 의회가 1907년에 조직한 이민위원회가 이민자들의 육체적 변화—적어도 동유럽과 서유럽 민족의 육체적 변화—에 크게 주목했음을 알 수 있다. 실로 위원회의 한 출판물은 다음과 같이 보고했다. "예컨대 아주 둥그런 머리를 가진 동유럽 유대인의 머리가 더 길어졌다. 그리고 이탈리아에 살 때는 얼굴이 지나치게 길쭉했던 남부 이탈리아인의 얼굴은 더 짧아졌다. 그리하여 머리 둥글기에 관계되는 한, 미

총력전 제국의 인종주의

국에서 두 나라 사람 모두가 하나의 동일한 타입에 근접했다."[132] 1930
년대까지 어떤 미국인들은 아시아인들의 육체와 생김새가 환경으로
인해 변하고 있다고 보기조차 했다. 앨버트 팔머Albert Palmer 목사의
《미국에서 생활하는 동양인The Oriental in American Life》(1934)이 그 대표
적 예다. 이 책에서 앨버트 팔머는 '미국 일본인American-Japanese'들이
일본에서 태어난 사람들보다 키가 크고 몸무게가 무거우며 다리가 길
다고 주장했다. "확실히 눈꺼풀과 속눈썹이 변화했지만, 가장 지적할
만한 것은 입 모양이 변했으며 표정이 대체로 개방적이 되었고 민감해
졌다는 점이다." 팔머는 이 젊은 아시아인들이 "하나의 새로운 타입"이
며, "외국에서 태어난 옛 타입의 중국인이나 일본인의 판박이"[133]가 아
니라는 점을 미국의 여론이 인식할 것을 희망했다. 문화에 신체적 특징
을 변화시킬 힘이 있다는 생각은 전시외국인수용소 안의 일본계 미국
인들을 감독했던 수용소 관계자들의 공통된 믿음이기도 했던 듯하다.
실로 수용소 측이 기술한 수용소의 역사에는 다음과 같이 설명되어 있
다. "전시외국인수용소 스태프들은 이 (2세) 젊은이들이 외모에서도 나
이 든 사람들보다 더 미국인 같은 모습을 보인다는 점을 재빨리 알아차
렸다. 대체로 그들은 더 키가 크고 솔직하며, 어떤 경우에는 그 모습에
서 동양적인 특징이 덜 드러나는 듯했다."[134]

내셔널리즘과 자기 결정

그러나 조선인과 일본인의 국가적 귀속은 단지 피와 문화의 공유 또는
피의 상징성을 초월한 휴머니티를 전제함으로써만 성립되지는 않았

다. 이런 요인들은 분명히 중요했다. 하지만 내셔널리즘은 개인들이 귀속당함으로써가 아니라 오직 자기 결정을 통해서만 진정한 국민 주체가 될 수 있다는 원칙에 의존했다. 내가 약간 길게 고찰했던 세 텍스트들—〈이와모토 지원병〉, 〈망루의 결사대〉, 〈사랑과 맹서〉—에서 작가들은 공히 일본 식민주의하에서 소외된 위치에 있던 사람조차 재현했는데, 이는 이들이 스스로 일본인 되기를 선택하도록 하기 위해서였다. 조선인들이 전쟁에 기여하고 실제로 전쟁에서 죽는 모습을 보여 주는 것만으로는 충분하지 않은 듯했다. 그들은 일본에 대한 충성과 불충을 놓고 내적으로 투쟁하는 자기 결정의 행위자들로 구현되어야 했다. 그러한 내적 갈등을 통해서만 규범적인 선택이 자유나 자기 결정의 문제인 것처럼 보일 터이기 때문이다. 복종과 자유 사이의 이러한 모순을 통해, 우리는 이 텍스트들에서 일구이언하는 일본의 내셔널한 식민주의 체제의 예외적인 양상보다는 더 일반적인 내셔널리즘의 메커니즘을 읽어낼 수 있다.

내셔널리즘적 사고에 대한 고전적인 논문에서, 엘리 케두리Elie Kedourie는 자기 결정이라는 관념이 내셔널리즘 교리를 지탱하는 가장 근본적인 철학적 근거들 중 하나라고 논했다.[135] 예를 들어 18세기 말에 프랑스 국가를 만들었던 사람들은 자기들이 "각자의 자유로운 연대" 속에서 함께 일해 왔다고 생각했다. 프랑스 국민과 통합할 때 알자스 지방 사람들은 스스로의 의지에 따라 행동하고 있다고 이야기되었다(17쪽). 케두리의 해석에 의하면 칸트가 이룩한 것은 자유의 개념을 명확히 한 일이었다. 그리고 자유의 개념은 자기 결정이라는 내셔널리즘적인 관념의 철학적 근거로 작용했다. 칸트가 말하듯이, 이 "가장 엄격한 선험적인 의미의 자유"는 하고 싶은 그 어떤 일이라도 할 수 있는 것이 자유라는 단순한 생각과 대조되는 것이었다. 오히려 칸트가 생각하는 자유는 정언명령에 복종하는 일을 의미했다. 즉, 외부 세계가 아니라 개인들의 영혼 속에서 발견될 도덕 법칙에 따르는 것이었다. 외부 세계의 명령은커녕 신의 명령조차 따르지 않는다는 점에서 이 내적인 법률에 복종하는 것은 자유다. 자유롭게 인정되고 자유롭게 받아들여진 그것은 있는 그대로의 세계에 대한 비판을 가능하게 한다. 그러므로 칸트의 공식에서 "선한 의지, 즉 자유의지는 자율적인 의지이기도 하다"(24쪽). 하지만 이 도덕적 엄격성은 내적 자유에 근거해야 하므로, 그 결과 발생하는 것은 끊임없는 내적 투쟁이다. 케두리는 다음과 같이 말한다. "자율적인 인간은 한 명의 엄격한 실천가다. 그는 영원히 고통받는 하나의 영혼이다"(30쪽).

케두리는 자기 결정이라는 역동적인 개념에 대한 칸트의 찬사를 피히테Fichte 같은 후기 내셔널리스트 사상가가 지지했다는 사실을 제시했다. 그렇게 함으로써 피히테는 근대적 자기 형성 및 자율적인 주체에 대한 칸트의 이 유명한 서술을 내셔널리즘의 핵심에 위치시켰다. 피히테 역시 자유를 최상의 선善이자 스스로 나아간 내적인 상태로 평가했지만, 이후 입장을 바꿔 진정한 개인적 자유는 전체와의 완전한 동일화를 통해서만 가능하다는 관점으로 옮아갔다. 따라서 "개인과 국가가 하나일 때만 개인은 그의 자유를 실현할 수 있다"(38쪽). 그러므로 칸트의 윤리학을 내셔널리즘적으로 전유하는 일은 개인적인 자기 결정과 전체에의 복종을 동시에 찬양하도록 했다. 그러나 케두리가 보기에 이러한 해결은 국가 권력이 엄청나게 남용되도록 하는 길을 열었다. 민족주의적인 지도자들이 미학, 종교, 사랑의 언어를 동원해 "발전, 성취, 자기 결정, (그리고) 자아실현"(47~48쪽) 등의 말로 정치적인 이슈들을 표현할 때, 권력과 국가의 폭력이 맺고 있는 관계는 은폐된다. 하지만 내셔널리스트들이 종종 언어, 인종, 종교의 인연을 언급한다고 할지라도 결국 "한 민족이 존재하는지 그렇지 않은지를 궁극적으로 표시해야 하는 것은 개인의 의지"였다(80쪽). "민족적인 자기 결정은 결국 의지의 결정이다. 그리고 내셔널리즘은 무엇보다도 의지의 올바른 결정을 가르치는 하나의 방법이다"(81쪽).

케두리는 특히 제3세계 내셔널리스트들의 정치적 폐해에 지나치게 주목하는 반면, 자신의 내셔널리즘 비판이 미국과 영국에 어떻게 적용될 수 있을 것인가에 대해서는 무관심했다는 점에서 비난받을 수 있을 것이다(74쪽, 108~112쪽). 그러나 그가 자기 결정의 관념을 통해 내셔널리즘의 독트린을 탐색한 것은, 일본산 내셔널리즘 역시 내셔널리즘 교리의 더 일반적인 특성을 통해 완전히 이해될 수 있음을 깨닫게 한다. 복종과 결합된 자유를 강조하는 내셔널리즘의 일반적 특징에 비추어 볼 때 일본의 내셔널리즘은 철저히 파악될 수 있다. 그 일반적 특징은 19세기 말과 20세기 초에 발견되는 형성기의 내셔널리즘뿐 아니라 조선이 큰 개념의 일본 속에 포함되어 있던 식민지 말기나 전시 말기의 내셔널리즘에서도 잘 나타난다.

〈망루의 결사대〉와 〈사랑과 맹서〉를 주마간산식으로 비평하면서, 나는 일본인 되기를 선택하기 위해 자유롭게 고투하며 경험한 조선인들과 중국인들의 내적 동요 재현에 대해 이미 언급했었다. 그러나 우리는 쵸 카쿠츄의 작품들이 자유와 복종의 관계—이에 대해서는 케두리의 글 및 일본의 내셔널리즘에 대한 내 이전 글에 서술되어 있다—를 아주 잘 도해하고 있다는 사실을 발견할 수 있다.[136] 쵸 카쿠츄가 구축한 공간들 중 많은 것은 훈련소, 병영, 비행청소년 학교 등의 '감금 공간'

이다. 이것들은 개인들이 대상화되는 동시에 자기규율적인 주체로 구성되는 시각적 경계 공간들bordered spaces of visibility이다. 그 장소들에서 조선인들은 국민 되기를 배울 뿐만 아니라, 자유롭다고 가정되기 때문에 생긴 내적인 혼란과 싸우기도 하는 것이다.

이와모토는 일본제국 국민으로서 주체성을 발견할 때까지는 길을 잃고 혼란스러워 하는 청년으로 재현된다. 이는 일본의 지배적인 식민주의 담론이 전체 조선을 묘사하는 방식과 동일하다. 즉 이와모토는 스스로의 의지에 따라 문제아 학교의 훈련 공간에서 자기 영혼을 개조하고자 노력한다. 몇 가지 성공도 했지만, 이와모토의 주체성은 불완전하게 형성되었으며 그 영혼은 방황한다. 이와모토는 일시적으로 학교에서 벗어나기 위해 어느 때인가 교장에게 거짓말을 했다고 고백한다. 만일 학교가 감금의 미시적인 공간으로서 반성하지 않는 하나의 영혼을 감시한다면, 그곳에서 벗어나는 일은 일단 해이함을 촉진할 것처럼 보인다.

그러나 이와모토와 한 친구가 히비야의 정류장에서 버스를 기다리고 있을 때, 이와모토는 언뜻 황궁의 해자垓字를 보게 된다. "과거의 (타락한) 자기로 완전히 돌아갔던" 그는 (명백히 천황과 연결된) 해자를 보는 순간 "갑자기 두려움으로 인해 얼어붙었다." 그의 "마음이 쾅 하고 산산이 부서졌다かんと叩き砕かれた." 이와모토는 당황한 친구를 혼자 떠나보낸 후, "마치 자기도 모르게 빨려들어 가는 것처럼吸い付かれて行くように" 황거 앞의 니쥬바시二重橋로 걸어갔다. 거기서 그는 황궁에 참배하기 위해 매달 실시했던 애국 외출을 상기하면서, "거기 서 있는 마루오카 교장의 얼굴을 보고 있는 것 같다"고 느낀다. 황궁 참배를 마친 후 이와모토는 학교로 돌아가 교장에게 고백한다(49쪽).

결국 학교 바깥의 공간인 국가 역시 개인의 영혼을 규율의 응시 대상으로 붙잡아 두는 또 하나의 더욱 광범위한 '감금 공간'이다. (마루오카 가부장의 얼굴이 그러한 것처럼) 해자와 황궁은 푸코가 말한 벤담 Bentham의 판옵티콘Panopticon처럼 기능한다. 그리고 실제 풍경에 존재함으로써 그것들은 근대 국가의 국민subject인 자기규율적인 자아의 구성을 돕는다. 이와모토는 학교로 돌아간다. 그러나 그의 귀환은 사실상 그가 그곳에 더이상 감금될 필요가 없다는 점을 함축한다. 그는 자유로운 동시에 순종적일 수 있으며, 마침내 병사가 되고자 "지원"했기 때문이다. 달리 말해 이와모토의 자기 결정, 더 크게 보아 조선인의 자기 결정은 일본 국가에의 자기 종속self-subjectification으로 귀결된다.

* * *

피가 가장 중요하다고 공공연히 표명하는 일은 식민주의적/국가적 관계에 대한 전시 말기의 담론에서도 (순수한 야마토 민족의 우월성보다는 조선과 일본이 동혈임을 더 자주 강조하면서) 여전히 존재했다. 하지만 그런 담론은 피의 상징성 전체를 부정했던 모종의 휴머니즘과 보편주의에 의해 보완되었다. 나는 앞에서 논한 식민주의적/국가적 문학과 영화의 사례들에서 발견되는 인도주의적이고 보편주의적인 메시지들을 단지 불성실한 거짓말이나 잘못된 이데올로기일 뿐이라고 해석하지 않았다. 그 대신 나는 그 작품들을 '친절한 인종주의' 및 인종주의 거부로의 전환을 표시하는 것으로 읽었다('친절한 인종주의'는 조정된 인종 착취 시스템을 계속 유지시키는 수단이 되었다). 모든 사람을 일본 국가에 받아들인다는 기본적인 약속은 조선인들이 일본인 되기를 선택하게 할 조건을 마련했다. 하지만 그것은 또한 문화적으로 부적당하며 미성숙하다고 간주된 사람들에 대한 차별과 착취를 정당화하기도 했다. 그러나 일본 국민으로 받아들이겠다는 약속으로 인해, 그리고 그 약속이 실현 가능한 것처럼 행동하라는 명령으로 인해, 영화와 문학적 재현 또는 소설적 허구와 필름 외부의 실제 삶에서 어떤 식민 주체들은 스스로를 모범적인 일본 시민으로 만들어 낼 수 있었다.

전시 말기의 영화와 문학에 대한 그런 식의 독서는 이른바 파시스트적인 일본과 자유주의적이고 민주적인 국가들—여기에는 1930년대와 1940년대의 연합국들, 전후판 연합국들, 식민주의 이후의 일본이 포함된다—을 구분하기 위해 구축된 손쉬운 이항대립에 대해 재고할 것을 촉구한다. 전시와 전후의 미국에서 인종주의와 인종주의 거부가 공존한 일이 여러 가지를 말해 주는 것처럼, 할리우드의 빅토리안 제국 영화와 제2차 세계대전 전투영화를 일본의 식민주의 맥락 속에 옮겨 놓을 수 있다는 점 역시 암시하는 바가 크다. 수용소에 가족들이 갇혀 있는 동안 자유와 민주주의를 위해 제2차 세계대전의 전투에 참여했던 일본계 미국인 병사들의 경우는, 자유주의적이라고 스스로 공언한 체제 내부에 인종주의와 인종주의 비난이 양립할 수 있었음을 보이는 분명한 사례들 중 하나에 불과하다. 이와 마찬가지로 전쟁 기간 동안 일본계 미국인들의 충성심을 증명하기 위해 '자살부대'를 조직하려 했던 모범적인 일본계 미국인 지도자 마이크 마사오카의 계획에서, 중요한 것은 '자살부대'가 일본 문화에서 온 외래의 차용물이라는 사실이 아니다. 그보다 더 중요한 사실은 마사오카가 그런 부대를 만드는 일이 미국의 맥락에서도 통할 것이라고 보았다는 점이다. 슬롯킨이 지적하듯

3부 '일본인'으로서의 조선인들

이 실제로 할리우드 전쟁 영화 장르의 관습적인 수사법들 중 하나는 "대의를 위해 총체적 희생을 요구"하게 될 미션이다. 거기에는 병사들의 영웅적인 죽음은 물론 "자살에 의한 순사|suicidal martyrdom"[137]도 포함되어 있다.

08

식민주의적이고 국가주의적인
젠더, 성, 가족 정치학

젠더의 권력은 그것보다 더 결정적인 계급이나 인종 장치의 겉면에 난 녹,
즉 덧없는 광택이 아니다. 오히려 애초부터 젠더의 역학관계는 제국의 기
획을 보증하고 유지하는 데에 근본적으로 작용한다.

−앤 멕클린톡Anne McClintock, 《제국의 껍질−식민주의적인 경쟁 내부의 인종, 젠
더, 섹슈얼리티*Imperial Leather: Race, Gender and Sexuality in the Colonial Contest*》
(1995)

그의 생각은 왜정시대 내선일체의 혼인론이 떠돌던 이야기에까지 꼬리를
물었다. 그때는 그것을 비방하거나 굴욕처럼 느끼지는 않았다. 오히려 당
연한 것으로 해석했고 어찌 보면 우월한 것으로 생각하지 않았던가.

−전광용, 〈꺼삐딴 리〉(1962)

최근에 제국의 문화정치학을 연구하는 몇몇 학자들은 가족, 젠더, 성性의 관리가 식민주의적인 여러 제국이 구사하는 권력의 이차적인 관심사가 아님을 날카롭게 지적하고 있다. 그들은 그것이 더 거시적인 착취와 지배 구조들을 구성하고 유지하는 데에 중심적인 의미를 지닌 것이었음을 강조해 왔다. 따라서 앤 스톨러Ann Stoler는 "제국이 지배하는 거시정치학 속에서 가족적이고 친밀한 공간 같은 미시적인 장소들이 그토록 두드러지게 나타나는 이유와 방식을 탐구하는 일에 관심을 보였다"고 스스로 밝혔다. 이는 다른 페미니스트들의 요청에 화답하는 문제틀이다. 그들은 "제국의 기획을 보증하고 유지하는 데에 애초부터 젠더의 역학관계가 근본적으로 작용하는 이유에 주목하라"[138]고 했다.

최정무Chungmoo Choi와 엘레인 킴Elaine H. Kim은 젠더와 한국의 내셔널리즘에 대해 선구적으로 연구한 학자들인데, 이들은 식민주의 이후 한국의 내셔널리즘에 끼친 동아시아 식민주의의 영향과 조건에 주로 초점을 맞춘다. 이들의 연구는 일본의 식민주의 및 그 뒤를 이은 미국의 신식민주의가 모두 젠더화되고 성화된 구성물들gendered and sexualized formations이었다고 이해하는 데에서 출발한다. 이런 저작들 및 그보다 조금 앞서 프란츠 파농 등이 수행한 연구들은 남성성의 구성, 가정생활의 예찬, 성적 관계의 규제, 특수한 몇몇 타입의 이성애적 가족을 유지하는 것이 사적 영역과 은유의 제한된 수준을 넘어 인종, 계급, 제국의 지배와 상호 구성적인 관련 속에서 작용했음을 우리에게 일깨워 주었다.[139] 제국의 남성적 권력과 여성화된 오리엔트라는 사이드 식의 설명에서 나타나는 것처럼,[140] 분명히 그것들은 식민지와 제국의 불균등한 권력관계를 공식화하는 데에 일조하는 수사법들이었다. 더 나아가 식민주의적인 제국의 권력은 실제로 지배가 가능하도록 젠

총력전 제국의 인종주의

더, 성, 가족을 만들어 냈다.

그러한 관점은 한 가지 면에서 일본의 식민주의를 연구하는 한국의 역사가들에게 친숙하게 들릴 것이다. 전쟁을 위해 조선인을 관리한 일본 식민 정부의 핵심 정책 중 하나가 조선인 가족 구조의 변형이었다는 사실이 잘 알려져 있기 때문이다. 예컨대 이른바 창씨개명 운동은 일본식 이름의 사용을 조선인들에게 강요하기 위한 운동이었다는 점에서 종종 '이름 바꾸기 운동name-changing campaign'[141]으로 번역되지만, 그것은 그 이상의 것을 함의하기도 한다. 창씨개명을 통해 식민지 정부는 무엇보다도 모든 가족 구성원이 하나의 가족 이름氏을 가지는 일본식 가족 모델에 따라 조선인 가족들을 규율하고자 노력했다.

전통적으로 조선에서는 결혼해서 가족이 된 여성이 여전히 자기 부계로부터 물려받은 이름(일본어로는 세이, 한국어로는 성姓)을 그대로 사용했다. 즉 여성들은 결혼 후에도 남편의 성을 따르지 않았다. 그 결과 한 주소 안에 여러 성이 존재했으며, 가족 내부와 외부에 걸쳐 여성들의 부계 혈통은 복잡한 혈족 유대를 만들어 냈다. 그러나 식민지 정부는 통일된 가족을 만들어, 그것을 개인을 넘어서는 인구 관리의 기본 단위로 전환시키려 했다. 따라서 그러한 전략을 수행하기 위해 식민지 정부는 전체 가족 구성원이 사용할 하나의 가족 이름 만들기를 법적으로 의무화했다. 이는 글자 그대로 창씨, 즉 '가족 이름 만들기'였다. 그런데 김영달이 강조했던 것처럼 '가족 이름 만들기'에 자기 의지가 개입할 여지는 없었다. 왜냐하면 1940년 2월 11일부터 시작된 6개월간의 캠페인 기간 동안 가장이 새로운 가족의 이름(씨)을 등록하지 않았다고 할지라도, 1940년 8월 10일 이후에는 그의 부계 이름(성)이 자동적으로 그의 가족 이름(씨)이 되었기 때문이다. 한편 조선인들은 일본식 가족 이름(씨)과 이름(명)을 채택하라는 커다란 압박을 받았다. 하지만 이는 법률적 요구는 아니었다.[142] 그러므로 당연히 창씨개명은 법적인 의무 때문에 단일한 가족 이름(씨)을 채택하는 일과 함께, (강요되기 일쑤였지만) 어쨌든 형식적으로는 자발적으로 이름들을 바꾸는 경우도 함축하고 있었다. 따라서 정책의 의도를 파악하기 위해서는, 창씨개명을 단지 '이름 바꾸기'가 아니라 '가족 이름 만들기와 이름 바꾸기establishing household surnames and changing names'로 번역하는 것이 더 좋을 것이다.

어떤 역사가들은 일본에 인종적 우생학, 엄격한 성적 분리, 동족결혼 endogamy을 지지하는 사람들이 적지 않았지만, 그 반면 조선에 대한 식민지 정책은 1920년대부터 일선통혼日鮮通婚을 장려했으며 전쟁 기간 동안에는 일본인과 조선인 간의 결혼 운동이 주목할 만하게 진전되었다고 파악한다. 어느 시기까지 식민지의 결혼과 성정치학은 상위계층을 통해 운영되었다. 당국은 옛 조선 왕조의 몇몇 후손들을 일본의 방계 황족 및 귀족 엘리트들과 결연시키고 이를 널리 선전했다. 최초이자 가장 으리으리한 사례는 1920년 4월에 나시모토 마사코梨本宮方子 공주와 이은李垠 왕자가 결혼한 일이었다. 이은 왕자는 고종의 아들이었다 (고종은 1907년까지 조선을 통치했지만 일본의 군사적 정치적 압력으로 인해 왕위에서 물러났다). 또 그는 고종의 후계자로서 1910년에 왕위에 오른 순종의 (이복) 형제이기도 했다(1910년은 일본 국가가 조선을 공식적으로 병합하고, 조선의 군주제를 폐지했으며, 옛 조선 황족을 일본제국 밑에 있는 새로운 일본 왕가李王家로 삼은 해이다). 이은 왕자의 신부인 마사코 공주는 황족 내부의 방계 친족인 나시모토 가의 가장 모리마사守正의 딸이었다. 1931년에 고종의 막내딸인 덕혜옹주가 쓰시마對馬島 번주의 후손인 소 다케시宗武志 백작과 결혼함으로써 처음으로 남성과 여성이 반대로 교환되기에 이르렀다. 그 후 같은 해에 고종의 손자 중 한 명이 마사코 공주와 어머니 쪽으로 인척관계였던 마츠다이라 요시코松平佳子와 결혼했다.[143]

넓은 의미의 '명문가들Blue bloods'로 범주화된 사람들 사이에 그런 식의 결혼이 획책된 것은 정략결혼을 통해 영토를 넘어선 엘리트들의 혈족 연합을 촉진한 전근대적인 귀족 관행으로의 퇴행이라고 볼 수 있을지언정, 이질적인 인구를 하나의 국민으로 구성하는 것과는 별 관계가 없다. 근대 이전에 유럽의 군주들이 혼인관계를 활용한 것은 아마도 이러한 전략의 가장 유명한 사례일 것이다. 일본의 경우, 우리는 끝에서 두 번째 쇼군인 도쿠가와 이에모치德川家茂가 고메이孝明 천황의 누이 가즈노미야和宮와 메이지유신 전날 밤에 결혼한 일을 상기할 수 있을 것이다. 그것은 쇠퇴하고 있는 막부幕府shogunate와 새로이 떠오르는 황실 사이에 정치적인 결연을 맺으려 한 하나의 노력이었다. 그러나 결혼과 성정치sexual politics의 이 초기 사례는 보통 사람들이 여전히 아무 상관없는 구경꾼일 뿐이었던 시기에, 즉 근대 국민국가가 형성되기 이전에 일어난 일이었다.

그러나 특히 총력전 시기에 식민지 정부는 적은 수의 명문가 계급이 선전용으로 결혼하는 것을 크게 뛰어넘어 일본인과 조선인 간의 결혼을 통한 정복의 전략을 확대하기 시작했다. 1921년 6월에 통과된 조선총독부의 내선통혼법內鮮通婚法은 식민지 지배자와 식민지인 사이의 결혼이 조선인을 일본 내지인과 "융합동화融合同化"시키고자 하는 더 큰 식민주의적 목적에 일조했다는 정부의 공식 입장을 법률적 용어로써 표현했다. 하지만 일선통혼을 위한 공식적인 캠페인이 활기차게 일어난 것은 오직 중국과의 전면전(1937~1945)이 시작된 이후의 시기, 달리 말해 민간과 군 노동력에 대한 전시의 수요가 평등 및 포용의 담론을 그 극한에까지 밀어붙였던 바로 그때뿐이었다.

그때는 내선일체의 메타포로 존재하던 민족 간의 결혼이 하나의 통치 도구로도 기능하게 된 전환의 순간이었다. 예컨대 시국대책조사회 時局對策調査會(1938년 8월에 총독부 내에 설립된 자문기구)는 완전한 '내선융합'을 달성하기 위한 특별 수단을 제의하는 보고서를 만들어 냈다. 이 목적을 실현하기 위한 열두 가지 건의사항들 중 하나는 조선인 남성들의 일본군 지원을 허용하는 새 제도를 전면적으로 실시할 것을 제시했으며, 또 다른 것은 "조선인과 일본인 간의 결혼을 장려하기 위해 적당한 수단을 고안할 필요가 있다"[144]고 권고했다. 이는 암시하는 바가 크다. 시정 30년에 대한 총독부의 공식 역사는 1925년부터 1937년 사이에 일본인과 조선인 부부가 다방면에 걸쳐 증가했음을 축하하는 어조로 지적했다. 그리고 혼인신고 없이 사실혼 관계를 맺은 통혼 부부가 훨씬 더 많이 있을 것이 분명하며, 이러한 통혼들은 조선이 일본과 통합되면서 이루어진 탁월한 진보를 의미한다고 평가했다.[145]

미나미 지로 역시 조선인과 일본인 사이의 결혼을 강력히 지지했다. 그는 1936년 8월부터 1942년 5월까지 조선 총독이었으며, 이른바 일본제국의 문화에 조선인들을 동화시키기 위한 정책을 촉진한 것으로 잘 알려져 있다. 1939년에 미나미는 〈국민정신총동원 조선연맹〉에 지침을 내려, 내선일체를 비유 이상의 것으로 이해할 것을 호소했다(국민정신총동원 조선연맹은 조선인들에게 (일본의) 국민정신을 진작시킴으로써 위기의 순간에 국가적 임무를 수행하는 운동을 이끌기 위해 1938년 7월에 결성된 조직이다). 그에게 내선일체는 단지 "서로 손을 잡는다든지 융합한다든지 하는 미지근한 것"(원문은 "相互に手を握るか融合するとかいふやうな

生溫いもの"임-역주)을 의미하지 않았다. 그것은 "모습도 마음도 피도 몸도-이 모든 것들이 일체가 되어야 함"(원문은 "形も心も, 血も, 肉も悉くが一體にならなければならん"임-역주)을 의미했다. 미나미의 통치 아래에서 총독부는 통혼 가정이 법적으로 성립될 수 있게 하는 변화를 계속 조성했다. 거기에는 조선인 가정의 일본인 입양과 일본인 가정의 조선인 입양을 가능케 하는 일도 포함되어 있었다. 〈국민정신총동원 조선연맹〉은 통혼 부부들에게 그들을 내선일체의 모범이자 내선일체를 위한 모범으로 인정하는 공식적인 표창과 선물까지 증정했다.[146]

식민지 정부가 보고한 데이터를 보면, 실제로 통혼한 경우가 아주 많지는 않았다는 인상이 든다. 예를 들어 스즈키 유코가 분석한 기록에 의하면 1925년에는 404쌍 정도를 확인할 수 있었는데, 그 수는 1937년에 이르러 1,206쌍으로 눈에 띄게 상승했다.[147] 86회 제국의회(1944년 12월)에 대비해 총독부 관리들이 준비한 일련의 다른 데이터는 1938년에 907쌍, 1942년에 1,528쌍의 통혼한 부부가 조선에 있다고 지적한다. 그러나 호적을 통해 이 데이터의 일람표를 만든 식민지 관료들은 이 수가 실제보다 적게 계산한 것이었음을 인정했다. 관습적으로 조선인들에게는 가족의 이름(씨)조차 없었다. 그리고 씨는 호적제도가 정확하게 인구를 추적할 수 있도록 하는 핵심적인 요소였다. 그러나 관료들이 설명했듯이, 식민주의 국가는 1921년이 되어서야 호적제도를 통해 결혼을 등록하는 시스템을 제도화했던 것이다.

게다가 조선인들은 징병 대상이 된 지 얼마 되지 않았다. 문서를 만든 사람들은 징병제 실시와 정확한 혼인신고 사이의 연관관계를 설명하지 않았다. 그들은 징병 계획으로 인해 국가가 조선인 가족의 구성에 대해 정확히 알아야 할 필요가 시급해지기 전까지는 조선의 호적제도가 아주 믿을 수 없었다고 공통적으로 생각하고 있었다. 따라서 문서 제작자들은 "(통혼의) 실제 수는 표에 제시된 것보다 수십 배 또는 수백 배"라는 결론을 내렸다. 실제로 여러 중요한 점에서 일본 내지의 환경은 조선에서 통용되던 것과 달랐다. 하지만 식민지 당국은 내지에서 이루어진 관습법에 의한 통혼과 공식적으로 등록된 통혼을 모두 계산하고자 했다. 그리고 그 결과 내지에서만 1만 700건의 통혼이 있음을 발견했다.[148]

요컨대 1920년에 약 1,690만 명, 1940년에 약 2,355만 명으로[149] 계산된 조선의 인구를 고려할 때 공식적인 통혼 건수는 상대적으로 적었다. 그러나 식민지 당국은 '내선일체'의 슬로건을 비유적으로도 실제적으로도 구현하는 것으로서 조선인과 일본인의 혼인관계를 반겼다. 공식적으로 등록된 적은 수의 결혼 건수를 보고할 때조차, 그들은 더 많은 조선인들과 일본인들이 결혼했으며, 이는 긍정적인 발전이라고 주장했다. 이 공식적인 통혼 장려에 대한 대중의 기억은 전광용의 단편소설 〈꺼삐딴 리〉(1962)에서 포착되었다. 여기서 주인공은 식민지 말기에 민족 간의 결혼을 인정했던 것에 대해 회고했다(이 장의 맨 앞부분에 인용됨).[150]

1장에서 소개된 논의를 확장하면서, 나는 이렇게 젠더, 성, 가족에 대해 집중적으로 관심을 갖는 일이 일본의 생체정치학적 체제 및 통치성 속에 조선인들을 포용하려는 시도와 아주 잘 맞아떨어진다는 점을 강조하고자 한다. 통상의 학문적 논의에서 창씨개명은 조선의 문화를 말소하기 위한 부정적인negative 정책으로만 이해되어 왔다. 하지만 그것은 또한 권력이 생산적인 양식으로 전환되기 위해 필수적인 부분이기도 했다. 생산적인 권력 양식은 정치적 개입을 위한 적극적인positive

장소로 조선인 가족을 변형시키고자 했던 것이다. 왕족이나 귀족 간의 결혼은 1920년에 시작된 내선일체를 상징하는 것이었다.

한편 1930년대 말부터 우리는 푸코가 통찰한 바로 그 양상을 일본 식민주의의 맥락 속에서 목격하게 된다. 푸코는 정부의 모델이나 은유로 작용했던 가족이 "인구 내부의 한 요소, 그리고 그 정부의 한 수단으로 변형된다"고 서술했다. 물론 '인구의 테마'가 "모델로서의 가족을 삭제 가능하게 한다"고 말할 때[151] 푸코는 은유로서의 가족 및 가족적 관계의 지속력을 너무 쉽게 과소평가하고 있다. 하지만 우리는 가족을 인구 통제의 기구로 재구성하는 데에 대한 푸코의 고찰을 식민지 말기 전시 조선에서 발생한 권력 변화의 성격을 해명하는 데 적용할 수 있다는 사실을 이 장에서 확인할 것이다. 요컨대 가족은 계속 메타포로 기능하며 조선/일본제국의 관계를 은유하기만 했던 것은 아니다. 인구의 '부분들'을 구성하는 가족의 다양성은 사람들을 관리하는 수단이 되기도 했다.

이 장에서 나는 가족, 젠더, 성과 관련된 미시적인 공간들이 거시 정치적인 공간들과 비늘처럼 겹쳐 있는 것에 대해 더욱 명확히 논의하고자 한다. 일본의 식민 통치를 정당화하기 위해 내선동조론內鮮同祖論이 동원된 일에는 어느 정도 학문적인 관심이 나타났지만, 젠더, 성, 가족에 대한 여러 담론과 실천이 민족적 단일성에 관한 담론 구성을 보완하고 도왔던 방식에 대해서는 사실상 전혀 분석되지 않았기 때문이다. 그러한 문제의식에 근거해 나는 식민주의 담론과 실천의 여러 매듭들을 풀어 내면서, 지배와 피지배라는 단순한 이분법이 일본 식민지배의 오직 한 가지 차원—그것이 아무리 중요할지언정—밖에 보여 줄 수 없음을 설명하려고 한다. 그런 식의 이항대립적인 파악은 공식적인 담론과 실천을 통해 확장된 일본 국가의 개념 속에 조선인들을 점점 더 포함시켜 가던 식민지 말기의 상황과 당대의 복잡한 양상을 전체적으로 볼 수 없게 한다.

앞 장에서 고찰한 영화와 소설들은 조선과 일본의 관계에 대한 식민주의적인 동시에 더욱더 국가화된 담론이 젠더, 성, 가족이라는 장소를 통해 분절되고 구성되는 양상을 보여 주었다. 그리고 위의 질문에 주의를 기울이는 독자는 그 점을 이미 깨닫고 있었을 터이다. 이 텍스트들 속에서 개인들은 조선인, 일본인, 중국인이라는 민족의 일원으로 제시되었다. 그러나 그와 더불어 그들은 "일본화된" 핵가족 맥락 안의 남성성과 여성성에 대한 "일본의" 기준을 동경하는 남녀로도 등장했다. 또 그들은 가족과 민족을 초월하는 계급이나 다른 관계들 속의 남성과 여성이기도 했다.

당연히 병역은 젠더, 성, 가족이라는 한 측면과 내셔널리즘 및 식민주의라는 또 한 측면 사이의 관계를 아주 투명하게 밝혀 준다. 조선인 병사들은 이상화된 일본 남성의 모범이자 그런 일본 남성이 되기 위한 모범이 되었다. 그때 그들은 일본 국민이며 전쟁영웅들일 뿐 아니라 누군가의 애인이나 남편이었으며, 어떤 때는 아버지이기도 했다. 예상되듯이 문학작품과 영화, 또는 더 일반적인 미디어 등에 나타나는 조선인 징병의 이미지는, 군인은 되었지만 여전히 문명화되지 못한 과도한 남성성을 끊임없이 환기시켰다. 그와 동시에 이 문화 생산물들 속의 병사들은 반드시 여성과의 관계를 통해 형성되었다. 이는 여성들이 남성과의 관계 속에서 구성될 때에도 그러했다. 더 나아가 이성의 짝들로써 이미 만들어졌거나 만들어지려고 하는 수많은 가족의 영역은 군대 생활이라는 외견상 더 큰 장소와 '일본인 되기'라는 목적에서 결코 멀리

떨어져 있지 않았다.

그리고 앞 장에서 이미 논의된 자기 결정 및 자유의 테마와 연결된 하나의 양상으로서, 젊은 남성과 젊은 여성의 이상적인 결합은 거의 언제나 자유로운 선택과 약속에 의한 것으로 제시되었다. 이때 낭만적 사랑이라는 겉보기에 개인적인 세계는 사회적이고 국가적인 삶이라는 더 큰 세계에 얽힌다. 사랑을 추구하는 사람들은 파트너 선택을 욕구하지만, 그 선택은 일본인 되기를 선택하는 일과 뒤섞여 있다. 사랑하는 사람들이 그들의 개인적 열정을 성취하려 할 때 직면하는 문제들은 일본의 한 부분으로서 조선의 운명적인 길에 던져진 방해물들과 동일하다. 국가적 영웅이 그와 동시에 남자 애인, 남편, 아버지이기도 하다면, 국가의 여성 영웅은 여자 애인, 아내, 어머니다. 식민지 정부는, 그리고 일본인과 조선인 예술가들 및 기타 협력자들은 가족의 사적인 영역을 지배의 수단으로 만들기 위한 정책을 추진했다. 그러한 시도 중 하나로서 문학과 영화는 이성애적인 친밀함을 재현했으며, 나라를 위해 아들을 희생하는 부모들을 묘사했다.

나아가 문학과 영화는 낭만적 사랑의 실현이 국가를 위한 자기희생이 될 때조차 그것을 내선일체의 달성과 동일시할 것을 독자들과 관객들에게 고무하기도 했다. 라틴아메리카 소설과 관련해 도리스 섬머 Doris Sommer가 아주 설득력 있게 설명한 것처럼, "로맨스는 윤리적 정치학ethical politics과 에로틱한 열정erotic passion을 구분하지 않으며, 서사시적인 내셔널리즘epic nationalism과 친밀한 감수성intimate sensibility을 뒤섞는다. 그것은 구분을 붕괴시킨다."[152]

민족과 제국의 남성주의적인 결속

일본의 식민주의 담론은 세계의 여러 다른 식민주의 담론들과 동일한 양상을 보인다. 일반적으로 그것은 남성주의적인 제국주의 지배를 정당하고 자연스럽게 만듦으로써 식민지인들을 아동화, 여성화하기 위해 기능했다.[153] 예컨대 조선은 오랫동안 무武보다 문文을 중시한 역사로 인해 쇠약해졌다고 통상 이야기되었다. 카터 에커트는 식민지의 산업화를 훌륭하게 논의한 바 있는데, 그의 연구 대상이 된 조선인들 중 한 사람은 이러한 관점에 화답했다. 그 사람은 "문약으로 나아간 조선의 역사적 퇴화가 전통적으로 무를 천시하고 문을 숭상한 결과"[154]라고 주장하면서, 일본 군대에 지원하기를 내켜하지 않는 조선 학생들을 비난했다.

그러나 조선인들을 일본 국가와 국가의 전쟁 준비에, 특히 군인으로 참여시켜야 할 현실적인 필요성이 발생했다. 이로 인해 남성화된 식민 지배자들과 아동화, 여성화된 식민지인들이라는 엄격한 이분법적 논리는 더이상 유지될 수 없었다. 따라서 식민주의의 담론과 실천은 한편으로 조선인 남성들을 여성화했지만, 그렇게 하면서조차 다른 한편으로는 국가에 봉사함으로써 (일본인의) 성인 남성성을 획득할 기회를 조선인 남성들에게 제시했다. 즉, 식민주의와 내셔널리즘은 단지 억압적인 수단만을 사용하는 데 그치지 않았다. 그 결과가 뒤죽박죽이었음에도 불구하고, 그것들은 젠더화된 욕망을 만들어 내고 그 욕망을 성취할 기회를 제공함으로써도 사람들을 동원하고자 했다. 예를 들어 《경성일보》는 최초로 조선인 지원병 군사훈련 프로그램을 끝마친 202명의 수료자들을 대상으로 한 미나미 지로 총독의 연설을 보도했다. 총독은 수

료자들의 신체와 행동이 남자답게 개선된 것을 보고 다음과 같이 칭찬했다. "옷 벗은 모습을 보면 근육도 단단해졌다……언행은 민첩해졌고, 남성적인 힘이 쌓였다"(원문은 "裸になれば筋肉も引緊った……言語動作がテキパキして男性的に力が籠って來た"임—역주).[155] 국회의 한 공식 회의에서 중의원 박춘금은 조선인들이 일본군에 지원할 수 있게 된 것에 대해 "2,300만 반도 동포들"을 대표해 "7,000만 일본 내지 동포들"에게 감사를 표하기 위해 일어났다. 그는 조선인들의 기쁨을 묘사하면서, "젖먹이가 어른이 된 것 같이赤ん坊が大人になったように" 즐거워했다고 말했다. 그리고 출석한 모든 국회의원들이 이에 박수로 화답했다고 보도되었다.[156]

앞 장에서 상당히 길게 분석된 〈망루의 결사대〉 역시 조선인 남성들로 하여금 일본인이 되는 것을 남성적인 것으로 생각하게 하는 반면, 조선인이 지닌 민족적 차이는 여성성과 연결된 것으로 보게 한 전시 말기의 담론을 아주 잘 보여 준다. 또한 이 영화는 하나의 민족성에서 다른 민족성으로 나아가는 운동이 젠더의 한쪽에서 다른 쪽으로 이동하는 일 및 그 역방향의 이동을 수반한다는 사실도 제시한다. 영화 앞부분의 장면에서 조선인인 긴(김) 경관과 하야시(임) 경관은 일본인 동료들을 즐겁게 해 주고자 조선어 노래를 부르고 조선풍의 춤을 춘다. (〈바탄〉을 포함한) 할리우드 영화에서처럼, 이 영화에서는 인종적 민족적 차이를 표시하기 위해 노래와 춤이 사용된다. 그리고 이 활동들은 물질적인 신체와 아주 밀접히 연결되어 있으므로 명백히 문화적이지도 인종적이지도 않은 방식으로 나타난다.

긴 경관이 춤을 추지 않았더라면 "모든 점에서 마치 내지인 같았을 것"이라고 일본인 경관이 말한다. 여기서 조선인들을 여성화하거나 아니면 최소한 거세하는 이슈와 관련해 가장 중요한 것은, 조선인의 민족적 차이를 두드러지게 나타내는 이 노래하고 춤추는 장면에서 조선인들이 대부분 탈남성화된다는 점이다. 왜냐하면 조선인 경관들은 내복 바람에 바지를 둘둘 말아 올린 채 노래하고 춤추기 때문이다. 그들은 일본인 남성 주체성으로 완전히 변모되었음을 표시하는 남성화된 상징인 제복을 제대로 갖춰 입지 않았다(〈사진 14〉). 그들은 오직 영웅적 행위와 충성스러운 일본인이 됨으로써만, 남성임과 동시에 일본인임을 표상하는 제복을 획득할 수 있다. 따라서 완전한 주체가 되는 일은 남성주의적인 일본 내셔널리즘이 제공하는 하나의 기회로 제시된다.

　〈이와모토 지원병〉과 마찬가지로 쵸 카쿠츄(장혁주)의 〈출발〉과 〈새로운 출발あたらしい出發〉 역시 일본제국에 사는 조선인 청년이 식민지인의 거세된 처지에서 비롯된 좌절을 군 입대로 극복하는 이야기들이다. 〈이와모토 지원병〉처럼 내지와 조선의 수많은 다민족적 대중이 틀림없이 이 문학작품들을 읽거나 들었다. 국가적인 전시 동원을 위해 조선에서 간행된 전시기 잡지《국민총력》은 1943년 7월 15일에 〈새로운 출발〉을 연재하기 시작했다. 일본의 국영 라디오 방송국인 대일본방송협회는 조선에 징병이 확대 실시되는 것을 기념하는 주간 특별 프로그램의 한 부분으로 쵸 카쿠츄에게 〈출발〉을 청탁했으며, 이를 1943년 8월에 방송했다.[157] 〈출발〉에 대해서도 많은 것들을 이야기할 수 있지만, 여기서는 〈새로운 출발〉을 더 자세히 고찰하기로 하겠다.

　다른 단편소설들처럼 〈새로운 출발〉은 차이를 부인하고 동포애 속에 조선인을 포용하게 되는 국가적 진보를 서술한 하나의 우화다. 그러나 이 소설의 내러티브는 〈출발〉이나 〈이와모토 지원병〉보다 조선인들의 자기규율을 훨씬 더 요구하며, 전체 조선 사회가 이른바 일본적인 문화

와 가치라는 것에 순응하기를 바란다. 달리 말해 진정으로 일본인이 되기 위해서는 국가와 천황이 준 기회뿐 아니라 일상생활의 실천에 대한 부단한 자기반성도 필요하다. 너무 말이 많은 것, 툭하면 흥분하는 것, 이성을 잃는 것, 국가와 천황에 대한 충성보다 효도를 지나치게 중시하는 것 등은 몇몇 개인들의 특성이 아니라 조선인의 일반적인 성격으로 이해되었다. '반도' 출신이 완전한 일본인이 되기 위해서는 이 조선인다움Koreanness을 버려야 한다. 조선인이 국가에 포용될 가능성과 그들의 조선인다운 비천함 사이의 팽팽한 모순은 내셔널하고 제국주의적인 주체로서 그들의 자기규율적인 주체성을 낳았다. 그러므로 이야기는 "자기황민화自己皇民化", "반도의 황민화 연성半島の皇民化鍊成", "반도인의 자각半島人の自覺", "혼의 연성魂の鍊成" 등의 표현들로 가득 차 있다(75쪽, 142쪽). 조선인 청년 한 무리가 이야기 주인공들 중 한 사람

사진 14_〈망루의 결사대〉에서 긴(김) 경관과 하야시(임) 경관(오른쪽에서 세 번째와 두 번째 인물)이
완전한 제복 대신 내복만을 입은 채 막 노래와 춤을 끝냈다.
필름 스틸은 한국영상자료원 제공.

을 기차역에서 전송할 때, 그들은 조선인들에게 너무 소란스러운 경향이 있다고 말하면서 그와 달리 시끄럽지 않게 "모범적으로" 전송할 것에 엄숙히 동의한다. 게다가 쵸 카쿠츄는 군사훈련소를 청년들이 일본화되는 곳으로 재현한다. 그곳은 효도와 충성의 올바른 관계를 처음 배운 후 "그들의 일상생활을 내지식內地式으로 바꾸는" 장소다(115쪽, 135쪽). 나아가 〈새로운 출발〉은 젠더 차의 재자연화 및 여성들의 비천함을 통해 남성들 사이의 민족적 차이를 초월하도록 하는 논리를 주목할 만한 방식으로 설명한다.

〈새로운 출발〉의 첫 번째 드라마는 사와다澤田와 시마무라島村라는 주요 등장인물들과 관련된 것이다. 두 사람은 개인적이고 정치적인 이유로 서로 떨어졌지만 조선인의 군 복무가 새롭게 가능해짐에 따라 결국 재회했다. 이야기 화자는 중일전쟁(1937)이 발발하기 몇 년 전—그들이 박과 이라는 성을 쓰던 때—에 두 사람의 가족이 반목했으며, 그 후 이 두 젊은 남성들이 멀어졌던 일을 회고한다. 오직 소문을 통해 사와다는 시마무라가 일본 내지 여성과 결혼했다는 소식을 들었다.

사와다는 오랫동안 시마무라를 거의 생각하지 않았지만, 어느 날 예기치 않게 두 통의 편지를 받는다. 그중 첫 번째 것은 수년 전에 있었던 다툼을 사과하는 편지며, 두 번째 것은 시마무라가 군에 지원하게 될 것임을 알리는 편지다. 시마무라는 사와다에게 역에서 만나 달라고 요청하지만, 사와다는 고민한다. 그는 시마무라의 군 지원 결정을 기쁘게 생각한다. 그러나 그와 그의 가족이 참아 낸 과거사를 사와다는 여전히 잊을 수 없다. 하지만 사와다는 역에 나가기로 결심한다. 그리고 군복 입은 다른 남성들을 발견하고는 자신의 결정에 만족해한다. 사와다는 시마무라를 찾는 한편 이 남성들을 보면서, 국가 안에 포용된 새로운 느낌에 대해 심사숙고한다.

과거에 그는 스스로를 한 명의 일본인 애국자라고 항상 생각하곤 했었다. 하지만 병사들을 떠나보낼 때, 그는 그들의 출정이 "암만해도 어느 정도 다른 사람의 일같이 보였다." 그러나 이제 그는 동료 조선인인 시마무라를 만나러 왔으며, "불만스러운 감정은 순간적인 깨달음의 섬광 속에 사라져 버렸다." 그때 일본인 병사들의 얼굴들은 시마무라의 얼굴처럼 보였다. 자기와 타자, 반도와 제국, 조선인과 일본인은 모두 하나이자 같은 것이 되었다(78쪽).

화해하는 과정에서 시마무라는 자기가 오래전에 도쿄와 사와다를 떠난 진짜 이유를 말한다. 그는 친한 일본인 친구 스기모토杉本와 함께 징병검사를 받을 수 없다는 데에서 온 좌절감 때문에 도쿄를 떠났다고 사와다에게 설명한다. 조선인으로서 시마무라는 징병 대상자가 아니었다. 그 시절에 그는 군대에 지원조차 할 수 없었다. 그때 사와다와 시마무라는 언쟁을 벌였는데, 그것은 시마무라가 자기보다 스기모토와 같이 지내는 시간이 너무 많다고 사와다가 생각했기 때문이다. 사와다와의 관계뿐 아니라 스기모토와의 관계에서도 좌절한 시마무라는 도쿄에서 벗어나기로 결심했다. 그러므로 우리는 두 조선인 청년이 소원해진 일이 두 집안 사이에 얽힌 과거의 관계와 아무 상관이 없다는 사실을 알게 된다. 그 대신 잠재적인 병사들의 국가적 형제애national fraternity에서 두 조선인 남성이 배제됨으로 인해 세 사람의 청년이 모두 헤어지게 되는 대인관계의 문제가 발생했던 것이다. 시마무라의 성격적 결함처럼 보였던 것은 국가가 차별을 불완전하게 거부한 데에서 기인했다. 그러나 이제 조선 남성은 입대해 국가의 한 부분이 될 수 있다. 쵸 카쿠츄는 국가가 민족적 차별의 폐지를 지지하고 진전시키는 것처럼 묘사한다. 국가에 의해 사와다와 시마무라뿐 아니라 모든 조선인들은 그 내적인 고민에서 완전히 해방될 수 있을 것이다.

이 이야기에는 동성애적인 요소가 상당히 있다고 논의될 수 있을 것이다. "공부도 같이하고, 산보도 함께하며, 취미도 똑같고, 같은 책을 읽는" 스기모토와 시마무라는 마치 애인들 같다. 시마무라는 "조선식으로 말하면, 입 안에 든 것까지 나눠먹을 만큼 사이가 좋았다"(91쪽)고 말한다. 이와 비슷하게 사와다는 시마무라에게 스기모토와의 관계를 질투심 가득히 캐물으며 퇴짜 맞은 애인처럼 행동했었다. 그리고 시마무라는 스기모토와 자기의 관계가 더 편안했더라면 자신과 사와다 역시 "다정히 화해할 수 있었을 것"(93쪽)이라고 주장한다. 실제로 이야기 전체에 걸쳐 작가는 젊은 병사들이 입은 군복과 그들의 몸매가 매력적임을 지적한다. 〈새로운 출발〉에서 이야기되는 것처럼, 시마무라가 이미 훈련소로 가고 난 후에 사와다는 "규칙적인 사나이의 일과 속에 몰입해 있을"(117쪽) 군복 입은 시마무라를 상상한다.

하지만 군대가 매혹적인 것은 그 저류를 흐르는 동성애 때문만은 아니다. 쵸 카쿠츄가 보기에 입대가 받아들여짐으로써 국가에 포용되는 것은 남성성의 증거다. 게다가 그것은 동성적인 유대가 진행되는 여성혐오증적 과정을 통해 구성된다. 스기모토에게 거절당했기 때문에 시마무라는 신뢰할 수 없는 한 여성과 결혼했다. 그녀는 일본 내지인인 스기모토나 조선인 사와다처럼 친밀한 파트너가 될 수 없다. 이야기의 한 지점에서 시마무라는 자기 아내가 아니라 오직 사와다만이 자기를 이해할 수 있다고 그에게 털어놓는다(73쪽). 마침내 시마무라가 훈련소 행 열차에 올랐을 때, 그리고 아내가 공손하게 그를 전송한 다음에도, 시마무라는 아무런 감정 표시를 하지 않는다. 그는 오직 "내 마음 속엔 이미 가게도 아내도 없다. 오로지 천황과 나라 생각뿐이다"(112쪽)라고 말한다. 이와 관련해 우리는 〈사랑과 맹서〉에서 결국 가미카제 조종사가 되는 조선인 청년이 스스로 한 여성의 오라비일 수 있는 가능성을 거부하는 대신, 자기와 아무 혈연도 없지만 조선인으로서 일본의 전쟁 영웅이 된 무라이의 남동생을 자임하기로 마음먹은 일을 상기할 수 있을 것이다.

수잔 제포즈Susan Jeffords는 미국의 남성다움과 월남전을 연구한 중요한 저서를 출판했다. 이 책에서 제포즈는 미국의 전쟁 재현에 나타나는 가장 두드러진 모티프 중 하나가 인종적이고 계급적인 차이들을 극복하는 남성적 유대의 능력이라고 주장한다. 병사들의 전우애는 부대를 "사회적, 계급적, 민족적, 인종적 경계들을 뿌리 뽑는 장소"[158]가 될 수 있게 했다. 그러나 저자는 또한 남권주의적 유대masculinist bond의 형성이 여성들을 거부함과 더불어 이질적인 남성들heterogeneous men을 국가공동체에서 배제하는 것에 의존했다고 날카롭게 지적하기도 했다. 남성들과 완전히 다른 특징을 여성들에게 부여함으로써만 베트남 내러티브들은 다양한 남성들을 하나로 만들었다. 그녀는 다음과 같이 말했다. "베트남 서사가 다양할 뿐 아니라 종종 적대적인 배경을 지닌 병사들의 유대를 보여 준다 할지라도, 그 유대는 항상, 그리고 이미 남성 중심적이다. 어디에서도 여성들은 이 집단의 한 부분으로 포함되지 않는다……집단의 요구나 자격이 가장 안전하게 만들어지는 것은 이 같은 생략—남성 중심적 의식으로서의 '미국의 집단의식'—을 통해서다. 이때 굳건히 수립된 젠더적 차이의 구조는 하나의 프레임을 변함없이 유지한다. 그 안에서는 남성적 유대에 의해 한정된 (외면상의) 변화만이 발생한다. 물론 그 변화는 프레임 자체를 변화시키지는 않는다."[159]

앞에서 우리는 쵸 카쿠츄의 단편소설들에 대해 논했거니와, 총력전 시기에 쵸 카쿠츄가 내지 일본인과 조선인을 젠더화해 재현한 것에 대해서도 이와 비슷하게 논의할 수 있을 것이다. 월남전에 대한 재현들과 마찬가지로, 그의 서사는 남성적 유대로써 내지 일본인과 조선인의 민족적이고 식민주의적인 차이를 거부하는 장소로 군대를 만든다. 더 나아가 이 유대는 남성과 여성 사이의 절대적이고 위계적인 경계에 의해 가능하다. 모든 남성들은 그 이질적인 남성들을 동일한 것으로 만들기 위해 일본 내지인이건 조선인이건 가리지 않고 우선 모든 여성들을 배제해야 한다. 따라서 위에 인용된 문장에서 조선인 시마무라는 일본 남성들의 동포애나 형제애에 가담하기 위해 자기의 내지인 아내를 배제한다. 물론 또 다른 맥락에서 그는 자기가 일본인이 되었다는 표시로 그녀를 계속 소유할 것이다.

여성을 두려워하기, 여성을 사랑하기

내지 일본인 여성을 포함한 모든 여성들을 배제하는 대가로 식민지 소수자 남성들이 국가에 포용되는 그런 이야기들 속에서, 여성은 전쟁과 남성적 유대를 위협하는 것으로, 따라서 국가를 위협하는 것으로 묘사된다. 어머니와 아내는 아들과 남편을 과도하게 사랑하거나 무절제한 남성들—아들이나 남편—의 애정 대상이 되는 경향을 지니고 있다. 따라서 그들은 국가를 위험에 빠뜨릴 수 있는 잠재적으로 위험한 존재들이다. 피터 하이Peter High가 아시아 태평양 전쟁 시기 일본 영화에 대한 연구에서 논의하듯이, 이때의 일본 영화는 일반적으로 "자식들을

소유한다고 느끼는 부모들의 이기적인 생각"에 대해 경고했다. 다른 미디어들처럼 영화도 군국주의화된 일본의 자기희생적인 어머니, 나라와 천황을 위해 아들을 희생시킨 '군국의 어머니軍國の母'를 찬양했다.[160] 이와 비슷하게 제포즈는 다음과 같이 지적한다. "베트남 서사에 여성들이 등장할 때, 여성들은 결코 전투를 통해 생긴 '형제애'에 포함되지 않는다. 그들은 대개 남편, 아들, 애인이 베트남에 가지 못하게 하려고 노력한다."[161]

전시에 태평양 양쪽에서 일어난 일의 비교 작업을 계속 수행하기 위해, 우리는 필립 와일리Philip Wylie의 《독사들의 세대Generation of Vipers》가 1942년에 베스트셀러가 되었다는 사실에 주목하는 것이 좋다. 최근의 연구에서 레베카 플랜트Rebecca Plant는 '모친 중심주의momism'에 대한 와일리의 공격이 1940년대와 1950년대의 어머니 예찬에 대한 폭넓은 재평가와 비판의 일환이었으며, 그의 책이 특히 군인들 사이에 인기가 있었다고 고찰했다. 더 나아가 그녀는 이 시기에 널리 보급된 정신의학적인 담론이 어머니들을 비난했다고 말한다. 그 비난의 내용은 어머니들이 가족의 생활을 불건강하게 지배하면서 그 과도한 애정으로 아들들을 너무 의존적이며 "전투력이 고갈되기 쉬운 나약한 남자들로 만들었다"는 것이었다. 조지 립시츠George Lipsitz가 말하는 것처럼, 《독사들의 세대》는 "과보호하는 어머니들이 아들들을 애국적인 결단력이 결여되고 남자답지 못하게 키움으로써 국가의 힘을 약화시킨다고 나무랐다."[162]

동성적인 유대는 남자들 간의 차이를 초월하고 여자들을 추방함으로써 형제애적인 국가를 일체화한다. 반면에 어머니들과 아들들 또는 남편들과 아내들 사이의 이성애적인 유대heterosocial bond는 가족적 이해관계라는 편협한 특수성으로 끊임없이 퇴보되도록 조장하는 위협적인 힘이다. 그러므로 남성들이 아니라 여성들이 변해야 한다. 이때 조선인 여성들에게 여성다움의 모범이 되었던 것은 내지의 일본 여성이었다.

쵸 카쿠츄의 저작들에 나타나는 조선인 여성들은 항상 믿을 만하지 않다. 이는 일본 식민주의의 여타 텍스트들에서도 마찬가지였다. 그들의 행위가 칭송될 때조차, 그 칭찬에는 그들이 필시 '훌륭한 여성'이 아닐 것이라는 예상과는 반대로 행동했다는 것이 전제된다. 〈새로운 출발〉의 시마무라는 훈련소에서 요시무라芳村라는 훈련생을 만난다. 그는 단순하지만 순수한 마음을 가졌으며, 따라서 하사관들은 "소박한 성격을 지닌 요시무라를 사랑했다愛している"(137쪽). 그러나 어느 날, 요시무라는 저녁 묵도 시간에 울음을 터뜨린다. 시마무라는 요시무라가 군인의 임무를 충분히 자각하지 못하고, 경우에 맞지 않게 아내나 아이들을 보고 싶어 하는 것이 아닐까 의심하면서, 요시무라에게 왜 그렇게 슬퍼하냐고 여러 번 묻는다. 요시무라가 아내와 아이들을 두고 왔다고 말했을 때, 시마무라는 많은 훈련생들이 처자를 두고 왔다고 대답하면서 화를 낸다. 아내가 병이 들었다고 요시무라가 말할 때, 시마무라는 그렇다고 해서 울음을 터뜨리는 상황이 우습다고 느끼지만, 곧 놀라움에 사로잡힌다. 요시무라의 눈물은 아내와 가족을 그리워하는 이기심 때문에 흘러나온 것이 아니었던 것이다. 그 눈물은 자기가 한 사람의 훌륭한 병사가 되도록 돕기 위해, 실상은 어머니와 아내 없이도 지낼 수 있는 한 남자가 되도록 돕기 위해, 아내와 어머니가 엄청나게 희생하고 있다는 생각에서 터져 나온 것이다. 곧 밝혀지는 것처럼, 요시무라의 아내가 병에 걸린 것은 요시무라가 훌륭한 병사가 될 것을 빌며

매일 동네 신사에서 차가운 물로 목욕재계를 했기 때문이다. 나아가 쇠약한 고령의 과부 어머니를 누가 돌볼 것인가에 대해 걱정하자 어머니는 편지를 보내 "천황 폐하의 군인 된 몸"(140쪽)으로 집안일을 걱정한다고 그를 꾸짖었다.

요시무라의 어머니와 아내는 훌륭한 여성들이다. 그들은 자신들과 병사의 세계를 구분하는 경계를 허물려고 위협하지 않기 때문이다. 그들은 조선 여성의 특징으로 예상되는 것에 도전하기도 한다. 시마무라로부터 요시무라의 이야기를 듣고 교관은 크게 놀란다. 그리고 "참 훌륭한 어머니. '반도의 어머니半島の母親'에 대해 다시 보아야 하겠다"고 말한다. 시마무라가 설명하듯이 교관이 놀란 것은 "조선의 어머니들이 그저 자기 자식 사랑에 빠져, 자식을 단련시키거나 나라에 바친다는 생각을 해 본 적이 없다"(143쪽)고 들었기 때문이다. 요시무라의 모친은 보통의 조선 어머니처럼 행동하지 않고 자기 아들의 정신을 단련시켰으므로 장하다. 실제로 교관은 바로 그녀가 "훌륭한 일본의 어머니다立派な日本の母親だ"(142쪽)라고 결론짓는다.

따라서 조선인 남성들에게 조선인다운 경향이라고 간주되는 것들을 스스로 제거하고 '일본인'이 되라고 요구함과 더불어, 내러티브는 조선인 여성들에게 조선식으로 생각되는 것들을 폐기하고 일본의 어머니들이 될 것을 요청한다. 실제로 소설 끝부분에서 우리는 요시무라의 멋진 '일본인' 어머니 이야기가 많은 사람들에게 큰 영향을 주었음을 알게 된다. 시마무라의 친구 사와다는 "조선에도 그렇게 훌륭한 어머니가 있다"고 생각하며 깊은 감동을 받는다. 그 이야기를 듣고 사와다의 어머니는 그녀의 옛날 버릇을 고치기 시작한다. 더 나아가 사와다의 어머니와 시마무라의 누이는 '어머니 회母の會'를 열기로 결정한다. 그리

고 이에 대해 사와다는 "요컨대, 그들은 모친 연성을 시작하려는 것"(148쪽)이라고 결론짓는다.

도요다 시로豊田四郎의 1943년 영화 〈젊은 모습〉은 남성성과 일본인임을 한꺼번에 획득하는 수단인 군인 되기의 테마와 조선인 여성들에게 일본인 여성으로 변형될 것을 요구하는 낭만적인 서브플롯을 한 데 엮는다. 이마이 다다시와 마찬가지로 도요다 시로 역시 일반적으로 일본의 가장 뛰어난 영화감독 중 한 사람으로 평가된다. 1906년에 태어났으므로 이마이보다 여섯 살이 많은 도요다 시로는 1929년에 첫 영화를 개봉했고 1973년에 마지막 영화를 내놓았다. 그러므로 그의 영화는 아시아 태평양 전쟁 기간(1931~45)을 포괄하며, 전후의 고도 경제성장기(1955~73) 전체에 걸쳐 있다. 아마도 그는 주요 문학작품들을 영화 매체로 옮기려고 가장 빈번하게 시도했으며, 몇몇 실패도 있었지만 가장 성공했던 감독으로 알려져 있다. 그와 동시에 도요다는 보통 사람들의 일상생활을 사실적으로 능숙하게 묘사했다는 점에서 평가받아 왔다. 그리고 오사카의 유명한 화류가花柳街 한 곳을 배경으로 1955년에 만들어진 그의 고전적 작품 〈메오토 젠자이夫婦善哉(얼씨구 부부)〉가 가장 주목을 받았다.

많이 논의되지는 않았지만, 도요다가 일본제국주의를 지원하는 영화를 만들었다는 사실은 결코 비밀이 아니다. 널리 읽힌 와다 츠도和田傳의 동명 다큐멘터리 소설에 기초한 1940년 작품 〈오히나타 마을大日向村〉은 나가노현의 산골 마을에 펼쳐지는 적빈赤貧의 삶을 묘사했다. 그리고 아무 희망도 없을 것 같은 빈농 상황의 해결책으로 광대하고 풍요로운 만주 땅으로의 이주를 제시했다. 일본의 조선 지배에 기여한 그의 주요 작품인 〈젊은 모습〉도 이와 비슷하게 알려져 있지만, 거의 논의되지는 않았다.[163] 〈젊은 모습〉은 조선-일본의 관계 및 젠더, 가족, 성에 대한 식민지 말기의 지배적인 담론들을 아주 잘 포착했으므로, 일본 문부성은 이 영화를 1943년의 '문부성 추천 영화' 중 하나로 선정했다. 따라서 이 영화는 식민지 시기 조선과 관련해서 제작되어 '문부성 추천'이라는 국가적인 명예를 얻은 단 두 영화 중 하나다. 나머지 하나는 조선인 감독 허영(히나츠 에이타로)이해 1941년에 만든 〈너와 나〉인데, 이 영화에 대해서는 조금 후에 논의할 것이다.[164]

조선영화주식회사는 도호東寶, 다이에이大映, 쇼치쿠松竹 등의 메이저 스튜디오 및 조선총독부와 조선군의 지원을 받으며 〈젊은 모습〉을 제작했다. 도요다는 카메라맨 미우라 미츠오三浦光男와 대본작가 야타 나오유키八田尚之를 포함한 일류 스태프들을 확보했다. 배우는 마루야마 사다오丸山定夫나 황철 같은 일본인과 조선인 스타를 썼다. 즉, 어린 남학생들의 군사훈련을 관리하기 위해 조선인 중학교에 배속된 주인공 기타무라 소령 역을 마루야마가 맡았으며, 마츠다 마사오라는 이름의 조선인 교사 역할을 황철이 맡았다.[165]

〈젊은 모습〉의 중심 드라마는 일본 군인이 되기를 기다리는 어린 남자 중학생들의 교육, 인성 형성, 군사훈련을 다룬다. 따라서 그것은 성장소설의 구조를 드러내는 또 한 가지 사례. 청년들 앞에 놓인 시련은 극복해야 하는 방해물이기보다는 그 경험을 자기 것으로 만들어 인격을 형성할 기회이기 때문이다.[166] 실제로 최후의 크로스컨트리 스키 여행을 포함한 모든 시련은 훈련의 일환이다. 달리 말해 그것은 청년들의 기개를 단련하기 위해 의도적으로 만들어진 고통스런 체험이다.

이렇게 이 영화는 군인 되기를 남성주의적이고 내셔널리즘적인 기회로 제시한다. 영화의 집단적인 주요 인물로 등장하는 학생들은 모두 젊은 남성이지만, 그들은 남성으로서도 일본 국민으로서도 불완전하게 성장해 있다. 그 점에서 그들은 〈사랑과 맹서〉의 에이류와 비슷하며, 병사가 되려 할 때에야 비로소 젊은이다운 모습을 보이는 〈이와모토 지원병〉의 이와모토와도 닮았다. 이 열일곱 열여덟 살짜리들은 삶의 중요한 터닝포인트에 서 있다. 그들은 인격, 지력, 책임감, 고통과 결핍에 대한 인내력을 시험받고 있으며, 만일 일본 군인으로서 의무를 감당할 준비에 실패한다면 성숙에 이를 수 없다. 영화는 기타무라 소령이 감독하는 가운데 학생들이 열 지어 행진하는 장면으로 시작된다. 하지만 청년 중 한 사람인 야나기 요시오는 거의 희극적인 모습으로 계속 비틀거리면서 서투르게 행진한다. 후에 우리는 야나기의 신발이 너무 낡아 발톱이 삐져나왔으며, 따라서 발이 피투성이가 되었음을 알게 된다. 왜 그는 고통을 참았을까? 야나기가 설명한 것처럼, 그것은 "어떤 역경에 부딪치더라도 무너질 때까지 (임무에) 충실히 임하는 것이 일본 정신의 의미라고 배웠기" 때문이다.

학생들을 남자로 변화시키기 위한 가장 힘든 테스트는 크로스컨트리 스키 여행 도중에 일어난다. 학생들에게 눈 덮인 산지의 풍경은 놀랍도록 아름답지만, 그만큼 도전적이기도 하다. 실제로 학생들은 눈보라에 갇혀 길을 잃는다. 그러나 그들을 구하기 위해 모든 것을 하기로 결정한 군대에 의해 그들은 구조된다. 한편으로 이 사건은 학생들의 미성숙성과 무능력을 보이는 것으로 읽힐 수 있다. 하지만 영화는 이 일을 학생들의 인격 발달을 도운 또 하나의 역경으로 묘사한다. 실로 귀환하는 길에 한 학생은 "좋은 시련이었다いい試錬だった"고 기쁘게 소리친다. 이에 야나기는 "부럽다", "나도 갔었더라면 좋았을 텐데"라고 대답한다.

총력전 제국의 인종주의

야나기의 가장 어려운 시련은 육체와 관련된다. 영화는 청년들의 육체가 지닌 힘과 아름다움을 많이 보여 준다. 웃통 벗은 한 학생은 "몸 참 좋네"라는 말을 듣는다. 그리고 청년들의 몸은 하나하나 검사된다. 하지만 야나기는 의사로부터 자기 몸에 무언가 심각한 이상이 있음이 발견되었다는 말을 듣고 크게 걱정한다. 병명이 말해지지는 않았지만, 호흡에 대해 신경 쓰는 것으로 보아 결핵인 듯하다. 야나기는 낙담하지만 의사는 적절히 치료하면 나을 수 있다고 말한다. 그에게 질병은 일본 병사와 성숙한 남자가 되기 위한 길에서 극복해야 할 또 하나의 장애물일 뿐이다. 하지만 야나기와 다른 학생들의 이야기는 모든 조선인에 대한 하나의 알레고리다. 젊은이로서 조선인의 모습은 조선 민족이 미성숙하고 나약하게 거세된 처지에서 남성화된 주체성이라는 새로운 국면으로 나아가는 변화를 나타낸다.

우리가 이미 만난 적이 있는 두 번째 테마는 조선인과 일본인의 본질적인 동일성 문제다. 예를 들어 이 영화는 조선인 교사 마츠다와 내지인 교사 오키가 그 차이에도 불구하고 모두 일본인으로서 근본적으로 같다는 점을 강조한다. 실제로 내지인이 일본어를 말하는 것이 자연스럽고 조선인이 일본어를 말하는 것은 부자연스럽거나 어렵다는 통념은 완전히 해체된다. 오키는 억센 규슈九州 또는 사츠마薩摩 사투리로 말하는 버릇을 고치려 하지 않거나 고칠 수 없다. 이와 대조적으로 조선인 교사 마츠다는 능란하게, 그리고 겉보기에는 어렵지 않게, 완벽한 일본 표준어를 사용한다. 우리는 지방 출신 일본인이 표준어로 말하기 어려운 것이 당연한 만큼, 조선인이 일본어로 말하는 것도 아주 자연스러운 일이라고 믿게 된다. 더 나아가 마츠다는 겸손한 태도, 에티켓, 일본 문학에 대한 교양 등 모든 면에서 세련된 일본인이다. 반면에 오키는 어떤 사람에게는 친밀감을 주지만, 그를 다른 내지인과 달리 보이게 하는 무뚝뚝한 촌놈 성격을 지니고 있다.

이 장의 논의 목적과 관련해 〈젊은 모습〉이 제시하는 가장 주목할 만한 테마 중 하나는, 젊은 조선인 남성들이 일본인 남성으로 발전하는 큰 공적公的 드라마와 함께 진행되는 서브플롯이다. 이를 통해 조선인 여성들의 로맨스뿐 아니라, 그들이 가정 내에서 일본 여성들로 변모하는 모습이 묘사된다. 기타무라 소좌는 자기의 남학생들을 군인으로 바꾸려고 노력한다. 더 나아가 그는 요시무라 에이코와 조선인 교사 마츠다를 결혼시키려는 중매쟁이로 영화 전체에 걸쳐 활약하기도 한다. 요시무라 에이코는 의복을 빼 놓고는 거의 모든 점에서 모범적인 일본 가정을 구현한 조선인 집안 출신의 젊고 아름다운 여성이다. 사실 모든 미국 배가 가라앉은 것을 기뻐하는 기타무라 소좌가 거느리는 가족과 요시무라의 가족은 거의 비슷하기는 하지만 완전히 똑같은 복제품은 아니다. 각각의 가부장들에게는 사랑스럽고 세련된 아내와 딸이 있으며, 두 사람 모두가 똑같은 서예로 된 병풍으로 집을 치장하고 있는 듯하다. 가족 구성에서 유일하게 주요한 차이는 조선인 가부장에게 지원병 아들이 있는 반면, 기타무라에게는 아들이 없다는 점이다. 아니면 단지 그렇게 보일 뿐이다. 요시무라는 자기 아들이 "분명히 당신(기타무라 소좌)을 아버지로 생각한다"고 말하기 때문이다.

요시무라 에이코는 우아하고 사랑스럽지만 한 가지 단점을 가지고 있다. 기타무라의 집에서 마츠다는 집에서 돼지를 키우느냐고 에이코에게 묻는다. 에이코는 아주 여성적인 말로 키우지 않는다고 대답하며, "아, 너무 냄새가 나서요"라고 말한다. 이에 대해 마츠다는 "그게 조선 여성의 가장 나쁜 점입니다"[167]라고 하면서 에이코를 질책한다. 마츠다는 상류계급 조선인 여성들이 그런 더러운 일을 하려 하지 않는 데에 대한 식민지 경영자들의 일반적인 불만에 화답한다. 그러나 이 조선 여성은 일본 여성이 될 수 있다. 기타무라는 아내에게 "그녀를 좀 훈련시키라"고 말한다. 기타무라의 아내는 기꺼이 응한다. 그리고 "맞아요, 장식품들 같지 않나요"라고 대답하면서 조선인 상류계급 여성들에 대한 자신의 견해를 밝힌다. 기타무라의 아내가 신문을 읽는 남편에게 차를 따라주고 있는 집안의 장면에서 바깥으로 카메라가 이동함에 따라, 우리는 이 내지 일본인 아내가 실제로 에이코를 지도해 모범적인 일본 가정의 아내가 되도록 할 것임을 깨닫는다.

그러나 식민지 여성들을 공포의 대상으로 보는 담론과 함께 그들을 폐기abject하거나 개혁시켜야 할 필요에 따라, 식민지 영화와 문학작품은 젊은 여성들을 더 무시무시한 로맨스와 묘한 에로티시즘 이야기 속에 집어넣기도 했다. 여성들은 공포, 폐기, 개혁의 대상으로 재현되거나, 그 반대로 이성애적인 낭만적 사랑의 파트너로 재현되었다. 아니면 이 상반된 견해를 한꺼번에 드러내며 묘사되곤 했다. 하지만 여성이 어떻게 재현되든 간에, 말기의 식민주의적/국가적 담론은 역사적이고 공적으로 중요한 큰 테마들을 한데 엮는 데에 일조하기 위해 친밀하게 관계 맺은 남녀를 동원했다. 그리고 이는 고전적인 할리우드 내러티브나 국가의 문학적 캐넌에 속하는 수많은 대표적 소설에서도 흔히 나타나는 양상이다.

이 절의 나머지 부분과 다음 절에서 나는 조선인의 군인 되기를 다룬 몇몇 영화와 문학작품들을 읽으면서, 낭만적인 사랑이 영화에 긴장과 흥미를 주는 것 이상으로 작용했다고 주장할 것이다. 다시 말해 낭만적인 사랑은 민족, 계급, 조선식 가부장제 등에 여전히 온존한다고 주장되는 퇴행적 관습의 경계에서 벗어난 자유로운 공간으로 조선—이제 확대된 일본의 한 부분으로서 국가화되고 있는 조선—을 구성하는 데 일조했다. 성취된 이성애적인 사랑, 아니면 적어도 그것의 성취 가능성은 민족, 계급, 지방적 관습이라는 장벽들을 초월한 국가적 통일체의 한 타입과 불가분하게 결합되어 있었다.

앞 장에서 한 가지 중심 테마로 논의했듯이, 이 작품들은 이성애적인 사랑의 파트너를 선택할 자유를 국가에 복종할 자유와 융합한다. 예컨대 내가 아래에서 분석할 몇몇 다른 영화들의 낭만적 사랑만큼 강력하지는 않지만, 〈망루의 결사대〉에서 낭만적 사랑은 중요한 서브플롯의 테마다. 낭만적인 하위 내러티브는 긴 에이슈쿠 및 영화 중간에 순진하게 구혼하기 시작하는 그녀의 약혼자에 초점을 맞춘다. 두 사람은 거의 자살에 이를 만큼 가슴 아픈 시련을 경험해야 하지만 결국 그것을 무사히 뚫고 나간다. 그 점에서 그들은 아주 불운한 연인들이라 평가될 만한 하나의 운명에서 아슬아슬하게 도망친다. 죽음의 위기에 몰린 연인들로서 개인적인 운명은 국가의 운명과 불가분하게 연결되었다. 그들이 낭만적 연인들로서 살아남은 일은 국가적 전체성의 융성을 표현하는 비유이자 집단성을 상징하는 한 부분이라는 점에서 일본 국가를 은유하는 동시에 환유한다.

이와 관련해 전후 오랜 시간이 지난 뒤, 아마도 1974년 영화 〈산다칸 8번 창관サンダカン八番娼館〉으로 가장 잘 알려졌을 히로사와 에이廣澤 榮 감독은 빅토리안 영화를 본 일에 대해 회고했다(우리는 〈망루의 결사대〉를 만들 때 빅토리안 영화가 이마이에게 영향을 끼쳤음을 고찰했다). 그는 자기희생적 죽음이라는 테마의 유사성에서 '폭탄 세 용사'의 영웅적 죽음을 찬미하는 일본 영화들과 할리우드 영화 〈어느 벵갈 기병의 삶

Lives of a Bengal Lancer〉의 연관성을 깨달았다. 그뿐 아니라 그는 〈보 제스트〉, 〈새벽의 출격Dawn Patrol〉, 〈모로코Morocco〉 같은 게리 쿠퍼 영화(〈새벽의 출격〉은 게리 쿠퍼가 아니라 멜빌 쿠퍼Melville Cooper가 출연한 영화다. 히로사와 에이 감독의 착각을 저자가 그대로 인용한 듯하다-역주)의 팬이 되기도 했다. 그는 낭만적 사랑이나 국가적 희생과 관련해 영화에서 표현된 것과 비슷한 감정이 자기 마음속에도 생겼다고 회상했다. 그는, "나라를 위해 죽은 주인공과 사랑을 위해 죽은 주인공은 모두 나에게 영웅주의의 이미지들이 되었다. 그들로 인해 나는 부르르 떨렸다"[168]고 기억했다.

안석영이 감독한 〈지원병〉(1940)은 군 지원을 통해 한 사람의 남자로서, 한 사람의 일본인으로서, 한 사람의 애인으로서 완벽함을 획득한 젊은 조선 남성 춘호에 대한 이야기다. 그의 삶에서 가장 중요한 여성들은 아직 어린 소녀인 누이동생, 홀어머니, 미래의 신부인 분옥이다. 분옥 역은 당시 가장 아름다운 조선 여배우로 평가되던 문예봉이 맡았다. 처음에 주인공은 학생으로서의 삶에, 그리고 경성에 사는 부재지주의 차지借地 관리인(마름)으로서의 삶에 좌절한다. 지주가 더이상 그를 마름으로 쓰지 않을 것임을 알게 된 후 그의 고통은 점점 심해질 뿐이다. 새로 그 일을 맡게 될 사람은 다름 아니라 분옥과의 결혼을 방해하는 김덕삼이다. 분옥의 아버지는 자기 딸을 김덕삼의 아들과 결혼시키겠다고 오래전에 약속했었다.

그와 동시에 조선인의 입대를 소재로 한 다른 많은 이야기들에서도 그러하듯이, 춘호는 군대에 지원할 수 없기 때문에 괴로워한다. 그는 병사 흉내를 내며 병정놀이 하는 조선 소년들을 동정하며 바라본다. 그의 여동생도 군인이 되는 것을 숭배하지만, 특별지원병제도가 아직 실시되지 않고 있으므로 춘호는 병사가 될 수 없다. 그러나 어느 날 그는 육군에서 조선인 지원자들을 받아들이기 시작할 것이라는 사실을 알게 된다. 이제 그는 입대할 수 있다. 그에 따라 그는 겉모습은 물론 삶의 결단에서도 자신 있고 남자답게 변모된다.

한편 춘호의 생계 및 로맨스의 전개를 방해했던 장애물들은 사라진다. 춘호가 지원병 시험을 성공적으로 통과했음을 알게 된 부유한 지주는 마름을 다른 사람으로 바꾸려 했던 예전의 결정을 재고하게 되고, 결국 춘호의 가족만을 돕기로 한다. 분옥의 부친 역시 사악한 김덕삼 아들과의 혼인 약속을 지키지 않겠다고 한다. 그는 분옥이 춘호를 사랑함을 깨닫고, 자유롭게 자기 배필을 선택해야 할 자식들에게 부모의 희망을 강요할 수 없다고 믿기에 이른다. 더 나아가 지주의 누이는 자기 오라비가 춘호 가족을 보살피기로 결정하는 데 가장 큰 영향을 끼친다. 그리고 이는 일본 지배하의 새로운 조선을 자유의 공간으로 묘사하는 여러 다른 재현들과 잘 어울린다. 그녀는 조선과 일본의 전통을 모두 지키는 보호자로서 묘사될 뿐 아니라, 서양 옷을 입고 머리를 파마했으며 핸드백(한도바꾸)을 휴대한 '모던 걸'로서도 재현된다(《사진 15》).

이야기는 춘호의 인생에서 가장 중요한 여성들인 어머니, 누이, 미래의 아내가 춘호를 전장으로 전송하는 기차역 장면으로 끝난다(《사진 16》). 이제 춘호는 남성성과 일본인임을 복합적으로 확인하는 일본 군인의 위치를 얻었으며, 그와 동시에 미래에 분옥과 확실히 결혼하게 되었다. 그러므로 개인적인 것들이 커다란 사회적, 공적 테마들과 불가분하게 하나로 얽히면서, 일거에 춘호는 한 남자가 되고 한 일본인이 되며, 계급(지주에 대한)을 극복할 뿐 아니라 이성에 대한 낭만적인 사랑을 얻기에 성공한다.

총력전 제국의 인종주의

박기채의 1943년 작품인 〈조선해협〉은 아마도 가장 극적으로 성공한 영화일 텐데, 나는 이 영화의 테마가 낭만적 사랑과 국가로의 귀속 욕망이라고 분석할 것이다. 이 영화를 만들기 전에 박기채는 동아키네마와 다카라즈카宝塚영화에서 일했고, 조선영화협회를 설립했으며, 〈무정〉(1937)과 〈나는 간다〉(1942) 등을 감독했다.[169]

이 이야기의 파토스는 주인공 이성기(영화에서는 세이키)와 그의 파트너 금숙(영화에서는 긴슈쿠)이 나라에 대한 각자의 의무를 완수하고자 사랑을 희생함으로써 비롯된다. 세이키는 지원병 훈련을 받기 위해 파트너를 버리기로 한다. 그는 "남자로서男として" 그렇게 해야 한다고 말하며 육군특별지원병훈련소에 들어간다. 세이키로부터 버림받은 듯하지만, 긴슈쿠는 의복공장의 '산업 여전사'로서 성실하게 국가에 봉사하며 세이키 집안의 아이도 낳아 준다.

어느 날 세이키의 누이 기요코가 세이키와 그의 조선인 동료 병사들이 시가지를 행진해 지나갈 것이라는 소식을 긴슈쿠에게 전한다. 기요

사진 15_〈지원병〉의 '모던 걸'은 지주인 오빠를 설득해 지원병과 그 가족을 후원하도록 하는 데 일조한다.

코는 아버지로부터 이 행복한 이벤트가 있다는 사실을 들었다. 아버지는 자기 아들이 지원병이라는 사실에 자부심이 가득하다. 당시에 동시대 일본인 작가는 이런 장면들로써 조선의 영화사상 최초의 군중 신 scene이 만들어졌다고 지적했는데, 만일 그렇다고 해도 그것은 별로 놀라운 일이 아닐 것이다. 국책 영화의 한 가지 역할은 국민들을 스크린에 재현함으로써 그들이 스스로를 단일한 군중으로 상상하도록 하는 것이기 때문이다. 어쨌든 긴슈쿠는 기요코의 전갈을 받고 아기를 안은 채 행렬 속의 세이키를 보기 위해 달려가지만, 그러면서도 세이키와 그의 부모 눈에 띄지 않기 위해 조심한다. 세이키의 부모, 특히 부친은 자기 집안이 조선의 엘리트(양반) 계층인 데에 반해 긴슈큐가 가난하고 보잘것없는 집안 출신이라는 이유로 두 사람의 관계를 인정하지 않았다. 긴슈쿠는 세이키가 열을 지어 행진하는 것을 볼 수 있을 때까지 절망적으로 군중을 뚫고 지나간다. 그녀의 얼굴이 클로즈업되면서 군복

사진 16_〈지원병〉에서 애인과 누이가 주인공을 기차역에서 전송한다.
성인 여성들은 애국부인회의 어깨띠를 둘렀다.

입은 세이키의 새로운 모습에 놀라는 장면이 묘사된다. 아마도 이는 에로틱한 매혹마저도 암시하는 듯하다[170](《사진 17~19》).

긴슈쿠는 사회적인 차이로 인해 세이키와 결혼할 수 없을 듯하며, 따라서 커다란 고생을 견뎌야 한다. 그녀는 공장에서 장시간 기진맥진 일하면서 어머니와 이웃들의 도움만으로 아이를 키워야 한다. 재회할 기회를 놓치고 방해받는 슬픈 이야기는 세이키가 기차역에서 출발하는 날까지 계속된다. 기요코는 긴슈쿠가 세이키의 아들을 낳았다는 사실을 알린다. 세이키는 긴슈쿠와 아들을 보기 위해 서둘러 긴슈쿠의 숙소로 간다. 하지만 그녀는 거기 없다. 긴슈쿠는 일터에서 뛰어나와 세이키를 따라잡기 위해 노력하지만, 두 연인은 서로 엇갈릴 뿐이다. 기요코는 다시 한번 개입해 출발 전에 두 사람을 만나게 하려고 긴슈쿠와 함께 택시로 기차역에 간다. 그러나 또다시 그녀는 조금 늦게 도착한다. 결국 세이키는 애인과 아이를 보지 못한 채 전장으로 떠난다. 긴슈쿠는 전장에서 세이키를 보호하기 위해 애써 준비했던 '센닌바리千人針'를 줄 기회를 잃는다.

너무 지친 나머지 긴슈쿠는 심각하게 병이 든다. 하지만 그녀는 한 조선인 병원에서 전화로 세이키와 정담을 나누게 된다. 세이키는 부상당했으며, 현재 내지의 한 병원에서 회복 중이다. 두 사람은 각자의 육체적 문제에 대해 말하지 않는 대신, 바다를 건너는 짧은 통화로써 그들의 이기적이지도 않고 소멸하지도 않는 사랑을 알린다. 세이키는 나라를 위해 아내와 자식을 떠났지만, 전화 통화—이는 아름다운 조선해협을 넘어 조선과 일본이 하나임을 은유한다—는 아내와 자식을 부활시킨다. 세이키는 긴슈쿠에게 미래는 자기들의 것이라고 말한다.

결국 세이키의 양반 부모가 아들의 정식 아내로 긴슈쿠를 받아들이게 됨으로써 개인적이고 사회적이며 국가적인 레벨에서 모든 것이 보상되고 회복된다. 세이키의 부친은 긴슈쿠에게 사과하고 그녀를 아들의 아내이자 손자의 어머니로 인정한다. 〈지원병〉처럼 〈조선해협〉도 부모, 특히 아버지가 '가문家柄'과 '체면世間体'을 따지면서 자식들의 배필을 결정하는 이른바 조선식 가부장제의 구습을 비판한다. 이와 대조적으로 일본 국가는 계급적 차이를 초월할 뿐 아니라 자식들의 소망, 인간적 감정, 선택의 자유, 낭만적 사랑까지도 배려하는 진보적인 힘의 외관을 갖추게 된다.

더 나아가 낭만적 사랑을 실현하겠다는 약속은 다시 한번 내선일체라는 더 큰 공적인 테마와 뒤섞인다. 세이키와 간호사가 조선해협의 반짝이는 물 너머로 조선을 바라보는 마지막 장면(《사진 20》)에서, 간호사는 다음과 같이 말한다. "참 좋은 부인이시겠지요いい奥様でしょうね. [한참 후] 아, 예뻐라まあぁ, 綺麗. [한참 후] 아름답네요素敵だわ. 바다 건너편이 조선반도지요?あの海の向こうは半島ですね" 호소력 있으면서도 더듬거리는 이 말들과 더불어 세이키와 간호사의 생각은 거의 부지불식간에 긴슈쿠로부터 조선으로 나아간다. "아, 예뻐라"와 "아름답네요"라는 간호사의 탄식이 향하는 대상이 애인인지 조선인지는, "바다 건너편이 조선반도지요?"라는 마지막 말이 나올 때까지는 불확실한 상태에 있다. 그러나 이 말은 관객들로 하여금 내선일체에 대한 희망과 연인들의 재회를 확인하고 싶은 욕망을 구분하기 어렵게 만든다.

그러나 이제까지 논의된 모든 영화들 및 할리우드의 관습적인 전쟁기 영화들에서 그렇듯이, 이 영화 역시 남녀 간 사랑과 애국의 상대적 가치를 관객들이 혼동할 것이라고는 가정하지 않는다. 마치 이 점을 강조하기 위한 것처럼, 영화잡지 《에이가준뽀》의 한 기사가 제공한 영화

사진 17_〈조선해협〉에서 긴슈쿠(문예봉이 연기)가
군사 퍼레이드에서 행진하는 세이키를 보기 위해
아기를 안은 채 군중 사이로 움직인다.

사진 18_〈조선해협〉에서
긴슈쿠에게 보이는 세이키(앞 사람, 김성민이 연기).

사진 19_〈조선해협〉에서 긴슈쿠가
군복 입은 세이키의 새로운 모습에 놀란다.

사진 20_〈조선해협〉의 마지막 장면,
세이키가 일본에서 조선해협 건너편을
그립게 바라본다.

의 자세한 시놉시스는 긴슈쿠가 죽는 것으로 되어 있다(영화에서는 두 사람의 재결합 가능성이 미해결 상태이며, 긴슈쿠가 살아남는 문제도 애매하게 처리되어 있다). 여기에는 나라를 위해 필요할 경우, 여성이 희생되어야 하며 남녀 간의 사랑도 희생되어야 한다는 점이 암시되고 있다.[171] 그 점에서 이 영화는 앞에서 분석된 좀 더 솔직하게 여성혐오증적인 이야기들과 상통한다. 만일 우리가 두 사람의 재결합을 믿게 된다고 할지라도, 그 일은 전쟁에서 승리할 때까지 연기되어야 한다. 두 사람은 우선 병사와 노동자로서 전쟁에서 맡은 각자의 역할을 끝낸 후에야 서로 만날 수 있다. 더 나아가 이제 긴슈쿠는 미래의 병사를 키우는 어머니로서 역할을 완수한 후에야 세이키와의 관계를 완전히 성취할 수 있을 것이다. 그리고 이는 민족을 넘는 로맨스를 취급한 다른 이야기들에서도 되풀이되어 나타나는 테마다.

민족을 넘는 로맨스

나는 문학과 영화에 구현된 개인적 친밀함의 지점들이 정치와 통치의 더 큰 테마와 불가분하게 연결되어 있음을 보이고자 노력해 왔다. 하지만 나는 조선인과 일본인 사이의 낭만적이고 성적인 경계를 크게 넘어서는 작품들에 대해서는 논의하지 않았다. 앞에서 논한 쵸 카쿠츄의 〈새로운 출발〉은 이 문제가 미약하게 나타났을 뿐이다.

이 작품에서 조선인 시마무라는 그의 내지인 아내를 버린다. 이는 민족 간의 남성적 유대를 이루기 위한 한 가지 조건이다. 그러나 식민지 말기에 정부가 민족 간의 결혼을 공식적으로 장려한 것에 편승해, 몇몇

영화와 문학작품들은 식민 지배자와 식민지인의 민족적 분리를 강화할 수 있는 성적인 경계를 넘어섰으며, 아니면 최소한 그 경계 넘기를 함축적으로 표현했다. 아래에서 논의할 두 이야기들, 즉 〈너와 나君と僕〉의 대본과 〈진정 마음이 만나서야말로心相觸れてこそ〉[172]라는 이광수 소설에서 가장 중요한 테마 중 하나는 조선 남성과 내지 여성, 조선 여성과 내지 남성의 결합이다. 이 관계들은 비난되는 것이 아니라 미화된다.

〈너와 나〉의 감독이자 작가인 히나츠 에이타로日夏英太郎(허영)의 인생 이야기는 놀랍다. 우츠미 아이코內海愛子와 무라이 요시노리村井吉敬의 저서는 이에 대해 아주 자세히 이야기한 훌륭한 책이다.[173] 일본 내지에 불법 밀항한 직후, 허영은 히나츠 에이타로라는 일본식 이름으로 내지 일본인 행세를 했다. 그리고 마키노활동사진Makino Motion Pictures에서 영화와 관련된 경력을 쌓기 시작했다. 당시 일본 영화산업은 무성영화에서 유성영화로 한창 전환될 때였다. 히나츠의 대본으로 만들어진 첫 번째 영화는 1931년에 나왔으며, 그때 그는 겨우 23세였다. 마키노사가 망한 후 히나츠는 쇼치쿠松竹로 옮겼다. 하지만 거기서 그는 영화 촬영 중 사고가 나서 국보인 히메지 성姬路城의 석벽 한 부분을 불태우는 불운한 경험을 했다. 그 폭발로 인해 한 명이 죽고 일곱 명이 부상당하기도 했다. 히나츠는 이 불행을 겪은 후에도 굴하지 않았으며, 사면받은 것에 힘입어 계속 일하게 되었다. 처음에 그는 쇼치쿠로 복귀했다가 그 후 신코新興키네마로 옮겼다. 신코키네마는 그에게 첫 영화인 〈너와 나〉를 감독할 기회를 주었다.

〈너와 나〉가 1941년 12월에 개봉된 지 겨우 한 달 후에, 히나츠는 16사단에 소속된 한 프로파간다 부대의 멤버로서 일본의 자바 공습에 참여했다. 그의 운명이기라도 했던 것처럼 그가 탄 배가 연합군 함대에

의해 침몰되었지만, 히나츠는 살아남았다. 그리고 곧 또 다른 프로파간다 영화인 〈호주로 부르는 소리濠洲への呼び聲〉의 대본을 쓰고 감독했다. 〈너와 나〉와 달리, 이 영화는 장편 극영화가 아니다. 1943년에 완성된 이 영화는 자바의 연합국 포로들 및 수용된 여성과 아이들에 대한 단편영화로서, 일본 지배하에 얼마나 멋진 삶을 누릴 수 있는지를 보이려는 의도로 만들어졌다.

이 영화는 전쟁포로들이 수영과 낚시를 하는 모습, 스테이크를 썰며 신선하게 구운 빵을 먹거나 맥주를 마시는 모습, 아주 좋은 건강관리를 받는 모습 등을 제시했다. 즉, 영화는 포로수용소 생활이 안전하고 편안하며, 심지어는 휴가라도 간 듯이 느껴지게 하는 모든 것을 보여 주었다. 영리하게도 히나츠는 포로수용소에서 훌륭하게 생활한다는 메시지를 호주에 보내기 위해, 전쟁포로들이 스스로 영화를 만든 것처럼 보이게 하기도 했다. 전쟁이 막바지를 향하던 때에 히나츠는 미래에 인도네시아의 대통령이 될 수카르노를 알게 되었다. 그 후 일본이 패전함에 따라 히나츠는 후용 박사Dr. Huyung라는 인도네시아 이름을 쓰면서 독립 이후의 인도네시아 영화 발전을 위해 중요한 역할을 했다.

앞에서 분석했던 영화나 문학작품들과 마찬가지로 〈너와 나〉는 조선인 청년들이 성공적으로 병사가 되는 것, 그리고 통과의례를 거치며 남성성을 얻고 국민의 자격을 획득하는 모습을 묘사한다.[174] 더 나아가 조선인 남자들은 내지 일본인들과 만드는 핵심적인 국가공동체에서 여성들을 추방할 뿐만 아니라, 남성 동지애의 표시로서 여자들을 교환하기도 한다. 결국 조선인 남성들은 내지 일본인 남성들과, 조선인 여성들은 내지 일본인 여성들과 상호 교환될 수 있을 것으로 재현된다. 하지만 이렇게 민족을 넘어서는 일은 젠더를 가로질러서가 아니라 젠더를 통해서 이루어지며, 따라서 남성으로부터 여성을 구별하는 날카로운 경계들은 자연스러운 것으로서 더욱 강화된다.

〈이와모토 지원병〉에서 잘 나타나는 것처럼, 내선일체의 역사적 근원에 실재성을 부여하는 기억의 물리적 장소들은 〈너와 나〉의 중요한 미장센을 이룬다. 이야기의 주요 등장인물인 조선인 청년 가네코 에이스케 및 그의 지원병 동료 기노시타 타로는 모두 충청남도 부여 출신이다. 플롯 전개의 중심인 내선일체 이념을 열광적으로 지지하는 두 명의 내지 일본인들—구보 료헤이와 그의 아내 후사코—역시 부여에 살고 있다. 부여는 스토리의 반 이상이 펼쳐지는 무대다. 백제 왕국의 수도 사비성이 부여 평야에 있었다. 따라서 에이스케가 사랑의 대상인 미츠에와 그녀의 친구 이백희에게 그 지역의 여행을 안내할 때, 그는 옛 왕궁의 흔적을 두 사람에게 보여 준다. 후사코의 오빠 아사노 겐조와 미츠에가 부분적으로 설명하는 것처럼, 과거부터 대대로 일본과 조선이 연결되었던 흔적을 이 지역에서 찾을 수 있다고 이야기되었으므로 부여는 내선일체 담론에서 중요했다(142쪽). 이 연결의 자세한 세부사항들이 확실히 서술되지는 않지만, 우리는 내선일체 테제를 지지하는 사람들이 일반적으로 펼쳤던 주장을 알고 있다. 그들은 7세기에 한반도의 백제 왕국이 당과 신라에 의해 망했을 때, 백제로부터 수많은 망명자들이 일본 열도로 이주해 마을들을 만들었으며, 그 후 인구 속에 섞여 들어갔다고 주장했다.[175] 그러므로 〈이와모토 지원병〉에서 그러하듯이, 서사적 현재의 입장에서 내선일체의 실현은 원래의 공통된 아이덴티티에서 비롯된 자연스러운 결과로 이해된다.

그러한 담론은 젠더화된 위계로써 남자들끼리 여자들을 교환할 수 있도록 허용한다. 그리고 이 여자 교환과 더불어, 젠더화된 관계를 통

3부 '일본인'으로서의 조선인들

해 민족적 차이를 초월하는 일은 〈너와 나〉의 핵심 주제다. 순진한 마음을 지닌 조선인 청년 가네코 에이스케와 내지인 병사 아사노 겐조는 여전히 불평등하게 결속되어 있다. 그러나 남성적인 역할을 수행함으로써 가네코의 남성성과 국민 주체성을 발전시키는 통과제의가 시작된다. 에이스케가 지원병훈련소에 들어가기 전인 영화의 초기 장면을 보면, 그는 경성역에서 일본군 병사들을 환영하면서 그들이 무사히 전선으로 출정하기를 기원하고 있다. 에이스케는 행운의 호신부를 나누어주면서, 하나를 내지인 병사 중 한 사람인 겐조에게 준다. 부적을 받기 위해 팔을 뻗은 겐조는, "고맙네, 형제"라는 말을 듣고 그가 에이스케임을 알아본다. 에이스케는 겐조의 손을 잡고, "자네만 믿네. 최선을 다하게"라고 말한다. 부적을 받으며 겐조는 "언제나 몸 가까이에 두겠다"고 약속한다. 전송에 크게 감동한 겐조는, 조선인들이 그에게 베풀어준 환대에 감사를 표하는 쪽지를 에이스케에게 준다. 접혀진 쪽지 안에는, 전장에서 쓸모가 없으리라는 겐조의 말과 함께 10엔 지폐 한 장도 들어 있다. 에이스케는 자기의 충성심과 애국심을 그저 돈으로 보상받는 것처럼 보이지 않도록, 국방을 위한 애국적 조직에 그 돈을 기부한다. 우리가 알게 되듯이, 마침내 에이스케의 충성심과 애국심, 그리고 남성으로의 궁극적 성장을 보상하는 것은 돈이 아니라 내지 여성과의 결합이다. 에이스케는 결국 겐조의 누이 미츠에에게 소개되기 때문이다. 그러나 남성들 사이의 이 마지막 교환은 에이스케가 진정한 일본 남성이 되기 전까지는 일어날 수 없으며, 그렇게 되기 위해 그는 병사가 되어야 한다. 이미 논의되었던 것처럼, 한 사람의 병사가 된다는 것은 "일본의 씩씩한 아들이 수행할 자연스러운 의무다." 기차역에서 에이스케는 질문하는 겐조와 비교해서, 즉 에이스케와 나라를 위해 싸우는 "무인다운" 모습의 겐조와 비교해서 여전히 여성화된 순종적인 위치에 있다(133, 135쪽).

기차역에서 에이스케는 미츠에와 미츠에의 한 반 친구인 이백희를 처음으로 만난다. 떠들썩한 전송을 뒤로하고 걸어 나오면서 에이스케는 자기도 병사가 되려 한다고 밝힌다. 미츠에는 마치 그에게 의지할 수 있다고 느끼는 것처럼 에이스케를 바라본다. 그들은 헤어진다. 그들은 원래 서로 모르는 사람들이며, 일본 병사들이 지나감으로써 한데 모이게 되었을 뿐이다. 그러므로 우리는 미래에 그들이 다시 마주칠 것인지 알 수 없다. 하지만 그들은 군대가 보여 주는 아름다움으로 인해 다시 모인다. 어느 날 조선인 지원병들이 거리를 행진한다는 것을 알게 된 미츠에와 백희가 그 "눈부신" 장면을 보기 위해 달려 나갔을 때, 두 여자는 에이스케를 발견한다. 그 후 그들은 지원병훈련소에 견학 가기로 결정한다. 그리고 이는 충분히 있을 수 있는, 신빙성이 있는 일이었다. 어머니와 아내들 및 여성 일반을 조선인 지원병의 후원자로 만들기 위한 캠페인의 일환으로, 여성들에게 용산의 지원병훈련소에 방문할 기회가 주어진 바 있기 때문이다.[176] 이 이야기에서 에이스케는 두 젊은 여성의 가이드로 봉사한다. 히나츠는 훈련소 및 다른 곳에서 미츠에를 조선인 남성들의 욕망의 대상으로 제시한다. 그녀는 "아주 예쁜 내지 일본인 젊은 여자"(137쪽)로 묘사되며, 그녀의 품행은 바이올린 연주와 음악학교 학생이라는 신분으로 표시된다. 더 나아가 미츠에뿐 아니라 백희를 포함한 미츠에의 반 친구들은 성적인 순결함을 지칭하는 "오토메(처녀)"로 불린다.

에이스케와 미츠에는 또다시 헤어지고, 에이스케는 평등을 향한 병사의 여행을 계속한다. 그는 훈련소를 수료하고 마침내 황군에 들어간다. 첫 장면에서 에이스케가 진정한 병사임을 나타내기 위해, 그와 동료 조선인 지원병들이 새로 지급받은 이등병 군복을 입은 모습이 보인다. 이제 에이스케와 조선인 동료들 곁의 병사들 전부가 조선인은 아니다. 거기에는 조선인과 내지인들이 섞여 있다. 더이상 에이스케는 조선 옷을 입은 채 일본 병사들에게 보호해 달라고 애원하면서 행운의 부적으로 그들을 전송하지 않는다. 그렇게 스스로를 아이로 만들던 기차역의 장면에서부터 그는 멀고 먼 길을 지나 왔다. 이제 타자와 자기, 또는 영화가 강조하는 것처럼 "기미또보쿠", "너와 나"는 결국 하나로 섞인다(138쪽).

자신의 민족적 차이를 극복했기 때문에, 에이스케는 마침내 미츠에를 신부로 맞을 수 있다. 두 사람을 직접 연결시킨 것은 미츠에의 형부인 구보 료헤이와 에이스케 사이에 형성된 또 하나의 동성적이고 초민족적인 결속이다. 에이스케와 동료 조선인 지원병 기노시타가 전선으로 떠나기 전 가족을 방문하기 위해 고향에 돌아왔을 때, 두 사람은 료헤이와 친구가 된다. 에이스케가 병사이고 "눈부신 젊은이"(141쪽)이므로, 료헤이는 즉각 에이스케에게 "엄청난 애정"을 느낀다. 료헤이는 물론 료헤이의 아내 후사코도 에이스케와 미츠에가 이미 서로 알고 있다는 사실을 전혀 모른다. 료헤이는 이 조선 청년과 자기 처제의 결혼을 중매하면 좋겠다고 결심한다. 에이스케와 아름다운 미츠에가 이미 서로를 선택했기 때문에 료헤이는 당연히 성공한다. 그리고 이야기의 마지막 부분에서 우리는 에이스케가 전장에서 무사히 돌아오면, 두 사람이 결혼하게 될 것임을 알게 된다.

그러므로 지원병 에이스케, 미츠에의 오빠 겐조, 형부 료헤이 사이의 남권주의적인 결연으로 인해, 에이스케는 일본인이 될 수 있을 뿐 아니라 내지 여성을 아내로 얻을 수도 있다. 에이스케와 겐조의 관계를 보면, 예전의 기차역 장면에서 에이스케는 여성화되었다. 행운의 부적을 주며 남자들을 떠나보내는 일은 여자들, 아이들, 민간인 남성들의 전형적인 행위이기 때문이다. 하지만 료헤이가 결혼 중매 계획을 짜고 있는 것과 똑같이, 겐조는 전장에서 미츠에에게 내선일체를 설명하는 편지를 보내, 우리가 에이스케라고 알고 있는 "한 (조선인) 청년의 훌륭한 모습"을 아직도 자기가 얼마나 소중하게 생각하고 있는지 털어놓는다. 이 장면을 통해 히나츠는 겐조로 하여금 에이스케의 남성성을 인정하고 자기 누이를 주게 하며, 이로써 식민지 주체의 충성심과 애국심에 대해 궁극적으로 보상하도록 한다. 예전에 에이스케는 겐조의 금전적인 처리를 거절한 바 있다. 이 사건이 상징하는 변제되지 않은 빚은 '처녀'라는 화폐로 상환된다.

이야기는 전혀 예기치 않은 방향으로 얽히기도 한다. 이는 내선일체 담론이 내지인과 조선인이 서로 교환 가능하다는 약속을 통해 작용했음을 더욱 잘 보여 준다. 하지만 그것은 결코 젠더화된 경계들을 넘어서지 않았다. 미츠에와 그녀의 조선인 급우 백희는 아주 친한 친구들이다. 영화 내내 두 사람은 거의 항상 함께 있다. 백희는 부여에 있는 미츠에의 언니 집에 같이 가 귀한 손님 대접을 받는다. 어느 날 저녁에 두 사람은 함께 목욕한다. 목욕 후 미츠에는 백희에게 자기의 일본 기모노를 입히기로 결심한다. 미츠에는 "옷이 잘 어울리네"라고 하면서, 기모노 입은 백희가 멋져 보인다고 평가한다. 그리고 갑자기 백희가 자기 오빠 겐조의 신부가 되면 어떻겠냐고 묻는다. 그녀는 더 많은 조선인들이 일본 옷을 입어야 한다고도 말한다. 백희는 일본 옷을 어떻게 올바로 입는지 알기 어렵다고 항의한다. 그러나 미츠에는 자기도 조선 옷을 입지만 그런 문제는 별로 생각하지 않는다고 말한다. 미츠에가 백희의 조선 옷을 입기 시작하자 이번에는 백희가 옷 입는 것을 돕는다. 각각 상대편 민족의 옷을 입은 후, 두 사람은 그 모습을 에이스케와 료헤이에게 자랑하며 보여 준다. 에이스케와 미츠에가 결국 결혼할 것이라는 점은 이미 결정되어 있었다. 그리고 미츠에가 백희의 조선 옷을 입고 에이스케 옆에 앉자 료헤이는 그녀가 에이스케의 아내 같다고 평한다. 따라서 에이스케가 한 사람의 일본 남성으로 변모하는 것과 나란히, 미츠에와 백희의 옷 바꿔 입기는 민족적 차이를 초월할 수 있는 여성들의 능력을 재현한다. 그와 동시에 이는 일본인이건 조선인이건 간에, 여성들이 남성들과의 관계를 통해 국가에 소속될 수 있음을 다시금 확실히 한다. 마지막으로 조선인 '처녀' 백희와 내지 일본인 병사 겐조가 결혼할 것을 암시함으로써 완전히 평등한 여성 교환이 성취된다(144~45쪽).

이광수의 미완 소설 〈진정 마음이 만나서야말로〉는 원래 1940년에 식민지 잡지 《녹기綠旗》에 5회에 걸쳐 연재된 것이다.[177] 여러 면에서 이 소설은 〈너와 나〉에서 발견되는 것들을 반복하고 있다. 히나츠의 영화 대본 및 이 책에서 논의된 다른 텍스트들처럼, 이 소설의 플롯은 천황과 국가를 위한 군 복무와 내선일체, 그리고 젠더화된 유대를 통한 민족적 차이의 초월이라는 테마를 중심으로 전개된다. 또 〈너와 나〉와 마찬가지로, 민족을 넘어선 사랑과 우정이 식민지와 제국의 융합 수단이자 그 상징으로 작용한다.

소설은 김충식金忠植(긴 츄쇼쿠)이라는 조선인 청년과 그의 누이 석란石蘭(세키란)이 부상당한 내지 일본인 히가시 다케오東武雄와 그의 누이 후미에文江를 산에서 구조하는 것으로 시작된다. 구조에서 우정으로,

그 후에는 우정에서 사랑으로 나아가면서, 각각의 오누이들은 점차 상대편의 오누이에 대해 품었던 잘못된 관념과 차별적 태도를 버린다. 처음에 일본인 누이 후미에는 충식의 조선식 발음에 불안을 느꼈지만, "한 시간도 못 되어서 그 불안은 완전히 소멸해 버리고, 친오빠나 무슨 친척 같은 믿음직스러움과 고마움으로 가슴이 꽉 차는 듯했다"(316쪽). 후미에의 오빠 다케오 역시 젊은 조선 여성 석란에게 완전히 반하게 된다. 충식의 집에서 건강을 회복하면서 다케오는 석란과 일본 여성 사이에 아무런 차이도 발견할 수 없다는 사실에 의아해한다. 그는 "그녀의 말투건, 예의건, 얼굴 모양이건, 무엇 하나 다른 점이 없지 않은가?"(319쪽)라고 묻는다. 그녀가 입고 있는 조선 옷만이 그녀를 일본인과 구별되게 했다. 그러나 의식을 잃은 동안 자기 자신이 조선 옷으로 갈아입고 있음을 발견한 후, 그리고 후미에 역시 조선 옷을 입고 있음을 본후, 다케오는 복장이 피상적인 것일 뿐 그 어떤 본질적인 차이도 드러내지 않음을 깨닫는다. 〈너와 나〉와 〈망루의 결사대〉에서처럼, 민족 간에 서로 옷을 바꿔 입는 일은 정체성이 유동적임을 설명한다. 충식과 석란을 향해 발전하는 다케오와 후미에의 따뜻한 느낌은 상대방에게도 전해진다. 그리하여 이전에는 그 어떤 일본인과도 친밀히 지내지 않았던 조선인 오누이 역시 다케오 남매를 좋은 사람들로 생각하게 된다. 그들은 내지 일본인에 대한 부정적인 시각을 바꾸지 않을 수 없다. 요컨대 다케오는 석란과, 후미에는 충식과 사랑에 빠지며, 석란과 후미에가 그렇듯이 다케오와 충식은 거리낌 없이 깊은 우정을 쌓아 간다. 그들의 개인적인 사랑과 우정을 통해 내선일체의 커다란 프로젝트가 진전된다.

이광수는 두 오누이로 하여금 새로운 조선과 새로운 일본을 대표하고, 국가가 민족적 차별을 강력히 부정한다는 사실을 대변하게 하면서, 그들과 그 각각의 부모들을 대조시킨다. 이광수는 부모들을 훌륭하고 지조 있으며 자식들의 견해에 마음이 움직이기도 하지만, 결국 자기들의 옛 편견을 완전히 떨쳐 버릴 수는 없는 사람들로 묘사한다. 충식과 석란의 아버지 김영준(긴 에이쥰)은 불충한 "후테이센진不逞鮮人"의 지도자였다. 그는 체포되어 감옥에 갇히기도 했지만 참회하기를 거부했다. 그는 학식이 풍부하며 일본사와 일본 고전들에 대해서도 잘 알고 있다. 또한 그는 일본이 아시아의 지도자가 될 자격이 있다는 신념을 가지고 있다. 그러나 그는 조선 민족의 독립을 계속 주장하면서 식민지인들이 영구히 차별적으로 대우받으리라는 사실에 비분강개의 감정을 버리지 않았다. 영준에게 미나미 총독의 '내선일체' 선언은 "정치가의 언사에 불과한 것으로 보였을 것이다"(342쪽). 영준은 히가시 가의 오누이들을 좋아하게 되고 그들의 정치적 견해를 존중하게 되지만, 충식이나 석란과는 달리 자기가 원래 지니고 있던 정치적 입장을 바꿀 수는 없었다.

이와 비슷하게 다케오와 후미에의 부모는 김충식 일가에 대해 어느 정도 호감과 이해를 가지기 시작하면서도 결국 편견에서 자유롭지 못하다. 다케오의 모친 기쿠코菊子는 다케오와 석란이 연애관계로 발전해 가문에 수치가 될 것을 걱정한다. 그녀는 "그건 히가시 집안의 명예에 먹칠을 하는 것"(348쪽)이라고 말한다. 다케오와 후미에의 부친은 일본 육군 대좌인데, 지원병으로든 징병으로든 조선인을 일본 군대에 받아들이는 것에 반대했었다. 언제나 그는 "열등한 조선인들을 국군에 받아들이는 것은 절대로 군을 증강하는 일이 아니다"(328쪽)라고 말해 왔다. 히가시 대좌는 김영준을 아주 지조 깊은 사람으로 존경하게 되지만, 과거와 깨끗이 결별할 수 없다.

따라서 이광수는 '후테이센진'뿐 아니라 정직하지만 여전히 편견을 지닌 일본군 대좌와 그의 아내 모두에 대해 공감하고 이해하면서 이 구세대 인간들을 재현한다. 이광수는 "마음의 만남"을 통한 화해를 모색한다. 그리고 그 화해는 결국 젊은 세대의 리더십에 달려 있다. 일본, 조선, 아시아 전체, 세계의 운명을 좌우하는 것은 구세대가 아닌 청년들이다. 이야기의 나머지 부분에서 전개되는 것은 병사가 된 다케오가 전쟁터로 떠난 후, 민족 간 로맨스의 심화가 궁극적인 내선일체의 완성을 상징하게 되는 일이다.

다케오가 전선에서 보낸 편지를 통해, 구세대의 반대가 예상되지 않았더라면 석란과 결혼했을 것이라고 충식에게 고백할 때 이야기는 결정적인 순간에 도달한다(361쪽). 더 나아가 다케오는 충식과 후미에가 서로에게 품고 있는 감정에도 불구하고, 가족에 대한 의무로 인해 두 사람이 결합될 수는 없을 것이라고 지적한다. 그러나 내선일체의 실현을 향해 나아가는 역사의 진보적 운동이라는 테마를 처리해야 하는 이광수에게 이야기가 여기에서 끝날 수는 없다. 그러므로 이야기는 계속된다.

다케오가 전선으로 간 지 얼마 지나지 않아, 경성제국대학 의과대학을 졸업한 충식은 일본 육군 군의관에 지원한다. 그리고 김영준은 자신의 정치적인 견해에도 불구하고 아들의 계획을 승인한다. 그것은 주로 "조국을 위해 싸움에 나가는 것만큼 남아로서 감명 깊은 일은 없다"(365쪽)는 그의 신념 때문이었다. 영준 자신도 그런 기회가 있기를 바랐지만, 그에게는 한 번도 그런 기회가 부여되지 않았었다. 이제 그는 충식에게 '조국'으로서의 일본을 위해 싸울 기회가 주어진 것을 방해하려

하지 않는다. 서로 좋은 친구가 된 후미에와 석란은 그 후 특별지원간 호부가 되기로 결심한다. 다케오와 충식이 병사와 남성으로서 결속했던 것처럼 두 사람은 여성으로서 결속된다. 그들은 "정말로 자매가 되자"고 약속한다. 두 젊은 여성은 민족적 차이를 초월함과 동시에 젠더화된 구분을 더욱 자연스럽게 보이도록 하면서 전쟁 동원의 보조적이고 이차적인 역할에 가담한다. 우리는 이것이 입대와 군 생활을 다룬 문학작품들에서 반복적으로 나타나는 테마임을 잘 알고 있다. 실로 후미에는 다음과 같이 설명한다. "오빠들이 남자로서 할 일을 하고 있는 것처럼, 우리는 여자로서 가능한 일을 하자. 그래서 훌륭한 일본을 만들자"(373쪽).

이 네 명의 오누이들의 길은 중국의 전장에서 다시 한번 교차한다. 있을 법하지 않은 시나리오지만, 두 젊은 여성은 충식이 부상병들을 돌보고 있는 바로 그 야전병원에 도착한다. 더욱 기적적으로, 어느 날 충식이 그 생김새마저 알아보기 어려울 정도로 심각하게 얼굴을 부상당한 한 병사를 돌보고 있을 때, 석란은 그 환자가 다케오임을 알아차린다. 여기서부터 눈이 멀게 된 다케오와 석란의 관계에 소설의 무게중심이 놓이게 된다. 우리는 후미에가 계속 충식을 도우면서 두 사람 사이의 사랑이 깊어질 것이라고 상상할 수 있지만, 이광수가 자세히 말하는 것은 다케오와 석란의 이야기다. 시력을 잃었지만, 다케오는 여전히 국가를 위해 봉사하려 한다. 그는 적을 설득해 일본 편에 끌어들일 의도로 중국에 침투할 계획을 세운다. 그는 적장들에게 "일본의 진의와 아시아의 대세를 설명할 수만 있다면 그들도 추종하게 할 수 있으리라"고 믿고 있다(385쪽). 그는 이 임무를 수행하기 위해 적진에 들어가 돌아오지 않겠다고 서약한다. 예상할 수 있듯이, 석란은 죽을 것이 확실한 다케오의 임무에 합세하겠다고 약속한다. 석란은 다케오의 눈이 되어 줄 뿐 아니라 통역자 역할도 하게 될 텐데, 그것은 석란이 소학교 이후 아버지와 중국에서 살았으므로 중국어 통역을 잘 할 수 있기 때문이다.

다케오와 석란은 부대장의 중매와 주례로 "가假 결혼식"을 올린다(390쪽). 이로써 민족을 넘어선 그들의 사랑 이야기는 그동안 두 사람이 실천한 국가와 천황에 대한 헌신의 연대기와 더욱 깊이 결합된다. 두 사람은 적진 후방에 들어가 돌아오지 않으리라는 마음의 준비를 하면서 중국인 피난민처럼 차려 입는다. 충식은 후미에를 곁에 둔 채 의사로서 계속 열심히 일한다. 충식이 조선인이라고 얕보던 일본인 간호부들은 그런 생각을 완전히 버리고 충식을 영웅시하게 되었다.

미완의 이 소설이 보여 주는 마지막 몇 장면에서 다케오는 석란을 통역 삼아 중국인 사단장과 그의 장교들을 설득하려 노력한다. 그는 일본이 승리할 것이며 일본과 중국은 형제로서 하나가 되어야 한다고 말한다. 나아가 다케오는 장제스가 공산주의자들과 영불英佛의 괴뢰에 불과하다고 말한다. 사단장은 열심히 듣지만 다른 장교들은 다케오의 주장에 여러 복잡한 반응을 보인다. 우리는 다케오와 석란이 이 중국군 사단을 일본 편으로 끌어들이는 데 성공할 것인지 아닌지 알 수 없다(거의 그럴 수 없을 듯하다). 그러나 이광수는 좁은 의미에서 그들의 노력이 성공하거나 실패하는 문제보다 두 사람의 사랑이 결실을 맺고 아시아인을 위한 아시아를 만들기 위해 내선일체가 실현되는 일이 더 중요함을 보여 주는 데 관심을 가지고 있다. 어둡고 더러운 방에 감금되어 있는 동안, 다케오와 석란은 도쿄의 황궁 쪽이라고 생각되는 동쪽을 향해 멀리서 절한다. 그 비참해 보이는 환경과 불확실한 운명에도 불구하고, 사랑하는 두 사람은 행복하다고 선언한다. 다케오가 이것을 "즐거운 신혼여행"으로 생각하기 때문에 행복하냐고 묻자, 석란은 "그 이상"(405쪽)이라고 대답한다. 이광수의 메시지는 아주 명확하다. 민족을 넘어선 이 커플의 행복은 결혼의 즐거움과 함께 국가와 천황을 위해 전적으로 희생한다고 하는 더 큰 자부심에서 비롯된다.

군인 되기와 민족 간의 결혼에 대한 논의를 마치면서, 〈진정 마음이 만나서야말로〉가 완결되지 못했다는 점 및 이 소설과 〈너와 나〉의 영화 대본에서 조선인과 일본인의 결혼이 마지막까지 유예된다는 점에 대해 생각해 볼 필요가 있다. 이광수는 "계속"과 "미완"이라고 표시하면서 이 연재소설을 끝냈다. 이렇게 결말이 없는 것은 다케오와 석란의 결혼에서도 반복된다. 실로 그들의 결혼식은 "형식뿐인 가 결혼식"으로 서술되는 것이다. 그것은 아마도 이 결혼식이 임시방편이고 부모들의 허락을 받지 않은 결혼식일 터이기 때문이다. 이와 비슷하게 우리는 〈너와 나〉에서 조선 청년 에이스케가 결국 미츠에와 결혼할 것이며, 일본 청년 겐조는 백희와 짝이 될 것이라고 믿게 되지만, 이 결혼들은 결국 연기된다. 미완으로 끝나는 소설처럼, 이광수와 히나츠 에이타로는 사랑과 내선일체의 이야기들이 전쟁에서 승리할 때에야 완성될 수 있음을 암시하는 듯하다. 오직 그때에야 병사들은 결혼하러 집에 돌아올 것이며, 오직 그때에야 이야기들은 그 목적에 도달할 것이다.

쇄신, 강간, 내셔널리즘

여기서 고찰된 문학과 영화 속에서 조선인 남성들과 여성들은 대등하고 상호 보완적인 젠더의 유대를 통해 일본 내지인과의 민족적 차이를 극복할 수 있었다. 적절한 남성다움과 훌륭한 여성다움은 식민지 주체들이 스스로 일본 내지인들과 동일하다고 상상할 수단을 제공했다. 하지만 젠더의 경계들은 초월되지 않을 것이었다. 상상적인 평등은 젠더 카테고리들을 넘어서가 아니라 그 내부에 존재했다. '위안부제도comfort women system'라는 완곡어법으로 불리는 민족 차별적인 성노예sexual slavery의 공포에 비추어 보면, 품위 있는 일본 여성이 되고 있는 조선 여성들에 대한 여러 재현은, 식민주의하의 조선인 여성들이 일상생활에서 접하는 현실의 폭력을 숨기기 위한 잔인한 환상으로 보일 것이다. 어떻게 그러한 모순이 계속될 수 있었을까?

여기서 우리는 영향력 있는 에세이 〈베일 벗은 알제리Algeria Unveiled〉에서 보여준 파농의 고찰을 상기할 수 있을 것이다. 파농은 식민 기획의 이중성을 지적하면서, 그것은 알제리 여성들에 대한 성적인 폭력을 정당화하면서조차 겉으로는 알제리 여성의 해방이라는 것을 정치적인 독트린으로 만들었다고 논의했다. 그는 프랑스의 정복 후, 에로틱한 '정복자 사디즘sadism of the conqueror'의 일환으로서 알제리 여성에 대한 강간이 승인되었음에도 불구하고, 알제리인 남편들에게 "당신 부인은 베일을 씁니까? 아내를 영화관이나 권투 경기나 카페에 데려가는 것이 좋지 않겠습니까?"[178]라고 물었던 유럽 남성들의 위선을 폭로했다.

파농은 식민 지배자들이, "우리는 우선 여자들을 정복해야 한다. 우리는 그들을 숨기고 있는 베일 뒤로 가서, 그리고 남자들이 여자들을 눈에 띄지도 않게 가두어 놓은 집 안으로 가서 그들을 찾아야 한다"[179]는 생각에 이끌려 "알제리 사회의 구조와 그 저항 능력을 파괴하고자 할 것"이라고 두려워한다. 그러나 그러한 두려움 속에는 분명 남권주의의 성적인 소유를 암시하는 것 이상의 의미가 있는 듯하다. 이 에세이는 전체에 걸쳐 식민 지배자뿐만 아니라 그의 고향 여자들이 저지를 배신에 대해서도 주의하는 남성 내셔널리스트의 초남권주의hypermasculinist에 대한 경고를 보낸다.[180] 그러나 파농은 식민주의의 거시 정치적 구조들이 성과 젠더의 장소에서 작용했던 방식에 대해 우리에게 날카롭게 환기시켜 준다. 그 구조들은 젠더화되고 성적으로 구분된 관습들을 쇄신하라는, 외견상 비폭력적이고 "문명화하는" 요청을 통해 반anti식민주의적인 여성들과 반식민주의적인 남성들 사이의 결속을 해체하려 했다.

일본의 식민주의 상황에서도 쇄신과 강간은 여성공포증적인 동시에 여성혐오증적인, 이른바 문명화 기획의 양면으로 나타났다. 우리는 조선인 여성들이 국가 안에서 존중되는 위치를 차지하겠지만, 그럼에도 불구하고 지배적 담론에서 여성들의 여러 위치가 거의 언제나 남성들과의 사회적 관계들을 통해 매개되었다는 사실을 보아 왔다. 그런 식으로 민족성은 극복될 수 있었지만, 그것은 오로지 젠더적으로 차별화되고 위계화된 포용 방식을 통해서만 가능했다. 내선일체 및 조선의 동화를 열렬히 지지했던 우에다 다츠오上田龍男(이영근)는 징병이 조선에까지 확대 실시될 것이라는 공식적인 발표가 있은 직후, 이 문제에 대해 다음과 같이 간단히 표현했다. "(조선) 여성들이 영웅적인 제국 병사들의 어머니, 아내, 누나, 여동생으로서 그 대단한 능력의 창조를 향해 일할 때가 왔다."[181]

내선일체 담론은 차별 없고 젠더화되지 않은 포용을 제의했다. 그러나 그것은 남성들만의 완전한 편입을 약속했으며, 일본 여성이건 조선 여성이건 가리지 않고 모든 여성들에게 완전한 국민의 자격을 주지 않았다. 한편으로는 타민족 남성들을 포용하면서, 다른 한편으로는 여성들을 배제하는 이 보완적인 관계를 표출한 일본 근대사의 가장 명백한 사례 중 하나는 1925년의 남성 '보통' 선거법이다. 당시에 일본의 선거법은 투표와 공무담임권을 일본에 거주하는 조선인 성인 남성들에까지 확대 적용했다. 하지만 새 법의 일반 조항들("25세 이상의 남성 제국 신민들") 아래 조선인 남성들이 포함된다는 것은, 조선인이건 일본인이건 가리지 않고 모든 여성들을 지워 버린다는 것을 의미하기도 했다.[182]

여성을 일본의 이등국민으로 보는 이러한 이해는 파렴치하고 잔인한 여성혐오의 행태들이 발생할 여러 가능성을 열었다. 식민지 당국은 조선의 가족과 사회를 재구성하기 위해 조선 여성들을 변모시키려고 했다. 하지만 그와 동시에 당국은 아무리 잘 평가해도, 일본인은 거의 없는 대신 대부분 조선인인 수많은 여성들을 성노예로 만든 한 제도에 인적으로 관여했다. 이 민족차별적이거나 인종차별적인 성노예 시스템은 일본 내지인과 맺고 있는 조선인 및 여타 민족들의 인종주의적 관계를 반영했다. 하지만 성 노예제의 여성혐오증적이고 계급적으로 굴절된 성격은 하층계급 출신의 일본 여성들도 이러한 동원에서 면제되지 않을 것이며, 더 가난한 집안 출신 조선 여성들이 더 부유한 집안 출신 여성들보다 훨씬 더 끌려갈 가능성이 많다는 점을 확실히 했다.[183]

쇄신reform과 강간rape이 양립 가능하다고 한 파농의 관점은 중요하다. 그러나 이를 인정하면서도, 한편으로 우리는 확대된 일본국가의 개념 속에 조선이 강제 병합된 상황에서 식민 지배자들과 식민지인들 사이의 성과 결혼에 대해 일본 식민주의 체제가 보인 공식 입장이 변화했다는 점 역시 지적해야 한다. 그리고 몇몇 핵심적인 측면에서 그것은 유럽이나 미국의 식민 정책들과는 정반대의 방향을 취했다. 이는 가장 중요한 사실인데, 실로 학자들은 일반적으로 19세기와 20세기의 유럽 식민 체제들이 백인 남성들과 원주민 여성들로 이루어진 가정에 관용적인 태도를 보이거나 그것을 장려하기조차 했던 기존의 입장을 버렸다는 점을 논의해 왔다. 이 체제들은 백인/원주민 메스티조 인구의 존재를, 그것이 발생시킬 반작용에 대한 여러 걱정에도 불구하고 공공연히 묵인하던 입장을 버렸다. 그리고 인종적 혼합을 완전히 거부하면서 인종적 분리를 공고히 하는 방향으로 나아갔다.

식민주의 말기에 유럽의 아내들은 식민지에 있는 그들의 남자들과 결혼하고 잠자리에 듦으로써, 그리고 원주민들로 인해 자기 남자들이 문화적으로 오염되는 것을 막는 백인 부르주아 문화의 관리인으로 봉사함으로써, 백인 규칙의 경계를 지키는 역할을 수행할 것이 기대되었다. 이렇게 인종적 경계들은 성적, 젠더적, 문화적으로, 그리고 계급에 근거해 새롭게 정화되었다. 이를 통해 하층계급 백인들 및 "혼혈 인종"으로 생각되는 사람들은 식민 지배자의 지위나 백인 부르주아의 기준에 부응하는 규율된 사람의 지위에서 배제되었다. 요컨대 앤 스톨러가 서술했듯이, "그 욕구는 명백했다. 그것은 다른 인종 간의 결혼에서 벗어나 백인들끼리의 동족결혼을 추구하는 것이었다. 그것은 축첩에서 벗어나 가족을 이루고 합법적인 결혼으로 나아가는 것이었다. 인도, 인도차이나의 경우에서 보이는 것처럼, 그것은 메스티조의 관습에서 벗어나 제국의 규범을 향하고자 하는 것이었다." 미국 지배하의 필리핀과 관련해 비상트 라파엘Vicente Rafael은 그곳에 다른 종족 간의 결혼을 금지하는 법률은 없었지만, 식민 지배자와 식민지인의 육체적 문화적 분리를 보이기 위해 백인 부르주아 여성들은 특히 가정 내에서 일했다고 고찰했다.[184]

따라서 일본 식민주의 국가가 민족 간의 결혼을 공식적으로 장려한 것은, 다른 종족 간의 결혼이 명확히 비난받게 되고 식민 지배자끼리의 결혼이 장려되던 글로벌한 추세와 상반되는 것이었다. 하지만 다른 민족 사이의 결혼을 통한 일본의 지배 전략이, 일본의 공식 입장이 그렇게 주장했던 것처럼 서구의 그것보다 더 진보적인 것으로 이해된다든지, 아니면 그저 피를 섞음으로써 조선 민족을 소멸시키려 한 사악한 일로 이해된다든지 해서는 안 된다. 그 대신 그것은 총력전 시기에 필요했던 포용과 해방의 형식적인 제스처들 중 하나로서, 식민지 체제가 조선 남성들에게 일본인이 될 남성주의적 기회를 준 일과도 상통했다. 이러한 정책으로 인해 조선인과 일본인이 본질적으로 같다는 점이 널리 선전되었으며, 이민족 간의 결혼이 제국을 위한 혼인 모델로 칭송될 수 있게 되었다.

반면에 그와 같은 포용의 제스처에는 문화적인 일본다움의 기대 수준에 부응할 수 없다고 판단된 사람들에 대한 극단적인 폭력의 가능성이 내재되어 있었다. 달리 말해 조선인과 일본인이 동등하게 될 기회가 있다는 전제로 인해, 평범하거나 다르다고(in)different 판단된 사람들에 대한 학대가 정당화되었다. 여성들뿐 아니라 남성들도 그런 학대를 받을 수 있었다. 그러나 아주 많은 경우 조선인 남성들은 모든 여성들을 이등국민으로 천시하고 추방하면서 자기들이 일본인 남성들과 민족적으로 동일하다고 생각했기 때문에, 식민주의하의 조선 여성들은 여성과 식민지인으로서 받는 이중의 억압 이상으로 고통을 받았을 것이다. 이 식민지 질서의 유산은 해방 후에도 계속 그들을 괴롭히고 있을지 모른다.

탈식민적인 결말

쵸 카쿠츄가 쓴 〈일본의 여성日本の女性〉이라는 의미심장한 텍스트는 젠더 담론과 내셔널리즘/식민주의 담론이 상호의존적이라는 점을 더욱 잘 암시해 준다. 쵸 카쿠츄는 중국에 대한 전면적인 침략(1937. 7)이 개시되기 몇 달 전에, 따라서 일본 식민주의에 대한 비판자에서 일본의 애국자로 변모하기 이전에 짧은 에세이를 발표했다. 이 글에서 그는 나중에 나온 글들에서처럼 일본 여성을 식민지 여성들이 본받아야 할 모델로서 찬양하지 않았다. 그 대신 그는 일본 여성들의 상냥하고 삼가는 태도, 남성들에 의존적인 것, 일반적인 '연약함よわよわしさ', 자기 자신을 표현하지 못하는 것, '무름もるい', '수동적 소극성' 등을 비판했다. 요컨대 그는 "일본 여성들이 지나치게 여성적あまりに女性的でありすぎる"이라고 불평했다.[185]

가장 충격적인 것은 쵸 카쿠츄가 일본 여성들은 조선과 중국 여성들을 본받아야 한다고 제안했다는 점이다. 그는 조선과 중국 여성들이 남자들과 맞서 이야기할 수 있는 독립적인 개인들로서 활기차고 당당하게 말한다고 지적했다. 그와 반대로 일본 여성들은 단지 남자들의 비위를 맞추며 남자들에게 의존하려 한다는 것이다. 나아가 그는 여성들이 투표권을 얻음으로써 환영할 만한 큰 변화들이 생길 것이라고 주장하면서, 일본의 페미니스트들에게 더욱 정치적인 행동주의로 나아갈 것을 촉구했다. 그가 생각하는 페미니즘은 중요한 한계들을 가지고 있으며, 이는 그의 여성혐오주의적 전향을 미리 암시하고 있다. 그러나 적어도 그는 남성들과의 여러 사회적 관계와는 별도로, 여성들이 국가적 정치공동체에 소속될 가능성을 인식하고 있었다. 게다가 조선과 중국

총력전 제국의 인종주의

여성들이 일본 여성들의 모범이 될 수 있다고 제의하면서, 그는 식민지적인 모방관계를 교란시켰다. 그리고 비일본인 남성들과 여성들의 협력이라는 '반식민주의적이고 이성애적인 연대anticolonial heterosocial bond'의 가능성을 열어 놓았다.

비일본인 여성들에 대한 그의 재현에 아무리 한계와 문제가 있었다고 해도, 그가 예전에 조선과 중국 여성들을 칭찬한 것은 후에 그가 조선인 남성은 일본인 남성을 본받아야 하며, 조선인 여성은 일본인 여성이 되려고 노력해야 한다고 주장하면서 일본의 내셔널리즘적인 견해를 애국적으로 밝힌 것과는 명백히 모순되었다. 그러므로 일본의 식민주의와 내셔널리즘에 대한 비판자에서 광신자로 쵸 카쿠츄가 전향한 것은, 그가 일본 여성에 대한 비판자에서 찬미자로 변모한 일 및 여성이 독립적인 정치적 주체일 수 있는가에 대한 그의 비전이 축소되는 일과 나란히 진행되었다. 더 심하게 말하면, 조선인 남성들이 일본 내셔널리즘 안에서 활동할 수 있는 기회가 확대되면 확대될수록, 그는 점점더 조선인 여성들을 경멸하게 되었다. 그리고 이 두 가지 일은 불가분하게 연결되어 있었던 것처럼 보인다.

전전과 전시의 필요에 따라 내셔널리즘 및 식민주의를 젠더, 인종, 민족, 계급과 서로 얽히게 했었음을 밝히는 일은 지나간 과거와 관련해 중요할 뿐만 아니라 현재와 관련해서도 중요하다. 그러한 시도는 탈식민주의적인 세계에도 여전히 영향을 끼치고 있는 식민주의적이고 내셔널한 근대성에 대한 우리의 질문을 심화하는 데 일조할 것이다. 페미니스트 학자들이 예전부터 주장하고 있는 것처럼, 반식민주의적인 여러 내셔널리즘들은 남권주의적 형태를 취하는 경향이 있었다. 그리고 그것은 식민화된 여성들을 이중으로 억압하는 결과를 낳았다. 예컨대 최정무Chungmoo Choi는 식민화된 조선인 남성들이 식민주의에 저항할 때조차 조선인 여성들을 억압하는 식민 지배자들을 흉내 냈다고 지적한다. 따라서 "종종 민족적인 남성성을 부활시킬 것을 목적으로 하는 반식민주의적 내셔널리즘의 신성한 임무 속에서, 식민화된 민족의 여성들은 이중으로 억압받았다"[186]는 것이다. 같은 책에서 문승숙 Seungsook Moon은 한국 내셔널리스트들의 역사관이 얼마나 남성중심적이고 남권주의적인 논리를 따라왔는지 보여 준다. 문승숙은 국사에 대한 공식적인 담론이 국방의 일환이었으며, 이러한 논리 속에서 "한국 민족을 지켜야할 끊임없는 필요성은 시민권을 병역과 연결시킴으로써 시민권을 남권화한다"고 설명한다. 다른 글에서 문승숙은 식민지 시기 이후 한국 내셔널리스트들이 느끼는 남권주의적이고 부권적인 치욕감이 여타의 요인들과 공모함으로써, 전후 수십 년 동안 "위안부" 이슈에 대한 논의를 침묵시켰다고 주장했다.[187]

나의 마지막 논점은 식민주의 이후의 내셔널리즘에 대한 위와 같은 페미니스트적 비판들에 입각해 있다. 쵸 카쿠츄와 히나츠 또는 다른 사람들의 글들에서 볼 수 있는 것처럼, 내셔널리즘의 남권주의적인 논리는 식민주의를 반대한 한국의 내셔널리스트들뿐만 아니라 일본 내셔널리즘을 지지한 수많은 조선인들도 품고 있던 전형적인 사고였다. 두 경우 모두에서 남권주의적 연대는, 한국이건 일본이건 간에 국가(민족)에 소속될 길을 열었다. 그렇게 보면, 박정희 같은 사람이 일본 육사 졸업생이자 만주국 군대의 중위에서 한국의 대통령으로, 그리고 문승숙에 따르면 한국 민족을 무엇보다도 남성들의 공동체로 재현하는 국사를 확립하고자 한 탈식민주의 체제하 '공식적 민족주의official nationalism의 주설계자'로 비교적 모순 없이 나아갈 수 있었던 것을 더 쉽게 이해할 수 있다.[188] 내 목적은 그러한 남권(남성)주의적 논리의 궁극적인 기원이 일본의 식민주의적이고 내셔널리즘적인 담론에 있다고 주장하는 것이 아니다. 나의 목적은 그러한 논리가 일본국가와 제국을 유지하기 위해 필수적이었고, 근대의 내셔널리즘과 식민주의의 맥락 속에서 자라났으며, 현재의 우리들에게도 영향을 미치고 있음을 말하고자 하는 것이다.

3부 '일본인'으로서의 조선인들

에필로그

〈네 사람의 지원병〉

많은 것들이 쌓여 있으므로, 하나씩 하나씩 우리가 기억하는 것들과 우리가 기억하고 싶은 것들이 끊임없이 잊힌다. 이는 유감스럽지만 어떤 의미로는 불가피한 일이다. 여기서 내가 말하려는 것은 그러한 한 가지 일이다. 나는 그 이야기를 하나의 소설 속에 넣고 싶지만 그런 것을 언제 쓸 수 있을지 모르므로, 적어도 써놓기는 하는 것이 최고라고 생각했다. 그렇게 함으로써, 아마도 망각을 피할 수는 있을 것이다.

– 나카노 시게하루, 〈네 사람의 지원병四人の志願兵〉, 《민슈쵸센民主朝鮮》, 1947.

　3~4.

1947년 4월에 마르크스주의 작가이자 시인이며 비평가이기도 한 나카노 시게하루中野重治는 〈네 사람의 지원병〉이라는 제목의 짧은 에세이를 발표했다. 그것은 집중된 긴 에세이라기보다는 하나의 칼럼인데, 여기서 나카노는 1945년 9월에 기차에서 일본 육군 군복을 입은 네 명의 청년들과 우연히 만난 이야기를 한다. 그들은 1938년에 일본 육군에 지원해 최초의 조선인 부대에 배속되었던 사람들이었다. 그 청년들처럼 나카노도 막 동원에서 벗어났으므로, 그들은 서로 만났을 때 제국 군대의 병사들로서 공통된 이야기를 공유하고 있었다.

그러나 나카노가 중년이었던 반면, 그들은 이십 대였다. 그리고 나카노가 후쿠이에 있는 자식들과 재회하기 위해 여행하고 있었던 반면, 네 청년은 시모노세키로 향했다. 시모노세키에서 그들은 부산행 배를 탈 것이며, 부산에서부터 다시 조선에 있는 각자의 고향이나 마을로 돌아갈 생각이었다. 그들 중 세 사람의 고향은 38선 이북에 있었다.[1]

그 조선 청년들은 식민지 시기 막바지에 성년이 되었다. 그때 조선은 점점 더 확장된 일본 개념 속의 한 부분이 되고 있었다. 나카노는 그들의 행동 양식, 언어 사용, 일반적인 감수성 등에 주의를 기울였다. 그 덕분에 우리는 청년들이 당시 시도된 포용적 인종주의의 몇몇 기묘한 징후들을 구현하고 있었음을 알 수 있게 되었다. 나카노는 기차에서 그들을 바라보았다. 그리고 그들의 거의 '육체 없는 일본인다움disembodied Japaneseness'을 관찰했다. 그들의 말을 듣고, 나카노는 그들이 조선인임을 "알아차렸다(감각했다)." 하지만 나카노는 청년들이 일본어를 잘 못했다고 생각하지 말 것을 독자들에게 주의시킨다. 나카노에게는, 그 청년들 중 한 사람에게 기차에 대해 무언가를 물어보는 한 시골뜨기 중년 여성의 "아주 이상한 일본어随分可笑しい……日本語"보다 오히려 그들의 일본어가 "훨씬 순수하게生粹の日本語" 들렸다. 그들의 구어는 너무 완벽하고 순수하며, 무언가에 더러워지지 않아, 일본 내지의 특정 지역에서 자랐다는 어떤 힌트도 주지 않았다. 나카노는 바로 그 이유로 인해, 그들이 조선인임을 알게 되었다고 설명했다. 그들은 완벽한 일본어를 말했다. 하지만 그들의 일본어는 하나의 국어national language였지 공간과 유기적으로 관계 맺은 '제 나라 말vernacular'이 아니었다.

예전의 통치 권력이 죽은 후 새 통치 권력이 탄생할 때까지의 공백기간과 관련해[2] 나카노는, 전쟁이 끝났지만 기차 안에 있는 일본인 대부분이 아직 "일본의 패배가 지니는 엄청난 의미를 이해하지 못하는 것 같다"고 관찰했다. 패배한 일본군 병사들은 군복을 입고 있었다. 하지만 견장 없는 군복을 입은 그들은 거의 유령 같은 모습이었다. 식민주의는 아직 죽지 않은 듯했다. 나카노가 관찰했던 것처럼, "조선의 독립에 대해 알고 있었지만, 그 청년들은 일본 정부의 권력이 여전히 조선을 지배하고 있다는 감각으로부터 완전히 해방되었다고 보기에는 한참 거리가 멀었다. 육체적인 감각에서 그들은 자기들이 조국으로 귀환하는 길에 일본이라는 외국을 지나가는 국외자들일 뿐이라고 생각하지 못했다"(53쪽).

실제로 그들은 집까지 갈 통행을 보증하기 위해 일본인 부대장이 발부한 여행증명서에 의지했다. 그러므로 죽어 가는 식민 권력이 계속 그들의 운명을 통제했었음을 부정할 수 없다. 그러나 여기에서조차 권력은 예전 권력의 뼈다귀에 불과했다. 조선인 청년들은 여행증명서에 일본 남부의 시모노세키까지만 표시되어 있다고 걱정했다. 그들은 어떻게 해협을 건너 부산에 갈 수 있을지 의아해했다. 그리고 부산에 간다고 해도, 그들은 어떻게 고향으로 돌아갈 것인가? 나카노는 더이상 일본이 책임 있는 당국이 아님을 그들에게 환기시켰다. 나카노는 미국이 한국을 점령했으며, 특히 북쪽에는 인민위원회가 있다는 것을 여전히 낙관하고 있었다. 따라서 나카노는 한국 안의 목적지를 적고 용감하게 부산 가는 배를 타기만 하면 될 것이라고 그 젊은이들에게 말했다. 남한에 도착했을 때 어떤 일본군 관계자건 문제를 제기한다면, 미군부대에 도움을 요청하라고 나카노는 충고했다.

총력전 제국의 인종주의

나카노는 이 공백 기간을 하나의 파멸, 유령적인 것, 그리고 가능성들로 묘사했다. 하지만 그는 억제된 방식일지언정 행복해하고 낙관적이었던 조선인들에 대해 기술했다. 나카노에게 그들의 일반적인 태도와 표정은 주위에 있는 일본인들의 그것과 아주 다르게 보였다. 동원이 해제된 다른 병사들은 절망하고 지쳤으며, 정부와 천황까지는 아니더라도 자기 형제들과 동족들조차 적대시할 준비가 되어 있는 것처럼 보였다. 그러나 조선 청년들은 그들에 대해 조용하고 차분한 태도를 보였다. 더 나아가 조선 청년들은 당시 한국에서 벌어지고 있던 정치적인 사건들이나 임화, 김사량 같은 혁명적인 작가들에 대해서는 거의 몰랐지만, 그들은 그런 문제에 대한 나카노의 말을 순수하게 받아들였으며, 그로 인해 나카노는 고무되었다. 그는 저런 청년들을 주춧돌 삼는 조선의 장래가 밝다고 생각했다.

그와 동시에 에세이는 식민주의와 전쟁에 대한 기억과 역사의 운명에 불길한 그림자를 던졌다. 나카노는 동원이 해제되는 과정에서조차 이미 느낄 수 있었던 '기억 위기memory crisis'의 징조들을 지적하면서 논의를 시작한다. 제사題辭에 인용된 것처럼, 그는 "많은 것들이 쌓여 있으므로, 하나씩 하나씩 우리가 기억하는 것들과 우리가 기억하고 싶은 것들이 끊임없이 잊힌다"고 말한다. 그는 네 사람의 조선 청년들과 우연히 만난 일을 한 편의 소설에 포함시키고 싶었다. 그러나 그는 그런 이야기를 언제 쓸 수 있을지 모르므로, "적어도 써 놓기는 하기"로 한다. "그렇게 함으로써, 아마도 망각을 피할 수는 있을 것이다"(67쪽).

단지 잊지 않으려고 이 에피소드를 이야기한 것이 기억을 위해서는 유익하지만 예술작품을 생산하는 견지에서는 해롭지 않을까 하고 나카노는 우려했다. 그러나 〈네 사람의 지원병〉은 당대의 비예술적 생산물이 전혀 아니다. 여러 방향으로 움직이는 기차들, 홍수에 파괴된 철로들, 우회로들, 그리고 언제 어디로 갈 것인가에 대한 여러 선택의 이미지들로써, 나카노는 미래로 나아가는 수많은 가능성과 길들 앞에 마주선 한 순간을 생생하게 포착해 냈다. 그와 동시에 그는 '네 사람의 지원병' 같은 사람들에 대한 기억이 이미 희미해지고 있으며, 역사에서 스러질 위험에 처해 있음을 암시했다. 나카노는 임무 해제된 모든 일본인 병사들이 도쿄로 가고 있던 반면, 자기와 조선인들은 귀환의 물결을 거슬러 그 반대 방향으로 움직였다고 관찰했기 때문이다. 그것은 일본의 국사 및 기억의 흐름에 맞서는 것처럼 보였다.

나카노는 미야모토 유리코宮本百合子의 1947년 소설 《반슈평야播州平野》의 한 장면을 상기한다. 거기서 주인공은 도쿄행 열차와 연결하기 위해 산요선山陽線 열차의 속도를 높여 홍수로 노선 한 부분이 쓸려 간 곳까지 돌입한다. 나카노는 거의 비슷한 순간에 옛 조선인 지원병들이 역방향으로 움직였음을 인식한다. 그들은 수도로부터 멀어지고 일본에서 벗어나는 쪽으로 동일한 여행을 하고 있었다. 에세이는, 옛 지원병들과 이야기하는 동안 내내 "아무도 내가 조선인들과 이야기하고 있다고는 손톱만치도 생각하지 않았다. 아무도 네 사람의 조선인 청년들이 고독한 한 일본 남자와 말하고 있다고 생각하지 못했다"(70쪽)는 회고와 더불어 끝난다. 그리고 그는 일본은 아직 따뜻하지만, 조선인들은 북조선의 추운 가을에 대비해 외투에 안감을 대었다고 지적했다. 조선인들이 긍정적인 미래를 맞을 것이지만, 일본인들은 일본 정권이 조선민족을 새로운 개념의 일본 속에 통합하려 했던 식민주의 말기의 복잡한 역사를 귀향과 더불어 이미 망각하고 있다는 느낌을 주면서 이 글은 독자와 작별한다.

총력전 제국의 인종주의

일본계 미국인 부대를 위해 실로 큰 퍼레이드가 벌어지고, 신문 헤드라인에 대서특필되었으며, 할리우드 영화들이 만들어졌던 것과 같은 축하를 조선인 병사들이 받을 수는 없었을 것이다. 그리고 조선에 있는 집으로 돌아간 사람들은, 나카노를 비롯한 많은 사람들이 바라던 행복은커녕 더 큰 폭력, 전쟁, 분단이 곧 들이닥칠 한 나라를 발견했을 것이다. 만주국과 일본 사관학교에서 훈련을 받은 조선인 장교들은 잽싸게 군복을 갈아입었다. 그리하여 그들은 1945년부터 1980년까지 한국군을 이끄는 장교들로서 주도적으로 활약했다. 그들 중에는 일본 육군 대좌였으며, 6장에서 논의된 평양 학도병 반란 사건의 법정 참관인이었던 김석원도 포함된다. 그는 한국전쟁 직전에 한국군의 사단장이었다.[3] 김석원과 마찬가지로 전상엽 역시 일본군에서도 복무했고 한국군에서도 복무했다. 하지만 법정 참관인으로 유명한 김석원 대좌와는 달리, 다카야마 준이치라는 일본 이름으로 제국 군대에 징집된 전상엽은 겨우 일등병이었으며 평양 반란 사건의 공모자 중 한 사람이었다. 그의 유죄를 주장하며 일본의 비밀 군사법정은 8년형을 선고했다. 그리고 이 판결은 종전 후에야 소멸되었다.

내가 1999년에 전상엽을 인터뷰했을 때, 그는 옷도 입지 못하고 수염도 깎지 못한 채 독방에 갇혀 있다가 간수를 제압하고 탈출했지만, 북쪽으로 도망칠 때마다 결국 다시 붙잡힐 수밖에 없었던 자기의 비참한 경험을 말했다. 그는 발가벗은 채 수염이 덥수룩한 자신이 맨발로 도망치고 있는 모습이 그곳 사람들에게 어떻게 보였을지 상상해 보라고 나에게 다그쳤다. 그는 전쟁 후 그가 곧 돌아온다는 소문만 믿고 그가 내릴 만한 두 군데의 역 중 한 곳에서 어머니가 매일 기다렸으며 다른 한 곳에서는 동생이 기다렸다는 사실을, 칠십대 후반의 노인임에도 불구하고 눈물을 흘리면서 나에게 말했다. 집에 돌아온 후 그는 평화롭거나 육체적으로 안전하지 않았다. 한국군을 위해 싸우던 중, 그는 가슴에 심각한 총상을 입었다. 전상엽은 전쟁에서 두 번이나 살아서 돌아온 것에 대해 가족들이 축하했다고 몇 번 지적했다. 그러나 한반도, 일본, 미국에 대한 기억과 역사 만들기의 정치학은 전상엽 및 그의 조선인 퇴역일본군 동료들이 제2차 세계대전 중에 겪은 경험들을 과거라는 쓰레기더미 속에 파묻어 왔다.[4]

일본인 영화 제작자들은 일본의 국가적 전쟁영웅이 된 조선인들을 그린 전시 영화를 훼손했다. 그리고 몇 년 전에야 한국의 영화 기록 보관자들은 이러한 주제로 조선인 감독들이 만든 "잃어버린" 전시 영화들을 한국에 "송환시키기" 시작했다. 조선인 영화감독 최인규는 일본을 위해 싸운 조선인 전쟁영웅들에 대한 두 편의 영화를 만들기 위해 1943년과 1945년에 이마이 다다시와 공동 작업했다. 해방 후 그는 재빨리 전향해 1946년에 전시의 항일 활동을 찬양한 〈자유 만세〉를 개봉했다. 불과 몇 년 전에 일본제국을 찬양하는 영화에서 중요한 역할을 맡았던 배우들은 그런 영화에서 했던 것과 완전히 상반되는 역할을 하기 시작했다. 아마 가장 충격적이면서도, 역사적 힘에 의해 조선인이 일본인이었던 사실이 얼마나 급속히 망각되는가를 보여 주는 것은 하라 세츠코의 경우다. 〈망루의 결사대〉에서 여자 주연을 맡은 지 겨우 3년 후, 그녀는 아이러니하게도 〈우리 청춘에 후회 없다我が靑春に悔いなし〉라는 제목을 붙인, 구로사와 아키라의 1946년 영화에 주연배우로 나왔다. 거기서 하라 세츠코는 일본의 전시 독재체제에 협력하기를 거부하는 젊은 여성 역할을 했다. 〈사랑과 맹서〉에서 조선인 학교 교장 역할을 했던 시무라 다카시는 1950년에 구로사와 아키라의 〈라쇼몽羅

生門〉에 등장, 전쟁을 비난하면서 인간성에 대한 그의 신념을 언명했다. 냉전 시기 일본의 권력은 일본 병사로서 싸웠던 조선인과 대만인에 대한 기억을 역사의 가장자리로 더욱 더 몰아냈다.

일본의 냉전 권력과 상통하는 미국의 냉전 권력은 일본계 미국인이라는 모범적인 소수자 시민-병사들에 대한 기억 만들기를 가속화했다. 그러나 일본의 권력은 식민지에 대한 기억을 말소하고자 했다. 미국 및 그 보호국인 일본과 한국의 지도자들은 공히 전쟁과 식민주의를 잊거나, 아니면 최소한 선택적으로만 기억하면서 경제 재건의 과제를 계속 추진하고 싶어 했다.

연합국의 승리와 냉전이 일본계 미국인에게 영향을 미친 것과는 아주 다른 방식으로 일본의 패배와 냉전은 한국인들에게 충격을 주었다. 일본의 항복은 조선 민족을 정치적이고 생체정치적인 국가 안에 포용시킬 궤도를 붕괴시켰다. 전쟁 직후 일본 국가는 미국의 후원하에, 조선인들의 일본 거주나 일본 국적자로서의 법률적 신분 등을 포함해 모든 것을 일방적으로 박탈했다. 그렇게 하면서 일본 국가는 조선인들의 정치적인 권리뿐 아니라 사회복지와 관련된 살 권리도 빼앗았다. 그와 관련해 권력은, '살게 할 권한'과 나란히 작용하기를 결코 멈추지 않았던 '죽일 권한'이라는 단순한 양식으로 퇴화했다. 이는 전후 재일한국인들의 정치적 운동이 전통적인 의미의 정치적 권리만큼이나 교육과 복지의 권리에 주로 초점을 맞추어 오게 된 이유다. 그리고 테사 모리스 스즈키Tessa Morris-Suzuki가 그녀의 책에서 보여 주듯이, 이는 전쟁 기간 동안 일본에 살았던 수많은 조선인들이 단지 기본적인 생계 보장을 위해 북한으로 이주할 필요가 있다고 느꼈던 이유이기도 하다.[5]

이와 대조적으로 일본계 미국인들은 1945년 이후, 일본인의 귀화를 마침내 허용한 1952년의 맥카렌 월터 법을 기점으로 미국의 주류인구 속으로 계속 분화되어 갔다. 국가 정치에 있어, 일본제국이 전시의 황민화 정책을 통해 조선을 탈식민화하려고 시도했던 것만큼이나, 미국 역시 하와이인 및 하와이와 본토에 사는 일본계 미국인들의 국민화에 속도를 냈다. 이로 인해 하와이 출신으로서 훈장을 받은 442부대의 전쟁영웅 다니엘 이노우에Daniel Inouye는 1959년 하원 선거에서 선출되어 최초의 일본계 미국인 하원의원이 될 수 있었으며, 그 후 1963년에는 일본계 미국인 최초의 상원의원도 될 수 있었다. 그리고 이와 비슷하게 하와이인들은, 두 번 부상당한 100대대 출신 퇴역군인 마사유키 '스파크' 마츠나가Masayuki 'Spark' Matsunaga를 1962년에는 하원으로, 1976년에는 상원으로 보낼 수 있었다.

캘리포니아는 전쟁 기간 중 일본계 미국인에 대한 거친 인종주의적 감정과 폭력의 가장 나쁜 몇몇 사례들이 발생했던 곳이었다. 그러나 캘리포니아의 유권자들은 캐나다에서 태어난 일본계 미국인 하야카와S. I. Hayakawa를 상원의원 중 한 사람으로 뽑아 워싱턴으로 보냈다. 이노우에와 마츠나가처럼 하야카와는 일본계 미국인의 입대를 멀리서 열렬히 지지한 사람이었다. 수용소에 있는 일본계 미국인들을 지원병으로 동원하기 위한 캠페인이 별 성과 없이 한창 진행되던 1943년 2월에 하야카와는 2세를 입대시키는 일과 관련해 딜런 마이어를 돕겠다고 열심히 제의했다. 그리고 자기가 캐나다 국적을 갖고 있어(1954년까지 그러했다) 봉사할 자격이 없는 것이 유감이라는 말까지 했다.[6] 미국 내의 아시아계 미국인들 및 기타 유색인에 대한 인종적 폭력이 여전히 주기적으로 폭발하고 있지만, 하원의원 마이크 혼다Mike Honda, 로버트 마츠이Robert Matsui, 도리스 마츠이Doris Matsui, 노먼 미네타Norman Mineta, 패트리시아 밍크Patricia Mink 등 유명한 여러 일본계 미국인들은 이와 같이 지역, 주, 중앙 정부에서 아주 눈에 띄는 고위직을 획득해 왔다.

문화 전선에서 〈지옥이여 영원히Hell to Eternity〉는 일본계 미국인에 대한 인종주의를 비난하고 그들의 전쟁 기여와 미국에 포용됨을 기념한 것으로는 〈고 포 브로크Go for Broke〉 다음 자리를 차지하는 주요 할리우드 영화다. 감독은 필 칼슨Phil Karlson이었으며, 배우로는 영화사를 이끄는 사람 중 한 명인 제프리 헌터Jeffrey Hunter가 주연을 맡았고, 데이비드 젠슨David Janssen과 빅 데이몬Vic Damone이 중요한 조연을 맡았다. 이 영화는 하야카와 셋슈早川雪洲와 하야카와 아오키쓰루早川青木鶴—할리우드 무성영화들을 통해 미국과 유럽에서 유명했던 훌륭한 일본인 배우들이다—를 사이판의 일본인 사령관과 일본계 미국인 어머니—또는 "마마상"—라는 중요 배역으로 캐스팅하기도 했다. 1960년에 만들어진 이 영화는 냉전의 문화기구 중 하나로 기능하면서 일본계 미국인 및 일본을 각각 미국 국내 및 국제사회에 복귀시켰다. 이때 이 두 과정은 불가분하게 연결되었을 뿐 아니라 때때로 서로 융합되기도 했다. 일본계 미국인 "사내들boys"인 조지George와 카즈Kaz는 용감한 442부대에 속해 있다. 하지만 두세 개의 장면들은 일본의 복권이 이루어지는 가장 중요한 장소가 우네Une 가족의 일본계 미국인 가정과 사이판의 전쟁터임을 관객들에게 환기시킨다.[7]

가이 가발동Guy Gabaldon은 우네 가족에 입양되어 자란 이탈리아계 미국인 소년인데, 사이판 이야기의 영웅으로 성장한다. 영화 앞부분에서 우리는 싸움질을 하며 끊임없이 문제에 휘말려드는 청소년 가이 가발동을 보게 된다. 제대로 된 가족이 없다는 것이 비행의 원인이다. 학교 교사인 형 카즈가 소년의 부모를 만나기 위해 가이의 집을 방문했을 때, 카즈는 집에 어른의 감시가 없을 뿐 아니라, 집안이 아수라장이라는 것을 발견한다. 카메라는 곳곳에 굴러다니는 쓰레기, 더러운 접시들, 흐트러진 가구들을 보여 주며 돌아간다. 카즈는 "어머니는 어디 계시냐?"라고 묻는다. 그리고 어머니가 입원해 있으며, 아버지는 얼마 전에 죽었다는 것을 곧 알게 된다. 카즈는 가이를 자기 집에 입양해야 한다고 결심한다.

두 사람이 우네의 집에 들어갈 때, 가이는 집이 거의 무균 상태로 청결하며 결벽증적일 만큼 잘 정돈되어 있는 것에 압도된다. 카메라가 초점을 맞춘 장면이 아니었지만, 우리는 멀리서 마마상이 열심히 세탁하고 있는 모습을 발견한다. 그리고 그 후의 장면에서 가이와 마마상은 '빗자루', '카펫 용 전기청소기', '진공청소기' 등에 해당하는 일본어와 영어 단어들을 서로에게 가르쳐주면서 집을 청소한다(《사진 21》). 이 장면들은 냉전 시기의 대중 매체들이 종종 사용했던 전형적인 방법이다. 이 장면들은 일본과 미국이 깨끗함에 대한 인식을 공유한다는 점을 통해, 달리 말해 청결하다는 의미에서 위생이 '인종적 위생의 경계들the boundaries of racial hygiene'이 느슨해지는 것을 보충할 것이라는 점을 통해, 두 나라의 인종이 다르다는 사실을 넘어설 수 있거나 최소한 용인할 만하게 보이도록 만든다. 예컨대 유명한 1957년 영화 〈사요나라 Sayonara〉에서 일본인 연예인 하나 오기Hana-ogi—〈지옥이여 영원히〉에서 중요한 역할을 맡기도 했던 다카 미이코高美以子가 연기했다—는 백인 애인(말론 브란도)과 결혼할 수 있을지 의심한다. 인종차별로 문제 많은 세상에서 두 사람은 상반되는 책임과 의무를 가지고 있으며, 거기에서 벗어날 수도 없기 때문이다. 그리고 이에 대해 그녀의 애인은 잘난 체하는 남부 악센트로 자기들의 첫 번째 의무는 결혼해서 "깨끗하고 귀여운 아이들을 몇 명 키우는 것"이라고 대답한다. 그는 그 아기들이 "반 일본인 반 미국인, 절반 황인Yella, 절반 백인, 반은 당신 반은 나, 그뿐"[8]이라고 덧붙인다.

훌륭하고 청결하며 규범이 다른 우네 가족은 깨끗하고 열심히 일하는 아버지 우네에 의해 완성된다. 따라서 우네 가족은 국가공동체에 대한 하나의 위협이기는커녕 오히려 국가공동체의 한 부분으로서 자유주의적인 통치성의 한 도구가 된다. 우네 가족은 백인들이 동경하는 하나의 모범조차 제공할 수 있다. 요컨대 주류사회와 일본계 미국인들 사이의 문화적 차이는 단지 표면적일 뿐이며, 일본계 미국인들의 문화는 백인 부르주아 예절의 색다른 변형으로 묘사된다.

일본계 미국인들을 국가공동체의 일원으로 만드는 데 기여하는 것이 자식들의 미군 복무 선언에 협력하는 가정의 공간이라면, 사이판은 전후에 일본이 복권되고 그 복권된 일본이 미국 국민으로 길들여진 일본계 미국인들과 융합되는 장소를 제공한다. 영화는 미군과 일본군이 서로서로 죽인 일을 축소하지 않는다. 그러나 그와 더불어 마츠이 장군은 일본이 완전하고 위엄 있으며 결국은 손쉽게 미국의 자비심 앞에 굴복하는 모습을 극화한다. 가이는 우네의 집에서 배운 일본어로, 일본인들에게 편히 지내도록 돕겠다고 말한다. 그리고 이에 회유당해 민간인들과 군인들이 숨어 있던 동굴 밖으로 나오자 혼자서 수백 명을 사로잡는다. 또한 가이는 마지막까지 싸우려 했던 원래의 계획을 포기하도록 마츠이 장군을 설득한다. 그리고 결국 사기를 잃고 약체가 된 일본 전사들이 미국의 자비 앞에 항복하게 하기 위해 마츠이 장군과 함께 일하게 된다. 하지만 전쟁과 화해의 고등수학에서는, 그렇게 많은 사람들이 죽은 것에 대한 대가로 누군가는 희생되어야 한다. 따라서 장군은 배후에 있는 가이 대신 나서서, 장군 자신이 항복을 설득했던 수백 명의 일본인 앞에서 자살한다.

가이는 그 용기를 통해 우네 가족으로부터 받은 사랑과 물질적인 안락함을 몇 배로 갚은 것처럼 재현된다. 가이는 기요시라는 어린 일본인 소년에게 "너를 데리고 집에 가겠다"고 즉석에서 약속하면서 입양 의사를 표시한다. 그뿐 아니라 가이가 구하지 않았더라면 필시 죽었을 수많은 일본인 수감자들과 함께 있는 한 장면에서 실제로 기요시를 입양한다. 한편 가이가 이름 없는 한 일본인 어머니와 그녀의 저항하는 아들이 사이판 절벽에서 투신해 끔찍하게 자살하는 것을 볼 때, 영사기는 그들의 모습에 가이의 양어머니인 마마상과 조지 형의 모습을 겹쳐서 투영한다(〈사진 22〉). 이는 영화의 메시지가 너무 나쁘게 되지 않도록 하기 위한 장면 처리다. 가이는 유린당한 일본 병사들과 민간인 가족이, "내가 아는 한 사랑만을 주었던" 일본계 미국인 가족과 전혀 다르

사진 21_마마상과 가이 가발동이 항상 깨끗한 우네의 집을 말끔히 치우고 있을 때 카메라가 빗자루를 클로즈업한다. 〈지옥이여 영원히Hell to eternity〉에서.

총력전 제국의 인종주의

지 않다고 생각한다. 그들은 잠재적으로 모두 좋은 사람들이며, 미국 및 글로벌한 공동체를 야수같이 위협하는 사람들이 아니다.

놀랍게도 로스앤젤리스 동부의 일본계 미국인들 틈에서 자란 가이 가발동이라는 사람의 실제 이야기가 〈지옥이여 영원히〉가 보여 주는 놀라운 플롯의 원천이었다. 실제의 가발동은 어렸을 때 그를 입양한 일본계 미국인 나카노Nakono 가에서 일본어의 기초를 익힐 수 있었다. 게다가 영화 속의 일본계 미국인 가족이 그러하듯이, 나카노 집안의 아들들인 레인Lane과 라일Lyle은 실제로 442부대에서 복무했다. 그리고 레인은 영화 〈고 포 브로크〉에서 부대원으로서 주요 역할을 맡았다. 실존 인물 가발동은 1,000명 이상의 포로를 주로 혼자 잡았으며, 하루 만에 대략 800명의 일본 군인들과 민간인들을 사로잡은 것으로도 알려져 있다.

그러나 영화의 중요한 한 가지 거짓은 제2차 세계대전에 대한 냉전기의 기억 만들기가 건망증에 의존하는 방식으로[9] 이루어진다는 사실을 잘 드러낸다. 그것은 특히 미국의 인종적 소수자들 각각의 전쟁 기억들을 격려함으로써 성취된다. 가이 가발동은 전혀 이탈리아계 미국인이 아니었다. 그는 로스앤젤리스 동부 출신의 치카노Chicano(멕시코 출신 미국인)로서, 자신의 혈통이 뉴멕시코로 거슬러 올라간다고 했다. 이 영화는 보일 하이츠Boyle Heights나 로스앤젤리스 같이 여러 인종이 혼합된 지역에서 유색인종들이 서로 친밀하게 지내 온 깊고 풍부한 역사를 완전히 삭제했다. 그리고 한 인종적 소수자의 역사가 오로지 백인 미국인의 역사와 관련되어서만 이야기될 수 있는 것처럼 보이게 했다. 달리 말해 일본계 미국인 전쟁영웅에 대한 전시 프로파간다에서 〈고 포 브로크〉와 〈지옥이여 영원히〉로 나아간 인종주의적 행로는 일본계 미국인들의 이미지를 모범적인 소수자로 만들어 내는 데 일조했다. 하지만 그와 더불어 이러한 내러티브는 멕시코 출신 미국인들의 군 복무와 국민 자격 부여 및 미국 내 인종적 소수자들 사이의 친밀성 등과 같은 여타 이야기들을 주변화 할 때에야 가능했다는 점에서 유죄이기도 했다.

그러므로 포용적 인종주의의 한 형식이었다는 점에서 비록 문제가 있다고 해도, 전후와 냉전 시기에 일본계 미국인들이 미국 국가의 일원이 된 것은, 전후에 재일조선인들을 포함한 조선인들이 일본 국가로부터 즉각 배제된 것과 엄밀히 대비된다. 그러나 전후의 질서 속에서, 나치가 패배했으며, 병사를 포함한 전쟁 준비에 다민족적이고 다인종적인 정치공동체들을 동원하고자 했던 모든 국가와 제국이 인종주의적 차별을 광범위하게 거부한 결과 "거친" 형식의 인종주의만을 계속 유지할 수 있었던 국민국가는 거의 없었음을 인식하는 것 역시 중요하다.

일본의 정치 지도자들은 '포용적 인종주의'로 나아가던 방향을 거꾸로 뒤집어, 과거의 식민지 주체들을 국가공동체에서 추방하면서 오구

사진 22_일본계 미국인 마마상과 조지의 모습이, 사이판 절벽에서 뛰어내려 죽는 일본인 어머니와 아이 위에 겹쳐 있다. 〈지옥이여 영원히〉에서.

총력전 제국의 인종주의

마 에이지가 "(일본) 단일민족의 신화"[10]라고 불렀던 것을 촉진했다. 하지만 또한 그들은 전후 헌법을 통해, "모든 사람은 법 앞에 평등하며……인종, 신념, 성, 사회적 지위나 출신 가문으로 인한 어떠한 차별도 없다"(14조)고 보장하기도 했다. 미국에서 '친절한 인종주의'는 단순한 동화를 넘어 계속 진화하고 있으며, 자유주의적 다문화주의로 확립되고 있다. 하지만 표적이 된 하위인구의 목숨을 아무 설명도 없이 빼앗는 더 거칠고 잔인한 권리는 매일매일 계속되고 있다.

후자와 관련해 1939년에 시작되어 1972년까지도 끝나지 않았던 악명 높은 터스키기 매독 연구Tuskegee Syphilis Study만은 언급할 필요가 있다. 이 실험에서 대부분 가난한 수백 명의 흑인 소작인들은 치료하지 않은 질병의 결과를 연구한다는 명분으로 매독에 대한 치료를 거절당했다.[11] 이 연구를 이끈 미국 공중위생국이 전쟁 기간 동안 수용소에 갇힌 일본계 미국인들의 건강과 신체적 안녕을 담당하기도 했다는 점은 여러 가지를 말해 준다.

그러므로 각 나라에 나타나는 여러 구체적인 차이들과는 무관하게, 제2차 세계대전이 남긴 가장 뿌리 깊은 한 가지 유산은, 혼란스럽게 공존하는 인종주의와 인종주의의 거부가 여전히 우리 주위에 아주 빈번하게 출몰하고 있다는 점이다. '거친 인종주의'는 통전기를 거치며 지하로 숨지 않을 수 없었다. 그러나 오래전에 파농이 경고했듯이, '거친 인종주의'는 결코 사라지지 않았다. 음악에 비유해 말하면, 그것은 일종의 기초 저음 또는 글자 그대로 '집요저음執拗低音basso ostinato'—또는 통주저음通奏低音—으로서, 때때로 '친절한 인종주의'를 방해하지만, 그와 동시에 '친절한 인종주의'를 보충하고 활성화시키기 위해서도 작용한다.[12]

옮긴이 후기

이 책은 다카시 후지타니Takashi Fujitani의 *RACE FOR EMPIRE: Koreans as Japanese and Japanese as Americans during World War II*(University of California Press, 2011.)를 한국어로 번역한 것이다. 저자의 요청에 따라 한국어 번역본은 '총력전 제국의 인종주의'라는 제목으로 출판되지만, 'race'가 '인종'과 '경쟁'을 동시에 의미한다는 점에서 'Race for Empire'라는 원제목은 이 책의 핵심적인 논점 및 제2차 세계대전 시기의 상황을 훨씬 더 역동적이고 포괄적으로 표현하고 있다. 역자는 번역서의 제목으로 그 다이너미즘을 살릴 수 없음을 아쉽게 생각한다.

이 책의 대전제는 미국과 일본의 총력전 체제가 상반되기보다는 많은 공통점을 가지고 있었다는 것이다. 즉 이 책은 미국이 자유민주주의적이고 평등주의적인 나라인 반면, 일본은 파시스트적이고 전체주의적인 국가였다고 생각하는 상식적 입장에서 벗어나, 두 나라 내부의 인종화된racialized 주체들에 대한 담론 및 이들에 대한 현실적 대우가 근본적으로 비교 가능하다는 입장을 취하고 있다. 이러한 생각을 바탕으로 저자는 제2차 세계대전 시기 두 나라가 각각 경쟁적으로 고안하고 시행한 일본계 미국인과 식민지 조선인에 대한 정책을 다양한 형태의 방대한 자료를 제시하며 고찰한다.

이때 저자가 강조하는 것은 노동력과 전력戰力을 시급히 확충해야 했을 뿐 아니라, 인종차별을 비난하는 적국의 프로파간다에도 대항해야 했던 전시의 조건 속에서 두 나라의 정책이 이른바 '교전 상태warfare에 의한 복지welfare의 촉진'을 추구하는 방향으로 나아가지 않을 수 없었다는 점이다. 요컨대 저자는 푸코Michel Foucault가 말하는 '생체권력 bio-power', '통치성governmentality', '인구population'의 개념을 활용하거나 파농Frantz Fanon과 테오 골드버그David Theo Goldberg를 언급하면서, 전쟁과 더불어 배제와 죽임의 권력을 행사하던 '거친 인종주의vulgar racism'가 삶을 안내하는 포용적이고 '친절한 인종주의polite racism'로 변모했다고 논의한다. 이는 식민 주체나 하위 주체들을 힘의 대상이 아니라 자의식을 가진 능동적인 주체로 생각하는 쪽으로 권력의 양식이 바뀌게 되었음을 의미한다.

그리고 이러한 모습은 '미국인으로서의 일본인'과 '일본인으로서의 조선인'을 만들어 외부를 향해 내세우려는 경쟁이 두 나라의 군대를 중심으로 가장 강렬하게 나타났다는 것이 저자의 생각이다. 저자가 이들의 국민으로서의 주체성과 '자기 결정self determination'을 '자결自決', 즉 죽음과 연관시키면서, 일본계 미국인들로 구성되어 유럽 전선에 투입된 100대대 및 442연대의 사례와 식민지 조선인에 대한 지원병 모집 및 징병 문제를 집중적으로 고찰하는 것은 그 때문이다.

요컨대 이 책이 포착하는 것은 인종주의와 인종주의 거부가 양립하면서 인종주의의 성격이 변화되어 갔던 두 국가의 역사적 움직임이며,

그 둘이 남성중심주의적으로 연동되는 초국가적인 장면이다. 그리고 이는 이마이 다다시今井正 감독의《망루의 결사대望樓の決死隊》가《보 제스트Beau Geste》뿐만 아니라 할리우드의 제2차 세계대전 전투영화the World War II combat film들과 여러 가지 면에서 비슷한 것과도 무관하지 않다.

따라서 저자는 이러한 전반적인 상황을 인정할 때만이 '내선일체'를 받아들인 이광수나, 그 충성심을 증명하기 위해 일본계 미국인 부대가 자살 대대로 조직되어야 한다고 주장했던 마이크 마사오카Mike Masaoka의 협력을 이해할 수 있다고 말한다. 요컨대 이들은 '친절한 인종주의'의 포용적인 차원을 최대한 확장시키기 위해 당국의 담론 생산에 자발적으로 참여했으며, 그 점에서 이들의 협력을 억압과 강제의 결과로만 볼 경우 상황을 충분히 파악할 수 없을 뿐만 아니라 오히려 역사적 왜곡을 초래할 수도 있음을 저자는 암시하고 있다.

이렇게 이 책은 미국과 일본, 저항과 협력이라는 이분법을 넘어, 더 나아가 남성중심주의적인 비판과 기획이 간과하는 젠더의 문제를 환기하며 제2차 세계대전 시기의 인종주의 및 하위 주체들을 고찰하는 새로운 시각을 제시한다. 또한 저자는 전후의 질서에 대한 통전적通戰的인 관점을 피력하기도 한다. 예컨대 저자는 일본학의 창설자 중 한 사람이자 주일 미국 대사이기도 했던 라이샤워Reischauer의 "일본에 대한 정책 비망록Memorandum on Policy towards Japan"(1942)을 발견하거니와, 저자는 이 문서를 전쟁이 끝나기 오래전부터 일본 천황을 하나의 '괴뢰puppet'로서 전후 일본에 유지시키려는 계획이 수립되었음을 보여주는 증거로 규정한다. 그리고 그러한 맥락에서 일본계 미국인들의 군사동원 역시 전후 아시아인들에 대한 글로벌한 관리 전략의 일환이었다고 고찰한다. 물론 이러한 미국의 전략은 일본뿐만 아니라 일본의 식민지를 벗어난 한국에도 적용되었을 터이며, 오늘날에도 작용하고 있을 터이다.

간단한 역자 후기를 끝내면서, 미국계 일본인이라는 자발적 이민자들과 조선인이라는 식민지인들을, 그리고 이들에 대한 정책을 완전히 동일선상에 놓고서만 비교할 수 있는가 하는 의문이 번역하는 내내 역자의 머릿속에 맴돌았음을 고백한다. 또한 100대대의 장교로서 일본계 미국인 병사들을 지휘했던 '미국인으로서의 한국인' 김영옥에 대한 저자의 평가는 어떠할까 하는 궁금증도 생겼음을 밝혀 둔다.

번역 원고를 검토해 주신 윤해동 선생님, 그리고 출판을 맡아 준 도서출판 푸른역사에 깊이 감사드린다.

2019년 1월 31일
이경훈

주석

머리말

[1] T. Fujitani, "*Go for Broke*, The Movies: Japanese American Soldiers in U.S. National, Military, and Racial Discourses," in *Perilous Memories: The Asia Pacific War(s)*, ed. T. Fujitani, Geoffrey M. White, and Lisa Yoneyama, Durham, N.C. Duke University Press, 2001, pp. 239~266.

[2] Lisa Lowe, *Immigrant Acts: On Asian American Cultural Politics*, Durham, N.C.: Duke University Press, 1996.

[3] George Lipsitz, *The Possessive Investment of Whiteness: How White People Profit from Identity Politics* Philadelphia: Temple University Press, 1998, esp. chap.10.

[4] 컨퍼런스 발표문들의 수정본은 다음과 같이 출판되었다. "The Masculinist Bonds of Nation and Empire: The Discourse on Korean 'Japanese' Soldiers in the Asia Pacific War," in *Japanese Civilization in the Modern World: Nation-state and Empire*, ed. Takashi Fujitani, Umesao Tadao, and Kurimoto Eisei, a special issue of Senri Ethnological Studies, Suita, Japan: National Museum of Ethnology, 2000, pp. 133~161; 그리고 일본어로는 다음과 같이 출판되었다. 〈국민국가와 제국의 남성주의적인 유대─아시아 태평양 전쟁에 있어서의 조선인 '황군 병사'에 관한 언설國民國家と帝國の男性主義的な紐帶─アジア─太平洋戰爭における朝鮮人 '皇軍兵士'に關する言說〉, 《식민지주의와 인류학植民地主義と人類學》, 야마지 가츠히코山路勝彦・다나카 마사카즈中田雅一 편, 니시

노미야, 일본: 간사이학원대학출판회關西學院大學出版會, 2002, 313~342쪽.

5 〈라이샤워의 괴뢰천황제 구상ライシャワーの傀儡天皇制構想〉, 《세카이世界》672호, 2000. 3. 137~146쪽. 〈라이샤워의 괴뢰천황제 구상〉, 《실천문학》61호, 2001. 2. 15. 359~381쪽. "The Reischauer Memo: Mr. Moto, Hirohito, and Japanese American Soldiers," *Critical Asian Studies 33*, no. 3, September 2001: pp. 379~402.

6 나의 글은 〈식민지 시대 말기 '조선' 영화의 휴머니즘 보편주의 그리고 인종차별주의─이마이 다다시의 경우를 중심으로〉라는 제목으로, 연세대 미디어아트센터가 편집한 《한국영화의 미학과 역사적 상상력》(서울: 소도, 2006), 189~214쪽에 실렸다. 일본어 버전은 다음과 같다. 〈식민지 지배 후기의 '조선' 영화에 있어서의 국민, 피, 자결/민족자결植民地支配後期の'朝鮮'映畫における國民, 血, 自決/民族自決〉, 도미야마 이치로富山一郎 편, 《기억이 말하기 시작한다記憶が語り始める》, 도쿄: 도쿄대출판부, 2006, 33~57쪽.

7 다카시 후지타니, 〈전하의 인종주의─제2차 세계대전기의 '조선 출신 일본 국민'과 '일계 아메리카인'戰下の人種主義─第二次世界大戰期の'朝鮮出身日本國民'と'日系アメリカ人'〉, 나리타 류이치成田龍一 외 편, 《감정, 기억, 전쟁, 이와나미 강좌─근대 일본의 문화사感情, 記憶, 戰爭, 岩波講座─近代日本の文化史 8》, 도쿄: 이와나미쇼텐岩波書店, 2002, 235~280쪽. 〈죽일 권리, 살릴 권리─아시아 태평양 전쟁하의 일본인으로서의 조선인과 아메리카인으로서의 일본인殺す權利, 生かす權利─アジア太平洋戰爭下の日本人としての朝鮮人とアメリカ人としての日本人〉, 구라사와 아이코倉沢愛子 외 편, 《동원, 저항, 익찬, 이와나미 강좌─아시아 태평양 전쟁動員, 抵抗, 翼贊, 岩波講座─アジア・平洋戰爭 3》, 도쿄: 이와나미쇼텐, 2006, 181~216쪽. 영어판은 다음과 같다. "Right to Kill, Right to Make Live: Koreans as Japanese and Japanese as American during WW II," *Representations*, no. 90, Summer 2007: pp. 13~39. 한국어 버전은 다음과 같다. 〈죽일 권리와 살릴 권리─2차 대전 동안 미국인으로 살았던 일본인과 일본인으로 살았던 조선인들〉, 《아세아연구》51, no. 2, 2008, 13~47쪽.

서문

1 우츠미 아이코內海愛子, 《조선인 "황군" 병사들의 전쟁朝鮮人 "皇軍" 兵士たちの戰爭》, 도쿄: 이와나미쇼텐岩波書店, 1991, 39쪽; 약간 다른 번역으로는, "Korean 'Imported Soldiers': Remembering Colonialism and Crimes against Allied POWs," trans. Mie Kennedy, in *Perilous Memories: The Asia Pacific War(s)*, ed. T. Fujitani, Geoffrey M.

White, and Lisa Yoneyama, Durham, N.C.: Duke University Pree, 2001, p. 200.

2 Ōshima Nagisa, "People of the Forgotten Army," in *Cinema, Censorship, and the State: The Writings of Nagisa Oshima, 1956~1978*, ed. with an introduction by Annette Michelson, trans. Dawn Lawson, Cambridge, Mass.: MIT Press, 1992, p. 71.

3 강덕상, 〈또 하나의 강제 연행もう一つの强制連行〉,《닌겐분카人間文化》준비 판 1996. 3, 25~38쪽.

4 2001년도의 공식적인 집계는 다카하시 데츠야高橋哲哉,《야스쿠니 문제靖國問題》, 도쿄: 치쿠마쇼보筑摩書房, 2005, 93쪽을 참고할 것.

5 이러한 한국 쪽 상황에 대해 그 기념물 건립에 관련된 사람들은 아주 상식적으로 알고 있다. 나는 1998년에 한국을 방문했을 때 이 사실을 알게 되었다.

6 *Pacific Citizen*, 2004. 4, pp. 2~15.

7 Takashi Fujitani, "National Narratives and Minority Politics: The Japanese American National Museum's War Stories," *Museum Anthropology* 21, no.1.(Spring 1997): pp. 99~112.

8 캐스린 코젠Cathleen K. Kozen은 "Achieving the (Im)possible Dreams: Japanese American Redress and the Construction of American Justice"(master's thesis, University of California, San Diego, 2007)에서 미국 시민자유법에 대한 의회의 논의에서 나타나는바, 일본계 미국인 군 복무 담론의 편재성을 잘 보여 준다.

9 Robert Reinhold, "Pearl Harbor Remembered," *New York Times*, 8 December 1991; President George H. W. Bush's speech as heard on *From Hawaii to the Holocaust: A Shared Moment in History*, executive producer, Judy Weighman, Hawaii Holocaust Project, 1993.

10 "Asia/Pacific Americans Heritage Month, 2006: A Proclamation by the President of the United States of America," Proclamation 8008 of 28 April 2006, http://edocket. access.gpo.gov/cfr_2007/janqtr/pdf/3CFR8008.pdf (accessed January 2011). 더 많은 예는 T. Fujitani, "*Go for Broke*, the Movie: Japanese American Soldiers in U.S. National, Military, and Racial Discourses," in Fujitani, White, and Yoneyama, eds., *Perilous Memories*, pp. 239~266.

11 국영 매체들은 2000년 11월 9일 봉헌식 전후의 며칠 동안 기념물에 대해 보도했다. 예컨대 Melisa Lambert, "California and the West; The Washington Connection; A Place of Honor for Japanese Americans," *Los Angeles Times*, 7 November 2000을 참고

총력전 제국의 인종주의

할 것. 한편 국립 일본계 미국인 재단The National Japanese American Foundation의 웹사이트인 www.njamf.com.은 이 기념물의 역사 및 의의에 대해 상당히 자세하게 서술하고 있다.

12 강제 수용에 대한 주류 담론들을 난처하게 하는 침묵과 기억 결핍에 대해서는, Marita Sturken, "Absent Images of Memory: Remembering and Reenacting the Japanese Internment," in Fujitani, White, and Yoneyama, eds., *Perilous Memories*, pp. 33~49; 그리고 Carolyn Chung Simpson, *An Absent Presence: Japanese Americans in Postwar American Culture, 1945~60*, Durham, N.C.: Duke University Press, 2001을 참고할 것.

13 Mark Mazower, *Dark Continent: Europe's Twentieth Century*, New York: Vintage, 1998, 특히 138~181쪽을 참고할 것.

14 듀아라Prasenjit Duara는 *Sovereignty and Authenticity: Manchukuo and the East Asian Modern*, Lanham, Md.: Rowan & Littlefield, 2003에서 만주국을 일본의 식민지이기 보다는 자결적인 진정한 국민국가로서 세계에 내놓으려 한 계획의 진지함에 대해 아주 설득력 있게 설명했다.

15 지배적인 대조 논리에 의문을 표함에 있어, 이 책은 아래의 중요한 저서와 보조를 같이한다. 야마노우치 야스시山之内靖, Victor Koschmann, 나리타 류우치成田龍一 편,《총력전과 현대화總力戰と現代化》, 도쿄: 가시와쇼보柏書房, 1995.

16 Frantz Fanon, "Racism and Culture," in *Toward the African Revolution*, trans. Haakon Chevalier, New York: Grove Press, 1967, pp. 35~37; 발리바르에 대해서는 예컨대 Etienne Balibar and Immanuel Wallerstein, *Race, Nation, Class: Ambiguous Identites*, trans. Chris Turner, London: Verso, 1991, 17~28쪽의 "Is There a 'Neo-Racism'?"을 참고할 것.

17 이토 아비토伊藤亞人 외 편,《조선 알기 사전朝鮮を知る事典》, 도쿄: 헤이본샤平凡社, 1986, 217쪽.

18 John J. McCloy, Bernard C. Nalty, *Strength for the Fight: A History of Black Americans in the Military*, New York: Free Press, 1986, 169쪽에서 재인용함.

19 조선총독부,〈조선인 지원병 제도 실시에 관한 추밀원의 예상되는 질문 및 답변 자료〉, 1938년경, 오노 로쿠이치로大野綠一郎 관계 문서ORKB #1276-2, 쪽수 매기지 않음, Kensei 자료실, 국립국회도서관(도쿄). 전후 보상 문제 연구회 편,《전후 보상 문제 자료집SHMS》, 도쿄: 전후 보상 문제 연구회, 1991, 3권 92쪽에 복각되어 있

듯이,《전후 보상 문제 자료집》은 사진 복사된 많은 귀중 문서들을 담고 있다. 하지만 이 책은 쉽게 입수할 수 없다. 따라서 내가 이 자료집의 문서를 처음 인용할 때, 나는 가능한 한 언제나 원본의 위치에 대한 정보를 포함시켰다.

[20] 문부성 교학국 편,《신민의 길臣民の道》, 가이즈카 시게키貝塚茂樹 편,《국체의 길國體の道/신민의 길臣民の道》, 도쿄: 일본도서센터, 2003, 24~26쪽에 재수록됨. 인용은 26쪽.

[21] 오구마 에이지小熊英二,《단일민족 신화의 기원: "일본인" 자화상의 계보單一民族神話の起源: "日本人"の自畵像の系譜》, 도쿄: 신요샤新曜社, 1994. 영역판은 trans. David Askew, *A Genealogy of 'Japanese' Self-images* (Melbourne; Trans Pacific Press, 2002); Tessa Morris-Suzuki, *Reinventing Japan: Time, Space, Nation* (Armonk, N.Y.,: M.E. Sharpe, 1998), pp. 79~109; Naoki Sakai, "Ethnicity and Species: On the Philosophy of the Multi-ethnic State in Japanese Imperialism," *Racial Philosophy*, no. 95 (May/June 1999): pp. 33~45; Naoki Sakai, "Subject and Substratum: On Japanese Imperial Nationalism," *Cultural Studies* 14, nos. 3/4(2000): pp. 462~530; 고마고메 다케시駒込武,《식민지 제국 일본의 문화 통합植民地帝國日本の文化統合》, 도쿄: 이와나미쇼텐岩波書店, 1996.

[22] 나오키 사카이와 관련해, 앞의 각주에 인용된 두 권의 책과 함께, *Translation and Subjectivity: On Japan and Cultural Nationalism*, Minneapolis: University of Minnesota Press, 1997과《사산되는 일본어/일본인死産される日本語/日本人》, 도쿄: 신요샤, 1996, 그리고 Balibar and Wallerstein, *Race, Nation, Class*를 참고할 것.

[23] Akira Iriye, *Power and Culture: The Japanese-American War, 1941~1945*, Cambridge, Mass.: Harvard University Press, 1981; Gerald Horne, *Race War! White Supremacy and the Japanese Attack on the British Empire*, New York: New York University Press, 2004.

[24] 예컨대 Reed Ueda, "THe Changing Path to Citizenship: Ethnicity and Naturalization during World War II," in *The War in American Culture: Society and Consciousness during World War II*, ed. Lewis A. Erenberg and Susan E. Hirsch, Chicago University Press, 1996, pp. 201~216, 특히 pp. 210~211을 참고할 것.

[25] John Dower, *War without Mercy: Race and Power in the Pacific War*, New York: Pantheon, 1986.

[26] 위의 책, 203쪽, 234쪽.

[27] Balibar, "Is There a 'Neo-Racism'?"

28 "것처럼as if"의 개념은 근대적 사고의 필수적인 부분이다. 이는 개인의 규준이 보편적 법칙인 것처럼 행동해야 하는 칸트의 지상 명령categorical imperative 철학에서 전형적으로 나타난다(예컨대 Howard Caygill, *A Kant Dictionary*, Oxford: Blackwell, 1995, 86~87쪽의 "As-if" 항목을 참고할 것). 시민사회나 공적 영역에서 우리는 모두 사회적, 경제적으로 동등한 사람들인 것처럼 행동한다고 가정된다. 이 하버마스적인 모델에 대한 비판자들이, 그러한 세계는 실제적이기보다는 비현실적이라고 주장해 왔음에도 불구하고 말이다. 식민주의와 관련된 입양 비유adoption metaphor를 논의한 이후의 장에서 나는 이 '것처럼'의 개념을 여기에서와는 다소 다르게 사용할 것이다.

29 Dower, *War without Mercy*, p. 263. 이 작업은 후생성 연구부 인구 민족 부서,《야마토 민족을 중핵으로 하는 세계 정책의 검토大和民族を中核とする世界政策の檢討》(1943)이다.《민족 인구 정책 연구 사료》3~8권, 도쿄: 분세이쇼인文生書院, 1982~83에 수록되었다.

30 군속에 대해서는 히구치 유이치桶口雄一,《황군 병사가 된 조선인: 십오년전쟁 하의 총동원체제 연구皇軍兵士にされた朝鮮人: 十五年戰爭下の總動員體制の研究》, 도쿄: 샤카이효론샤社會評論社, 1991, 12~17쪽을 참고할 것.

31 William L. O'Neill, *A Democracy at War: America's Fight at Home and Abroad in World War II*, 1993; reprint, Cambridge, Mass: Harvard University Press, 1995, 9.

32 예컨대 "대략 삼만 삼천 명"에 대해서는, United States Commission on Wartime Relocation and Internment of Civilians, *Personal Justice Denied*, Seattle: University of Washington Press, 1997, 253쪽을 참고할 것. 임명된 인원 수는, 미국 선발징병국 United States Selective Service System에서 출판한 *Special Groups*, special monograph no.10, vol. 1, Washington, D.C.: Selective Service System, 1953, 142쪽에서 가져온다. 그러나 병력 담당 부서the Strength Accounting Branch의 책임자이자 사령관의 부관인 노먼 돈즈Norman A. Donges 대령은 1947년 4월 14일에 전쟁성 정보과의 필더E. J. Fielder 대령에게 "1940년 7월 1일부터 1946년 11월 30일까지의 입대자 중 3만 3,330명이 장교나 사병으로 군대에 들어오면서 자기가 일본인임을 밝혔다"고 보고했다. (G-1[personnel], Decimal File, June 1946~48, Entry 43, Box 799, 291.2 Japanese to 292, War Department General Staff, Record Group[RG] 165, National Archives at College Park, College Park, Md[NACP]). 달리 말해 "대략 삼만 삼천 명"은 1945년 8월에 전쟁이 끝난 후부터 1946년 11월까지 15개월 이상에 걸쳐 입대한 모든 사람들까지

포함한다.

전후 두 달쯤 지나 딜런 마이어Dillon Myer 국장에 의해 저술된 전시외국인수용소War Relocation Authority(WRA) 문서에서 그는 1940년 7월 1일부터 1945년 6월 30일까지 총 22,532명의 일본인 2세와 "외국인 지원자들alien volunteers"이 미 육군에 복무했음을 국방부를 통해 알았다고 진술한다. 그중 10,707명(109명의 장교와 10,598명의 사병)이 하와이에서 온 반면, 11,825명(142명의 장교와 11,683명의 사병)은 본토에서 왔다(D. W. Myer, War Relocation Authority, "Administrative Notice No. 322," 29 October 1945, Personal Security Division, Japanese-American Branch[JAB], General File, 1942~46, Entry 480, Box 1740, Records of the Office of the Provost Marshal General, 1941~, RG 389). 마이어는 이 기간 동안 군에 복무한 모든 일본계 미국인 장교와 사병의 세부 목록도 받았다. 거기에는 이름뿐만 아니라 각 개인의 일련번호와 거주지도 적혀 있었다("Listing of all Japanese with Service in the U.S. Army 1 July 1940 through 30 June 1945"[XTN-89], 날짜 없음, Administrative Services Division, Strength Accounting Branch Strength Returns, 1941~1954, Entry 389, Box 2166, Records of the Adjutant Generals Office, 1917~, RG 407). 그 역사에 대한 전시외국인수용소의 통계적인 분석은, 국방부의 발표에 따르면 1940년 11월부터 1945년 12월까지 "25,778명(438명의 장교와 25,340명의 사병)의 일본계 미국인들이 군대에 들어갔으며, 이 중 13,528명은 본토 출신, 12,250명은 하와이 출신"임을 알려 준다(United States War Relocation Authority, The Evacuated People: A Quantitative Description [Washington, D.C.: U.S. Government Printing Office, 1946], table 49, p. 128).

베리R. W. Berry(deputy assistant chief of staff, G-1)가 1945년 8월 1일에 국방부 차관에게 보낸 메모는 1940년 11월 1일부터 1945년 5월 31일까지 162명의 장교와 79명의 육군여군부대the Women's Army Corps(WACs) 병사를 포함한 21,102명의 일본계 미국인이 군대에 복무했음을 지적한다(Personnel Security Division, JAB, General File, 1942~46, Entry 389, Box 1717, RG 389). 베리의 숫자는 "Army Personnel of Japanese Ancestry by Month of Enlistment or Induction"(XTM-23), ca. March 1946, Administrative Services Division, Strength Accounting Branch Strength Returns, 1941~1954, Entry 389, Box 2166, RG 407에 제시된 숫자를 입증한다. 이 후자의 문서는 1940년 11월부터 1946년 2월 사이에 군대에서 복무한 일본계 미국인들과 관련해 내가 찾을 수 있었던 가장 상세한 명세를 포함하고 있다. 그 요약표로부터 1940년 11월부터 전쟁이 끝난 달인 1945년 8월 사이에 186명의 장교와 81명의 육

총력전 제국의 인종주의

군여군부대원을 포함한 23,168명의 일본인이 군대에서 복무했음을 계산할 수 있다. 이 문서들로부터 우리는 전쟁 기간 동안 복무했던 전체 인원이 대충 1940년 11월부터 1945년 8월 사이에 근무한 인원의 총수(23,168명)에 1940년 11월 이전에 군대에 들어갔을 몇 백 명을 더하고, 진주만 공격 이전에 제대했을 약간의 사람들과 1945년 후반에 복무한 사람들을 뺀 것이었음을 계산할 수 있다. 다른 계산 방법도 실제로 같은 결과를 보여 준다. 즉 1945년 7월과 8월에 군대에서 복무한 인원 수(17명의 장교와 1,029명의 사병)를 딜런 마이어가 1940년 7월부터 1945년 6월 사이에 근무한 사람들의 총수로 제시한 22,532명에 더하면, 1940년 7월부터 1945년 8월 사이에 복무한 총수 23,578명이 된다. 그러므로 의심할 나위 없이 전쟁 중에 복무한 일본계 미국인의 수는 23,500명 정도였다. 이는 1945년 9월부터 1946년 11월 사이에 9천 명에서 만 명에 이르는 많은 일본계 미국인들이 징집되었음을 의미할 것이다.

33 United States Bureau of Census, *Sixteenth Census of the United States: 1940. Population: Characteristics of the Nonwhite Population by Race*, 5; *Sixteenth Census of the United States: 1940. Population: Second Series Characteristics of the Population, Hawaii*, 5; *Sixteenth Census of the United States: 1940. Population*: vol. 2, part 1, p. 19(모두 Washington, D.C.: U.S. Government Printing Office, 1943을 참고할 것).

34 1944년 4월 5일에 내무장관에게 보낸 딜런 마이어의 메모. 익크스는 마이어의 의견에 동의했으며 해군장관에게 일본계 미국인을 해군성 관할하의 부서에서 배제하지 말라고 재촉하는 편지를 썼다(1944년 4월 7일). 메모와 편지는 File 13,607, Headquarters Subject—Classified General Files, 1942~46, entry 16, box 92, Records of the War Relocation Authority, RG 210, National Archives Building, Washington, D.C. (NAB)에서 찾을 수 있다. 전쟁 기간 내내 해군은 일본계 미국인들에게 개방되지 않았다. 그러나 우리가 살펴보겠듯이, 마이어의 논의는 국방부와 정부 모두에 큰 영향을 끼쳤다.

35 예를 들어 다음 자료를 볼 것. United States Bureau of Census, *Sixteenth Census of the United States: 1940. Population: Characteristics of the Nonwhite Population by Race.*

36 United States Selective Service System, *Special Groups*; for the extended quotes, p. 14, p. 13.

37 Giorgio Agamben, *Homo Sacer: Sovereign Power and Bare life*, trans. Daniel Heller Roazan, Stanford: Stanford University Press, 1998; Giorgio Agamben, *State of Exception*, trans. Kevin Attel, Chicago: Chicago University Pree, 2003; Achille

Mbembe, "Necropolitics," *Public Culture* 15, no. 1(2003): pp. 11~40.

[38] Lisa Lowe, *Immigrant Acts: On Asian American Cultural Politics*, Durham, N.C.: Duke University Press, 1996, 5; David Palumbo-Liu, *Asian/American: Historical Crossing of a Racial Frontier*, Stanford: Stanford University Press, 1999, p. 1. 나는 이후의 장에서 사선에 대한 그의 해석을 따를 것이다.

[39] Peter Duus, *The Abacus and the Sword: The Japanese Penetration of Korea, 1895~1910*, Berkeley: University of California Press, 1995, pp. 391~413.

[40] 예컨대 다음 책을 참고할 것. Carter J. Eckert et al., *Korea Old and New: A History*, Seoul: Ilchokak for the Korea Institute, Harvard University, 1990, pp. 276~304.

[41] 예컨대 다음 책을 참고할 것. Duus, *Abacus*, 413~23; 김일명, 《천황과 조선인과 총독부天皇と朝鮮人と總督府》, 도쿄: 다바타쇼텐端田書店, 1984, 168~84쪽.

[42] 오구마 에이지, 《단일민족 신화의 기원》, 151~53쪽, 246쪽.

[43] 기타 잇키北一輝, 〈일본개조법안대강日本改造法案大綱〉, 《기타 잇키 저작집北一輝著作集》, 2권, 도쿄: 미스즈쇼보, 1959, 331쪽. 오구마는 이보다 먼저 나온 기타의 〈국가개조안원리대강國家改造案原理大綱〉을 활용하면서 비슷한 논의를 펼친다. 그러나 나는 1923년에 광범위하게 읽힐 수 있었던 나중에 나온 글을 사용하는 것이 더 적절하다고 생각해 왔다. 오구마의 《단일민족 신화의 기원》, 155쪽을 볼 것.

[44] 나의 논의를 위해 참고한 마즈다 도시히코의 《전전기의 재일조선인과 참정권戰前期の在日朝鮮人と參政權》, 도쿄: 아카시쇼텐明石書店, 1995을 볼 것,

[45] Etienne Balibar, "Racism and Nationalism," in Balibar and Wallerstein, *Race, Nation, Class*, 37~67; 인용은 37쪽.

[46] 나는 "거친 인종주의"라는 말을 프란츠 파농으로부터, "친절한 인종주의"를 데이비드 테오 골드버그David Theo Goldberg로부터 빌려 오면서, 각각의 개념들을 정밀하게 다듬었다. Fanon, "Racism and Culture"와 David Theo Goldberg, *The Racial State*, Malden, Mass.: Blackwell, 2002를 볼 것.

[47] 데이터에 대해서는 마즈다 도시히코, 《전전기의 재일 조선인과 참정권》, 81쪽(표 III-1)을 참고할 것.

[48] 그렇게 규범적이고 지역에 한정된 연구 분야들을 연결하는 일은 더이상 이례적이지 않으므로, 나는 그런 식으로 연구해 온 모든 사람들의 이름을 밝히지는 않을 것이다. 하지만 나는 일본계 미국인들에 대한 훌륭한 초국가적 연구 두 가지가 최근에 나왔음을 지적해야 할 것 같다. 그것은 Brian Masaru Hayashi, *Democratizing the*

Enemy: The Japanese American Internment, Princeton: Princeton University Press, 2004 와 Eiichiro Azuma, *Between Two Empires: Race, History, and Transnationalism in Japanese America*, Oxford: Oxford University Press, 2005이다. 전반적으로 보아 과거 의 지역적이고 민족적인 연구 형태를 넘어서는 초국가적 프로젝트의 요청에 따르 는 연구는 여전히 드물다.

49 그런 관점은 일본계 미국인 노병들과 노병 조직들의 작업뿐 아니라 저널리스트, 역 사가, 영화감독들의 작업에서도 나타나는 특징이다. 노병 및 노병 조직의 주요 출 판물을 시기별로 제시하면 다음과 같다. Chester Tanaka, *Go for Broke: A Pictorial History of the Japanese American 100th Infantry Battalion and the 442th Regimental Combat Team*, Richimond, Calif.: Go for Broke, 1981; John Tsukano, *Bridge of Love*, Honolulu: Honolulu Hosts, 1985; Tad Ichinokuchi, ed., *John Aiso and the M.I.S.: Japanese-American Soldiers in the Military Intelligence Service, World War II*, Los Angeles: Military Intelligence Service Club of Southern California, 1988. 고 포 브로 크 교육재단the Go for Broke Educational Foundation이 만들고 운영하는 인터넷 사 이트인 www.goforbroke.org는 이러한 일본계 미국인 영웅주의와 시민의식에 대한 담론에 인상적으로 공헌했다. 다른 사람들의 주요 작업은 다음과 같다. Thomas D. Murphy, *Ambassadors in Arms: The Story of Hawaii`s 100th Battalion*, Honolulu: University of Hawaii Press, 1954; Joseph D. Harrington, *Yankee Samurai: The Secret Role of Nisei in America`s Pacific Victory*, Detroit: Pettigrew Enterprises, 1979; Masayo Duus, *Unlikely Liberators: The Men of the 100th and 442nd*, trans. Peter Duus, Honolulu: University of Hawaii Press, 1987; Lyn Crost, *Honor by Fire: Japanese Americans at War in Europe and the Pacific*, Novato, Calif.: Presidio Press, 1994; U.S. Commission on Wartime Relocation and Internment of Civilians, *Personal Justice Denied*, 253~60. 그 외에 수많은 비디오도 있다.

50 미야타 세츠코宮田節子, 《조선 민중과 "황민화" 정책朝鮮民衆と "皇民化"政策》, 도쿄: 미라이샤未來社, 1985; 히구치 유이치, 《황군병사》; 우츠미, 《조선인 "황군" 병사들 의 전쟁》; 강덕상, 《조선인학도출진: 또 다른 해신의 목소리朝鮮人學徒出陣: もう一つ の海神の聲》, 도쿄: 이와나미쇼텐, 1997; 히구치 유이치, 《전시하 조선의 민중과 징 병戰時下朝鮮の民衆と徵兵》, 도쿄: 쇼와샤昭和社, 2001; 최유리, 《일제 말기 식민지 지 배 정책 연구》, 서울: 국학자료원, 1997, 179~251쪽.

1 조선총독부, 《시정 삼십년사施政三十年史》, 경성: 조선총독부, 1940; 《증보 조선총독부 삼십년사增補朝鮮總督府三十年史》 3권, 도쿄: 쿠레스슛판クレス出版, 1999, 448~449쪽.

2 특히 Michel Foucault, *The History of Sexuality*, vol. 1, trans Robert Hurley, New York: Vintage, 1978, 특히 pp. 135~159; "Governmentality," in *The Foucault Effect: Studies in Governmentality*, ed. Graham Burchell, Colin Gordon, and Peter Miller, Chicago: University of Chicago Press, 1991, pp. 87~104; *Society Must Be Defended*, trans. David Macey, New York: Picador, 2003, pp. 239~264; 그리고 *Security, Territory, Population: Lectures at Collège de France*, 1977~78, ed. Michel Senellart, trans. Graham Burchell, Basingstoke: Palgrave Macmillan, 2007을 볼 것.

3 Foucault, *History of Sexuality*, p. 137.

4 Foucault, "Governmentality", p. 101.

5 Michel Foucault, "The Subject and Power," in *Michel Foucault: Beyond Structuralism and Hermeneutics*, ed. Herbert L. Dreyfus and Paul Rainbow, 2nd ed., Chicago: University of Chicago Press, 1983, p. 221. 푸코가 요약하듯이, 이러한 통치성의 복잡한 시스템 속에서 인구는 권력의 주요 목표이고, 정치경제학은 그 "지식의 으뜸 형식"이며, "안전장치들apparatuses of security"은 그 일차적인 기술적 수단이다 ("Governmentality", pp. 102~103).

6 예컨대, Todd Henry, "Sanitizing Empire: Japanese Articulations of Korean Otherness and the Construction of Early Colonial Seoul, 1905~1919", *Journal of Asian Studies* 64, no. 3, August 2005, pp. 639~675; Sonja Myung Kim, "Contesting Bodies: Managing Population, Birthing, and Medicine in Korea, 1876~1945", Ph.D.diss., University of California, Los Angeles, 2008; Jun Yoo, *The Politics of Gender in Colonial Korea: Education, Labor, and Health, 1919~1945*, Berkeley: University of California Press, 2008.

7 이러한 관점 변화는 만주국과 타이완에 대한 최근의 연구에서도 볼 수 있다. 조선과 관련해서는 다음과 같은 개척적인 저서들을 참고할 것. Gi-Wook Shin and Michael Robinson, eds., *Colonial Modernity in Korea*, Cambridge, Mass.: Harvard University Asia Center, 1999; 미야지마 히로시宮嶋博史 외 편, 《식민지 근대의 시좌-조선과 일본植民地近代の視座-朝鮮と日本》, 도쿄: 이와나미쇼텐岩波書店, 2004;

Bruce Cummings, *Korea's Place in the Sun*, New York: W. W. Norton, 1997, pp. 148~150. 마츠모토 다케노리松本武祝는 〈(연구동향) '식민지적 근대'를 둘러싼 근년의 조선사 연구[研究動向] 植民地的近代をめぐる近年の朝鮮史研究〉, 미야지마 외 편, 《식민지 근대의 시좌》, 247~272쪽에서 이런 관점을 취한 몇몇 주요 연구에 대한 유용한 개괄을 제공했다.

8 이타가키 류타板垣龍太는 〈'식민지 근대'를 둘러싸고植民地近代'をめぐって〉, 《역사평론歷史評論》 654호, 2004. 10, 35~41쪽에서 "식민지 근대성"의 개념과 관련해 현재 일본과 한국의 논자들 사이에서 벌어지고 있는 논쟁들에 대해 대단히 통찰력 있는 개관을 제시한다. 또한 이타가키가 스스로 "식민지 경험"이라고 부르는 것에 대해 논의한 책도 참고할 것. 이 책에서 이타가키는 "식민지 근대성"의 단순한 적용을 넘어서고자 노력하면서, 1920년대와 1930년대의 식민지 조선이 복수적일 뿐만 아니라 모순적인 공간과 시간성을 지녔음을 강조한다. 《조선 근대의 역사 민족사－경북 상주의 식민지 경험朝鮮近代の歷史 民族史—慶北尙州の植民地經驗》, 도쿄: 아카시쇼텐, 2008.

9 Yoo, Jun, *The Politics of Gender in Colonial Korea: Education, Labor, and Health, 1919~1945*, Berkeley: University of California Press, 2008, p. 109, 181.

10 Kim, Sonja Myung, *Contesting Bodies: Managing Population, Birthing, and Medicine in Korea, 1876~1945*, Ph.D. diss., University of California, Los Angeles, 2008. p. 140.

11 홍금자, 〈일제시대의 사회 복지 정책 및 사회 복지 서비스日帝時代の社會福祉政策及び社會福祉サービス〉, 《식민지 사회사업 관계 자료집: 조선 편植民地社會事業關係資料集: 朝鮮篇》 부록: 해설, 도쿄: 근현대 자료 간행회, 1999, 33~93쪽; 윤정욱, 《식민지 조선의 사회사업 정책植民地朝鮮における社會事業政策》, 오사카: 오사카 경제법과대학 출판부, 1996; 신영홍, 《근대 조선 사회사업사 연구: 경성의 방면위원제도의 역사적 전개近代朝鮮社會事業史研究: 京城における方面委員制度の歷史的展開》, 도쿄: 료쿠인쇼보綠陰書房, 1984.

12 조선총독부, 《시정 삼십년사施政三十年史》, 1940, 823~824쪽.

13 정치제도 내부의 삶이 지닌 가치와 관련된 불확실성, 비결정성, 부정성the indefinite의 상태를 암시하고자 한 점에서 이 논의는 아감벤으로부터 시사받은 것이다. *Homo Sacer: Sovereign Power and Bare Life*, trans. Daniel Heller-Roazan, Stanford: Stanford University Press, 1998; *State of Exception*, trans. Kevin Attell, Chicago:

University of Chicago Press, 2003. 그러나 나는 특히 무관심, 배제, 포용이라는 삼중의 가능성 및 앞선 두 가지 것에서 세 번째 것으로 나아가는 전시의 움직임을 강조하고 싶다.

14 Foucault, *Society Must Be Defended*, p. 256.

15 구노 세이치가 서명한 1937년 11월 24일의 조선군 보고서는 〈조선인 지원병 제도에 관한 회답朝鮮人志願兵制度に關する回答〉이다. 그리고 이는 육군 정보과의 〈조선인 지원병 제도에 관한 건〉과 함께 아래의 문서철에 보관되어 있다. Microfilm Reproductions of Selected Archives of the Japanese Army, Navy and Other Government Agencies, 1868~1945(이후로는 MRSA로 표시), T678, Library of Congress, Washington, D. C.; 전후 보상 문제 연구회 편,《전후 보상 문제 자료집戰後補償問題資料集》, 도쿄: 전후 보상 문제 연구회, 1991, 3:11~24쪽(이후로는 SHMS로 표시). 요시다 도시구마, 〈조선인 지원병/징병의 경개朝鮮人志願兵/徵兵の梗概〉, 4쪽, 1945년경, box 30, 만주 조선 2, 조선군 관계 자료, Military Archival Library, the National Institute for Defense Studies, Japan Ministry of Defense, Tokyo(이후로는 MAL로 표시).

16 요시다, 〈조선인 지원병/징병〉, 4쪽.

17 다른 자료에서도 비슷한 논의를 발견할 수 있지만, 여기 제시된 일반화는 특히 다음 자료를 근거로 한다. 육군 정보과, 〈조선인 지원병 제도에 관한 건〉; 조선총독부, 〈조선인 지원병 제도 시행에 관한 추밀원의 예상되는 질문 및 답변 자료朝鮮人志願兵制度施行に關する樞密院における想定質問及答辯資料〉, 1938년경, 오노 로쿠이치로 관계 문서(이후로는 ORKB로 표시), #1276-2, 쪽수 없음. 헌정자료실憲政資料室, 국회도서관, 도쿄,《전후 보상 문제 자료집》, 3:79~151쪽.

18 육군 정보과, 〈조선인 지원병 제도에 관한 건〉,《전후 보상 문제 자료집》, 3:18쪽.

19 조선총독부, 〈조선인 지원병 제도 시행에 관한 추밀원의 예상되는 질문 및 답변 자료〉,《전후 보상 문제 자료집》, 3:132~142쪽.

20 위의 책, 특히 3:83~86쪽, 106~116쪽. 조선총독부, 〈쇼와 13년 12월 제 74회 제국의회 설명 자료〉, 1938. 12. 조선총독부,《조선총독부 제국의회 설명 자료》3권, 도쿄: 후지슛판不二出版, 1994, 53쪽에서 인용.

21 육군 정보과, 〈조선인 지원병 제도에 관한 건〉,《전후 보상 문제 자료집》, 3:21쪽.

22 이 보고서 〈참고 자료〉(쪽수 없음, ca. 1938. 11)는 육군 정보과의 〈조선인 지원병 제도에 관한 건〉의 부록이다. MRSA, 쪽수 없음(《전후 보상 문제 자료집》에는 수록되지 않음).

23 위의 책.

24 위의 책.

25 *SHMS*, 4:14쪽.

26 내무성, 〈조선 및 대만의 현황朝鮮及び臺灣の現況〉, 1944. 1. 곤도 겐이치 편, 《대동아전하의 조선 및 대만大東亞戰下の朝鮮及び臺灣》, 치가사키시茅ケ崎市: 조선자료연구회, 1961, 33~34쪽.

27 *SHMS*, 4:23~25쪽.

28 곤도 마사미近藤正己, 《총력전과 대만: 일본 식민지 붕괴의 연구總力戰と臺灣: 日本植民地崩壊の研究》, 도쿄: 도스이쇼보刀水書房, 1996, 50~51쪽.

29 육군 기록은 요시다의 〈조선인 지원병/징병〉, 7쪽을 볼 것. 요시다가 제시하는 1940년부터 1943년까지의 수는 3,000명, 3,000명, 4,500명, 5,330명이다. 한편 내무성의 〈조선 및 대만의 현황〉, 33쪽은 약간 더 많은 수를 제시하여, 총수를 1만 7,664명으로 끌어올린다. 뒤의 자료에 의하면, 해군은 해군특별지원병의 첫 기수로 1,000명의 조선인과 동수의 대만인을 받아들여, 1943년 10월 1일부터 특별히 설립된 훈련소에서 훈련을 시작했다. 1944년 4월 1일부터 훈련을 시작한 두 번째 기수는 각각의 식민지에서 2,000명씩을 뽑았다. 즉 각각의 식민지로부터 총 3,000명씩의 지원병을 받았다. 조선인들은 진해에서 훈련받았으며, 대만인들은 가오슝Gaoxiong에서 훈련했다. 그러나 해군은 징병제 실시 이후에도 그들을 계속 받아들였으므로, 아마 해군에 들어간 조선인과 대만인의 총수는 6,000명 이상일 것이다. 같은 자료를 통해 육군이 총 4,525명(1942년에 1,020명, 1943년에 1,008명, 1944년에 2,497명)의 대만인 지원병을 뽑았음을 계산할 수 있다. 위의 책, 33~35쪽.

30 법령 4호는 *SHMS*, 4:33쪽에 복각되어 있다. 일본 국민으로 간주되었음에도 불구하고, 조선인들은 내지 호적법의 대상이 아니었다. 따라서 호적법 외부에 있는 조선인들의 위치는 내지 일본인들에게 부여된 여러 권리와 의무에서 조선인들이 공식적으로 배제되는 법적인 근거로 작용했다. 따라서 일본 군대가 조선인과 대만인들에게 제한적인 길을 열 때마다 호적법에 기초해 그들을 배제하게 했던 어구들을 확실히 비켜가거나 고칠 것이 요구되었다. 예를 들어 1938년의 특별지원병령은 만일 다른 조건이 충족된다면, "호적법이 적용되지 않는 17세 이상의 남성 제국 신민들"이 전역戰役이나 제일보충역으로 입대할 수 있다고 명기했다. 그러자 조선인들이 징병되기 위해서는 병역법을 개정해, 병역법이 호적법의 대상자뿐 아니라 "조선민법의 호적법" 안에 있는 사람들도 포함하도록 할 필요가 발생했다.

31 대만의 지원병과 징병 제도에 대해서는 곤도,《총력전과 대만》, 특히 46~55쪽과 371~397쪽을 볼 것.

32 히구치 유이치,《전시하 조선의 민중과 징병戰時下朝鮮の民衆と徵兵》, 도쿄: 쇼와샤昭和社, 2001, 101~108쪽. 곧장 전투병으로 징집된 사람이 11만 명이라는 공식적인 문서는 제쳐두고, 히구치는 오히려 단편적인 증거와 추측에 독창적으로 의존해 8만 명이 더 징집되었을 것이라고 논했다. 이 방법은 부정확하므로 실제의 총수는 조금 많거나 적을 것이다.

33 요시다, 〈조선인 지원병/징병〉, 9. 이 9번 자료묶음에 의하면, 1944년의 조선인 징병 4만 5,000명 중 2만 9,388명이 보병으로 배치되었다. 참모본부 편제동원과의 참모 장교가 전쟁 직후(1946년경)에 편집한 필사본은 이와 동일한 숫자를 제시한다. 또 이 자료는 그다음 해에 4만 5,000명의 징병된 조선인 중에서 2만 9,780명이 보병으로 배치되었으며, 총 8,000명의 대만인을 징집했음을 보여 준다(《지나사변 대동아전쟁간 동원개사支那事變大東亞戰爭間 動員槪史》; 복각판, 오에 시노부大江志乃夫 편, 도쿄: 후지슛판, 1988, table 2, 435쪽).

34 오에 시노부,《지나사변 대동아전쟁간 동원개사》, 436쪽.

35 가토 요코加藤陽子,《징병제와 근대 일본徵兵制と近代日本》, 도쿄: 요시카와고분칸吉川弘文館, 1996, 248~253쪽.

36 강덕상,《조선인 학도 출진: 또 다른 해신의 목소리朝鮮人学徒出陣—もう一つのわだつみのこえ》, 도쿄: 이와나미쇼텐, 1997, 1~38쪽. 370쪽. 한편 요시다(〈조선인 지원병/징병〉, 7쪽)는 복무한 조선인 지원병의 총수를 3,893명으로 제시한다.

37 최유리,《일제 말기 식민지 지배 정책 연구》, 서울: 국학자료원, 1997; 히구치 유이치樋口雄一,《황군 병사로 만들어진 조선인―십오 년 전쟁하의 총동원체제 연구皇軍兵士にされた朝鮮人――五年戰爭下の總動員体制の硏究》, 도쿄: 샤카이효론샤, 1991; 히구치,《전시하 조선인》; 미야타 세츠코宮田節子,《조선 민중과 "황민화" 정책朝鮮民衆と"皇民化"政策》, 도쿄: 미라이샤, 1985; 우츠미 아이코,《조선인 "황군" 병사들의 전쟁朝鮮人兵士たちの戰爭》, 도쿄: 이와나미쇼텐, 1991; Wan-yao Chou, "The Kōminka Movement in Taiwan and Korea: Comparisons and Interpretations," in The Japanese Wartime Empire, 1931~1945, ed. Peter Duus, Ramon H. Myers, and Mark B. Peattie, Princeton: Princeton University Press, 1996, pp. 40~68.

38 식민지 관계의 상호 구성적인 성격을 표명하고 강조한 초기 저작으로는 다음의 책이 있다. Frederick Cooper and Ann Laura Stoler, eds., Tensions of Empire: Colonial

Cultures in a Bourgeois World, Berkeley: University of California Press, 1997.

39 조선총독부, 〈조선 동포에 대한 징병제 시행 준비 결정에 따르는 조치 상황 및 그 반향朝鮮半同胞に對する徵兵制施行準備決定にともなう措置狀況ならびその反響〉, 1942. 5. 페이지 없음, ORKB #1262, SHMS, 3:158.

40 Tessa Morris-Suzuki, *Re-inventing Japan: Time, Space, Nation*, Armonk, N.Y.,: M.E.Sharpe, 1998, pp. 94~95.

41 조선총독부, 〈조선 동포에 대한 징병제 시행 준비 결정에 따르는 조치 상황 및 그 반향〉, *SHMS*, 3:159~161쪽.

42 육군병비과陸軍兵備科, 〈대동아전쟁에 수반한 우리 인적 국력의 검토大東亞戰爭にともなうわが人的國力の檢討〉, 1942. 1. 20. 다카사키 류지高崎隆治 편, 《십오 년 전쟁 극비 자료집十五年戰爭極秘資料集》1집, 도쿄: 류케이쇼사龍溪書舍, 1976, 페이지 없음.

43 후생성 연구부 인구 민족부, 《야마토 민족을 중핵으로 하는 세계 정책의 연구大和民族を中核とする世界政策の研究》(1943), 《민족 인구 정책 연구 자료》3~8권, 도쿄: 분세이쇼인文生書院, 1982~1983. 어떤 부분에서 강조점이나 읽기가 다르기는 하지만, 나는 기본적으로 《일본 단일민족 신화의 기원》(235~270, 430쪽 n.28.)에서 이 텍스트를 다양하게 문맥화한 오구마 에이지의 분석에 동의한다.

44 후생성 연구부 인구 민족부, 《야마토 민족을 중핵으로 하는 세계 정책의 연구》, 7:2360~2363.

45 위의 책, 3:327~330; 인용은 329~330쪽.

46 조선군 사령부, 〈조선인 지원병 제도에 관한 의견朝鮮人志願兵制度に關する意見〉, 1937. 6. MRSA, in *SHMS*, 3:25~60, 인용은 30쪽.

47 조선총독부, 〈조선인 지원병 제도 시행에 관한 추밀원의 예상되는 질문 및 답변 자료〉, *SHMS*, 3:87~88.

48 조선군 사령부, 〈제 이항 위원회 협의 결정 사항〉, 1942. 4. 24.(revisions 1 May), ORKB #1204-2,

49 〈척무대신 각의 설명안拓務大臣閣議說明案〉, ORKB #1279-2, *SHMS*, 3:219~224; 인용은 223쪽.

50 〈육군대신 각의 설명안陸軍大臣閣議說明案〉, ORKB #1279-3, *SHMS*, 3:225~229; 인용은 227쪽.

51 조선군 사령부, 〈조선인 지원병 제도에 관한 의견〉, in *SHMS*, 3:31~32.

52 육군 정보과, 〈조선인 지원병 제도에 관한 건朝鮮人志願兵制度に關する件〉, in *SHMS*,

3:23.

53 조선군 사령부, 〈조선인 지원병 제도에 관한 의견〉, in *SHMS*, 3:40.

54 조선총독부, 〈조선인 지원병 제도 실시 요항朝鮮人志願兵制度實施要項〉, MRSA, in *SHMS*, 3:69.

55 조선총독부, 〈조선 동포에 대한 징병제 시행 준비 결정에 따르는 조치 상황 및 그 반향〉, in *SHMS*, 3:161.

56 Dipesh Chakrabarty, *Provincializing Europe: Postcolonial Thought and Historical Difference*, Princeton: Princeton University Press, 2000, p. 8.

57 교육총감부, 《조선 출신 병사의 교육 참고 자료朝鮮出身兵の教育參考資料》 2권, 교육 총감부, 1944, MAL. 이 글의 논의와 쪽수는 1권(2월 발행)을 참고함. 2권(8월 발행)은 1권의 기본적인 논점을 상세히 설명했다. 다음의 책은 일본판 오리엔탈리즘에 대한 선구적인 작업이다. Stefan Tanaka, *Japan's Orient: Rendering Pasts into History*, Berkeley: University of California Press, 1993.

58 교육총감부, 《조선 출신 병사》 1권, 3쪽.

59 위의 책, 9쪽.

60 위의 책, 11~14쪽. 《조선 출신 병사》에 대한 나머지 분석은 17쪽부터 45쪽에 대한 것이다.

61 동아시아와 관계된 이런 류의 고전적 텍스트는 물론 막스 베버의 다음 저서이다. *The Religion of China: Confucianism and Taoism*, trans. and ed. Hans H. Gerth, Glencoe, Ill.: Free Press, 1951. 이 책은 중국 종교가 낳은 윤리를 청교도주의에서 자라난 자본주의 정신의 안티테제로 제시했다.

62 Ruth Benedict, *The Chrysanthemum and the Sword: Patterns of Japanese Culture*, 1946; reprint, Boston: Houghton Mifflin, 1989. 일반적으로 일본의 식민 담론은 조선인들의 책임감 결핍을 비난했다. 예를 들어 1943년 2월 19일에 징병제 실시와 관련된 관료들이 모였는데, 그 자리에서 오랫동안 조선총독부 관료였던 다나카 도쿠타로는 조선인들이 양심과 책임감을 가지고 있지 않다고 설명했다. 전체적으로 보아 육군의 지침이 된 다나카의 강의 '조선인의 사상과 성격'은 주로 이와 동일한 부정적인 특질들을 조선인들에게 부여했다. 그와 동시에 조선인들에게 이 특질들을 극복할 능력이 있음을 강조하면서도 말이다. 더 나아가 다나카는 아마테라스 오오미가미天照大神 the Sun Goddess를 야마토 민족의 선조로서가 아니라 조선인을 포함하는 모든 일본인의 숭배 대상으로서 보는, 아마테라스에 대한 탈인종적인post-racial

총력전 제국의 인종주의

이해를 제안했다(다나카 도쿠타로, 〈조선인의 사상과 성격朝鮮人の思想と性格〉, 인천각仁川閣에서의 강의와 토론 기록, ORKB #1299, 특히 4, 45~47쪽).

63 교육총감부, 《조선 출신 병사》, 35쪽.

64 피터 듀어스Peter Duus는 *The Abacus and the Sword: The Japanese Penetration of Korea, 1895~1910*, Berkeley: University of California Press, 1995, pp. 399~406의 "Filth, squalor, and indolence: Travel accounts of Korea"에서 세기 전환기에 일본에서 나온 조선 담론의 생생한 사례들을 제공한다. 듀어스 책의 401~403쪽과 마찬가지로 인용의 출처는 오키타 킨조沖田錦城의 《이면의 한국裏面の韓國》, 오사카: 기분칸輝文館, 1905이다.

65 United States War Department, *Command of Negro Troops*, pamphlet no.20-6, Washington, D. C.: U.S. Government Printing Office, February 1944; 인용은 1, 3, 12쪽. 장교들의 훈련 지침으로 사용하기 위해 만들어진 더욱 포괄적인 매뉴얼로서 인종적 차별을 거부하는 대신 역사와 환경에 차이의 원인을 돌리는 문서로는 다음을 참고할 것. United States Army Service Forces, *Leadership and Negro Soldier*, Army Service Forces Manual M5, Washington, D. C.: U.S. Government Printing Office, October, 1944.

66 U.S. War Department, *Command of Negro Troops*, pp. 4, 6~7.

67 예를 들어, 징병에 대한 조선인들의 반응과 관련해 국회의원들로부터 나올 만한 질문의 예상 답변에서 조선총독부는 신체검사를 통과한 몇몇 조선인 청년이 '민족적 편견'을 가졌다고 지적했다. 조선총독부, 〈쇼와 19년 12월 제86회 제국의회 설명 자료〉, 1944. 12. 조선총독부, 《조선총독부 제국의회 설명 자료朝鮮總督府帝國議會說明資料》, 10:120.

68 사상대책계思想對策係, 〈반도인 문제半島人問題〉, 1944. 8. 미즈노 나오키水野直樹 편, 《전시기 식민지 통치 자료戰時期植民地統治資料》, 도쿄: 가시와쇼보, 1998, 318~319쪽. 미즈노 나오키가 지적하듯이, 이 문서에 연구 그룹 회원은 특별히 표시되어 있지 않다. 하지만 보고서는 협조회의 고문인 니시 미노루의 이름으로 제출되었다(《해설》, 위의 책, 1:27). 이 사실 및 이 보고서가 호세이法政 대학의 오하라 사회 연구소의 협조회 컬렉션에서 발견되었다는 점으로 볼 때, 연구회가 협조회 산하에 조직되었음이 거의 분명한 듯하다.

69 조선총독부, 〈쇼와 19년 12월 제86회 제국의회 설명 자료〉, 10:5~7.

70 이 부분의 정보는 다나카 다케오田中武雄 등에 대한 기록으로서 출판되었으며, 오

지 수당의 역사를 훌륭하게 요약한 〈참정권 시행의 경위를 말한다-다나카 다케오 내각 서기관장 外參政權施行の經緯を語る-田中武雄 內閣書記官長 外〉(1958년 8월 26일의 녹음 자료)에서 발췌한 것이다. 《십오 년 전쟁하의 조선 통치, 미공개 자료 조선총독 부 관계자 녹음 기록 1》, 미야타 세츠코宮田節子 감수, 《동양문화연구 2》, 2000. 3. 170 n.2.

71 1944년 조선총독부 예산에 대한 보고서였던 미즈타 강연(1944. 3. 29.)의 원고는 〈쇼 와 19년도 조선총독부 예산에 대해昭和十九年 朝鮮總督府像算について〉(《조선 근대 자료 연구 집성》 4호, 1961. 12. 15, 1~50쪽)로 출간되었다. 인용 및 오지 수당 문제에 대해서 는 38~41쪽을 볼 것.

72 미야타, 《십오 년 전쟁하의 조선 통치》, 170n. 2.

73 조선총독부, 〈쇼와 19년 12월 제86회 제국의회 설명 자료〉, 10:14~16. 전후의 좌담회 에서 옛 식민지 관료들은 식민지와 중앙정부의 조선인 관료 수를 증가시키기 위해 노 력했음을 회고했다(다나카 외, 〈참정권 시행의 경위를 말한다〉, 152~153쪽). 한상룡은 사업 적 이해관계에서 일본인과 조선인의 협조를 지도적으로 촉진하는 역할을 했다는 점 에서 '모범적인 협력자classic collaborator'로 평가되어 왔다. Carter J. Eckert, *Offspring of Empire: The Koch'ang Kims and the Colonial Origins of Korean Capitalism, 1876~1945*, Seattle: University of Washington Press, 1991, pp. 242, 296 n. 24.

74 전시 미국의 정보기관은 소수자와 식민지인들에 대한 일본의 처우에 극히 민감했 으며, 이 문제에 대해 정기적으로 보고했다. 예컨대 전략사무국OSS(Office of Strategic Services)은 조선인과 대만인의 상황 개선을 위한 고이소의 담화 및 그로부터 발생한 일련의 조치들에 대한 정보를 수집했다. Office of Strategic Services(Honolulu), "Programs of Japan in Korea: with Bibliographies," Assemblage #60, 10 February 1945, pp. 12~14, Overseas Branch, Bureau of Overseas Intelligence Central Files, 1941~1945, Entry 370, Box 406C, Records of the Office of War Information, Record Group (RG) 208.

75 고이소 구니아키, 〈시정연설施政演說〉, 《제85회 제국의회 귀족원 의사 속기록 제1호 第八十五回 帝國議會貴族院議事速記錄 第一號》, 관보호외官報號外로 1944년 9월 7일에 발행됨.

76 오카모토 마키코岡本眞希子, 〈아시아/태평양전쟁 말기의 조선인/대만인 참정권 문 제アジア·太平洋戰爭末期における朝鮮人·台湾人參政權問題〉, 《재일조선인 연구在日朝鮮 人硏究》 27호, 1997. 9. 21~47쪽. 특히 미즈노 나오키 편, 《전시기 식민지 통치 자

료》의 〈해설〉, 14~19쪽을 참고할 것.

77 조선총독부, 〈조선인 징집에 관한 구체적 연구朝鮮人徵集に關する具體的研究〉, 1942
년 5월경, ORKB #1279-5, 쪽수 없음. *SHMS*, 3:249.

78 다나카 외, 《참정권 시행의 경위를 말한다》, 151쪽.

79 오카모토 마키코, 〈아시아/태평양전쟁 말기의 조선인/대만인 참정권 문제〉.

80 다나카 외, 《참정권 시행의 경위를 말한다》, 139~179쪽. 특히 144~148쪽.

81 미즈노 나오키, 〈전시기의 식민지 지배와 '내외지 행정 일원화'戰時期の植民地支配と
'內外地行政一元化'〉, 《진분가쿠호人文學報》 79호, 1997, 77~102쪽. 미즈노는 국내와
식민지 행정의 외면적인 단일화가 초래한 실제적 영향력을 경시하는 경향이 있다.

82 다나카 외, 《참정권 시행의 경위를 말한다》; 다나카 다케오 외, 〈고이소 총독 시대
의 개관-다나카 다케오 정무총감에게 듣는다小磯總督時代の槪觀-田中武雄政務總監に
聞く〉(1959년 9월 9일 녹음), 미야타, 《십오 년 전쟁하의 조선 통치》, 95~138쪽.

83 다나카 외, 《참정권 시행의 경위를 말한다》, 145쪽.

84 다나카 외, 《고이소 총독 시대의 개관》, 113~114쪽.

85 위의 책, 114쪽.

86 오카모토 마키코, 〈아시아/태평양전쟁 말기의 조선인/대만인 참정권 문제〉; 다나카
외, 《참정권 시행의 경위를 말한다》, 172n. 7.

87 다카시 후지타니, 우메모리 나오유키 역, 〈근대 일본에서의 권력의 테크놀로지: 군
대, 지방, 신체近代日本における權力のテクノロジー: 軍隊, 地方, 身體〉, 《시소思想》 845
호, 1994. 11, 163~176쪽.

88 Kyung Moon Hwang, "Citizenship, Social Equality and Government Reform:
Changes in the Household Registration System in Korea, 1894~1910," *Modern Asian
Studies* 38, no 2, May 2004: pp. 355~387.

89 생체권력과 통치성의 관계 및 호적과 기류 신고제도에 대한 논의는 내 고유의 생각
이지만, 이 단락의 논의는 히구치의 《전시하 조선》(35~51쪽)에 크게 기대고 있다.

90 〈무적자의 취적 및 기류 관련 법령 시행에 따르는 사무 처리에 필요한 경비 보조無
籍者の就籍及び寄留に關する法令施行にともなう事務處理に要する經費補助〉, 1942년경,
ORKB #1200-3, 쪽수 없음.

91 히구치, 《전시하 조선》, 45쪽.

92 Sheldon Garon, *Molding Japanese Minds: The State and Everyday Life*, Princeton:
Princeton University Press, 1997, p. 58. 미국의 역사가들은 특히 1944년에 제대군

인 원호법G.I. Bill으로 구현되었던 것처럼, 전시에 뉴딜적인 사회복지 사업에서 군인복지 사업으로의 상대적 전환이 있었음을 지적했다. 이에 대해서는 다음 논의를 참고할 것. Michael S. Sherry, *In the Shadow of War: The United States since the 1930s*, New Haven: Yale University Press, 1995, pp. 111~112.

93 조선총독부, 〈쇼와 19년 12월 제 86회 제국의회 설명 자료〉, 10:63~65.

94 위의 책, 10:64~70.

95 이 단락은 홍금자, 〈일제시대의 사회복지 정책 및 사회복지 서비스〉, 특히 67~79쪽 및 신영홍, 《근대 조선 사회사업사 연구》, 450~490쪽에 근거한 논의이다.

96 신영홍, 《근대 조선 사회사업사 연구》, 430~434쪽. 인용은 432쪽.

97 조선총독부, 〈제85회 제국의회 설명 자료第八十五會帝國議會說明資料〉(1944), 〈제85회 제국의회 설명 자료 복각—총독부 통치 말기의 실태(4)〉로 재인쇄됨. 곤도 켄이치 편, 《조선 근대 자료 연구회 집성》4호, 도쿄: 유호교카이友邦協會 조선 자료 연구회, 1961, 110~115쪽.

98 홍금자, 《일제시대의 사회복지 정책 및 사회복지 서비스》, 78쪽.

99 예컨대 쇼 카신鍾家新, 《일본형 복지국가의 형성과 '십오 년 전쟁'日本型福祉國家の形成と'十五年戰爭'》, 도쿄: 미네르바쇼보, 1998; Gregory J. Kasza, "War and Welfare Policy in Japan," *Journal of Asian Studies* 61, no. 2, May 2002: pp. 417~435.

100 1944년 12월에 각의를 통과한 이 제안서는 미즈노 편, 《전시기 식민지 통치 자료》 1; 130~146쪽에 수록되어 있다.

101 고마고메 다케시는 중요한 문제를 지적했다. 즉 그는 내지와 식민지의 호적제도가 구분됨으로 인해, 대만인을 "혈통적 동일성에 근거"해 일본인으로부터 구별하게 되었다고 논했다("Japanese Colonial Rule and Modernity: Successive Layers of Violence," in *"Race" Panic and the Memory of Migration*, ed. Meaghan Morris and Brett de Bary, special issue of Traces, Hong Kong: Hong Kong University Press, 2001, p. 236). 이 단락에서는, 오카모토, 〈아시아/태평양전쟁 말기의 조선인/대만인 참정권 문제〉에서 오카모토 마키코를 인용함.

102 오카모토, 〈아시아/태평양전쟁 말기의 조선인/대만인 참정권 문제〉, 23쪽.

103 협화회에 대한 자세한 논의로는 히구치 유이치, 《협화회: 전시하 조선인 통제 조직의 연구協和會: 戰時下朝鮮人統制組織の研究》, 도쿄: 샤카이효론샤社會評論社, 1986을 볼 것.

104 요시다, 《조선인 지원병/징병의 경개》, (위의 책, 각주 15번), 22쪽.

105 위의 책, 20쪽.

106 박경식의《조선인 강제연행의 기록朝鮮人強制連行の記錄》, 도쿄: 미라이샤, 1965과 센다 가코千田夏光의《종군위안부從軍慰安婦》, 도쿄: 산이치쇼보三一書房, 1978를 필두로, 이제는 이 문제를 증언하는 상당한 수의 학문적 작업과 자료집들이 나와 있다. 다음은 조선인 강제노동에 대해 영어로 간명하게 논의한 최근의 작업이다. Naitou Hisako, "Korean Forced Labor in Japan's Wartime Empire," in *Asian Labor in the Wartime Japanese Empire*, ed. Paul H. Kratoska, Armonk, N.Y.: M.E.Sharpe, 2005, pp. 90~98. 위안부 문제에 대해서는 8장에서 자세히 논의될 것이다.

107 Michel Foucault, "The Political Technology of Individuals," *in Technologies of the Self: A Seminar with Michel Foucault*, ed. Luther H. Martin, Huck Gutman, and Patrick H. Hutton, Amherst, Mass.: University of Massachusetts Press, 1988, pp. 145~162; 인용은 147, 152, 160쪽.

108 Agamben, *Homo Sacer and State of Exception*; Achiile Mbembe, "Necropolitics," *Public Culture* 15, no. 1, Winter 2003: pp. 11~40.

109 일본계 미국인들의 소개 및 수용을 특히 아시아인들에 대한 미국 인종주의의 오랜 역사와 관련시켰던 중요한 논의들 중에는 다음과 같은 것들이 있다. Roger Daniels, *Concentration Camps, USA: Japanese Americans and World War II*, New York: Holt, Rinehart & Winston, 1972; Richard Drinnon, *Keeper of Concentration Camps: Dillon S. Myer and American Racism*, Berkeley: University of California Press, 1987.

110 Population Association of America, annual meeting, Los Angeles, March 23~25, 2000의 "Human Rights, Population Statistics, and Demography: Threats and Opportunities" 분야의 패널에서 발표된 William Seltzer and Margo Anderson, "After Pearl Harbor: The Proper Role of Population Data System in Time of War"의 특히 5~23쪽, 38~40쪽을 참고할 것.

111 Natalia Molina, *Fit to Citizen? Public Health and Race in Los Angeles, 1879~1939* Berkeley: University of California Press, 2006, 특히 3장; Roger Daniels, "Japanese America, 1930~1941: An Ethnic Community in the Great Depression," *Journal of the West* 34, no.4 October 1985: 35. 나얀 샤Nayan Shah의 저작들은 샌프란시스코의 중국인 인구와 관련된 공중보건 담론과 정책에서 이와 비슷한 배제의 논리가 적어도 1940년대와 1950년대에 이르기까지 나타남을 보여 준다. *Contagious*

Divides: *Epidemics and Race in San Francisco's Chinatown*, Berkeley: University of California Press, 2001.

[112] *Los Angeles Times*, Roger Daniels, *Concentration Camps*, *USA*의 62쪽에 인용됨.

[113] Chase A. Clark, 아이다호주 주지사 미국 전시외국인수용소의 한 신문기사에서 인용함. *The WRA*: *A Story of Human Conversation* ([Washington, D.C.]; Department of the Interior, War Relocation Authority, ca. 1946), 7. *War without Mercy*: *Race and Power in the Pacific War*, New York: Pantheon, 1986는 일본인을 인간이 아닌 것으로 보는 이 인종주의적인 이미지를 연구한 다우어의 선구적인 저작이다. 특히 77~93쪽을 참고할 것.

[114] 이 사실들은 잘 알려져 있다. 다음을 참고하라. United States Commission on Wartime Relocation and Internment of Civilians, *Personal Justice Denied*, Seattle: University of Washington Press, 1997, pp. 137~140.

[115] Achille Mbembe, *On the Postcolony*, Berkeley: University of California Press, 2001, p. 190.

[116] 서문의 각주 33번을 참고할 것.

[117] Philip L. Martin, *Promise Unfulfilled*: *Unions, Immigration, and the Farm Wokers*, Ithaca: Cornell University Press, 2003.

[118] U.S. Commission on Wartime Relocation and Internment of Civilians, *Personal Justice Denied*, pp. 181~184; U.S. War Relocation Authority, *The WRA*, pp. 27~41.

[119] 서로 약간 다른 방식이기는 하지만, 몇몇 학자들은 자유주의와 수용internment(억류)의 밀접한 관계에 대해 이미 말했다. 특히 다음 논의들을 참고할 것. Gordon H. Chang, "Superman is about to visit the relocation center's' and the Limits of Wartime Liberalism," *Ameraisa Journal* 19, no. 1, Fall, 1993: pp. 37~59; Brian Masaru Hayashi, *Democratizing the Enemy*: *The Japanese American Internment*, Princeton: Princeton University Press, 2004. 특히 1장, 4쪽; Colleen Lye, *America's Asia*: *Racial Form and American Literature, 1893~1945*, Princeton: Princeton University Press, 2005. 특히 4장; Mae M. Nagi, *Impossible Subjects*: *Illegal Aliens and the Making of Modern America*, Princeton: Princeton University Press, 2004., 특히 167~201쪽; Carolyn Chung Simpson, *An Absent Presence*: *Japanese Americans in Postwar American Culture, 1945~60*, Durham, N.C.: Duke University Press, 2001, 특히 2장.

120 군무국장 제이 율리오J. A. Ulio는 기록보관 책임자Senior Archivist인 존 엠브리John F. Embree에게 보낸 1942년 11월의 공문에서 "현재 미 육군에 있는 4,670명의 일본계 미국인" 총수를 보고했다. War Relocation Authority, File 13.607, Headquarters Subject—Classified General Files, 1942~1946, entry 16, box 92, Record Group (RG) 210.

121 Office of the Assistant Chief of Staff, G-2, and Office of the Provost Marshal General(OPMG), "Monograph on History of Military Clearance Program (Screening of Alien Japanese and Japanese American Citizens for Military Service),"1~5, 인용은 1~2쪽.; Military Clearance Br. File (activities, functions, branch reports, etc.), Personnel Security Division, Japanese—American Branch(JAB), General File, 1942~1946, entry 480, box 1726, RG 389. 이러한 상황에 대한 약간 짧지만 거의 축어적인 서사가 다음 자료에 포함되어 있다. OPMG, "World War II: A Brief History," no date(1945년 11월경), 237~249, Records of the Office of the Assistant Chief of Staff, G-2 (Intelligence), Historical Studies and Related Records of G-2 Components, 1918~1959, Box 31—Miscellaneous Files, Records of the Army Staff, RG 319.

122 Memorandum of Major Karl R. Bendetsen for the Adjutant General, 16 January 1942, 291. 2 Jan~Mar 1942, Army—AG Classified Decimal File, 1940~1942, entry 360, box 147, RG 407.

123 Memorandum of Brigadier General James E. Wharton for the Assistant Chief of Staff, G-1, 28 March 1942, 291.2 Jan—Mar 1942, Army—AG Classified Decimal File, 1940~1942, entry 360, box 147, RG 407.

124 사령관실, 서부방위사령부 본부, 제4군이 편찬한 기록은 "1942년 3월 30일자의 어떤 명령이 이 지역(서부방위사령부 지역)의 모든 일본인 입대를 중단시켰다"고 지적했다(Memorandum of J.L. DeWitt to Chief of Staff, U.S. Army, 20 November 1942, ASW 342.18, Formerly Security Classified Correspondence of John J. McCloy, 1941~1945, entry 180 box 22, Records of the Office of the Secretary of War, RG 107). 육군성 정보부의 극동 담당 책임자인 페티그루M.W. Pettigrew는 일본계 2세의 "모병과 입대가 1942년 3월 31일에 중지되었다"고 밝혔다. (Memorandum of M.W. Pettigrew to Mr. McCloy, 17 November 1942, 291.2 Army—AG Classified Decimal File 1940~1942, Entry 360, Box 147, RG 407).

125 Memorandum of John W. Martyn, Administrative Assistant, to Chief of Staff, 7

February 1942, 28 March 1942, 여기에는 "왜 일본인가"라고 묻는 익명의 수기가 첨부되어 있다. "Why Japans"[Sic], in 291.2 Jan~Mar 1942, Army-AG Classified Decimal File, 1940~1942, entry 360, box 147, RG 407.

[126] Letter of Mrs. Sarah Usuda Lindsey to Colonel W. M. Dixon, 12 February 1942; memorandum of W. M. Dixon to the Chief of Finance, 14 February 1942 enclosed with memorandum of Ralph P. Cousins to the Chief of Staff, 1 January 1942; both in 291.2 Jan~Mar 1942, Army-AG Classified Decimal File, 1940~1942, entry 360, box 147, RG 407.

[127] U. S. Commission on Wartime Relocation and Internments of Civilians, *Personal Justice Denied*, pp. 187, 253~256; 스팀슨이 다음 자료로부터 인용함. letter to Major General Lewis B. Hershey, 17 June 1942, 291.2(알파벳 순서로), G-1(Personnel), Decimal File, 1942~June 1946, entry 43, box 445, RG 165.

[128] Masayo Duus, *Unlikely Liberators: The Men of the 100th and 442nd*, trans. Peter Duus, Honolulu: University of Hawaii Press, 1987, pp. 18~21; U.S. Commission on Wartime Relocation and Internment of Civilians, *Personal Justice Denied*, pp. 256, 268~277.

[129] Letter of D. S. Myer to John J. McCoy, 18 February 1943; letter of William P. Scobey to Mr. Myer, 23 February 1943; copy of the Adjutant General's letter to Commanding General, All Service Commands, 26 September 1942; all filed together in ASW 342.18, Formerly Security Classified Correspondence of John J. McCloy, 1941~1945, entry 180, box 22, RG 107.

[130] 루즈벨트의 선언은 전쟁 시기 일본계 미국인들에 대한 최근의 공식적인 역사를 포함해 여러 곳에서 찾을 수 있다. U. S. Commission on Wartime Relocation and Internment of Civilians, *Personal Justice Denied*, p. 191.

[131] Office of the Assistant Chief of Staff, G-2, and OPMG, "Monograph on History of Military Clearance Program," pp. 29~43, 59~63.

[132] 분명히 그 직원들은 세밀한 보안검사를 통과해야 했다. 전쟁성은 10월에 외국인이라도 고용할 수 있도록 정책을 수정했다. JAB, OPMG, "History of the Japanese Program," no date(ca. 1. September 1945), 17, Personnel Security Division, JAB, General File, 1942~1946, entry 480, box 1723, RG 389.

[133] 나는 "자연주의적 인종주의naturalistic racism"라는 표현을 다음 책에서 빌려왔다.

David Theo Goldberg, *The Racial State,* Malden, Mass.: Blackwell, 2002.

[134] Letter of Adjutant-General to Assistant Chief of Staff, G-2, appointing board of officers to consider military utilization of United States Citizens of Japanese Ancestry, 1 July 1942, 291.2(Alphabetically), G-1(personnel), Decimal File, 1942~June 1946, entry 43, box 445, RG 165. 인용된 장교회의의 보고서는 다음과 같다. "The Military Utilization of the United States Citizens of Japanese Ancestry," approved by order of Secretary of War 14 September 1942, 291.2 (Alphabetically), G-1 (Personnel), Decimal File, 1942~June 1946, entry 43, box 445, RG 165.

[135] Memo of Major L. Duenweg to Colonel T. J. Koenig, 12 August 1942, enclosed with "The Military Utilization of United States Citizens of Japanese Ancestry." 시어도어 코에니그Theodore J. Koenig 대령은 장교위원회의 의장이었다.

[136] Memo of Lieutenant General L. J. McNair to Chief of Staff, U.S. Army (Attention: G-1 Division), enclosed with "The Military Utilization of United States Citizens of Japanese Ancestry."

[137] Memorandum of LeR. Lutes, Assistant Chief of Staff for Operations, Services of Supply, to Colonel T. J. Koenig, enclosed with "The Military Utilization of United States Citizens of Japanese Ancestry."

[138] "Memorandum for the Record," recorded by Major J. L. Lowell (Recorder of Board), 9 July 1942, enclosed with "The Military Utilization of United States Citizens of Japanese Ancestry."

[139] Letter of Lieutenant General John L. DeWitt to Colonel Theodore J. Koenig, 25 July 1942, enclosed with "The Military Utilization of United States Citizens of Japanese Ancestry."

[140] "Memorandum for the Record," recorded by Major Lowell, 9 July 1942.

[141] Letter of Congressman D. D. Terry to Lieutenant General Lesley J. McNair, 19 March 1943, enclosed with "The Military Utilization of United States Citizens of Japanese Ancestry."

[142] Letter of Brigadier General F. B. Mallon to Commanding General, Seventh Corps Area, 20 March 1942, 291.2, Jan.~Mar. 1942, Army-AG Classified Decimal File, 1940~1942, entry 360, box 147, RG 407.

[143] Letter of D. Hodson Lewis to Congressman D.D. Terry, 18 March 1942, enclosed

with "The Military Utilization of United States Citizens of Japanese Ancestry."

144 Evaluation Branch, Counter-Intelligence Group(CIG), Military Intelligence Division(MID), Assistant Chief of Staff, G-2, "Development of Our Own," 5. December 1942, Subversive Organizations, Personnel Security Division, JAB, General File, 1942~1946, entry 480, box 1737, RG 389, 다카하시에 대한 자세한 논의는 다음을 볼 것. Ernest Allen, Jr., "When Japan Was 'Champion of the Darker Races'': Satokata Takahashi and the Flowering of Black Messianic Nationalism," *Black Scholar* 24, no.1 (Winter 1994): pp. 23~46. 다카하시의 이름은 가끔 사타카 타보다는 사토카타로 불렸다.

145 제럴드 혼의 다음 책에 인용된 대로 인용함. Gerald Horne, *Race War! White Supremacy and the Japanese Attack on the British Empire*, New York: New York University Press, 2004, p. 57. 혼에 의하면 이러한 일본인 중 한 사람은 히키다 야스이치였다. 히키다는 흑인의 역사에 대해 아주 해박한 것으로 알려져 있었다. 그는 아이티의 혁명 영웅인 뚜셍 루베르튀르Toussaint L'Ouverture의 전기를 썼으며 흑인 거주 구역인 할렘Harlem의 YMCA에 주소를 두고 있었다.

146 Evaluation Section, CIG, MID, "Japanese Racial Agitation Among American Negroes," 15 April 1942, Personnel Security Division, JAB, General File, 1942~1946, entry 480, box 1730, RG 389(이후 본문에 인용 부분의 쪽수를 표시함). 마르크 갈리치오 역시 다음 책에서 이 보고서에 대해 논의했다. Marc Gallicchio, *The African American Encounter with Japan and China: Black Internationalism in Asia, 1895~1945*, Chapel Hill: University of North Carolina Press, 2000, pp. 128~132.

147 Memo of Major General J. A. Ulio to Commanding General, Army Ground Forces(McNair), 29 May 1942, 291.2, April-September 1942, Army-AG Classified Decimal File, 1940~1942, entry 360, box 147, RG 407.

148 특히 다음 자료를 볼 것. Gallicchio, *The African American Encounter*, pp. 122~158, 그 외에 많은 흑인들이 일본인에 대해 지니고 있던 긍정적인 이미지, 특히 백인 제국주의에 대한 일본인의 투쟁에 대해 품고 있던 긍정적인 이미지를 조명한 의미 있는 작업으로는 다음과 같은 것들이 있다. Allen, "When Japan Was 'Champion of the Darker Races'"; Horne, *Race War!*, pp. 43~59, 105~127, 220~250; Reginald Kearney, *African American Views of the Japanese: Solidarity or Sedition?*,

Albany: State University of New York Press, 1998, pp. 92~127; George Lipstiz, "Frantic to Join...the Japanese Army': Black Soldiers and Civilians Confront the Asia-Pacific War," in *Perilous Memories: The Asia Pacific War(s)*, ed. T. Fujitani, Geoffrey M. White, and Lisa Yoneyama, Durham, N.C.: Duke University Press, 2001, pp. 347~377.

[149] Bob Kumamoto, "The Search for Spies: American Counterintelligence and the Japanese American Community, 1931~42," *Amerasia Journal* 6, no.2, Fall 1979, pp. 50~51.

[150] Gallicchio, *The African American Encounter*, p. 144.

[151] Evaluation Branch, CIG, MID, Assistant Chief of Staff, G-2, "Ethiopian Pacific Movement," 17 December 1942, Subversive Organizations, Personnel Security Division, JAB, General File, 1942~1946, entry 480, box 1737, RG 389.

[152] Letter of Brigadier General Mallon to Commanding General, Seventh Corps Area, 20 March 1942.

[153] L. Duenweg to Assistant Chief of Staff, G-2, 6 July 1942, 5th endorsement (of the 29 May 1942 memo of Major General J.A. Ulio to the Commanding General, Army Ground Forces and the Commanding General, Southern Defense Command); memorandum of Thomas T. Handy, Major General, Assistant Chief of Staff to Chief of Staff, 18 July 1942, 그리고 memorandum of Joseph T. McNarney, Acting Chief of Staff to Commander in Chief, U.S. Fleet, 21 July 1942, Harny and McNarney memos in G-1 (Personnel), Decimal File, 1942~June 1946, entry 43, box 445, RG 165; Richard Donovan (Commanding General of the Eighth Service Command, Services of Supply) to Adjutant General, 9 September 1942, 12th endorsement (of the 29 May 1942 memo); 제5 승인 자료와 제12 승인 자료는, the 29 May 1942 memo in 291.2, April~September 1942, Army-AG Classified Decimal File, 1940~1942, entry 360, box 147, RG 407.와 함께 섞여 있다.

[154] "The Military Utilization of United States Citizens of Japanese Ancestry," 3.

[155] 마지막에 언급된 것 이외에, 이 단락에서 인용된 모든 문서들은 다음과 같은 라벨이 붙은 문서 뭉치에서 찾을 수 있다. "Enlistment of loyal American citizens of Japanese descent into the Army and Navy," 17 December 1942; 291.2 Army-AG Classified Decimal File 1940~1942, Entry 360, Box 14 7, RG 407. 아이젠하워에

게 보낸 맥클로이의 1942년 10월 15일자 편지는 다음 자료에 있음. Records of the Office of the Director and Predecessor Agencies, Records of the Director, 1942~1945, entry 1, box 1, RG 208. 마사요 뒤어스Masayo Duus는 일본계 미국인 병사들에 대한 그녀의 선구적인 작업에서 이 문서들 중 몇몇 문서들과 그 프로파간다 요소에 대해 짧게 언급했다(Unlikely Liberators, 57). 뒤어스의 말은 약간 애매모호하다. 하지만 그녀의 논의는 선전에 이용될 수 있다는 점이 일본계 미국인들의 군 지원을 허용하게 된 결정적인 요소였다고 주장하는 것으로 읽힐 수 있을 듯하다. 브라이언 니이야Brian Niiya가 편집한 뛰어난 백과사전 《일본계 미국인의 역사Japanese American History: An A-to-Z Reference from 1868 to the Present》(New York: Facts on File, 1993)는 뒤어스를 명백히 그런 방식으로 읽으면서, "(2세 부대 창설) 결정을 이끈 일차적 요소는 이미지 및 프로파간다 이슈와 관계가 있었다"(137쪽)고 언명한다. 그러나 이 책은 이 문제와 관련된 주요 문서를 전혀 인용하지 않으며, '연합국들'에 어필할 필요가 있었음을 강조한다. 앞으로 고찰하겠지만, 이와 대조적으로 프로파간다 캠페인은, 미국의 글로벌 헤게모니를 획득하기 위한 수단으로서 국내 청중들과 연합국들뿐만 아니라 전 세계, 특히 아시아의 유색인종을 향한 것이었다. 브라이언 하야시Brian Hayashi는 다음 책에서 프로파간다에 대해 간략히 논의한다. Democratizing the Enemy, pp. 139~140. 미국의 전시외국인수용소와 민간인수용위원회의 《부인된 개인적 정의Personal Justice Denied》는 일본계 미국인들의 입대 허용 결정의 '인도주의적인 의미'를 두드러지게 하고, 그 프로파간다 차원(pp. 188~91)을 축소하기 위해서만 프로파간다에 대해 언급한다. 내가 강조하는 것은 정반대다. 즉 우리가 문서들에서 그 어떤 '인도주의적인 의미'를 발견할 수 있다 하더라도, 이는 일본계 미국인들이 선전거리로 쓸모가 있다는 주장보다 이차적이었다는 것이다.

[156] Third draft of memorandum, author unknown, to Secretary of War, 28 October 1942, 291.2 Army-AG Classified Decimal File 1940~1942, Entry 360, Box 147, RG 407.

[157] Memorandum of M. W. Pettigrew to Mr. McCloy, 17 November 1942, 291.2 Army-AG Classified Decimal File 1940~1942, Entry 360, Box 147, RG 407. 분명히 페티그루의 구체적인 권고는 전쟁성이 최종적으로 감행해보려 했던 것보다 더 많이 나아갔다. "일본인 2세의 징병과 지원 입대에 대한 현존하는 모든 제한"의 중지가 그중 하나다.

158 Memorandum of Colonel W. E. Crist, General Staff, to General Strong, 4 January 1943, Personnel Security Division, JAB, General File, 1942~1946, entry 480, box 1717, RG 389.

159 John F. Embree, "Note on Treatment of American Citizens of Japanese Ancestry as an Aspect of Morale in Hawaii," copy attached to letter of J.R. Hayden to Dr. J. P. Baxter, 3rd, 19 January 1942, Records of the Office of Facts and Figures, Decimal File of the Director, 1941~1942, Entry 5, Box 4, RG 208.

160 U.S. Commission on Wartime Relocation and Internment of Civilians, *Personal Justice Denied*, p. 187; Daniels, *Concentration Camps USA*, p. 145. 다니엘스는 "중간계급의 군 인사들로 구성된 합동 소개 위원회Joint Evacuation Board와 몇몇 집행기관에서 온 비슷한 계급의 사람들"이 이미 1942년 2월 25일에 일본계 미국인들의 군 징집이나 자원 입대를 제안했었다는 사실도 발견했다.

161 내가 "초고first draft"라고 특기한 마지막 인용들을 제외하고, 이후 심리전부 계획의 모든 인용들은 〈일본 계획Japan Plan〉이라는 제목의 1942년 5월 23일자 안에서 찾을 수 있다. 〈일본제국 내부로의 프로파간다를 위한 세부 계획의 기초Basis for a detailed plan for propaganda into the Japanese Empire〉라고 불린 1942년 5월 13일자 초고는 (거의) 솔버트 혼자 작성한 듯하다. 그리고 그 후 솔버트는 "정부기관에 소속된 몇몇 전문가들의 코멘트"(5월 23일 안에 대한 비밀문서)에 대응해 이 문서를 수정, 배포했다. 18쪽 짜리 첫 번째 문서에 비해 두 번째 문서는 34쪽으로 분량이 늘었지만, 이 두 가지 안의 권고는 아주 유사하다. 두 안에 대해서는 다음을 참고할 것. Records of the Historian, Historian's Records of the Psychological Warfare Branch, 1942~1945, Entry 6G, Box 5; RG 208. 나는 이 두 안 및 이와 관련된 문서들에 대해 다음 글에서 논의했다. "The Reischauer Memos: Mr. Moto, Hirohito, and Japanese American Soldiers," *Critical Asian Studies* 33, no.3, September 2001, pp. 379~402. 이 논문이 출판된 후, 가토 테츠로加藤哲郎는 1942년 6월 3일자의 제3안을 발견해 이를 "상징천황제"의 기원 속에 맥락화한 다음의 책을 썼다.《상징천황제의 기원, 미국의 심리전 "일본 계획"象徵天皇制の起源, アメリカの心理戰 "日本計劃"》, 도쿄: 헤이본샤平凡社, 2005.

162 전시정보국에 대해서는 다음 책을 참고할 것. Allan M. Winkler, *The Politics of Propaganda: The Office of War Information, 1942~1945*, New Haven: Yale University Press, 1978; 인용은 전시정보국을 설립하는 행정명령(1942. 6. 13)에서 한 것임. 34쪽.

163 Milton S. Eisenhower, letter to John J. McCloy, 22 August 1942. 아이젠하워의 편지에 대한 답장에서 맥클로이는 "저는 일본인 문제에 대해 당신과 똑같이 느끼며, 이미 참모들에게 제 견해를 표명했습니다"라고 썼다. 이 두 편지에 대해서는 다음을 참고할 것. Records of the Office of the Director and Predecessor to Agencies, Records of the Director, 1942~1945, entry 1, box 1, RG 208.

164 Edwin O. Reischauer, "Memorandum on Policy Towards Japan," 14 September 1942, with materials collected by War Department General Staff, Organization and Training Division, G-3, concerning "Enlistment of loyal American citizens of Japanese descent into the Army and Navy," 17 December 1942, 291.2 Army-AG Classified Decimal File 1940~1942, Entry 360, Box 147, RG 407. 나는 라이샤워 메모 전체를 내 논문 〈라이샤워 메모The Reischauer Memo〉의 부록으로 복각한 바 있다.

165 라이샤워가 전후 지역학의 지식생산 정책에서 담당했던 역할을 고찰한 중요한 작업에는 다음과 같은 것들이 있다. W. Dower, "E.H. Norman, Japan and the Uses of History," in *Origins of the Modern Japanese State*, New York: Random House, 1975, pp. 3~101; 리차드 미니어Richard H. Minear가 쓴 4편의 논문들도 중요하다. 즉 "Orientalism and the Study of Japan," *Journal of Asian Studies* 39, no. 3 (May 1980), pp. 507~517; "Cross-Cultural Perception and World War II," *International Studies Quarterly* 24, no. 4 (December 1980), pp. 555~580; "Helen Mears, Asia, and American Asianists," Asian Studies Committee, Occasional Papers Series No. 7, International Area Studies Program, University of Massachusetts at Amherst(1981); "Wartime Studies of Japanese National Character," *The Japan Interpreter* 13, no. 1 (Summer 1980), pp. 35~36; H. D. Harootunian, "America's Japan/Japan's Japan," *Japan and the World*, ed. Msao Miyoshi and H.D. Harootunian, Durham, N. C.: Duke University Press, 1993, pp. 196~221.

166 Edwin O. Reischauer, *My Life between Japan and America*, New York: Harper & Row, 1986, pp. 79~94.

167 이 분석은 듀아라의 저서 *Sovereignty and Authenticity: Manchukuo and the East Asian Modern*, Lanham, Md.: Rowan & Littlefield, 2003 및 수년 간 나오키 사카이와 나눈 대화에 크게 빚지고 있다.

168 이미 1942년 7월에 국무장관의 고문인 스탠리 혼벡Stanley Hornbeck 역시 사적인

대화에서 천황이 군부와 구분되어야 하며, 전쟁이 끝난 후 그가 일본 국민의 지도 자로서 다시 한번 등장할 수 있을 것이라고 말했다. Akira Iriye, *Power and Culture: The Japanese-American War, 1941~1945*, Cambridge, Mass.: Harvard University Press, 1981, p. 59.

169 "OWI Board of War Inf. Minutes," 3 November 1942, Records of the Historian, Area File, 1943~1945, Entry 6C, Box 3, RG 208.

170 Letter of Elmer Davis to Ralph Barton Perry, 7 November 1942, and memo of Col. Solbert to Davis, 6 November 1942, 두 자료 모두 Records of the Historian, Area File, 1943~1945, Entry 6C, Box 3, RG 208.에 있음.

171 Nakamura Masanori, *The Japanese Monarchy: Ambassador Joseph Grew and the Making of the "Symbolic Emperor System," 1931~1991*, trans. Herbert Bix et al., Armonk, N.Y.: M.E. Sharpe, 1992, p. 18.

172 로버트 워드Robert E. Ward는 제국 문제가 "1943년 3월자 전후 대외 정책에 대한 고문위원회의 정치 문제 분과의 한 서류에서 최초로 언급되었으며, 여기서 이 문제는 그저 '일본 처리Treatment of Japan'와 관련된 일련의 주요 문제들 중 하나일 뿐이었다"고 지적했다. "Presurrender Planing: Treatment of the Emperor and Constitutional Changes," in *Democratizing Japan: The Allied Occupation*, ed. Robert E. Ward and Sakamoto Yoshikazu, Honolulu: University of Hawaii Press, 1987, p. 3.

173 그루는 1944년 12월 12일, 즉 그의 국무성 차관 임명에 관한 상원 대외관계 위원회의 청문회 기간 중에 이 "여왕벌" 연설을 했다. Joseph C. Grew, *Turbulent Era*, ed. Walter Johnson, Boston: Houghton Mifflin, 1952, 2:1415~1419.

174 War Department General Staff, Organization and Training Division, G-3, concerning "Enlistment of loyal American Citizens of Japanese descent into the Army and Navy."

175 맥아더와 히로히토가 그 고문들 및 보수적인 일본 정치가들과 협력해 천황제를 유지할 뿐 아니라 히로히토가 전범으로 기소되는 것도 면제시켜 그를 계속 왕위에 있도록 하려고 노력한 과정에 대해 논의한 수많은 일본어와 영어 연구물들이 있다. 최근에 나온 다음 저서들은 우리가 이 과정을 이해함에 있어 이제까지와는 격이 다른 상세한 설명을 제공했다. Herbert P. Bix, *Hirohito and the Making of Modern Japan*, New York: Harper Collins, 2000, 특히 pp. 533~646. John W. Dower, *Embracing Defeat*, New York: W. W. Norton/ New Press, 1999, 특히 pp.

277~345.

[176] JAB, OPMG, "History of the Japanese Program," 5.

[177] "Talk by Colonel Miller," p. 6, in "Training Program for Teams Sent to War Relocation Centers," ca. January 1943, Personnel Security Division, JAB, General File, 1942~1946, Entry 480, Box 1738, RG 389. 이 주석과 이후의 주석에서 개인의 강의들individual talks을 인용할 때에, 나는 강의한 사람의 이름, 강의 날짜, 특정 날짜와 관련된 페이지(들)을 제시할 것이다. 몇몇 경우, 문서의 페이지가 강의 도중에 새로 시작된다. 이 두 번째 페이지 매기기는 끝에 "b"를 붙여 표시할 것이다. 하지만 원래 문서에는 이 표시가 없다.

[178] "Talk by Colonel Scobey," 25 January 1943, p. 2, in "Training Program."

[179] "Talk by Commander Coggins," 26 January 1943, pp. 1b, 6b, in "Training Program."

[180] "Talk by Mr. Fryer," 26 January 1943, pp. 9~10, in "Training Program."

[181] "Talk by Mr. Dedrick," 30 January 1943, p. 10, in "Training Program." 데드릭에 대해서는 다음 자료들을 참고할 것. Seltzer and Anderson, "After Pearl Harbor," esp. pp. 10~12; William Seltzer and Margo Anderson, "The Dark Side of Numbers: The Role of Population Data System in Human Rights Abuses," *Social Research* 68, no. 2 (Summer 2001), p. 492.

[182] "Talk by Mr. Dedrick," p. 12.

[183] United States War Relocation Authority, Community Analysis Section (John F. Embree), "Project Analysis Series," no. 1, February 1943, p. 9.

[184] Daniels, *Concentration Camps, USA*, p. 89.

[185] Gwenn M. Jensen, "System Failure: Health-Care Deficiencies in the World War II Japanese American Detention Centers," *Bulletin of the History of Medicine* 73, no. 4, Winter 1999, pp. 602~628.

[186] Ruth E. Hudson, R. N., "Health for Japanese Evacuees," *Public Health Nursing* 35, 1943, p. 619.

[187] Louis Fiset, "Public Health in World War II Assembly Centers for Japanese Americans," *Bulletin of the History of Medicine* 73, no. 4, Winter 1999, pp. 580~582; U. S. Commission on Wartime Relocation and Internment of Civilians, *Personal Justice Denied*, pp. 163~165.

[188] U. S. War Relocation Authority, *The WRA*, p. 142.

[189] "Comprehensive Statement in Response to Senate Resolution No. 166," p. 21, prepared for Director of War Mobilization James F. Byrnes by War Relocation Authority, 14 September 1943; as collected in *American Concentration Camps: A Documentary History of the Relocation and Incarceration of Japanese Americans, 1942~1945*, ed., Roger Daniels, vol. 7, 1943, New York: Garland, 1989, "Archival Documents," unpaginated.

[190] Jensen, "System Failure," 602.

[191] *Bulletin of the History of Medicine*의 특집인 "Professional Health Care and the Japanese Incarceration"에서 그웬 젠슨Gwenn M. Jensen은 좀 더 비판적인 견해 ('System Failure')를 제시하는 반면, 루이스 피셋Louis Fiset은 그의 논문 "Public Health in World War II Assembly Centers for Japanese Americans"에서 좀 더 긍정적인 평가를 내린다.

[192] U. S. Congress, Senate, Committee on Military Affairs, *War Relocation Centers: Hearings. Before a Subcommittee of the Committee on Military Affairs*, 78th Cong., 1st sess., on S.444. 20 January 1943, 41, and part 2, 11 February 1943, 146; as collected in Daniels, ed., *American Concentration Camps*, vol.7, 1943, "Hearings on War Relocation Centers, Chandler Subcommittee, January~February, 1943," unpaginated.

[193] U. S. War Relocation Authority, *The WRA*, pp. 62, 111~14. '고급 음식 품목'에 대해서는 다음 자료를 볼 것. letter of Congressman Elmer Thomas to Major General Allen W. Gullion (Provost Marshal General), 2 June 1943; as collected in Daniels, ed., *American Concentration Camps*, vol. 7, 1943, "Archival Documents," unpaginated.

[194] Corporal Fred J. Grant Post #1481 Veterans of Foreign Wars of the United States at Ogden, Utah, "Resolution," 1 September 1943; as collected in Daniels, ed., *American Concentration Camps*, vol. 7, 1943, "Archival Documents," unpaginated.

[195] Drinnon, *Keeper of the Concentration Camps*.

[196] Dillon S. Myer, *Uprooted Americans: The Japanese Americans and the War Relocation Authority during World War II*, Tuscon: University of Arizona Press, 1971, pp. 91~107.

[197] U. S. Congress, Senate, Committee on Military Affairs, *War Relocation Centers:*

Hearings Before a Subcommittee of the Committee on Military Affairs, on S. 444, pp. 53~54.

[198] Dillon S. Myer, *Uprooted Americans*, pp. 99~100.

[199] U. S. War Relocation Authority, *The WRA*, pp. 16~19.

[200] U. S. Congress, Senate, Committee on Military Affairs, *War Relocation Centers*: *Hearings Before a Subcommittee of the Committee on Military Affairs*, on S. 444, pp. 127~128.

[201] Ibid., p. 158.

[202] U. S. War Relocation Authority, *The WRA*, p. 112.

[203] "Telephone conversation—Mr. McCloy and Colonel Bendetsen—10 July 1943,"; as collected in Daniels, ed., *American Concentration Camps*, vol.7, 1943, "Archival Documents," unpaginated.

[204] U. S. War Relocation Authority, *The WRA*, p. 115; U.S. Commission on Wartime Relocation and Internment of Civilians, *Personal Justice Denied*, p. 226.

[205] Dower, *War without Mercy*.

[206] Edwin O. Reischauer, foreword to *The Korean Minority in Japan, 1904~1950*, by Edward W. Wagner, New York: Institute of Pacific Relations, 1951,I.

[207] Dower, *War without Mercy*, 특히 pp. 77~93.

[208] S. Congress, Senate, Committee on Military Affairs, *War Relocation Centers*: *Hearings. Before a Subcommittee of the Committee on Military Affairs*, on S.444, p. 117.

[209] 나는 이 말을 아실 음벰베Achille Mbembe로부터 빌려왔다. 나는 이 말이 백인 다수자와 대부분 평화롭고 순종적이라고 생각되는 백인들의 양떼가 맺는 친밀하고 유용한 관계를 환기시킴을 깨달았기 때문이다. 그러나 음벰베는 이 말을 상당히 다른 의미로 사용한다. 즉 그는 이 말을 아프리카의 피식민자와 식민자 사이의 명백히 야만적인 관계를 지칭하기 위해 쓴다(Mbembe, *On the Postcolony*, 특히 pp. 102~141, 173~211, 235~243).

[210] "Talk by Commander Coggins," 26 January 1943, pp. 1b, 6b, in "Training Progam."

2부 '미국인'으로서의 일본인

[1] Michel Foucault, *Security, Territory, Population,*: *Lectures at the Collège de France, 1977~78*, ed. Michel Senellart, trans. Graham Burchell, Basingstoke: Palgrave

Macmillan, 2007; 인용은 165, 353쪽.

2 Ibid., p. 153.

3 United States War Relocation Authority, "Semi-Annual Report: January 1 to June 30, 1943," collected in *War Relocation Authority Quarterly and Semiannual Reports*, vol. 2, 도쿄: 일본도서센터, 1991, pp. 8~9.

4 Dillon Myer, handwritten note on memorandum of Allen W. Gullion, the Provost Marshal General, to the Deputy Chief of Staff, 13 January 1943, 291.2, Jan~April 1943, Army-AG Classified Decimal File, 1943~1945, entry 360, box 1512, Record Group(RG) 407.

5 J. A. Ulio, the Adjutant General, "Loyalty Investigations of American Citizens of Japanese Ancestry in Wat Relocation Centers," 20 January 1943, 291.2, Jan~April 1943, Army-AG Classified Decimal File, 1943~1945, entry 360, box 1512, RG 407.

6 Japanese-American Branch (JAB), Office of the Provost Marshal General (OPMG), "History of the Japanese Program," no date (ca. 1 September 1945), p. 11, Personnel Security Division, JAB, General File, 1942~1946, entry 480, box 1723, RG 389.

7 Copy of letter of John J. McCloy to Albert B. Chandler, 24 April 1943, entry 480, box 1735, RG 389.

8 OPMG, "World War II: A Brief History," no date (ca. November 1945), p. 1, Records of the Office of the Assistant Chief of Staff, G-2(Intelligence), Historical Studies and Related Records of G-2 Components, 1918~1959, Box 31-Miscellaneous Files, Records of the Army Staff, RG 319.

9 *American Inquisition: The Hunt for Japanese American Disloyalty in World War II* (Chapel Hill: University of North Carolina Press, 2007)에서 에릭 뮐러Eric L. Muller는 내가 논의한 것과 동일한 이슈들 중 몇 가지를 분석하면서 몇몇 토픽에 대한 좀 더 새롭고 중요한 세부 사항, 특히 전쟁 기간 내내 지속된 일본인에 대한 서부방위사령부의 악랄한 불신을 제시한다. 하지만 우리의 접근법과 분석은 이와 아주 다르다. 가장 중요한 것은, 뮐러가 군대와 전시외국인수용소 사이의 여러 갈등을 강조하면서, 모든 일본계 미국인들의 충성심을 조사하고자 하는 군대의 욕망에 수용소 측이 억지로 끌려갔다고 논한다는 점이다. 이와 반대로 나는 군대와 민간 에이전시들을 '친절한 인종주의' 체제를 출현시키는 데 기여한 상보적인 양 날개로 간주한다.

[10] Office of the Assistant Chief of Staff, G-2, and OPMG, "Monograph on History of Military Clearance Program (Screening of Alien Japanese and Japanese American Citizens for Military Service)," p. 14; Military Clearance Br. File (activities, functions branch, reports, etc.), Personnel Security Division, JAB, General File, 1942~1946, entry 480, box 1726, RG 389.

[11] Memorandum of W. E. Crist for General Strong, 4 January 1943, entry 480, box 1717, RG 389.

[12] Ibld.

[13] Memorandum of John T. Bissell for General Strong, 8 January 1943. entry 480, box 1717, RG 389.

[14] Memorandum of I. H. Edwards to Assistant Secretary of War, 14 January 1943, ASW 342.18, Formerly Classified Correspondence of John J. McCloy, 1941~1945, entry 180, box 22, RG 107.

[15] Office of the Assistant Chief of Staff, G-2, and OPMG, "Monograph on History of Military Clearance Program", p. 11.

[16] 이 페이지에서 논의되는 28번 질문의 총 네 가지 버전(남성 시민들에게 사용된 것, 여성 시민들과 외국인들에게 사용된 원래 버전, 외국인들에게 사용된 바뀐 버전, 그리고 만자나 Manzanar 버전)과 27번 질문의 버전들은 다음 자료에서 찾을 수 있다. War Relocation Authority, Community Analysis Section, "Army and Leave Clearance Registration at War Relocation Centers," June 1943, Appendix A, p. 52, Nonserial Information Issuances(1942~1946), entry 6, box 1, RG 210.

[17] U. S. War Relocation Authority, "Semi-Annual Report: January 1 to June 30, 1943", pp. 10~11.

[18] 수용에 대해 연구한 대부분의 책들은 두 질문, 즉 전쟁성과 전시외국인수용소의 앙케트와 28번 질문을 수정한 전시외국인수용소 버전의 내용을 단지 스케치하듯이 다루고 있을 뿐이다. 거기에는 종종 오류도 포함되어 있다. 예를 들어, 로저 다니엘스Roger Daniels는 그의 고전적인 저작인 *Concentration Camps, USA: Japanese Americans and World War II* (New York: Holt, Rinehart & Winston, 1972)에서 두 가지 버전의 27번 질문이 지닌 차이에 대해 놀라울 정도로 구분하지 않는다(113쪽). 이와 비슷하게 개척적인 연구인 *Years of Infantry: The Untold Story of America's Concentration Camps*, updated ed. (Seattle: University of Washington Press, 1996)에서 미치 웨글린(Michi

Weglyn은 28번 질문이 시민권자건 1세건 가리지 않고 "모든 등록자들에게 완전히 똑같은 말로 질문했다"(136쪽)고 잘못 쓴다. U. S. Commission on Wartime Relocation and Internment of Civilians, *Personal Justice Denied* (Seattle: University of Washington Press, 1997)가 다루는 부분은 정확하지만, 두 양식의 차이에 대한 스케치에 그쳤다. 그리고 전시외국인수용소 양식에서 최종 수정된 28번 질문의 내용을 제시하지 않는다 (191~195쪽). 일본계 미국인 집단 소개 및 재정주 연구 분야의 핵심적 연구자들이 낸 아주 꼼꼼한 책, 즉 Dorothy Swaine Thomas and Richard S. Nishimoto, *The Spoilage* (Berkeley: University of California Press, 1946)는 이에 대해 비교적 자세하게 언급하고 있으며, 모든 면에서 정확하다. 그러나 이 책은 전시외국인수용소가 모든 양식의 28번 질문을 최종 개정된 문구로 대체했다고 암시한다(57~61쪽). 하지만 이와 달리 등록 절차가 끝난 지 몇 달 지나지 않아 나온 전시외국인수용소 자체의 출판물이 글자 그대로 밑줄 쳐 강조했던 것처럼, 수용소는 외국인들을 위해서만 새 버전을 사용했을 뿐, 여성 시민권자들에게는 이를 사용하지 않았다(U. S. War Relocation Authority, "Semi-Annual Report: January 1 to June 30, 1943", p. 11). 브라이언 마사루 하야시Brian Masaru Hayashi와 리처드 드린논Richard Drinnon은 이들의 저서인 *Democratizing the Enemy: The Japanese American Internment* (Princeton: Princeton University Press, 2004, 143쪽)와 *Keeper of the Concentration Camps: Dillon S. Myer and American Racism* (Berkeley: University of California Press, 1987, 78쪽)에서 공히 각 질문들의 두 가지 버전을 간결하고 정확하게 요약한다. 그러나 위에 제시된 저작들 중 토마스와 니시모토의 책만이 변칙적인 만자나의 질문에 대해 언급한다(70쪽). 이 개관은 너무 작은 문제로 흠을 잡는 듯해서 독자들을 당황시킬 수도 있을 것이다. 실상 나는 앙케트의 특징으로 인해 발생했던 집단적 혼란 및 우려와 관련해 자주 제기되어 왔던 논점에 이의를 제기할 생각은 없다. 하지만 양식들을 그 중요성에 걸맞게 자세하고 비판적으로 읽기 위해, 그리고 그렇게 할 수밖에 없었던(수용자들에게는 가장 사소한 말의 차이조차 문자 그대로 삶이 바뀌는 결과를 낳았다. 거기에는 죽음도 포함되어 있었다), 수용자들의 자세하고 비판적인 앙케트 읽기를 이해하기 위해, 나는 가능한 한 정확할 필요가 있다고 느껴왔다.

[19] United States War Relocation Authority, Community Analysis Section, "Registration at Manzanar," *Project Analysis Series*, no. 3, 3 April 1943, p. 3.

[20] Thomas and Nishimoto, *The Spoilage*, p. 71.

[21] United States War Relocation Authority, *The WRA: A Story of Human Conservation*

(Department of the Interior, War Relocation Authority, ca. 1946), pp. 59~60.

22 Eric Muller, *Free to Die for Their Country: The Story of the Japanese American Draft Resisters in World War II*, Chicago: University of Chicago Press, 2001, pp. 47~48; letter of J. L. DeWitt to Chief of Staff, United States Army, "Comments on Proposed Program for Army Recruitment of and Determination of Loyalty of Japanese Evacuees," 27 January 1943, entry 180, box 22, RG 107.

23 DeWitt, "Comments on Proposed Program for Army Recruitment," Tab D; for the quotes, pp. 1, 3.

24 Ibid., Tab G; for the quotes, p. 1.

25 WRA solicitor, as quoted in U.S. War Relocation Authority, *The WRA*, p. 60.

26 DeWitt, "Comments on Proposed Program for Army Recruitment," Tab D, p. 2.

27 Michel Foucault, "The Subject and Power," in Michel Foucault: *Beyond Structuralism and Hermeneutics*, ed. Herbert L. Dreyfus and Paul Rainbow, 2nd ed., Chicago: University of Chicago Press, 1983, p. 214.

28 See Michel Foucault, "Politics and Reason," in *Politics, Philosophy, Culture: Interviews and Other Writings*, 1977~1984, trans. Alan Sheridan et al., ed. with introduction by Lawrence D. Kritzman, New York: Routledge, 1988, pp. 83~84.

29 "Relocation Center Address," no date, collected in OPMG, "Field Reports: Loyalty Investigations of American Citizens of Japanese Ancestry in War Relocation Centers," March 1943, entry 480, box 1769, RG 389; for the quotes, pp. 1, 2, 3.

30 Elie Kedourie, *Nationalism*, 3rd ed., 1966; reprint, London: Hutchinson, 1985, p. 23; Ernest Renan, "What Is a Nation?" in *Nation and Narration*, ed. Homi K. Bhabha, London: Routledge, 1990, p. 19.

31 Wayne Collins, quoted in Weglyn, *Years of Infantry*, p. 256.

32 Letter of C. W. Ardery to the Provost Marshal General, "Induction of Alien Japanese," 11 September 1944, entry 480, box 1717, RG 389.

33 일본 국적 외국인의 군 지원을 받아들이지 않다가 받아들이게 된 전환의 자세한 역사에 대해서는 다음을 볼 것. Office of the Assistant Chief of Staff, G-2, and OPMG, "Monograph on History of Military Clearance Program", pp. 59~63; for the quotes, p. 61.

34 "Relocation Center Address"; for the quotes, pp. 4, 6.

35 "General Instructions to Team Captains," collected in OPMG, "Field Reports: Loyalty Investigations of American Citizens of Japanese Ancestry in War Relocation Centers"; for the quotes, pp. 3, 4; 토파즈에 대해서는 다음 책을 볼 것. Hayashi, *Democratizing the Enemy*, p. 146; 툴 레이크에 대해서는 다음 책을 볼 것. Thomas and Nishimoto, *The Spoilage*, p. 75.

36 Captain William S. Fairchild, "Granada Relocation Center," p.4, in OPMG, "Field Reports: Loyalty Investigations of American Citizens of Japanese Ancestry in War Relocation Centers."

37 Letter of Dillon Myer to All Project Directors (file copy), 18 February 1943, File 13.607, Headquarters Subject—Classified General Files, 1942~1946, entry 16, box 92, RG 210.

38 First Lt. Evan W. Carroll, C.M.P., "Tule Lake Relocation Centers", pp. 2~3, and petition copy, in OPMG, "Field Reports: Loyalty Investigations of American Citizens of Japanese Ancestry in War Relocation Centers"; letter of Harvey Coverley to Dillon S. Myer, 10 March 1943, entry 16, box 92, RG 210; War Relocation Authority, Community Analysis Section, "Army and Leave Clearance Registration at War Relocation Centers," June, 1943, pp. 15~18, entry 6, box 1, RG 210; letter of D.S. Myer to Harvey W. Coverley, 29 March 1943 (file copy), entry 16, box 92, RG 210; Thomas and Nishimoto, *The Spoilage*, pp. 77, 82.

39 Carroll, "Tule Lake Relocation Center", p. 2.

40 Letter of Harvey M. Coverley to Dillon S. Myer, 6 March 1943, and letter of Dillon Myer to Harvey M. Coverley, 31 March 1943; both in entry 16, box 92, RG 210.

41 Drinnon, *Keeper of the Concentration Camps*, pp. 89~91. 일본계 미국인의 소개 및 재정착 연구the Japanese American Evacuation and Resettlement Study 아카이브에서 자료를 얻은 드린논은 툴 레이크에서 체포된 개인들로부터 나온 상당한 양의 대단한 직접 증거들을 제공한다(83~97쪽). 나는 인종주의적 힘이 전쟁 기간 내내 작용했음을 증명하는 수많은 자료들을 공개했다는 점에서 드린논의 작업에 깊은 경의를 표한다. 그러나 반면에 그는 인종주의와 인종주의 거부, 또는 자유와 부자유의 공간들이 내가 '친절한 인종주의'라고 부르고 있는 새로운 종류의 인종주의를 유지하기 위해 상호 작용했던 방식들에 주목하지 않는다. 자유주의적인 민주주의 방식으로 통치하는 듯이 보이는 모든 것들이 거짓이었다고 비판함으로써, 드린논은 일본

계 미국인들에 대한 정책들의 여러 모순, 예컨대 선의의 제스처와 폭력 행위들, 또는 자유의 승인과 노예 노동의 현존 사이의 모순을 해소하는 방향으로 나아간다. 이와 관련되어 발생하는 문제는 그의 해석이 지닌 비역사적 경향이다. 그는 우리로 하여금 수 세기 거슬러 올라가는 "우리의 전통적 인종주의의 깊은 뿌리들"(xx)이라는 연속성의 선만을 역사적으로 주목하게 하고, 세월에 따른 인종주의의 변형은 보지 못하게 한다. 더 나아가 드린논은 일본계 미국인 수용소들을 "전혀 근대적 발명품이 아닌" 강제수용소concentration camps의 범주에 포함시킨다(6쪽). 하지만 나의 논지는 수용소 내의 정치 형태가 근대적 통치성의 정치 형태와 동일하며, 이는 자유주의와 일치한다는 점이다. 이 마지막 논점과 관련해, 드린논은 "강제수용소를 관리했던" 사람들이 "뉴딜 류의 자유주의자들"(4쪽)이었다고 지적하기는 하지만, 자유주의와 강제수용소의 양립을 가능하게 한 정치적 합리성에 대해서는 전혀 설명하지 않는다.

[42] War Relocation Authority, Community Analysis Section, "Army and Leave Clearance Registration at War Relocation Centers", p. 18.

[43] WRA's Administrative Instruction No.100, quoted in Thomas and Nishimoto, *The Spoilage*, p. 85.

[44] Ibid., pp. 85~86.

[45] Pamphlet quoted in ibid., p. 87; 범주들에 대한 더 자세한 논의는 85~87쪽을 볼 것.

[46] United States War Relocation Authority, *The Evacuated People: A Quantitative Descriptions*, Washington, D. C.: U. S. Government Printing Office, 1946, pp. 166~167, 169.

[47] Thomas and Nishimoto, *The Spoilage*, p. 106.

[48] Ibid., pp. 113~146; 만자나의 전문대학에 대해서는 다음을 볼 것. Brian Niiya, ed., *Japanese American History: An A-to-Z Reference from 1863 to the Present*, New York: Facts on File, 1993, p. 61.

[49] Drinnon, *Keeper of the Concentration Camps*, pp. 131~159 이곳저곳.

[50] Thomas and Nishimoto, *The Spoilage*, p. 140; Drinnon, *Keeper of the Concentration Camps*, pp. 110~111.

[51] 수용소 측이 분류, 합산한 지원자의 수에 대해서는 다음을 볼 것. U. S. War Relocation Authority, "Semi-Annual Reports: January 1 to June 30, 1943," p. 10; 인용 및 다른 정보는 다음 자료를 참조할 것. First Lt. John H. Bolton, C.M.P., "Colorado

River Relocation Center," in OPMG, "Field Report: Loyalty Investigations of American Citizens of Japanese Ancestry in War Relocation Centers."

52 Captain Norman R. Thompson, "Gila River Relocation Center," in OPMG, "Field Reports: Loyalty Investigations of American Citizens of Japanese Ancestry in War Relocation Centers"; 인용은 다음을 볼 것. "Condensed Summary," p. 1, and main report, p. 5.

53 Ibid., and letter of L. H. Bennett to Dillon S. Myer (copy), 17 February 1943; 후자는 "Gila River Relocation Center"에 동봉되어 있다. 인용은 letter 2쪽. 그 후 FBI는 외국인들을 추가로 체포했다. 등록과 모병에 대한 노먼 알 톰프슨 대위의 "현장 보고 field report"는 외국인과 키베이가 반반씩 총 28명이 체포되었다고 밝힌다. 베네트의 편지에 16일의 본 청소 날 27명이 체포되었고 그 후 한 명의 외국인이 붙잡혔다고 되어 있으므로, 이 총수는 정확한 듯하다. 그러나 외국인과 키베이가 반반이라고 한 점이 이상하다. 베네트의 편지에는 20명의 원래 명단 중 외국인이 16명이라고 되어 있는데, 이 수만 해도 이미 총수 28명의 반을 넘는다. 아마도 외국인 중 몇 사람이 최종적인 체포 명단에 오르지 않았을 수도 있다. 어쨌든 여기서 가장 중요한 점은, 수용소 정화 과정의 일환으로서 대략 엇비슷한 수의 미국 시민들과 외국인들이 체포되었고, 다른 곳으로 이송되었다는 사실이다.

54 U. S. Congress, Senate, Committee on Military Affairs, *War Relocation Centers: Hearings before a Subcommittee of the Committee on Military Affairs*, 78th Cong, 1st sess., on S.444, part 2, 11 February 1943, pp. 156~157; as collected in *American Concentration Camps: A Documentary History of the Relocation and Incarceration of Japanese Americans, 1942~1945*, ed. Roger Daniels, vol. 7, 1943, New York: Garland, 1989, unpaginated.

55 U. S. Congress, Senate, Committee on Military Affairs, *War Relocation Centers: Hearings before a Subcommittee of the Committee on Military Affairs*, on S.444, 20, 27. and 28 January 1943, 41, as collected in ibid., unpaginated.

56 U. S. Congress, Senate, Committee on Military Affairs, *War Relocation Centers: Hearings before a Subcommittee of the Committee on Military Affairs*, on S.444, part 2, 11 February 1943, pp. 133~134.

57 U. S. War Relocation Authority, *The Evacuated People*, p. 25.

58 Tetsuden Kashima, *Judgement without Trial: Japanese American Imprisonment*

during World War II, Seattle: University of Washington Press, 2003, p. 25; for the numbers, p. 51.

59 Ibid., pp. 52~52, 48, 64.

60 Ibid., pp. 123~125.

61 모아브와 레우프에 대한 자세한 내용은 ibid., pp. 139~159.

62 U.S. Congress, Senate, Committee on Military Affairs, *War Relocation Centers: Hearings before a Subcommittee of the Committee on Military Affairs*, on S.444, January 20, 27, and 28, 1943, pp. 83~84.

63 U. S. Congress, Senate, Committee on Military Affairs, *War Relocation Centers: Hearings before a Subcommittee of the Committee on Military Affairs*, on S.444, part 2, 11 February 1943, p. 146.

64 U. S. Commission on Wartime Relocation and Internment of Civilians, *Personal Justice Denied*, pp. 225~226; U. S. War Relocation Authority, *The WRA*, pp. 111~116.

65 Franklin D. Roosevelt, "Segregation of Loyal and Disloyal Japanese in Relocation Centers: Message from the President of the United States," 78th Cong., Senate, 1st sess., Document No. 96, 14 September 1943; as collected in Daniels, ed., *American Concentration Camps*, vol. 7, 1943, unpaginated.

66 Office of the Assistant Chief of Staff, G–2, and OPMG, "Monograph on History of Military Clearance Program", pp. 13~16, 43; "Analysis Chart of Special Questionnaire Relating to Citizens of Japanese Ancestry Who Make Application for Voluntary Induction into Army of the United States for Service with the Combat Team" (with handwritten evaluator revisions, additions, and commentary); and "Revised Instructions for Use in Processing Citizens of Japanese American Ancestry for Induction into the Army of the United States," entry 480, boxes 1720 and 1723, RG 389. 1720번 박스의 '분석 차트'는 손 글씨로 수정한 것들, 타이핑 텍스트 부기들, 그리고 어떤 경우 회의적인 평가 코멘트들이 포함된 초기 버전이다. '개정 지침'에는 '분석 차트' 원본과 더불어 수기 수정본 및 타이핑된 부기가 포함되어 있다. 한 가지 경우를 제외하고 이 페이지의 모든 인용은, 별로 중요하지 않은 표현의 변화를 빼고는 원래 버전을 그대로 복사한 타이핑된 버전에서 한 것이다.

67 U. S. Commission on Wartime Relocation and Internment of Civilians, *Personal*

Justice Denied, p. 280.

68 "Analysis Chart of Special Questionnaire Relating to Citizens of Japanese Ancestry."

69 Office of the Assistant Chief of Staff, G–2, and OPMG, "Monograph on History of Military Clearance Program," pp. 55~56.

70 JAB, OPMG, "History of the Japanese Program" (see note 6, above), p. 38.

71 Ibid., pp. 19~26; for the quote, pp. 22~23.

72 Ibid., p. 36.

73 Ibid., pp. 59~62.

74 Memorandum of Alton C. Miller to the Assistant Secretary of War, 31 March 1945, copy as Appendix E–8, JAB, OPMG, "History of the Japanese Program."

75 "Outline of Japanese American Course," no date(ca. 1 January 1944), Sixth Hour(unpaginated), Seventh Hour, pp. 1~2, and English Hour, pp. 5~6, entry 480, box 1756, RG 389. 저자 이름이 전혀 없지만, 이는 분명히 헌병감사무실 일본계 미국인과의 문서다.

76 JAB, OPMG, "History of the Japanese Program", pp. 55~56.

77 U.S. Congress, Senate, Committee on Military Affairs, *War Relocation Centers: Hearings before a Subcommittee of the Committee on Military Affairs*, 78th Cong, 1st sess., on S.444, 20, 27, and 28 January 1943, 54; as collected in *American Concentration Camps: A Documentary History of the Relocation and Incarceration of Japanese Americans, 1942~1945*, ed. Roger Daniels, vol. 7, *1943*, New York: garland, 1989, unpaginated.

78 Second Lt. Stanley D. Arnold, "Minidoka Relocation enter", pp. 2~3, as collected in Office of the Provost Marshal General(OPMG), "Field Reports: Loyalty Investigations of American Citizens of Japanese Ancestry in War Relocation Centers," March 1943, entry 480, box 1769, Record Group(RG) 389.

79 Alexander H. Leighton, *The Governing of Men: General Principles and Recommendations Based on Experience at a Japanese Relocation Camp*, Princeton: Princeton University Press, 1946, p. 195.

80 "Relocation Center Address"(p. 4) and "Questions and Answers," collected in OPMG, "Field Reports: Loyalty Investigations of American Citizens of Japanese Ancestry in War Relocation Centers."

81 Joan W. Scott, "The Evidence of Experience," *Critical Inquiry* 17, no. 4, Summer 1991, pp. 773~797; Gayatri Chakravorty Spivak, "Can the Subaltern Speak?" in *Marxism and the Interpretation of Culture*, ed. Cary Nelson and Lawrence Grossberg, Urbana: University of Illinois Press, 1988, pp. 271~313.

82 포스턴 수용소의 질문 목록은 다음 자료에 있다. #3830, box 11, Japanese–American Relocation Records, Division of Rare and Manuscript Collections, Cornell University Library (JARRC). 다른 것들은 다음 자료에 수록된 각 수용소의 보고서들에 포함되어 있다. OPMG, "Field Reports: Loyalty Investigations of American Citizens of Japanese Ancestry in War Relocation Centers."

83 Dorothy Swaine Thomas and Richard S. Nishimoto, *The Spoilage*, Berkeley: University of California Press, 1946, pp. 62~63.

84 United States War Relocation Authority, *The Evacuated People: A Quantitative Description*, Washington, D. C.: U. S. Government Printing Office, 1946. 이 책은 육군 입대와 전시외국인수용소의 석방 허가 등록 프로그램에 대한 두 개의 자료 목록을 제공한다. 73번 목록(164쪽)은 열 곳의 수용소에서 1943년 2월부터 3월에 걸쳐 수행된 캠페인에 대한 수용자들의 원래 반응들과, 17세에 도달한 모든 사람들이 같은 해 3월부터 9월 사이에 작성한 양식에 나타난 반응들을 모은 것이다. 이 목록에 의하면, 28번 질문에 2,083명이 조건부 "예스" 대답을 했다. 1,041명의 숫자는 74번 목록(165쪽)에 나오는데, 이는 최초의 캠페인 이후 수용자들의 변화된 모습을 반영하고 있다.

85 War Relocation Authority, Community Analysis Section, "Army and Leave Clearance Registration at War Relocation Centers," June 1943, p. 28, Nonserial Informational Issuances (1942~46), entry 6, box 1, RG 210.

86 As observed by David G. Erskine, Chief of the Countersubversive Unit, Counter Intelligence Group(CIG), in his memorandum to General Strong, 8 March 1943, entry 480, box 1717, RG 389.

87 Captain John A. Holdrook, "Rohwer Relocation Center," p. 5, as collected in OPMG, "Field Reports: Loyalty Investigations of American Citizens of Japanese Ancestry in War Relocation Centers."

88 Memorandum of Eugine Siler to Office of the Assistant Secretary of War, 22 March 1943, as collected in OPMG, "Field Reports: Loyalty Investigations of American

Citizens of Japanese Ancestry in War Relocation Centers."

[89] United States War Relocation Authority, Community Analysis Section (John F. Embree), "Registration at Central Utah: 14~17, February, 1943," *Project Analysis Series*, no. 1 (Washington, D. C., February 1943); for the quote, p. 2.

[90] U. S. War Relocation Authority, Community Analysis Section, "Army and Leave Clearance Registration at War Relocation Centers," p. 19.

[91] Ibid., 수용소 관리에 사회과학자들, 특히 인류학자들이 문제적으로 관여했던 일에 대해서는 몇몇 연구들이 아주 훌륭하게 논의한 바 있다. 그 예를 들면 다음과 같다. Peter T. Suzuki, "A Retrospective Analysis of a Wartime 'National Character' Study," *Dialectical Anthropology* 5, no. 1 (May 1980): pp. 33~46; Peter T. Suzuki, "Anthropologists in the Wartime Camps for Japanese Americans: A Documentary Study," *Dialectical Anthropology* 6, no. 1 (August 1981): pp. 23~60; and Orin Starn, "Engineering Internment: Anthropologists and the War Relocation Authority," *American Ethnologist* 13, no. 4 (November 1986): pp. 700~720.

[92] '9인 소위원회의 결의안Resolution of the Committee of Nine'은 다음 자료에서 볼 수 있다. AppendixI of U. S. War Relocation Authority, Community Analysis Section, "Registration at Center Utah", pp. 9~11.

[93] Ibid., p. 4.

[94] Ibid.

[95] Ibid., pp. 4~5.

[96] 〈토파즈 다른 거주자들의 성명Statement of Other Residents of Topaz〉은 다음 자료 에서 볼 수 있다. Appendix II of ibid., p. 11; 서명signatures에 대해서는 다음을 볼 것. Letter of The Other Residents of Topaz to Dillon Myer, 10 March 1943, File 13.607, Headquarters Subject-Classified General Files, 1942~46, entry 16, box 92, RG 210.

[97] 인용은 다음 책에서 함. Thomas and Nishimoto, *The Spoilage*, p. 65. 마이어와 전쟁 성이 낸 반응의 전문은 다음 자료에서 볼 수 있음. U. S. War Relocation Authority, Community Analysis Section, "Army and Leave Clearance Registration at War Relocation Centers," Appendix D.

[98] U. S. War Relocation Authority, Community Analysis Section, "Registration at Central Utah", p. 7.

99 Thomas and Nishimoto, *The Spoilage*, p. 65; and U. S. War Relocation Authority, Community Analysis Section, "Registration at Central Utah", p. 7.

100 U. S. War Relocation Authority, "Semi-Annual Report: January 1 to June 30, 1943", p. 10.

101 〈강령〉의 사본들과 마이어에게 보낸 에른스트의 1943년 3월 12일자 편지는 다음 자료에 들어 있다. letter of Charles F. Ernst to Dillon S. Myer, 18 March 1943, RG 210.

102 하트 마운틴 지원자들의 〈강령〉과 성명은 엘리너 루즈벨트Eleanor Roosevelt에게 까지 전달되었으며, 다음 자료와 함께 수합되어 있다. Memorandum of Grace G. Tully (Private Secretary to Mrs. Roosevelt) to Dillon S. Myer, 24 May 1943, entry 16, box 93, RG 210.

103 Residents Council for Japanese American Civil Rights, "Volunteers for Victory," entry 480, box 1716, RG 389.

104 1970년대의 비판적인 시기에 수용에 대한 JACL의 역사적 전망에 이의를 제기한 중요한 저작들은 다음과 같은 것들이 있다. Gary Y. Okihiro, "Japanese Resistance in America's Concentration Camps: A Reevaluation," *Amerasia Journal* 2, no. 1, Fall 1973, pp. 20~34; Gary Y. Okihiro, "Tule Lake under Martial Law," *Journal of Ethnic Studies* 5, no. 3, Fall 1977, pp. 71~85; Arthur A. Hansen and David A. Hacker, "The Manzanar Riot: An Ethnic Perspective," *Amerasia Journal* 2, no. 2, Fall 1974, pp. 112~157. 특히 일본계 미국인 인구 내부의 계급 갈등을 조명하면서, 수용된 기간 동안의 JACL에 대해 그 비판자들 및 동조자들에 비추어 논의한 최근의 연구로는 다음을 볼 것. Lon Kurashige, *Japanese American Celebration and Conflict*, Berkeley: University of California Press, 2002, pp. 75~116.

105 Michel Foucault, *Security, Territory, Population: Lectures at the Collège de France, 1977~78*, ed. Michel Senellart, trans. Graham Burchell, Basingstoke: Palgrave Macmillan, 2007, pp. 124~130, 151~153, 164~165.

106 Frank Miyamoto, quoted in Deborah K. Lim, "Research Report Prepared for the Presidential Select Committee on JACL Resolution #7" (submitted 1990), p. 18. 몇 년 전 필자에게 〈림 보고서The Lim Report〉의 사본을 주신 윌리엄 호리William Hohri에게 감사한다. 현재 이 자료는 호리의 서문과 함께 온라인(www.javoice.com)으로 볼 수 있다.

총력전 제국의 인종주의

107 이 단락은 위 책에 붙은 호리의 서문을 참고했다

108 Ibid., p. 21.

109 Ibid., pp. 38, 13~14.

110 "Testimony Taken before the Dies Committee (7 July 1943)," as reported by I. V. Tiernman on 8 July and printed on 9 July, pp. 1~2, entry 480, box 1719, RG 389.

111 "Testimony Taken before the Dies Committee (3 July 1943)," as reported by I. V. Tiernman on 5 July and printed on 6 July, pp.1~2, entry 480, box 1719, RG 389.

112 Brian Niiya, ed., *Japanese American History: An A–to–Z Reference from 1868 to the Present*, New York: Facts on File, 1993, p. 226.

113 Mike Masaoka with Bill Hosokawa, *They Call Me Moses Masaoka*, New York: William Morrow, 1987; 이후 본문의 팔호 속에 쪽수를 표시하며 인용한다.

114 Frantz Fanon, *Black Skin, White Masks*, trans. Charles Lam Markmann, New York: Grove Press, 1967, p. 17.

115 역으로, 내가 자란 캘리포니아의 버클리를 포함한 많은 커뮤니티의 3세들은 백인들과의 비동일화 전술로서 종종 (흑인) 타자의 말을 흉내 내었다.

116 전시에 MIS 언어학교를 이끌던 존 아이소는 미국 재향군인회가 후원한 할리우드 고등학교 웅변대회에서 우승했다. 그러나 그를 대신해 같은 반의 백인 학생이 워싱턴의 결선에 나갔다. 아이러니하게도 콘테스트의 주제는 '미국 헌법'이었다. (Roger Daniels, "Japanese America, 1930~1941: An Ethnic Community in the Great Depression," *Journal of the West* 24, no. 4, October 1985, p. 45).

117 Letter from Masaoka to Eisenhower, 6 April 1942, quoted in Frank Chin, "Come All Ye Asian American Writers of the Real and the Fake," in *The Big Aiiieeeee!*, ed. Jeffrey Paul Chan et al. , New York: Meridian, 1991, p. 59.

118 Frantz Fanon, *Wretched of the Earth*, trans. Constance Farrington, Mew York: Grove Press, 1968, p. 250,

119 Michi Weglyn, *Years of Infamy: The Untold Story of America's Concentration Camps*, undated ed., Seattle: University of Washington Press, 1996, p. 136.

120 병사 모집 실패에 대한 데이터는 다음 자료들을 참고했다. OPMG, "World War II: A Brief History," no date (ca. November 1945), pp. 258~259 (quote, p. 259), Records of the Office of the Assistant Chief of Staff, G–2 (Intelligence), Historical Studies and Related Records of G–2 Components, 1918~1959, Box

31-Miscellaneous Files, Records of the Army Staff, RG 319; 1,208명이라는 인원수와 수용소에서 지원한 사람의 수는 다음 자료를 참고했다. U. S. War Relocation Authority, "Semi-Annual Report: January 1 to June 30, 1943", p. 10.

[121] OPMG, "World War II: A Brief History", pp. 260~263.

[122] Captain Norman R. Thompson, "Gila River Relocation Center," p.8, as collected in OPMG, "Field Reports: Loyalty Investigations of American Citizens of Japanese Ancestry in War Relocation Centers." See Lisa Yoneyama, "Liberation under Siege: U.S. Military Occupation and Japanese Women's Enfranchisement," *American Quarterly* 57, no. 3, September 2005, pp. 885~910.

[123] Letter of Kathleen Iseri to Major Kathleen McCure, 26 January 1944, entry 16, box 93, RG 210; Calvert L. Dedrick, Memorandum for the Record, "Tabulation of native-born Japanese females for the W.A.C. Headquarters," 16 July 1943, entry 480, box 1762, RG 389; OPMG, "World War II: A Brief History", p. 263. 아래의 저서는 제2차 세계대전 중 군대에 복무했던 일본계 미국인 여성들에 대해 호소력 있고 훌륭하게 고찰했다. Brenda L. Moore, *Serving Our Country: Japanese American Women in the Military during World War II*, New Brunswick, N. J.: Rutgers University Press, 2003.

[124] EC(틀림없이 Elizabeth Colson), no title, March 1943, p. 4, #3830, box 11, JARRC.

[125] CTS, no title, 9 March 1943, #3830, box 11, JARRC.

[126] CTS, "Volunteering," 8 March 1943, #3840, box 11, JARRC.

[127] MF, "Selective Service, Informal Conversation—a Volunteer Speaks, Sentiments," 10 March 1943, #3840, box 11, JARRC.

[128] CTS, no title, 8 March 1943, #3840, box 11, JARRC.

[129] U. S. War Relocation Authority, Community Analysis Section, "Army and Leave Clearance Registration at War Relocation Centers," p.7.

[130] Memorandum of Sgt. George H. Buxton, Jr., to Office of Assistant Secretary of War, 9 March, enclosed with Captain John A. Holbrook, "Rohwer Relocation Center," p. 5, as collected in OPMG, "Field Reports: Loyalty Investigations of American Citizens of Japanese Ancestry in War Relocation Centers."

[131] Office of the Assistant Chief of Staff, G-2, and OPMG, "Monograph on History of Military Clearance Program (Screening of alien Japanese and Japanese American Citizens for

Military Service)," p. 19, entry 480, box 1726, RG 389.

132 Internee, quoted in Thomas and Nishimoto, *The Spoilage*, p. 97.

133 Teresa P. R. Caldeira, "I Came to Sabotage Your Reasoning!: Violence and Resignifications of Justice in Brazil," in *Law and Disorder*, ed. Jean Comaroff and John L. Comaroff, Chicago: University of Chicago Press, 2006, esp. pp. 126~131; 〈Capículo 4, Versiculo 3〉의 가사 전문은 127~129쪽을 볼 것; 칼데이라의 인용은 129쪽; 〈Juri Racional〉의 전문은 130~131쪽을 볼 것.

134 Foucault, *Security, Territory, Population*, p. 201.

135 Thompson, "Gila River Relocation Center," p. 5.

136 Thomas and Nishimoto, *The Spoilage*, p. 100.

137 일본계 미국인의 '충성심' 문제를 재고찰하려는 중요한 시도로는 다음을 볼 것. the articles in Yuji Ichioka, guest ed., *Beyond National Boundaries: The Complexity of Japanese-American History*, special issue of *Amerasia Journal* 23, no. 3, Winter 1977~1978. 특히, 존 스테판John Stephan의 "Hijacked by Utopia: American Nikkei in Manchuria"(p. 1~42)는 하와이와 미국에서 인종주의에 직면했던 일본계 미국인 들에게 작용했던 만주의 매혹에 대해 논의한다. 그리고 유지 이치오카Yuji Ichioka 의 "The meaning of Loyalty: The Case of Kazumaro Buddy Uno"(p. 45~71)는 캘리 포니아의 한 저널리스트에 대한 사례연구를 제시한다. 그는 한때 동화주의적인 JACL의 지지자였지만, 결국 일본의 팽창주의적 체제를 선전하는 프로파간다를 씀 으로써 미국의 인종주의에 대응하게 되었다. 일본제국과 미국제국 사이에 사로잡 힌 일본인 이민자들에 대한 트랜스내셔널한 연구로는 다음을 볼 것. Eiichiro Azuma, *Between Two Empires: Race, History, and Transnationalism in Japanese America*, Oxford: Oxford University Press, 2005. 툴 레이크 르네상스Tule Lake renaissance에 대해서는 다음을 볼 것. Weglyn, *Years of Infamy*, p. 229~248.

138 토마스와 니시모토의 *The Spoilage*에 나오는 조세프 구리하라에 대한 전기적 서술 을 볼 것(363~370쪽). 구리하라는 1942년 12월에 일어난 유명한 만자나 봉기의 지 도자들 중 한 명이었다. 그는 미국 시민권을 최초로 버린 사람들 중 한 명이기도 했다.

139 Donald E. Collins, *Native American Aliens: Disloyalty and the Renunciation of Citizenship by Japanese Americans during World War II*, Westport, Conn.: Greenwood, 1985, pp. 120~121.

[140] Hansen and Hacker, "The Manzanar Riot", pp. 135~136.

[141] United States Congress, House of Representatives, Special Committee on Un-American Activities, *Report and Minority Views of the Special Committee on Un-American Activities on Japanese War Relocation Centers*, Report No. 717, 78th Cong, 1st sess., 30 September 1943, p. 5.

[142] Ibid., p. 6.

[143] John Okada, *No-No Boy*, 1976; reprint, Seattle: University of Washington Press, 1979; for the quotes, p. 41, 13, 43.

[144] MF(아마도 Misao Furuta), "Personal Journal-MF, Sentiments-Volunteering for the Army," 5 March 1943, #3830, box 11, JARRC.

[145] United States War Relocation Authority, Community Analysis Section, "Army Registration at Granada 1," *Project Analysis Series*, no. 2 Washington, D. C., 19 March 1943, 6 n.2

[146] "Extract from letter to D.S. Myer from Col. E.M. Wilson," 28 February 1943, enclosed with memorandum from Joseph D. Hughes to the Assistant Chief of Staff, G-1, 6 March 1943, ASW 342.18, Formerly Security Classified Correspondence of John J. McCloy, 1941~1945, entry 180, box 22, RG 107.

[147] "Statement from Mothers of Topaz, W.R.A. Center," enclosed with letter of Wakako Adachi et al. to Henry L. Stimson, 11 March 1944, 291.2, 1-1-44 to 7-11-44, Army-AG Decimal File, 1940~1945, entry 363, box 1065, RG 407.

[148] 이는 아마치Amache에 살았던 죽은 병사들의 어머니들에게 발송된 동일한 내용의 편지들 중 하나에서 인용된 것이다. See the sample letter attached to letter of D. S. Myer to J. G. Lindley, 31 August 1944, entry 16, box 92, RG 210.

[149] Thompson, "Gila River Relocation Center," 5; Thomas and Nishimoto, *The Spoilage*, p. 80.

[150] Frank Emi, "Resistance: The Heart Mountain Fair Play Committee's Fight for Justice," *Amerasia Journal* 17, no. 1, 1991, p. 49; Tamotsu Shibutani, *The Derelicts of Company K: A Sociological Study of Demoralization*, Berkeley: University of California Press, 1978, vii, 3; Shirley Castelnuovo, *Soldiers of Conscience: Japanese American Military Resisters in World War II*, Westport, Conn.: Praeger, 2008.

[151] Eric L. Muller, *Free to Die for their Country: The Story of the Japanese American Draft*

Resisters in World War II Chicago: University of Chicago Press, 2001

152 U. S. War Relocation Authority, Community Analysis Section, "The Reaction of Heart Mountain to the Opening of Selective Service to Nisei," *Project Analysis Series*, no. 15 Washington, D.C., 1 April 1944, p. 5.

153 U. S. War Relocation Authority, Community Analysis Section, "Army and Leave Clearance Registration at War Relocation Centers", p. 25.

154 이후 군대 내 일본계 미국인의 역사 및 그들의 성과에 대한 개괄은 널리 알려진 다음과 같은 자료들을 참고할 것이다. Thomas D. Murphy, *Ambassadors in Arms: The Story of Hawaii's 100th Battalion*, Honolulu: University of Hawaii Press, 1954; Joseph D. Harrington, *Yankee Samurai: The Secret Role of Nisei in America's Pacific Victory*, Detroit: Pettigrew Enterprises, 1979; Masayo Duus, *Unlikely Liberators: The Men of the 100th and 442nd*, trans. Peter Duus, Honolulu: University of Hawaii Press, 1987; "522nd Field Artillery Battalion," "442nd Regimental Combat Team," "Military Intelligence Service," "Military Intelligence Service Language School," "100th Infantry Battalion," in *Japanese American History: An A-to-Z Reference from 1868 to the Present*, ed. Brian Niiya, New York: Facts on File, 1993, pp. 137, 230~232, 276~277; Lyn Crost, *Honor by Fire: Japanese Americans at War in Europe and the Pacific*, Novato, Calif.: Presidio Press, 1994; United States Commission on Wartime Relocation and Internment of Civilians, *Personal Justice Denied*, Seattle: University of Washington Press, 1997, pp. 253~260.

155 이 숫자는 고 포 브로크 교육재단Go for Broke Educational Foundation이 www. goforbroke.org에서 주장하는 훈장 개수에 근거한 것이다(2011년 3월 24일에 접속함).

156 Bernard C. Nalty, *Strength for the Fight: A History of Black Americans in the Military*, New York: Free Press, 1986, pp. 107~124, 143~203; United States Office of the Deputy Assistant Secretary of Defense of Equal Opportunity and Safety Policy, *Black Americans in Defense of Our Nation*, Washington, D. C.: Department of Defense, 1985, pp. 30, 34~38.

157 United States Office of the Assistant Secretary of Defense for Military Manpower and Personnel Policy, *Hispanics in America's Defense*, Washington, D. C.: Department of Defense, 1990, pp. 24~33; 병사 수에 대해서는 27쪽을 참고할 것.

158 Alison R. Bernstein, *American Indians and World War II*, Norman: University of

Oklahoma Press, 1991, pp. 22, 40, 138.

[159] United States Office of the Assistant Secretary of Defense for Military Manpower and Personnel Policy, *Hispanics in America's Defense*, p. 27.

[160] Ronald Takaki, *Strangers from a Different Shore: A History of Asian Americans*, Boston: Little, Brown, 1989, pp. 357~363; Theo Gonzalves, "We hold a neatly folded hope": Filipino Veterans of World War II on Citizenship and Political Obligation," *Amerasia Journal* 21, no. 3, Winter 1995~1996, pp. 115~174. 사토시 나카오Satoshi Nakao는 다음 글에서 필리핀 사람들을 미군으로 모집/인정하는 일이 지닌 복잡한 성격을 적절하게 요약했다. "Nation, Nationalism and Citizenship in the Filipinos World War II Veterans Equity Movement, 1945~1999," *Hitotsubashi Journal of Social Studies* 32, 2000, pp. 33~53, esp. 35~36. 이 병사들의 주변화 된 역사는 오바마 대통령의 경제 부양 정책, 즉 2009년의 미국경기부양법the American Recovery and Reinvestment Act 하위 조항을 통해 필리핀인 퇴역군인들에게 돈을 조용히 일괄지급한 일로써 상징된다. 10 U. S. C. § 1002를 볼 것.

[161] J. A. Ulio, the Adjutant General, "Loyalty Investigations of American Citizens of Japanese Ancestry in War Relocation Centers," 20 January 1943, 291.2, Jan~April 1943, Army–AG Classified Decimal File, 1943~1945, entry 360, box 1512, Record Group (RG) 407.

[162] 존 홀의 말과 전시정보국 공보OWI Bulletin의 발췌문은 다음 자료에서 볼 수 있다. "Reattached Memorandum for Files," 2 February 1943, ASW 342.18, Formerly Security Classified Correspondence of John J. McCoy, 1941~1945, entry 180, box 22, RG 107.

[163] War Department, Bureau of Public Relations, "Loyal Americans of Japanese Ancestry to Compose Special Unit in Army," 28 January 1943, Military Clearance Br. File (activities, functions, branch reports, etc.), Personnel Security Division, Japanese American Branch (JAB), General File, 1942~1946, entry 480, box 1726, RG 389.

[164] War Department, Bureau of Public Relations, "Japanese Americans in Army Train to Avenge Pearl Harbor" and "Japanese–Americans in U.S. Battalions are Praised by Battalion Commander," both dated 1 February 1943, Military Clearance Br. File (activities, functions, branch reports, etc.), Personnel Security Division, JAB, General File, 1942~1946, entry 480, box 1726, RG 389. *Memphis Press Scimitar* (1, February 1943)

의 신문 스크랩은 이 보도 자료와 함께 묶여 있다.

165 Office of Reports, War Relocation Authority, "Press Opinion Favorable to Combat Unit," 15 February 1943, enclosed with letter of John C. Baker, Chief of Office of Reports, to All Project Directors, 15 February 1943, File 13.607, Headquarters Subject-Classified General Files, 1942~1946, entry 16, box 92, RG 210.

166 Blake Clark, "U. S. Soldiers with Japanese Faces," *Reader's Digest*, February 1943, copy in Military Clearance Br. File (activities, functions, branch reports, etc.), Personnel Security Division, JAB, General File, 1942~1946, entry 480, box 1726, RG 389. 이 예 및 여러 다른 예를 들기 위해, 나는 일본계 미국인 입대에 대한 전쟁성의 강박적인 언론 자료 수집물들을 활용했으며, 전쟁성 파일에 있는 스크랩들을 이용했다. 하지만 아카이브의 소재가 밝혀지지 않은 것은 내가 입수한 원문을 인용한 것이다.

167 Cecil Hengy Coggins, "The Japanese-Americans in Hawaii," *Harper's Magazine*, June 1943, pp. 75~83; for the quote, p. 78.

168 S. Burton Heath, "What about Hugh Kiino?" *Harper's Magazine*, October 1943, pp. 450~458, 긴 인용은 451, 458쪽.

169 Mrs. Franklin D. Roosevelt, "A Challenge to American Sportsmanship," *Collier's*, 16 October 1943. 코스텔로 소위원회의 9월 보고서뿐만 아니라 히스와 엘리너 루즈벨트 글의 사본도 칼버트 데드릭이 보낸 다음의 메모에 포함되어 있다. Calvert L. Dedrick, Services of Supply, OPMG to Officers of the JAB, Military Clearance Br. File (activities, functions, branch reports, etc.), Personnel Security Division, JAB, General File, 1942~1946, entry 480, box 1743, RG 389.

170 MID, Counter Intelligence Group, Censorship Branch, "Special Report-Morale of 100th Infantry Battalion in Italy," ca. January 1944, copy with ASW 342.18, Formerly Security Classified Correspondence of John J. McCloy, 1941~1945, entry 180, box 22, RG 107.

171 Letter of Harrison A. Gerhardt to Abe Fortas, 11 July 1944, copy with ASW 342.18, Formerly Security Classified Correspondence of John J. McCloy, 1941~1945, entry 180, box 22, RG 107.

172 War Department, Bureau of Public Relations, Press Branch, "100 Battalion has Fought on Virtually All Fronts in Italy," for release on 10 August 1944, Military

Clearance Br. File (activities, functions, branch reports, etc.), Personnel Security Division, JAB, General File, 1942~1946, entry 480, box 1726, RG 389.

173 "Japanese-American Troops," Hearst newsreel footage, UCLA Film and TV Archive (ca. 1944).

174 U. S. Department of Interior, War Relocation Authority, in collaboration with the War Department, *Nisei in Uniform*, Washington, D. C.: U.S. Government Printing Office, 1945, unpaginated. 내무성의 보도 자료는 삽화가 들어 있는 오리지널 팸플릿이 1944년 10월 31일에 발간되었음을 알려준다. "Advance Release: For Tuesday Afternoon Papers, October 31, 1944," entry 82, box 251, RG 208.

175 《뉴욕 데일리 미러*New York Daily Mirror*》에 나온 이 기사는 JAB가 수집한 방대한 신문 스크랩 중 하나다. 이 문단에 인용된 기사들은 다음 자료에서 찾을 수 있다. Military Clearance Br. File (activities, functions, branch reports, etc.), Personnel Security Division, JAB, General File, 1942~1946, entry 480, boxes 1743 and 1745, RG 389.

176 Frank Capra, dir., *Know Your Enemy - Japan*, U.S. Army Pictorial Service, Signal Corps, 1945.

177 Meyer Berger, "U.S. Nisei Troops Honored in Italy," *New York Times*, 19 August 1945.

178 President Truman, quoted in "Nisei Troops Get Truman Citation," *New York Times*, 16 July 1946. 트루먼의 연설은 2세 병사들에 대한 기념식에서 거의 언제나 인용된다.

179 "Japanese-American troops," Hearst newsreel footage, UCLA Film and TV Archive (ca. 16 July 1946).

180 Ronald Reagan, quoted in Mike Masaoka, with Bill Hosokawa, *They Call Me Moses Masaoka*, New York: William Morrow, 1987, p. 178. 레이건이 영화를 하이퍼리얼한 것으로서 경험한 일에 대해서는 다음을 볼 것. Michael Paul Rogin, *Ronald Reagan, the Movie and Other Episodes in Political Demonology*, Berkeley: University of California Press, 1987.

181 Office of War Information, Overseas Branch, "Publications Plan for Philippines," 15 September (Revised), Records of the Office of the Director and Predecessor Agencies, Records of the Historian Area File, 1943~45, entry 6C, box 1, Records of the Office of War Information, RG 208, 긴 인용은 1쪽.

182 Office of War Information, Overseas Branch, "Directive on Radio Informational Activities to China," 27 October 1944, Records of the Office of the Director and Predecessor Agencies, Records of the Historian Area File, 1943~45, entry 6C, box 1, RG 208, for the quotes, pp.6,10.

183 Office of War Information, Foreign Language Division, Washington, D. C., "Splendid Record of the U.S. Soldiers of Japanese Ancestry," 13 May 1943, English transcript of Japanese release, entry 535, box 3142, RG 208.

184 Office of War Information, Overseas Bureau, San Francisco, "Outline History of Japan Division," Records of the Historian, Draft Historical Reports, 1941~1948, entry 6H, box 2, RG 208.

185 "Japan Radio Plan," 24~30 June 1945, Reports, Directives, Bulletins, and Other Papers Dealing with Psychological Warfare and Propaganda Activities in Overseas Theaters, 1939~1945, entry 172, box 336, RG 165; for the quote, p. 1.

186 "Preliminary Plan for Leaflet Campaign Against Japan," Reports, Directives, Bulletins, and Other Papers Dealing with Psychological Warfare and Propaganda Activities in Overseas Theaters, 1939~1945(ca. June 1945), entry 172, box 329, RG 165; for the longer quote, p. 8.

187 Richard Slotkin, "Unit Pride: Ethnic Platoons and the Myths of American Nationality," *American Literary History* 13, no. 3, Autumn 2001, pp. 469~498; for the quotes, p. 469. 혈장에 대해서는 다음을 볼 것. Nalty, *Strength for the Fight*, p.p148, 181.

188 Robert Pirosh, dir., *Go for Broke*, produced by Dore Schary, MGM, 1951.

189 Masaoka, *They Call Me Moses Masaok*a, p. 216.

190 George H. Roeder, Jr., *The Censored War*, New Haven: Yale University Press, 1993, p. 46.

191 미군 최초의 불교 승려인 지네트 신Jeanette Shin은 2004년 7월 22일에 임명되었다. ("U.S. Armed Forces Commissions First Buddhist Chaplain," *Pacific Citizen*, 6~19 August 2004).

192 Dennis Ogawa, *From Japs to Japanese: An Evolution of Japanese−American Stereotypes*, Berkeley: McCutchan, 1971, pp. 14~16; 인용은 영화에서 함.

193 William Petersen, "Success Story, Japanese−American Style", *New York Times*

Magazine, 9 January 1966; William Petersen, "Success Story of One Minority Group in U. S.", *U.S. News and World Report*, 26 December 1966. "모범적인 소수자" 담론에 대해 비판한 글은 다음과 같은 것들이 있다. Bob H. Suzuki, "Education and the Socialization of Asian Americans: A Revisionist Analysis of the 'Model Minority' Thesis," in *Asian Americans: Social and Psychological Perspectives*, ed. Russell Endo, Stanley Sue, and Nathaniel N. Wagner, Palo Alto, Calif.: Science and Behavior Books, 1980, 2: pp. 155~175; and Keith Osajima, "Asian Americans as the Model Minority: An Analysis of the Popular Press Image in the 1960s and 1980s," in *Reflections on Shattered Windows: Promises and Prospects for Asian American Studies*, ed. Gary Y. Okihiro et al., Pullman: Washington State University Press, 1988.

[194] Petersen, "Success Story, Japanese-American Style", p. 36.

[195] "지역 연구의 가장 큰 센터는 전략국 사무소the Office of Strategic Services 안에 [있었다]"라고 언젠가 이야기한 맥조지 번디McGeorge Bundy의 말을 브루스 커밍스 Bruce Cumings가 인용한 것은 의미심장하다("Boundary Displacement: The State, the Foundations, and International and Area Studies during and after the Cold War," in *Parallax Visions: Making Sense of American-East Asian Relations at the End of the Century*, Durham, N. C.: Duke University Press, 1999, p. 173).

[196] Office of War Information, Overseas Branch, "Guidance on Major Themes for Far Eastern Long Range Media Theme Ⅷ-Modernization," 10 January 1945, Records of the Historian Area File, 1943~1945, entry 6C, box 3, RG 208(이후 본문 중에 인용된 쪽수가 표시됨); 이 절의 모든 인용은 1쪽. 전문가들의 이름은 없지만, 최소한 이 사람들 중에는 필시 중국학자로서 당시 워싱턴의 국무성 극동부 부국장보였던 존 페어뱅크John K. Fairbank와 일본계 미국인 존 마키John Maki가 포함되었으리라고 추측된다.

[197] 예컨대 근대화론자들의 가장 야심적인 출판 프로젝트를 통해 일본의 근대화 연구 시리즈라는 여섯 권의 책이 1965년에서 1971년 사이에 프린스턴대학 출판부에서 나왔다.

[198] Robert N. Bellah, *Tokugawa Religion: The Value of Pre-Industrial Japan*, Glencoe, Ill.: Free Press, 1957.

[199] 나는 다음의 글에서 근대화론에 대해 좀 더 자세히 쓴 바 있다. "*Minshūshi* as Critique of Orientalist Knowledges," *Positions* 6, no. 2, Fall 1998, pp. 303~322.

200 Petersen, "Success Story, Japanese—American Style", p. 40; 이후 이 책의 인용은 본문 중에 쪽수를 표시한다.

201 Reed Ueda, "The Changing Path to Citizenship: Ethnicity and Naturalization during World War II," *The War in American Culture: Society and Consciousness During World War II*, ed. Lewis A. Erenberg and Susan E. Hirsch, Chicago: University of Chicago Press, 1996, p. 205.

202 Gunnar Myrdal, 마이클 오미Michael Omi와 하워드 위넌트Howard Winant의 다음 책에서 인용함. *Racial Formation in the United States: From the 1960s to the 1990s*, 2nd ed., New York: Routledge, 1994, pp. 16~17.

3부 '일본인'으로서의 조선인

1 Frank Capra, dir., *Know your Enemy—Japan*, U. S. Army Pictorial Service, Signal Corps, 1945.

2 Foreign Intelligence Service, "F. I. S. Basic Propaganda Plan for Japan—I", 15 April 1942, pp. 9, 6; and O. N. Solbert, "Japan Plan", 23 May 1942, pp. 5, 13; 둘 다 다음 자료에 있음. Records of the Historian, Historian's Records of the Psychological Warfare Branch, 1942~1945, Entry 6G, Box 5; Record Group(RG) 208. 1942년 6월에 FIS는 새로 생긴 전시정보국Office of War Information의 일부분이 되었다.

3 Allied Translator and Interpreter Section, South West Pacific Area, "Interrogation Report No. 720", 11 May 1945, Microfiche 89/281, 10-IR-720, Wartime Translations of Seized Japanese Documents, ATIS reports, 1942~1946(이후로는 ATIS reports, 1942~1946으로 표시함), Library of Congress, Washington, D. C.; 강덕상, 《조선인학도출진: 또 다른 해신의 목소리朝鮮人学徒出陣—もう一つのわだつみのこえ》, 도쿄: 이와나미쇼텐, 1997. ATIS 보고서에 등장하는 조선 이름의 로마자 표기는 이상하지만 원문대로 제시함.

4 U. S. Office of War Information (New Delhi), "Propaganda to Koreans serving in the Japanese Forces," Report no. JRA-366, 3 May 1945, Reports, Directives, Bulletins, and Other Papers Dealing with Psychological Warfare and Propaganda Activities in Overseas Theaters, 1939~1945, entry 172, Box 330, RG 165.

5 Headquarters First Australian Army, First Australian Army ATIS Advanced Echelon, "Prisoner of War Joint Preliminary Interrogation Report", 335, Microfiche 89/281,

20-IR-352, ATIS reports, 1942~1946.

6 Headquarters First Australian Army, First Australian Army ATIS Advanced Echelon, "Prisoner of War Joint Preliminary Interrogation Report", 352, Microfiche 89/281, 20-IR-352, ATIS reports, 1942~1946.

7 Allied Translator and Interpreter Section, South West Pacific Area, "Interrogation Report No. 187", 9 November 1943, Microfiche 89/281, 10-IR-187, ATIS reports, 1942~1946.

8 Allied Translator and Interpreter Section, South West Pacific Area, "Interrogation Report No. 739", 3 June 1945, Microfiche 89/281, 10-IR-739, ATIS reports, 1942~1946.

9 나는 '진지한 역사가들serious historians'을 특화해 말할 것인데, 그것은 최근 일본의 신민족주의자들이 군 복무에 대해 조선인들이 보여준 열광의 수준을 왜곡하기 위해 이 숫자를 사용하고 있기 때문이다.

10 미야타 세츠코宮田節子, 《조선 민중과 "황민화" 정책朝鮮民衆と "皇民化"政策》, 도쿄: 미라이샤未來社, 1985, 50~93쪽.

11 조선총독부, 《소화 16년 조선총독부 통계연보》, 경성[서울]: 조선총독부, 1943, 150~155쪽.

12 United States War Department, Handbook on Japanese Military Forces ([1944]; reprint, Baton Rouge: Louisiana State University Press, 1991), p. 8; 오카 히사오岡久雄, 《육군특별지원병독본》, 경성: 제국 지방행정학회 조선본부, 1939, 72쪽(시오하라 도키사부로鹽原時三郎의 서문이 달려 있음).

13 2000년 9월 14일에 한국 부산에서 있었던 저자의 인터뷰에서 김성수가 한 말임.

14 지난 몇 년 동안, 한일기본조약으로 결론지어진 한일 간의 타협 서류들은 김성수 같은 사람들을 보상하지 못하게 된 데에 대해 한국 정부가 어느 정도 책임을 져야 한다는 점을 확인해 주었다. 아무리 적은 돈이었을지언정 한국 정부는 배상 요구의 타깃이던 일본 정부로부터 돈을 받았으며, 일본 정부는 한국 정부가 그 돈으로 일본의 전쟁 동원 희생자들을 보상할 것이라고 이해했다. 그러나 불행하게도 그 기금은 명백히 이 목적에 사용되지 않았다. 예컨대 다음을 볼 것. 〈일제징용 피해 보상, 법만 따질 일이 아니다〉, 《조선일보》 2005. 1. 18.

15 김성수, 후지타 히로오 편, 《상이군인 김성수의 전쟁傷痍軍人 金成壽の戰爭》, 도쿄: 샤카이히효샤社會批評社, 1995, 220~222쪽(이후로는 본문의 괄호 안에 인용 쪽수를 표시).

총력전 제국의 인종주의

16 조선총독부, 〈조선인 지원병제도 실시 요강〉, Microfilm Reproductions of Selected Archives of the Japanese Army, Navy and Other Government Agencies, 1868~ 1945(MRSA); 전후보상문제연구회 편, 《전후보상문제자료집》, 도쿄: 전후보상문제 연구회, 1991, 3:63~64쪽에서 재인용함. 이후 이 자료집은 SHMS로 표시함.

17 오카가 쓴 이 책의 서문을 볼 것. 이후 이 책은 본문 중 괄호 안에 인용 부분의 쪽수 가 표시된다.

18 이 양식은 육군특별지원병제도의 기본적인 절차를 법령화했으며, 1938년 4월 3일 부터 발효된 육군성령 11호의 부록으로 포함되어 있다. 법령과 양식은 앞의 책, 110~115쪽, 그리고 SHMS 4: pp. 16~18에 수록되어 있다.

19 조선총독부, 《시정 삼십년사施政三十年史》(복각본 《증보 조선총독부 삼십년사》), 도쿄: 쿠레스クレス출판, 1999, 3: 806~807쪽.

20 요시다 도시구마, 〈조선인 지원병/징병의 경개朝鮮人志願兵/徵兵の梗槪〉, 1945년경, box 30, 만주 조선 2, 조선군 관계 자료, Military Archival Library, the National Institute for Defense Studies, Japan Ministry of Defense, Tokyo(MAL), 5, 7; 조선총 독부, 《시정 삼십년사》 3: 807쪽.

21 가이다 가나메, 〈지원병 제도의 현상과 장래의 전망志願兵制度の現狀と將來への展 望〉, 《금일의 조선 문제 강좌 3今日の朝鮮問題講座 3》, 경성: 녹기연맹, 1939, 9쪽.

22 오카, 《육군특별지원병독본》, 64~66쪽.

23 김성수, 《상이군인 김성수의 전쟁》, 51~52쪽.

24 입소자들에 대한 몇 가지 아주 가치 있는 사회학적 고찰, 그리고 이 장에서 좀 더 길게 분석하게 될 이 스케줄은 조선총독부 제1육군병지원자훈련소가 만든 일련의 조사서에 들어 있다. 이 조사서의 제목은 〈생도 제 조사표〉(1943년경)이며, 뛰어난 역사가인 가지무라 히데키梶村秀樹의 글 속에서 찾을 수 있다. 가지무라의 자료는 가와구치(일본 사이타마현)의 아리랑 문화센터에 소장되어 있다.

25 훈련수첩의 사본은 오카의 책 120~127쪽을 참고할 것.

26 〈주요 도시 출신자 조사〉와 〈연령 조사〉라는 두 자료 모두 조선총독부 육군병지원 자훈련소의 〈생도 제 조사표〉에 있음.

27 조선총독부 제1육군병지원자훈련소, 〈생도 제 조사표〉 중 〈입소 수료조사〉. 1938년 부터 1942년 사이의 입소자 중 훈련을 수료한 사람들의 숫자는 각각 406명 중 404 명, 613명 중 596명, 3,060명 중 3,013명, 3,208명 중 3,110명, 그리고 4,077명 중 2,318명이다.

28 상위 보고서의 제목은 〈육군특별지원병 상황 조서〉(1939. 10)이며, MAL에 보관되어 있다. 현재 이 자료는 조선군 참모장, 가토 린페이加藤倫平, 〈육군특별지원병 종군 상황에 관한 건陸軍特別志願兵從軍狀況に關する件〉, 1939. 11. 레퍼런스 코드 Co4121631700으로 온라인(WWW.jacar.go.jp)상에서 볼 수 있다.

29 김성수, 《상이군인 김성수의 전쟁》, 52쪽.

30 조선총독부 제1육군병지원자훈련소, 〈생도 제 조사표〉 중 〈자산 조사〉. 1938년 74.9퍼센트, 1939년 76.5퍼센트, 1940년 66.4퍼센트, 1941년 71.7퍼센트, 1942년 70.6퍼센트였다.

31 가이다 가나메, 〈지원병제도의 현상과 장래의 전망〉, 27~28쪽.

32 요시다 도시구마, 〈조선인 지원병/징병의 경개〉, 6쪽.

33 Carter J. Eckert, *Offspring of Empire: The Koch'ang Kims and the Colonial Origins of Korean Capitalism, 1876~1945*, Seattle: University of Washington Press, pp. 1991, pp. 120~121, 298 n.52.

34 Ibid., 특히 224~252쪽.

35 오카, 《육군특별지원병독본》, 33쪽.

36 징병 이전의 조사에 대해서는, 요시다 도시구마, 〈조선인 지원병/징병의 경개〉, 7~8쪽, 히구치 유이치, 《전시하 조선의 민중과 징병》, 도쿄: 쇼와샤, 2001, 18~24쪽을 볼 것.

37 조선총독부, 〈소화 18년 조선총독부 예산에 대해昭和十八年朝鮮總督府像算に就いて〉, 1942. 12, 51~52쪽. 오노 로쿠이치로 관계 문서(이후에는 ORKB로 표시함) #1183.

38 미즈타 나오마사, 〈소화 19년 조선총독부 예산에 대해昭和十九年朝鮮總督府像算に就いて〉, 1944.3. 29. 곤도 겐이치近藤鈫一 편, 《조선 근대 자료 연구 집성》, 도쿄: 유호교카이友邦協會 조선연구회, 1961, 23쪽에서 재인용함.

39 조선총독부, 〈소화 19년 12월 제 86회 제국의회 설명 자료〉, 1944. 12. 조선총독부, 《조선총독부 제국의회 설명 자료》, 도쿄: 후지슛판, 1994, 10:55쪽에서 재인용함.

40 미즈타 나오마사, 〈소화 19년 조선총독부 예산에 대해〉, 23, 25쪽.

41 법령, 제령 33호는《전후보상문제자료집》, 즉 *SHMS*(4:32)에 전문이 수록되어 있다.

42 조선총독부, 〈소화 19년 12월 제 86회 제국의회 설명 자료〉, 54쪽.

43 위의 책, 56쪽. 이 책은 훈련 기간을 40일(56쪽) 또는 한두 달(57쪽)로 제시한다. 그러나 요시다 도시구마는 〈조선인 지원병/징병의 경개〉에서 훈련 기간이 한 달이라고 말한다.

총력전 제국의 인종주의

44 요시다 도시구미, 〈조선인 지원병/징병의 경계〉, 19쪽.

45 조선총독부, 〈소화 19년 12월 제 86회 제국의회 설명 자료〉, 56쪽.

46 위의 책, 58쪽.

47 조선총독부, 《시정 삼십년사》, 823~824쪽.

48 위의 책.

49 조선총독부, 〈소화 19년 12월 제86회 제국의회 설명 자료〉, 58~59쪽.

50 위의 책, 86, 88~89쪽.

51 달리 말하면, 이 수에는 조선 외부 거주자 5만 2,859명의 대부분이 포함되지 않았다. (조선총독부, 〈제85회 제국의회 설명 자료-재무국장용〉, 1944년경, 이 문서는 곤도 겐이치 편, 《조선 근대 자료 연구 집성》 2권, 도쿄: 유호교카이 조선연구회, 1959, 88쪽에 〈총독부 통치 종말기의 실태總督府統治終末期の實態〉라는 제목으로 수록되어 있다).

52 조선총독부, 〈소화 19년 12월 제86회 제국의회 설명 자료〉, 89쪽. '병丙, (5.6퍼센트)' 판정을 받은 사람들은 국민병으로서 제한된 임무만을 부여 받았다. '정丁, (3.2퍼센트)'과 '무戊, (0.02퍼센트)' 판정을 받은 사람들은 연도별 재검사 대상자이기는 했지만, 그 어떤 복무도 할 수 없었다. (요시다 도시구미, 〈조선인 지원병/징병의 경계〉, 16, 18, 22쪽). 등급 판정에 대해서는 다음 책을 참고할 것. U. S. War Department, *Handbook on Japanese Military Forces*, pp. 2~3.

53 조선총독부, 〈소화 19년 12월 제86회 제국의회 설명 자료〉, 119쪽.

54 사법성 형사국, 《사상월보》 95호, 1942. 6, 18쪽(이후로는 본문의 괄호 안에 인용 쪽수를 표시).

55 경무국 보안과, 〈지난 6개년 간의 재주 조선인 치안유지법 위반 사건 검거 조사既往六個年間における在住朝鮮人治安維持法違反事件檢擧調べ〉, 1942. 3. 31; 〈조선인 관계 서류〉, no. T1473, R215, MRSA.

56 조선총독부, 〈제85회 제국의회 설명 자료-재무국장용〉, 89~90쪽.

57 강덕상, 《조선인 학도 출진》, 315~368쪽. 김준엽에 대해서는 355~359쪽에 기술되어 있다. 김준엽의 회고록은 황민기와 우스키 게이코臼杵敬子에 의해 일본어로 번역되어 있다. 《장정長征-조선인 학도병의 기록朝鮮人學徒兵の記錄》, 도쿄: 고분샤光文社, 1991.

58 강덕상, 《조선인 학도 출진》, 315~326쪽. 인용은 317쪽.

59 위의 책, 326~329쪽.

60 한자에 대한 정확한 음독을 확인할 수 없지만, 이렇게 읽을 수도 있으므로 일본 이

름의 발음을 이 같이 제시한다.

[61] 강덕상, 《조선인 학도 출진》, 339~355쪽.

[62] 요시다 도시구미, 〈조선인 지원병/징병의 경개〉, 12쪽.

[63] 위의 책, 15쪽.

[64] 위의 책, 19쪽.

[65] 조선총독부, 〈소화 19년 12월 제86회 제국의회 설명 자료〉, 119~121쪽.

[66] 위의 책, 121쪽.

[67] 위의 책, 120~121쪽.

[68] 요시다 세이지吉田淸治, 《나의 전쟁범죄-조선인 강제 연행私の戰爭犯罪-朝鮮人强制連行》, 도쿄: 산이치쇼보三一書房, 1983, 1~4쪽, 100~151쪽. 좌익과 우익 양측에서 어떤 학자들은 요시다가 언급한 것의 진실성을 믿지 않는다. 하지만 여기서 내가 말하고자 하는 것은 일본제국주의하 조선 여성에 대해 널리 퍼진 대중적인 이미지와 관련된다. 나는 그 이미지가 정당화되기는 했지만 완전히 정확하지는 않다고 믿는다. 요시다의 언급에 대해 반박한 글로는 다음을 볼 것. Sarah Soh, *The Comfort Women: Sexual Violence and Postcolonial Memory in Korea and Japan*, Chicago: University of Chicago Press, 2008, pp. 152~155.

[69] 도미야마 이치로, 《폭력의 예감暴力の豫感》, 도쿄: 이와나미쇼텐, 2002.

[70] 조선총독부 제1육군병지원자훈련소, 〈생도 제 조사표〉, 할아버지는 39명이 반대, 19명이 찬성이었다. 누이들은 13명이 반대, 83명이 찬성이었다.

[71] 〈젊은 학도와 지원병 대담若き學徒と志願兵對談: 지원병과 말하다志願兵と語る〉, 《녹기》 6권 5호, 1941. 5. 115쪽.

[72] 요시다 도시구미, 〈조선인 지원병/징병의 경개〉, 21쪽, 12쪽.

[73] 사법성 형사국, 《사상월보》(이후 본문 중 괄호 안에 인용 표시함).

[74] 나는 텍스트에 사용된 일본어 차쿠조嫡女를 내 식으로 '친엄마들legitimate mothers'로 번역하려 한다. 차쿠조의 글자 뜻은 "가장 나이 많은 적법한 딸, 즉 적장녀嫡長女"이지만, 여기서 그것은 말이 안 되므로, 추측컨대 저자가 차쿠보嫡母, 즉 '친엄마들'(첩과 대립하는)을 말하고자 했던 것 같다. 어쨌든 저자는 명확히 합법적인 가정의 여성들을 의미하고 있다.

[75] 조선군 사령부, 〈제2호 위원회 협의 결정사항第二號委員會打合せ決定事項〉, 1942. 4. 24(5월 1일 수정), ORKB#1204-2.

[76] 부산일보사, 《조선, 부르심을 받았노라朝鮮 召されたり》, 부산: 부산일보사, 1943, 10

총력전 제국의 인종주의

쪽, 14~15쪽.

77 《경성일보》1938. 2. 2.

78 요시다 도시구미, 〈조선인 지원병/징병의 경계〉, 14쪽.

79 강덕상, 《조선인 학도 출진》, 350~351쪽, 353쪽, 368쪽 n.2; Bruce Cumings, *The Origins of the Korean War*, vol. 1, Princeton: Princeton University Press, 1981, p. 38.

80 인터뷰, 2003. 4. 13. 나는 프라이버시 보호를 위해 가명을 썼다. 이 사람들은 유명 인사들이 아니다.

81 '니거'에 대해서는 다음 책을 볼 것. Gerald Horne, *Race War! White Supremacy and the Japanese Attack on the British Empire*, New York: New York University Press, 2004, xiv. 딜런 마이어는 '쨉'이라는 말을 쓰지 말라고 다른 사람들에게 자주 충고했다.

82 히구치 유이치樋口雄一, 《협화회−전시하 조선인 통제 조직의 연구協和會−戰時下朝鮮人統制組織の硏究》, 도쿄: 샤카이효론샤, 1986, 231~239쪽.

83 신문용어연구회, 《조선동포 호칭 및 신문 잡지 기사 취급 좌담회朝鮮同胞呼稱並びに新聞雜誌記事取り扱い座談會》(1939), 쪽수 없음. 이와 비슷하게 1935년 6월에 대만의 식민 정부는 원주민을 지칭할 때 세이반(생번生蕃)이라는 불쾌한 말의 사용을 중지했으며, 이를 덜 모욕적인 이름인 다카사고족高砂族 또는 다카사고 사람으로 대체했다. (Leo T.S. Ching, *Becoming Japanese: Colonial Taiwan and the Politics of Identity Formation*, Berkeley: University of California Press, 2001, p. 253).

84 와타나베 가츠미渡邊克巳, 《소국민을 위한 군인 아저씨 이야기》, 경성: 국민총력조선연맹, 1944, 인용은 152쪽. 우츠미 아이코, 《조선인 "황군" 병사들의 전쟁朝鮮人"皇軍"兵士達の戰爭》, 도쿄: 이와나미쇼텐, 1991, 47~48쪽.

85 《매일신보》의 인용은 1989년에 나온 영인본(서울: 경인문화사)을 사용했다.

86 《도쿄아사히》1942. 5. 15.

87 《도쿄아사히》석간, 1942. 5. 10.

88 《오사카아사히》1943. 8. 2.

89 히구치 유이치, 《황군 병사로 만들어진 조선인−십오 년 전쟁하의 총동원체제 연구皇軍兵士にされた朝鮮人──五年戰爭下の總動員體制の硏究》, 도쿄: 샤카이효론샤, 1991, 64쪽.

90 이 숫자들은 《에이가준뽀》87호, 1943. 7. 11, 특히 35, 46, 51, 55쪽의 여러 표와 서술들로부터 얻은 것이다. 이와 비슷하게 이 잡지가 내지와 식민지들에 대해 실

시한 1942년 6월의 조사에 의하면, 일본 영화잡지 협회는 조선의 167개 영화관 이름을 밝히고 있다(일본영화잡지협회 편, 《소화 17년 영화연감(1942)》, 영인본《영화연감 9》, 도쿄: 일본도서센터, 1994, 10부, 109~116쪽).

91 이 관료는 총독부 경무국의 도서과장인 모리 히로시森浩였다. 다음 글들에서 인용했다. 모리 히로시, 〈조선에 있어서의 영화에 대해朝鮮における映畫に就いて〉, 《에이가쥰뽀》 87호, 1943. 7. 11, 4쪽; 도키자네 쇼이치, 〈조선의 영화관朝鮮の映畫館〉, 앞의 책, 52쪽.

92 예컨대 조선 영화 및 그 중요성에 대해 논의한 다음 자료를 참고할 것. 〈조선영화의 전망을 말하다朝鮮映畫の展望を語る〉, 《에이가효론映畫評論 1》 7호, 1941. 7, 54~60쪽. 여기에는 조선의 매체 대표자들, 식민지 정부, 그리고 조선의 중요한 영화감독인 히나츠 에이타로日夏英太郎(허영)와 최인규 등 조선 영화산업의 몇몇 관계자들이 참여했다.

93 《에이가쥰뽀》 87호, 1943. 7. 11, 22~26, 28~29, 32~38쪽. 조선영화령 전문은, 일본영화잡지협회 편, 《영화연감》 9호, 7부, 14~22쪽에서 볼 수 있다.

94 이영일, 〈일제 식민지 시대의 조선 영화〉, 다카사키 소지 역, 이마무라 쇼헤이 외 편, 《강좌 일본 영화》 3권, 도쿄: 이와나미쇼텐, 1986, 333쪽.

95 일본영화잡지협회 편, 《영화연감》 9권, 7부 3~5쪽.

96 이 시기에 또 하나의 극영화가 만들어졌는데, 그 제목 역시 조선인의 군 복무 이야기를 다루고 있음을 강력히 암시한다. 그것은 〈가미카제의 아들들神風の子供たち〉 (1945)이다.

97 김종욱, 《실록 한국영화 총서 2권》, 서울: 국학자료원, 2002, 607쪽.

98 인용은 조선영화령 및 그 모델인 내지의 영화법의 공식적인 말이다(니시키 모토사다 西龜元貞, 〈조선 영화의 제재에 대해朝鮮映畫の題材に就いて〉, 《에이가효론》 1.7, 1941. 7, 53쪽). 조선황국영화사가 이 영화를 만들었다(《에이가쥰뽀》 87호, 1943. 7. 11, 21쪽).

99 《에이가쥰뽀》 87호, 1943. 7. 11, 34쪽.

100 이 정보 및 필름 타이틀에 대해서는 다음 자료를 참조했다. 일본영화잡지협회 편, 《영화연감》 9권, 7부, 4쪽. 《필름 센터》 80호(1983. 12. 2)의 특별판인 《이마이 다다시》, 63쪽. 뒤의 책에도 영화의 시놉시스가 들어 있다.

101 이마이 다다시, 〈전쟁 점령 시대의 회상戰爭占領時代の回想〉, 이마무라 쇼헤이 외 편, 《강좌 일본영화》 4권, 도쿄:이와나미쇼텐, 1986, 204~205쪽.

102 이마이가 감독으로서의 명성을 처음으로 얻은 영화가 〈망루의 결사대〉였다는 논

의는 영화사가이자 비평가인 사토 다다오佐藤忠男가 제출했다. 이 논점 및 이마이의 대략적인 경력에 대해서는 다음 글을 참고할 것. 사토 다다오, 〈이마이 다다시〉, 《일본 영화의 거장들日本映畵の巨匠たち 2권》, 도쿄: 가쿠요쇼보學陽書房, 1996, 215~232쪽.

103 〈조선 영화계를 짊어진 사람들의 좌담회朝鮮映畵界を背負う人人の座談會〉, 《모던 일본》 조선판 11, 9호, 1940. 8. 1. 242쪽. 《에이가준뽀》 87호, 1943. 7. 11. 19쪽.

104 사쿠라모토 도미오櫻本富雄는 일본제국의 신민으로 성장하고 있는 부랑아들의 테마가 선정위원회에 호소력이 있었던 것은 분명하지만, 이 영화의 등장인물들이 조선어를 사용하고 조선 옷을 입었기 때문에, 그리고 아이들을 돌보는 기관이 기독교 정신을 지니고 있었기 때문에, 이 영화가 이상적인 작품에 미달한다고 판단되었으리라고 지적한다. 사쿠라모토 도미오, 《대동아전쟁과 일본 영화大東亞戰爭と日本映畵》, 도쿄: 아오키쇼텐靑木書店, 1993, 70~71쪽. 더 최근에 이영재는 이 영화가 식민지 계몽 프로젝트를 수행하는 너무 두드러진 역할을 조선인 엘리트 남성에게 부여했기 때문에, 무엇보다도 검열을 통과하지 못했다는 정교한 논의를 펼쳤다 (《제국 일본의 조선 영화—식민지 말의 '반도', 협력의 심정, 제도, 논리帝國日本の朝鮮映畵—植民地末の'半島', 協力の心情, 制度, 論理》, 도쿄대학교 석사논문, 2006, 70~96쪽.)

105 이마이 다다시, 《전쟁 점령 시대의 회상》, 203쪽.

106 나오키 사카이 및 도미야마 이치로와 대화하면서 나는 자결이라는 말의 중요성을 깨닫게 되었다. 나는 두 사람에게 감사를 표한다.

107 우리는 죽음과의 대면이 그들로 하여금 진정으로 주체가 될 수 있도록 했으며, 죽음과의 대면을 통해 그들이 스스로를 역사—이 경우는 물론 일본의 국사—의 운동 속에 위치시킬 수 있었다고 헤겔식으로 말할 수 있을 것이다. 다음 글들을 볼 것. Achille Mbembe, "Necropolitics," *Public Culture* 15, no. 1, Winter 2003, pp. 11~40, esp.12~16; Georges Bataille, "Hegel, Death and Sacrifice," *Yale French Studies*, no. 78, 1990, pp. 9~28.

108 이마이 다다시, 《전쟁 점령 시대의 회상》, 203쪽.

109 David Bordwell, "Classical Hollywood Cinema: Narrational Principles and Procedures," in *Narrative, Apparatus, Ideology: A Film Theory Reader*, ed. Philip Rosen, New York: Columbia University Press, 1986, pp. 17~34.

110 Richard Slotkin, "The Community of Forms: Myth and Genre in Warner Brothers' *The Charge of the Light Brigade*," *Representations*, no. 29, Winter 1990, pp. 1~23;

and Richard Slotkin, *Gunfighter Nation: The Myth of the Frontier in Twentieth-Century America*, 1992; reprint, Norman: Oklahoma University Press, 1998, pp. 265~271.

[111] Slotkin, *Gunfighter Nation*, p. 266. 이하의 슬롯킨 인용 역시 동일함.

[112] Dae-Sook Suh, *The Korean Communist Movement, 1918~1948*, Princeton: Princeton University Press, 1967, p. 287.

[113] 나는 〈바탄〉에 대해 약간 다른 방향으로 분석하고 있지만(특히 식민지 병사의 역할과 자살의 테마와 관련해), 이하의 많은 논의는 리처드 슬롯킨의 다음 글에서 크게 영감을 받았다. "Unit Pride: Ethnic Platoons and the Myths of American Nationality," *American Literary History* 13, no. 3, Autumn 2001, pp. 469~498. 다음 책도 참고할 것. Clayton R. Koppes and Gregory D. Black, *Hollywood Goes to War: How Politics, Profits and Propaganda Shaped World War II Movies*, Berkeley: University of California Press, 1987, pp. 256~259.

[114] 사토 다다오, 《이마이 다다시》, 216~217쪽; Peter B. High, 《제국의 은막-일본 영화와 십오년전쟁帝國の銀幕-日本映畫と十五年戰爭》, 나고야: 나고야대학출판회, 1995, 453쪽.

[115] 유럽이나 미국의 성장소설과 영화 〈사랑과 맹서〉(및 당대의 식민주의적/국가적 문화 매체)를 비교하면서, 나는 몇몇 아시아계 미국인의 저작물들을 관습적인 성장소설의 대안으로 읽은 리사 로우Lisa Lowe의 관점에서 큰 시사를 받았다. Lisa Lowe, *Immigrant Acts: On Asian American Cultural Politics*, Durham, N. C.: Duke University Press, 1996, 특히 5장, 6장. Franco Moretti, *The Way of the World: The Bildungsroman in European Culture*, London: Verso, 1987, 인용은 16쪽.

[116] Moretti, *The Way of the World*, p. 19.

[117] 입양의 비유 및 일본식 입양 관습의 함축과 일본제국주의 담론에 대한 몇몇 사상의 예에 대해서는 다음 책을 참고할 것. 오구마 에이지, 《단일민족 신화의 기원-"일본인" 자화상의 계보單一民族神話の起源-"日本人"の自畫像の系譜》, 도쿄: 신요샤, 1994, 141~151쪽, 377~394쪽.

[118] Frantz Fanon, *Black Skin, White Masks*, trans. Charles Lam Markmann, New York: Grove Press, 1967, pp. 63~82(이후 이 책은 본문 안에 인용됨).

[119] 오시마 마사노리, 인용은 오구마의 《단일민족 신화의 기원》, 146쪽. 다음 책에는 이와 약간 다르게 번역(영역)되어 있다. Oguma Eiji, *A Genealogy of 'Japanese' Self-*

images, trans. David Askew, Melbourne: Trans Pacific Press, 2002, p. 119.

120 식민지 주체를 양자로 비유하는 아날로지는 근대 식민주의 담론에서 자주 등장했으며, 일본의 식민주의에 특유한 것은 아니었다. 또한 그것은 가끔 식민지 출신 병사들의 군 복무 및 희생과 관련해서도 동원되었다. 예컨대 제1차 세계대전 후 프랑스가 시리아와 레바논을 점령하기 시작했을 때, 새로운 프랑스인 식민지 판무관 commissioner은 다음과 같은 의견을 피력했다. "프랑스는 언제나 이 선물에서, 즉 프랑스의 양자들이 친자식들처럼 프랑스와 나란히 행진하는 모습을 보며 기쁨을 발견했다. 만일 프랑스가 그들의 진정한 어머니가 아니었다면, 이 모로코 사람들과 세네갈 사람들이 전장에서 4년 동안 피를 흘린 후 또다시 어제 자기 자신들을 희생할 것이라고 그 누가 믿을 수 있었을까?"(Elizabeth Thompson, *Colonial Citizens: Republican Rights, Paternal Privilege, and Gender in French Syria and Lebanon*, New York: Columbia University Press, 2000, p. 40).

121 Judith S. Modell, *Kinship with Strangers: Adoption and Interpretations of Kinship in American Culture*, Berkeley: University of California Press, 1994, p. 225.

122 David Schneider, quoted in ibid., p. 3.

123 이 책의 제목이 있는 겉표지에는 작가 이름이 쵸 카쿠츄로 되어 있지만, 판권 표시가 있는 페이지가 제시하는 것은 장혁주의 일본인 이름인 노구치 미노루野口稔다. 《이와모토 지원병》(경성[서울]: 흥아문화출판주식회사, 1944). 이 단편소설의 조선어 번역은 〈순례巡禮〉라는 제목으로 조선어 신문 《매일신보》에 1943년 9월 7일부터 22일에 걸쳐 연재되었다(시라카와 유타카白川豊, 《식민지기 조선의 작가와 일본植民地期朝鮮の作家と日本》, 오카야마, 일본: 대학교육출판, 1995, 120쪽).

124 임전혜, 《일본의 조선인 문학의 역사日本における朝鮮人の文學の歷史》, 도쿄: 호세이法政대학출판국, 1994, 202쪽.

125 시라카와 유타카, 《식민지기 조선의 작가와 일본》, 121~122쪽.

126 쵸 카쿠츄, 〈가키도〉, 《가이조改造》 4, 1932, 1~39쪽.

127 이 작품 수는 시라카와 유타카의 아주 상세한 연구(《식민지기 조선의 작가와 일본》, 112~121쪽)에 근거한 것이다. 덧붙여 말하면, 쵸는 이 기간 동안 한 편의 조선어 장편소설을 썼다. 나는 쵸를 전체적으로 평가하려는 의도가 전혀 없다. 단지 임전혜(《일본의 조선인 문학의 역사》, 202~212쪽)와 임종국(《친일문학론》, 오무라 마스오 역, 도쿄: 고려림, 1976, 331~342쪽) 같은 문학사가나 비평가들이 일본의 식민 지배에 대한 쵸의 협력을 기탄없이 비난했던 반면, 가와무라 미나토川村湊는 그의 작품들을

조금 더 동정적으로(여전히 비판적이기는 하지만) 읽으면서, 저항과 굴복이라는 이항 대립적 모델을 넘어서려고 시도(《김사량과 장혁주—식민지인의 정신구조金史良と張赫宙 —植民地人の精神構造》,《이와나미 강좌, 근대 일본과 식민지 6, 제국과 굴종帝國と屈從》, 오에 시노부大江志乃夫 외 편, 도쿄: 이와나미쇼텐, 1993, 205~234쪽)했음을 지적하는 것에 만족하려 한다.

128 쵸 카쿠츄, 〈이와모토 지원병〉, 11~58쪽. 이후 본문 중에 인용됨.

129 이광수, 〈얼굴이 변한다〉, 《조선화보》 1943. 9. 1. 26~28쪽. 이후 본문 안에 인용 쪽수를 표시함.

130 Michael D. Shin, "Interior Landscapes: Yi Kwangsu's 'The Heartless' and the Origins of Modern Literature," in *Colonial Modernity in Korea*, ed. Gi—Wook Shin and Michael Robinson, Cambridge, Mass.: Harvard University Asia Center, 1999, pp. 248~287.

131 David Palumbo—Liu, *Asian/American: Historical Crossings of a Racial Frontier*, Stanford: Stanford University Press, 1999, 특히 pp. 85~92.

132 *Immigration Commission*, quoted in ibid., p. 85.

133 Albert Palmer, *The Orientals in American Life*; quoted in ibid., p. 90.

134 United States War Relocation Authority, *The WRA: A Story of Human Conser vation*, Department of the Interior, War Relocation Authority, ca. 1946, pp. 3~4.

135 Elie Kedourie, *Nationalism*, 3rd ed., 1966; reprint, London: Hutchinson, 1985. 이 후 이 책은 본문 중에 인용된 쪽수가 표시됨.

136 다카시 후지타니, 《천황의 패전트—근대 일본의 역사민족지로부터天皇のページェン ト—近代日本の歷史民族誌から》, 도쿄: 일본방송출판협회, 1994, 특히 139~169쪽. 우 에모리 나오유키 역, 〈근대 일본에 있어서의 권력의 테크놀로지—군대, '지방', 신 체近代日本における權力のテクノロジー—軍隊, '地方', 身體〉, 《시소思想》 845호, 1994. 11, 163~176쪽.; *Splendid Monarchy: Power and Pageantry in Modern Japan*, Berkeley: University of California Press, 1996, esp. pp. 24~28, 137~145.

137 Slotkin, "Unit Pride," pp. 485~486.

138 Ann Laura Stoler, *Carnal Knowledge and Imperial Power: Race and the Intimate in Colonial Rule*, Berkeley: University of California Press, 2002, p. 19; Anne McClintock, *Imperial Leather: Race, Gender and Sexuality in the Colonial Contest*, New York: Routledge, 1995, p. 7.

139 Elaine Kim and Chungmoo Choi, eds., *Dangerous Women: Gender and Korean Nationalism*, New York: Routledge, 1998. 파농의 경우 핵심 텍스트에는 다음과 같은 것들이 포함된다. "Algeria Unveiled," in *A Dying Colonialism*, trans. Haakon Chevalier, New York: Grove Press, 1965; *Black Skin, White Masks*, trans. Charles Lam Markmann, New York: Grove Press, 1967.

140 Edward Said, *Orientalism*, New York: Vintage Books, 1979.

141 Wan-yao Chou, "The Kōminka Movement in Taiwan and Korea: Comparisons and Interpretations," in *The Japanese Wartime Empire, 1931~1945*, ed. Peter Duus, Ramon H. Myers, and Mark R. Peattie, Princeton: Princeton University Press, 1996, pp. 40~68, esp. 55~61.

142 김영달, 《창씨개명의 연구創氏改名の研究》, 도쿄: 미라이샤未來社, 1997. 미야타 세츠코, 김영달, 양태호, 《창씨개명創氏改名》, 도쿄: 아카시쇼텐明石書店, 1992.

143 명문 귀족의 내혼內婚에 대한 정보는 스즈키 유코鈴木裕子의 《종군위안부, 내선결혼從軍慰安婦, 內鮮結婚》, 도쿄: 미라이샤, 1992, 특히 73~75쪽, 88~92쪽에 크게 의존했다. 와타나베 미도리의 《일한 황실 비화―이마사코 비日韓皇室秘話―李方子妃》(도쿄: 요미우리신문사, 1998)는 학문적 연구인 척하지 않는다. 그러나 저자는 오랫동안 텔레비전 저널리스트이자 연구자였으며, 일본 황실에 대한 글을 전문적으로 쓰는 작가였으므로, 나는 문제가 없다고 생각되는 몇몇 사실들을 이 책에서 인용했다(특히 20~46쪽, 139~40쪽). 이왕가가 일본 황족의 방계 가족 중 하나가 되었다고 자주 이야기되지만, 이는 완전히 옳은 것은 아니다. 일본이 조선을 접수할 때, 이왕가를 일본 황실의 기타 방계 친족들로부터 구분하기 위해 왕족과 황족皇族이 새로운 카테고리로서 창안되었다. 왕족은 대충 '왕실royal family'의 의미를 지닌다. 옛 조선(대한제국) 황제를 지칭하기 위해 사용되던 용어로서의 황족은 천황가를 광범위하게 지칭하는 더 일반적인 황족과 동음이의어이지만, 그 표의문자 '황'은 다른 의미를 지닌다. 즉 그 글자는 '민중', '왕자', '군주' 등을 포함해 다양한 의미를 지닌다. 옛 조선의 왕족과 황족은 여러 면에서 방계 가족들로서 취급되었다. 그러나 다른 문제와 관련된 경우 그들은 날카롭게 구분되었다. 가장 대표적인 것은 그들이 황실전범皇室典範Imperial House Law의 직접 대상이 아니었다는 점이다. 무라카미 시게요시村上重良 편, 《황실사전皇室事典》, 도쿄: 도쿄도숫판東京堂出版, 1980, 22~23쪽을 볼 것.

144 스즈키, 《종군위안부, 내선결혼》, 75~87쪽. 보고서에 대해서는 81~82쪽.

145 조선총독부,《시정 삽십년사》, 경성: 조선총독부, 1940. 영인본《증보 조선총독부 삼십년사》3권, 도쿄: 쿠레스출판, 1999, 474쪽.

146 스즈키,《종군위안부, 내선결혼》, 84쪽에서 미나미의 말을 인용함.

147 위의 책, 76쪽, 82~83쪽.

148 조선총독부 편, 〈소화 19년 12월 제86회 제국의회 설명 자료〉, 1944. 12, 조선총독 부,《조선총독부 제국의회 설명 자료》10권, 도쿄: 후지슛판不二出版, 1994, 20쪽.

149 이토 아비토 외,《조선 알기 사전朝鮮を知る事典》, 도쿄: 헤이본샤平凡社, 1986, 217쪽.

150 전광용, 〈꺼삐딴 리〉 in *Land of Exile: Contemporary Korean Fiction*, trans. and ed. Marshall R. Pihl, Bruce Fulton, and Ju-Chan Fulton, Armonk, N. Y.: M. E. Sharpe, 1993, p. 62.

151 Michael Foucault, "Governmentality," in *The Foucault Effect: Studies in Govern mentality*, ed. Graham Burchell, Colin Gordon, and Peter Miller, Chicago: University of Chicago Press, 1991, pp. 99~100.

152 Doris Summer, *Foundational Fictions: The National Romances of Latin America*, Berkeley: University of California Press, 1991, p. 24.

153 예컨대 다음 저작들을 참고할 것. Ashis Nandy, *The Intimate Enemy: Loss and Recovery of Self under Colonialism*, Delhi: Oxford University Press, 1983, 특히 pp. 1~63; 그리고 다음 책의 몇몇 에세이들을 참고할 것. Julia Clancy-Smith and Frances Gouda ed., *Domesticating the Empire: Race, Gender, and Family Life in French and Dutch Colonialism*, Charlottesville: University Press of Virginia, 1998.

154 Carter J. Eckert, *Offspring of Empire: The Koch'ang Kims and the Colonial Origins of Korean Capitalism, 1876~1945*, Seattle: University of Washington Press, 1991, p. 246.

155《경성일보》1938. 12. 1. 석간.

156《경성일보》1938. 1. 28.

157 쵸 카쿠츄,《이와모토 지원병》, 경성: 흥아출판주식회사, 1944, 1쪽, 155쪽; 오무 라 마스오大村益夫·호테이 도시히로布袋敏博 편,《조선문학 관계 일본어 문헌 목 록》, 도쿄: 료쿠인쇼보綠陰書房, 1997, 213쪽. 내가 사용한 〈출발〉과 〈새로운 출발〉 의 텍스트는 쵸 카쿠츄의《이와모토 지원병》, 209~248쪽과 59~155쪽에 수록되어 있는 것이다. 이후 본문 안에 인용된 쪽수를 표시하겠다.

158 Susan Jeffords, *The Remasculinization of America: Gender and the Vietnam War*,

Bloomington: Indiana University Press, 1989, p. 54.

159 Ibid., p. 59.

160 Peter B. High, *The Imperial Screen: Japanese Film Culture in the Fifteen Years' War, 1931~1945*, Madison: University of Wisconsin Press, 2003, 인용은 391쪽. 군국의 어머니에 대해서는 399~405쪽.

161 Susan Jeffords, *The Remasculinization of America*, p. 64.

162 Rebecca Jo Plant, "The Repeal of Mother: Momism and the Reconstruction of Motherhood in Philip Wylie's America", Ph.D. diss., Johns Hopkins University, 2001, esp. pp. 72~75, 193~214; George Lipsitz, *Rainbow at Midnight: Labor and Culture in the 1940s*, Urbana: University of Illinois Press, 1994, p. 286.

163 도요다에 대한 위의 정보는 주로 다음 책에서 인용했다. 사토 다다오佐藤忠男, 《일본 영화의 거장들日本映畵の巨匠たち》, 도쿄: 가쿠요쇼보學陽書房, 1996, 2권, 101~124쪽.

164 사쿠라모토 도미오櫻本富雄, 《대동아전쟁과 일본 영화大東亞戰爭と日本映畵》, 도쿄: 아오키쇼텐靑木書店, 1993, 70쪽.

165 이와모토 겐지岩本憲兒·마키노 마모루牧野守 편, 《영화연감》 소화편 1 별권, 도쿄: 일본도서센터, 1994, 12쪽. 나는 워싱턴 의회도서관의 영화, 방송, 녹음 분과에 소장된 이 영화의 복사본을 보았다. 불행히도 복사본은 좋은 상태가 아니었으며, 영화 릴들의 순서가 잘못되어 있는 것 같았다. 그러나 나는 《조선》(337호, 1943. 6, 65~84쪽)에 게재된 야타 나오유키의 영화 대본을 볼 수 있었다. 영화와 대본을 본 나는 영화의 세부 사항과 스토리라인 대부분에 대한 나의 이해에 확신을 가지고 있다. 모든 인용들은 영화에서 했다. 또 하나의 복사본은 한국영상자료원에 소장되어 있다.

166 프랑코 모레티는 다음과 같이 쓴다. "대신 성장소설에서 시련은 하나의 기회다. 그것은 '상처 받거나 영향 받지 않은 채' 극복해야 할 장애물이 아니라, 자기 것으로 만들어야 하는must be incorporated 어떤 것이다. '경험들'을 함께 엮음으로써만 인격이 형성되기 때문이다"(Franco Moretti, *The Way of the World: The Bildungsroman in European Culture*, London: Verso, 1987, p. 48; 강조는 원문대로임).

167 일반적으로 이 시기의 식민지 정책은 가정 내부와 외부에서 여성들이 일할 것을 장려했을 뿐만 아니라, 가사노동의 합리화를 증진해 여성들이 국가와 천황을 위한 활동에 더 많은 시간을 바칠 수 있도록 하기도 했다. 예컨대 녹기연맹 여성부는 여

성들에게 가사를 더 효율적으로 처리한 후, 불필요한 상품들을 돈으로 바꾸거나 재활용하는 등의 공공 캠페인에 더 참여할 것을 장려했다. 가와 가오루河かおる, 〈총력전하의 조선 여성 (總力戰下の朝鮮女性)〉, 《역사평론》 612호, 2001. 4, 7~9쪽.

168 Haruko Taya Cook and Theodore F. Cook, *Japan at War: An Oral History*, New York: New Press, 1992, pp. 241~242.

169 《에이가쥰뽀》 87호, 1943. 7. 11, 31쪽.

170 한 개인적인 대화에서 연세대학교의 백문임은 긴슈쿠의 표정을 달리 읽을 수 있다고 제안했다. 백문임은 이 장면에서 에로틱한 매력보다는 절망과 놀라움에 더 주목한다. 더 나아가 백문임은 박기채 영화의 저항적인 면을 더 많이 발견한다. 백문임의 의견은 식민지 시대 및 현재의 관객들이 반드시 내가 말하고 있는 식으로 영화를 보지 않을 수도 있다는 점을 훌륭히 환기시켜 주었다. 그러나 나는 내가 믿는 식으로 읽을 때 이 영화를 만든 사람이 더 좋아할 것이라고 제안한다.

171 《에이가쥰뽀》 87호, 1943. 7. 11, 31쪽.

172 이 이야기에 대해 처음으로 환기시켜 준 김수연에게 감사한다. 김수연의 논문은 한국문학에 나타난 민족 간 결혼에 초점을 맞추고 있다("Romancing Race and Gender: Intermarriage and the Making of a 'Modern Subjectivity' in Colonial Korea, 1910~1945", Ph.D. diss., University of California, San Diego, 2009).

173 우츠미 아이코內海愛子·무라이 요시노리村井吉敬, 《영화인 허영의 '쇼와'—식민지하 영화 만들기에 분주했던 한 조선인의 궤적シネアスト許泳の昭和—植民地下で映画づくりに奔走した一朝鮮人の軌跡》, 도쿄: 가이후샤凱風社, 1985.

174 우츠미와 무라이가 그러했듯이, 불행하게도 나 역시 실제 영화를 볼 수 없었다. 여기서 내가 사용할 텍스트는 히나츠의 영화 대본이다. 히나츠 에이타로·이이지마 다다시飯島正, 〈시나리오 '너와 나'〉, 《에이가효론》 1, 7호, 1941.7, 132~145쪽. 이후 본문 중에 인용 쪽수가 표시됨. 〈너와 나〉의 제작에 대해서는, 우츠미·무라이, 《영화인 허영의 '쇼와'》, 특히 57~121쪽을 볼 것. 기술적으로 히나츠는 여기서 사용되는 대본을 단독으로 쓰지는 않았다. 개척적인 영화 연구자인 이이지마 다다시가 공저자로 되어 있으며, 육군의 출판관이 텍스트의 몇 부분을 다시 썼다고 알려져 있다. 그러나 우츠미와 무라이에 의하면 이이지마는 실질적인 기여를 하지 않았으며, 히나츠가 주 저자였다. 여기서 분석되는 대본과 영화의 버전이 다르다는 사실 역시 지적되어야 할 것이다.

175 김일면, 《천황과 조선인과 총독부天皇と朝鮮人と總督府》, 도쿄: 다바타쇼텐田端書店,

1984, 178~184쪽.

176 예컨대 여성들을 대상으로 한 《매일신보》(1943. 2. 28)의 지원병 훈련소 견학 광고를 참고할 것.

177 내가 사용한 텍스트는 다음 책에 실린 것이다. 오무라 마스오·호테이 도시히로, 《근대 조선 문학 일본어 작품집, 창작 편 1》, 도쿄: 료쿠인쇼보綠陰書房, 2001, 313~405쪽. 이후 본문 중에 인용 쪽수가 표시됨.

178 Fanon, "Algeria Unveiled," pp. 35~67, 인용은 39쪽, 45쪽.

179 Ibid., pp. 37~38.

180 파농이 보여주는 여성혐오증적 경향의 범위와 의의는 몇몇 논쟁의 주제이다. 예컨대 다음을 볼 것. McClintock, Imperial Leather, pp. 360~368; 그리고 Anthony C. Alessandrini가 편집한 Frantz Fanon: Critical Perspectives, London: Routledge, 1999에 수록된 Rey Chow, "The Politics of Admittance: Female Sexual Agency, Miscegenation, and the Formation of Community in Frantz Fanon", pp. 34~56; T. Denean Sharpley-Whiting, "Fanon and Capécia", pp. 57~74; 그리고 편집자의 서문에 나오는 이 이슈에 대한 간단한 코멘트(9~10쪽)를 참고할 것

181 우에다 다츠오上田龍男, 《조선의 문제와 그 해결朝鮮の問題とその解決》, 경성: 쇼가쿠연구소, 1942, 70쪽.

182 조선인 거주자들의 투표권과 공무담임권에 대해서는 마츠다 도시히코松田利彦, 《전전기의 재일 조선인과 참정권戰前期の在日朝鮮人と參政權》, 도쿄: 아카시쇼텐, 1995을 참고할 것.

183 공식 기록들을 의도적으로 파기하고 위안부 이슈를 수십 년간 억압한 결과, 위안부로 동원된 여성들의 총수와 민족적 구성을 계량할 수 있게 하는 데이터가 극히 제한적으로만 남아 있다. 전체 인원수를 합리적으로 어림잡으면 8만 명에서 20만 명 사이일 것으로 추정된다. Yoshimi Yoshiaki, Comfort Women: Sexual Slavery in the Japanese Military During World War II, trans. Suzanne O'Brien, New York: Columbia University Press, 2000, pp. 91~96; Yuki Tanaka, Japan's Comfort Women: Sexual Slavery and Prostitution during World War II and the US Occupation, London: Routledge, 2002, esp. pp. 31~60; and Sarah Soh, Comfort Women: Sexual Violence and Postcolonial Memory in Korea and Japan, Chicago: University of Chicago Press, 2008.

184 Stoler, Carnal Knowledge, p.64: Vicente L. Rafael, White Love and Other Events in Filipino History, Durham, N. C.: Duke University Press, 2000, pp. 52~75. 다음 저

작도 볼 것. Ann Laura Stoler, *Race and the Education of Desire: Foucault's History of Sexuality and the Colonial Order of Things*, Durham: N.C.: Duke University Press, 1995, esp. pp. 42~54. 양 대전 사이의 기간 동안 서아프리카를 대상으로 한 이 이슈에 대한 논의로는 다음 글을 볼 것. Alice L. Conklin, "Redefining 'Frenchness': Citizenship, Race Regeneration, and Imperial Motherhood in France and West Africa, 1914~40," in Clancy—Smith and Gouda, eds., *Domesticating the Empire*, pp. 65~83.

[185] 죠 카쿠츄, 〈일본의 여성〉, 《문학안내》 4, 1937, 86~88쪽.

[186] Chungmoo Choi, "Nationalism and Construction of Gender in Korea," in E. Kim and Choi, eds., *Dangerous Women*, pp. 9~31; 인용은 14쪽.

[187] Seungsook Moon, "Begetting the Nation: The Androcentric Discourse of National History and Tradition in South Korea," in E. Kim and Choi, eds., *Dangerous Women*, p. 43. 한국의 남권주의적이고 가부장적인 협력이나 치욕과 관련된 마지막 논점은 《위험한 여자들*Dangerous Women*》과 최정무가 편집한 다음 책의 몇몇 기고자들에 의해 다양하게 논의된다. Chungmoo Choi, ed., *The Comfort Women: Colonialism, War and Sex*, a special issue of *Positions* 5, no. 1, Spring 1997. 사라 서 Sarah Soh의 《위안부들*Comfort Women*》은 군대의 성노예제에 대해 시사하는 바가 많은 최근의 연구로서, 일본의 식민주의에 대해서는 물론, 한국의 가부장적인 내셔널리즘에 대해서도 정면으로 질문하고 있다.

[188] Carter J. Eckert, "Total War, Industrialization, and Social Change in Late Colonial Korea," in Duus, Myers, and Peattie, eds., *The Japanese Wartime Empire*, ed. pp. 3~39; Moon, "Begetting the Nation", p. 34.

에필로그 〈네 사람의 지원병〉

[1] 나카노 시게하루中野重治, 〈네 사람의 지원병〉, 《민슈쵸센》 9, 1947. 3~4. 《복각復刻 민슈쵸센 2권》, 도쿄: 아카시쇼텐明石書店, 1993, 67~70쪽에서 인용함. 이후 본문 중에 인용된 복각본의 쪽수를 표시함.

[2] Chungmoo Choi, "The Discourse of Decolonization and Popular Memory: South Korea," *Positions* 1, no. 1, Spring 1993, pp. 77~102. 정무 최는 다음과 같은 그람시의 유명한 말을 인용한다. "위기는 옛것이 죽어가고 새 것이 태어나지 못한다는 바

총력전 제국의 인종주의

로 그 사실에 있다. 이 공백 기간에 아주 다양한 병적 징후들이 출현한다"(77쪽).

3 Bruce Cumings, "The Legacy of Japanese Colonialism in Korea," in *The Japanese Colonial Empire, 1895~1945*, ed. Ramon H. Myers and Mark Peattie, Princeton: Princeton University Press, 1984, p. 479; Bruce Cumings, *The Origins of the Korean War*, vol. 1, Princeton: Princeton University Press, 1981, p. 38.

4 1999년 3월 4일 서울에서 있었던 저자와 전상엽의 인터뷰. 인터뷰 때 전상엽은 그의 사건에 언도된 공인 판결문(조선군 관구 임시 군법회의, 평양 사 관구 법정, 〈판결문〉) 복사본을 나에게 주었다. 그것은 그의 개인적인 배경과 판결을 뒷받침했으며, 반란의 자세한 내용과 반란에서 그가 한 역할을 알려 주었다.

5 Tessa Morris-Suzuki, *Exodus to North Korea: Shadows from Japan's Cold War*, Lanham, Md.: Rowman & Littlefield, 2007.

6 다음 책에서 이노우에, 마츠나가, 하야카와와 관련된 항목을 참고할 것. Brian Niiya, ed., *Japanese American History: An A-to-Z Reference from 1868 to the Present*, New York: Facts on File, 1993, pp. 158~159, 174~175, 228~29. 하야카와가 도움을 제의한 일에 대해서는 다음을 볼 것. letter to Dillon Myer, 25 February 1943, Headquarters Subject-Classified Files, Entry 16, box 92, Record Group 210.

7 Phil Karson, dir., *Hell to Eternity*, Atlantic Pictures, 1960.

8 Joshua Logan, dir., *Sayonara*, Warner Bros., 1957. 우리의 논의와 관련해, 재미 일본인의 미국화를 특히 병사들의 '현지처' 재현을 통해 다른 대중매체들을 연구한 다음 글도 참고할 것. Carolyn Chung Simpson, "War Brides," in *An Absent Presence: Japanese Americans in Postwar American Culture, 1945~60*, Durham, N. C.: Duke University Press, 2001, pp. 149~185.

9 미국은 주로 해방 세력으로 재현되었지만, 그와 모순되는 미국의 모습도 존재한다. 그러나 냉전 권력과 그 이해관계자들은 그와 관계된 이슈들을 망각함으로써 제2차 세계대전을 이해했다. 그 과정들에 대한 더 자세한 논의를 보려면 곧 출간될 다음 저작을 참고할 것. Lisa Yoneyama, *Cold War Ruins* (tentative title). 가이 가발동은 스티븐 제이 루빈Steven Jay Rubin의 다큐멘터리 영화 *L.A. Marine* (Fast Carrier Pictures, 2006)의 주제다. 가발동의 자서전은 *Saipan: Suicide Island* (n.p.: Guy Gabaldon, 1990)이다.

10 Oguma Eiji, *A Genealogy of 'Japanese' Self-images*, trans. David Askew, Melbourne: Trans Pacific Press, 2002.

11 Tuskegee Syphilis Study Legacy Committee, "Report of the Tuskegee Syphilis Study Legacy Committee [1] Final Report—May 20, 1996," www.med.virginia.edu/ hs—library/ historical/ apology/ report.htlm (accessed 20 April 2004).

12 예전에 마루야마 마사오丸山眞男는 일본 역사의 불변성에 대한 아주 다른 논점을 밝히기 위해 "통주저음"의 비유를 사용한 바 있다. "The Structure of *Matsurigoto*: The Basso Ostinato of Japanese Political Life," in *Sources of Japanese Tradition*, Vol. 2, *1600 to 2000*, comp. Wm. Theodore De Bary, Carol Gluck, and Arthur E. Tiede mann, 2nd ed., New York: Columbia University Press, 2006, pp. 544~548.

총력전 제국의 인종주의

참고문헌

〈아카이브와 필사본 컬렉션 (약어)〉
이 컬렉션들 및 아카이브들에서 나온 미출판 문서들은 대체로 참고문헌 목록에 제시
되지 않았다.

ATIS

Allied Translation and Interrogation Section, Wartime Translations of Seized Japanese
   Documents: ATIS reports, 1942~1946, Library of Congress, Washington, D.C.

BSA

Bunka Sentā Ariran. Kawaguchi, Saitama Prefecture, Japan.

JARRC

Japanese—American Relocation Records, Division of Rare and Manuscript Collections,
   Cornell University Library

LC

Library of Congress, Washington, D.C.

MAL

Military Archival Library, The National Institute for Defense Studies, Japan Ministry of Defense, Tokyo.

MRSA

Microfilm Reproductions of Selected Archives of the Japanese Army, Navy and Other Government Agencies, 1868~1945, Library of Congress, Washington, D.C.

NAB

National Archives Building, Washington D.C.

NACP

National Archives at College Park, College Park, Md.

NDLT

National Diet Library, Tokyo.

ORKB

Ōno Rokuichirō Kankei Bunsho, Kensei Shiryōshitsu, National Diet Library, Tokyo.

〈NAB의 기록물Record Groups〉

RG 210: Records of the War Relocation Authority

〈NACP의 기록물〉

RG 107: Records of the Office of the Secretary of War
RG 165: War Department General Staff
RG 208: Records of the Office of War Information
RG 319: Records of the Army Staff
RG 389: Records of the Office of the Provost Marshal General, 1941~
RG 407: Records of the Adjutant Generals Office, 1917~

〈일본어와 한국어 신문〉

《경성일보京城日報》(경성[서울], 1938).

《매일신보每日新報》 영인본. 서울: 경인문화사, 1989.

《마이니치신분每日新聞》(도쿄, 1943).

《오사카 아사히大阪朝日》(오사카, 1943).

《도쿄 아사히東京朝日》(도쿄, 1942).

〈영어 신문〉

Los Angeles Times(Los Angeles, 2000).

New York Times(New York, 1946, 1991).

Pacific Citizen(Monterey Park, Calif., 2004).

〈일본어와 한국어 자료〉

가와 가오루河かおる, 〈총력전 하의 조선 여성總力戰下の朝鮮女性〉, 《역사평론》 612호, 2001. 4: 2~17쪽.

가와무라 미나토川村湊, 〈긴 시료(김사량)와 쵸 카쿠츄(장혁주)−식민지인의 정신구조金史良と張赫宙−植民地人の精神構造〉, 《이와나미 강좌, 근대 일본과 식민지 6, 제국과 굴종帝國と屈從》, 오에 시노부大江志乃夫 외 편, 도쿄: 이와나미쇼텐岩波書店, 1993.

가이다 가나메海田要, 〈지원병 제도의 현상과 장래의 전망志願兵制度の現狀と將來への展望〉, 《금일의 조선 문제 강좌 3今日の朝鮮問題講座 3》, 경성[서울]: 녹기연맹綠旗聯盟, 1939.

가토 요코加藤陽子, 《징병제와 근대 일본徵兵制と近代日本》, 도쿄: 요시카와고분칸吉川弘文館, 1996.

가토 테츠로加藤哲郎, 《상징천황제의 기원, 미국의 심리전 "일본 계획"象徵天皇制の起源, アメリカの心理戰 "日本計劃"》, 도쿄: 헤이본샤平凡社, 2005.

강덕상, 《조선인학도출진−또 다른 해신의 목소리朝鮮人學徒出陣−もう一つの海神の聲》, 도쿄: 이와나미쇼텐, 1997.

_____, 〈또 하나의 강제 연행もう一つの强制連行〉, 《닌겐분카人間文化》 준비판, 1996. 3: 25~38쪽.

고마고메 다케시駒込武, 《식민지 제국 일본의 문화 통합植民地帝國日本の文化統合》, 도쿄: 이와나미쇼텐, 1996.

고이소 구니아키小磯國昭, 〈시정연설施政演說〉, 《제85회 제국의회 귀족원 의사 속기록 제1호第八十五回 帝國議會貴族院議事速記錄 第一號》, 관보호외官報號外로 1944년 9월 7일에 발행됨.

곤도 마사미近藤正己, 《총력전과 대만: 일본 식민지 붕괴의 연구總力戰と臺灣: 日本植民地崩壞の硏究》, 도쿄: 도스이쇼보刀水書房, 1996.

기타 잇키北一輝, 〈일본개조법안대강日本改造法案大綱〉, 《기타 잇키 저작집北一輝著作集》2권, 도쿄: 미스즈쇼보, 1959.

김성수, 《상이군인 김성수의 전쟁傷痍軍人 金成壽の戰爭》, 후지타 히로오 편, 도쿄: 샤카이히효사社會批評社, 1995.

김영달, 《창씨개명의 연구創氏改名の研究》, 도쿄: 미라이샤未來社, 1997.

김일면, 《천황과 조선인과 총독부天皇と朝鮮人と總督府》, 도쿄: 다바타쇼텐田端書店, 1984.

김종욱 편, 《실록 한국 영화 총서》, 서울: 국학자료원, 2002.

김준엽, 《장정長征—조선인 학도병의 기록朝鮮人學徒兵の記錄》, 황민기·우스키 게이코 臼杵敬子 역, 도쿄: 고분샤光文社, 1991.

나카노 시게하루中野重治, 〈네 사람의 지원병四人の志願兵〉, 《민슈쵸센民主朝鮮》 9호, 1947. 3~4: 67~70쪽, 《복각復刻 민슈쵸센》2권, 도쿄: 아카시쇼텐明石書店, 1993.

내무성, 〈조선 및 대만의 현황朝鮮及び臺灣の現況〉, 1944. 7, 《대동아전하의 조선 및 대만大東亞戰下の朝鮮及び臺灣》, 곤도 겐이치 편, 치가사키시茅ケ崎市: 조선자료연구회, 1961.

니시키 모토사다西龜元貞, 〈조선 영화의 제재에 대해朝鮮映畵の題材に就いて〉, 《에이가효론 映畵評論》1권, 7호(1941. 7): 51~53쪽.

다나카 다케오田中武雄 외, 〈고이소 총독 시대의 개관—다나카 다케오 정무총감에게 듣는다小磯總督時代の槪觀—田中武雄政務總監に聞く〉(1959년 9월 9일 녹음), 미야타 세츠코 宮田節子 감수, 《십오년전쟁 하의 조선 통치》.

_____, 〈참정권 시행의 경위를 말한다—다나카 다케오 내각 서기관장 외參政權施行の經緯を語る—田中武雄 內閣書記官長 外〉(1958년 8월 26일 녹음), 미야타 감수, 《십오년전쟁 하의 조선 통치》.

다카하시 데츠야高橋哲哉, 《야스쿠니 문제靖國問題》, 도쿄: 치쿠마쇼보筑摩書房, 2005.

도미야마 이치로富山一郎, 《폭력의 예감暴力の豫感》, 도쿄: 이와나미쇼텐, 2002.

도키자네 쇼이치, 〈조선의 영화관朝鮮の映畵館〉, 《에이가준뽀映畵旬報》87호, 1943. 7.

총력전 제국의 인종주의

11 : 51~53쪽.

마츠모토 다케노리松本武祝, 〈(연구동향) '식민지적 근대'를 둘러싼 근년의 조선사 연구 (研究動向)植民地的近代をめぐる近年の朝鮮史研究〉, 미야지마 히로시 외 편, 《식민지 근 대의 시좌 植民地近代の視座》.

마츠다 도시히코松田利彦, 《전전기의 재일 조선인과 참정권戰前期の在日朝鮮人と參政 權》, 도쿄: 아카시쇼텐, 1995.

모리 히로시森浩, 〈조선에 있어서의 영화에 대해朝鮮における映畵に就いて〉, 《에이가준 뽀映畵旬報》 87호, 1943. 7. 11.

무라카미 시게요시村上重良 편, 《황실사전皇室事典》, 도쿄: 도쿄도슛판東京堂出版, 1980.

문부성 교학국 편, 《신민의 길臣民の道》, 1941, 《국체의 길國體の道/신민의 길臣民の道》, 가이즈카 시게키貝塚茂樹 편, 도쿄: 일본도서센터, 2003.

미야지마 히로시宮嶋博史 외 편, 《식민지 근대의 시좌—조선과 일본植民地近代の視座— 朝鮮と日本》, 도쿄: 이와나미쇼텐, 2004.

미야타 세츠코宮田節子, 《조선 민중과 "황민화" 정책朝鮮民衆と"皇民化"政策》, 도쿄: 미 라이샤未來社, 1985.

_____ 감수, 《십오년전쟁 하의 조선 통치, 미공개 자료 조선총독부 관계자 녹음 기록 1》, 《동양문화연구東洋文化研究 2》의 특집(2000. 3).

미야타 세츠코, 김영달, 양태호, 《창씨개명創氏改名》, 도쿄: 아카시쇼텐, 1992.

미즈노 나오키水野直樹, 〈해설〉, 《전시기 식민지 통치 자료戰時期植民地統治資料》, 1권.

_____, 〈전시기의 식민지 지배와 '내외지 행정 일원화'戰時期の植民地支配と'內外 地行政一元化'〉, 《진분가쿠호人文學報》, 79호 (1997): 77~102쪽.

미즈노 나오키 편, 《전시기 식민지 통치 자료》, 1권, 7권, 도쿄: 가시와쇼보栢書房, 1998.

미즈타 나오마사水田直昌, 〈소화 19년도 조선총독부 예산에 대해昭和十九年朝鮮總督府 豫算に就いて〉, 1944. 3. 29, 《조선 근대 자료 연구 집성朝鮮近代資料集成》, 곤도 겐이 치近藤釼一 감수, 도쿄: 유호교카이友邦協會, 조선연구회, 1961.

박경식, 《조선인 강제연행의 기록朝鮮人强制連行の記錄》, 도쿄: 마라이샤, 1965.

부산일보사, 《조선, 부르심을 받았노라朝鮮 召されたり》, 부산: 부산일보사, 1943.

사법성 형사국, 〈사상월보思想月報〉, 95호(1942. 6).

사상대책계思想對策係, 〈반도인 문제半島人問題〉, 1944.8. 미즈노 나오키 편, 《전시기 식민지 통치 자료 戰時期植民地統治資料》, 7권.

사카이, 나오키酒井直樹, 《사산되는 일본어/일본인死産される日本語/日本人》, 도쿄: 신요
샤新曜社, 1996.

사쿠라모토 도미오櫻本富雄, 《대동아전쟁과 일본 영화大東亞戰爭と日本映畵》, 도쿄: 아
오키쇼텐靑木書店, 1993.

사토 다다오佐藤忠男, 〈이마이 다다시〉, 《일본 영화의 거장들日本映畵の巨匠たち》 2권,
도쿄: 가쿠요쇼보學陽書房, 1996.

센다 가코千田夏光, 《종군위안부從軍慰安婦》, 도쿄: 산이치쇼보三一書房, 1978.

쇼 카신鍾家新, 《일본형 복지국가의 형성과 '십오년전쟁'日本型福祉國家の形成と '十五年
戰爭'》, 도쿄: 미네르바쇼보, 1998.

스즈키 유코鈴木裕子, 《종군위안부, 내선결혼從軍慰安婦, 內鮮結婚》, 도쿄: 미라이샤,
1992.

시라카와 유타카白川豊, 《식민지기 조선의 작가와 일본植民地期朝鮮の作家と日本》, 오카
야마: 대학교육출판, 1995.

신문용어연구회, 《조선동포 호칭 및 신문 잡지 기사 취급 좌담회朝鮮同胞呼稱並びに新
聞雜誌記事取り扱い座談會》, 1939.

신영홍, 《근대 조선 사회사업사 연구-경성 방면위원 제도의 역사적 전개近代朝鮮社會
事業史硏究-京城における方面委員制度の歷史的展開》, 도쿄: 료쿠인쇼보綠蔭書房, 1984.

야마노우치 야스시山之內靖, Victor Koschmann, 나리타 류이치成田龍一, 《총력전과 현
대화總力戰と現代化》, 도쿄: 가시와쇼보, 1995.

야타 나오유키八田尙之, 〈젊은 모습若き姿〉, 《쵸센朝鮮》, 337호(1943. 6.): 65~84쪽.

오구마 에이지小熊英二, 《단일민족 신화의 기원-"일본인"의 자화상의 계보單一民族神
話の起源-"日本人"の自畫像の系譜》, 도쿄: 신요샤, 1994.

오무라 마스오大村益夫·호테이 도시히로布袋敏博 편, 《조선문학 관계 일본어 문헌 목
록》, 도쿄: 료쿠인쇼보, 1997.

오카 히사오岡久雄, 《육군특별지원병 독본陸軍特別志願兵讀本》, 시오하라 도키사부로鹽
原時三郎의 서문, 경성[서울]: 제국 지방행정학회 조선본부, 1939.

오카모토 마키코岡本眞希子, 〈아시아/태평양전쟁 말기의 조선인/대만인 참정권 문제ア
ジア·太平洋戰爭末期における朝鮮人·台湾人參政権問題〉, 《일본사연구日本史硏究》, 40호
(1996. 1): 53~67쪽.

_____, 〈아시아/태평양전쟁 말기의 재일조선인 정책アジア·太平洋戰爭末期の在日

총력전 제국의 인종주의

朝鮮人政策〉,《재일 조선인 연구在日朝鮮人研究》, 27호(1997. 9): 21~47쪽.

와타나베 가츠미渡邊克巳,《소국민을 위한 군인 아저씨 이야기小國民の爲の兵隊さん物
語》, 경성[서울]: 국민총력조선연맹, 1944.

와타나베 미도리渡邊みどり,《일한 황실 비화—이 마사코 비日韓皇室秘話—李方子妃》, 도
쿄: 요미우리신문사, 1998.

요시다 세이지吉田淸治,《나의 전쟁범죄—조선인 강제 연행 私の戰爭犯罪—朝鮮人强制連
行》, 도쿄: 산이치쇼보三一書房, 1983.

우에다 다츠오上田龍男,《조선의 문제와 그 해결朝鮮の問題とその解決》, 경성[서울]: 쇼
가쿠연구소, 1942.

우츠미 아이코·무라이 요시노리村井吉敬,《영화인 허영의 '쇼와' —식민지하 영화 만들
기에 분주했던 한 조선인의 궤적シネアスト許泳の〈昭和〉—植民地下で映画づくりに奔走
した一朝鮮人の軌跡》, 도쿄: 가이후샤凱風社, 1985.

우츠미 아이코內海愛子,《조선인 "황군" 병사들의 전쟁朝鮮人 "皇軍" 兵士たちの戰爭》, 도
쿄: 이와나미쇼텐, 1991.

육군병비과陸軍兵備科,〈대동아전쟁에 수반한 우리 인적 국력의 검토大東亞戰爭にとも
なうわが人的國力の檢討〉, 1942. 1. 20. 다카사키 류지高崎隆治 편,《십오년전쟁 극비
자료집十五年戰爭極秘資料集》1집, 도쿄: 류케이쇼샤龍溪書舍, 1976에 수록됨.

윤정욱,《식민지 조선의 사회사업 정책植民地朝鮮における社會事業政策》, 오사카: 오사
카 경제법과대학 출판부大阪經濟法科大學出版部, 1996.

이광수,〈얼굴이 변한다顏が變る〉,《조선화보》, 1943. 9. 1: 26~28쪽,

_____ ,〈진정 마음이 만나서야말로心相觸れてこそ〉, 오무라 마스오·호테이 도시
히로 편,《근대 조선 문학 일본어 작품집, 창작 편 1》, 도쿄: 료쿠인쇼보, 2001.

이마이 다다시今井正,〈전쟁 점령 시대의 회상戰爭占領時代の回想〉, 이마무라 쇼헤이 외
편,《강좌 일본영화》4권, 도쿄: 이와나미쇼텐, 1986.

이영일,〈일제 식민지 시대의 조선 영화日帝植民地時代の朝鮮映畵〉, 다카사키 소지 역,
이마무라 쇼헤이今村昌平 외 편,《강좌 일본 영화講座日本映畵》3권, 도쿄: 이와나미
쇼텐, 1986.

이영재,〈제국 일본의 조선 영화—식민지 말의 '반도', 협력의 심정, 제도, 논리帝國日
本の朝鮮映畵—植民地末の '半島', 協力の心情, 制度, 論理〉, 도쿄대학교 석사논문, 2006.

이와모토 겐지岩本憲兒·마키노 마모루牧野守 편,《영화연감映畵年鑑》, 쇼와昭和편 1, 별
권, 도쿄: 일본도서센터, 1994.

이타가키 류타 板垣龍太, 《조선 근대의 역사 민족사—경북 상주의 식민지 경험朝鮮近代の歷史民族史—慶北尙州の植民地經驗》, 도쿄: 아카시쇼텐, 2008.

_____ , 〈'식민지 근대' 를 둘러싸고 '植民地近代' をめぐって〉, 《역사평론歷史評論》 654호, 2004. 10: 35~45쪽.

이토 아비토伊藤亞人 외 편, 《조선 알기 사전朝鮮を知る事典》, 도쿄: 헤이본샤平凡社, 1986.

일본영화잡지협회 편, 《소화 17년 영화 연감》, 1942, 복각본 《영화 연감》 9권, 도쿄: 일본도서센터, 1994.

임전혜, 《일본의 조선인 문학의 역사日本における朝鮮人の文學の歷史》, 도쿄: 호세이法政 대학출판국, 1994.

임종국, 《친일문학론》, 오무라 마스오大村益夫 역, 도쿄: 고려서림高麗書林, 1976.

전후보상문제연구회 편, 《전후보상문제자료집戰後補償問題資料集》 3, 4권, 도쿄: 전후 보상문제연구회, 1991.

조선총독부, 《조선총독부 제국의회 설명 자료朝鮮總督府帝國議會說明資料》 3권, 10권, 도쿄: 후지슛판不二出版, 1994.

_____ , 〈제 85회 제국의회 설명 자료〉, 1944, 〈제 85회 제국의회 설명 자료 복 각—총독 통치 말기의 실태 ⑷〉, 곤도 겐이치近藤釼一, 《조선 근대 자료 연구 집성朝 鮮近代資料集成》 4권, 도쿄: 유호교카이友邦協會, 조선연구회, 1961.

_____ , 〈제85회 제국의회 설명 자료—재무국장용〉, 1944, 복각본 〈총독 통치 말 기의 실태〉, 곤도 겐이치 감수, 《조선 근대 자료 연구 집성》 2권, 도쿄: 유호교카이 조선연구회, 1959.

_____ , 《시정 삼십년사施政三十年史》, 1940, 복각본 《증보 조선총독부 삼십년사》 3권, 도쿄: 쿠레스출판, 1999.

_____ , 〈소화 13년 12월 제74회 제국의회 설명 자료〉, 1938. 12. 조선총독부, 《조 선총독부 제국의회 설명 자료》, 3권에 복각됨.

_____ 편, 《소화 16년 조선총독부 통계 연보》, 경성[서울]: 조선총독부, 1943.

_____ , 〈소화 19년 12월 제86회 제국의회 설명 자료〉, 1944. 12. 조선총독부, 《조 선총독부 제국의회 설명 자료》 10권에 복각됨.

참모본부 편제동원과, 《지나사변 대동아전쟁 간 동원 개사支那事變大東亞戰爭間 動員槪 史》, 1946, 복각판, 오에 시노부大江志乃夫 편, 도쿄: 후지슛판不二出版, 1988.

쵸 카쿠츄(장혁주, 노구치 미노루), 〈가키도餓鬼道〉, 《가이조改造》 4, 1932: 1~39쪽.

_____, 《이와모토 지원병》, 경성[서울]: 흥아문화출판주식회사, 1944.

_____, 〈일본의 여성 日本の女性〉, 《분가쿠 안나이文學案内》 4, 1937: 86~88쪽.

최유리, 《일제 말기 식민지 지배 정책 연구》, 서울: 국학자료원, 1997.

홍금자, 〈일제시대의 사회복지 정책 및 사회복지 서비스日帝時代の社會福祉政策及び社會福祉サービス〉, 《식민지 사회사업 관계 자료집: 조선 편植民地社會事業關係資料集: 朝鮮篇》, 부록: 해설, 도쿄: 근현대자료간행회, 1999.

후생성 연구부 인구 민족부, 《야마토 민족을 중핵으로 하는 세계 정책의 연구大和民族を中核とする世界政策の研究》, 1943, 복각본 《민족 인구 정책 연구 자료》, 3~8권, 도쿄: 분세이쇼인文生書院, 1982~83.

후지타니 다카시, 〈근대 일본에 있어서의 권력의 테크놀로지—군대, 지방, 신체近代日本における權力のテクノロジー: 軍隊, 地方, 身體〉, 우메모리 나오유키 역, 《시소思想》, 845호, 1994. 11: 163~76쪽.

_____, 《천황의 패전트—근대 일본의 역사 민족지로부터天皇のページェント—近代日本の歴史民族誌から》, 리사 요네야마 역, 도쿄: 일본방송출판협회, 1994.

히구치 유이치樋口雄一, 《황군 병사가 된 조선인: 십오년전쟁 하의 총동원체제 연구皇軍兵士にされた朝鮮人: 十五年戰爭下の總動員體制の研究》, 도쿄: 샤카이효론사社會評論社, 1991.

_____, 《협화회: 전시하 조선인 통제 조직의 연구協和會: 戰時下朝鮮人統制組織の研究》, 도쿄: 샤카이효론샤, 1986.

_____, 《전시하 조선의 민중과 징병戰時下朝鮮の民衆と徵兵》, 도쿄: 쇼와샤昭和社, 2001.

히나츠 에이타로日夏英太郎·이이지마 다다시飯島正, 〈시나리오 너와 나〉, 《에이가효론映畫評論》 1권 7호, 1941. 7: 132~45쪽.

히나츠 에이타로 외, 〈조선영화의 전망을 말하다朝鮮映畫の展望を語る〉, 《에이가효론》 1권, 7호, 1941. 7: 54~60쪽.

High, Peter B, 《제국의 은막—일본 영화와 십오년전쟁帝國の銀幕—日本映畫と十五年戰爭》, 나고야: 나고야대학출판회, 1995.

〈젊은 학도와 지원병 대담若き學徒と志願兵對談〉, 《녹기》 6권 5호, 1941. 5: 110~118쪽.

〈조선 영화계를 짊어진 사람들의 좌담회朝鮮映畫界を背負う人人の座談會〉, 《모던 일본》 조선판 11호 9집, 1940. 8. 1: 240~245쪽.

《에이가준映畫旬報》 87호, 1943. 7. 11, 〈조선영화 특집〉.

《이마이 다다시今井正》,《필름센터》80호, 1983. 12. 2의 특집 이슈.

〈영어 자료〉

Agamben, Giorgio. *Homo Sacer: Sovereign Power and Bare Life*. Trans. Daniel Heller Roazan, Stanford: Stanford University Press, 1998.

_____. *State of Exception*. Trans. Kevin Attell. Chicago: University of Chicago Press, 2003.

Allessandrini, Anthony C., ed. *Frantz Fanon: Critical Perspectives*. London: Routledge, 1999.

Allen, Ernest, Jr. "When Japan Was 'Champion of the Darker Races': Satokata Takahashi and the Flowering of Black Messianic Nationalism." *The Black Scholar* 24, no.1 (Winter 1994): pp.23~46.

"Asia/Pacific American Heritage Month, 2006: A Proclamation by the President of the United States of America." 26 April 2006. http://edocket.access.gpo.gov/ cfr_2007/ janqtr/pdf/3CFR8008.pdf (accessed 20 January 2011).

Azuma, Eiichiro, *Between Two Empires: Race, History, and Transnationalism in Japanese America*. Oxford: Oxford University Press, 2005.

Balibar, Etienne. "Is There a 'Neo-Racism'?" In Balibar and Wallerstein, *Race, Nation, Class*.

_____. "Racism and Nationalism." In Balibar and Wallerstein, *Race, Nation, Class*.

Balibar, Etienne, and Immanuel Wallerstein. *Race, Nation, Class: Ambiguous Identities*. Trans. Chris Turner. London: Verso, 1991.

Bataille, Georges. "Hegel, Death and Sacrifice." Trans. Jonathan Strauss. *Yale French Studies*, no.78 (1990): pp.9~28.

Bellah, Robert N. *Tokugawa Religion: The Values of Pre-Industrial Japan*. Glencoe, Ill.: Free Press, 1957.

Benedict, Ruth. *The Chrysanthemum and the Sword: Patterns of Japanese Culture*. 1946. Reprint, Boston: Houghton Mifflin, 1989.

Bernstein, Alison R. *American Indians and World War II*. Norman: University of Oklahoma Press, 1991.

Bix, Herbert P. *Hirohito and the Making of Modern Japan*. New York: HarperCollins,

2000.

Bordwell, David. "Classical Hollywood Cinema: Narrational Principles and Procedures." In *Narrative, Apparatus, Ideology: A Film Theory Reader*, ed. Philip Rosen. New York: Columbia University Press, 1986.

Caldeira, Teresa P.R. "'I Came to Sabotage Your Reasoning!': Violence and Resignifications of Justice in Brazil." In *Law and Disorder*, ed. Jean Comaroff and John L. Comaroff. Chicago: University of Chicago Press, 2006.

Castelnuovo, Shirley. *Soldiers of Conscience: Japanese American Military Resisters in World War II*. Westport, Conn.: Praeger, 2008.

Caygill, Howard. *A Kant Dictionary*. Oxford: Blackwell, 1995.

Chakrabarty, Dipesh. *Provincializing Europe: Postcolonial Thoughts and Historical Difference*. Princeton: Princeton University Press, 2000.

Chang, Gordon H. "'Superman is about to visit the relocation centers' and the Limits of Wartime Liberalism." *Amerasia Journal* 19, no.1 (Fall 1993): pp.37~59.

Chin, Frank. "Come All Ye Asian American Writers of the Real and the Fake." In *The Big Aiiieeeee!*, ed. Jeffrey Paul Chan et al. New York: Meridian, 1991.

Ching, Leo T.S. *Becoming Japanese: Colonial Taiwan and the Politics of Identity Formation*. Berkeley: University of California Press, 2001.

Choi, Chungmoo, ed. *The Comfort Women: Colonialism, War and Sex*. A special issue of *Positions* 5, no.1 (Spring 1997).

———. "The Discourse of Decolonization and Popular Memory: South Korea." *Positions* 1, no.1 (Spring 1993): pp.77~102.

———. "Nationalism and Construction of Gender in Korea." In E. Kim and Choi, eds., *Dangerous Women*.

Chŏn Kwangyong. "Kapitan Ri." In *Land of Exile: Contemporary Korean Fiction*, trans. and ed. Marshall R. Phil, Bruce Fulton, and Ju-Chan Fulton. Armonk, N.Y.: M.E. Sharpe, 1993.

Chou, Wan-yao. "The Kōminka Movement in Taiwan and Korea: Comparisons and Interpretations." In Duus, Myers, and Peattie, eds., *The Japanese Wartime Empire*.

Chow, Rey Chow. "The Politics of Admittance: Female Sexual Agency, Miscegenation, and the Formation of Community in Frantz Fanon." In Alessandrini, ed., *Frantz*

Fanon.

Clancy-Smith, Julia, and Frances Gouda, eds. *Domesticating the Empire: Race, Gender, and Family Life in French and Dutch Colonialism*. Charlottesville: University Press of Virginia, 1998.

Coggins, Cecil Hengy. "The Japanese-Americans in Hawaii." *Harper's Magazine*, June 1943, pp.75~83.

Collins, Donald E. *Native American Aliens: Disloyalty and the Renunciation of Citizenship by Japanese Americans during World War II*. Westport, Conn.: Greenwood, 1985.

Conklin, Alice L. Redefining 'Frenchness': Citizenship, Race Regeneration, and Imperial Motherhood in France and West Africa, 1914-40." In Clancy-Smith and Gouda, eds., *Domesticating the Empire*.

Cook, Haruko Taya, and Theodore F. Cook. *Japan at War: An Oral History*. New York: New Press, 1992.

Cooper, Frederick, and Ann Laura Stoler, eds. *Tensions of Empire: Colonial Cultures in a Bourgeois World*. Berkeley: University of California Press, 1997.

Crost, Lyn. *Honor by Fire: Japanese Americans at War in Europe and the Pacific*. Novato, Calif.: Presidio Press, 1994.

Cumings, Bruce. "Boundary Displacement: The State, the Foundations, and International and Area Studies during and after the Cold War." In *Parallax Visions: Making Sense of American-East Asian Relations at the End of the Century*. Durham: Duke University Press, 1999.

_____. *Korea's Place in the Sun*. New York: W.W. Norton, 1997.

_____. "The Legacy of Japanese Colonialism in Korea." In Myers and Peattie, eds., *The Japanese Colonial Empire*.

_____. *The Origins of the Korean War*. Vol.1. Princeton: Princeton University Press, 1981.

Daniels, Roger, ed. *American Concentration Camps: A Documentary History of the Relocation and Incarceration of Japanese Americans, 1942~1945*. Vol. 7, *1943*. New York: Garland, 1989.

_____. *Concentration Camps, USA: Japanese Americans at World War II*. New York: Holt, Rinehart & Winston, 1972.

_____. "Japanese America, 1930~1941: An Ethnic Community in the Great Depression." *Journal of the West* 24, no.4 (October 1985): pp.35~50.

Dower, John. "E.H. Norman, Japan and the Uses of History." In *Origins of the Modern Japanese State*. New York: Random House, 1975.

_____. *Embracing Defeat: Japan in the Wake of World War II*. New York: W. W. Norton/ New Press, 1999.

_____. *War without Mercy: Race and Power in the Pacific War*. New York: Pantheon, 1986.

Drinnon, Richard. *Keeper of the Concentration Camps: Dillon S. Myer and American Racism*. Berkeley: University of California Press, 1987.

Duara, Prasenjit. *Sovereignty and Authenticity: Manchukuo and the East Asian Modern*. Lanham, Md.: Rowan & Littlefield, 2003.

Duus, Masayo. *Unlikely Liberators: The Men of the 100th and 442nd*. Trans. Peter Duus. Honolulu: University of Hawaii Press, 1987.

Duus, Peter. *The Abacus and the Sword: The Japanese Penetration of Korea, 1895~1910*. Berkeley: University of California Press, 1995.

Duus, Peter, Ramon H. Myers, and Mark R. Peattie, eds. *The Japanese Wartime Empire, 1931~1945*. Princeton: Princeton University Press, 1996.

Eckert, Carter J. *Offspring of Empire: The Koch'ang Kims and the Colonial Origins of Korean Capitalism, 1876~1945*. Seattle: University of Washington Press, 1991.

_____. "Total War, Industrialization, and Social Change in Late Colonial Korea." In Duus, Myers, and Peattie, eds., *The Japanese Wartime Empire*.

Eckert, Carter J., et al. *Korea Old and New: A History*. Seoul: Ilchokak for the Korea Institute, Harvard University, 1990.

Emi, Frank. "Resistance: The Heart Mountain Fair Play Committee's Fight for Justice." *Amerasia Journal* 17, no.1 (1991): 47~51.

Fanon, Frantz. "Algeria Unveiled." In *A Dying Colonialism*, trans. Haakon Chevalier. New York: Grove Press, 1965.

_____. *Black Skin, White Masks*. Trans. Charles Lam Markmann. New York: Grove Press, 1967.

_____. "Racism and Culture." In *Toward the African Revolution*, trans. Haakon

Chevalier. New York: Grove Press, 1967.

_____. *Wretched of the Earth*. Trans. Constance Farrington. New York: Grove Press, 1968.

Fiset, Louis. "Public Health in World War II Assembly Centers for Japanese Americans." *Bulletin of the History of Medicine* 73, no.4 (1999): pp.565~584.

Foucault, Michel. "Governmentality." In *The Foucault Effect: Studies in Governmentality*, ed. Graham Burchell, Colin Gordon, and Peter Miller. Chicago: University of Chicago Press, 1991.

_____. *The History of Sexuality*. Vol.1. Trans. Robert Hurley. New York: Vintage, 1978.

_____. "The Political Technology of Individuals." *In Technologies of the Self*, ed. Luther H. Martin, Huck Gutman, and Patrick H. Hutton. Amherst, Mass.: University of Massachusetts Press, 1988.

_____. "Politics and Reason." In *Politics, Philosophy, Culture: Interviews and Other Writings, 1977~1984*, trans. Alan Sheridan et al., ed. with introduction by Lawrence D. Kritzman. New York: Routledge, 1988.

_____. *Security, Territory, Population: Lectures at the Collège de France, 1977~78*. ed. Michel Senellart. Trans. Graham Burchell. Basingstoke: Palgrave Macmillan, 2007.

_____. *Society Must Be Defended*. Trans. David Macey. New York: Picador, 2003.

_____. "The Subject and Power." In *Michel Foucault: Beyond Structuralism and Hermeneutics*, ed. Herbert L. Dreyfus and Paul Rabinow. 2nd ed. Chicago: University of Chicago Press, 1983.

Fujitani, Takashi, "*Go for Broke*, the Movie: Japanese American Soldiers in U.S. National, Military, and Racial Discourses." In Fujitani, White, and Yoneyama, eds., *Perilous Memories*.

_____. "Minshūshi as Critique of Orientalist Knowledges." *Positions* 6, no.2 (Fall 1998): pp.303~322.

_____. "National Narratives and Minority Politics: The Japanese American National Museum's War Stories." *Museum Anthropology* 21, no.1 (Spring 1997): pp.99~112.

_____. "The Reischauer Memo: Mr. Moto, Hirohito, and Japanese American Soldiers." *Critical Asian Studies* 33, no.3 (September 2001): pp.379~402.

_____. *Splendid Monarchy: Power and Pageantry in Modern Japan*. Berkeley: University

총력전 제국의 인종주의

of California Press, 1996.

Fujitani, T., Geoffrey M. White, and Lisa Yoneyama, eds. *Perilous Memories: The Asia Pacific War(s)*. Durham, N.C.: Duke University Press, 2001.

Gabaldon, Guy, Saipan: *Suicide Island*. N.P.: Guy Gabaldon, 1990.

Gallicchio, Marc. *The African American Encounter with Japan and China: Black Internationalism in Asia, 1895~1945*. Chapel Hill: University of North Carolina Press, 2000.

Garon, Sheldon. *Molding Japanese Minds: The State and Everyday Life*. Princeton: Princeton University Press, 1997.

Goldberg, David Theo. *The Racial State*. Malden, Mass.: Blackwell, 2002.

Gonzalves, Theo. "We hold a neatly folded hope': Filipino Veterans of World War II on Citizenship and Political Obligation." *Amerasia Journal* 21, no.3 (Winter 1995~96): pp.155~174.

Grew, Joseph C. *Turbulent Era: A Diplomatic Record of Forty Years, 1904–1945*. Ed. Walter Johnson. Vol. 2. Boston: Houghton Mifflin, 1952.

Hansen, Arthur A., and David A. Hacker. "The Manzanar Riot: An Ethnic Perspective." *Amerasia Journal* 2, no.2 (Fall 1974): pp.112~157.

Harootunian, H.D. "America's Japan/Japan's Japan." in *Japan and the World*, ed. Masao Miyoshi and H.D. Harootunian. Durham, N.C.: Duke University Press, 1993.

Harrington, Joseph D. *Yankee Samurai: The Secret Role of Nisei in Americas Pacific Victory*. Detroit: Pettigrew Enterprises, 1979.

Hayashi, Brian Masaru. *Democratizing the Enemy: The Japanese American Internment*. Princeton: Princeton University Press, 2004.

Heath, S. Burton. "What about Hugh Kiino?" *Harpers Magazine*, October 1943, pp.450~458.

Henry, Todd. "Sanitizing Empire: Japanese Articulations of Korean Otherness and the Construction of Early Colonial Seoul, 1905~1919." *Journal of Asian Studies* 64, no.3 (August 2005): pp.639~675.

High, Peter B. *The Imperial Screen: Japanese Film Culture in the Fifteen years War, 1931~1945*. Madison: University of Wisconsin Press, 2003.

Horne, Gerald. *Race War! White Supremacy and the Japanese Attack on the British Empire*.

New York: New York University Press, 2004.

Hudson, Ruth E., R.N. "Health for Japanese Evacuees." *Public Health Nursing* 35 (1943): pp.615~620.

Hwang, Kyung Moon. "Citizenship, Social Equality and Government Reform: Changes in the Household Registration System in Korea, 1894~1910." *Modern Asian Studies* 38, no.2 (May 2004): pp.355~387.

Ichinokuchi, Tad, ed. John Aiso and the M.I.S.: *Japanese–American Soldiers in the Military Intelligence Service, World War II*. Los Angeles: Military Intelligence Service Club of Southern California, 1988.

Ichioka, Yuji, guest ed. *Beyond National Boundaries: The Complexity of Japanese–American History*. Special issue of *Amerasia Journal* 23, no.3 (Winter 1997~1998).

_____. "The Meaning of Loyalty: The Case of Kazumaro Buddy Uno." *Amerasia Journal* 23, no.3 (Winter 1997~1998): pp.45~71.

Iriye, Akira. *Power and Culture: The Japanese–American War, 1941~1945*. Cambridge, Mass.: Harvard University Press, 1981.

Jeffords, Susan. *The Remasculinization of America: Gender and the Vietnam War*. Bloomington: Indiana University Press, 1989.

Jensen, Gwenn M. "System Failure: Health–Care Deficiencies in the World War II Japanese American Detention Centers." *Bulletin of the History of Medicine* 73, no.4 (Winter 1999): pp.602~628.

Kashima, Tetsuden. *Judgment without Trial: Japanese American Imprisonment during World War II*. Seattle: University of Washington Press, 2003.

Kasza, Gregory J. "War and Welfare Policy in Japan." *Journal of Asian Studies* 61, no.2 (May 2002): pp.417~435.

Kearney, Reginald. *African American Views of the Japanese: Solidarity or Sedition?* Albany: State University of New York Press, 1998.

Kedourie, Elie. *Nationalism*. 3rd ed. 1966. Reprint, London: Hutchinson, 1985.

Kim, Elaine, and Chungmoo Choi, eds. *Dangerous Women: Gender and Korean Nationalism*. New York: Routledge, 1998.

Kim, Sonja Myung. "Contesting Bodies: Managing Population, Birthing, and Medicine in Korea, 1876~1945." Ph.D. diss., University of California, Los Angeles, 2008.

총력전 제국의 인종주의

Kim, Su Yun. "Romancing Race and Gender: Intermarriage and the Making of a 'Modern Subjectivity' in Colonial Korea, 1910~1945." Ph.D. diss., University of California, San Diego, 2009.

Komagome Takeshi. "Japanese Colonial Rule and Modernity: Successive Layers of Violence." In Morris and de Bary, *"Race" Panic and the Memory of Migration*.

Koppes, Clayton R., and Gregory D. Black. *Hollywood Goes to War: How Politics and Propaganda Shaped World War II Movies*. Berkeley: University of California Press, 1987.

Kozen, Cathleen K. "Achieving the (Im)possible Dream: Japanese American Redness and the Construction of American Justice." Master's thesis, University of California, San Diego, 2007.

Kumamoto, Bob. "The Search for Spies: American Counterintelligence and the Japanese American Community, 1931~1942." *Amerasia Journal* 6, no.2 (Fall 1979): pp.45~75.

Kurashige, Lon. *Japanese American Celebration and Conflict*. Berkeley: University of California Press, 2002.

Leighton, Alexander H. *The Governing of Men: General Principles and Recommendations Based on Experience at a Japanese Relocation Camp*. Princeton: Princeton University Press, 1946.

Lim, Deborah K. "Research Report Prepared for the Presidential Select Committee on JACL Resolution #7." Unpublished manuscript, 1990.

Lipsitz, George. "'Frantic to Join...the Japanese Army': Black Soldiers and Civilians Confront the Asia–Pacific War." In Fujitani, White, and Yoneyama, eds., *Perilous Memories*.

_____. *The Possessive Investment of Whiteness: How White People Profit from Identity Politics*. Philadelphia: Temple University Press, 1998.

_____. *Rainbow at Midnight: Labor and Culture in the 1940s*. Urbana: University of Illinois Press, 1994.

Lowe, Lisa. *Immigrant Acts: On Asian American Cultural Politics*. Durham, N.C.: Duke University Press, 1996.

Lye, Colleen. *America's Asia: Racial Form and American Literature, 1893~1945*. Princeton: Princeton University press, 2005.

McClintock, Anne. *Imperial Leather: Race, Gender and Sexuality in the Colonial Context.* New York: Routledge, 1995.

Martin, Philip L. *Promise Unfulfilled: Unions, Immigration, and the Farm Workers.* Ithaca: Cornell University Press, 2003.

Maruyama, Masao. "The Structure of *Matsurigoto*: The Basso Ostinato of Japanese Political Life." In *Sources of Japanese Tradition*, vol. 2, *1600 to 2000*, comp. Wm. Theodore De Bary, Carol Gluck, and Arthur E. Tiedemann. 2nd ed. New York: Columbia University Press, 2006.

Masaoka, Mike, with Bill Hosokawa. *They Call Me Moses Masaoka.* New York: William Morrow, 1987.

Mazower, Mark. *Dark Continent: Europe's Twentieth Century.* New York: Vintage, 1998.

Mbembe, Achille. "Necropolitics." *Public Culture* 15, no.1 (Winter 2003): pp.11~40.

_____. *On the Postcolony.* Berkeley: University of California Press, 2001.

Minear, Richard H. "Cross-Cultural Perception and World War II." *International Studies Quarterly* 24, no.4 (December 1980): pp.555~580.

_____. "Helen Mears, Asia, and American Asianists." Asian Studies Committee. Occasional Papers Series No.7. International Area Studies Program, University of Massachusetts at Amherst, 1981.

_____. "Orientalism and the Study of Japan." *Journal of Asian Studies* 39, no.3 (May 1980): pp.507~517.

_____. "Wartime Studies of Japanese National Character." *The Japanese Interpreter* 13, no.1 (Summer 1980): pp.36~59.

Modell, Judith S. *Kinship with Strangers: Adoption and Interpretations of Kinship in American Culture.* Berkeley: University of California Press, 1994.

Molina, Natalia. *Fit to Be Citizens? Public Health and Race in Los Angeles, 1879~1939.* Berkeley: University of California Press, 2006.

Moon, Seungsook. "Begetting the Nation: The Androcentric Discourse of National History and Tradition in South Korea." In E. Kim and Choi, eds., *Dangerous Women.*

Moore, Brenda L. *Serving Our Country: Japanese American Women in the Military during World War II.* New Brunswick, N.J.: Rutgers University Press, 2003.

Moretti, Franco. *The Way of the World: The Bildungsroman in European Culture.* London:

Verso, 1987.

Morris, Meaghan, and Brett de Bary, eds. *"Race" Panic and the Memory of Migration.*
Special issue of *Traces.* Hong Kong: Hong Kong University Press, 2001.

Morris–Suzuki, Tessa. *Exodus to North Korea: Shadows from Japan's Cold War.* Lanham,
Md.: Rowman & Littlefield, 2007.

_____. *Re–inventing Japan: Time, Space, Nation.* Armonk, N.Y.: M.E. Sharpe,
1998.

Muller, Eric L. American Inquisition: *The Hunt for Japanese American Disloyalty in World
War II.* Chapel Hill: University of North Carolina Press, 2007.

_____. *Free to Die for Their Country: The Story of the Japanese American Draft Resisters
in World War II.* Chicago: University of Chicago Press, 2001.

Murphy, Thomas D. *Ambassadors in Arms: The Story of Hawaii's 100th Battalion.*
Honolulu: University of Hawaii Press, 1954.

Myer, Dillon S. *Uprooted Americans: The Japanese Americans and the War Relocation
Authority During World War II.* Tucson: University of Arizona Press, 1971.

Naitou, Hisako. "Korean Forced Labor in Japan's Wartime Empire." In *Asian Labor in
the Wartime Japanese Empire*, ed. Paul H. Kratoska. Armonk, N.Y.: M.E. Sharpe,
2005.

Nakamura, Masanori. *The Japanese Monarchy: Ambassador Joseph Grew and the Making of
the "Symbolic Emperor System." 1931~1991.* Trans. Herbert Bix et al. Armonk, N.Y.:
M.E. Sharpe, 1992.

Nakano, Satoshi, "Nation, Nationalism and Citizenship in the Filipino World War II
Veterans Equity Movement, 1945~1999." *Hitotsubashi Journal of Social Studies* 32
(2000): pp.33~53.

Nalty, Bernard C. *Strength for the Fight: A History of Black Americans in the Military.*
New York: Free Press, 1986.

Nandy, Ashis. *The Intimate Enemy: Loss and Recovery of Self under Colonialism.* Delhi:
Oxford University Press, 1983.

Ngai, Mae M. *Impossible Subjects: Illegal Aliens and the Making of Modern America.*
Princeton: Princeton University Press, 2004.

Niiya, Brian, ed. *Japanese American History: An A–to–Z Reference from 1868 to the*

Present. New York: Facts on File, 1993.

Ogawa, Dennis. *From Japs to Japanese: An Evolution of Japanese-American Stereotypes*. Berkeley: McCutchan, 1971.

Oguma, Eiji. *A Genealogy of 'Japanese' Self-images*. Trans. David Askew. Melbourne: Trans Pacific Press, 2002.

Okada, John. *No-No Boy*. 1976. Reprint, Seattle: University of Washington Press, 1979.

Okihiro, Gary Y. "Japanese Resistance in America's Concentration Camps: A Reevaluation." *Amerasia Journal* 2, no.1 (Fall 1973): 20~34.

_____. "Tule Lake under Martial Law." *Journal of Ethnic Studies* 5, no.3 (Fall 1977): pp.71~85.

Omi, Michael, and Howard Winant. *Racial Formation in the United States: From the 1960s to the 1990s*. 2nd ed. New York: Routledge, 1994.

O'Neill, Williams L. *A Democracy at War: America's Fight at Home and Abroad in World War II*. 1993. Reprint, Cambridge, Mass.: Harvard University Press, 1995.

Osajima, Keith. "Asian Americans as the Model Minority: An Analysis of the Popular Press Image in the 1960s and 1980s." In *Reflections on Shattered Windows: Promises and Prospects for Asian American Studies*, ed. Gary Y. Okihiro et al. Pullman: Washington State University Press, 1988.

Ōshima, Nagisa. "People of the Forgotten Army." In *Cinema, Censorship, and the State: The Writings of Nagisa Oshima, 1956~1978*, ed. with an introduction by Annette Michelson, trans. Dawn Lawson. Cambridge, Mass.: MIT Press, 1992.

Palumbo-Liu, David. *Asian/American: Historical Crossings of a Racial Frontier*. Stanford: Stanford University Press, 1999.

Peterson, William. "Success Story, Japanese-American Style." *New York Times Magazine*, 9 January 1966.

_____. "Success Story of One Minority Group in U.S." *U.S News and World Report*, 26 December 1966.

Plant, Rebecca Jo. "The Repeal of Mother Love: Momism and the Reconstruction of Motherhood in Philip Wylie's America." Ph.D. diss. Johns Hopkins University, 2001.

Rafael, Vincente L. *White Love and Other Events in Filipino History*. Durham, N.C.: Duke University Press, 2000.

Reischauer, Edwin O. *My Life between Japan and America*. New York: Harper & Row, 1986.

Renan, Ernst. "What Is a Nation?" In *Nation and Narration*, ed. Homi K. Bhabha. London: Routledge, 1990.

Roeder, George H., Jr. *The Censored War: American Visual Experience during World War Two*. New Haven: Yale University Press, 1993.

Rogin, Michael Paul. *Ronald Reagan, the Movie and Other Episodes in Political Demonology*. Berkeley: University of California Press, 1987.

Said, Edward. *Orientalism*. New York: Vintage, 1979.

Sakai, Naoki. "Ethnicity and Species: On the Philosophy of the Multi-ethnic State in Japanese Imperialism." *Racial Philosophy*, no.95 (May/June 1999): pp.33~45.

_____. "Subject and Substratum: On Japanese Imperial Nationalism." *Cultural Studies* 14, nos.3/4 (2000): pp.462~530.

_____. *Translation and Subjectivity: On Japan and Cultural Nationalism*. Minneapolis: University of Minnesota Press, 1997.

Scott, Joan W. "The Evidence of Experience." *Critical Inquiry* 17, no.4 (Summer 1991): pp.773~797.

Seltzer, William, and Margo Anderson. "After Pearl Harbor: The Proper Role of Population Data Systems in Time of War." Paper Presented at the Population Association of America Annual Meeting, Los Angeles, 23~25 March 2000.

_____. "The Dark Side of Numbers: The Role of Population Data Systems in Human Rights Abuses." *Social Research* 68, no.2 (Summer 2001): pp.481~513.

Shah, Nayan. *Contagious Divides: Epidemics and Race in San Franciscos Chinatown*. Berkeley: University of California Press, 2001.

Sharpley-Whiting, T. Denean. "Fanon and Capécia." In Alessandrini, ed., *Frantz Fanon*.

Sherry, Michael S. *In the Shadow of War: The United States since the 1930s*. New Haven: Yale University Press, 1995.

Shibutani, Tamotsu. *The Derelicts of Company K: A Sociological Study of Demoralization*. Berkeley: University of California Press, 1978.

Shin, Gi-Wook, and Michael Robinson, eds. *Colonial Modernity in Korea*. Cambridge,

Mass.: Harvard University Asia Center, 1999.

Shin, Michael D. "Interior Landscapes: Yi Kwangsu's 'The Heartless' and the Origins of Modern Literature." In G. Shin and Robinson, eds., *Colonial Modernity in Korea*.

Simpson, Carolyn Chung. *An Absent Presence: Japanese Americans in Postwar American Culture, 1945~60*. Durham, N.C.: Duke University Press, 2001.

Slotkin, Richard. "The Continuity of Forms: Myth and Genre in Warner Brothers' *The Charge of the Light Brigade*." *Representations*, no.29 (Winter 1990): 1~23.

_____. *Gunfighter Nation: The Myth of the Frontier in Twentieth-Century America*. 1992. Reprint, Norman: Oklahoma University Press, 1998.

_____. "Unit Pride: Ethnic Platoons and the Myths of American Nationality." *American Literary History* 13, no.3 (Autumn 2001): 469~498.

Soh, Sarah. *The Comfort Women: Sexual Violence and Postcolonial Memory in Korea and Japan*. Chicago: University of Chicago Press, 2008.

Sommer, Doris. *Foundational Fictions: The National Romances of Latin America*. Berkeley: University of California Press, 1991.

Spivak, Gayatri Chakravorty. "Can the Subaltern Speak?" In *Marxism and the Interpretation of Culture*, ed. Cary Nelson and Lawrence Grossberg. Urbana: University of Illinois Press, 1988.

Starn, Orin. "Engineering Internment: Anthropologists and the War Relocation Authority." *American Ethnologist* 13, no.4 (November 1986): pp. 700~720.

Stephan, John. "Hijacked by Utopia: American Nikkei in Manchuria." *Amerasia Journal* 23, no.3 (Winter 1997~1998): pp.1~42.

Stoler, Ann Laura. *Carnal Knowledge and Imperial Power: Race and the Intimate in Colonial Rule*. Berkeley: University of California Press, 2002.

_____. *Race and the Education of Desire: Foucault's History of Sexuality and the Colonial Order of Things*. Durham, N.C.: Duke University Press, 1995.

Suh, Dae-Sook. *The Korean Communist Movement, 1918~1948*. Princeton: Princeton University Press, 1967.

Suzuki, Bob H. "Education and the Socialization of Asian Americans: A Revisionist Analysis of the 'Model Minority' Thesis." In *Asian Americans: Social and Psychological perspective*, ed. Russell Endo, Stanley Sue, and Nathaniel N. Wagner. Palo Alto,

Calif.: Science and Behavior Books, 1980.

Suzuki, Peter T. "Anthropologists in the Wartime Camps for Japanese Americans: A Documentary Study." *Dialectical Anthropology* 6, no.1 (August 1981): pp.23~60.

_____ . "A Retrospective Analysis of a Wartime 'National Character' Study." *Dialectical Anthropology* 5, no.1 (May 1980): pp.33~46.

Tataki, Ronald. *Strangers from a Different Shore: A History of Asian Americans.* Boston: Little, Brown, 1989.

Tanaka, Chester. *Go for Broke: A Pictorial History of the Japanese American 100th Infantry Battalion and the 442nd Regimental Combat Team.* Richmond, Calif.: Go for Broke, 1981.

Tanaka, Stefan. *Japan's Orient: Rendering Pasts into History.* Berkeley: University of California Press, 1993.

Tanaka, Yuki. *Japan's Comfort Women: Sexual Slavery and Prostitution during World War II and the US Occupation.* London: Routledge, 2002.

Thomas, Dorothy Swaine, and Richard S. Nishimoto. *The Spoilage.* Berkeley: University of California Press, 1946.

Thompson, Elizabeth. *Colonial Citizens: Republican Rights, Paternal Privilege, and Gender in French Syria and Lebanon.* New York: Columbia University Press, 2000.

Tsukano, John. *Bridge of Love.* Honolulu: Honolulu Hosts, 1985.

Tuskegee Syphilis Study Legacy Committee. "Report of the Tuskegee Syphilis Study Legacy Committee [1] Final Report—May 20, 1996." www.med.Virginia.edu /hs-library/historical/apology/ report.html (accessed 20 April 2004).

Ueda, Reed. "The Changing Path to Citizenship: Ethnicity and Naturalization during World War II." In *The War in American Culture: Society and Consciousness During World War II*, ed. Lewis A. Erenberg and Susan E. Hirsch. Chicago: University of Chicago Press, 1996.

United States Army Service Forces. *Leadership and the Negro Soldier.* Army Service Forces Manual M5. Washington: U.S. Government Printing Office, October 1944.

United States Bureau of the Census. *Sixteenth Census of the United States: 1940. Population: Characteristics of the Nonwhite Population by Race.* Washington, D.C.: U.S. Government Printing Office, 1943.

_____. *Sixteenth Census of the United States: 1940. Population: Characteristics of the Population.* Vol.2, part 1, 19. Washington, D.C.: U.S. Government Printing Office, 1943.

_____. *Sixteenth Census of the United States: 1940. Population: Second Series Characteristics of the Population, Hawaii.* Washington, D.C.: U.S. Government Printing Office, 1943.

United States Commission on Wartime Relocation and Internment of Civilians. *Personal Justice Denied.* Seattle: University of Washington Press, 1997.

United States Congress, House of Representatives, Special Committee on Un-American Activities. "Report and Minority Views of the Special Committee on Un-American Activities on Japanese War Relocation Centers." Report No.717. 78th Cong., 1st sess. 30 September 1943.

United States Congress, Senate, Committee on Military Affairs. *War Relocation Centers: Hearings. Before a Subcommittee of the Committee on Military Affairs,* 78th Cong., 1st sess., on S 444. In Daniels, ed., *American Concentration Camps,* vol. 7, 1943.

United States Office of the Assistant Secretary of Defense for Military Manpower and Personal Policy. *Hispanics in America's Defense.* Washington, D.C.: [Department of Defense], 1990.

United States Office of the Deputy Assistant Secretary of Defense for Equal Opportunity and Safety Policy. *Black Americans in Defense of Our Nation.* Washington, D.C.: [Department of Defense], 1985.

United States Selective Service System. *Special Groups.* Special monograph no.10, vol.1. Washington, D.C.: Selective Service System 1953.

United States War Department. *Command of Negro Troops.* Pamphlet no. 20-6. Washington, D.C.: U.S. Government Printing Office, February 1944.

_____. *Handbook on Japanese Military Forces.* 1944. Reprint, Baton Rouge: Louisiana State University Press, 1991.

United States War Relocation Authority. "Comprehensive Statement in Response to Senate Resolution No.166." Prepared for Director of War Mobilization James F. Byrnes. 14 September 1943. In Daniels, ed. *American Concentration Camps,* vol. 7, *1943.*

_____. *The Evacuated People: A Quantitative Description*. Washington, D.C.: U.S. Government Printing Office, 1946.

_____. "Semi-Annual Report: January 1 to June 30, 1943." *In War Relocation Authority Quarterly and Semiannual Reports*. vol. 2. Tokyo: Nihon Tosho Sentā, 1991.

_____. *The WRA: A Story of Human Conservation*. Department of the Interior, War Relocation Authority, ca. 1946.

United States War Relocation Authority, Community Analysis Section. "The Reaction of Heart Mountain to the Opening of Selective Service to Nisei." *Project Analysis Series*, no.15. Washington, D.C., 1 April 1944.

_____. "Registration at Central Utah." *Project Analysis Series*, no.1. Washington, D.C., February 1943.

_____. "Registration at Manzanar." *Project Analysis Series*, no.3. Washington, D.C., 3 April 1943.

United States War Relocation Authority, in collaboration with the War Department. *Nisei in Uniform*. Washington, D.C.: U.S. Government Printing Office, 1945.

Utsumi Aiko. "Korean 'Imperial Soldiers': Remembering Colonialism and Crimes against Allied POWs." Trans. Mie Kennedy. In Fujitani, White, and Yoneyama, eds., *Perilous Memories*.

Wagner, Edward W. *The Korean Minority in Japan, 1904~1950*. New York: Institute of Pacific Relations, 1951.

Ward, Robert E. "Presurrender Planting: Treatment of the Emperor and Constitutional Changes." *In Democratizing Japan: The Allied Occupation*, ed. Robert E. Ward and Sakamoto Yoshikazu. Honolulu: University of Hawaii Press, 1987.

Weglyn, Michi. *Years of Infantry: The Untold Story of America's Concentration Camps*. Updated ed. Seattle: University of Washington Press, 1996.

Winkler, Allen M. *The Politics of Propaganda: The Office of War Information, 1942~1945*. New Haven: Yale University Press, 1978.

Yoneyama, Lisa. "Cold War Ruins"(tentative title). Unpublished manuscript.

_____. "Liberation under Siege: U.S. Military Occupation and Japanese Women's Enfranchisement." *American Quarterly* 57, no.3 (September 2005): pp. 885~910.

Yoo, Jun. *The Politics of Gender in Colonial Korea: Education, Labor, and Health*,

1919~1945. Berkeley: University of California Press, 2008.

Yoshimi, Yoshiaki. *Comfort Women: Sexual Slavery in the Japanese Military during World War II*. Trans. Suzanne OBrien. New York: Columbia University Press, 2000.

〈영화와 비디오〉

도요다 시로豊田四郎 감독. 《若き姿젊은 모습》. 조선영화제작주식회사, 1943.

박기채 감독. 《朝鮮海峽조선해협》. 조선영화제작주식회사, 1943.

안석영 감독. 《志願兵지원병》. 동아흥업사, 1940.

이마이 다다시今井正 감독, 최인규 조감독. 《望樓の決死隊망루의 결사대》. 도호東寶 및 조선영화제작주식회사, 1943.

이마이 다다시 감독, 최인규 공동감독. 《愛と誓ひ사랑과 맹서》. 도호東寶 및 조선영화제작주식회사, 1945.

Capra, Frank, dir. *Know Your Enemy-Japan*. U.S. Army Pictorial Service, Signal Corps, 1945.

Garnet, Tay, dir. *Bataan*, MGM, 1943.

Karlson, Phil, dir. *Hell to Eternity*. Atlantic Pictures, 1960.

Logan, Joshua, dir. *Sayonara*. Warner Bros., 1957.

Pirosh, Robert, dir. *Go for Broke*. MGM, 1951.

Rubin, Steven Jay, dir. *East L.A. Marine: The Untold True Story of Guy Gabaldon*. Fast Carrier Pictures, 2008.

Weightman, Judy, exec. producer. *From Hawaii to the Holocaust: A Shared Moment in History*. Hawaii Holocaust Project, 1993.

Wellman, William A., dir. *Beau Geste*. Paramount Pictures, 1939.

"Japanese-American Troops." Hearst newsreel footage. UCLA Film and TV Archive, ca. 1944.

"Japanese-American Troops." Hearst newsreel footage. UCLA Film and TV Archive, ca. 16 July 1946.

찾아보기

[인명]

총력전 제국의 인종주의

미셸 푸코Foucault, Michel 72, 73, 86, 87,
88, 90, 91, 93, 129, 145, 146, 155, 205,
224, 243, 253, 317, 337, 338, 349, 542,
553, 623
미스터 장Chang, Mr.(가명) 14, 486~489
미시즈 윤Yun, Mrs.(가명) 14, 486~490
미야모토 유리코宮本百合子 610
미야타 세츠코宮田節子 420, 422
미우라 미츠오三浦光男 569
미즈노 나오키水野直樹 10
미즈타 나오마사水田直昌 125, 126, 127,
454
미치 웨그린Weglyn, Michi 329
밀튼 에스 아이젠하워Eisenhower, Milton S.
179, 184, 185, 326

[ㅂ]

박기채 576, 577
박성화(우하라 아키히로) 470, 471
박영철 94
박정희 28, 604
박춘금 69, 464, 557
박흥식 450, 451, 453
방한준 501, 502
벤 구로키Kuroki, Ben 344, 357
벤 존슨Johnson, Van 383, 384
비상트 라파엘Rafael, Vicente 16, 600
빅 데이몬Damone, Vic 615

[ㅅ]

사부로 이쿠타Ikuta, Saburo 371
사토 다다오佐藤忠男 518
세실 에이치 코긴즈Coggins, Cecil H.
200, 218, 233, 234, 365
세키야 데이자부로關屋貞三郎 481
셜리 카스텔누오보Castelnuovo, Shirley
348
소 다케시宗武志 548
수잔 제포즈Jeffords, Susan 563, 565
순종 황제 548
스탠리 디 아놀드Arnold, Stanley D. 286
승숙 문Seungsook Moon 604
시무라 다카시志村喬 519, 612

[ㅇ]

아시마 타키스Takis, Ashima 174
아실 음벰베Mbembe, Achille 15, 146, 152
아키라 이리예Iriye, Akira 49
아키야마 쇼헤이 132
안석영 575
안셀 애덤스Adams, Ansel 206
알렉산더 에이치 레이턴Leighton, Alexa
nder H. 148, 284, 287
앤 멕클린톡McClintock, Anne 545
앤 스톨러Stoler, Ann Laura 546, 600
앨버트 비 챈들러Chandler, Albert B. 210,
211, 231
앨버트 팔머Palmer, Albert 537
야마시타 도모유키山下奉文 486

총력전 제국의 인종주의

[텍스트 및 영화]

총력전 제국의 인종주의

총력전 제국의 인종주의 — 제2차 세계대전기 식민지 조선인과 일본계 미국인

- ⊙ 2019년 2월 28일 초판 1쇄 인쇄
- ⊙ 2019년 3월 19일 초판 1쇄 발행
- ⊙ 지은이　　　　다카시 후지타니
- ⊙ 옮긴이　　　　이경훈
- ⊙ 펴낸이　　　　박혜숙
- ⊙ 펴낸곳　　　　도서출판 푸른역사

　　우) 03044 서울시 종로구 자하문로8길 13

　　전화: 02) 720-8921(편집부) 02) 720-8920(영업부)

　　팩스: 02) 720-9887

　　전자우편: 2013history@naver.com

　　등록: 1997년 2월 14일 제13-483호

ⓒ 이경훈, 2019

ISBN　979-11-5612-131-2　93900